아산학술총서 제3집

亞山의 周易講義 下

김병호 강의
김진규 구성

소강

先師孔子行教像

德侔天地道冠古今
刪述六經垂憲萬世

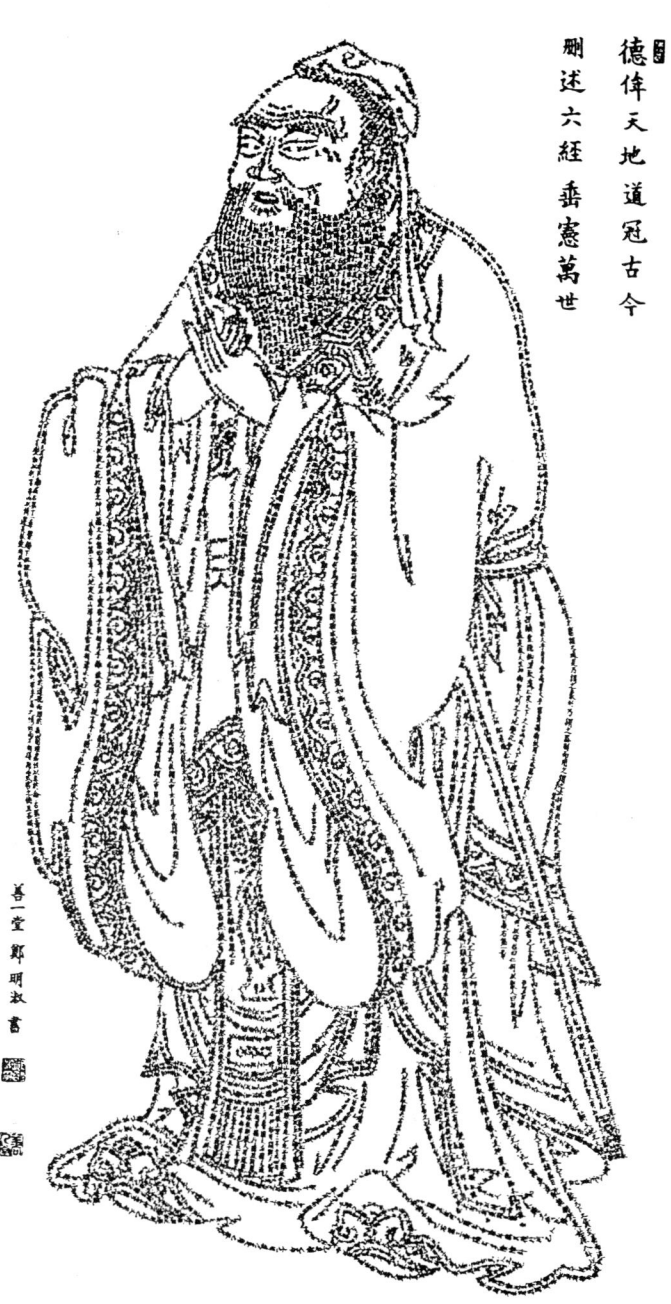

- **先師孔子行敎像**: 돌아가신 선현(先賢) 공자께서 교육을 행하는 모습.
- **德侔天地하고 道冠古今이라 刪述六經하야 垂憲萬世니라**: 덕(德)은 천지와 비등(比等)하고 도(道)는 고금의 으뜸이라. 육경(六經)을 정리하고 저술하여 만세(萬世)토록 표준과 모범을 보여 주었도다.
- **善一堂 鄭明淑 書**: 선일당 정명숙 씀 — 정명숙 선생은 경북 구미시(龜尾市)에서 선일당 서예원장으로 활동하고 있다.
- 공자상 작품 내용: 공자님께서 집대성한 주역의 원문(原文)을 가지고 공자상을 그렸으니, 하나의 작품이라 할 수 있다. 세필(細筆)로 쓴 그 지극 정성은 참으로 대단하고 칭찬할 만하다.

해설: 一岡 金珍圭

차 례

일러두기 —————————————————— 6
序　文 —————————————————— 7

繫辭傳上 ————————————— 9
　　제 1 장 ————————— 13
　　제 2 장 ————————— 30
　　제 3 장 ————————— 39
　　제 4 장 ————————— 46
　　제 5 장 ————————— 55
　　제 6 장 ————————— 67
　　제 7 장 ————————— 71
　　제 8 장 ————————— 75
　　제 9 장 ————————— 93
　　제10장 ————————— 112
　　제11장 ————————— 123
　　제12장 ————————— 136

繫辭傳下 ————————————— 151
　　제 1 장 ————————— 155
　　제 2 장 ————————— 168
　　제 3 장 ————————— 185
　　제 4 장 ————————— 188
　　제 5 장 ————————— 191
　　제 6 장 ————————— 223
　　제 7 장 ————————— 232
　　제 8 장 ————————— 248
　　제 9 장 ————————— 256
　　제10장 ————————— 264
　　제11장 ————————— 268
　　제12장 ————————— 272

說卦傳 ————————————— 283
　　제 1 장 ————————— 287
　　제 2 장 ————————— 294
　　제 3 장 ————————— 297
　　제 4 장 ————————— 303
　　제 5 장 ————————— 306
　　제 6 장 ————————— 314
　　제 7 장 ————————— 319
　　제 8 장 ————————— 322
　　제 9 장 ————————— 324
　　제10장 ————————— 328
　　제11장 ————————— 331

序卦傳 ————————————— 345
　　상　편 ————————— 350
　　하　편 ————————— 371

雜卦傳 ————————————— 403

附　錄 ————————————— 443
　　易傳序 ————————— 445
　　易　序 ————————— 452
　　敷　文 ————————— 457

일러두기

▶이 책의 구성 체계
- 아산이 생전에 『주역』을 강의하고, 일강이 그분의 강의를 기록 및 구성하였다. 일강에 의해 기록 및 구성된 아산의 강의 원고를 기초로 삼아 편집부에서 현재의 이 책 형식으로 재차 편집하였다. 편집 과정에서 다소 무리한 점이 있더라도 가능한 한 강의 기록을 베껴 쓰듯이 하여 첨삭을 가하지 않았다. 왜냐하면 아산의 원의(原義)를 거스를까 하는 노파심 때문이다. 부분적으로 중복된 문장이 나오는 것도 그 때문이며, 또한 이 책은 강의를 토대로 제작된 것이므로 중복의 문장은 강의중 아산의 강조 내용이라고 생각하여 그대로 편집에 반영하였다.
- 『亞山의 周易講義』上에서는 上經을, 『亞山의 周易講義』中에서는 下經을, 『亞山의 周易講義』下에서는 「繫辭傳」上·下, 「說卦傳」, 「序卦傳」上·下篇, 「雜卦傳」을 수록하였다.

▶편집 기호의 약속
1. 『 』는 서명에 「 」는 편명에 사용하였다.
2. 〈 〉는 문장에서 필요한 어구를 삽입하여 읽어도 무방할 경우에 사용하였다.
3. [ ]는 기존 문구나 단어 대신에 사용할 수 있는 새로운 문구나 단어를 이 기호 속에 넣었다.
4. " "는 어떤 문구를 인용할 경우에 사용하였고, ' '는 어떤 어구를 재인용할 경우나 단어를 강조할 때 사용하였다.

序文

　　亞山의 周易講義 下卷을 내면서……
　　동양 경전의 진리는 廣大悉備하여 將以順性命之理하고 通幽明之故하여 盡事物之情而開物成務之道라 하였으나 특히 그 중에서도 『역경』(易經)이야말로 경전 중의 경전이라 아니할 수 없다.

　　역학(易學)은 오천년의 역사와 더불어 복희(伏犧), 문왕(文王), 주공(周公)의 삼대 성현(三大聖賢)의 사상과 繼往聖開來學하신 공부자(孔夫子)의 십익(十翼)으로 집대성되어 오늘에 이르렀다. 그러므로 『역경』 속에 담겨 있는 이치는 인류 정신 문화의 찬란한 꽃이라고 여기며, 이를 부인할 사람은 아무도 없으리라 생각한다.

　　세계는 바야흐로 태평양 시대가 개막되고 첨단 과학의 발전으로 우주 시대에 돌입한지라 인류에게 앞으로의 그 귀추(歸趣)가 주시되고 있다. 이때에 인생 처세의 지침서요, 미래 사회에 이정표의 역할을 할 수 있는 『亞山의 周易講義』上·中·下가 미비(未備)하지만 5년여 오랜 성상(星霜) 끝에 세상의 빛을 보게 되었다. 이 발간(發刊)이야말로 우리 도학(道學) 연구생에게는 더 할 수 없는 귀중한 기회라고 여긴다. 물론 이 책을 통하여 이미 유명(幽明)을 달리하신 아산 선생님의 평생 학습의 도학 사상과 정열적인 강의가 우리의 귓전을 아직도 생생하게 울리는 듯하여 생전의 모습이 떠올려지곤 한다.

　진리 탐구에 심혈을 쏟고 있는 도학도(道學徒) 여러분!
　우리 다 함께 힘 모아 선현(先賢)들께서 다하지 못한 대우주 원리와 초과학적이고 조화 무궁한 역학(易學)의 이치 그리고 인간 본연의 마음찾기에 진력하여야 하겠다. 따라서 자연을 극복하고 물질을 지배하는 인도(人道)의 주인공 곧 참다운 인간이 되기에 이 소책자(小冊子)는 그 임무를 다하리라 여기면서 감히 강호 제현(江湖諸賢)의 여러분에게 일독(一讀)을 권고하는 바이다.

　일찍이 공자님께서는 일오중천(日午中天)에 이섭대천(利涉大川)을 하려는 자는 履信思乎順하고 又以尙賢也라고 하셨다. 평생을 도학 공부에 몸바쳐 왔던 아산 선생님의 강의 요지를 담은 아산학술총서 제3집의 마지막 권인 본서(本書)는 "尙賢書"로 그 몫을 다하리라 생각한다.

　이 책이 세상에 나오기까지 어려운 여건 속에서도 물심양면으로 애써 준 소강 출판사 김병성 사장님과 직원 여려분의 노고에 감사 드린다. 그리고 전국 아산학회 여러분의 성원과 협조를 바라면서 이 책을 아산 선생님의 영전(靈前)에 고개 숙여 바친다.

辛巳 觀月 下澣
不肖子 珍圭 盥手拜 謹識

繫辭傳上

繫辭傳上 大義

繫辭는 말[言]을 매어 놓았다는 뜻이며, 성인(聖人)의 말을 글로써 기록하여 놓았다는 뜻이기도 하다. 나아가 우주 대자연에 펼쳐진 사물(事物)의 뜻을 이론적으로 정리하여 체계적으로 말해 놓은 것이며, 복희(伏羲), 문왕(文王), 주공(周公)의 三大 聖賢의 뜻이 담겨져 있는 『周易』上下 64卦의 本文에 따르는 설명의 글이라고 할 수 있다.

1) ①「繫辭傳」은 上篇 12章, 下篇 12章으로 되어 있다. 이것은 先・后天의 원리와 1년 12개월, 24절후 등 『주역』 상하경의 원리에 맞도록 엮어져 있으니, 이 「繫辭傳」上下를 공자 주역의 一篇이라고 생각하여도 좋다. ②공자 십익[1](十翼) 중의 하나이며 공자의 우주관과 주역관이 담겨져 있는 글이다. ③『주역』 원문의 보충적인 글로서 공자 특유의 창작이라고 할 수 있으며 동양 이학(理學)의 핵심을 찾아 볼 수 있다. ④문장적인 면에서 보면, 어떤 문장이라도 이보다 더 좋은 글은 없다. 「계사전」이야말로 고저청탁(高低淸濁)이며 공부하며 읽는 가운데 자신도 모르게 어깨가 우쭐해지는 것이 이 「계사전」의 글귀이다. ⑤「계사전」은 天地의 正道로서 잡귀잡신(雜鬼雜神)이 접근할 수 없다고 하니 신통한 문장의 글임에는 틀림이 없다.[2] 『주역』은 理學的인 면에서도 동양 最高의 학설이며, 공자가 一生一代에 심혈을 기울여 쓴 글이다. 이것이야말로 지식의 보고(寶庫)라 아니할 수 없으며 공자의 성인된 바가 이 속에 있다. 특히 「계사전」 속에서 공자가 성인으로 칭송받을 수밖에 없는 위대성을 찾아 볼 수가 있다. ⑥「계사전」은 공자 사상의 最高 학설이며 공자 사상을 집대성시켜 놓았다.[3] 또한 공자가 「계사전」에서 象數學을 많이 묻어 놓았으니 이것을 연구해 볼 필요가 있다.

2) 「계사전」의 내용을 전체적으로 살펴 보면 다음과 같다. ①佛家에서는 前生과 後生을 이야기하지만 공자는 자기 학설에서 전혀 이러한 말을 하지 않았다. 어디까지나 현실 위주의 말만 하였다. 공자는 현실을 똑바로 알아서 과거와 미래도 예측하며 모든 것을 찾아내자는 철저한 현실주의자라 할 수 있다. 점서적(占筮的)인 측

---

[1] 『亞山의 周易講義』上 17쪽 참조. (一岡註)
[2] 호랑이에게 虎食을 갈 자라도 『주역』을 읽고 있으면 호랑이가 근접을 못한다고 하니 『주역』이 얼마나 위력이 있는지 모른다.
[3] 「계사전」과 함께 「說卦傳」, 「序卦傳」, 「雜卦傳」도 중요한 의의를 갖는다. 이러한 十翼의 저술이 공자의 繼往聖開來學하신 바라 하겠다.

면으로 언제나 현실로부터 未來之事를 예언하고 추측하는 것이라면 『주역』은 곧 현실학이라 아니 할 수 없다.

(中)
過 去 ← 現 實 → 未 來
(周 易) → 樂天主義(樂天知命)

②伏犧, 文王, 周公의 주역을 體로 하고, 공자는 「계사전」에서 그것의 用으로서 설명하였다. ③주자의 주역 해설을 「本義」라 하였고, 程伊川의 주역 해설을 「傳」이라 하였다. 특히 주자는 『주역』을 점서적(占筮的)으로 해설하였는데 정이천이 道學을 말한 것과는 차원이 틀린다. 아무튼 『주역』은 원문 상하경과 그 외에 공자의 계사전으로써 그 이치를 추구해 볼 수가 있는 것이지 너무 程·朱子說에 얽매일 필요가 없다.

3)①「계사전」속에서 복희씨의 우주론(宇宙論), 문왕의 우주론, 주공의 우주론을 구별하여 그들이 주장한 바가 무엇인가 찾아야 하고 또 독특한 공자의 우주론을 간파하여야 한다. 앞으로 주역을 보는 방법이나 태도는 四大聖人(복희·문왕·주공·공자) 각자의 주역이라는 점을 고려하여 연구하여야만 변화무상한 진리를 캐낼 수 있다. 앞에서 『주역』 상하경 64괘만을 보았을 때와는 생각이 다른즉, 4대 성인의 주장한 바를 가려서 찾아 볼 수 있는 사람이 되어야만 역경의 진수를 알았다고 할 수 있다. ②공자를 時中聖人이라고 말한다. 동서고금을 막론하고 공자를 성인된 바를 말하라고 하면, 이것은 분명히 '繼往聖開來學'이라고 조금도 의심없이 말할 수 있다. 여기서 繼往聖의 聖人이라 함은 복희, 문왕, 주공의 3대 성인을 가리키며, 開來學은 주역의 글을 삼대 성인에 이어 집대성하고 후인들이 알아볼 수 있도록 十翼을 달아 우주 대자연의 이치를 펼쳐놓은 공자의 공을 일컫는다고 할 수 있다. 즉, 그 공으로서 오늘날까지 추앙을 받고 또 성인으로 불리는 것이 아니겠는가! 학문적인 면만 보더라도 공자의 우주관과 공자의 주역은 다른 어떤 것들보다 더 중하고 위대하며 끼친 바 영향이 크다. 그것은 『주역』 전체 문장 대부분이 공자의 글이기 때문이기도 하다. 우리는 이러한 방법론과 태도로써 「계사전」 연구에 임(臨)해야 한다.

제1장

  본 장은 공자의 우주관(宇宙觀)과 사물관(事物觀)을 말하고 있다. 본 장에서 제7장까지는 공자의 우주관과 사물관, 주역관(周易觀)을 말하고 있으며, 제8장부터는 역학에 대한 구체적인 해설을 하고 있다.

天尊地卑하니 **乾坤**이 **定矣**오 **卑高以陳**하니 **貴賤**이 **位矣**오 **動靜有常**하니 **剛柔**ㅣ **斷矣**오 **方以類聚**코 **物以羣分**하니 **吉凶**이 **生矣**오 **在天成象**코 **在地成形**하니 **變化**ㅣ **見**(현)**矣**라

  하늘은 높고 땅은 낮으니 乾과 坤이 정하고, 낮고 높음으로써 베풀어지니 貴와 賤이 자리하고, 움직임과 고요함이 항상함이 있으니 剛과 柔가 판단되고, 사물의 성질별로 類를 모으고 물건으로써 무리를 나누니 吉과 凶이 생하고, 하늘에서는 象을 이루고 땅에서는 形을 이루니 〈여기에 무궁한〉變化가 나타나는 것이다.

- 天:하늘 천 ・尊:높을 존 ・地:따 지 ・卑:낮을 비 ・乾:괘 이름 건, 하늘 건 ・坤:괘 이름 곤, 땅 곤
- 定:정할 정 ・矣:어조사 의 ・高:높을 고 ・以:써 이 ・陳:펼 진, 늘어놓을 진 ・貴:귀할 귀 ・賤:천할 천
- 位:자리 위 ・動:움직일 동 ・靜:고요할 정 ・有:있을 유 ・常:항상 상 ・剛:굳셀 강 ・柔:부드러울 유
- 斷:끊을 단 ・方:모 방 ・類:무리 류 ・聚:모일 취 ・物:만물 물, 일 물 ・羣:무리 군 ・分:나눌 분
- 吉:길할 길 ・凶:흉할 흉 ・生:날 생 ・在:있을 재 ・成:이룰 성 ・象:모양 상, 코끼리 상 ・形:모양 형

・變:변할 변 ・化:될 화 ・見:나타날 현

總說
卦로 나타나기 이전의 천지 자연의 이치를 설명하고 있다.

各說

- 天尊地卑하니 乾坤이 定矣오:①공자 우주론의 第1聲이다. 하늘은 존귀하고 땅은 비천하다고[1] 한 것은 사물의 위치[位]를 두고 한 말이다. 이를 잘못 해석하면 남존여비(男尊女卑) 사상에 빠지기 쉽다. 인간에 비유하면, 남녀가 각각 수행하고 있는 임무, 위치, 형상 등을 고려하여 한 말이지 남녀 차등을 두고 한 말은 아니다. 다만 남자가 핵심적이고도 주체적인 일을 하는 반면에 여자는 종속적이고 보완적인 일을 하며, 각자가 독자적이면서도 서로 관계를 맺고 있는 것을 말한다. ②天地乾坤(形而上下學)을 말하였으나 이 속에는 우주 대자연을 운용할 수 있는 인간이 존재한다는 뜻이 내포되어 있다고 보아야 한다. 天地, 乾坤이 존재한다 하더라도 여기에 '人'이 없다면 천지는 무용지물(無用之物)이 된다. 사람이 하늘을 머리에 이고 땅을 밟고 중앙에 존재하면서 천지의 모든 것을 운용, 이용하고 있다. 따라서 공자는 天尊地卑 속에 天地人 三才를 숨겨 놓았으며, 여기서 우리는 공자의 人本主義 사상을 엿볼 수가 있다. 또한 『주역』 원문이 乾卦와 坤卦로 시작되었다는 것은, 이 속에 자연스럽게 사람이 존재하고 있다고 보아야 한다. 이것이 공자의 우주관이고 주역관이라고 할 수 있다.[2] ③대자연이 존재하는 한 天地─尊卑─貴賤─優劣이 없을 수가 없는 것이 천지의 이치이다. 그러므로 공자의 第1聲인 "天尊地卑"는 대단히 중요한 뜻을 내포하고 있다.
- 卑高以陳하니 貴賤이 位矣오:天地乾坤이 정하여진 다음에 인간만 누리고 있는 貴賤을 말하였다. 이것은 천지를 운용할 수 있는 인간만의 貴賤이므로 자연히 등급이 있기 마련이다. 그래서 고귀(高貴)와 비천(卑賤)은 상대적이고 인위적인 사항이기에 그 位가 정하여져 있다.

---

1) 尊 뒤에는 貴가 따라 들어가고, 卑 뒤에는 賤이 따라 들어간다.
2) 대자연은 天開於子 地闢於丑 人生於寅으로 생성된다지만, 用을 하는 면에서 보면 天人地로 사람이 모든 것을 운용하고 있다. 따라서 『周易』은 用을 위주로 하여 쓴 것이니, 사람이 中道를 잡고 天地를 御天하고 활용하며 인용(引用)하는 것이다.

乾坤定矣 — 자연적이므로 정하여져 있음 — 先天
貴賤位矣 — 인위적이므로 位가 정하여짐 — 后天

● 動靜有常하니 剛柔ㅣ 斷矣오:큰 기운(태극)이 움직일 때를 動이라 하고 고요할 때를 靜이라 한다. ①'動靜有常'은 모든 사물에 통용된다. 이 우주에 존재하는 모든 물체는 움직이고 있으면서 또한 정지하고 있다.3) 다만 육안(肉眼)으로 볼 수 없을 뿐이다. 결국 常 속에 動과 靜이 포함되어 있으며, 언제나 상호 관계를 가지고 윤회하고 있다. ②无極이 極하면 太極이 되고 태극이 극하면 무극이 되는 것이 動靜有常이며, 이는 動極則靜하고 靜極則動의 이치와 같다. ③'常'은 일정하다는 뜻이다. 또한 천부지성(天賦之性)을 뜻하기도 하며, 五常4)(五典)의 뜻도 된다. 즉, 우리 인간의 動靜은 인간사 모든 것을 말하고, 이러한 것이 五常 속에 포함되어 있다는 것이다. 한마디로 말해 動할 때 動하고, 靜할 때 靜하는 것이 常이다. ④공자는 사물관(事物觀)에서 만사만물을 動으로 보았다. 우리의 마음도 動하는 가운데 있으므로 우리는 靜을 가지려고 노력하고 있는 것이다. 이것이 工夫5)요, 修道요, 敬이요, 觀이라고 할 수 있다.6)

$$方以類聚 \downarrow$$

太極의 氣運 〈 動 — 陽 / 靜 — 陰 動/靜 〉 常(曲) → 天賦之性(中正之道)

④태극이 음양을 내포하고 있다는 것은 動하고 있다는 뜻이고, 无極이 太極과 상호기근(相互其根)으로 윤회하고 있음을 뜻하기도 한다. 복희씨가 처음으로 시획팔괘(始劃八卦)한 것은 이 우주의 사물이 여덟 가지의 형태로 動하고 있다는 뜻이기도 하다.

動이 極則靜, 靜이 極則動 : 互爲其根 → 動하고 있다

---

3) 형이하학적으로 그 예를 들어보면, 팽이나 바퀴를 많이 돌리면 그냥 서 있는 것처럼 보인다. 이는 움직이면서 정지 상태에 있는 것과 같다. 즉, 動이 極하면 靜이다. 이 세상에는 靜한 것은 하나도 없다. 만약 動하지 아니하면 死物이다.
4) 五常之德은 仁·禮·義·智·信을 말한다.
5) 움직이는 가운데 고요한 것을 찾는 것이 工夫다.
6) 亞山 선생님은 이 動靜有常에서 1주일 간 고생했다고 한다. (一岡註)

⑤태극의 운동이 動靜有常이다. 모든 사물의 움직이는 과정은 태극 운동의 연속이라고 할 수 있다. 이것은 곧 전기의 흐름을 말한다. 이것을 태극의 원리에서 살펴보면 다음과 같다.

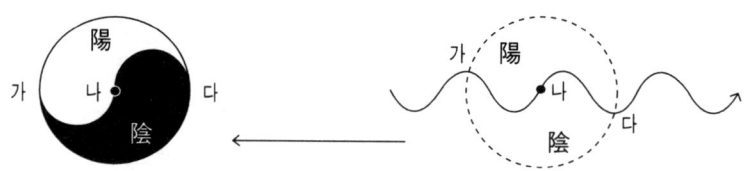

위의 나선형 그림이 광선 혹은 전기 파장이라 한다면 이 속에는 태극이 부분적으로 다 들어 있다고 할 수 있다. 어떤 물체든 동하는 데는 위의 그림처럼 파장을 가지고 움직인다. 그 움직이는 한 과정, 한 과정이 태극의 원리로써 움직인다고 하겠다. 따라서 태극 속의 '가~나~다' 내곡선의 연장이 나선형 파장이라고 볼 수 있다. 전기 흐름의 표시나 곡선 '가~나~다'의 위치는 태극의 '가~나~다' 그것과 뜻이 같은 것이다. 다시 말하여 ⑥전기의 흐름을 나타내는 기호가 곧 태극의 원리이며, 음양의 가름을 표시 하는 곡선이 바로 전기의 부호라고 볼 수 있다. 즉, 양극(+) 음극(-)의 전기가 합쳐져야 불이 오는 것처럼 모든 조화가 이 속에는 있는 것이다. ⑦전기의 흐름은 무수히 많은 태극의 인자가 모여서 움직이는 형태가 전기의 흐름 곧 어떤 물체의 움직임이라고 할 수 있다. 이처럼 정지된 것처럼 보이지만 끊임없이 움직이는 형태를 설명한 것이 動靜有常이라고 할 수 있다.

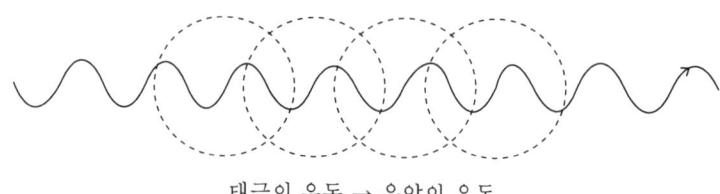

태극의 운동 → 음양의 운동

⑧지구의 운동을 말한 것이다. 三才之道의 用으로써 설명하였다.7)

---

7) 天道는 陰陽이요, 地道는 剛柔요, 人道는 仁義(貴賤)로 나타난다.

```
天尊地卑  ―  乾坤定矣  =  天
卑高以陳  ―  貴賤位矣  =  人
動靜有常  ―  剛柔斷矣  =  地
```

⑨주역은 사람의 일상생활이 動靜有常, 즉 動을 위주로 한 학설이다. 사람은 動=出, 靜=入 곧 出入이라 규정할 수 있다. 다시 말하여 집 밖으로 나가서 활동하고, 집 안으로 들어와서 고요하게 있는 것, 動靜 두 가지밖에 없다. 이것은 활동함에서 剛할 자리에는 剛하고, 柔할 자리에는 柔하도록 마음적으로 판단을 한다는 뜻이다. 이 판단은 결국 常이 하는 것이다. 모든 일에도 剛柔로써 판단하여 사용하여야 하며 動靜에서 吉凶이 생긴다.

- 方以類聚코 物以羣分하니 吉凶이 生矣오:剛柔를 어떻게 사용하는가를 설명한 구절이다. ①'方以類聚'는 大分類이고 '物以羣分'은 小分類라고 할 수 있다. 이것은 모든 사물을 性質, 종류별로 구분하여 놓은 것을 말하며, 方以類聚와 物以羣分은 공자의 事物觀을 표현한 말이다. ②사물이 반듯하게 구각이 지도록(方, 사물의 성질별) 같은 類로써 모아 놓고, 물건은 무리로써 분류 구분하여 이해한다면 이 속에 내재해 있는 이치는 자연히 알게 된다. 이 결과로 길흉이 여기에서 생성된다는 것이다. 다시 말하여 方以類聚 物以羣分을 잘 할 수 있는 사람이면 吉이요, 그렇지 못하면 흉하다는 뜻이기도 하다. 공자는 우주의 만사 만물을 이렇게 보았다는 것이다. 이것은 곧 무슨 일이든지 보면 다 알 수가 있었다는 뜻이 아니겠는가?
  - 『事文類聚』, 『方藥合編』, 『醫方類聚』:『사문유취』(事文類聚)는 모든 사물을 성질과 종류별로 모아 놓은 책이다. 이것은 類聚와 羣分의 내용이 포함된 뜻이다. 『방약합편』(方藥合編)과 『의방유취』(醫方類聚)는 여러 가지 한약제들을 성질별로 모아 정리한 책이다. 이 책들의 내용과 명칭은 "方以類聚 物以羣分"에서 인용되어 나왔다.
- 在天成象코 在地成形하니 變化ㅣ見矣라:①하늘의 象은 형이상학이요, 땅의 形은 형이하학이다. 그 결과로 변화가 나타나며, 여기서 인간의 무궁한 조화가 나타난다. 이 구절에서 사람은 나타내지 아니하였으나 "變化ㅣ見矣라"고 한 것은 사람이 볼 수가 있다는 뜻이다. 이것은 用으로써 하늘과 땅의 변화를 볼 수가 있다는 것이니 이 속에 사람이 자연히 존재하는 것이다. "變化見"을 연구하고 알아내려는 것이 주역이다.

```
在天成象 ― 天,  在地成形 ― 地,   變化見矣 ― 人(見=現)
```

道 ― 上學 ― 變　化　見　矣:방향 제시
德 ― 下學 ― 力行[德＝悳(直+心)]:道가 제시한 방향으로 실천

예)天命之謂性이오 率性之謂道ㅣ오 修道之謂敎ㅣ니라 (『中庸』第1章)
　　하늘이 명령한 것을 일러 性이라 하고, 性에 따르는 것을 일러 道라 하고, 道를 닦는 것을 일러 敎라 한다.
　　[설명]도를 실천하는 방법론이 교육이다. 교육을 통하여 도를 실현하는 것이 가장 바람직하기 때문이다.
②대자연이 우리 인간에게 알려 주기 위하여 변화가 나타나 있다. 이 변화의 나타남을 먼저 보고 이해하는 사람은 吉之先見者이다. ③"成象, 成形"에서 알맞는 말이 없어서 이룬다는 뜻의 '成'을 가져와 썼다.

※ **보충 강의**
1) 위의 문장을 총체적으로 분석 종합하여 보면, 결국 動靜有常에서 方以類聚와 物以羣分한 사물을 알아야 剛柔를 판단할 수 있다. 어떤 종류, 어떤 성질, 어떤 근원, 어떤 이유에서 이루어져 있는가를 알아야 한다. 이것이 바로 事物觀이다.

　　象 ― 在天成象 ┐
　　數 ― 在地成形 │하늘과 땅의 이치를 근본으로 해서 인간에게 결부시켰다
　　理 ― 變化見矣 ┘(天道＝地道＝人道)

2) 『역경』을 알고자 하면 事理(사물의 이치)를 알아야 하며, 또 시대 변천의 世情을 알아야 하며, 여기에다 지극한 정성(自彊不息)이 있어야 한다.
3) 繫辭에서 공자의 우주관과 사물관을 본다면 다음과 같다.

　天尊地卑 剛柔 ― 吉凶　　상대적인 내용으로 본다면 優劣이 없을 수가 없는
　卑高以陳 貴賤 ― 吉凶　　것이다. 이는 지구가 생성될 때부터 나타났다고 할
　類聚群分 象形 ― 吉凶　　수 있다.

4) 공자는 위의 문장에서 사물을 위주로 한 학설을 펼쳤다.

　　　天　尊　地　卑 ― 天地 → 形而下學 ┐
　　　在天成象, 在地成形 ― 天地 → 形而下學 ┘下學:사물 위주의 학설이다

또 한편으로는 형이상학과 형이하학의 조화 속에서 대자연이 변화하는 것을 보고 이치를 알아냈고, 인간의 사물관도 物과 心으로써 조화를 이루고 있다는 것을 알아냈다.

形而上學的: 象 — 在天成象 乾坤定矣
形而下學的: 形 — 在地成形 剛柔斷矣

이와같이 우주관과 사물관을 다 안다면 공자와 같은 분이라고 할 수 있다. ①우주 속의 모든 이치를 다 알고 있는 사람, 즉 공자와 같은 사람을 聖人(100% 달성)이라고 한다. ②치곡(致曲)[8]으로써 모든 이치를 알아서 목적을 달성하는 자를 賢人[9](50% 이상 달성)이라 한다. ③致曲도 되지 못하고 이치의 주변을 맴돌면서 헤매는 사람을 통칭해서 士人(30~50% 달성)이라고 한다. ④일반 대상의 보통 사람으로 대자연의 이치나 사물에 대한 인식 및 생각조차 하지 아니하는 사람을 凡人(10~20% 달성)이라고 한다. 凡人→ 士人 → 賢人 → 聖人 → 天(士希賢, 賢希聖, 聖希天『通書』)

5) 주염계의 无極論을 알아 보자. 이 이론은 주염계의 「太極圖說」에 실려 있다.

太極而无極
无極而太極 〉 0 = 1   무극이요 태극이다. 곧 없는 것 그것 하나가 태극이다.

无極而太極 → 動靜有常의 원리와 같다(周子의 발견)

太極生兩儀란 시간적(時間的) 생성론이 아니라 논리적(論理的) 생성론으로 보아야 한다. 결국 태극이 음양을 낳는 것이 아니라 태극 속에 음양이 존재한다. 「계사」 首章에서는 공자의 우주관을 철안(哲眼)으로 힘주어 피력하였는데 周子가 无

---

[8] 한 모퉁이를 이룬다는 뜻으로 공부를 할 때 초지일관으로 추진해 나아가도록 하라는 것이다. '反復其道'. 즉 우물을 파도 한 우물만 파서 그 물을 먹는 것과 같다. 곧 전문성을 말한다.
[9] 宋朝六賢: 시대순으로 나열하면 다음과 같다. 周子(濂溪), 程子(明道), 程子(伊川), 張子(橫渠), 邵子(康節), 朱子(熹)

極論을 제창하여 공자의 본의(本義)를 재확인시켜 주었다. 그래서 얻어진 별명이 무극옹(无極翁)이다.

> 예)無極而太極. 太極動而生陽. 動極而靜. 靜而生陰. 靜極復動. 一動一靜, 互爲其根. 分陰分陽, 兩儀立焉. 陽變陰合, 而生水火木金土. 五氣順布, 四時行焉. 五行一陰陽也. 陰陽一太極也. 太極本無極也. 五行之生也, 各一其性. 無極之眞, 二五之精, 妙合而凝. 乾道成男, 坤道成女. 二氣交感, 化生萬物. 萬物生生而變化無窮焉……(「太極圖說」)

무극이면서 태극이다. 태극이 動하여 陽을 生하고 動이 지극하여 靜하게 되며, 靜하여서 陰을 生한다. 靜은 또 지극하여 다시 動하게 되는데 이같이 한 번 動하고 한 번 靜하는 것이 서로 뿌리가 되어 음과 양으로 분리되며 여기서 비로소 양의(兩儀)가 성립된다. 양이 변하고 음이 합하여 수화목금토를 生하고 이 오행의 氣가 고루 퍼져서 四時가 운행하게 된다. 오행은 곧 하나의 음양이고 음양은 곧 하나의 태극이며, 태극은 본래 무극이다. 오행의 생성에는 각각 하나의 性을 지니게 된다. 무극의 眞은 二, 五의 精氣와 묘하게 화합하여 응결(凝結)하매, 乾道는 남성을 이루고 坤道는 여성을 이룬다. 이 두기운이 서로 감응하여 만물을 生하며 만물이 生하고 또 生하여 무궁하게 변화하여 간다……

是故로 剛柔ㅣ 相摩하며 八卦ㅣ 相盪하야

이런 까닭으로 剛과 柔가 서로 얽혀지며, 팔괘가 서로 곱하여,

・是:옳을 시 ・故:옛 고, 원래 고 ・相:서로 상 ・摩:갈 마, 얽을 마, 어그러질 마 ・八:여덟 팔 ・卦:걸 괘 ・盪:곱 탕

總說

팔괘 및 64괘의 생성 이론을 밝혔다.

各說

● 是故로:①위에서 말한 공자의 우주관과 사물관이 이렇게 되어 있는 緣故로의 뜻이다. 곧 앞에서 말한 이론이 맞게 설명이 되어 있고, 그 논리의 정연함을 시인하고 또 그것을 토대로 하여 다음의 이론을 전개하고자 할 때 쓰는 용어이다.「계사전」에는 是故로, 故로 등의 말이 많이 나온다. 그러므로 이 용어가 지시하는 내용과 뜻을 알게 되었다면「계사전」이 말하고자 하는 뜻을 이해했다고 볼 수 있다. ② '是故'는 전체적이고 포괄적인 내용을 가리킬 때 쓰인다. 즉, 앞의 말이나 뜻을 총괄하여 말할 때 쓰인다. 이에 반해 '故'는 부분적인 뜻을 말하거나 지엽적인 내용

을 가리킬 때 쓰인다.
- 剛柔ㅣ 相摩하며 : ①剛柔가 서로 얽혀 있다는 것이다. 자연의 이치[天道]를 地道의 원리에 부합시키기 위하여 剛柔로 표시한 것이다. ②태극 속의 음양이 서로 물고 얽혀 돌아서 四象이 이루어지고 순차적으로 다음 단계가 이루어지는데10) 이 태극 속에 내재해 있는 음양의 분리선, 이것이 剛柔相摩이다. 크게 본다면 천지의 상교를 뜻하기도 한다. 이렇게 相摩가 되고 三才法으로 나아가면 팔괘를 곱하게 되어 64괘가 생성된다.

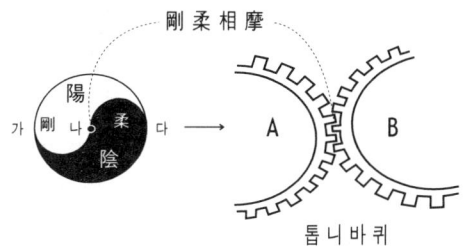

※ '가·나·다'의 선이 相摩이다.
※ 가~나, 즉 剛(陽)이 A톱니바퀴에 해당하고, 나~다, 즉 柔(陰)가 B톱니바퀴에 해당한다고 보면 된다.

- 八卦ㅣ 相盪하야 : ①剛柔相摩의 원리로 팔괘가 생성되고 팔괘가 서로 자승(自乘;1生2法, 2進法으로 팔괘가 이뤄졌다는 뜻이다)하여서 64괘가 자동적으로 이루어진다는 것이다. 현대 화학의 원소 주기율표가 바로 팔괘의 원리로 되어 있으나 易에서는 相盪이므로 원자의 변화보다 더욱 세분(細分)되어 있다. ②伏犧八卦次序圖와 64괘 생성 이론이 이 속에 비사체(秘辭體)로 들어 있다.

太極 → 陰陽 → 四象 → 八卦 → 64卦 → ……

六 十 四 卦 ↑								八卦相盪의 결과
坤	艮	坎	巽	震	離	兌	乾	剛柔相摩(1生2法)의 결과
太 陰		少 陽		少 陰		太 陽		
陰				陽				
太 極								

鼓之以雷霆하며 **潤之以風雨**하며 **日月**이 **運行**하며 **一寒一暑**하야

---

10) 시간적 생성이 아니라 논리적 생성으로 이해하기 바란다. (一岡註)

두드리되 우레와 번개로써 하며, 윤택하게 하되 바람과 비로써 하며, 해와 달이 운행하며, 한 번 춥고 한 번 더워서,

· 鼓:두드릴 고, 북 고   ·之:이 지, 갈 지   ·雷:우레 뢰   ·霆:번개 정, 천둥 소리 정   ·潤:윤택할 윤
· 運:돌 운   ·行:갈 행   ·寒:찰 한   ·暑:더울 서

總說

팔괘를 대자연의 풍경에다 비유하여서 합리화시킨 내용이다.

各說

● 鼓之以雷霆하며:①우레와 번개로써 자연을 고동(鼓動)시켰다. 즉, 우주 대자연의 고동을 의미한다. 四時가 그러하고 봄이 되면 모든 생물이 싹이 터서 나오는 것은 우레와 번개로써 자연을 고동시키는 경로를 거치기 때문이다. ②자연의 소리는 雷霆의 동작으로 나타난다. 또한 雷霆은 天地의 상교가 있어야 생성되므로 雷霆이 천지를 뜻하기도 한다. 雷霆의 모습을 묘사한 글을 인용하여 보자.

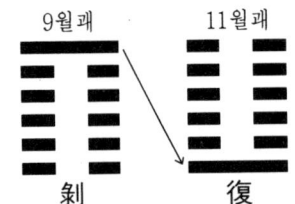

예1) 象曰 復亨은 剛反이니 動而以順行이라 是以出入无疾朋來无咎ㅣ니라 反復其道七日來復은 天行也ㅣ오 利有攸往은 剛長也글새니 復에 其見天地之心乎ㄴ져 (復卦「象辭」)
象에서 말하기를 "復亨은 剛(陽)이 되돌아옴이니 〈剛이〉 움직여서 순리적으로 행함이라. 이것이 出入无疾朋來无咎이다. 反復其道七日來復은 하늘의 행함이요, 利有攸往은 剛(陽)이 자라나는 것이니, 復에 그 천지의 마음을 볼 것인져!"라고 하였다.

예2) 冬至子之半 天心无改移 一陽初動處 萬物未生時
玄酒味方淡 大音聲正希 此言如不信 更請問包義
동지 正子時하고 또 그 중간에 天心은 옮길 수 없다. 처음으로 한 양이 생하여 움직이는 곳이며 만물은 아직 나지 아니한 때이다.
냉수 맛은 바야흐로 담담한데 大音은 정히 希聲만 들린다. 만약 이 말이 믿기지 않으면 복희씨를 불러 다시 물어보아라.
[설명]윗글은 소강절의 시로써 復에 其見天地之心의 웅장, 거대한 대자연의 이치를 담담한 冷水와 大音의 希聲에다 비교, 확언하였다. 또한 자연 운행의 신비성에 대하여 감탄한 시이다. 여기서 希聲은 가릴 수 없을 정도의 큰 소리를 말하며, 5音(宮·商·角·徵·羽) 중에서 宮音에 해당한다. 包義는 복희씨를 뜻한다.

③鼓는 북이다. 북은 스스로 울어서 소리를 낼 수 없다. 북은 누군가가 외부에서 두드려야 하고 자극을 주어야 소리가 난다. 즉, 대자연에는 이치나 변화는 있지

만 길흉은 존재하지 않기에 사람의 이용 여하에 따라서 길흉이 생긴다. 따라서 세상만사에 주된 것은 사람이다.11)

```
鼓 之 一       人  ⎫
                  ⎬ 三才之道
雷 霆 一 天 地    ⎭
```

- 潤之以風雨하며:바람과 비로써 윤택하게 쏟아주어야 한다. 즉, 물(潤)이 모든 만물의 생성과 성장의 근원이 되는 원동력이라는 것이다.

```
八  卦 : 八卦相盪. 鼓之以雷霆, 潤之以風雨, 日月運行 → 一寒一暑
 ↑
四  象 :
 ↑
陰  陽 : 剛柔相摩
 ↑
太  極
```

乾道ㅣ成男하고 坤道ㅣ成女하니
乾의 道가 남자를 이루고, 坤의 道가 여자를 이루니,

總說
앞 문장의 내용을 이어받아 대자연의 이치를 인사적으로 비유하여 설명하고 있다.

各說
- 乾道ㅣ成男하고 坤道ㅣ成女하니:①하늘의 도는 남자에 비유할 수 있고, 땅의 도는 여자에 비유할 수 있다.12) 즉, 하늘을 닮은 꼴은 남자가 되고, 땅을 닮은 꼴은 여

---

11) 天地人의 三才之道에서 天道와 地道의 위력은 대단히 크다. 시시각각으로 변화하는 대자연의 현상은 그림처럼 우리 인간 앞에 전개되어 있다. 우리가 이것을 이용하고 알아서 대처하는 지혜가 없다면 대자연의 존재 가치는 없을 것이다. 이것은 곧 우리 인간에 의해 자연의 위대함이 입증되고 있다는 뜻이기도 하다. 우리가 어느 정도로 자연을 이용하며, 그것의 현상을 어떻게 대처할 것인가를 모색하는 방법이 진정한 공부가 아닐까? 이것이 바로 우리가 역학을 찾고 이치를 추구하는 所意가 아닐까 한다.

12) ①꼭 남자, 여자로 규정된다는 뜻이 아니라 될 수도 있다는 뜻이다. 剛柔로 본다면 한 곳에 얽매여 있으면 아니 된다. 陰도 剛體하고 柔用이라야 좋다. 즉, 여자도 건장하면서 유순하여야 한다.
② 乾坤→天地→陰陽→男女, 즉 乾(陽)을 남자에 비유하고 坤(陰)을 여자에 비유할 수 있으나 절대

자가 된다는 것이다. ②"成男~成女"에서 成의 '이룬다'는 의미 외에도 爲의 뜻도 있다. 적절한 표현 방법이 없어 '成'字로 한 것이다.

乾道 — 天道 — 陽 — 成男 ⎫
坤道 — 地道 — 陰 — 成女 ⎬ 대자연의 이치를 거시적으로 표현(비유)하였다

乾知大始오 坤作成物이라

乾은 크게 시작함을 알고, 坤은 사물 이룸을 가진다.
・知:알 지 ・始:처음 시, 비롯할 시, 시작할 시 ・作:지을 작, 맡을 작

總說

乾道와 坤道를 남녀에 비유하여 설명하고 있다.

各說

● 乾知大始오:'知'는 주장한다, 주관한다의 뜻으로도 풀이가 가능하나 여기에서는 智의 뜻이 함축되어 있으므로 "안다"라고 풀이하는 것이 좋다.
● 坤作成物이라:坤은 乾의 힘을 받아서 어떤 사물을 이루는 힘을 가진다는 것이다. 즉, 坤은 无成而代有終의 뜻이 담겨져 있으므로 作成物이라고 하였다.
  예) 陰雖有美나 含之하야 以從王事하야 弗敢成也ㅣ니 地道也ㅣ며 妻道也ㅣ며 臣道也ㅣ 니 地道는 无成而代有終也ㅣ니라 (坤卦 「文言傳」)
  음이 비록 아름다움이 있으나 머금어서(含章可貞) 왕(양)의 일에 순종하여 감히 이루지 못할 것이니, 〈이것은 종속적이며 수동적인〉 땅의 도리이며 처의 도리이며 신하의 도리이니, 땅의 도는 이룸은 없지만 〈건도를 받아〉 대신하여 마침이 있을 것이다.

적인 것은 아니다. 아래 四象의 그림에서 보듯이 음 속에 양이 있을 수 있고, 양 속에도 음이 존재할 수 있으니 乾은 남자요, 坤은 여자라고 단정적으로 말할 수 없다. 따라서 그저 成男成女라고 하였고 坤卦에서도 牝馬之貞이라고 한 것으로 보아도 알 수 있다.

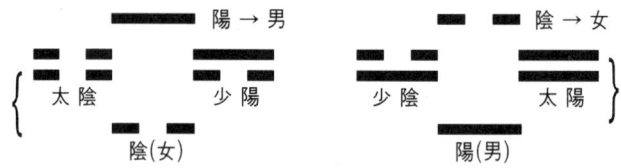

```
┌ 乾知 → 形而上學 → 心      大始(種子) → 元  始 → 男 子
└ 坤作 → 形而下學 → 物      成     物 → 代有終 → 女 子
```

乾以易(이)知오 坤以簡能이니

乾은 쉬움으로써 알고, 坤은 간략함으로써 능하니,
· 易:쉬울 이 · 簡:간단할 간, 대쪽 간 · 能:능할 능

總說

자연적인 음양 관계가 이루어짐을 말했으며 남녀 관계로 비유하여 말할 수 있다.

各說

● 乾以易知오 : 乾은 독립된 능력으로 자연을 御天할 수 있는 능력이 있음을 말하였다. 남녀 관계로 비유하면 남자가 16세가 되면 陽氣가 발동하여 부부의 화락을 용이하게 행사할 수 있다는 것이다.

```
陽 ─ 남자 ─ 7, 少陽(體) → 8, 少陰(用):16세, 64세
陰 ─ 여자 ─ 8, 少陰(體) → 7, 少陽(用):14세, 49세
```

● 坤以簡能이니 : 坤은 일정한 시기가 되면 乾의 능력을 이어받아서 종속적으로 수동적인 자세에서 따라준다는 뜻이기도 하다. 남녀 관계로 비유하면 여자는 그저 수동적으로 간략하게 따라주는 능력만 있으면 부부 화락이 이루어질 수 있다는 것이다.

```
┌ 乾 ─ 天 ─ 陽 ─ 男子 ─ 易知
└ 坤 ─ 地 ─ 陰 ─ 女子 ─ 簡能
```

乾坤 → 天地 → 易簡 → 夫婦之和[13] → 无我狀態─殊塗[14] ─道通境地

---

13) 夫婦之和는 귀납법으로 2→1이 되는 형태이다. 부부는 육체적으로는 둘이지만 내부적으로는 1이다. 2가 1이 될 때 이것이 무아의 경지요, 도통의 경지라 볼 수 있다. 우리 인간의 夫婦之理에다 이러한 진리를 묻어 놓았다.
14) '殊塗'는 「계사전」하 제5장에 나오는 말이다. "子曰 天下ㅣ 何思何慮ㅣ리오 天下ㅣ 同歸而殊塗하며 一致而百慮ㅣ니 天下ㅣ 何思何慮ㅣ리오:공자께서 말씀하시기를 '천하에 무엇을 생각하고 무엇을

예) 君子之道는 造端乎夫婦ㅣ니 及其至也하야난 察乎天地ㅣ니라 (『中庸』 第12章)
  군자의 도는 부부의 관계로부터 발단되는 것이니, 그 지극한 데에 이르러서는 천지에 나타나게 되는 것이다.
  [설명] 윗글의 중용 사상은 易簡과 상통된다. 일본의 유명한 학자 櫻澤이 易簡을 화두(話頭)로 걸고 연구하였는데 우리의 일상생활 속에서 맺어지는 부부관계에 착안하여 4차원의 세계를 맛 본 학자이다.

```
乾以易知 → 知 ⎫                    ⎧ 易 → 乾:形而上學(大哉라 乾乎여)
           ⎬ 知能 → 良知良能    〈
坤以簡能 → 能 ⎭                    ⎩ 簡 → 坤:〈形而上學的〉形而下學
```

易(이)則易知오 簡則易從이오 易知則有親이오 易從則有功이오 有親則可久ㅣ오 有功則可大ㅣ오 可久則賢人之德이오 可大則賢人之業이니

 쉬운즉 쉽게 알 수 있고 간략한즉 쉽게 따르며, 알기 쉬운즉 친함이 있고 쉽게 따르면 공이 있으며, 친함이 있으면 오래 갈 수 있으며 공이 있으면 위대할 수 있으며, 오래 할 수 있음은 현인의 덕이요, 위대할 수 있음은 현인의 업이니,
·從:좇을 종 ·親:친할 친 ·功:공 공 ·可:가히 가 ·久:오랠 구 ·賢:어질 현 ·業:업 업, 일 업

總說
易簡의 해설로서 단계적으로 설명하고 있다.

各說
● 簡則易從이오 : 여자(陰, 坤)에 대한 설명이다. 순종하기가 쉽다고 한 것은 陰(坤)의 수동적 본성을 말한 것으로 後하면 得한다는 것이다. 즉, 陽(乾)이 시키는 대로 하는 것이 순종하는 것이다.
 예) 先하면 迷하고 後하면 得하리니 主利하니라 (坤卦 卦辭)
  먼저하면 아득하고 뒤에 하면 얻으리니 이로움을 주장한다.
  [설명] 인사적인 측면을 설명한 것으로 종자를 심어주는 방법을 말한 것이다. 또 양이 음보다 뒤지면(음이 양을 제치고 능동적이면) 아득하고, 음이 수동적이면 얻는 바가 있으니, 이는 건의 종자를 얻게 되는 이로움이 있다는 것이다.

염려한단 말인가. 천하가 무아지경으로 함께 돌아가며 백 가지 생각이 하나로 돌아가니, 천하에 무엇을 생각하고 무엇을 염려할 것인가?'고 하셨다"

- 易知則有親이오: 乾이 친해야 坤에게 종자를 줄 수 있는 것이다. 陽의 心性이 발휘되는 발단을 말한 것이다.
- 易從則有功이오: 坤道의 사명을 다하여 종자를 받아 심으면 좋은 결실을 맺게 된다는 것이다. 坤道의 无成而代有終也이다.

  예)陰雖有美나 含之하야 以從王事하야 弗敢成也ㅣ니 地道也ㅣ며 妻道也ㅣ며 臣道也ㅣ니 地道는 无成而代有終也ㅣ니라 (坤卦「文言傳」)
  음이 비록 아름다움이 있으나 머금어서[含章可貞] 왕(양)의 일에 순종하여 감히 이루지 못할 것이니, 〈이것은 종속적이며 수동적인〉 땅의 도리이며 처의 도리이며 신하의 도리이니, 땅의 도는 이룸은 없지만 〈건도를 받아〉 대신하여 마침이 있을 것이다.

- 有親則可久ㅣ오: 일시적으로 한 번하고 마는 것이 아니라 항구적으로 오래 지속하는 것이다. 자강불식(自彊不息)하는 乾道를 말한다.
- 有功則可大ㅣ오: 坤이 乾의 종자를 받아서 결실을 가져오게 하는 것은 대단한 일이며 큰 일이라는 뜻이다. 陰이 하는 위대한 일이다.

※ 위의 문장은 易簡에 대한 알기 쉬운 해설이다. 이것을 남녀에 비유하여 설명하여 보자.

   1) 易 → 易知 → 有親 → 可久 → 賢人之德 — 形而上學 — 能動的
   2) 簡 → 易從 → 有功 → 可大 → 賢人之業 — 形而下學 — 受動的

단계적 설명이다. 성인의 경지를 말하자면 "乾以易知오 坤以簡能이니"의 문장에서 끝나야 한다. 즉, 夫婦之理로부터 도통경지를 찾아서 행한다는 것이다. 더 이상 말이 불필요하다. 하지만 위의 문장은 보통 사람이 하는 일상생활의 지극히 평범한 것에서 易簡까지 이치를 알기 쉽게 풀이하고 있다. 또한 일반적인 德業을 비롯하여 남녀의 화락(和樂)을 일시적으로 말초 신경을 자극하는 도구로만 생각하지 않고 易簡으로 갈 수 있는 길을 열어 놓았다. 이는 현인(賢人)의 경지를 말한다. 1)은 남자에게는 독립적인 위력과 능동성이 있음을 말하고 있으며, 2)는 여자의 근본적인 이치를 말하였으니, 남자의 힘을 받아 빛이 나고 가깝게는 종자를 받아 생산할 수 있다. 이것이 有從이며 결과적으로 有功이 되는 것이다. 또한 형이하학적인 事業으로 우리에게 보여주고 있다.

易簡而天下之理ㅣ 得矣니 天下之理ㅣ 得而成位乎其中矣니라

易簡에서 천하의 〈모든〉이치를 〈궁구하여〉얻을 것이니, 천하의 이치를 얻음에 〈사람의〉位가 그 가운데에 이루는 것이다.

· 理:이치 리, 다스릴 리 · 得:얻을 득 · 乎:~에 호

總說

人位의 道가 성취되어 비로소 三才之道가 이루어짐을 설명하고 있다.

各說

● 易簡而天下之理ㅣ 得矣니:①성인의 지위라야 易簡으로써 천하의 이치를 다 헤아려 얻을 수가 있다는 뜻이다. 이러한 결과로 대자연을 이용, 운용할 수 있으며, 天地의 位를 합한 것이 人位라는 人乃天 사상을 엿볼 수가 있다. ②易簡은 夫婦之理로부터 시작하여 모든 것을 알아내도록 하라는 것이다. 천하의 이치를 '得'하는 과정을 『대학』에서 인용하여 보자.

  예)知止而后에 有定이니 定而后에 能靜하며 靜而后에 能安하며 安而后에 能慮하며 慮而后에 能得이니라 (『大學』經1章)
    머물 데를 안 뒤에 定함이 있으니, 定한 뒤에야 능히 고요하고, 고요한 뒤에야 능히 평안하고, 평안함이 있은 뒤에야 생각할 수 있으며, 생각한 뒤에야 얻을 수 있다.

● 天下之理ㅣ 得而成位乎其中矣니라:①천하의 이치를 다 헤아려 얻을 수가 있으면 인간은 하늘과 땅의 중간에서 三才의 一位 곧 人位를 이룰 수가 있다.

  예)致中和ㅣ면 天地ㅣ 位焉하며 萬物이 育焉이니라 (『中庸』第1章)
    中和의 德을 극진하게 하면 천지가 각각 위치하며, 이로써 만물이 육성되는 것이다.
    [설명]"天地ㅣ 位焉하며"는 天地의 位를 뜻하며 "萬物이 育焉이니라"는 人位를 뜻한다. 이처럼 『주역』과 『중용』은 서로 표리 관계에 있다. 아래 그림처럼 天地人의 순서로 생겼났으나 실제 운용에서는 天人地의 순서로 되니 인간이 가운데 하고서야 천지도 존재하고 느낄 수 있는 것이다.

②천지의 이치를 알았다는 것은 사람이 알고 있다는 것을 의미하기도 한다. 따라서 공자 자신이 알았다는 것이니 天地人合一說에 입각하여 天地의 位처럼 人位도 같은 위치에 놓여질 수가 있는 것이다. 그러므로 공자는 하늘과 같은 존재이며, 땅과 같은 존재이며, 天=地=人=孔子(혹은 天+地=人=孔子)라는 것이다.

右15)는 第一章이라

---

15) 이 책의 편집상 右라는 표현은 부적절하고 上이라고 하는 것이 정확하다. 그러나 원문 그대로 기재하는 것이 이 책의 편집 원칙이므로 원문대로 했다. 이 이하도 이 원칙을 그대로 통용하여 편집하였다. (編輯者註)

제2장

제1장에서는 공자의 우주관과 사물관을 설명하였고, 본 장에서는 易의 구성 요소(構成體)를 중심으로 공자의 주역관을 설명하고 있다.

聖人이 **設卦**하야 **觀象繫辭焉**하야 **而明吉凶**하며

성인이 괘를 베풀어서 상을 관찰하고 말을 매어 길흉을 밝히며,

·聖:성스러울 성   ·設:베풀 설   ·觀:볼 관   ·象:그림 상   ·繫:맬 계   ·辭:말 사   ·明:밝을 명

總說
복희, 문왕, 주공의 삼대 성인의 글로써 길흉을 밝혀 낼 수 있다는 내용이다.

各說
- 設卦하야: 복희씨의 시획팔괘(始劃八卦)를 말한다. 卦는 无에서 有로 제작한 것으로 가상(假象)의 상이다. 철안(哲眼)으로 보아야 그 이치를 알아 볼 수 있다.
- 觀象繫辭焉하야: 문왕의 卦辭와 주공의 爻辭를 말한다.
- 而明吉凶하며: 하늘과 땅은 길흉이 있을 수 없으며, 길흉은 사람이 느껴서 이루어지는 것이다. 즉, 길흉은 사람을 인연으로 해서 생기는 하늘과 땅의 관계이다.

『주역』은 지나간 3대 성인의 주역관을 걸고 공자가 집대성한 경전이다. 4대 성인이 주역을 보는 방향은 각기 다르다. 여기서 공자가 보는 역학 설명을 새겨 보도록 하자.
1) 象: 어떤 진리를 물건(물체)에 부쳐서 말하였다. ― 物之近者也
   형이하학(물건)에 비유하여 설명되었으며 만물의 대표적인 형태를 象이라 한다. 모든 진리가 이 象 속에 내포되어 있다.
2) 變: 象, 곧 물건(물체)은 시시각각으로 변한다. 그러므로 우주 대자연의 형체가 변하는 것을 보고 이치를 알아내는 것이다.
3) 辭: 대자연의 象, 變을 기록하여 둔 것이 辭이다. 괘사, 효사, 십익 등으로 형상을 말로써 기록한 것이다.
4) 占: 象, 變, 辭에 대한 길흉 판단이 점이며, 앞에서 말한 知能의 발휘이다. 우리의 모든 활동이 점이고 대자연의 현상이 점이다.[1]

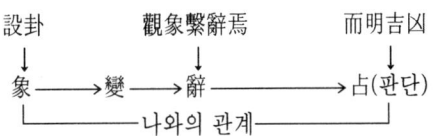

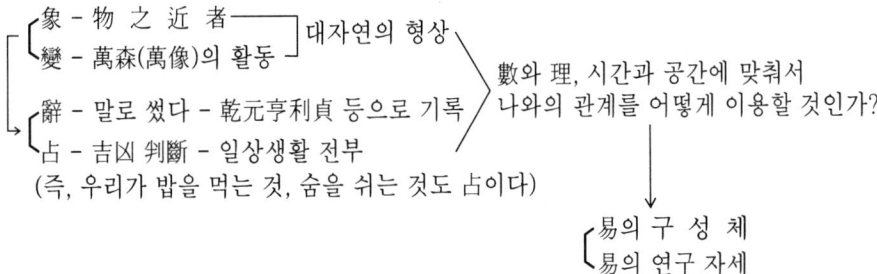

※ 象과 變은 대자연의 형상(形象)이요, 辭와 占은 대자연 형상을 기록한 것이다. 이 속에는 자연적으로 數와 理가 따르게 되어 있으며, 여기에 시간적(時間的) 개념과 공간적(空間的) 개념이 붙여져 있다. 이 시간은 나와의 관계(關係)를 말하는 것이다. 위의 이치로 되어 있는 내용이, 나와 어떤 관계에 있으며 나에 대한 이용도가 어떠한

---

[1] 예를 들어 숨을 쉬고 들이마시는 것도 점이며, 아침 먹고 점심을 준비하여 먹고 저녁을 준비하며 먹는 것도 점이다. 또 오늘 해가 돋았으니 내일은 해가 몇 시에 돋을 것이다 등 모든 우리의 일상생활이 점으로서 우리는 이 점 속에서 살고 있다.

가를 연구 검토하는 것이 『주역』이다. 이러한 모든 것이 갖추어져 있는 것이 바로 『주역』이라고 공자는 말하였다.

剛柔ㅣ 相推하야 而生變化하니

剛과 柔가 서로 추이(推移)하여 변화를 생성하니,

· 推:옮길 추 · 而:말 이을 이

總說

앞의 문장을 이어서 좀더 세부적으로 설명하고, 길흉의 방법론을 말하고 있다.

各說

● 剛柔ㅣ 相推하야 而生變化하니 : ①형이하학의 質로써 해설하였다. 즉, 剛柔의 형이하학(地道)적 변화가 陰變陽化(陰或陽變, 陽或化陰)로 일어나게 된다는 것이다. 지금까지 剛柔라고 하였지 陰陽이라고 하지 아니한 것으로 보아 눈에 보이는 질적인 면으로 설명하고 있다. ②우리가 살고 있는 지구상에는 강유의 추이로 인해서 무수히 많은 변화가 일어나고 있으며, 이 변화로 말미암아 인간의 역사가 이루어지며 은현기몰(隱顯起沒)의 법칙에 따라 발전해 나간다. 여기서 相推는 차차 변하는 것을 의미한다.

```
       ┌ 氣로서는(氣的인 표현) : 心 - 形而上學 - 天道 - 陰 陽 ┐
       └ 質로서는(質的인 표현) : 物 - 形而下學 - 地道 - 剛 柔 ┘ 人道 - 仁義(春秋)

   火  水
   │  │  } 質的인 표시      · 質 - 火는 올라가고 水는 내려간다
   上  下
   │  │  } 氣的인 표시      · 氣 - 火는 내려가고 水는 올라간다
   下  上
```

是故로 吉凶者는 失得之象也ㅣ오 悔吝者는 憂虞之象也ㅣ오

이런 까닭으로 吉과 凶이란 얻고 잃는 상이요, 悔와 吝이란 근심하고 걱정하는 상

이요.
· 得:얻을 득 · 失:잃을 실 · 悔:뉘우칠 회 · 吝:인색할 린 · 憂:근심할 우 · 虞:헤아릴 우

總說
易과 나와의 관계가 어떠한 것인가를 설명하고 있다.

各說
- 是故로:대자연(역학)이 이렇게 되어 있는데 나와의 관계는 어떻게 되어 있는가?
- 吉凶者는 失得之象也ㅣ오:而明吉凶에서 점을 통하여 길흉이 판단이 된다고 하였다. 좀더 구체적 표현이 失得之象이다. 吉凶이라는 형이상학적인 사물관에서 得失(=吉凶)의 형이하학적인 우리의 일상생활과 관련하여 설명한 것이다.
- 悔吝者는 憂虞之象也ㅣ오:길흉과 같은 뜻으로 풀이 된다. 悔吝은 형이상학적인 표현이며, 憂虞는 형이하학적인 표현이다. 悔吝은 그저 막연하지만 憂虞는 우리와 함께 생활하고 있다.

```
⎧ 悔 ― 憂 ― 心的 ― 형이상학적 표현
⎩ 吝 ― 虞 ― 物的 ― 형이하학적 표현
```

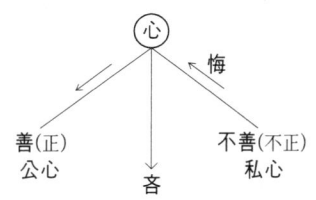

```
⎧ 心 → 吝 → 悔  → 吉 → 得, 憂, 善
⎩ 心 → 吝 → 不悔 → 凶 → 失, 虞, 不善
```

※ 우리 인간 세상에 4대 생활 표본이 있다면 吉·凶·悔·吝이라고 할 수 있다. 吉은 凶·悔·吝을 거쳐서 얻어진다. 우리가 공부를 하며 갈구하는 것도 어떻게 하면 吉을 더 오래 간직할 것인가의 방법을 찾는 것이다. 『중용』에서 말한 "修道之謂敎"에서의 修道는 아마도 吉을 오래 가지려는 방법을 찾는 일일 것이다.

變化者는 進退之象也ㅣ오 剛柔者는 晝夜之象也ㅣ오 六爻之動은 三極之道也ㅣ니

變하고 化하는 것은 나아가고 물러가는 상이요, 剛하고 柔한 것은 낮과 밤의 상이요, 육효의 움직임은 삼극의 도이니,
· 進:나아갈 진 · 退:물러날 퇴 · 晝:낮 주 · 夜:밤 야 · 爻:효 효 · 動:움직일 동 · 極:다할 극

總說
길흉을 밝히는 것에 대한 확대 해설을 하고 있다.

各說
● 變化者는 進退之象也ㅣ오 剛柔者는 晝夜之象也ㅣ오 : ①吉凶은 得失로, 變化는 進退로, 悔吝은 憂虞로, 剛柔는 晝夜의 상으로 표현하였으나 결코 이것이 각각 분리되어 있는 것은 아니다. 다만 여러 가지 방법으로 설명한 것으로 모두 상통되는 이치라 할 수 있다. 위에서 말한 而明吉凶의 확대 해설이라 할 수 있다. 인간에게는 때에 따라서 유리한 방향, 방법으로 나아가려고 노력하고 있다. 즉, 이것이 二而一이며, 无極而太極이며, 태극 속에 음양이 존재하고 있는 이치와 같다. 인체의 감각 기관 중에 눈과 귀가 있는데 이 눈과 귀는 외부로 각각 2개씩 있지만, 내부에서는 하나로 서로 통해져 있기에 외부로 나타나는 사물에 대한 판단 역시 하나로 된다. 이것이 一生二이며, 二而一이라고 할 수 있다. 이처럼 우리의 공부 방법도 이와 같다. 즉, 궁리(窮理) 공부는 一生二요, 진성(盡性) 공부는 귀일법(歸一法)으로 二而一이라고 할 수 있다. 공부는 이 두 가지를 병행(並行, 相摩)하여야 한다. 공자 역시 이 두 가지를 강조하였다.
  • 窮理 공부 : 대자연의 이치를 알아내는 것을 말한다. 1생2법, 2생4법……
  • 盡性 공부 : 敬 공부, 정신 공부 등 영통(靈通)으로 나아가는 것을 말한다. 2而1, 歸一法

②陰에서 陽으로 가는 것은 進이요, 陽에서 陰으로 가는 것은 退다. 또 음효에서 양효로 가는 것은 進이요, 양효에서 음효로 가는 것은 退다. 또 不善에서 善으로 가는 것은 進이요, 善에서 不善으로 가는 것은 退다. 그리고 夜暗에서 晝明으로 가는 것은 進이요, 晝明에서 夜暗으로 가는 것은 退다. 이것을 四象과 數로써 비유하여 보자면, 6(老陰), 7(少陽), 8(少陰), 9(老陽)이

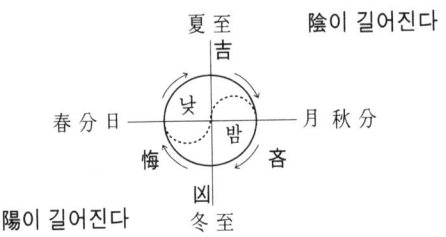

다. 老陽이 변하여 少陰이 되면 9가 8이 된 셈이니 退가 되고, 老陰이 변하여 少陽이 되면 6이 7이 된 셈이니 進이 된다.

- 六爻之動은 三極之道也ㅣ니 : 三極之道는 天地人(三才)의 지극한 이치이며, 모든 변화의 방법은 삼극의 도로 움직인다. 六爻之動은 양이 음이 되고 음이 양이 되는 것을 말한 것이고, 또 육효의 움직임은 소성괘의 天地人(三極)이 움직이는 원리에 나타나 있다는 것이다. 이것은 괘의 내부에 존재한다.[2]
  - 三極은 三才가 極하여 발동하는 것을 말하며, 三才는 天地人의 바탕을 의미하는 것으로 하늘은 하늘이 되는 材木을 가지고 있으며, 땅은 땅이 되는 材木을 가지고 있으며, 소는 소가 되는 材木을 가지고 있으며, 사람은 사람의 재목이 될 수 있는 바탕을 가지고 있으니 이것이 三才之道다.

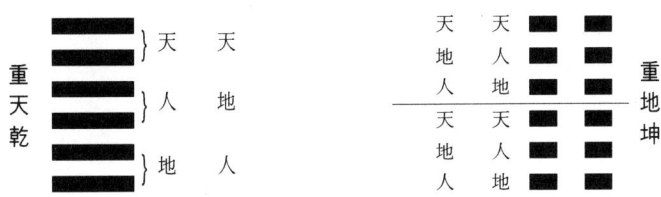

위의 도표는 바로 三極之道에서 나왔다. 三極之道란 사람의 인자(因子)가 사람을 낳고, 콩은 콩을, 외씨는 외를 거둬들이겠끔 各正性命해 놓은 것을 말한다. 여기서 인자(因子, 元素)가 바로 極이다. 이것이 현대 과학에서 말하는 에너지 항존율(恒存率)이라고 할 수 있다.

天──三極
地──三極] 각각 특유의 기운을 가지고 있으니, 이것이 바로 에너지 항존율이다.
人──三極

是故로 君子ㅣ 所居而安者는 易之序也ㅣ오 所樂而玩者는 爻之辭也ㅣ니

이런 까닭에 군자가 〈평소 집에〉 거처하여 평안한 자는 易의 차례를 알고 살아가는 것이요, 즐거워하며 〈세상을〉 완미하는 자는 효의 말을 잘 살펴서 이에 응하여 살아가는 것이니,

---

[2] 공자의 「계사전」은 역학의 관점을 이해할 수 있도록 한 것이니 어디까지나 상하경 64괘의 原文에 근거한 것이라야 한다. 原文을 공부하지 않은 채 「계사전」에 대한 공부를 하는 것은 무의미한 것이며 무가치하다. 그저 성인의 글이니 운자(韻字)도 맞추어 놓았고 글의 조화가 있어, 단지 기분이 우쭐해지는 것 외에는 아무 것도 없다. 그러므로 반드시 「계사전」은 64괘 원문에 근거한 해설이라는 것을 잊어서는 아니 되며 만약 「계사전」부터 먼저 읽었다고 한다면 아주 잘못된 바이다.

·居:있을 거 ·安:평안할 안 ·序:차례 서 ·樂:즐길 락 ·玩:구경할 완 ·辭:말 사

總說
인간의 생활, 즉 군자의 거락(居樂)을 『주역』과 결부시켜서 말하고 있으며 『주역』 속에는 이러한 이치가 내포되어 있다는 것을 설명하고 있다.

各說
- 是故로:위에서 말한 여러 가지 사항을 다 알고 있으므로.
- 所居而安者는 易之序也 ㅣ오:평소에 거시적으로 대자연의 흐름을 알고 있으면서 살아가는 자는 마음이 평안하며, 이것을 모르고 사는 자는 근심과 걱정이 있다. 다시 말해 마음이 편해지려면 대자연의 원리가 담겨져 있는 주역의 원리를 들여다 보라는 것이다. 여기서 '安'은 憂와 상대적인 뜻을 가지고 있다. 所居而安者→易之序也
  · 易之序:대자연의 원리, 흐름, 형상. 즉, 태극→음양→사상→팔괘→64괘.
- 所樂而玩者는 爻之辭也 ㅣ니:화락(和樂)과 낙천(樂天)을 더욱더 상세하게 보거나, 가지거나, 완미하려고 하는 자는 역을 미시적으로 깊이 탐구한다는 것이다. 즉, 64괘 속에 세분되어 있는 효의 내용을 들여다 보고 그 속에 있는 대자연의 흐름을 안다는 것이다. 다시 말해 즐거움을 갈구하는 사람은 『주역』의 384효를 보도록 하라는 것이다.3) 여기서 '玩'은 깊이 탐구한다는 뜻이다. 所樂而玩者→爻之辭也

易之序→所居而安者 ⎫ 인간 생활, 즉 군자의 거락(居樂)을
爻之辭→所樂而玩者 ⎬ 『주역』과 결부시켜 말하였다.

是故로 君子ㅣ 居則觀其象而玩其辭하고 動則觀其變而玩其占하나니 是以自天祐之하야 吉无不利니라

이런 까닭에 군자가 〈집에〉 거처할 때는 〈대자연의〉 형상을 관찰하며 계사를 깊이 탐구하고, 〈군자가〉 행동할 때는 〈대자연의〉 변화를 관찰하여 점을 탐구하는 것이니, 이로써 하늘로부터 도와 길하여 이롭지 아니함이 없다.

---

3) 所居而安者의 예를 들면 중국 東晋末의 시인이었던 陶潛(淵明)을 들 수 있다. 그 사람은 팽택현령(彭澤縣令)에서 물러나 전원 생활을 하면서 살았다. 즉, 대자연 속에서 진리를 알아 생활한 사람이다. 특히 작품 중에서 애국송(愛菊誦)과 귀거래사(歸去來辭)가 유명하다.

・自:~로부터 자 ・祐:도울 우 ・无:없을 무 ・利:이로울 리

總說

군자가 성인이 지은 易을 체득(體得)하여 실천하는 모습을 설명하고 있다.

各說

- 是故로:위에서 말한 바와 같이 그렇게 되어 있으므로.
- 觀其象而玩其辭하고:여기서의 '象'은 『주역』속의 모든 상, 곧 64괘와 384효의 상을 말한다. '玩'은 『주역』속의 모든 상을 바탕으로 해서 평이하게 해설한 「계사전」을 탐구하는 것을 뜻한다. 곧 궁리(窮理) 공부를 뜻하기도 한다.
- 動則觀其變而玩其占하나니:易理를 탐구하여 그 상이 동적(動的)인 상태로 변하게 되면 점으로써 길흉을 판단하여 모든 것을 알고 행한다는 것이다. 그러나 대자연에 순응(順應)해야지 역천(逆天)을 해서는 아니 된다.
  예1)極數知來之謂ㅣ 占이오 通變之謂ㅣ 事ㅣ오(「繫辭傳」上 第5章)
  수를 궁구하여 미래를 알아내는 것을 점이라 이르고, 변화에 통달하는 것을 일이라 이른다.
  [설명]우리의 모든 일상생활이 점이다. 즉, 배 고프면 밥 먹는다든지, 돈을 버는 것 등이 점이라 할 수 있다. 그러나 점은 기인취물(欺人取物)하려는 인간들의 나쁜 속성 때문에 문제가 된다.
  예2)易有聖人之道ㅣ 四焉하니 以言者는 尙其辭하고 以動者는 尙其變하고 以制器者는 尙其象하고 以卜筮者는 尙其占하나니(「繫辭傳」上 第10章)
  易에는 성인의 도가 네 가지 있으니, 역으로써 말을 잘 하려고 하는 자는 〈기록된〉 그 말을 숭상하고, 역으로써 행동을 하려는 자는 그 변화를 숭상하고, 역으로써 그릇을 만들려고 하는 자는 그 형상을 숭상하고, 역으로써 복서를 하는 자는 그 점을 숭상한다.
  [설명]①'尙其辭'는 문장가가 되고자 하는 자는 역학을 공부해야 한다는 말이며, ②'尙其變'은 陰變陽化의 이치를 알고자 하는 자는 역학을 공부하라는 말이며, ③'尙其象'은 물건을 만들고자 하는 자는 象부터 알아야 한다는 말이다. 이것을 발전시킨 것이 과학기술의 진흥이라고 볼 수 있다. 마지막으로 ④'尙其占'은 미래를 예측하고자 하는 자는 역학을 해야 한다는 말이다.
- 是以自天祐之하야 吉无不利니라:천리(天理)에 순응하고 인륜(人倫)에 어긋나지 아니하는 선행을 하려는 자에게는 하늘로부터 천복(天福)이 내려진다는 것이다. 이로써 적선(積善)이 얼마나 중한 것인가를 우리에게 일깨워 주고 있다.

예) 上九는 自天祐之라 吉无不利로다 (火天大有卦 上九爻辭)
　　上九는 하늘로부터 돕는 것이니, 길하여 이롭지 않음이 없다.

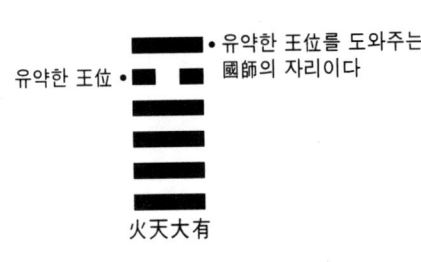

[설명]①대유괘는 일오중천 시기를 말해주고 있다. 특히 상구효의 설명이니 中天을 마지막 가는 때4)에 順天을 하며 주역 속에서 모든 것을 찾아야 할 것이다. ②대유괘는 육오효를 제외하고는 전부가 陽(剛)爻이다. 조정이나 초야에 어진 군자들만 가득 차 있는 것을 의미한다. ③상구효를 周公에 비유하였다. 육오효의 유약한 임금(成王)을 도와서 섭정을 하였으니 仁政을 베푼 주공과 같은 사람이면 이섭대천은 가능할 것이 아니겠는가? ④공자는 앞서간 성인 중에서 주공을 가장 높이 숭배하였으니5), 이는 각 문헌에 잘 나타나 있다. 공자과 주공은 약 500여 년의 차이는 있으나 공자는 주공과 상견상종(相見相從)하였던 것으로 기록되어 있다. 이것은 영적인 상봉이 아니고는 이루어질 수 없는 것이 아닐까?

```
        ┌ 居則(靜止狀態) → 觀其象 → 玩其辭 ― 이치를 탐구 ┐
君子 ┤                                                       ├
        └ 動則(行動狀態) → 觀其變 → 玩其占 ― 길흉을 판단 ┘

         → 대자연에 순응 → 自天祐之吉无不利(무슨 일이든지 잘 된다는 것)
```

右는 第二章이라

---

4) 「계사전」상 제12장에 자세히 설명하고 있다. 제12장이 선천의 마지막이다.
5) 甚矣라 吾衰也며 久矣라 吾不復夢見周公이로다 (『論語』「述而」)
　　심하도다. 나의 쇠약함이여. 오래도다. 내가 다시 꿈에 주공을 보지 못하겠도다.

제3장

본 장은 주역의 이치가 담긴 용어들을 풀이함과 동시에 제2장에서 말한 공자의 주역관을 더욱 세분하여 구체적으로 설명하고 있다.

彖者는 言乎象者也ㅣ오 爻者는 言乎變者也ㅣ오
彖이란 象을 말하는 것이요, 爻란 변동하는 것을 말하는 것이요,
· 彖:단 단, 단사 단, 판단할 단 · 變:변할 변

總說
제2장의 첫머리에서 象, 變을 말하였으나 본 장에서 그것을 더 구체적으로 기술하고 있다.

各說
- 彖者는 言乎象者也ㅣ오:彖이라는 것은 괘상(卦象) 혹은 상왈(象曰)을 말한다.
- 爻者는 言乎變者也ㅣ오:爻란 九와 六이니, 陽이 陰이 되고 陰이 陽이 되는 변화를 뜻한다. 즉, 老陽, 老陰이므로 변하는 것이다. 또 변동(變動)은 8괘─64괘─384효 등의 변화를 말한다.

吉凶者는 言乎其失得也ㅣ오 悔吝者는 言乎其小疵也ㅣ오 无咎者는 善補過也ㅣ니

吉凶이란 얻고 잃음을 말하는 것이요, 悔吝이란 조그마한 병(病)을 말하는 것이요, 无咎란 착한 것으로써 허물을 잘 고친다는 것이니,

・悔:뉘우칠 회 ・吝:인색할 린 ・疵:흠 자 ・咎:허물 구 ・補:도울 보, 고칠 보 ・過:허물 과, 지날 과

總說
제2장의 형이상학적 설명을 좀더 구체적으로 형이하학적인 설명을 덧붙였다.

各說
● 吉凶者는 言乎其失得也ㅣ오:제2장의 "吉凶者는 失得之象也ㅣ오"는 형이상학적 설명인데 이것을 형이하학적으로 설명하였다. 변하는 노양, 노음의 상을 보고 이 속에서 길흉을 찾아볼 수 있다는 것이다.

● 悔吝者는:不善에서 善으로 나아가는 것이 悔이며, 반면에 善에서 不善으로 나아가는 것을 吝이라고 한다. 이것은 길흉 판단의 기점이 된다. 따라서 吉의 시초가 悔라면 凶의 마지막이 悔라고 할 수 있다.[1] 悔則吉이요 吝則凶이다.

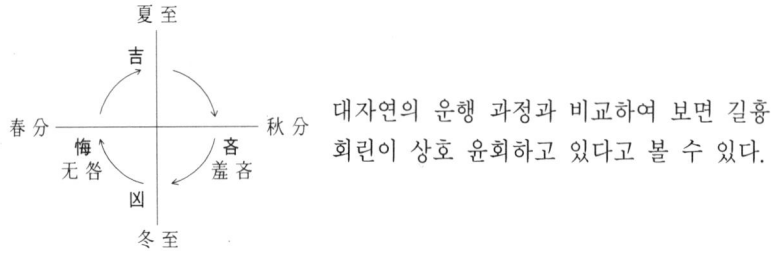

대자연의 운행 과정과 비교하여 보면 길흉 회린이 상호 윤회하고 있다고 볼 수 있다.

---

[1] 나쁜 짓을 하는 자가 자신의 행위가 不善이라는 것을 알고 뉘우쳐서 善으로 돌아가게 되면 吉로 가는 것이니 悔야말로 길흉, 곧 흉에서 길로 가는 중간에서 판단의 기점이 된다. 그러나 인색한 마음에서 헤어나지를 못하고 그대로 자꾸 가면 흉한 것이다. 우리 인생살이를 크게 보아서 吉凶悔吝의 네 범주로 나눌 수 있는데 우리는 언제나 吉을 얻기를 바라고 있다. 그러나 吉을 얻기보다는 凶과 悔吝을 없애는 방법을 찾아 처방하는 것이 바람직하다. 이러한 방법을 제시하고 있는 것이 『주역』이라고 생각한다. 따라서 『주역』은 피흉취길(避凶取吉)의 방법을 제시하고 있으며 避凶을 할 수 있다면 取吉은 자연으로 온다. 인간에는 양지양능(良知良能)의 능력이 있기 때문에 회린은 있지만, 인간 이외에는 길흉은 있을지라도 회린은 없다.

$$凶 → 悔 → 吉 \qquad 吉 → 吝 → 凶$$

- 言乎其小疵也ㅣ오: 길과 흉이 나타나지 아니하고 판단이 되지 아니한 상태이므로 조그만 흠이라고 하였다. 이러한 생각이 悔吝이다.
- 无咎者는 善補過也ㅣ니: ①无咎라는 것은 善으로써 허물, 잘못[過]을 보완한다는 것이다. 따라서 불선과 선 중에서 선이 이기면 无咎가 되며, 불선이 이긴다면 有咎가 되어 차차 흉으로 돌아간다는 것이다. ②허물[過]을 원 위치로 돌릴 수 있는 원동력이 선이며, 이것이 중용 사상이다. 즉, 착한 일을 하며 착하게 마음을 가져서 허물을 고쳐 나가는 것을 말한다. 곧 원점으로 돌아오는 것이다.

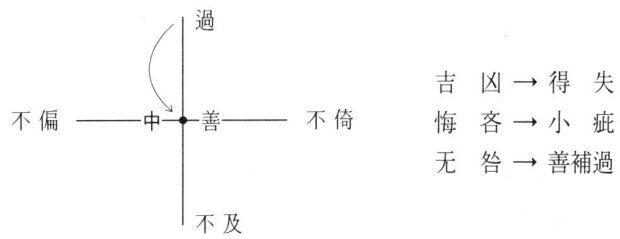

是故로 列貴賤者는 存乎位하고 齊小大者는 存乎卦하고 辯吉凶者는 存乎辭하고

이런 까닭에 귀천을 나열한 것은 자리에 있고, 대소를 가지런히 한 것은 괘에 있고, 길흉을 말하는 것은 辭에 있고,

· 列: 벌일 렬 · 賤: 천할 천 · 存: 있을 존 · 齊: 가지런할 제 · 辯: 말 잘할 변

各說

- 列貴賤者는 存乎位하고: 귀하고 천한 것은 인간이 존재하는 한 없을 수가 없는 것이다. 대자연의 원리가 그렇게 되어 있다. 공부하여 위대한 사람이 되겠다고 하는 것도 귀천의 位에 도전하는 것이라고 볼 수 있다.

　예) 天尊地卑하니 乾坤이 定矣오 卑高以陳하니 貴賤이 位矣오 (「繫辭傳」上 第1章)
　　　하늘은 높고 땅은 낮으니 乾과 坤이 정하고, 낮고 높음으로써 베풀어지니 貴와 賤이 자리하고,

또한 육효의 位에서 귀천을 찾아볼 수 있다. 位는 불변이므로 位에 따라서 귀천이 있을 수 있다.

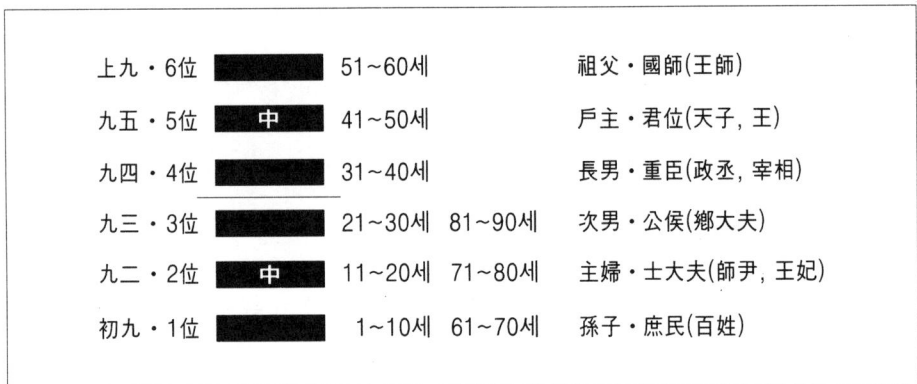

※ 소성괘로 구분하면 상응의 원리를 명확하게 알 수 있다.

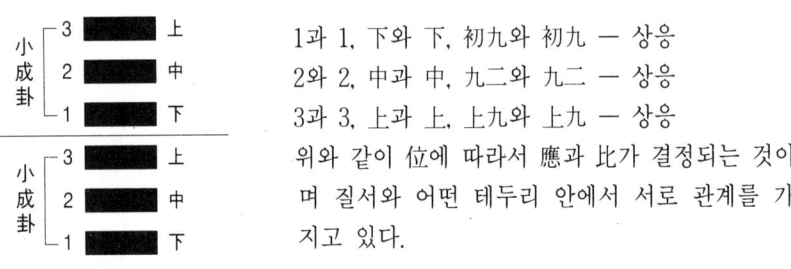

1과 1, 下와 下, 初九와 初九 — 상응
2와 2, 中과 中, 九二와 九二 — 상응
3과 3, 上과 上, 上九와 上九 — 상응
위와 같이 位에 따라서 應과 比가 결정되는 것이며 질서와 어떤 테두리 안에서 서로 관계를 가지고 있다.

上爻의 位는 國師, 王師, 軍師의 자리로 자기의 부하는 한 사람도 없을 뿐만 아니라 권력도 없이 오직 君位를 보좌하여 자기의 직분을 다하여야 한다. 이 자리는 의심받기 쉬운 자리이므로 잘못하면 역적으로 몰리기 쉽다. 그러므로 상구효는 聖人의 신분으로 오직 공정하고 至善의 사물관을 가진 사람이라야 한다. 이러한 것은 位가 그러하기 때문이다.

● 齊小大者는 存乎卦하고 : 小는 음을 뜻하고 大는 양을 말하였으니 괘 속에 알도록 해 놓았다는 것이다. 어떤 괘라도 대소(음양)가 정재(定在)되어 있으며 또 나타나 있다. 소성괘로 보아서 大小陰陽卦가 결정되어 있다. 음양 대소의 개념은 ☷☰지천태괘와 ☰☷천지비괘를 비교해 보면 명확히 알 수 있다.

예) • 泰는 小ㅣ 往코 大ㅣ 來하니 吉하야 亨하니라 : 泰는 작은 것은 가고 큰 것은 오니, 길하여 형통하다. (地天泰卦 卦辭)
• 否之匪人이니 不利君子貞하니 大往小來니라 : 否는 사람의 길이 아니다. 군자의 바름이 이롭지 못하니, 큰 것이 가고 작은 것이 온다. (天地否卦 卦辭)

繫辭傳上 제3장 43

坤	艮	坎	巽	震	離	兌	乾
☷	☶	☵	☴	☳	☲	☱	☰
陰卦	陽卦	陽卦	陰卦	陽卦	陰卦	陰卦	陽卦
母	少男	中男	長女	長男	中女	少女	父

● 辭吉凶者는 存乎辭하고:길흉을 말하여 놓은 것은 여러 辭(괘사, 단사, 상사, 효사, 계사) 속에서 길흉을 찾아 볼 수 있도록 해 놓았다는 것이다.

 예)初九는 潛龍이니 勿用이니라 (乾卦 初九爻辭)
 초구는 물 속에 잠긴 용이니 쓰지 말아라.
 [설명]때와 장소가 잠겨 있을 시기이니 사용하지 말라고 하였다. 그럼에도 불구하고 이를 거역하여 사용하고 나타났다면 반드시 흉하게 된다는 뜻이 이 효사 속에 내포되어 있다. 또 「계사전」은 『주역』 원문의 보충적인 해설이니 길흉 판단을 할 수 있는 이정표 역할을 한다고 볼 수 있다.

憂悔吝者는 存乎介하고 震无咎者는 存乎悔하니

 회린(悔吝)을 근심하는 것은 경계(곧, 幾微)에 있고, 움직여서 무구(无咎)하다는 것은 뉘우치는 데 있으니,
 ·憂:근심할 우 ·介:굳을 개, 절개 개 ·震:움직일 진, 벼락 진

各說

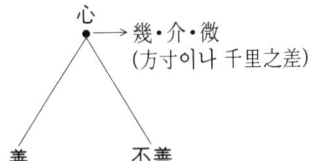

● 憂悔吝者는 存乎介하고:뉘우치고 부끄러워함을 근심하는 것은 介에 있다고 하였으니, 介는 幾요 微다. 雷地豫卦에 "介于石"이라는 말이 있다. 즉, 마음을 돌과 같이 굳게 가져서 불선으로 가지 않고, 만약 갔다면 불선에서 선으로 가는 것이 悔이다. 그러므로 介는 시발점의 起를 뜻하니 길흉의 미세한 시초라고 할 수 있다. 한마디로 介는 마음 작용의 초점이며, 선악변별지단(善惡辨別之端)이다.
 예)六二는 介于石이라 不終日이니 貞코 吉하니라

六二는〈자신의 뜻을〉굳게 지킴이 돌과 같다. 종일 기다릴 필요가 없으니 바르고 길하다.

- 震无咎者는 存乎悔하니:①震은 動이니 움직여서 허물이 없다고 하는 것은 뉘우치는 마음이 있는 것이다. 곧 无咎의 초점은 悔에 있다는 것이며 吉의 始發이라는 뜻이기도 하다. 기독교에서 말하는 회개(悔改)하는 것에 비유할 수 있다. ②震은 동방이요 東震이라는 말이 있으니 无咎와 悔는 吉이 되기 위한 시초이다. 홍이 다 가고 동방에 해가 밝았으니 희망의 아침이다. 오직 大吉의 자리에 나아가기 위한 거보(巨步)를 내딛는 처음이다. 이런 이유로 "无咎者는 存乎悔하니"로 하지 않고 비사체로 "震"이라는 글자를 넣은 것이 아닐까?

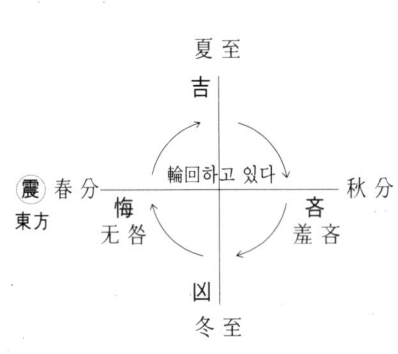

  悔 = 心(立心:善을 세워서)을 每(恒) → 吉
  吝 = 文(돈만 말하는 자) 口(言) → 凶

是故로 卦有小大하야 辭有險易하니 辭也者는 各指其所之니라

이런 까닭으로 괘에는 작고 큰 것이 있으며, 괘사 속에는 험하고 쉬운 것이 있으니, 괘사라는 것은 각기 그 가는 곳을 가리켜서 써 놓은 것이다.

· 險:험할 험 · 各:각기 각, 각각 각 · 指:가리킬 지

各說

- 是故로:위에서 말한 여러 가지가 다 되어 있으니.
- 卦有小大하야 辭有險易하니:64괘 속에는 양괘와 음괘가 있으며, 괘를 풀이한 괘사는 길고 복잡하게 쓰여져 있는 것과 간단하며 알기 쉽게 써 놓은 것이 있다는 말이다.

  小 ― 陰 ― 險 ― 문장이 길고 복잡하다 ― 坤卦 卦辭
  大 ― 陽 ― 易 ― 문장이 쉽고 간단하다 ― 乾卦 卦辭

● 辭也者는 各指其所之니라 : 각 괘의 險易를 말한 것은 자연 그대로를 가리켜서 그 이치를 해설하여 놓았다는 것이다. 즉, 자연의 이치대로 말하였으니 역학의 이치나 대자연 원리가 험한 것은 험한 대로 용이한 것은 용이한 것으로 풀이되어 있다는 뜻이다. 여기서 '之'는 어조사가 아닌 行으로 해석한다.

右는 第三章이라

제4장

　제1~3장까지는 주역의 원리만을 말하였으며, 본 장부터는 천지 조화를 말하고 있다.[1] 특히 본 장에서는 주역이 담고 있는 이치가 어떤 식으로 이루어지는가를 설명하고 있다.

易이 與天地準이라 故로 能彌綸天地之道하나니

　易이 천지와 더불어 수평하게 되어 있는지라. 그러므로 능히 천지의 도를 미륜(彌綸)하나니,
　·與:함께 여　·準:법 준, 고를 준, 평평할 준　·能:능할 능　·彌:두루 미　·綸:씨 륜, 짤 륜

各說
● 易이 與天地準이라 : ①易의 우주관을 말한 것이다. 주역은 천지의 도와 더불어 조금도 낮고 높고 빠짐이 없이 천지의 이치에 일치된다는 뜻으로 準이라고 하였다. 즉, 주역은 천지의 이치를 다 내포하고 있다는 뜻이다.

---

[1] 공자가 복희씨의 역, 문왕의 역, 주공의 역을 보고 64괘가 왕래를 하고 變易을 하여 어떤 조화를 부리는가를 설명한 것을 말한다. 이것은 繫辭에서 설명되어 있다. 이렇게 하여 십익(十翼)이 완성되어졌으며, 곧 變易, 交易의 설명이 십익이다.

- 知識水準:지식이 수평(水平)처럼 일정하게 같다는 뜻이다.
- 基準:어떤 목표의 도달점을 표현한 말이다.

②천지와 더불어 운행되는 내용을 기록한 것이 易이라고 한다. 태양을 중심으로 지구가 돌고 지구를 중심으로 달이 돌아가는 여러 가지 내용과 그 이치를 담고 있는 것이 易이다. 이 속에서 지동설을 알 수가 있다.

예1) 文言曰 坤은 至柔而動也ㅣ 剛하고 至靜而德方하니 後得하야 主而有常하며 含萬物而化ㅣ 光하니 坤道ㅣ 其順乎ㅣ져 承天而時行하나니라 (坤卦「文言傳」)
문언에서 말하기를 "坤은 지극히 부드러우면서도 움직임에는 강하고, 지극히 고요하면서도 〈땅의〉덕은 방정하니, 뒤에 하면(양을 따르면) 얻게 되어 利를 주장하여 〈음의 사명에〉떳떳함이 있으며, 만물을 머금어 〈坤〉빛을 발휘함이니, 坤의 도는 유순한 것인지라. 하늘(乾道)을 이어받아서 때에 알맞게 행하는 것이다.

예2) 彖曰 豫는 剛應而志行하고 順以動이 豫라 豫順以動故로 天地도 如之온 而況建侯行師乎여 天地ㅣ 以順動이라 故로 日月이 不過而四時ㅣ 不忒하고…… (雷地豫卦「彖辭」)
彖에서 말하기를 "豫는 강하게 응하여 뜻이 행하고 순으로써 움직이는 것이 豫이다. 豫는 順으로써 움직이므로 하늘과 땅도 이와 같은데 하물며 侯를 세우고 군사를 움직이는 데 있어서랴. 하늘과 땅이 써 순하게 움직이는지라. 그러므로 해와 달이 지나치지 않고 四時가 어긋나지 아니하고……

- 能彌綸天地之道하나니:역의 능력과 위력을 나타내고 있다. 역이 천지에 準의 능력뿐만 아니라 천지의 도, 즉 천지의 위력을 능히 두루두루 꿰매고 짜고 하여 모든 것을 요리할 수 있는 충분한 능력을 가지고 있는 것이 주역이라는 뜻이다. 여기서 '能'은 克, 實力을 뜻한다. '彌綸'은 베를 날줄과 씨줄로 짜는 형태로서 天地之道와 같은 형태로 요리한다는 뜻이다.
  - 彌縫策:임시로 꾸며 대어 눈가림을 하는 일시적인 계책.

天道＝地道＝人道
天 地 之 道 } 周易의 理致   〈 易의 地位→與 天 地 準
易의 能力→能彌綸天地之道

仰以觀於天文하고 **俯以察於地理**라 是故로 **知幽明之故**하며 **原始反終**이라 故로 **知死生之說**하며 **精氣爲物**이오 **游魂爲變**이라 是故로 **知鬼神之情狀**하나니라

우러러서는 천문(天文)을 보고 구부려서는 지리(地理)를 살피는지라. 이런 까닭에 유계(幽界)와 명계(明界)의 〈모든〉연고(진리)를 알며, 始를 근원으로 하고 終을 돌

이킨다. 그러므로 死生의 설도 알며, 精과 氣가 〈모아져서〉 物이 되고 魂이 유리(遊離)하여 변하게 되는지라. 이런 까닭에 귀신의 정상(情狀)까지도 알 수 있는 것이다.

· 仰:위로 쳐다볼 앙 · 俯:구부려 볼 부 · 察:살필 찰 · 幽:그윽할 유 · 故:연고 고 · 原:근원 원
· 始:처음 시 · 反:되돌릴 반 · 終:끝날 종 · 說:말씀 설 · 精:정밀할 정, 슳은 쌀 정 · 氣:기운 기
· 游:혼 놀 유 · 魂:넋 혼 · 鬼:귀신 귀 · 情:뜻 정 · 狀:형상 상

總說

앞 문장에서 말한 내용을 좀더 구체적으로 설명하고 있다. 그리고 인간의 위대성과 인간이 모든 것의 주체가 된다는 것을 알려 주는 문장이기도 하다.

各說

● 仰以觀於天文하고:천문은 하늘의 문채(文彩)를 말한다. 즉, 은하계를 뜻한다. 이것을 눈으로 다 볼 수가 없으니 눈을 감고 보아야 다 볼 수 있다. 이 말은 觀卦「단사」에서 "中正으로 以觀天下"라고 하듯 이 中正의 神眼으로 볼 수가 있다는 것이다. 곧 하늘의 변화하는 형상을 易으로 궁구하여 알아낼 수가 있다는 뜻이며, 이 행위는 형이상학적인 4차원 세계에서만 가능하다는 뜻으로 觀이라고 하였다. 우러러 천문을 보고 하늘의 변화를 알며, 구부려 지리를 살펴서 땅의 변화를 알아서 인간과의 관계를 알아내는 것이다. 즉, 천문과 지리를 관찰하여 人文을 알아낸다는 것이다.

예) 象曰 大觀으로 在上하야 順而巽하고 中正으로 以觀天下ㅣ니 觀盥而不薦有孚顒若은 下ㅣ 觀而化也ㅣ라 觀天之神道而四時ㅣ 不忒하니 聖人이 以神道設敎而天下ㅣ 服矣니라 (觀卦「彖辭」)

象에서 말하기를 "크게 보이는 것이 위에 있어, 〈대자연이〉 순순히 따르게 하고 중정〈의 덕〉으로써 천하에 보여주니, 觀盥而不薦有孚顒若은 밑에 있는 사람이 보고 감화를 받는 것이다. 하늘의 신비스러운 법칙을 보면 四時의 운행이 조금도 어긋남이 없으니, 성인이 신비한 도로써 가르침을 펴서 천하가 모두 감복하여 심복하게 되느니라"고 하였다.

● 俯以察於地理라:땅의 섭리(攝理)를 알아서 살펴 본다는 것이다. 땅의 이치는 형이하학으로 관찰할 수가 있는데, 우리가 살고 있는 지구, 즉 산과 물의 변화를 역 속에서 찾아 궁구할 수가 있다는 것이다.

天文 — 形而上學 — 觀　　　地理 — 形而下學 — 察

※ 三才에서 天地人의 순서가 되면 體가 되며, 天人地의 순서가 되면 用이 된다. 이 문장은 用으로 써 놓은 글이며, 사람이 중앙에 있기 때문에 仰天과 俯地라고 하였다. 즉, 사람이 中位에 있으면서 모든 이치를 관찰하여 변화를 알고 이에 대처해 나아가는 것이다. 곧 人位가 모든 것의 주체요, 주인으로서 변화에 대처해 나아가야 한다는 것이다. 이것은 계사의 저작자라고 할 수 있는 공자의 본의(本義)이기도 하다. 이러한 三才之道의 用으로 人位가 주체가 됨으로써 비롯되는 인간과의 관계를 설명한다면 다음과 같다.

- 知幽明之故하며: 어두운 곳(숨겨져 있는 곳)과 밝게 드러나 있는 곳의 연고(이치)를 알아낸다는 뜻이다. 또 사람이 죽고 사는 이치를 알아내는 것(知死生之說)이 역리 속에 있다는 뜻이다. 여기서 '幽'는 눈에 보이지 아니하는 곳, 즉 형이상학을 말하고, '明'은 눈에 보이는 곳, 즉 형이하학을 말한다. 한마디로 말해서 모든 것을 알아낸다는 뜻이다.

  幽 — 暗 — 밤 — 정신적 — 死 — 隱 …… 地, 陰
  明 — 明 — 낮 — 실질적 — 生 — 現 …… 天, 陽

- 原始反終이라: ①모든 사물의 시초를 근원하여 마치고 또 시작할 것인가. 死生의 이유, 즉 우리가 어떻게 나서 어디를 갈 것인가? 이것은 불교의 윤회학설과도 같다. 또한 지구는 어떻게 시작하여 어떻게 변화하여 갈 것인가를 설명한 것이 原始反終이며, 역학 속에 이러한 이치를 내포하고 있다는 뜻이다. 모든 일의 始와 終을 알게 되면 모든 이치를 다 알 수 있다. ②原始反終으로써 幽明之故를 알아낸다. 예를 들면 팔괘의 乾卦에서 震卦까지를 原始[明]라면, 巽卦에서 坤卦까지가 反終[幽]이 된다. 明이라 할 수 있는 乾卦에서 震卦까지의 과정과 원리만 알면, 자연히 幽라 할 수 있는 巽卦에서 坤卦까지를 자연히 알게 된다.

- 精氣爲物이오: 精氣가 모여져서 만물이 되었다. 사람은 무슨 정기로서 나는 것이고, 자동차는 무슨 정기로 만들어지는 것일까? 모든 물체(物體)는 정기를 적취(積聚)하여 생긴다.

  - 精—氣—神: 精氣神은 全宇宙를 움직이는 원동력의 모체(母體)라고 할 수 있으며, 모든 것이 정기신의 작용이라고 할 수 있다. 정기신은 한 측면으로만 각각 나타나서 분리되어 있는 것처럼 보이지만, 서로 결합이 되어 외부로 나타나는 것이니 많은 연구가 필요하다. 정기신은 불가분의 관계를 맺고 있으며 우주와 지구뿐만 아니라 사람

의 모든 것이 정기신의 힘으로 움직이고 작용한다고 볼 수 있다.

- 神:불가에서는 神을 무엇으로 표현하기 어렵기 때문에 묘용(妙用)으로 표현한다. 묘용은 현묘(玄妙), 즉 안 보이는 것이다. 따라서 神은 이치를 초월한 그 무엇이라고 할 수 있다. 張子(張載, 1020~1077)는 善, 不善으로 분리하지 않고 그 분리 직전 선, 불선으로 갈 수 있는 능력을 가진 그 무엇을 神이라고 말하였다.2)

● 游魂爲變이라:형체가 없는 혼이 노는 것은 변하는 것이 되었다. '魂'은 神의 이면(裏面)으로3) 사람이 어떤 충격을 받고 얼이 빠졌다고 할 때, 이 얼의 의미와 같다. 이것은 곧 정신이라는 말로 대체해 쓰이기도 한다. 또 사람이 죽는다는 것은 精氣와 魂이 분리[游]되는 것을 말하며, 知死生之說이기도 하다. 그리고 '游'는 심적(心的)으로 형이상학적인 의미로 쓰이고, '遊'는 물적(物的)으로 형이하학적인 의미로 쓰인다.

- 招魂:사람이 죽으면 육체[魄]4) 속에서 혼이 분리되어 흩어지게 되니 魂을 세 번 불러서 혼백함에 結(사람 모양)을 맺어 있게 하고 빈소를 지어서 모셔 놓는다.

● 知鬼神之情狀하나니라:형이상학적 내용을 알아낼 수 있다는 것으로 人位를 벗어난 영적(靈的)인 세계도 알 수 있다는 것이다.

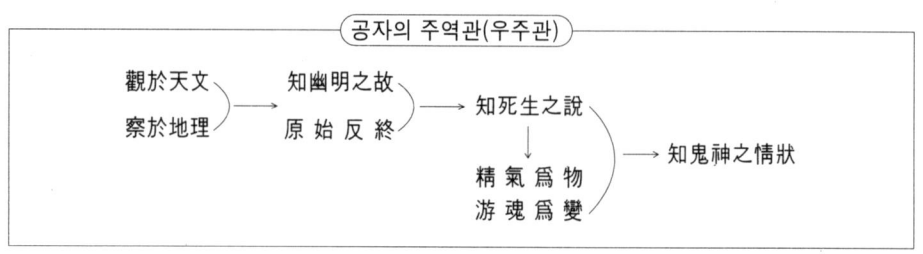

---

2) 神에 대한 것은 「계사전」상 제5장에서 설명하고 있다.
3) 인체(人體)에서 볼 때, 대뇌(大腦)를 통하여 느낀 것은 正道로 나아가고 소뇌(小腦)를 통하여 느낀 것은 꿈으로 나타나기 쉽다. 이것이 혼의 작용이다.
4) ≪日字의 특별 용어≫
 · 哉生魄:달의 그림자가 생기는 날, 곧 16일째의 달을 말한다. 16일. (哉:처음 재) · 死魄:달빛이 전혀 없는 날. 초하루. (魄:넋 백, 혼백 백, 달빛 백) · 旁死魄:달빛이 거의 없는 날. 초이틀. (旁:거의 방) · 哉生明:달이 밝아지기 시작한 날. 초사흘. · 旣生魄:달의 그림자가 생기는 날. 16일. (旣:다할 기, 잃을 기) · 月幾望:거의 望月이 됨. 14일 달밤. (幾:거의 기) · 月已望:달이 이미 望月이 됨. 15일 달밤. (已:이미 이) · 月旣望:달이 望을 잃은 날. 16일 달밤.

與天地相似ㅣ라 **故**로 **不違**하나니 **知周乎萬物而道濟天下**ㅣ라 **故**로 **不過**하며 **旁行而不流**하야 **樂天知命**이라 **故**로 **不憂**하며 **安土**하야 **敦乎仁**이라 **故**로 **能愛**하나니라

〈역의 이치가〉 천지와 더불어 서로 같은지라. 그러므로 〈조금도〉 어긋나지 아니하나니, 〈역리로써〉 만물을 두루두루 〈빠짐없이〉 알도록 하고, 〈역에는〉 천하를 건져줄 수 있는 道가 내포되어 있는지라. 그러므로 지나치지 아니하며 곁(中以外)으로 행해도 〈딴 곳으로〉 흐르지 아니하며, 하늘을 즐기고 命을 안다. 그러므로 근심하지 아니하며, 흙(자연)에 편안히 해서 仁을 돈독하게 한다. 그러므로 능히 사랑하는 것이다.

· 似:같을 사 · 違:어길 위 · 周:두루 주 · 濟:건널 제 · 過:지날 과 · 旁:곁 방, 클 방, 구석구석 방
· 流:흐를 류 · 命:명할 명, 목숨 명 · 敦:도타울 돈 · 愛:사랑할 애

總說

역의 원리를 앞의 문장과는 달리 다른 측면에서 조명하고 있다.

各說

● **與天地相似**ㅣ라 **故**로 **不違**하나니:주역의 이치와 천지의 이치는 서로 같다. 즉, 천지에 사시(四時)가 운행되고 삼라만상이 존재하여 各正性命으로 살아가는 것이 조금도 어긋남이 없으며, 천지의 이치에 인도(人道)의 이치가 모순되는 바가 없이 부합(符合)한다는 것이다. 즉, 天地와 더불어 人을 말한 것이다.

● **知周乎萬物而道濟天下**ㅣ라 **故**로 **不過**하며:주역 속에는 만물의 모든 것을 두루두루 알 수 있도록 기록되어 있고, 만천하를 구제할 수 있는 道(길)가 내포되어 있다. 또 이러한 점에서 조금도 어긋남이 없이 알맞게 담겨 있다는 것이다.

易 속의 모든 이치 〈 知-周乎萬物
　　　　　　　　　　道-濟 天 下

● **旁行而不流**하야:①구석구석 미치지 아니하는 곳 없이 역의 이치가 내포되어 있다는 뜻이다. 역학의 이치는 틀림이 없다는 것을 확신시킨 글이다. ②아닌 것 같지만 꼭 맞게 되는 것을 이른다. 또 험하고 날카로운 곳에 있어도 다치지 않고, 벼랑에 가도 떨어지지 아니한다는 것이다. 곧 中을 뜻하기도 한다. 不偏, 不倚, 無過不及의 뜻이 있다.

● **樂天知命**이라:역학을 알게 되면, 대자연 곧 하늘에 즐거워하고 천명(天命)을 알아

서 모든 것을 행한다. 만사 만물을 알고 자연의 이치를 알면 樂天知命이 되는 것이다. 樂天知命의 예를 들면 다음과 같다.

예1) 子曰 飯疏食飲水하고 曲肱而枕之라도 樂亦在其中矣리라 (『論語』「述而」)
  공자께서 말씀하시기를 "거친 밥 먹고 물 마시고 팔 베고 자더라도 즐거움이 또한 그 가운데 있는 것이다"고 하셨다.
  [설명] 땅을 자리로 돌로 베개하고 하늘을 이불 삼아 누워 있는 자, 대자연을 벗한 사람이라 아니할 수 없다. 이것이 곧 不憂이며 성인의 경지라고 할 수 있다. 그러나 성인은 자기 자신의 문제는 근심하지 않으나 온 천하의 일에는 우환 의식을 항상 가지고 있다.

예2) 子ㅣ 曰 賢哉라 回(某)也여 一簞食一瓢飮으로 在陋巷을 人不堪其憂이어늘 回(某)也ㅣ 不改其樂하니 賢哉라 回(某)也ㅣ여 (『論語』「雍也」)
  공자께서 말씀하시기를 "어질구나 회여(某여)! 한 그릇의 밥과 한 표주박의 마심으로 누항에서 사는 것을 사람이 그 고생을 견디지 못하거늘, 회(某)가 그 즐거움을 고치지 않으니, 어질다 회(某)여!"라고 했다.
  [설명] 안자(顔子)의 청빈한 삶이 이와 같은 데도 불구하고 처함이 태연하여 그 즐거움(道)을 해치지 아니하여, 樂道가 빈천(貧賤)에 의해 動心되지 않음을 지적할 수 있다. 공자가 두 번이나 어질다고 칭찬했으니, 안자의 고고한 도학자의 기상을 엿볼 수 있다.

$$\left.\begin{array}{l}旁行而不流\\樂天知命\end{array}\right\rangle 不憂$$

● 安土하야 敦乎仁이라 故로 能愛하나니라 : 인간의 안식처가 지구이며, 땅은 "至靜而德方 ; 지극히 고요하면서도 〈땅의〉 덕은 방정하다"(坤卦「文言傳」)하므로 거짓이 없다. 이러한 자연이 사람에게는 평안하고 사람이 가져야 하는 仁[5]에 두텁다는 것이다. 또 仁에서 생물이 生生하고(그러므로 仁은 元이다), 仁은 至善하는 시발점(작용하는 기점)이며, 仁이 이루어지면 능히 사람을 사랑하고 아낄 수 있다는 것이다. 『중용』에서 "仁者는 人也ㅣ니 ; 仁이라고 하는 것은 人과 같은 것이니"(第20章)라고 하였듯, 仁(=善)은 사람에게만 주어진 본연(本然)의 덕목(德目)이다.
  • 愛情 : 여자를 사랑하는 마음.   • 愛親 : 어버이를 아끼는 마음.

---

5) 仁은 動中有靜으로서 四端, 仁禮義智 중의 하나이며 여기에 愛도 들어 있다. 유교는 仁(←善)을 주장하고, 불교는 慈悲(중생에게 복을 주어 괴로움을 없애주는 것)를 주장하고, 기독교는 愛를 주장한다. 묵적(墨翟)은 전국시대 노나라 사람으로 『墨子』를 지어 겸애설(兼愛說)을 주창한 학자이다. 이와 대립된 사상을 펼친 양주(楊朱, 전국시대의 사상가)는 개인의 이기설(利己說)을 주창하였다.

● "不違"는 모순됨이 없다, 틀림이 없다는 것이요, "不過"는 과오됨이 없다, 알맞다(中)는 것이요, "不憂"는 우려(憂慮)됨이 없다, 예지(豫知)하기에 우려하지 아니한다는 것이다. 이것은 모든 절도와 절차에 알맞게 하여 나가며 대자연에 맞추어서 나가고 있다는 뜻이다.

예) 夫大人者는 與天地合其德하며 與日月合其明하며 與四時合其序하며 與鬼神合其吉凶하야 先天而天弗違하며 後天而奉天時하나니 天且弗違온 而況於人乎ㅣ며 況於鬼神乎ㅣ여 (乾卦「文言傳」)

대저 대인은 천지와 더불어 그 덕을 합하며, 일월과 더불어 그 밝음을 합하며, 四時와 더불어 그 차례(질서)를 합하며, 귀신과 더불어 그 길흉을 합하여서, 하늘보다 먼저 하여도 하늘에 어긋남이 없고, 하늘 뒤따라 하더라도 하늘이 때를 받들어 가는 것이니, 하늘도 또한 어긋남이 없거늘 하물며 사람에게 있어서며 하물며 귀신에게 있어서랴!

[설명] 건괘 구오효사를 다시 풀이하였다. 여기서 '大人'은 天理를 아는 사람이며, 또한 天理에 대비하여 처신하는 사람이다. 윗글은 공자의 위대성을 보여주고 있다.

위의 문장은 주역의 덕목을 말한 것이다. 그 구성을 살펴 보면 다음과 같다.

```
與天地相似 ――――― 不違
知周乎萬物而道濟天下 ― 不過
旁行而不流, 樂天知命 ― 不憂
安土, 敦乎仁 ――――― 能愛
```

주역의 이치가 그러하고 또한 공자 자신이 이러하다는 뜻이 내포되어 있다. 자기의 덕을 말한 것이라 보면 되겠다(공자의 자화상). 성인은 어긋나지 아니하고 만물의 이치를 다 알며 천하를 구제할 수 있는 힘도 가졌으며 천명에 순응하고, 언행이 조금도 어긋남이 없어 마음속으로 우려를 하지 아니하고 대자연에 평안하게 거하여 능히 사랑까지도 할 수 있다고 공자는 말했다.

範圍天地之化而不過하며 曲成萬物而不遺하며 通乎晝夜之道而知라 故로 神无方而易无體하니라

천지의 변화를 범위로 하여 〈역의 이치가 설명되어 있으나〉 조금도 지나치지 않으며, 만물을 곡진히 해서 이루어 〈하나도〉 남김이 없으며, 밤과 낮의 〈생성에〉 道를 통하여 아는지라. 그러므로 神은 〈일정한〉 방소(方所)가 없고 易은 〈일정한〉 형체가 없다.

· 範:법 범 · 圍:둘레 위, 둘러쌀 위 · 曲:곡진할 곡, 굽을 곡 · 遺:남길 유, 끼칠 유 · 通:통할 통

總說

易의 이치와 천지의 이치가 같음을 해설한 문장이다.

各說

● 範圍天地之化而不過하며 : 주역의 범위는 천지의 변화와 화육하는 데 조금도 지나침이 없다. 대자연의 변화가 알맞게 되어 있다는 것이다. 곧 역리는 동서남북(四圍, 四方) 천지의 한계를 벗어나지 않게 모든 것이 갖추어져 있다는 뜻이다. 여기서 '範圍'는 합법적으로 둘러싸여져 있는 것, 곧 역이 미치는 한계를 말하는 것으로 지구, 태양을 포함한 우주 전체를 뜻한다. 주역의 범위를 다음과 같이 한정지을 수 있다.

1) 天 地 之 化 —— 不過
2) 曲 成 萬 物 —— 不遺) 神无方而易无體
3) 通乎晝夜之道 —— 知

● 曲成萬物而不遺하며 : ①주역 속에는 모든 것, 즉 만물을 빠짐없이 다 갖추고 있다는 뜻이다. 즉, 만사 만물의 인자(因子)가 生生의 이치로 계계승승해 나오는 형태를 말한다. 여기서 '曲成'은 태극→양의→사상→팔괘→64괘 등으로 아무리 많이 쪼개어 나아가도 태극의 인자를 다 가지고 나아가는 것을 말하며, 또 만물이 계속하여서 생성되는 이치를 말한다. ②'不過'는 지나침이 없다, 알맞게 한다는 뜻이며, '不遺'는 남김이 없다, 빠짐이 없다는 뜻으로써 역리 속에 존재한다는 것이다.

● 通乎晝夜之道而知라 : 주역의 이치는 낮과 밤이 생기는 원리를 통하여 미래를 알아내는 것이다. 지구의 공전과 자전을 뜻한다.

● 神无方而易无體하니라 : 神은 없는 데 없이 만물 속에 다 존재하며, 역은 일정한 형체가 없다는 것이다.6)

右는 第四章이라

---

6) 공부를 하는 데에는 스스로가 하나의 體를 만들어야 한다. 내가 있을 집을 만들어야 한다. 이것을 自成一家라고 한다. 이렇게 하여 賢人의 위치에 가야 한다. 물론 이 집은 형이상학적인 집이지만 어쨌든 내가 있을 마음의 집이 있어야 남의 집과 대조도 할 수 있고 평도 할 수 있다.

제5장

앞의 제4장은 人位(萬物)의 범위를 설명하였고, 본 장은 인간에 대해 구체적으로 말하고 있다. 제4장과 본 장은 의미상 서로 연결이 되어 있지만, 본 장은 그 이치를 이해하기가 매우 어려운 문장으로 되어 있고 많은 연구 과제가 들어 있다.

一陰一陽之謂ㅣ 道ㅣ니 繼之者ㅣ 善也ㅣ오 成之者ㅣ 性也ㅣ라

一陰一陽으로 가는 것을 이르되 道라고 하니,〈一陰一陽을〉계승하여 나아가는 것은 善이요,〈이것을〉이루어 나아가는 것은 성품(性品)이다.

· 謂:이를 위 · 繼:이을 계 · 成:이룰 성 · 性:성품 성

各說

● 一陰一陽之謂ㅣ 道ㅣ니: ①음양이 되는 이치, 즉 어떻게 하여 음이 되고 어떻게 하여 양이 되는지 그 과정이 道(길)다. ②음양 그 자체가 도라고 하는 것은 잘못이다. 无極이 어떤 기운(氣運)을 가지고 太極으로 나아가는 것처럼 太極에서 兩儀로, 兩儀에서 四象으로 분화하여 가는 1생 2법의 음양 변화의 소이연(所以然, 그렇게 된 까닭)을 道라고 할 수 있다. 一陰一陽이 별도로 분리되어 있는 것이 아니라 동전의 앞뒷면처럼 표리 관계라고 할 수 있다. 이것을 이치로 생각하고 학설을

전개하는 데의 한 방법론을 음양이라 할 수 있다. 道는 단순히 음변 양화(陰變陽化)를 말하는 것이 아니라 어떤 기운의 변화에 의해서 음과 양이 되는 것을 말하는데 이 기운이 곧 태극이다. ③一陰一陽은 ䷊地天泰의 道로 볼 수 있다. 一陰은 태괘의 상괘 地로, 一陽은 태괘의 하괘 天으로 볼 수 있다. 즉, 천지의 기운으로 상교된 것이 泰이다. 천지가 상교된 상태, 氣化的으로 음양이 상통된 것을 뜻한다. 천지가 상통되는 이치가 곧 道라고 할 수 있다. 이것을 남녀 관계에 비유하면, 그 관계가 지극한 상태가 곧 仁이라고 할 수 있고, 눈에 보이지 아니하는 지극한 상태에서 외부로 나타나는 仁의 구체적 표현이 愛라고 볼 수 있다. 즉, 제4장에서 말한 "敦乎仁이라 故로 能愛하나니라:仁을 돈독하게 한다. 그러므로 능히 사랑하는 것이다"고 하였다. 여기서 '之'는 往이나 行의 뜻이다.

- 繼之者ㅣ善也ㅣ오:①一陰一陽의 道를 이어받아서 계승하여 나아가는 것을 善이라고 한다. 대자연(천지, 음양)이 변화하고 또 상교하여 至公無私한 것이 곧 善이다. 이것은 곧 아버지와 어머니의 지극한 마음에 비유할 수 있다. ②맹자(기원전 372?~289?)가 주장한 性善說의 근원이 되는 구절이다. 성품만 보면 도통될 수 있다는 불교의 見性도 여기에서 나왔다. 여기서도 '之'는 往이나 行의 뜻이다.
  - 性善說은 형이상학을 위주로 한 것이며, 陽을 體로 하고 陰을 用으로 하였다. 그러나 순자(기원전 298?~238?)의 性惡說은 형이하학을 위주로 한 것이며, 陰을 體로 陽을 用으로 하였다. 부연 설명하면, 體가 陽이라면 善을 위주로 하여 惡을 경계하는 것을 말한다. 즉, 본성(선)을 지키는 데 노력하여 수도하는 것을 말한다. 그리고 陰이 體라면 본성이 악한 것을 인간이 노력과 수양을 통하여 善이 되도록 힘써 나아감을 말한다.
- 成之者ㅣ性也ㅣ라:①지선(至善)의 마음을 받아서 이것을 이루어 형체로써 나타나는 것이 性(성품)이라고 한다. ②无極→太極→兩儀→四象→八卦→64卦→384爻……가 모두 태극의 인자를 내포하고 있다. 이러한 형태로 나아가는 과정이 道라고 한다면, 태극의 인자가 계승되어 나가는 것을 繼之者善也라고 하였다. 따라서 이러한 인자를 받아서 각기 서로가 다른 성품으로 나타나는 것이다. 이것은 各正性命의 이치[1]이며, 이것을 成之者性也라 하였다. ③위의 문장에서 문장적으로 道를 먼저 썼으나 이는 도치법으로 사용된 것이다. 즉, 性에서 善으로 오는 과정이 道이므로 성〈품〉속에 道가 들어 있다. 여기서도 '之'는 往이나 行의 뜻이다.

---

[1] 사람은 사람의 성품, 소는 소의 성품, 말은 말의 성품이 있다. 『亞山의 周易講義』上 92쪽 참조. (一岡註)

繼之者善也 ─ 天性을 받을 때의 기본 마음 ─ 형이상학적인 형이상학
成之者性也 ─ 至善을 가지고 있는 한 형체 ─ 형이상학적인 형이하학

위 이론에서 중용 사상이 시발(始發)된 것이 아닌가 한다.
예)天命之謂性이오 率性之謂道ㅣ오 脩道之謂敎ㅣ니라 (『中庸』 제1장)
하늘이 명령한 것을 일러 性이라 하고, 性에 따르는 것을 일러 道라 하고, 道를 닦는 것을 일러 敎라 한다.
[설명]대자연이 사람을 낳을 때 至善으로 성품을 주었으니 성인은 无復이다. 성인은 性→道→敎의 순서이지만 우리 일반인은 그 반대라 볼 수 있다. 일반인은 敎를 통하여 道를 얻고 道를 얻은 다음에야 性으로 나아간다. 즉, 우리 인간은 교육을 통하여 性을 이룰 수가 있다는 것이다. 여기서 率性之謂道의 '道'는 인간에게 부여된 도덕적인 道를 말하고, 一陰一陽之謂道의 道는 대자연의 道를 말한다.

仁者ㅣ 見之에 謂之仁하며 知者ㅣ 見之에 謂之知오 百姓은 日用而不知라 故로 君子之道ㅣ 鮮矣니라

어진 사람이 봄에 仁이라 이르며, 지혜로운 사람이 봄에 知라 이르고, 백성은 〈이것을〉 날마다 써도 알지 못한다. 그러므로 군자의 도는 〈아는 사람이〉 드물다.
姓:성 성 ·鮮:신선할 선, 드물 선, 좋을 선, 적을 선

總說
본 문장은 앞 문장과는 달리 주역을 또 다른 측면으로 본 해설이다.

各說
- 仁者ㅣ 見之에 謂之仁하며 知者ㅣ 見之에 謂之知오:①『주역』은 仁者가 볼 때는 仁者가 되기 위한의 글이요, 知者가 볼 때는 知者되기 위한 글이라고 한다. ②문장적으로 볼 때는 仁과 知로만 말하였으나 삼라만상으로 보았을 경우에는 각각의 측면으로 해설할 수가 있다. 즉, 一陰一陽之謂道나 『주역』을 천문학자가 볼 때는 천문학이 되며, 의학자가 볼 때는 의학이 되며, 점서 연구자가 볼 때는 점서학이 되며, 문장학자가 볼 때는 문장학이 된다. 그러므로 『주역』은 모든 것이 내포하고 있으니 팔방미인격이라 아니할 수 없다.
- 百姓은 日用而不知라:백성이 주역의 원리에서 살고 있다는 뜻이다. 공기로 숨쉬는

작용, 밥 먹고 사는 이치 등 모두 易理에서 살고 죽는다. 이렇듯 역리는 먼 곳에 있는 것이 아니라 우리의 주변에 있고 우리 자신이 그것을 생활화하고 있으면서도 느끼지 못하고 있는 것이다. 또 역리는 너무나 광대실비(廣大悉備)하므로 보통 사람으로서는 느끼기가 어렵다는 것을 말하고 있다.
　예)易之爲書也ㅣ 廣大悉備하야 (「繫辭傳」下 第10章)
　　역의 글됨이 넓고 커서〈모든 것을〉빠짐없이 갖추어 있다.

● 君子之道ㅣ 鮮矣니라:상하경을 통틀어 53괘의「대상」에 "君子以"가 있음은 주역이 군자의 學이라는 것을 말해 주고 있다. 그러므로 주역을 아는 사람이 드물다.
　예)子ㅣ 日 中庸은 其至矣乎ㄴ져 民鮮能이 久矣ㅣ니라 (『中庸』第3章)
　　공자께서 말씀하시기를 "중용은 참 지극하구나! 백성 중에 능히 중용을 오래 지키는 자가 드물다"고 하셨다.

顯諸(저)仁하며 藏諸用하야 鼓萬物而不與聖人同憂하나니 盛德大業이 至矣哉라

저 仁을 나타내며 저 用을 감춰서,〈천지는〉만물을 고동하되 성인과 더불어 한가지로 근심하지 아니하니, 성(盛)한 덕과 큰 업이 지극한 것이다.
・顯:나타날 현 ・諸:모을 저, 많을 저, 어조사 저 ・藏:감출 장 ・鼓:두드릴 고 ・與:함께 여 ・憂:근심할 우
・盛:담을 성, 채울 성 ・德:덕 덕, 행위 덕 ・業:업 업, 사업 업 ・至:이를 지 ・矣:어조사 의 ・哉:어조사 재

總說
공자의 우주관과 주역관, 사물관을 제1장에서 제7장까지 그 이치를 담아서 다각도로 설명하고 있다. 특히 본 장에서는 총체적인 실력을 얻어야 한다. 공자의 意思(주역 사상)를 노출시켜 놓았기 때문이다.

各說
● 顯諸仁하며:①대자연은 모든 사람에게 仁을 주었으면서도 아무런 말이 없다. 그러므로 顯諸仁은 만물을 화육시켜 주는 이치라고 할 수 있다. ②사람이 대자연에서 성품을 받았을 때는 저(모든) 仁에 나타나 있다. 대자연은 모든 생물에게 번식을 위한 모성애적인 본능을 다 주었고,[2] 특히 사람에게는 모성애 뿐만 아니라 良知

---

[2] 돼지의 경우 어미가 새끼를 키우는 모성애만을 주었고, 까마귀의 경우 어미가 새끼를 키우고 또 새끼가 어미에게 은공을 갚을 수 있도록 석달 동안 어미를 먹여 살리는 성품을 부여하였다. 이것을 반포지교(反哺之敎, 反哺之孝)라 한다.

良能과 어떤 사람도 가질 수 있도록 仁을 주었다.
- 藏諸用하야:모든 만물을 화육시키고 또 만물이 죽고 태어나고, 수확하여 종자를 갈무리하였다가 봄에 종자를 뿌려서 심도록 하는 자연 법칙을 말한다. 즉, 用은 만물의 운용을 말한다. 여기서 앞 구절의 '顯'은 내부에서 외부로 나타나는 것이고 [自內而外也], '藏'은 외부에서 내부로 감추는 것을 말한다[自外而內也].

　　　　　顯諸仁 － 體　　　　藏諸用 － 用

※대자연의 운행은 顯諸仁, 藏諸用으로 하고 있다. 一陰一陽이 변화해 가는 것, 곧 陰之陽, 陽之陰의 변화하는 소이연(所以然)을 道라고 하였다. 이 道를 인간에게 비유하여 설명한 것이 仁과 知, 仁과 用, 仁禮義知와 元亨利貞이다. 대자연이 돌아

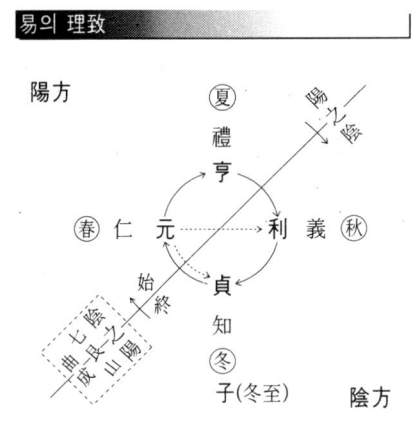

가는 것, 즉 四時가 생기며 밤낮이 오고 가는 변화를 一陰一陽之謂道라고 하였다. 미시적(微視的)으로 元亨利貞에다 비추어 말하면 陰之陽→貞之元과 陽之陰→亨之利이다. 이것이 一陰一陽之爲道라고 할 수 있다. 貞에서 元으로 가는 변화 과정의 소이연이 道라면 이 변화 속의 貞은 元의 모체(母體)이며, 근원이라 할 수 있고, 한 해의 시발(始發)이라고도 할 수 있다. 이 시발점은 曲成萬物로 모든 생물이 七日來復之理로 천지의 기운을 받아서 생겨난다. 그러므로 대자연이 돌아가고 있는 것이다. 바로 이러한 현상이 일어나는 위치가 문왕팔괘방위도로 보면 艮方位3)가 된다. 여기서 曲成萬物을 하는 곳은 陰之陽4)의 저장소이며, 七日來復之理의 七은 七艮山의 七이요, 육효의 七이다.

---

3) 終萬物始萬物者ㅣ 莫盛乎艮하니:만물을 끝맺음하고 만물을 다시 시작하게 하는 것으로는 艮만큼 성(盛)한 것이 없다. (「說卦傳」제6장)
4) 陰陽이라고 하는 용어에서 陰을 陽 앞에 쓰는 이유는 貞(陰)→元(陽)으로 陰之陽하기 때문이다. 또 地天泰卦라고 할 수 있으며, 氣化的으로 말한 것으로 상교된 상태이다. 즉, 終萬物始萬物者, 莫盛乎艮의 중간 과정을 말한 것이다.

　　　　・顯諸仁 ― 元(仁)　　　　・藏諸用 ― 貞(知)

　　　　1) 陰之陽 ― 貞之元
　　　　　　　　　　　　　　　⟩ 四時가 운행한다
　　　　2) 陽之陰 ― 亨之利
　　　　　　　　　　　　↓
　　　　百姓은 日用而不知라 故로 君子之道ㅣ 鮮矣니라
　　　　　　　　　　　　↓
　　　　貞에서 元으로, 七艮山의 원리를 아는 사람이 드물다고 하였다

● 鼓萬物而不與聖人同憂하나니 : 천지는 만물을 고동시켜 움직여서 상교하되 성인과 더불어 근심을 함께 하지 아니한다는 것이다. 천지는 마음이 없으나 작위(作爲)는 나타나고5), 성인은 사람이므로 有心이므로 근심이 있다.6) 그러나 성인이기에 无爲, 心虛로 돌아간다. 곧 歸一한다. 이 말은 태극으로 돌아간다는 뜻이다. 정이천은 "天地는 无心而成化하고 聖人은 有心而无爲하다"고 하였다. 이것이 곧 성인과 자연(천지)과의 차이다. 여기서 '鼓動'은 부딪쳐서 소리가 난다는 뜻이다. 북이라는 물건은 그냥 두면 소리가 나지 않고 오직 어떤 물체와 부딪쳐야 소리가 나는 법이다. 이러한 원리만 보더라도 따라서 음양이나 천지도 상교가 이루어져야 대자연의 질서가 바로잡히는 법이다. 이러한 현상을 鼓動이라고 한다.7)

　　自然 无心而有爲―無憂 无→有로→周易의 원리　无極→有極
　　　　　　　　　　　　　　　　　　　　　　　　　　　　　　⟩ 결국 같다
　　聖人 有心而无爲―有憂 有→无로→歸一의 원리　有極→无極

● 盛德大業이 至矣哉라 : 대자연의 위력은 성한 덕과 큰 업이 지극하다는 것이다. 앞에서 德과 業을 언급한 바가 있다.
　　예) 易則易知오 簡則易從이오 易知則有親이오 易從則有功이오 有親則可久ㅣ오 有功則

─────────────

5) 천지는 음양 상교로써 비와 눈이 오고 바람이 부는 현상을 볼 수가 있다. 자연은 1生2法, 2生4法의 生生之理로써 무극→태극→음양→사상→팔괘→64괘의 无에서 有로 차차 나타나는 현상을 말하였다.
6) 성인은 惟精惟一하야 允執厥中하여 虛로 돌아간다. 성인의 근심은 대자연의 운행에 대한 근심, 즉 대개벽과 소개벽에 대한 근심, 우주 대자연에 대처해 나가야 하는 근심이다.
　 也山 선생님과의 얽힌 일화를 소개해 보자. 야산 선생님께서는 「계사전」상 제12장을 읽으시면서 눈물을 줄줄 흘렸다. 이에 亞山 선생님께서 "선생님께서 흘렸던 그 눈물은 제5장에서 밴 눈물이 아니겠습니까?"라고 하였으니, 이토록 제5장은 중요하다고 볼 수 있다. (一岡註)
7) 남자와 여자가 서로 상교하여야만 아들 낳고 딸 낳고 하는 것이니, 이러한 것을 고동이라 말한다. 이것은 곧 생성하여 화육시켜 주는 것이다.

可大ㅣ오 可久則賢人之德이오 可大則賢人之業이니 (「繫辭傳」上 第1章)
쉬운즉 쉽게 알 수 있고 간략한즉 쉽게 따르며, 알기 쉬운즉 친함이 있고 쉽게 따르면 공이 있으며, 친함이 있으면 오래 갈 수 있으며 공이 있으면 위대할 수 있으며, 오래 할 수 있음은 현인의 덕이요 위대할 수 있음은 현인의 업이다.

```
顯諸仁 ― 盛德  ⟩ 至矣哉
藏諸用 ― 大業
```

富有之謂ㅣ 大業이오 日新之謂ㅣ 盛德이오

풍부하게 소유하는 것을 위대한 사업이라 하며, 날마다 새로운 것을 성대한 덕이라 이름이요,
· 富:풍성할 부 · 新:새 신

各說

● 富有之謂ㅣ 大業이오 : '大業'(天地의 事業)은 모든 만물이 계계승승 이어져 나가는 것이요, '富有'는 生生의 현상, 곧 곡식을 심어서 수확하고 또 심어서 수확하는 이치를 말한다. 즉, 대자연이 불멸(不滅)토록 이어져 나가는 것을 뜻한다. 여기서 '富'는 더해 가는 것을 말한다.

● 日新之謂ㅣ 盛德이오 : 날로날로 새롭게 발전하여 나가는 것을 盛德이라고 한다. 그러므로 대자연은 富有와 日新으로 움직여 나아가고 있다고 볼 수 있다.

```
顯諸仁 ― 盛德 ― 日新  ⟩ 至矣哉 → 大自然 → 生生之謂易
藏諸用 ― 大業 ― 富有
```
《모든 것이 易의 주머니 속에 들어 있다》

生生之謂ㅣ 易이오

생하고 생해 가는 것을 이르되 역이요,

各說

● 生生之謂ㅣ 易이오 : ①그저 생하는 이치만을 말한 것이 아니라 자자손손으로 발전해 나가는 이치가 내포되어 있다.[8] 여기에 태극의 원리, 음양의 원리가 내포되어 있으

니 주역의 이론이야말로 그 깊이가 얼마나 되는지 가히 짐작하고도 남음이 있다. ②陰生陽하고 陽生陰하여 그 변화가 무궁한데, 이렇게 변화되는 것을 生生之謂易이라고 할 수 있다. 결국 顯諸仁과 藏諸用도 生生의 理致 속에 움직이고 있다. 생생의 이치는 유교의 근본 사상이며 또한 人本主義 사상이라고 할 수 있다. 따라서 간단없이 움직이고 있는 대자연의 섭리를 인간과의 관계에서 기점을 잡아 모든 이치를 전개하여 놓았다. 즉, 인간의 자연 이용도에 따른 발전 관계를 말하고 있다. ③ 생생의 이치를 생활화하여야 한다. 그러나 공부면에서는 생생의 이치보다는 歸一法이 적용된다고 할 수 있다. 궁구하고 탐구하여 이치를 알아내는 것을 知라 하면, 이 형이상학의 知를 바탕으로 하여 형이하학의 行이 이루어지는 것이다. 유교에서는 知보다도 力行을 중요하게 여긴다. 즉, 실천궁행(實踐躬行)을 중시한다. 물론 知가 선행된 가운데 行을 추구하였다.9) 여기서 '之'는 行의 뜻으로 해석해야 한다.

成象之謂ㅣ 乾이오 效法之謂ㅣ 坤이오

형상을 이루는 것을 乾이라 이르고, 법을 본받아서 〈이루는 것을〉 坤이라 이르며,
· 效:본받을 효 · 法:법 법

各說

- 成象:여러 가지 天文의 변화를 말한다. 예를 들어 하늘에 혜성(彗星)이 나타나는 형상을 들 수 있다. 천문학에서는 이를 살성(殺星)이라 하며, 이것을 여러 가지 방법으로 象·數·理·時에 적용시켜 보는 것이다.
- 效法:德方의 자연 법칙을 본받아서 이루어 주는 것을 말한다.
  - 法(法則):콩 심은 데 콩나고 팥 심은 데 팥난다. 直方大, 至公無私, 天圓地方, 至靜而德方, 積善之家必有餘慶의 원리.
  - 불교의 法文이란? 대자연의 현상을 그대로 설명하는 것을 말한다.

$$易\begin{cases}天 - 象 - 氣化的(陰陽)\\地 - 法 - 形化的(剛柔)\end{cases}$$

---

8) 만약 이 세상에 불교의 비구, 비구니들만 있거나 가톨릭의 신부와 수녀들만 있다면 이 인간 세상은 1세대에 끝이 날 것이다.
9) 과거의 우리 조상들은 유교의 실천적 면에 따라 관혼상제를 치루었는데, 도리어 복잡한 의식에 치우쳐서 형식주의로 흘러 나쁜 결과를 초래하게 되었다.

極數知來之謂ㅣ 占이오 通變之謂ㅣ 事ㅣ오

수를 다하여 미래를 아는 것을 점이라 이르고, 변화에 통달하는 것을 일이라 이르며,

・極:다할 극 ・數:셀 수 ・來:올 래 ・占:점 점, 점칠 점

總說

지금까지의 과정은 대자연이 돌아가는 것을 기록하였고, 이번 문장부터는 인간이 대자연의 변화 과정을 알고자 할 때는 어떻게 해야 하는지를 설명하고 있다.

各說

● 極數知來之謂ㅣ 占이오 : 역학에서의 점은 대자연 운행 과정을 단편으로 끊었을 때 나타나는 상대성을 보고 미래를 알아내는 것이라 할 수 있다. 점의 예를 들면 ☰乾卦의 全變은 ☷坤卦이며 ☱兌卦의 전변이 ☶艮卦이며, ☲離卦의 전변이 ☵坎卦이며, ☳震卦의 전변이 ☴巽卦이다. 결국 乾卦의 그림자가 坤卦라면 건괘를 알면 곤괘도 알게 된다. 이것이 점이다. 즉, 오전에 이루어진 것을 알면 오후에 일어날 것도 알 수 있다는 것이 점이다.[10] 따라서 인간 만사가 점이 아닌 것이 없다. 그러나 점은 大占 곧 우주 대자연에서 일어날 변화를 점쳐서 알아내는 것이 옳은 행위이지, 점을 개개인의 길흉화복을 판단하는 도구로 삼아서는 아니 된다. 공부하기 위하여 사용하는 것이라면 더욱 발전적이다.

・卜筮:形而上學—미래를 예지하는 원리, 이치.
・占:形而下學—복서를 입을 통하여 실생활에 적용하는 것.

● 通變之謂ㅣ 事ㅣ오 : 점을 쳐서 미래를 알아내는 것은 일[事]을 위해서이다.

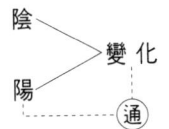

이 事 속에는 占이 포함되어 있으며,
음과 양의 변화하는 通體的인 과정[全過程]을
일이라고 한다.

陰陽不測之謂ㅣ 神이라

음이 될지 양이 될지 예측할 수 없는 것을 神이라 한다.

---

10) 1, 2가 있다고 할 때 3, 4가 있음을 알아내는 것과 元亨 이후에 利貞이 오는 것과 春夏 다음에 秋冬이 있음을 알아내는 것이 점이다.

・測:헤아릴 측, 잴 측

各說

● 陰陽不測之謂ㅣ神이라:태극에서 음양이 되나 음이 될지 양이 될지 모르는 상태가 곧 신의 조화라고 할 수 있다. 그리고 无極→太極→兩儀→四象→八卦에서 양의를 음양이라 하지 않은 것은 불측(不測)하기 때문이다. 따라서 태극에서 양의가 되는 것은 신의 조화라고 할 수 있다.

1) 理氣說로 보면 삼라만상이 음양의 기운으로 움직인다. 이 음양 기운의 모체(母體)가 되는 것이 理다. 기운이 모든 것을 지배하면서 움직여서 나가지만 먼저 理가 있어서 지시를 해주어야 한다. 그래서 一氣而已(한 기운이 있을 따름이다)라고 하였다. 理氣를 數로 표현하면 氣는 1이 되고, 理는 0이 된다. 왜냐하면 氣가 1이라면, 氣 이전에 이치[理]가 존재하니 理는 0이 된다.

$$\left.\begin{array}{l}理(0)\\氣(1)\end{array}\right\rangle\begin{array}{l}所以然(理氣의\ 관계가\ 되는\ 바\ 그\ 무엇)\\妙用(눈에\ 보이지\ 아니하는\ 기묘한\ 작용)\end{array}\right\rangle → 神이다$$

2) 神에 대한 개념을 해설한 고전과 학자들의 견해를 알아보면 다음과 같다.
  예1) 地所以兩, 分剛柔男女而效之, 法也. 天所以參, 一太極兩儀而象之, 性也. 一物兩體, 氣也. 一故神, 兩故化, 此天地所以參也. (『正蒙』「參兩」)
    땅이 둘인 바 강함과 부드러움, 남자와 여자를 나눈 것은 그것을 본받는 법이다. 하늘이 셋인 바 하나의 태극과 양의로 나눈 것은 그것을 상징한 性이다. 하나의 物이 몸을 둘로 하는 것은 氣다. 하나이므로 신비스럽고[神], 둘이므로 변화한다. 이것이 하늘이 셋인 까닭이다.
    [설명]張子(張橫渠, 字는 子厚, 1020~1077)는 자기의 저작인『정몽』(正蒙)에서 神에 대한 自注를 달면서 兩在故不測이라고 하였다. 주자가「본의」에서 주를 달면서 장자의 말을 인용하였다.
  예2) 視之而弗見하며 聽之而弗聞이로대 體物而不可遺ㅣ니라 (『中庸』第16章)
    〈神을〉보려고 해도 보이지 않고 이를 들으려 해도 들리지 않으나,〈神이라는 것은〉만물의 주체(본체)가 되어 있어 버릴 수 없다.
    [설명]『중용』제16장은 귀신장(鬼神章)이라 불리는 곳이다. 모든 만물 속에 神이 다 들어 있다는 뜻으로, 음양 합산(陰陽合散)의 작용인 만물의 생멸, 소장, 변화에는 신의 작용이 아닌 것이 없다는 것이다. 태극의 원리를 말했으며 형이상학의 문

장이다.
예3) 程子는 말하기를 "귀신(鬼神)이라는 것은 천지의 공용(公用)이면서 조화(造化)의 형적(形迹)이다"고 하였다.
예4) 張子는 말하기를 "귀신(鬼神)은 음양이기(陰陽二氣)의 양능(良能)이다"고 하였다.
예5) 朱子는 말하기를 "귀신(鬼神)은 귀(鬼)는 음(陰)의 영(靈)이요 신(神)은 양(陽)의 영(靈)이다"고 하였다.

3) 사람의 주인이 神이다. 그러므로 心神이 편치 못하다고 말을 한다. 心은 형이상학이요, 神은 형이하학이라 할 수 있다. 또한 정신일도하사불성(精神一到何事不成)이라 하였으니 이것이 곧 도통경지라고 할 수 있다.

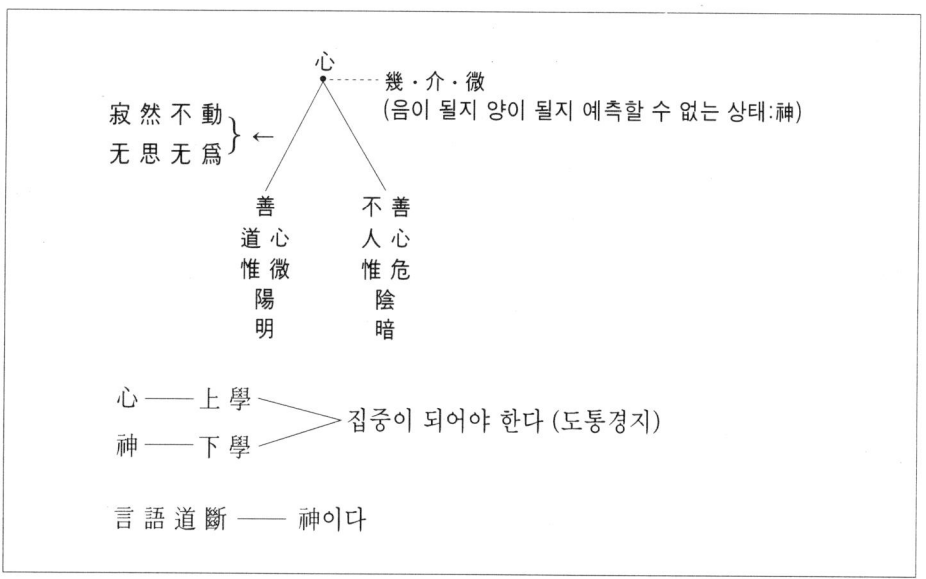

※제5장을 총정리하면 다음과 같다

일음일양(一陰一陽)의 지공무사(至公無私)한 변화가 道이며 → 이 道를 正道로 이어받은 것이 善이다 → 善 자체를 물체로 받아서 이루어 주는 것이 性品이다 → 이 성품 속에는 仁과 知, 元과 貞이 들어 있다 → 이 모든 변화를 易이라 한다 → 이 易 속에 형상화하여 있는 것이 乾이고 → 실제로 눈에 보이는 것이 坤이다 → 이러한 자연 현상을 알아내는 데는 數로써 궁구하는 바가 占이다 → 이 모든 변화에 통달하는 것을 事라고 하고 → 理와 氣가 발생하는 소이연(所以然), 묘용(妙用)을 神이라 하며, 이 神이야 말로 삼라만상 어느 한 곳에도 들어 있지 않은 곳이 없다.

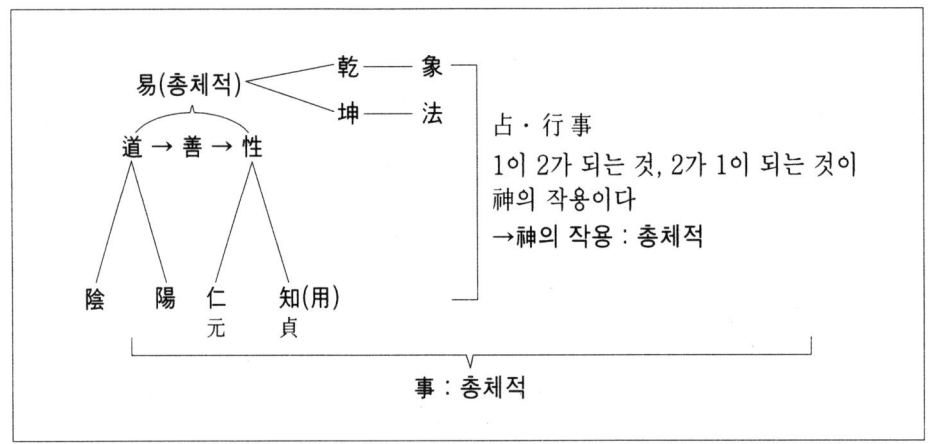

右는 第五章이라

제6장

본 장은 易이 광대하여 그것에 포함되지 않은 것이 없음을 설명하고 있다.

夫易이 廣矣大矣라 以言乎遠則不禦하고 以言乎邇則靜而正하고 以言乎天地之間則備矣라

　대저 易은 넓고도 크다. 〈역의 이치로써〉 먼 곳을 말하면 막히지 아니하고, 가까운 곳을 말하면 고요하고 바르며, 천지의 사이를 말하면 〈모두 다〉 갖춰져 있다.

・夫:어조사 부　・廣:넓을 광　・矣:어조사 의　・遠:멀 원　・禦:막을 어　・邇:가까울 이　・靜:고요할 정
・間:사이 간　・備:갖출 비

各說

● 夫易이 廣矣大矣라 : 이 구절을 도표로써 설명하면 다음과 같다.

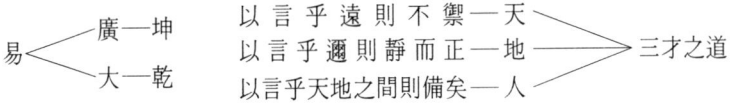

- 《天》以言乎遠則不禦하고 : 역의 이치를 멀리 말하자면 한량없는 방대한 이치를 내포하고 있다는 것이다. 지구[坤]에 다 싣고도 남음이 있다는 것이다. 여기서 '不禦'는 막히지 아니한다, 그치지 아니하고 한계가 없다는 뜻이다.
- 《地》以言乎邇則靜而正하고 : 역의 이치를 가까운 내 몸에서부터 말하자면 止於至善에서 정지(靜止)하거나 또는 바르다[正]는 뜻이다. 마음은 항상 움직이고 있으므로 動中有靜 속에서 靜할 줄 알고 中正을 가져야 한다. 가까운 것으로 말하면 내 마음을 말한 것이고 또 마음이 至善에의 靜止함과 中正을 가지는 것을 말하였다.
  예)知止而后에 有定이니 定而后에 能靜하며 靜而后에 能安하며 安而后에 能慮하며 慮而后에 能得이니라 (『大學』經1章)
  머물 데를 안 뒤에 定함이 있으니, 定한 뒤에야 능히 고요하고, 고요한 뒤에야 능히 평안하고, 평안함이 있은 뒤에야 생각할 수 있으며, 생각한 뒤에야 얻을 수 있다.
  [설명]위의 문장은 至善을 체득, 실현하는 과정을 말하고 있다. 즉, 머물 곳, 止於至善이 어디에 있는 것을 안 뒤에 뜻을 定함이 있으니, 定함이 있은 뒤에 능히 마음이 동요되지 않으며, 마음이 동요되지 않은[靜] 이후에야 평안하며, 평안한 뒤에야 능히 생각하고, 생각한 뒤에야 능히 얻을 수가 있는 것이다.
- 《人》以言乎天地之間則備矣라 : 천지 사이, 곧 삼라만상 속에 모든 이치를 구비하여 놓았다는 것이다. 모든 이치가 하늘과 땅 사이의 큰 주머니 속에 포함되어 있다는 것이며1), 주역의 내부에는 모든 것이 다 갖추어져 있다는 뜻이기도 하다.

夫乾은 其靜也ㅣ 專하고 其動也ㅣ 直이라 是以大ㅣ 生焉하며 夫坤은 其靜也ㅣ 翕하고 其動也ㅣ 闢이라 是以廣이 生焉하나니

대저 乾은 그 고요함에 온전[專一]하고 그 움직임에 곧다. 이로써 큼이 생하며, 대저 坤은 그 고요함에 닫히고(합하고) 그 움직임에 열린다. 이로써 넓음이 생기는 것이니,

·專:오로지 전 ·直:곧을 직 ·翕:합할 흡(=合), 모을 흡(=聚), 성할 흡(=盛) ·闢:열 벽(=開)
·廣:넓을 광

各說

1)식물의 측면에서 본다면, 乾은 종자라고 할 수 있다. 이 종자가 땅에 심어져 있다

---

1) 이 주머니의 이름을 주역 주머니라고 할 수 있다.

가 싹이 터 올라 올 때는 바로[直立] 올라 온다. 그리고 건의 종자가 온전하게 그대로 있는 상태를 '專'이라 한다. 坤은 땅이다. 이 乾의 종자를 받아서 가만히 있을 때는 그대로 합하여 있고, 乾이 움직일 때 곧 종자가 싹이 터서 올라올 때는 땅이 양쪽으로 갈라진다. 이러한 현상을 음양의 조화라고 한다.

2) 동물(음양)의 측면에서 본다면, 乾은 양이요, 수컷이요, 수컷의 생식기에 비유할 수 있다. 그러므로 이 생식기가 고요히 그냥 있을 때는 전일(專一)하게 있고 곧 괘상이 "━"이다. 이것이 動할 때는 직립(直立)하는 것이다. 坤은 음이요, 암컷이요, 암컷의 생식기에 비유된다. 이 생식기가 가만히 있을 때는 합하여져 있고 곧 괘상이 "╍"2)이다. 이것이 움직여 用事를 하게 되면 갈라져서 음의 임무를 다하는 것이다.

易의 이치 〈 乾 ― 靜專 ― 動直 ― "━" 1 → 大
　　　　　　坤 ― 靜翕 ― 動闢 ― "╍" 2 → 廣

廣大는 配天地하고 變通은 配四時하고 陰陽之義는 配日月하고 易(이)簡之善은 配至德하니라

넓고 큰 것은 천지와 배합되고, 변하고 〈움직여〉 통하는 것은 사계절과 합치하며, 음양의 법칙[義]은 일월과 배합되고, 易簡의 善은 지극한 덕과 배합된다.

· 配: 짝지어 줄 배, 아내 배　· 義: 옳을 의

各說

● 變通은 配四時하고 : 하늘과 땅이 변하고 움직여서 통하는 것은 사계절이 생성되는 뜻과 같다는 것이다.

● 易簡之善은 配至德하니라 : 易과 簡, 즉 천지간에 살고 있는 사람의 천부지성인 善은 지극한 덕에 배합되는 것이라고 하였다. 易簡은 제1장의 "天地―陰陽―夫婦(人間)"를 말하고 善은 제5장의 "繼之者善也"에서 가지고 왔다. 易簡, 즉 천지의 성품 곧 一陰一陽의 기운으로 사람이 태어났다면, 이것은 하늘이 사람에게 지극히 착한 천부지성을 그대로 계승하여 이어나온 善을 부여한 것이다. 따라서 이러한

---

2) 갈라지므로 陰이요, 또 門이라고 하면 열려 있는 것이 陰이다. 이 열려 있는 문을 닫을 수 있는 것은 陽이다.

인간의 善은 明明德과 배합(일치)이 된다는 뜻이다.
예1) 乾以易知오 坤以簡能이니 (「繫辭傳」上 第1章)
　　乾은 쉬움으로써 알고, 坤은 간략함으로써 능하다.
　　[설명] 乾以易知―陽―남자　⎫
　　　　　坤以簡能―陰―여자　⎬ 부부 관계
예2) 易簡而天下之理ㅣ 得矣니 天下之理ㅣ 得而成位乎其中矣니라 (「繫辭傳」上 第1章)
　　易簡에서 천하의 〈모든〉 이치를 〈궁구하여〉 얻을 것이니, 천하의 이치를 얻음에 〈사람의〉 位가 그 가운데에 이루는 것이다.

　　　　　　繼之者善也 成之者性也(「繫辭傳」上 第5章) ― 中庸의 始發
　　　　　　易簡之善 配至德(「繫辭傳」上 第6章) ― 大學의 始發

　　　　　廣大 ― 天地 (配는 相對的)　⎫
　　　　　變通 ― 四時, 陰陽 ― 日月　⎬ 易簡 ― 至德
　　　　　　　天 ― 地 ― 人

右는 第六章이라

제7장

　제1장에서 본 장까지는 공자의 우주관과 주역관을 말하고 있다. 특히 본 장은 역과 우주 대자연·성인과의 사이에서 역의 이치가 우리 인간에게 어떻게 작용하고 있는가를 말하여 주고 있다.

子曰 易이 其至矣乎신져 夫易은 聖人이 所以崇德而廣業也ㅣ니 知는 崇코 禮는 卑하니 崇은 效天하고 卑는 法地하나라

　공자께서 말씀하시기를 "易(易의 道)이 그 지극할진져! 대저 易은 성인이 이로써 德을 숭상하고 業을 넓히는 것이니, 知는 높이고 禮는 낮추니, 崇은 하늘을 본받고 卑는 땅을 法한다.

·至:이를 지　·崇:높을 숭　·禮:예 례　·卑:낮을 비　·效:본받을 효　·法:법 법

總說

　대자연의 덕(德)은 넓히고 좁히는 데에 형체가 없다. 언제나 현상 그대로 움직이고 있다. 그러나 우리는 성인이 이것을 담은 易의 이치를 보고 어떻게 이용하고 터득하여 발전시키고 있는가를 보고 연구 노력하여야 한다.

各說

- 聖人이 所以崇德而廣業也 l 니:성인은 이러한 대자연의 흐름(이치)을 본받아서 작용하여 변화한다. 즉, 성인이 明明德을 숭상하고 業을 넓혀가는 것이다. 崇德이 형이상학적이라면 廣業은 형이하학적이라 할 수 있다. 여기서 所以의 '以'는 대자연의 이치로써 혹은 易으로써의 뜻이다.
- 知는 崇코 禮는 卑하니:知(아는 것)는 세상의 모든 것을 덕으로써 모르는 것이 없이 다 알고자 하는 것이며, 禮는 자기 몸을 낮추는 것이 오히려 빛이 나는 법[尊而光]이므로 禮는 卑라고 하였다.

    예) 象曰……謙은 尊而光하고 卑而不可踰 l 니 君子之終也 l 라 (謙卦 「象辭」)
    象에서 말하기를 "……謙은 〈상대를〉 높임으로써 〈내가〉 빛이 나고, 〈내 몸을〉 낮추되 〈중용지도를〉 넘지 아니하니 〈이것이〉 군자의 마침이다"고 하였다.

- 法地하니라:하늘의 지시에 따라 땅의 법칙대로 행한다는 것이다. 이 법칙대로 행하는 것은 질서가 있어야 하니 이것이 禮다.

```
崇德 ― 知 ― 崇 ― 效天 ― 天 ― 陽 ― 男子 ― 天尊
廣業 ― 禮 ― 卑 ― 法地 ― 地 ― 陰 ― 女子 ― 地卑
              (法→至靜德方)
```

天地 l 設位어든 而易이 行乎其中矣니 成性存存이 道義之門이라

천지가 位를 설정하여 놓으면 역이 〈천지〉 그 가운데서 행하니, 이루어진 성품을 보존하고 또 보존하는 것이 도의(道義)의 문이다"고 하셨다.

· 設:베풀 설 · 位:자리 위

各說

- 天地 l 設位어든 而易이 行乎其中矣니:하늘과 땅 사이에 모든 것이 행하여 지는 것은 역의 이치로써 이루어진다는 것이다. 역의 위대한 힘을 말하였다. 이러한 것이 이루어지는 데는 천도(天道)의 운행 절차에 맞게 해야 한다. 이로써 꼭 알맞게 하는 방법론이 바로 禮라고 한다. 여기에서 克己復禮라는 말이 나온다.
- 成性存存이:①대자연과 사람이 모두 영원히 존재하는 형태, 곧 무궁한 진리를 말한다. ②제5장의 "成之者 l 性也 l 라;〈이것을〉 이루어 나아가는 자는 성품(性品)이다

"에서 成性은 하늘이 주는 天性을 말한다. 이 成性을 보존하고 또 보존한다는 것이다. 곧 一陰一陽之謂道로 계승하여 받은 善을 각각 다른 특색의 성품[1]으로 계계승승 끝없이 발전하여 나아가는 것을 말한다. 여기서 '存存'[2]은 강조의 뜻으로 쓰였고, 成性을 도의지문(道義之門)에 보존한다는 것이다. '存'이 사용된 글을 인용하면 다음과 같다.

예1) 子ㅣ 曰 龍德而正中者也ㅣ니 庸言之信하며 庸行之謹하야 **閑邪存其誠**하며 善世而不伐하며 德博而化ㅣ니…… (乾卦「文言傳」)

공자께서 말씀하시기를 "성인의 덕(龍德)이 정히 中을 잡았으니(得中), 항상 말을 함에는 신의로써 하며 항상 행동함에는 근신하여, 사악을 막고 그 정성을 두며 세상에 착한 일을 해도 자랑하지 아니하며, 덕을 넓혀 여러 사람에게 베풀어서 교화하는 것이니……"라고 하셨다.

예2) 孟子曰 盡其心者는 知其性也니 知其性이면 則知天矣니라 **存其心**하여 養其性은 所以事天也요 夭壽에 不貳하여 脩身以俟之는 所以立命也니라 (『孟子』「盡心」上)

맹자께서 말씀하시기를 "그 마음을 다하는 자는 그 성품을 아니, 그 성품을 알면 하늘을 알게 된다. 그 마음을 보존하여 그 성품을 기름은 하늘을 섬기는 것이요, 요절하거나 장수함에 의심하지 않아, 몸을 닦고 천명을 기다림은 명을 세우는 것이다"고 하셨다.

• 道義之門이라: ① 안으로는 道를, 밖으로는 義(宜)라는 것이다. ②『중용』에서 "天命之謂性이오 率性之謂道ㅣ오 脩道之謂敎ㅣ니라; 하늘이 명령한 것을 일러 性이라 하고, 性에 따르는 것을 일러 道라 하고, 道를 닦는 것을 일러 敎라 한다"고 하였다. 하늘이 준 본성(本性)으로 귀일(歸一)하고 中正으로 돌아가는 것이 도의지문(道義之門)에 들어 가는 것이다. 이 세상에 어떤 이치도 이 속에 들어 가지 아니하는 것은 없다. 역학을 공부하지 아니하면 도의(道義)를 알지 못한다. 따라서 도의(道義)의 門으로 들어 가야만 역학의 이치를 알아낼 수가 있다. ③옆 그림에서 보듯이 우리는 四正方을 기준

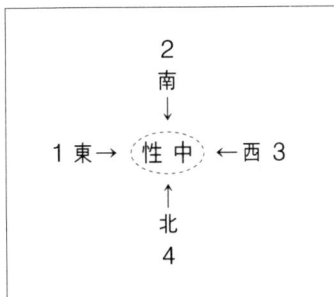

---
[1] 사람은 사람의 특성, 소는 소의 특성, 말은 말의 특성, 돼지는 돼지의 특성대로을 성품을 이어받았다는 것이다. 즉, 各正性命이다.
[2] 存存으로 사용되는 때는 그 뜻이 '아버지가 아들을 낳고, 아들이 손자를 낳는, 끝없이 계승 발전하여 가는 것'을 말한다.

하여 살아가고 있다. 우주 대자연의 이치도 이처럼 四方法論이 있다고 볼 수 있다. 지구상에는 유교, 불교, 기독교, 회교가 분포하고 있으며, 이 四大 종파들은 각각 다른 방법으로 우리에게 삶의 방향을 제시해 주고 있다. 그러나 방법에서는 서로 다를지라도 귀일(歸一)하는 中正과 成性에서는 같다고 볼 수 있다.

右는 **第七章**이라

제8장

　공자가 계속해서 자기의 주역관을 말하여 왔는데, 본 장부터는 역학을 구체적으로 해설하고 있다. 즉, 1장~7장까지의 내용이 왜 그렇게 되는 것인지를 증거로써 우리에게 보여 주고 있으며, 중복된 乾卦의 「文言」을 제외하고 각 爻 별로 6단계 해설을 하고 있다. 그 내용은 각 효 별로 대자연의 이치로써 각 효에 맞게끔 설명하여 놓았다. 즉, 中孚卦의 구이효, 同人卦의 구오효, 大過卦의 초육효, 謙卦의 구삼효, 節卦의 초구효, 解卦의 육삼효로써 어떻게 이치를 알아 낼 수 있는가를 말하고 있다.[1] 그리고 中孚卦에서 解卦까지는 왜 그 괘에 그 괘사가 오지 않으면 아니 되는가를, 中孚卦 다음에 同人卦가 오는 이유가 무엇인가를 함께 음미해야 한다. 결국 困하고 學而知至만 통할 수 있다는 것을 확신시켜 주고 있다. 또 군자는 처신을 잘 해야 함을 강조해 두고 있다.

聖人이 **有以見天下之賾**하야 **而擬諸其形容**하며 **象其物宜**라 **是故謂之象**이오
　성인이 천하의 그윽하고 깊이 가리워져 있는 역의 이치를 봄에, 〈그것을〉 어떤 형

---

1) 본 장의 해설 순서는 風澤中孚卦→天火同人卦→澤風大過卦→地山謙卦→重天乾卦→水澤節卦→雷水解卦의 순으로 되어 있다.

체에 비기며, 그 물체에 마땅하도록 형상화한다. 이런 까닭에 〈역에서〉 이것을 象이라 이름이요,

· 賾:깊숙할 색 · 擬:비길 의, 헤아릴 의 · 形:모양 형 · 容:얼굴 용 · 宜:마땅할 의

總說
공자가 주역을 해석하는 방법을 말하고 있다.

各說
● 有以見天下之賾하야:여기서 '賾'은 숨어 있어서 나타나지 아니하여 눈으로 볼 수 없는 우주 대자연의 흐름을 말한다. 형이상학이다.
● 而擬諸其形容하며:삼라만상의 각기 다른 형체의 물건을 어떤 형체에 비겨서 해설한 것이다. 예를 들면 주역의 64괘, 384효는 우주 대자연의 각각 다른 상을 나타낸 것이다. 즉, 역학 전체가 象의 설명이며[2], 象數理로 이치를 추구하는 방법 중에서 象을 포착하는 것은 예지하는 첫단계로서 가장 중요하고 어려운 일이다. 어떻게 하면 이 象을 올바르게 알고 이해할 것인가가 우리의 과제요 할 일이다. 여기서 '擬'는 형이상학적인 이치를 설명하는 데에 말로는 곤란하기 때문에 어떤 물체에 다 비겨서 말한다는 뜻이므로 "擬之"는 비슷한 것으로 취상하여 온다는 말이다.

$$易理 \rightarrow \left\langle \begin{matrix} 形容 - 擬之 \\ 物宜 - 象 \end{matrix} \right\rangle 取象$$

聖人이 有以見天下之動하야 而觀其會通하야 以行其典禮하며 繫辭焉하야 以斷其吉凶이라 是故謂之爻ㅣ니

성인이 천하의 〈만물이〉 움직여 나아감을 봄에, 그 모이고 통함을 보아서 그 법칙대로 행하며, 말을 매어서 그 길흉을 판단함이라. 이런 까닭으로 〈역에서〉 이것을 爻라 이르니,

· 觀:볼 관 · 會:모일 회 · 通:통할 통 · 典:법 전 · 禮:예도 례 · 繫:맬 계 · 辭:말 사 · 斷:끊을 단

---

2)「大象」과「小象」에서 "象曰……"이라는 식으로 문장이 구성되어 있다. 象曰은 擬諸其形容, 象其物宜를 뜻한 것이다.

各說

- 有以見天下之動하야 : 눈에 나타나는 형체로써 변화해가는 움직임을 말한다. 형이하학이다.
- 而觀其會通하야 : 會는 聚也, 通은 用也라 하였다. 따라서 대자연 속에 존재하는 모든 만물이 모이고 통용(通用)되는 것을 살펴서 各正性命으로 통용되는 자연의 흐름을 관찰한다는 뜻이다.
- 以行其典禮하며 : 회통되는 모든 것이 相雜되어 있으나 그 움직이고 행하는 것이 어떤 典法이나 질서를 어기지 아니하고 일정한 법칙 속에서 움직인다는 것이다.
- 繫辭焉하야 以斷其吉凶이라 : ①"而觀其會通"하고 "以行其典禮"하는 모든 것을 글로써 엮어 놓았으며, 그 글 속에 길흉을 판단하도록 하였다. 즉, 象數理로써 그 속에 길흉이 자연 존재하게 되는 것이다. ②'象辭'는 易理를 형상화하여 설명한 것이고, '爻辭'는 움직여 나가는 易의 이치를 길흉으로써 판단할 수 있게끔 설명한 것이다.
- 是故謂之爻ㅣ니 : ①爻는 변하는 것이니 변하는 데에서 以行其典禮라 하고, 또 길흉을 판단하였기에 관찰하도록 하라는 것이다. 上下左右로 움직인다. ②爻의 글자의 형상을 보아도 상하가 서로 연관성을 가지고 있으며, 또 384효가 서로 관계를 가지고서 相雜되어 있는 것을 알 수 있다. X+X가 爻다. X 미지수가 두 개 있으니 이것을 해결하는 것이 爻다. 또 乂는 총명과 예지를 뜻하므로 爻 속에는 예지와 총명이 함께 들어 있어서 닥쳐올 미래의 길흉을 판단할 수 있다.

　　　　　有以見天下之賾 ― 대자연의 흐름 ― 象 ― 형이상학
　　　　　有以見天下之動 ― 외면적　행동 ― 爻 ― 형이하학(길흉)

言天下之至賾호대 而不可惡(오)也ㅣ며 言天下之至動호대 而不可亂也ㅣ니

　천하의 지극히 그윽하고 깊이 가리워져 있는 역의 이치를 말하자면 가히 싫지 아니하며, 천하의 〈만물이〉 지극히 움직여 나아감을 말하자면 가히 요란하지 아니하니,
　·惡:미워할 오, 싫어할 오　·亂:어지러울 란

各說

- 言天下之至賾호대 而不可惡也ㅣ며 : 천하의 지극히 그윽하고 깊이 가리워져 있는 우주 대자연의 진리를 알게 되면 가히 싫지 아니하다는 것이다. 달리 말해서 가히

惡하지 아니하다면 곧 善을 말한 것이니 易理의 깊고 그윽하게 숨겨져 있는 이치는 至善을 말한 것이 아니겠는가? 여기서 '惡'는 틀림이 없다는 뜻이며 '싫어할 오'로 해석하는 것이 옳다.

- 言天下之至動호대 而不可亂也ㅣ니: 가히 요란하지 아니하다는 것은 곧 역리가 지극히 변하고 움직여서 나가는 데도 불구하고 질서 있게 변하고 움직인다는 뜻이다. 곧 邪가 아니고 正(思无邪)으로, 또는 和而不流, 旁行不流로써 역의 이치가 존재한다는 말이다. 즉, 대자연이 변화하여 움직여 나아가는 것이 질서 정연하게 움직여 간다는 것이다.

  至賾 — 不可惡 — 틀 림 이 없 다 — 象
  至變 — 不可亂 — 틀림이 없도록 말하여 놓았다 — 爻

擬之而後에 言하고 議之而後에 動이니 擬議하야 以成其變化하니라

〈대자연의 흐름을 어떤 형상에〉비겨서 설명한 뒤에야 말이 되어 있고 의논한 뒤에야 움직이는 것이니,〈어떤 사물에〉비기고 의논해서 그 변화를 이루게 되는 것이다.
· 後:뒤 후 · 議:의논할 의

各說

- 擬之而後에 言하고 議之而後에: '擬之'는 어떤 물체에 비겨서 비슷한 것으로 취상하여 설명하는 것이며, '議之'는 많이 생각한다는 뜻이다. 擬之와 議之를 예를 들어 설명하면 다음과 같다.

  예) 初九는 潛龍이니 勿用이니라 (乾卦 初九爻辭)
  초구는 물 속에 잠긴 용이니 쓰지 말아라.
  [설명] "初九는 潛龍이니 勿用이니라"는 언이 되고 "潛龍勿用"은 取象의 문제로서 擬之한 것이 된다. 그리고 "勿用"이라고 하였는데, 만일 사용하여 움직였다면 어떻게 되는지를 살펴 보는 것은 議之가 된다. 즉, 擬之와 議之를 통하여 변화가 있게 된다. 이것은 주역의 내용을 어떻게 설명하고 이해할 것인가를 우리에게 말하여 주고 있는 것이다. 다음 문장부터는 이러한 내용을 실제로 爻辭를 인용하여 증거로써 엮어 놓았다.

- 擬議하야: 형상에 비겨서 생각해 본다. 곧 효의 내용을 다 알아서 변화가 이루어지는 것이다. 결과적으로 言動은 擬之하고 議之한 뒤에야 변화를 알게 되어 실행하도록 한다는 것이다. 그러므로 爻의 象은 중요하다.

```
象 ― 擬之 ― 言  ⎫
爻 ― 議之 ― 動  ⎬ 擬議 ― 변화를 알아낸다 → 易의 해설 방법
```

鳴鶴이 **在陰**이어늘 **其子**ㅣ **和之**로다 **我有好爵**하야 **吾與爾靡之**라하니 **子曰君子**ㅣ **居其室**하야 **出其言**에 **善**이면 **則千里之外**ㅣ **應之**하나니 **況其邇者乎**여

우는 학이 그늘에 있거늘 그 새끼가 화답하도다. 내가 좋아하는 벼슬을 가지어 내가 너와 더불어 얽히노라. 공자께서 말씀하시기를 "군자가 그 집에 거처해서 그 언어를 착하게 하면 곧 천리 밖에서도 〈그 뜻을〉 응하게 되니 하물며 그 가깝게 있는 자랴!

· 鳴:울 명 · 鶴:학 학 · 陰:그늘 음 · 爵:벼슬 작 · 爾:너 이 · 靡:연루될 미, 아름다울 미
· 靡:얽을 미, 함께할 미 · 居:있을 거 · 室:집 실 · 應:응할 응 · 況:하물며 황 · 邇:가까울 이

總說

성인의 경지를 설명하기 위한 첫구절이다. 공자가 주공(周公)이 지은 中孚卦 구이 효사를 인용하여 설명하고 있다.

各說

1) 중부괘 구이효에 대한 해설이다. 二爻得中과 五爻得中이 상응이므로 서로 변화를 일으키게 된다. 鶴은 陽物로서 九가 되며, 在陰은 陰이므로 二가 된다. 그러므로 鳴鶴在陰은 구이효를 말하였으며 其子和之는 구오효가 된다. 이것은 氣化的이요 형이상학적인 해설이다.

2) 乾卦 구이효의 "九二는 見龍在田이니 利見大人이니라;九二는 나타난 용이 밭에 있으니 대인을 봄이 이롭다"와 구오효의 "九五는 飛龍在天이니 利見大人이니라:九五는 나는 용이 하늘에 있으니 대인을 만나야 이롭다"는 같은 맥락으로 볼 수 있다. 즉, 乾卦 구이·구오효의 利見大人끼리 유유상종(類類相從)하는 형태이다. 따라서 구이, 구오효의 中正之道를 가진 사람이면 아무나 형이상학적인 기운으로

서로 통하고 화답할 수 있다는 뜻이다. 또 마음이 상통되면 同氣相求, 同聲相應의 결과를 가져올 수 있다는 것이다. 이른바 성인이라야 능히 성인을 알아 볼 수 있다는 뜻이다.

● 鳴鶴이 在陰이어늘 其子ㅣ 和之로다:①鳴鶴在陰→其子和之는 賾하여 있는지라 象으로써 말한 것이다. 즉, 千里 먼 거리로 떨어져(막혀) 있어도 성인은 서로 응지(應之)한다는 것이다. ②중부괘는 中虛다. 속이 비면 무아지경이라 할 수 있다. 즉, 도통 경지이니 영(靈)과 영은 서로 천리 밖에 있어도 상통될 수 있다. 왜냐하면 시공(時空)을 초월하는 일이기 때문이다.

居其室하야 出其言에 不善이면 則千里之外ㅣ 違之하나니 況其邇者乎여

〈이와 반대로〉집에 거처해서 그 언어를 착하지 않게 하면 곧 천리 밖에서도 어긋나니 하물며 그 가깝게 있는 자랴!

· 違:어길 위

總說
위의 문장은 앞 문장과 연결된 것으로 공자가 言行의 중요함을 말하고 있다.

各說
군자가 집에 가만히 있을 때라도 말이 착하지 아니하면 천리 밖의 보이지 아니하는 사람들도 이 不善을 알고 어긋나게 된다. 하물며 가깝게 있는 사람이야 그 어긋남은 당연하다.

善 — 千里之外應之 — 況其邇者乎
不善 — 千里之外違之 — 況其邇者乎 〉同聲相應, 同氣相求 → 其子和之

言出乎身하야 加乎民하며 行發乎邇하야 見(현)乎遠하나니 言行은 君子之樞機니 樞機之發이 榮辱之主也ㅣ라 言行은 君子之所以動天地也ㅣ니 可不愼乎아

말은 자신에게서 나와 백성에게 더해지며, 행동은 가까운 곳에서 출발하여 먼 곳까지 나타나니, 말과 행동은 군자의 추기(樞機)니 추기의 발동은 영화와 욕됨의 주인이다. 말과 행동은 군자가 천지를 움직이는 원인이 되는 것이니, 삼가지 않을 수 있으랴?"고 하셨다.

·出:나타날 출, 날 출 ·身:나 자신 신, 몸 신 ·邇:가까울 이 ·遠:멀 원 ·樞:지도리 추 ·機:틀 기
·榮:영화 영, 꽃 영 ·辱:욕되게 할 욕 ·主:주인 주 ·愼:삼갈 신

總說

위의 문장은 앞 문장의 연속이며, 공자가 위와 같은 뜻을 우리의 일상생활에 관련하여서 세분하여 설명하고 있다.

各說

1) 중부괘 구이효를 처음으로 말한 것은 성인의 경지를 설명하기 위해서이다. 성인의 경지, 즉 時空을 초월하기 위해서는 心則善에 달려 있다. 그러므로 澤山咸卦의 虛로 受이거나3) 중부괘 자체가 離虛中이듯 實이 아닌 虛로 받아야 한다. 천부지성을 그대로 간직한 성인이라면 천리 밖에 있는 사람도 상응할 수 있는 힘을 가지고 있다고 할 수 있다.

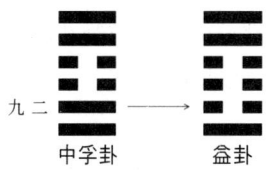

2) 중부괘 구이효가 변하면 益卦가 된다. 中孚의 虛로 인하여 益이 되는 것이다. 즉, 마음을 비우는 中孚가 되면 益은 저절로 된다는 것이다.

예)六二는 或益之면 十朋之라 龜도 弗克違나 永貞이면 吉하니 王用享于帝라도 吉하리라 (益卦 六二爻辭)

六二는 혹 이익이 있으면 十朋之와 거북점을 쳐서도 능히 어긋나지 아니하나 오래도록 바르게 하면 길하니, 왕이 써 천제께 제사지내더라도 길할 것이다.

[설명]익괘의 육이효사에는 吉字가 두 번 들어 있다. 따라서 中孚의 心虛가 좋지 않을 수가 없다.

● 言行은 君子之樞機니:말과 행동은 군자가 가져야 할 기본적이고도 중요한 기틀이며, 이 樞機는 자기가 잘하고 못하는가에 따라 영(榮)과 욕(辱)의 주인이 된다. 즉, 말과 행동은 군자가 천지를 움직이는 근본 원인이 되는 것이다. 그러므로 언행은 삼가고 조심해야 한다는 것이다. 우리의 일상생활을 樞機라고도 한다.

---

3) 마음을 비우고 七情을 떠나면 성인이 될 수 있다는 것이며, 공자 자신은 그런 사람이라고 한 말이 아니겠는가?

예)子張問行한대 子曰 言忠信하며 行篤敬이면 雖蠻貊之邦이라도 行矣어니와 言不忠信하며 行不篤敬이면 雖州里나 行乎哉아 (『論語』「衛靈公」)

자장이〈자기 주장이〉행하여지는 것에 대해〈공자께〉묻자, 공자께서 말씀하시기를 "말이 진실되고 신의가 있으며, 행동이 돈독하고 공경스러우면 비록 만맥(蠻貊)의 나라라 하더라도 행하여질 수 있거니와, 말이 진실되지 않거나 신의가 없으며, 행동이 돈독하지 않고 공경스럽지 아니하면 비록 州里라 하더라도 행하여지겠는가?"고 하셨다.

[설명]『논어』는 공자의 언행록으로 깊은 道學이 들어 있다.

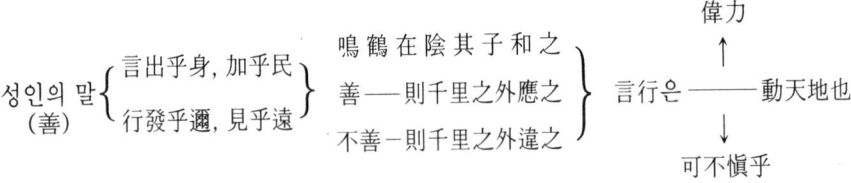

同人이 先號咷而後笑ㅣ라하니 子曰 君子之道ㅣ 或出或處或默或語ㅣ나 二人이 同心하니 其利ㅣ 斷金이로다 同心之言이 其臭ㅣ 如蘭이로다

同人이 먼저 부르며 울부짖다가 뒤에는 웃는다고 하니, 공자께서 말씀하시기를 "군자의 도가 혹은 밖으로 외출하기도 하고, 혹은 집에 있기도 하고, 혹은 잠잠히 침묵하기도 하고, 혹은 말하기도 하나 두 사람이 마음을 같이하면 그 날카로움이 쇠를 끊을 수도 있도다. 同心의 말은 그 냄새가 난초의 향기와 같다"고 하셨다.

· 同:한가지 동 · 先:먼저 선 · 號:부르짖을 호 · 咷:울 도 · 笑:웃을 소 · 或:혹 혹 · 處:머물러 있을 처
· 默:묵묵할 묵 · 語:말씀 어 · 臭:냄새 취 · 如:같을 여 · 蘭:난초 란

總說

공자가 성인(聖人)의 경지를 설명하기 위해서 주공(周公)의 同人卦 구오효사를 인용하여 설명하고 있다.

各說

1) 처음에는 중부괘 구이효를 말하였다가 다시 동인괘 구오효를 말한 것은 中正之道를 가지면 곧 도통할 수 있다는 것을 암시해 주는 것이고, 유순중정과 강건중정의

位인 남녀 모두 공통으로 통할 수가 있다는 것이며, 二爻에서 五爻에 가면 利見大人하여 飛龍在天이 된다는 뜻도 내포하고 있다.

2) 괘상으로 크게 보아서 ䷼中孚卦와 ䷌同人卦는 離虛中이 되므로 利涉大川이 가능하다. 또 상대성이기에 두 괘의 괘명도 두 글자이다.

3) ䷌天火同人卦에서 二爻는 여섯 효 중 하나밖에 없는 陰이다. 그러므로 그 마음가짐은 斷金, 如蘭이 되어야 한다. 이효와 오효는 삼, 사효의 방해에도 무릅쓰고 유순중정과 강건중정의 효로서 其利斷金하고 其臭如蘭의 굳센 의지로써 유유상종으로 만났다는 것이다. 즉, 마음의 不變色으로 철통같은 마음이 있기에 서로 만나게 되는 것이다. 이효와 오효의 마음가짐을 斷金과 如蘭으로 표현하였다.

● 先號咷而後笑ㅣ라하니 : 사람이 마음을 함께 하여 會同하기까지의 과정에서, 먼저는 회동이 되지 아니하여 울부짖다가 나중에는 웃는다는 것이다. 공부하는 데 비유하면 처음에는 모르고 어려워 전전긍긍하니 號咷이며, 어느 경지에 도달하게 되면 웃는다. 즉, 마음속에 희열이 있으니까 미소를 띠게 되는 것이다. 이것이 後笑이다.4)

　예) • 九三은 伏戎于莽하고 升其高陵하야 三歲不興이로다 (同人卦 九三爻辭)
　　　　九三은 군사를 가시덤불 속에 숨겨 놓고 높은 언덕에 올라 〈정세를 살피며 六二의 관심이 끝내는〉 3년이 되어도 일어나지 아니한다.
　　　• 九四는 乘其墉호대 弗克攻이니 吉하니라 (同人卦 九四爻辭)
　　　　九四는 〈六二를 만나기 위하여〉 담 위에 올랐으나 능히 치지 아니하니 길하다.
　　　[설명] 동인괘의 구이효와 구오효가 서로 정응 관계이지만 처음에는 울부짖고 뒤에 웃는 것은 구삼효와 구사효 때문이다.

● 或出或處或默或語ㅣ나 : ① 세상에 나아가 벼슬하기도 하고 물러가서 고요히 집에 있기도 한다는 것이다. ② 우리의 일상생활을 이 네 가지로 행동하고 살아간다면 틀림이 없다는 말이다.

$$\begin{cases} 出處 - 心 \\ 默語 - 言 \end{cases} \quad \begin{matrix} 出 - 動作 - 語 \\ 處 - 靜止 - 默 \end{matrix}$$

● 二人이 同心하니 其利ㅣ斷金이로다 : 도통의 경지에서는 어떤 것이라도 다 할 수 있는

---
4) 부처의 상이 약간 웃는 얼굴로 되어 있는 것은 이 때문이 아닐까 한다.

힘을 가지고 있다는 것을 암시해 주고 있다.5)
● 同心之言이 其臭ㅣ如蘭이로다:마음을 같이한 말에는 그 냄새가 난초와도 같다. 동쪽 산의 난초, 서쪽 산의 난초, 들의 난초의 냄새가 모두 같다. 즉, 어느 나라이든지 간에 군자가 도통 경지에 이르면 같다는 말이다. 두 남녀의 극진한 사랑에 비유하여 말할 수도 있다.6)
　• 金蘭契:서로 마음이 같은 자끼리 상종하는 모임을 말한다.

```
        二人同心其利斷金 ─ 出處 ─ 心        ─ 形而上學
        同心之言其臭如蘭 ─ 語默 ─ 言 ─ 同人于野 ─ 形而下學
```

初六藉用白茅ㅣ니 无咎ㅣ라하니 子曰 苟錯(조)諸地라도 而可矣어늘 藉之用茅하니 何咎之有ㅣ리오 愼之至也ㅣ라 夫茅之爲物이 薄而用은 可重也ㅣ니 愼斯術也하야 以往이면 其无所失矣라

初六은 〈제사를 지내기 위하여〉 흰 띠로 만든 자리를 깔아 쓰는 것이니 허물이 없다고 하였으니, 공자께서 〈이것을 보고〉 말씀하시기를 "진실로 아무 땅에다 두고 정성을 드려도 좋을 것인데, 흰 띠로 만든 자리를 깔고 정성을 드리니 어찌 허물이 있겠는가? 삼가는 마음이 지극한 것이다. 대저 띠풀이라는 물건은 하잘 것 없는 것이다. 그러나 사용함에는 귀중한 것이 될 때가 있으니, 이러한 마음씨[術, 방법]를 信으로 하여 그대로 나아가면 그 잃어버리는 바가 없을 것이다"고 하셨다.

・初:처음 초　・藉:자리 깔 자　・用:쓸 용　・茅:띠 모　・咎:허물 구　・苟:진실로 구　・錯:둘 조, 섞일 착
・諸:모든 제　・何:어찌 하　・愼:삼갈 신　・薄:엷을 박　・斯:이 사　・術:방법 술, 꾀 술　・往:갈 왕

---

5)사람의 정신이 一到되어 道通이 되었다면, 이 위력은 斷金이 가능하고 무엇이든지 꿰뚫어 나갈 수 있는 힘이 있으며 광명의 빛이 나게 된다. 불교에서 말하는 사리(舍利)는 정신력의 결정체로서 도통된 사람의 몸에서 나온다. 舍利는 만 가지의 利를 버린다는 뜻이다. 탑을 세울 때는 꼭 사리를 넣고 세우니 공든 탑이 무너지랴는 소리가 여기에서 나왔다. 사리→정신의 결정체→광명→성훈(聖曛).
6)也山선생님의 학설이다. 결국 군자는 군자끼리, 소인은 소인끼리 유유상종하게 된다는 것이다.

```
  左火右 : 左・右가 똑같은 사람을 상징  ⎫
  上天下 : 上・下가 똑같은 사람을 상징  ⎬ 同人
                                        ⎭
```

總說

공자가 ䷛ 澤風大過卦의 초육효사를 인용하고 있다.

各說

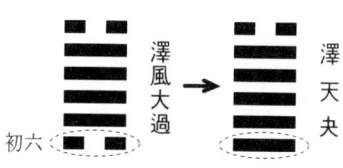

중부괘의 구이효, 동인괘의 구오효는 中正의 位로서 二,五之精의 虛로 受人을 하여 後笑를 도모하기 위해서 지극한 정성으로 信과 孚와 誠을 해야 한다. 때는 大過의 때로서 선천의 마지막이요 후천 시초이다. 선후천의 변동하는 시기는 誠을 많이 가져야 한다. 대과괘는 『주역』 상경의 마지막이다.[7] 황극경세 이론에서도 선천의 마지막 괘가 巳會(需·小畜·大壯·大有·夬)의 다섯 괘이다. 그 중에서도 夬卦가 마지막이다. 결국은 大過卦의 初六變則夬卦이니 같은 뜻이 내포되어 있다. 「잡괘전」에서는 夬卦로 끝났으며, "夬는 決也ㅣ라 剛決柔也ㅣ니 君子道長이오 小人道憂也ㅣ라;夬는 결단하는 것이다. 剛이 柔를 결단하는 것이니, 군자의 도는 길어 나아가고 소인의 도는 근심스러운 것이다"고 하였다. 곧 大過之夬는 같은 뜻이 내포되어 있음을 뜻한다.

- 藉用白茅ㅣ니:지극한 정성을 드리는 방법을 뜻한다. 또 "愼之至也ㅣ라"고 하였으니 소박하고 가벼운 배석(拜席)을 깔고 행하는 제사이지만 정성만은 크다는 것이다. '白'은 양심이니 '白茅'는 誠, 信, 孚를 뜻하기도 한다.
- 苟錯諸地라도:여기서 '錯'은 措와 뜻이 같으며, '諸地라도'는 아무 땅이라도, 어떤 곳이라도 라고 해석이 된다.
- 愼之至也ㅣ라:藉之用茅하는 정성이 지극하다는 뜻이다. 愼은 誠, 信, 孚와 통하는 말이다.
- 其无所失矣라:六二中正과 九五中正이 합치되면 실패하는 일이 없이 무슨 일이라도 다 할 수 있다는 것이다.

勞謙이니 **君子**ㅣ **有終**이니 **吉**이라하니 **子曰 勞而不伐**하며 **有功而不德**이 **厚之至**

---

7) 乾坤坎離의 正方은 제외되어 있기 때문에 대과괘가 선천의 마지막 괘가 된다.

也ㅣ니 語以其功下人者也ㅣ라 德言盛이오 禮言恭이니 謙也者는 致恭하야 以存其位者也ㅣ라

　수고로워도 겸손함이니, 군자가 마침이 있으니 길하다고 하니, 공자께서 말씀하시기를 "노고를 다하여도 자랑하지 아니하고 공이 있어도 나의 덕이라 인정하지 않으며 덕의 두터움이 지극한 것이다. 이것은 공덕이 있으면서도 남에게 자신을 낮게 가지는 자를 말하는 것이다. 덕은 성(盛)한 것이고, 예는 공손한 것이고, 겸손이라고 하는 것은 공손한 것을 이루게 함으로써 그 자리를 보존하는 것이다"고 하셨다.

· 勞:일할 로, 힘쓸 로　· 謙:겸손할 겸　· 終:끝날 종　· 伐:자랑할 벌　· 厚:두터울 후　· 功:공 공
· 恭:공손할 공

總說

　공자가 ䷎地山謙卦의 구삼효를 인용하고 있다. 성인이 동북 艮方에서 勞謙君子(道通君子)가 나온다는 것이다.

各說

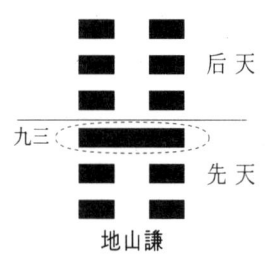
地山謙

1) 地山謙卦의 象을 보면 5陰이 1陽을 신뢰하며, 유일한 正位의 陽으로서 다섯 陰을 위하여 수고와 사회적으로 노고를 다하고 있다. 특히 유일한 양인 구삼효는 선천의 마지막 효로 후천에 나아가는 노고를 다하는 자이기에 勞謙이라고 하였다. 후천에도 이렇게 남과 사회를 위할 수 있는 자는 勞謙의 훌륭한 군자라야 가능하다. 그 결과로 有終의 美를 거둘 수 있는 것이다. 이것을 바로 勞謙君子라고 말하였다.

예1) 人不知而不慍이면 不亦君子乎아 (『論語』「學而」)
　　남이 알아주지 않더라도 성내지 아니하면, 그 또한 군자가 아니겠는가!
　　[설명]위에서 말한 군자는 勞謙君子와 같은 내용을 가지고 있다.
예2) 『서경』에서 성현들이 乾乾하는 방법으로 요임금은 欽(공경할 흠)으로써, 순임금은 恭(공손할 공)으로써, 우임금은 孜(부지런할 자)로써, 탕임금은 慄(두려워할 률)로써, 문왕은 翼翼(공경할 익)으로써 무왕은 蕩蕩(넓고 클 탕)으로써 誠之하였다.
　　여기에서 欽恭이 곧 謙이다.
2) 겸손하여서 길하지 아니한 것이 없다. 그러므로 겸괘는 여섯 효 모두 다 좋다. 즉,

64괘 중 최상의 괘라고 할 수 있다.

天道虧盈而益謙
地道變盈而流謙
鬼神害盈而福謙
人道惡盈而好謙
} 天地人 모든 것 뿐만 아니라 귀신까지도 謙을 좋아 하는지라. 이 謙이야말로 우리 인간이 갖추어야 할 부분 중에서 최고(最高)로 꼽아야 할 것이다.

3) 天道, 地道, 人道 그리고 귀신까지도 겸손한 것을 말하였고, 알아도 모르는 것으로 하는 것이니 이러한 태도가 군자의 謙이다. 중부괘의 信虛와 동인괘의 後笑의 경지를 위하여 정성을 白茅로 하면 동북 艮方에서 勞謙君子(道通君子)가 나오게 된다는 것이다.

- 勞謙이니: 남과 사회를 위하여 천지와 사람이 행하는 수고를 하고도 겸손함을 뜻하는 말이다.
  - 賢謙: 대중 혹은 門中을 위하여 헌신적인 수고를 한 사람을 말한다.
- 厚之至也ㅣ니: 대자연, 즉 땅[坤]의 후한 덕과 같이 독실한 태도의 극치라고 할 수 있다. 坤道(땅)는 말이 없으나 厚德載物로써 우리 인간에게 주는 직·간접적인 가르침이 곧 道學이다.
  - 厚: 땅은 종자를 뿌리고 가꾸는 수고를 하지만 不言所利하다.

道學
勞 而 不 伐
有功而不德
} 厚之至也(坤, 땅을 닮아라) → 勞謙君子 → 有終之美

- 語以其功下人者也ㅣ라: 이것이 곧 겸손이다.
- 以存其位者也ㅣ라: 영원히 보존한다는 것이다.

勞 而 不 伐
有功而不德, 厚之至也
} 勞謙君子 ⟶ 語以其功下人者也
⟶ 致恭, 以存其位者也

亢龍이니 有悔라하니 子曰 貴而无位하며 高而无民하며 賢人이 在下位而无

輔ㅣ라 **是以動而有悔也**ㅣ니라

극에 달한(높은) 용이니 뉘우침이 있다고 하니, 공자께서 말씀하시기를 "귀한 존재이면서 位가 없으며, 높으면서도〈자기의〉백성이 없으며 어진 사람이 下位에 있으면서도 도와주지 않는다. 이렇기 때문에 움직이면 뉘우침이 있을 것이다"고 하셨다.

・亢:높을 항, 오를 항 ・輔:도울 보

總說

공자가 ䷀重天乾卦의「문언전」에 있는 문장을 인용하고 있다.

各說

1) 乾卦「문언전」에 있는 문장이다. 朱子는 중복된 글이라고만 하였지 설명을 더하지는 아니했다. 공자가 이 글을 말한 이유가 어디에 있는가를 생각할 필요가 있다. 이 글은 勞謙君子에 대한 경계사이다. 즉, 무슨 일이든지 경거망동하지 말고 자기 자신의 위치를 잘 파악하여 행동하여야 하며, 어느 한도를 넘어서는 아니 됨을 말하여 주고 있다.

예)君子는 動而世爲天下道ㅣ니 行而世爲天下法하며 言而世爲天下則이라 (『中庸』第29章)
군자는 움직이면 世世(代代)로 천추만대 천하의 도가 되는 것이니, 행하면 세세로 천하의 法度가 되는 것이며, 말을 하면 세세로 천하의 준칙(準則)이 되는 것이다.
[설명]군자는 행동과 말이 법칙이니 자기의 위치를 잘 알아서 행동하여야 한다.

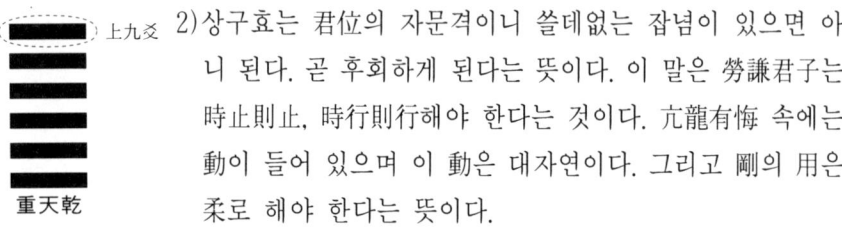

2) 상구효는 君位의 자문격이니 쓸데없는 잡념이 있으면 아니 된다. 곧 후회하게 된다는 뜻이다. 이 말은 勞謙君子는 時止則止, 時行則行해야 한다는 것이다. 亢龍有悔 속에는 動이 들어 있으며 이 動은 대자연이다. 그리고 剛의 用은 柔로 해야 한다는 뜻이다.

不出戶庭이면 **无咎**ㅣ라하니 **子曰亂之所生也**ㅣ**則言語**ㅣ**以爲階**니 **君不密則失臣**하며 **臣不密則失身**하며 **幾事**ㅣ **不密則害成**하나니 **是以君子**ㅣ **愼密而不出也**하나니라

문밖 뜰에 나가지 아니하면 허물이 없을 것이라 하니, 공자께서 말씀하시기를 "어지러움(사회의 혼란)이 생기는 것은 말로써 단계가 되는 것이, 임금이 은밀하지 못

하고 〈경솔하게 발설하면〉 신하를 잃으며, 신하가 은밀하지 못하면 자기 몸을 잃으며, 〈무슨 일이든지〉 은밀하지 않고 〈그 기밀을 누설하게 되면〉 해를 이루게 되는 것이니, 이렇기 때문에 군자는 삼가 은밀하고 나가지 아니하는 것이다"고 하셨다.

・庭:뜰 정 ・亂:어지러울 란 ・階:섬돌 계 ・密:그윽할 밀 ・幾:기미 기 ・害:해칠 해

總說

☳ 水澤節卦의 초구효에 대한 공자의 설명이다.

各說

세상의 일을 훤하게 알고 있으면서도 천기(天機)의 누설을 할 수도, 안할 수도 없는 공자 자신의 심정을 토로한 문장이다. 자연 이치의 기틀(기점)이 되는 일에 中節[8)]을 지키지 아니하면 害가 돌아오게 된다는 것을 강조하였다.

● 不出戶庭이면 : 문밖 뜰에 나가지 아니하면 허물이 없을 것이라고 하였지만 성인은 戶庭에서 나가지 아니하여도 통하고 막힌 것을 알고 있다.
  예) 象曰 不出戶庭이나 知通塞也ㅣ니라 (節卦 初九「小象」)
    象에서 말하기를 "不出戶庭이나 통하고 막힌 것을 아는 것이다"고 하였다.
  ・門은 집의 한 부문을 말하고, 戶는 집 전체를 말한다. 門戶를 구경한다는 것은 그 집의 門에 들어가서 전체를 구경한다는 뜻이다.
● 亂之所生也ㅣ : 공자같은 사람이 사회 혼란을 야기시킬 수 있는 말을 했다면, 사람들은 그 말을 무조건 신봉하여 따르기 때문에 환난이 틀림없이 생기게 된다. 따라서 말을 삼가고 조심스럽게 사용해야 하는 것이다.

생존경쟁 〈 亂之小者 — 송사
          亂之大者 — 전쟁

● 則言語ㅣ 以爲階니 : 언어로써 층계[節]를 이루게 된다. 즉, 언어의 내용에 따라서 모든 것이 판단된다는 것이다. 그러므로 언어는 중요하다. 성인은 節을 알기 때문

---

8) ①대자연은 節을 지킬줄 아는 사람에게—中節이 되어 있는 사람에게—이치의 깨달음을 준다. 그리고 할 수 있는 節의 정도만큼 앎을 준다. ②節은 우리 인간에게 60세를 甲年으로 표시하고 있다. 또 節이 중요하다고 생각하여 백성에게 日用으로 24절후를 사용하도록 하였는데 요즘은 이 절후를 日用하지 아니한다. 생각해 볼 문제이다.

에 언어를 앞세우지 아니하지만 어리석은 자는 언어를 앞세운다.
- 幾事ㅣ 不密則害成하나니 : ①일의 기틀을 알아도 그 기밀을 지키지 아니하면, 즉 中節을 지키지 아니하면 害를 이루게 된다는 것이다. ②時止則止하고 時行則行하는 것이 節이라면, 성인은 이 기틀을 알고 적절한 시기가 도래하면 사용한다는 뜻이 내포되어 있다.

子曰 作易者ㅣ 其知盜乎ㄴ뎌 易曰 負且乘이라 致寇至라하니 負也者는 小人之事也ㅣ오 乘也者는 君子之器也ㅣ니 小人而乘君子之器라 盜ㅣ 思奪之矣며 上을 慢코 下를 暴(포)ㅣ라 盜ㅣ 思伐之矣니 慢藏이 誨盜ㅣ며 冶容이 誨淫이니 易曰 負且乘致寇至라하니 盜之招也ㅣ라

공자께서 말씀하시기를 "易을 지은 자는 도적의 상태를 살필 줄 아는 지혜를 가졌던가 보다!"고 하셨다. 易에서 말하기를 "지고 또 타는 것이라. 도적이 이르러 올 것을 이룬다"고 하니, "〈등에 짐을〉 지는 것은 소인(신분이 천한 사람)이 하는 일이요, 수레는 군자(신분이 높은 사람)가 타는 기물이다. 소인이 군자의 기물을 탔음이라. 도적이 이것을 빼앗으려고 생각하며, 윗사람에게 거만하고 아랫사람에게 모질게 함이라. 〈정의의〉 도적이 이것을 칠 것을 생각하니, 허술하게 간직하는 것은 도적질하도록 가르치는 것이 되며, 얼굴을 난잡하게 꾸미는 것은 음탕한 짓을 가르치는 것이 되니, 〈이것을〉 易에서 말하기를 '지고 또 타는 것이라. 도적이 이르러 올 것을 이루니 도적을 스스로 불러들이는 것이다'"고 하셨다.

·作:지을 작 ·盜:훔칠 도 ·負:질 부 ·乘:탈 승 ·寇:도둑 구 ·治:이룰 치, 다다를 치 ·器:그릇 기
·思:생각할 사 ·奪:빼앗을 탈 ·慢:게으를 만 ·暴:사나울 포 ·伐:칠 벌 ·藏:감출 장 ·誨:가르칠 회
·冶:꾸밀 야 ·淫:음란할 음 ·招:부를 초

總說

☳☵雷水解卦의 육삼효에 대한 공자의 설명이다.

各說

- 子曰 作易者ㅣ 其知盜乎ㄴ뎌 : ①역을 지은 복희(伏羲), 문왕(文王), 주공(周公)을 일컫는다. 이 三者는 도적의 상태가 이르러 올 것을 살필줄 아는 지혜를 가졌다는 것이다.[9] 특히 효사는 주공의 作이므로 주공의 예지를 말하였다. ②其知盜乎를 其知

道乎로 바꿔도 말이 된다. 공자같은 성인이 아니면 이런 말을 할 수가 있었을까?
- 負且乘이라:자기 분수에 맞지 않게 군자 행사(行事)를 하는 것이다. 이 구절은 ䷧ 解卦 육삼효사를 인용하였다. 육삼효는 선천의 마지막 효다. 이때가 되면 세상의 인심도 해방이 되어 천태만상으로 나타난다. 이 표현이 負且乘이다. 그 결과가 致寇至이니 우리는 이것을 미리 깨달아서 막아야 한다. 여기서 '寇'는 나쁜 도적이다.
  예) 六三은 負且乘이라 致寇至니 貞이라도 吝이리라 (解卦 六三爻辭)
    六三은 지고 또 타는 것이라. 도적이 이르러 올 것을 이루니 바르게 하더라도 인색할 것이다.
    [설명] "負且乘이라 致寇至니"는 무질서한 상태를 말하고 "貞이라도 吝이리라"는 그 결과가 나쁜 것으로 正으로 해도 凶의 시초가 된다는 것이다.
- 負也者는:이방인이다. 밖에서 들어온 자가 주인을 제쳐 놓고 판치고 다닌다는 것이다. 『주역』속에는 善과 군자에서 不善과 도적까지 모두 포괄하고 있다.
- 小人而乘君子之器라:負且乘致寇至, 즉 도적이 이르러 올 것을 이루는 것이다.
- 盜ㅣ思奪之矣며 ~ 盜ㅣ思伐之矣니:①소인이 자기 분수에 맞지 않게 군자 행사를 하는 것, 또 윗사람에게 거만하고 아랫사람에게 모질게 하는 등은 인간 본연의 일이 아니다. 곧 정의로운 도적이 이것을 바르게 하려고 생각하는 것이 '盜思奪'이며, '盜思伐'이다. ②여기에서의 도적은 正義의 도적을 말한다.[10] 노자의 『도덕경』에서는 성인을 大盜, 大欲, 中正의 大盜라고 하였다. 이 말은 대자연은 변함없이 운행하고 있는데, 성인은 이것을 이치로 통달하고 탐내어 모든 것을 활용하므로 대자연의 도적이라는 것이다. ③우리가 心性工夫를 할 때, 즉 觀·敬·禪을 할 때 그 방법으로 利禦寇를 하여야 한다. 눈에 보이지 아니하는 도적을 막아야만 된다는 것이다. 천지간(天地間)에 차 있는 천태만상의 생각 등이 도적이라 할 수 있다. ䷃ 山水蒙卦 상구효에서 擊蒙을 위하여 利禦寇하라고 하였다. 童蒙의 좋은 방법론이다.
  예) 上九는 擊蒙이니 不利爲寇ㅣ오 利禦寇하니라 (蒙卦 上九爻辭)
    上九는 몽매한 것을 쳐부수는 것이니, 도적이 되는 것은 이롭지 아니함이요 도적을 막는 것이 이롭다.

---

9) 성인(作易者)은 大盜이므로 앞서 공자의 출현을 알았거나 아니면 負且乘할 자가 나올 것을 알았다는 것이다.
10) 也山 선생님은 제자들에게 "너희들은 나에게서 주역(대자연의 이치)을 배우고 있으니 모두 도적놈이다"고 하셨다. 也山 선생님께서 亞山 선생님께 늘 하시는 말씀이 "저 놈, 큰 도적놈!"이라고 말씀하셨다고 한다. (一岡註)

$$心\begin{cases}人心(盜心) - 小人(物慾)\\ 道心(聖心) - 君子\end{cases} \quad \begin{cases}小人乘君子之器 - 物 - 思奪之矣\\ 上\ 慢\ 下\ 暴 - 心 - 盜思伐之矣\end{cases}$$

- 上을 慢코 下를 暴ㅣ라 : 잘못되는 형상이다. 곧 짐을 질 사람이라는 것이다.
- 慢藏이 誨盜ㅣ며 : 허술하게 간직하는 것을 말한다.
- 慢藏이 誨盜ㅣ며 冶容이 誨淫이니 : 慢藏誨盜와 冶容誨淫은 나쁜 도심(盜心)을 유발하는 동기가 된다. 우리는 여기에 넘어가지 않게끔 경계를 철저히 해야 한다.

$$\left.\begin{array}{r}小人而乘君子之器라 盜ㅣ思奪之矣며\\ 上을 慢코 下를 暴ㅣ라 盜ㅣ思伐之矣니\\ 慢藏이 誨盜ㅣ며\\ 冶容이 誨淫이니\end{array}\right\} 負且乘致寇至$$

右는 第八章이라

제9장

　미래를 예지하는 데는 여러 가지 방법이 있으나 그 중 제5장에서 "極數知來之謂ㅣ占이오 通變之謂ㅣ事ㅣ오;수를 다하여 미래를 아는 것을 점이라 이르고, 변화에 통달하는 것을 일이라 이른다"라고 하였다. 따라서 공자가 본 장에서 시초(蓍草)로써 수를 다하여 예지하는 방법을 제시하였으니, 이것이 바로 설시법(揲蓍法)이라고 한다. 이 설시법도 대자연의 이치에 맞아야 하며 모든 논리에 합당해야 한다.[1]

天一地二天三地四天五地六天七地八天九地十이니

　天數는 一이요, 地數는 二요, 天數는 三이요, 地數는 四요, 天數는 五요, 地數는 六이요, 天數는 七이요, 地數는 八이요, 天數는 九요, 地數는 十이니,

各說

　生數와 成數의 관계는 五를 거쳐야만 이루어지는 법이니, 이 속에 五行이 들어있

---

1) • 象數:대자연을 象數로서 나타내고 있다. 따라서 역학을 象數學이라고도 한다.
　• 象數理:象과 數 속에는 자연적으로 이치가 존재한다. 그리고 대자연 속에서 時를 찾아내야 한다. 이 時를 알아야 대자연과 나와의 관계를 알 수 있다.

94 亞山의 周易講義

다.2)

예) 天一生數에 地六成之……

天	地	天	地	天	地	天	地	天	地
1	2	3	4	5	6	7	8	9	10
生數	生數	生數	生數	生數	成數	成數	成數	成數	成數
陽	陰	陽	陰	陽	陰	陽	陰	陽	陰
配合		配合		配合		配合		配合	

天數ㅣ 五ㅣ오 地數ㅣ 五ㅣ니 五位相得하며 **而各有合**하니 **天數ㅣ 二十有五ㅣ오 地數ㅣ 三十**이라 **凡天地之數ㅣ 五十有五ㅣ니 此ㅣ 所以成變化**하며 **而行鬼神也ㅣ라**

　천수(天數)가 다섯이요 지수(地數)가 다섯이니, 〈음양의〉 다섯 位가 서로 얻으며 〈이것을〉 각각 합하니, 천수의 합은 25요 지수의 합은 30이라. 대저 천지의 수를 다 하면 55니, 이것으로써 변화를 이루며 귀신을 부릴 수 있는 것이다.

·得:얻을 득　·各:각각 각　·合:합할 합　·凡:다 범, 대강 범, 총계할 범, 우두머리 범　·此:이 차
·鬼:귀신 귀

各說

● **天數ㅣ 五ㅣ오 地數ㅣ 五ㅣ니**:①천수가 다섯이라는 말은 양수 1, 3, 5, 7, 9의 기수(奇數, 홀수)를 뜻하고, 지수가 다섯이라는 말은 음수 2, 4, 6, 8, 10의 우수(偶數, 짝수)를 뜻한다. ②천수와 지수, 즉 양과 음의 상대성 이치에서 모든 사물이 존재한다. 이러한 원리를 확대하여 만사만물에 비교하여 놓은 것이다. 吉凶, 消長, 物心, 興亡, 上下…… 등이 그 예가 된다.

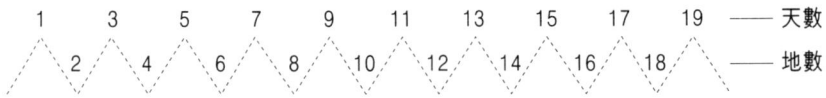

● **五位相得**하며:천수가 다섯이니 5位이고, 지수가 다섯이니 5位이다. 1, 3, 5, 7, 9는

---

2) 좀더 자세한 내용은 『亞山의 周易講義』上 總論 四.河圖와 洛書편에 해설되어 있다. (一岡註)

陽 5位이며, 2, 4, 6, 8, 10은 陰 5位이다. 이 세상의 사물은 位가 어긋나는 일이 많이 있다. 陽位이지만 陰이 자리하고 陰位이지만 陽이 자리할 수도 있다. 64괘 중에서 正位로만 이루어진 괘는 水火旣濟卦이며, 不正位로만 이루어진 괘는 火水未濟卦이다.

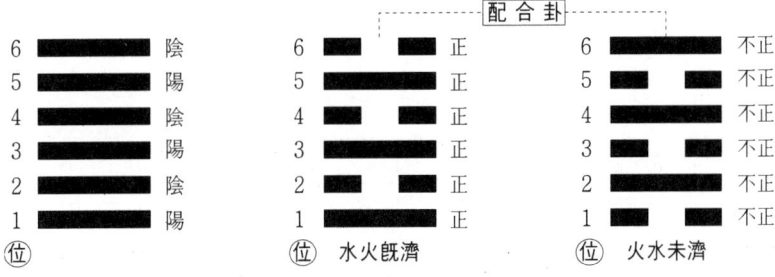

- 凡天地之數ㅣ 五十有五ㅣ니: 천지의 數를 다하여 55라는 것이다. 즉, 천수의 합이 25이며 지수의 합이 30이니, 이것을 합하여 55가 된다는 것이다. 여기서 '有'는 위에는 더 이상 없다는 뜻이 함축되어 있다.
- 此ㅣ 所以成變化하며 而行鬼神也ㅣ라: 천지 음양의 수가 변(變)하고 화(化)함을 이루어서 귀신까지도 부릴 수 있는 능력을 가지고 있다는 것이다. 우주의 모든 원리가 하도수(河圖數)인 1~10 안의 수(數)에 다 들어 있다는 것을 의미한다.

大衍之數ㅣ 五十이니 其用은 四十有九ㅣ라 分而爲二하야 以象兩하고 掛一하야 以象三하고 揲之以四하야 以象四時하고 歸奇於扐하야 以象閏하나니 五歲에 再閏이라 故로 再扐而後에 掛하나니라

크게 덜은 수가 50이니 그 사용하는 수는 49이다. 〈이것을〉둘로 나누어 양의(兩儀)를 상징하였고, 하나를 손에 걸어서 三極(三才)을 상징하였고, 이것을 넷으로 헤아림으로써 四時를 상징하였고, 나머지를 손가락 사이에 끼움으로써 윤달을 상징하였으니, 5년에 윤달이 다시 오게 된다. 그러므로 다시 끼운 뒤에 거는 것이다.

· 衍: 덜 연 · 分: 나눌 분 · 掛: 손에 걸 괘 · 揲: 헤아릴 설 · 歸: 돌아갈 귀 · 奇: 나머지 기 · 扐: 끼울 륵
· 歲: 해 세 · 再: 거듭 재, 다시 한 번 재

總說

천지의 수인 1에서 10까지의 수로 어떻게 하면 자연의 이치를 알아낼 것인가를 설명하고 있다.

各說

- 大衍之數ㅣ 五十이니: ①선천과 후천의 수를 합하여 크게 나눈 수가 50인데 이 수를 大衍之數라고 한다. 이 설은 也山 선생님의 학설이다.

體	先天數	河圖數	1, 2, 3, 4, 5, 6, 7, 8, 9, 10 = 55	100
用	后天數	洛書數	1, 2, 3, 4, 5, 6, 7, 8, 9 = 45	

②河圖에서 中宮의 수 5와 10을 승(乘)한 수가 50이다. 중궁이 모든 것을 통괄한다는 뜻이다. 또 河圖數에서 生數의 마지막 수 5와 成數의 마지막 수 10이 음양을 상교하여 乘한 수가 50이다. 이것은 선후천의 極數를 서로 乘한 것이다. 이 속에는 우주 대자연의 모든 이치가 내포되어 조화를 이루고 있다.

- 其用은 四十有九ㅣ라: 대연지수 50 가운데 사용하는 것은 49(50-1)이다. 그러하면 體는 1이요, 이것은 곧 태극이요, 황극(皇極)라고 할 수 있다. 즉, 『서경』에서 말하는 황극수(皇極數)이다. 국가로 보면 君位를 뜻하고, 사물의 이치로 보면 태극을 뜻하며, 數로 보면 기본수인 양수 1을 뜻한다. 그러므로 50 중 1을 제외한 49로써 모든 이치를 궁구되고, 이것이 변화하여 사물의 조화가 예측되는 것이다.

  예)屯은 元亨코 利貞하니 勿用有攸往이오 利建侯하니라 (屯卦 卦辭)
  屯은 크게 형통하고 正固함이 이로우니, 갈 곳이 있으나 쓰지를 말 것이요, 제후를 세우는 것이 이롭다.
  [설명]49는 둔괘에서 만물이 나오는 것에 비유될 수 있고, 1은 둔괘에서 제후를 세우는 것에 비유될 수 있다.

- 掛一하야: ①分而爲二한 시초 하나를 왼손 4째와 5째 손가락 사이에 끼우는 것을 말한다. 掛一을 함으로써 天地人 三才를 뜻한 것이라고 할 수 있다. 따라서 掛一하는 방법은 配天地의 이치이고, 오직 하나를 掛하는 것은 오직 사람만 最貴하다는 뜻도 있지 않겠는가? ②掛一하는 방법에는 두 가지가 있다. 즉, 天策(왼손)에서 掛一하는 것과 地策(오른손)에서 掛一하는 방법이 있다.

  예1)天策에서 掛一하는 방법은 也山 선생님의 학설이다. 이는 天策에서 人策이 나왔다고 하는 뜻으로, 사람이 天賦之性의 命을 받아서 났으니 人策은 天策에서 나왔음은 당연하다는 것이다.

예2) 地策에서 掛一하는 방법은 朱子의 학설이다. 사람은 땅에서 살아가는 존재이므로 人策은 地策과 밀접한 관계를 맺고 있다. 따라서 地를 體로 人을 用으로 하여 地策에서 掛一하는 것이라고 하였다.

● 揲之以四하야: 天策의 시초를 네 개씩 헤아려 간다. 이것은 四時가 운행하여 1년이 지나가는 대자연의 운행 과정을 의미하는 것으로 마지막에는 1, 2, 3, 4 수의 네 개가 남게 된다. 이것을 3째와 4째 손가락 사이에 끼운다.

● 歸奇於扐하야: 남는 시초를 3째와 4째 손가락 사이에 돌아가게 하라는(끼우라는) 뜻이다.

● 以象閏하나니: 天策과 地策을 네 개씩 헤아리는 것을 뜻한다.

● 五歲에 再閏이라: ①5년만에 윤달이 두 번 온다는 것이다.『書經』「朞三百」에 十九歲七章으로써 閏年을 맞추어 놓았다. 이것은 19년만에 윤년이 7번 오게 된다는 뜻으로 해석할 수 있다. 따라서 윤년이 2.7년만에 한 번 오며 5.4년만에 두 번 온다.

● 再扐而後에 掛하나니라: 나머지 오른손의 시초도 같은 방법으로 헤아려서 나머지를 2째와 3째 손가락 사이에 끼운 뒤에 모두 합하여 體인 태극의 시초 위에 놓는다는 것이다.

● 五歲에 再閏이라 故로 再扐而後에 掛하나니라: 다섯 가지로 분류된 사항을 들어서 대자연의 운행 과정을 합리화시켜 주자는 뜻이다. 이 다섯 가지가 어떤 것인지 살펴보자. ①시초 50개 중에서 1개를 집어서 든다. 1개는 태극을 상징한다. ②天策과 地策으로 나눈다. 즉 두 가지로 분류한다. 이것이 分而爲二라고 할 수 있으며 陰陽이라고 할 수 있다. 왼손의 것은 天策(左陽)이고, 오른손의 것은 地策(右陰)이다. ③天策이나 地策에서 掛一하는 것, 즉 세 가지로 분류한다. ④天策을 네 개씩 헤아려 남는 것을 3째와 4째 손가락 사이에 낀다. 즉, 네 가지로 분류한다. ⑤地策을 네 개씩 헤아려 남는 것을 2째와 3째 손가락 사이에 낀다. 즉, 다섯 가지로 분류가 된다.

揲蓍法

설시법은 사물의 이치를 알아내는 방법을 말한다.[3] 설시는 선천, 후천수의 중간

---

[3] 占筮의 중요성은『書經』洪範篇 七. 稽疑에서도 나온다.

수인 50수로써 사용한다. 이 또한 現實學이다. 선후천의 중간에서 이쪽과 저쪽을 다 알아 내려는 방법이 곧 설시법이라 할 수 있다. 설시할 때에는 정성을 드려야 한다. 향을 피우고 정좌(正坐)하여 자기가 우주 대자연에게 묻고 싶은 소망을 无思无爲한 마음으로 시초를 잡고 작괘(作卦)를 하면 된다.4) 작괘 요령은 다음과 같다.

첫째) 시초 50개를 가지고 정성을 모은 다음에 무심코 한 개를 집어서 정면에 둔다. "其用은 四十有九ㅣ라"고 하였으니 빼 놓는 한 개는 태극을 상징하며 전체를 통괄한다. 또 하나는 體요 49는 用이다. 시초는 반드시 왼손에 들고 글씨는 바른손

七, 稽疑는 擇建立卜筮人하여 乃命卜筮니이다 曰雨와 曰霽 曰蒙과 曰驛과 曰克이며 曰貞과 曰悔니이다 凡七은 卜五요 占用二며 衍忒이니이다 立時人作卜筮하되 三人占이면 則從二人之言하소서 汝則有大疑면 謀及乃心하고 謀及卿士하며 謀及庶人하고 謀及卜筮하소서 汝則從하며 龜從하고 筮從하며 卿士從하고 庶民從이면 是之謂大同이니 身其康彊하고 子孫其逢吉하리이다……汝則從, 龜從, 筮從, 卿士逆, 庶民逆, 吉. 庶民從, 龜從, 筮從, 卿士從, 汝則逆, 卿士逆, 吉. 汝則從, 龜從, 筮逆, 卿士逆, 庶民逆, 作內吉, 作外凶. 龜筮共違於人, 用靜吉, 用作凶. (『書經』「洪範」)
일곱째는 의심을 묻는다는 것은 거북점과 시초점 치는 사람을 골라 세우고, 이에 거북점과 시초점을 명하는 것입니다. 비가 오겠다, 비가 개겠다, 안개가 끼겠다, 날이 밝겠다, 흐렸다 맑았다 하겠다는 등으로 말할 것이며, 貞卦니 悔卦니 하고 말할 것입니다. 이 일곱 가지는 거북점에 다섯 가지, 시초점에 두 가지가 쓰이며, 변화를 이루어 정하는 것입니다. 이 사람들을 세워 거북점과 시초점을 치되, 세 사람이 점쳤다면 곧 두 사람의 말을 따르십시오. 당신(王)께서 매우 해결하기 힘든 어려운 문제에 직면하거든 먼저 당신 스스로 마음속 깊이 생각해 본 뒤, 경사(卿士) 등의 높은 관직에 있는 측근이나 대신들과 상의하고, 다시 보통의 서민들과 상의한 연후에 시초점이나 거북점 등의 卜筮를 통하여 상의하십시오. 그리하여 당신이 스스로 생각한 바가 따르고, 거북이가 따르고, 시초가 따르고, 대신이 따르고, 일반 백성이 따르는 것이 바로 모든 사람이 한 생각으로 일치하는 것이며, 이를 바로 大同이라고 말합니다. 이렇게 모두 일치하게 되면 당신의 몸은 평온하고, 자손들은 모두 번영하여 길하게 됩니다. …… 당신이 스스로 생각한 바가 따르고, 거북이가 따르고, 시초가 따르지만 대신들이 반대하고, 일반 백성이 반대한다고 해도 이것은 여전히 길합니다. 일반 백성이 따르고, 거북이가 따르고, 시초가 따르나 당신이 반대하고, 대신들이 반대한다고 해도 이것은 여전히 길합니다. 당신 스스로 생각한 바가 따르고, 거북이가 따르고, 시초가 반대하고, 대신들이 반대하고, 일반 백성이 반대한다고 한다면 그것은 안에서 하는 일은 길하고, 밖에서 하는 일은 흉합니다. 거북과 시초가 모두 사람이 도모하는 일에 어긋난다면 가만히 있으면 길하고, 움직이면 흉합니다.
[설명] 윗글은 주나라 때 箕子가 말한 은나라 정치 문화의 기본적 요강을 말한 것으로 나라의 어려운 문제를 해결하고 결정하는 경우에 복서, 즉 점치는 것의 중요성에 대해서 언급하고 있다. 상고(上古) 시대의 제정일체(祭政一體)의 정치 양상을 묘사하고 있다.
4) 시초(蓍草)는 점을 칠 때 쓰이는 도구의 재료이다. 공자 사당에서 난다는 영초(靈草)로 한 달에 잎이 하나씩 나고 12개 내지 13개만 난다고 한다. 모양은 쑥대처럼 생겼다. 12~13은 평년(平年)과 윤년(閏年)을 뜻한다. 이러한 것으로 만들어진 것이 시초이며, 이 시초를 공자의 종손(宗孫)이 한 벌 가지고 있고 또 한 벌은 서울 상우회원(尙友會員)이 가지고 있다고 한다. 이러한 시초를 구하기 힘들기 때문에 보통 사람들은 대나무로 50개의 대를 만들어서 사용하고 있다.

으로 쓰도록 한다. 그리고 왼손에 쥐고 있는 시초 49개를 오른손으로 무심코 둘로 나눈다. 이것을 分而爲二라고 할 수 있으며, 天策과 地策으로 또는 兩儀로 가르는 이치가 된다. 왼손의 것은 천책(양)이 되고 오른손의 것은 지책(음)이 된다.

둘째) 分而爲二한 행동에서 掛一하는 방법이다. 천책에서 掛一하는 방법(也山 선생님의 방법), 지책에서 掛一하는 방법(朱子의 방법)이 있다.[5] 여기서 우리는 천명사상(天命思想)을 따른 야산 선생님의 방법을 택하도록 한다. 이 掛一한 것을 4째와 5째 손가락 사이에 끼운다.

셋째) 揲之以四 곧 왼손에 쥐고 있는 시초를 네 개씩 헤아린다. 이것은 사시가 운행하여 1년이 지나가는 대자연의 운행 과정을 의미하는 것으로 마지막에는 1, 2, 3, 4의 수 중에서 남는다. 이것을 3째와 4째 손가락 사이에 끼운다.

넷째) 오른손에 쥐고 있는 시초를 네 개씩 헤아려서 남는 것을 2째와 3째 손가락 사이에 끼운다.

이상으로 설시한 것을 정리 정돈한 것이 策1이며, 이 策1의 수는 "不五則九;5가 아니면 9의 수가 된다"가 된다. 이와 같은 방법으로 남은 시초를 반복하면 策2, 策3의 수가 나오며 그 수는 "不四則八;4가 아니면 8의 수가 된다"이 된다. 이상과 같은 동작으로 종합하여 한 爻가 형성된다. 이 爻가 형성되는 결과가 여러 가지 형태로 나타나며, 생성되는 종류를 살펴 보면 다음의 네 가지 이외는 나오지 아니한다. 그 내용을 살펴 보면 다음과 같다.

泰卦와 否卦에서 小往大來, 大往小來라고 하였으니, 大:6, 7, 8, 9, 10(陽), 小:1, 2, 3, 4, 5(陰)이 된다. 1(━)인 體가 用으로 되면 양이 음이 되고, 2(- -)인 體가 用이 되면 음이 양이 된다.

예1) 泰는 小ㅣ 往코 大ㅣ 來하니 吉하야 亨하니라 (泰卦 卦辭)
　　　泰는 작은 것은 가고 큰 것은 오니, 길하여 형통하다.
예2) 否之匪人이니 不利君子貞하니 大往小來니라 (否卦 卦辭)

---

[5] 掛一하는 것은 陽策陰策 사이에서 人策의 三才 중 하나로 以象三이라 할 수 있다. 그러므로 掛一하는 것은 配天地하는 형상으로 天策에서 地策이 떨어져 나왔다고 한다면 人策은 地策에서 나왔다고 할 수 있다. 그래서 掛一하는 것은 地策右乎으로 한다고 할 수 있다. 다른 견해로는, 地策이 天策에서 나왔듯이 人策도 天策에서 나오는 것이 당연하다는 주장이다. 사람이 하늘로부터 곧 천부지성(天賦之性)으로 命을 받아서 일한다고 할 때, 人策이 天策에서 나와야 한다는 것이 정설(定說)로 여겨진다.

좀는 사람의 길이 아니다. 군자의 바름이 이롭지 못하니, 큰 것이 가고 작은 것이 온다.
[설명]위의 예문에서 보듯이 큰 것이 陽이 되므로 길한 것이다.

四 象	老陰	少陽	少陰	老陽
四象數	6	7	8	9
策 數	24	28	32	36

1) 一少兩多

세 개의 수 중에서 하나는 적은 수이고 둘은 많은 수이다. 少陽(7)으로 28策이라고 할 수 있다. 세 종류 소양의 수 21을 제외한 나머지, 즉 손에 쥐고 있는 시초의 수가 28책이니 이것이 소양의 책수라 할 수 있다. ▬로 표시한다.

예) 5 8 8 → 少 多 多 → 陰 陽 陽(體) → 陽 陰 陰(用)[6]. → 陽卦[7]
　　9 8 4 → 多 多 少 → 陽 陽 陰(體) → 陰 陰 陽(用) → 陽卦
　　9 4 8 → 多 少 多 → 陽 陰 陽(體) → 陰 陽 陰(用) → 陽卦

2) 一多兩少

세 개의 수 중에서 하나는 많은 수이고 둘은 적은 수이다. 少陰(8)으로 32策이라고 할 수 있다. 세 종류 소음의 수 17을 제외한 나머지, 즉 손에 쥐고 있는 시초의 수가 32책이니 이것이 소음의 책수라 할 수 있다. ▬ ▬로 표시한다.

예) 9 4 4 → 多 少 少 → 陽 陰 陰(體) → 陰 陽 陽(用) → 陰
　　5 4 8 → 少 少 多 → 陰 陰 陽(體) → 陽 陽 陰(用) → 陰
　　5 8 4 → 少 多 少 → 陰 陽 陰(體) → 陽 陰 陽(用) → 陰

3) 三少

세 개의 수 중에서 모두 적은 수로 되어 있다. 오직 한 종류만 있을 뿐이다. 한 종류 老陽의 수 13을 제외한 나머지, 즉 손에 쥐고 있는 시초의 수가 36책이니 이것이 노양의 책수라 할 수 있다. ☐ 또는 ◯로 표현한다.

예) 5 4 4 → 少 少 少 → 陰 陰 陰(體) → 陽 陽 陽(用) → 老陽
　　[설명]노양이 변하면 소음이 된다.

---

[6] 현재의 세상은 洛書의 시대라고 할 수 있다. 본 장이 제9장인데 이 수는 낙서수이니, 九로서 用이니 설시하여 用으로 하라는 뜻이 담겨져 있다.

[7] 陽卦는 多陰하고 陰卦는 多陽하니 其故는 何也ㅣ오 陽卦는 奇ㅣ오 陰卦는 耦ㅣ일새라:양괘는 음이 많고 음괘는 양이 많으니, 그 까닭은 무엇인가? 양괘는 〈수로 보면〉 기수(홀수)이고, 음괘는 우수(짝수)이기 때문이다. (「繫辭傳」下 第4章)

4) 三多

세 개의 수 중에서 모두 많은 수로 되어 있다. 오직 한 종류만 있을 뿐이다. 한 종류 老陰의 수 25를 제외한 나머지, 즉 손에 쥐고 있는 시초의 수가 24책이니 이것이 노음의 책수라 할 수 있다. ✕ 또는 ✕로 표현한다.[8]

예) 9 8 8 — 多多多 → 陽 陽 陽(體) → 陰 陰 陰(用) → 老陰

[설명] 노음이 변하면 소양이 된다. 즉, 6→7로 되니 전진이요 발전적이다.

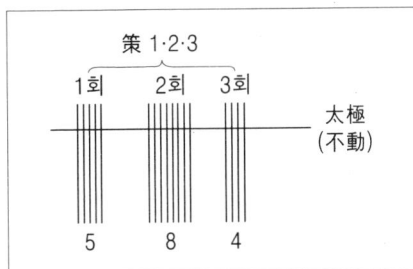

시초를 놓아 둔 것을 그림으로 표시하여 보면 다음과 같다. 策1, 2, 3이 한 효로 형성된다. 策1이 一變이다. 결국 三變으로써 한 효가 이루어진다. 5, 8, 4의 시초가 나왔으면 소음수이며 기호는 ▬ ▬로 표시한다.

또 작괘는 「설괘전」에서 "數往者는 順코 知來者는 逆하니 是故로 易은 逆數也ㅣ라; 수(선천팔괘의 지나간 것)를 헤아려 보려는 것은 순서로 걸어온 것을 말하고 미래를 알기 위한 것은 순서를 거슬러 올라가면 알 수 있으니, 이런 까닭으로 역은 거슬러 셈한다"(第3章)고 하였으니 밑에서 作爻하여 成爻를 한다.

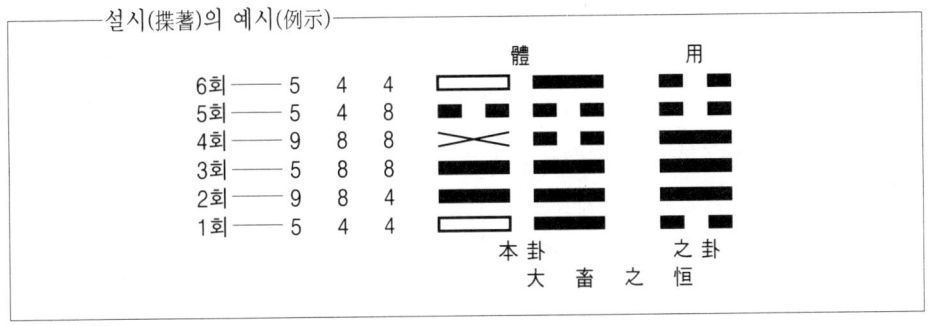

---

[8] 老陽은 9이고 老陰은 6이다. 이것을 남녀 관계로 비유하여 노양과 노음을 설명하여 보자. 남자는 9를 體로 6을 用으로 하고, 여자는 6을 體로 9를 用으로 한다. 이 말은 곧 남자는 감정의 표현을 실제보다 적게 하고, 여자는 실제보다 많게 한다. 예컨대, 한 가정에서 귀한 아들이 죽었을 경우 그 어머니인 아내는 대성통곡으로써 외형적으로 비통한 심정을 표출하지만, 대개 아버지인 남편은 마음속에 비통함이 젖어 있을 뿐 겉으로 잘 내색하지 아니한다. 그러나 방에 고히 좌정(坐定)해 있는 남편에게 아내가 다가가서 말을 붙이자 응어리진 피를 한 움큼 뱉어 내었다고 한다. 이처럼 속으로 생각하는 남자의 마음은 여자 이상이라는 것이다.

위의 경우와 같이 네 가지 중에서 효가 나오는 것은 8가지 밖에는 없다. 이 이유는 四象이 곧 八卦이기 때문이다. 또 설시법은 복희팔괘차서도의 원리와 똑같은 이치에서 "極數知來之謂ㅣ 占이오:수를 다하여 미래를 아는 것을 점이라 이른다"(「繫辭傳」上 第5章)라고 한 것이 아니겠는가? 상호 비교하여 보자.

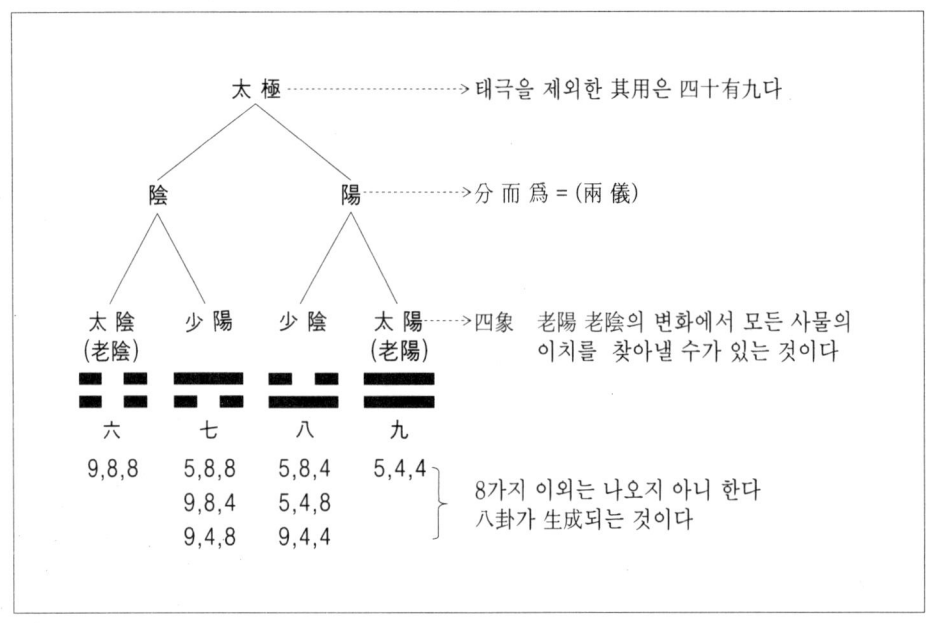

乾之策이 二百一十有六이오 坤之策이 百四十有四ㅣ라 凡三百六十이니 當期之日하고 二篇之策이 萬有一千五百二十이니 當萬物之數也하니

乾의 책수는 216이오, 坤의 책수는 144라. 대저 〈두 책수를 합하면〉 360이니 期의 날에 해당하고, 〈『주역』 상하경〉 두 편의 책수가 11,520이니 만물의 수에 해당하니,
· 策:꾀 책 · 期:기약 기, 돐 기 · 當:당할 당

各說

● 乾之策이 二百一十有六이오 坤之策이 百四十有四ㅣ라 凡三百六十이니:노양(☐)의 책수는 49−13(5, 4, 4)=36이니 36×6=216이고, 노음(✗)의 책수는 49−25(9, 8, 8)=24이니 24×6=144이다. 도합 360(216+114)이 된다. 이것을 그림으로 나타내면 다음과 같다.

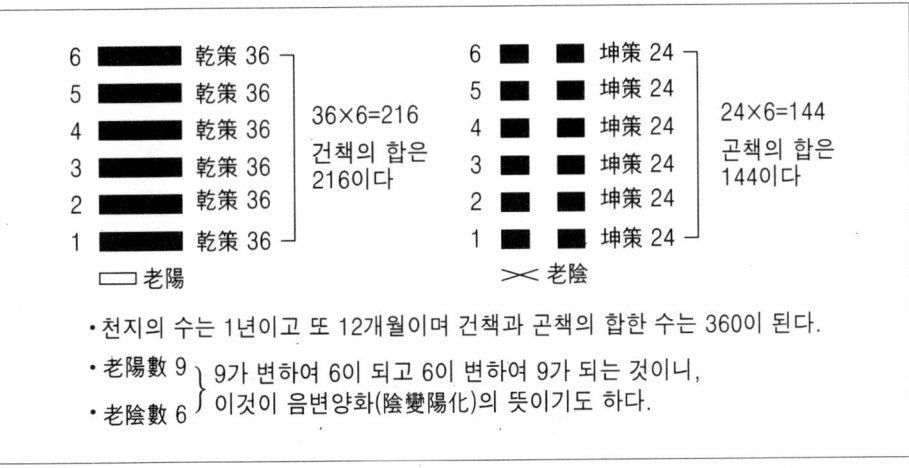

- 當期之日하고 : 여기서 '期'는 朞와 같으며 1년을 뜻한다.
- 二篇之策이 萬有一千五百二十이니 當萬物之數也하니 : 『주역』의 상하경 두 편 중에서 효는 384(64효×6)이고, 그 중 양효가 192, 음효가 192가 된다. 여기서 노양 책수는 36이니 192×36=6,912가 되고, 노음 책수는 24이니 192×24=4,608이 된다. 도합 11,520의 수가 나오는 것이니, 이것이 만물의 수에 해당한다. 이것을 소양 책수 28, 소음 책수 32에 적용하여도 같은 만물의 수가 나온다.

是故로 **四營而成易**하고 **十有八變而成卦**하니 **八卦而小成**하야 **引而伸之**하며 **觸類而長之**하면 **天下之能事** l **畢矣**리니

이런 까닭에 4번 경영(經營)하여 易을 이루고, 18번을 하여 한 卦를 이루니, 〈9번을 하여〉팔괘가 작게 이루어서 〈팔괘를〉당기고 늘려서 〈64괘로 확대되고〉같은 類와 〈서로〉만나 커져가면 〈이것으로〉천하의 일을 능히 다할 수 있는 것이니,

- 營:경영할 영 · 引:끌 인 · 伸:펼 신 · 觸:만날 촉, 느낄 촉 · 類:무리 류 · 長:늘일 장, 길 장
- 能:능할 능 · 畢:마칠 필

各說

- 四營而成易하고 : 4번 경영(經營)하여 易을 이룬다고 하였다. 설시한 것에 대한 보충적인 설명이다. 4번의 행위, 즉 分而爲二, 掛一, 揲之以四(歸奇於扐), 再扐而後를 말한 것이다. 이 네 가지를 합하면 비로소 策1이 나온다. 이것을 다시 策三을

하게 되면 1爻가 되는 것이다. 또 거듭하기 때문에 경영한다고 하였다.
- 十有八變而成卦하니 : 작괘할 때 한 효를 이루기 위하여 3變의 과정이 필요하므로 18(3×6효)번을 경영하면 한 괘가 생성된다.9)
- 八卦而小成하야 : 내삼효와 외삼효가 곧 소성괘이며 이것이 팔괘이다. 9번을 경영하면 내삼효의 소성괘가 된다. 小成卦+小成卦=大成卦=六爻.
- 引而伸之하며 : 복희팔괘에서 64괘로 발전해 가는 종적(縱的)인 형태 곧 64괘가 생성되는 과정을 말한다. 河圖를 뜻한다.
    예) 伏羲八卦次序圖 : 太極→兩儀→四象→八卦→64卦→4096(64×64)卦……
- 觸類而長之하면 : 팔괘에서 64괘까지의 상호 관계, 곧 횡적(橫的)인 측면을 말한다. 즉, 洛書를 뜻한다.
    예1) 文王八卦次序圖 : 횡적으로 음양이 상교하여 생성되었다.
    예2) 乾은 爲天爲圓爲君爲父爲玉爲金爲寒爲冰爲大赤爲良馬爲老馬爲瘠馬爲駁馬爲木果 ㅣ라.(「說卦傳」第11章)
    乾은 하늘, 둥근 것, 임금, 아버지, 옥, 금, 찬 것, 얼음, 크게(아주) 붉은 것, 좋은 말, 늙은 말, 야윈 말, 얼룩 말, 모과(木果)가 된다.
    [설명] 괘의 속성을 들어서 같은 類끼리 모아 발전해 가는 형태를 말하였다.
- 天下之能事ㅣ畢矣리니 : ① "引而伸之"의 64괘 생성 과정과 "觸類而長之"의 64괘 이치를 다 알면 역리 공부가 완성되고, 천하의 모든 일을 다 알 수 있다는 것이다. ② 주역의 이론 속에서 찾아보면, 육효 속에 들어 있는 六位는 不變이지만 六位의 음양은 변할 수가 있는 것이다. 즉, 진리는 불변이지만 시대와 장소에 따라서 변화하는 것이니 모든 조화는 이 변화하는 데서 생기는 것이다. 初, 二, 三, 四, 五, 上의 뜻이 引而伸之라면 陽, 陰, 陽, 陰, 陽, 陰의 뜻은 觸類而長之라고 할 수 있다. 이 속에 조화가 들어 있는 것이다. ③ 설시(揲蓍)로 나온 成卦의 모든 것은 우주 대자연의 원리에 따라 사심없이 그 모든 것을 우리에게 알려 줄 것이다.

位	位
上 陰	陽
五 陽	陰
四 陰	陽
三 陽	陰
二 陰	陽
初 陽	
不變	變

顯道하고 神德行이라 是故로 可與酬酢이며 可與祐神矣니

道를 나타내고 덕행을 신령스럽게 한다. 이런 까닭에 더불어 수작(酬酢)을 할 수

---
9) 『주역』 內閣版(全州版)은 總論 1卷과 18卷으로 총 19卷으로 구성되어 있다.

있으며, 더불어 神을 도울 수 있는 것이니,
· 顯:나타날 현 · 與:함께 여 · 酬:술 권할 수 · 酢:술 권할 작 · 祐:도울 우

總說
설시(揲蓍)를 통하여서 천하의 모든 것을 알려 준다고 하였으니, 직접 우리 인간이 알 수 있는 것은 어떤 것인가를 설명하고 있다.

各說
- 顯道하고:①천지 음양의 법칙을 밝힌다. 진리를 알게 된다는 것이다. ②天道, 地道, 人道를 역학 속에 나타내어 밝혀 놓았다.
- 神德行이라:①시초가 나타내는 바 천지 자연의 이치와 인간이 가지는 덕행을 다 알아낸다는 것이다. ②위의 三才之道를 보면 신령스럽게 덕으로 행할 수가 있다. 공자 자신은 다 알고 있다는 뜻도 있다.

顯　道 — 천지 대자연 — 형이상학 ⎫
神德行 — 인간의 덕행 — 형이하학 ⎭ 모든 것을 다 알 수 있다

- 可與酬酢이며:천지 만물의 변화에 서로 대응하는 것을 말한다. 수작(酬酌)은 손님이 왔을 때 주인과 손님이 서로 응대하는 행위이니, 이것은 시초의 위력 또는 주역 속에 담고 있는 이치가 응대하고 답하는 것과 같다는 것이다. 따라서 시초나 주역의 이치로써 모든 것을 다 알아내어서 행동에 옮길 수가 있는 것이다.
- 可與祐神矣니:①시초가 우리 인간 뿐만 아니라 신도 도울 수 있는 능력을 가지고 있다는 것이다. 주역의 이치는 신도 능가할 수 있다. 결론적으로 시초의 위력이야 말로 대단하다는 것이다. ②시초는 곧 역리(易理)를 뜻한다.

蓍草〈顯　道 / 神德行〉是故〈可與酬酢 / 可與祐神〉天下之能事畢矣(모든 것을 다 알아 낸다)

子曰 知變化之道者ㅣ 其知神之所爲乎ㄴ져

공자께서 말씀하시기를 "變하고 化하는 道를 아는 자는 그 神이 하는 바를 아는 것인져!"라고 하셨다.

各說

- 子曰:공자가 글 내용의 중요성을 강조하기 위해 문장의 중간에 "子曰"이라고 하였다. 앞의 문장도 공자의 글로써 또 子曰로 말한 것은 또한 공자 자신이 그렇게 하였다는 뜻도 내포되어 있기 때문이다.
- 知變化之道者ㅣ:시초로써 나타난, 陰變陽化의 이치에 나타난, 引而伸之와 觸類而長之에서 나타난 이치를 모두 알고 있는 사람, 곧 주역의 이치를 다 알고 있는 사람을 말한 것이다.
- 其知神之所爲乎ㅣ져:시초로써 나타난 천지 대자연의 變化之道는 물론이고 신이 행하는 것까지도 다 알아낼 수가 있다는 것이다. 그러나 개인의 길흉화복을 위하여 사용해서는 아니 된다는 뜻도 이 속에 담겨 있다.

揲蓍法의 종류

1) 略筮法:간단하게 하는 방법이다.
2) 中筮法:척전법(擲錢法)이 있다.
3) 本筮法:十有八變으로 成卦하는 방법이다. 道學으로 궁구한다.

※略筮法:세간(世間)에서 흔히 말하는 단수 뺀다는 뜻이 바로 이 약서법(略筮法)이다. 가장 간단하게 하는 방법으로 솔잎이나 많은 수의 모양(模樣)을 가지고 행한다. 이러한 것은 모두 시초의 대행(代行)으로 하는 것이다. 또 입으로 수(數)를 불러 그것으로 작괘해도 좋다. 그리고 남좌여우(男左女右)로 시작한다. 남자일 경우를 예로 들어 보자.

예1) ① 왼손으로 시초의 대행물을 무심히 뺀다. 그리고 8로 除한다. ─ 小成卦
② 오른손으로 시초의 대행물을 무심히 뺀다 그리고 8로 除한다. ─ 小成卦
③ 왼손으로 시초의 대행물을 무심히 뺀다. 그리고 6으로 除한다. 이것이 動爻가 된다.
[설명] ①에서 뺀 수가 35이면 35÷8=4, 나머지는 3이다. 3은 離卦로서 상괘에 해당한다. ②에서 뺀 수가 50이면 50÷8=6, 나머지는 2이다. 2는 兌卦로서 하괘에 해당한다. ③에서 뺀 수가 25이면 25÷6=4, 나머지는 1이다. 결국 한 爻밖에는 動하지 않기 때문에 간단한 것을 빠른 시간 내에 알아보는 방법이다. 이것을 그림으로 나타내면 다음과 같다.

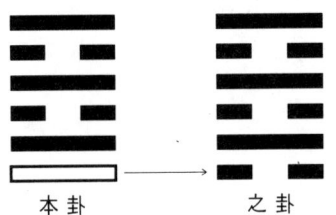

예2) 두 번만에 하는 방법도 있다. 주로 수를 부르거나 그냥 생각하여서 작괘하는 방법이다.
　①10을 부르면 10을 8로 除한다. ― 小成卦
　②15를 부르면 15를 8로 除한다. ― 小成卦
　[설명]①에서 10÷8=1, 나머지는 2이다. 2는 兌卦가 되고 상괘에 해당한다. ②에서 15÷8=1, 나머지는 7이다. 7은 艮卦가 되고 하괘에 해당한다. 그리고 동효는 10과 15를 합하여 6으로 제하여 그 나머지 1(初爻)이 된다. 이것을 그림으로 나타내면 다음과 같다.

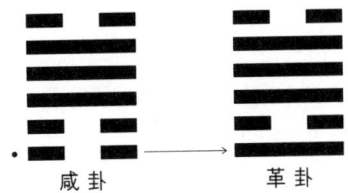

※ 中筮法(擲錢法) : 자기 스스로가 동전(銅錢)의 양면(兩面)을 음양으로 정하여 두고 작괘하는 방법이다. 동전은 3개(또는 6개)를 사용하여 여섯 번을 던져서 작괘한다. 이때의 음양 판단은 다음과 같다.

1) 陽 陽 陽 → 老陽 → □, ○으로 표시
2) 陰 陰 陰 → 老陰 → ╳, ✕ 로 표시
3) 陰 陰 陽 → 少陽 → ━ 로 표시
4) 陰 陽 陽 → 少陰 → ╺╸ 로 표시

동전의 양면을 음과 양을 스스로 결정하여 여섯 번을 동작하여 작괘한다.

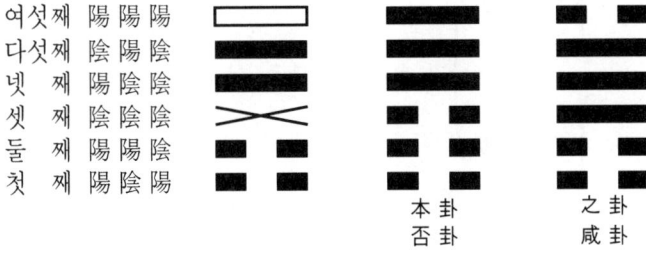

※**本筮法**:설시하는 방법 중에서 가장 正說이며, 또 설시하여 보는 방법이 일곱 종류로 나올 수 있다. 이에 대한 설명을 朱子說과 也山說로 비교하면 다음과 같다.

예1) 朱子의 說
　　1爻變則本卦變爻爲體 之卦變爻爲用
　　2爻變則本卦變上爻爲體 之卦下爻爲用
　　3爻變則本卦象辭爲體 之卦象辭爲用
　　4爻變則本卦不動上爻體 之卦不動下爻爲用
　　5爻變則本卦不動爻爲體 之卦不動爻爲用
　　6爻變則本卦卦辭爲體 之卦卦辭爲用
　　六爻不變則內卦爲體 外卦爲用

예2) 也山의 說:참고적으로 응용할 것
　　1, 2, 3爻가 변할 때에는 주자의 해설과 같다. 다른 점은 4, 5, 6爻가 변할 때 之卦에서 體를 찾아 설명하고 있다. 4~6爻가 변하였다면, 즉 之卦를 體로 하라는 것은 변하여 간 그 시점인 현재가 중요하니 그것을 體로 하고 변하기 前의 괘를 用으로 하라는 것이다.

　　　朱子: 4爻變則本卦不動上爻爲體 之卦不動下爻爲用
　　　也山: 4爻變則之卦不變下爻爲體 本卦不動下爻爲用

　　　朱子: 5爻變則本卦不動爻爲體 之卦不動爻爲用
　　　也山: 5爻變則之卦 不變爻爲體 本卦不變爻爲用

　　　朱子: 6爻變則本卦 卦辭爲體 之卦卦辭爲用
　　　也山: 6爻變則之卦象辭爲體 本卦象辭爲用

　　　朱子: 六爻不變則內卦爲體 外卦爲用
　　　也山: 六爻不變則卦辭爲主看

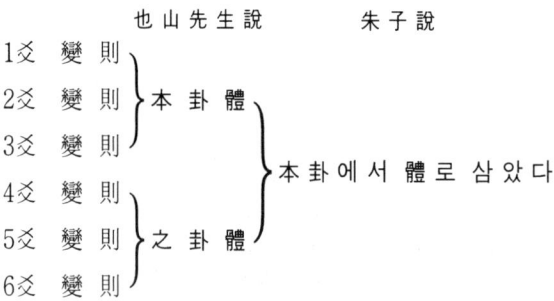

예)①1爻變則本卦變爻爲體 之卦變爻爲用

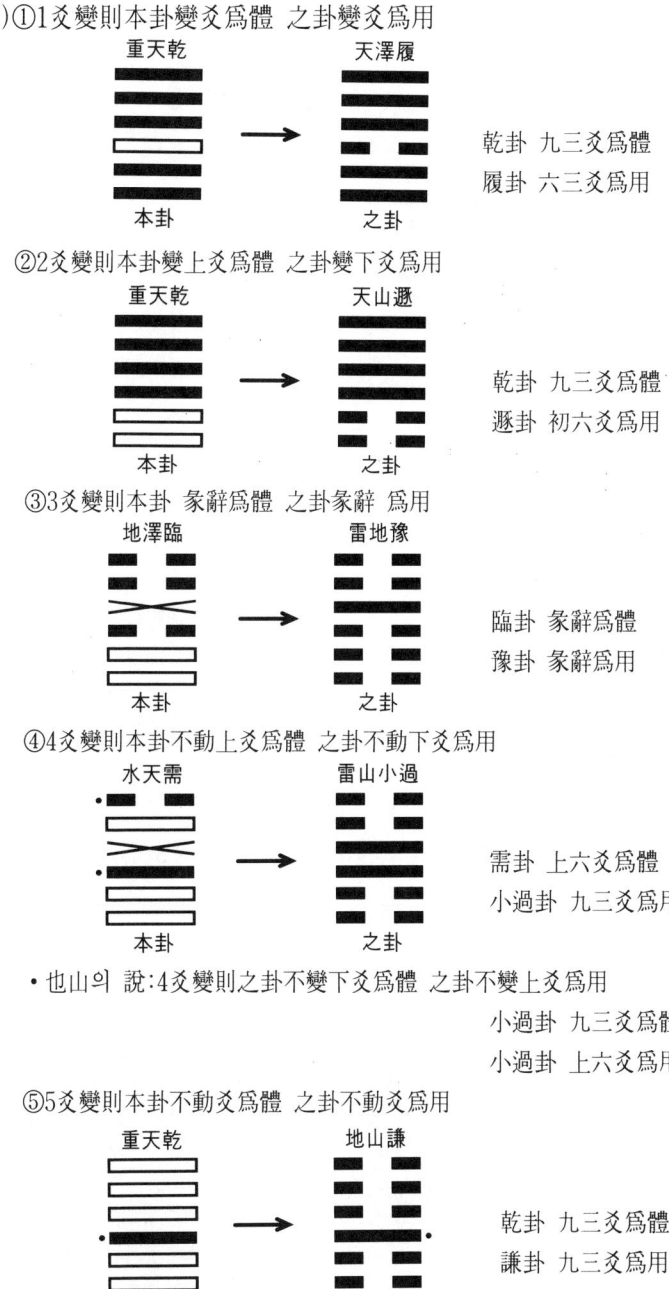

乾卦 九三爻爲體
履卦 六三爻爲用

②2爻變則本卦變上爻爲體 之卦變下爻爲用

乾卦 九三爻爲體
遯卦 初六爻爲用

③3爻變則本卦 彖辭爲體 之卦彖辭 爲用

臨卦 彖辭爲體
豫卦 彖辭爲用

④4爻變則本卦不動上爻爲體 之卦不動下爻爲用

需卦 上六爻爲體
小過卦 九三爻爲用

• 也山의 說:4爻變則之卦不變下爻爲體 之卦不變上爻爲用

小過卦 九三爻爲體
小過卦 上六爻爲用

⑤5爻變則本卦不動爻爲體 之卦不動爻爲用

乾卦 九三爻爲體
謙卦 九三爻爲用

• 也山의 說:5爻變則之卦不動爻爲體 本卦不變爻爲用

　　　　　　　　　　　　　　謙卦 九三爻爲體
　　　　　　　　　　　　　　乾卦 九三爻爲用

⑥6爻變則本卦卦辭爲體 之卦卦辭爲用

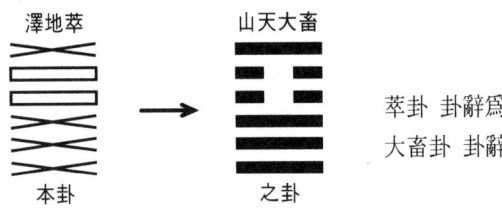

　　　　　　　　　　　　　　萃卦 卦辭爲體
　　　　　　　　　　　　　　大畜卦 卦辭爲用

• 也山의 說:6爻變則之卦彖辭爲體 本卦彖辭爲用

　　　　　　　　　　　　　　大畜卦 彖辭爲體
　　　　　　　　　　　　　　萃卦 彖辭爲用

⑦六爻不變則內卦爲體 外卦爲用

　　　　　　　　　　　　　　大有卦 內三爻爲體(乾卦)
　　　　　　　　　　　　　　大有卦 外三爻爲用(離卦)

• 也山의 說:六爻不變則卦辭爲主看(火天大有卦의 卦辭를 主로 보라는 것이다)

※설시(揲蓍)할 때의 마음가짐

1) 지극한 정성으로 천지 신명(天地神明)께 고하여 알아보는 것이니 세수하고 마음을 가다듬어 正坐하여 향을 피운 다음 乾卦 구오효의 「文言傳」[10]을 세 번 암송한 뒤에 설시한다. 또는 「설괘전」 제6장[11]을 세 번 암송한다.

---

10) 夫大人者는 與天地合其德하며 與日月合其明하며 與四時合其序하며 與鬼神合其吉凶하야 先天而天弗違하며 後天而奉天時하나니 天且弗違온 而況於人乎ㅣ며 況於鬼神乎ㅣ여
　대저 대인은 천지와 더불어 그 덕을 합하며, 일월과 더불어 그 밝음을 합하며, 四時와 더불어 그 차례(질서)를 합하며, 귀신과 더불어 그 길흉을 합하여서, 하늘보다 먼저 하여도 하늘에 어긋남이 없고, 하늘 뒤따라 하더라도 하늘이 때를 받들어 가는 것이니, 하늘도 또한 어긋남이 없거늘 하물며 사람에게 있어서며 하물며 귀신에게 있어서랴!

11) 神也者는 妙萬物而爲言者也ㅣ니 動萬物者ㅣ 莫疾乎雷하고 撓萬物者ㅣ 莫疾乎風하고 燥萬物者ㅣ 莫熯乎火하고 說萬物者ㅣ 莫說乎澤하고 潤萬物者ㅣ 莫潤乎水하고 終萬物始萬物者ㅣ 莫盛乎艮하니 故로 水火ㅣ 相逮하며 雷風이 不相悖하며 山澤이 通氣然後에야 能變化하야 旣成萬物也하니라
　神이라는 것은 만물을 妙하게 함을 말함이니, 만물을 움직이는 것이 우레만큼 빠른 것이 없고, 만물을 흔드는 것이 바람만큼 빠른 것이 없고, 만물을 말리는 것이 불만큼 말리는 것이 없고, 만물을 기

2) 설시를 장난 삼아 해서는 아니 된다. 또 再二再三하여 보는 것도 금물이다. 기준이 흐려지고 마음가짐이 산만하여 무슨 일이든지 적중할 수 없기 때문이다.
3) 天干이 己日에는 점을 치지 아니한다. 소강절 선생의 돌아가신 날이 己日이기 때문이다.

※ 매일의 일과처럼 설시를 하여 관찰해 보면 여러 가지 이점이 있다. 첫째, 설시를 함으로써 공부에 많은 도움이 될 것이다. 즉, 매일 경험을 하여 주역 속에 들어 있는 이치와 비교해 보면 공부에 도움이 된다는 것이다. 또 춘하추동의 때에 따라 징험해 보면 좋다는 것이다. 그 예를 들어 보면, 乾卦 초구효가 動하여 姤卦가 之卦로 나왔을 경우, 乾卦 초구효사는

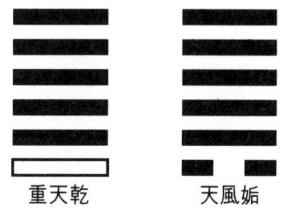
重天乾　　天風姤

"初九는 潛龍이니 勿用이니라;초구는 물 속에 잠긴 용이니 쓰지 말아라"가 된다. 乾卦 초구효를 음으로 변동시켜 보면 天風姤卦로 된다. 姤卦의 초육효사는 "初六은 繫于金柅면 貞이 吉코 有攸往이면 見凶하리니 羸豕ㅣ 孚蹢躅하니라;초육은 쇠말뚝에 매면 올바르게 함이 길하고, 갈 바를 두면 흉함을 보리니, 야윈 돼지가 믿고 뛴다"이다. 즉, 用을 하면 좋지 아니하다는 것이다. 그러나 영원히 不用이 되어서는 아니 되고 어느 때 動하여 적중할 것인가 추론하여 보아야 한다. 姤卦를 全變하면 復卦가 된다. 구괘에서 복괘까지는 7日來復이니 7개월 뒤에는 用을 해도 좋을 것이다. 둘째, 정신적으로 敬工夫가 된다. 설시를 할 때는 잡념이 없어지므로 경공부의 연장이 될 수 있다는 것이다. 설시할 적에 깊은 정성을 드리는 자세는 觀工夫 이상의 誠이 깃들어 있는 것이다.

右는 第九章이라

쁘게 하는 것이 못만큼 기쁘게 하는 것이 없고, 만물을 적시는 것이 물만큼 적시는 것이 없고, 만물을 끝맺음하고 만물을 시작하는 것이 艮만큼 성(盛)한 것이 없으니, 그러므로 물과 불이 서로 미치며 우레와 바람이 서로 거스르지 아니하며, 산과 못이 기운을 통한 뒤에야, 능히 변화하여 만물을 다 이루는 것이다.

제10장

　본 장은 易의 이치 속에 있는 聖人의 道를 말하고 있다. 즉, 천지 음양의 깊은 것을 궁명(窮明)하고 기미(幾微)를 연구함으로써 성인이 될 수 있는 방법을 제시하고 있다.

易有聖人之道ㅣ 四焉하니 以言者는 尙其辭하고 以動者는 尙其變하고 以制器者는 尙其象하고 以卜筮者는 尙其占하나니

　易에는 성인의 道가 네 가지 있으니, 역으로써 말을 잘 하려고 하는 자는 〈기록된〉 그 말[辭]을 숭상하고, 역으로써 행동을 하려는 자는 그 변화[變]를 숭상하고, 역으로써 그릇을 만들려고 하는 자는 그 형상[象]을 숭상하고, 역으로써 복서를 하는 자는 그 占을 숭상하니,

・尙:숭상할 상　・辭:말 사, 논술 사　・變:변할 변　・制:만들 제, 마를 제　・器:그릇 기　・卜:점 복　・筮:점칠 서　・占:점 점

總說
성인의 네 가지 道, 즉 辭・變・象・占을 설명하고 있다.

各說

- 以言者는 尙其辭하고:①성인의 道 중에서 가장 중요하고 선결(先決)되어야 할 문제가 말[言]이다.1) 말을 기록해 놓은 것이 辭이니, 곧 글을 공부(궁리)하여 우주 대자연의 이치를 알아서 그 가르침을 말하기 위하여 괘사와 효사를 숭상하는 것이 尙其辭이다.2) 이 辭를 외부로 나타내어 입으로 표현하는 것이 말이다. ②『주역』의 괘사, 효사 및 십익을 공부하면 우주 대자연의 이치를 알게 된다는 뜻이며, 주역을 능하게 알면 말을 잘하게 된다는 것이다.

    - 言 → 辭(經典) → 연구하여 말로 한다 → 能辯者

    - 言 — 형이상학(无形)   辭 — 형이하학(有形)

- 以動者는 尙其變하고:움직여서 행동하려는 자는 주역 속의 변화를 숭상한다는 것이다. 즉, 음양의 변화 법칙을 알면 모든 것을 다 알 수 있으며, 變易과 交易의 이치가 곧 變이라 할 수 있다.
- 以制器者는 尙其象하고:일용 생활에 필요한 물건과 문물과 제도를 만들려고 할 때는 주역의 象 또는 「대상」과 「소상」을 알면 모든 원리를 알 수 있다는 것이다.3)
- 以卜筮者는 尙其占하나니:주역의 이치로부터 나온 법칙으로 점을 치며, 또 그 방법을 중시해야 한다는 것이다. 미래를 알아내려는 방법의 모든 것을 합하여 占이라 하는데, 卜은 龜占(거북점)을 뜻하고, 筮는 시초나 대나무로써 점을 치는 것을 말한다.4) 따라서 占은 복서(卜筮)로 나타난 결과를 말로 표현하는 것이다.

---

1) 乾, 元, 亨, 利, 貞의 글이 무슨 말인지를 알면 곧 뜻을 알게 된다. 또『맹자』에서 "敢問夫子는 惡乎長이시니잇고 曰 我는 知言하며 我善養吾浩然之氣하노라:'감히 묻겠습니다. 夫子께서는 어디에 장점이 계십니까?' 맹자께서 말씀하시기를 '나는 말을 알며, 나는 나의 호연지기를 잘 기르노라'고 하셨다."(「公孫丑」上) 여기서 知言은 주자가 주석하기를 "마음을 다하고 性을 알아서 모든 천하의 말에 그 이치를 궁구하고 지극히 하여 그 시비득실(是非得失)의 소이연(所以然)을 알지 못함이 없는 것이다"고 하였다. 즉, 다른 사람의 말을 잘 알아 듣는다는 뜻이며, 그 사람이 말하는 뜻을 알고 있다는 것이다.
2) 공자와 같은 聖人, 맹자와 같은 亞聖公의 그 言辭가 곧 경전이 되기도 했다.
3) 이것을 잘 이용한 자는 제갈양과 이순신 장군이다. 제갈양은 조조와 싸울 때 木馬로써 전쟁을 했으며, 이순신 장군은 거북선을 건조하였다. 또 동양 사회가 서구의 현대과학의 수준에 미치지 못한 까닭은 주역을 대중화시키지 못한 데에서 일말의 이유를 찾을 수 있다.
4) 세간에서 占이라고 하면 천(賤)하게 생각한다. 이것은 세간에서 占業으로 생계를 꾸리는 점술인들

言 ― 辭,　動 ― 變,　制器 ― 象,　卜筮 ― 占

결론적으로 辭·變·象·占은 공통된 성질과 상호 연관성(聯關性)을 가지고 있다.5) 즉, 어떤 이치를 기록하자면6) 그 내용에는 많은 변화의 방법이 그 속에 내재되어 있다. 예를 들어, 팔괘에서 384효로 나아가는 것은 팔괘의 변화를 뜻하며, 또 기록된 내용 속에는 그 어떤 象이 존재하기 마련이다. 이 象을 잘 응용하여 미래를 예측하는 것이 占이다.7) 그래서 辭·變·象·占은 불가분의 관계로 서로 연관되어 있다. 본 장에서 말한 네 가지를 다시 요약 설명하면 다음과 같다.

　　1) 言語　―　繫辭를 숭상하고 그 다음에 행동한다.
　　2) 行動　―　陰變陽化의 변화를 숭상한다.
　　3) 制器　―　卦象을 숭상하여 제도와 문물을 발전시킨다.
　　4) 卜筮　―　占斷을 숭상한다(위의 3단계를 거쳐 미래를 알도록 한다).

위의 모든 내용은 역리 속에서 찾아야 하며 또 역 속에 존재하니 알아서 행동하라는 것이 내포되어 있다. 따라서 정이천은「易傳序」에서 본 장의 글을 인용하였다.8)

　　이 고객과 영합하여 개인의 이기적 측면으로 점을 치기 때문이다. 大我的으로 점을 치고 이치를 추구하는 것이 점의 진정한 본령이다.
5) 공자는 이 네 가지를 다 알고 있었으며「계사전」,「설괘전」,「대상」,「문언전」에 이 이치를 비사체로 묻어 놓았다.
6) 言語는 사람의 정신 작용이 외부로 나타나는 것이고, 이 言語가 기록된 것을 어록(語錄) 혹은 문집(文集)이라고 한다. 이를 통틀어서 '辭'라고 할 수 있다. 대표적인 예로, 허미수(許眉叟, 穆) 선생은 자기가 남긴 책을 文集이라 하지 않고 "記言"이라고 하였으니, 미수 선생이야말로 정신 세계에서 道學을 연구하였다고 볼 수 있으며 다른 사람보다 높은 경지에서 사신 분이었다. 삼척 부사로 재임할 때 조수(潮水)가 범람하여 민생고가 많은 것을 보고 퇴조비(退潮碑)를 세워서 선정을 베풀었다. 이 비문 속에는 역의 원리를 원용한 내용이 많이 담겨져 있었으며 후일 비(碑)가 없어지는 수난이 있을 것을 예측하고 두 개를 만들어서 하나는 동헌(東軒) 마루 밑에 묻어 두었다. 그 뒤 부사로 부임한 분이 퇴조비를 보고 자기 할아버지와 당쟁으로 싸우던 사람이라 하여 비(碑)를 없애 버렸다. 그 결과로 조수가 올라와 다시 혼란이 일어나니 동헌 마루 밑에 묻어 둔 퇴조비를 세우자 조수가 물러 갔다고 한다. 과연 허미수 선생은 역학자로 미래를 예측한 분이며, 글로써 조수를 막은 "以言者는 尙其辭하고 以動者는 尙其變"한 분이라 볼 수 있다.
7) 이렇게 보아서 공자는 大占者(우주를 점치는 사람)이라고 할 수 있다.
8) 故로 善學者ㅣ 求言에 必自近이오 易於近者는 非知言者也ㅣ라 予所傳者 辭也ㅣ니 由辭以得其意則在乎人焉이라 有宋元符二年己卯正月庚申에 河南 程頤正叔은 序하노라 (「易傳序」)
　　그러므로 잘 배우려고 힘쓰는 자는 말을 구함에 반드시 가까울 것이요, 가까이에서 쉽다고 하는 자는 말을 알지 못하는 자이라. 내가 전하는 바는 말이 아니고 기록하여 놓은 글(계사전)이니, 이 글

是以君子ㅣ**將有爲也**하며 **將有行也**에 **問焉而以言**하거든 **其受命也**ㅣ **如嚮**하야 **无有遠近幽深**히 **遂知來物**하나니 **非天下之至精**이면 **其孰能與於此**ㅣ리오

　이로써 군자가 장차 무슨 일을 하려고 하거나 장차 무슨 행동을 하려고 하면 〈시초로써〉 물으면 말해 주는데, 그 命을 받아서 〈알게 되는 것이〉 소리가 울리는 것 같아서, 멀고 가까운 데나 그윽하고 깊은 데까지 남김이 없이 드디어 미래의 사물(일)을 알려 주는 것이니, 천하의 지극한 精이 아니면 그 누가 능히 여기에 참여할 수 있겠는가?

• 將:장차 장　• 受:받을 수　• 命:명령할 명, 목숨 명　• 如:같을 여　• 嚮:향할 향　• 遠:멀 원　• 近:가까울 근
• 幽:그윽할 유　• 深:깊을 심　• 遂:이를 수　• 精:쓿은 쌀 정, 정미로울 정　• 孰:누구 숙

總說
　성인의 네 가지 道 중에서 辭와 占에 대한 숭상을 구체적으로 설명하고 있다.

各說
- **將有爲也**하며: 형이상학적으로 생각하고 구상하는 것을 말한다.
- **將有行也**에: 형이하학적으로 실제로 행동하는 것을 말한다. 우리의 일용생활 전부를 말한 것이다.
- **問焉而以言**하거든: 공자의 확언(確言)을 뜻한다. 의문이 있어서 주역에게 물으면 대답한다는 것이다. 이때 '言'은 말로써 답한다는 것이다.
- **其受命也**ㅣ **如嚮**하야: 군자가 有爲有行을 하려고 命을 받아서 易理에 물어 본다면, 그것은 마치 소리의 울림(메아리)과 같이 우리에게 즉시 알려 준다. 곧 역학의 이치가 우리에게 알려 주는 형태를 말한 것이다.
- **无有遠近幽深**히 **遂知來物**하나니: 역학은 멀고, 가깝고, 은밀하고, 깊숙함의 구별없이 미래의 모든 사물(일)을 드디어 알려 주게 된다는 것이다. 여기서 '无有'는 남은 것이 없다는 뜻으로 모두 다 알려 준다는 뜻이다.
- **非天下之至精**이면 **其孰能與於此**ㅣ리오: 천하의 지극한 精, 즉 惟精惟一하고 允執厥中한 도통 경지가 아니면 능히 알아낼 수 없으며, 또 주역의 이치 속이 아니면 능히 알아낼 수가 없다는 것이다. 여기서 '至精'은 지극히 정밀(精密), 정묘(精妙)함

　로 말미암아 그 뜻을 얻는 것은 곧 사람에게 달려 있는 것이다. 송나라 원부(元符) 2년 기묘년(己卯年) 정월(正月) 경신일(庚申日)에 하남(河南)에 사는 정이(程頤) 정숙(正淑)이 서문을 쓴다.

을 말하는 것이고, '精'은 剛健中正純粹를 말한다.9)

參伍以變하며 **錯綜其數**하야 **通其變**하야 **遂成天地之文**하며 **極其數**하야 **遂定天下之象**하니 **非天下之至變**이면 **其孰能與於此**ㅣ리오

參하고 伍로서 변하며, 그 수를 교착하고 종합하며 그 변화를 통하여 드디어 천지의 문채를 이루며, 그 수를 궁극하여 드디어 천하 만물의 상을 정하니, 천하의 지극한 變이 아니면 그 누가 능히 여기에 참여할 수 있겠는가?

·參:석 삼 ·伍:다섯 오 ·錯:섞일 착 ·綜:모을 종 ·通:통할 통 ·變:변할 변 ·極:다할 극 ·定:정할 정

總說

성인의 네 가지 道 중에서 확정되어 나타나는 象과 이제 막 변하려고 하는 變을 구체적으로 설명하고 있다.

各說

● **參伍以變**하며:①參伍以變은 착종(錯綜)의 원리로서 곧 낙서(洛書)의 원리이다. 수로 본 낙서를 뜻하고 문왕이 지은 후천팔괘의 배열을 뜻한다. 낙서에서 수의 위치가 변하더라도 원래의 낙서의 位는 불변이며 그 이치는 항상 같다. ②다음 쪽(117쪽:編輯者註)의 좌측 상단의 도표는 기본도이고, 나머지는 변화도이다. 3가지 수로써 중앙을 5로 하는 것은 기본도를 뜻하고 이 수의 합은 15이다. 이 기본도는 어떠한 방향으로 합하여도 합이 15이므로 기본이 된다. 즉, 3×5=15→用으로 말한다. 수의 자리만 변하여 작도(作圖)하면 8가지가 있을 수 있다. 그 8가지를 도표로써 연구하게 되면 많은 자료가 나온다. 이 도표는 낙서수이니 用으로서 많이 이용하는 방법이며 지반수(地盤數)라고 한다.10) 기본도와 변화도의 관계를 사람의

---

9) 의학적으로 精은 신장(腎臟)의 水 기운을 말한다. 사람에게 활동적을 힘을 도우는 약물을 정력제(精力劑)라 하듯이 사람에게는 정력이 제일 귀중한 것이고 여기에 모든 것이 근원한다. 신체상으로 火 기운은 아래로 내려오고 水 기운은 위로 올라가야 정상이다. 水가 위로 올라오면 입이 쓰지 않아 밥맛이 좋지만, 火가 위로 올라오게 되면 입맛이 쓰고 혀에 백태(白苔)가 껴서 자연히 밥맛도 없게 된다. 곧 정력이 왕성하여야만 공부나 모든 일을 잘 할 수 있다. 예로부터 영웅, 열사, 군자는 정력이 왕성하였다. 精을 파자하면 米+靑이 된다. 그러므로 정력은 米(쌀) 속에 있기에 쌀을 주식으로 하는 한국인에게는 정력이 많다고 할 수 있으며 두뇌 또한 좋다. 또 靑은 數로는 3, 8이며, 오행으로는 木이며, 방위로는 東方이다.

4	9	2
3	⑤	7
8	1	6

〈기 본 도〉

6	2	4
⑤	7	9
1	3	8

〈변 화 도〉

7	3	⑤
6	8	1
2	4	9

〈변 화 도〉

⑤	1	3
4	6	8
9	2	7

〈변 화 도〉

8	4	6
7	9	2
3	⑤	1

〈변 화 도〉

9	⑤	7
8	1	3
4	6	2

〈변 화 도〉

1	6	8
9	2	4
⑤	3	7

〈변 화 도〉

2	7	9
1	3	⑤
6	8	4

〈변 화 도〉

3	8	1
2	4	6
7	9	⑤

〈변 화 도〉

경우에 비유하자면, 사람의 정신은 근본 바탕이 같지만 경우에 따라서 농부도, 광부도, 학자도, 정치가도 될 수가 있다는 것이다. 즉, 변화도처럼 다양한 모습으로 변하는 사람이 될 수는 있을지언정 기본도처럼 그들도 근본적인 사람임에는 틀림이 없다.

● 錯綜其數하야:錯雜綜合이라는 뜻이다. 여기서 錯은 종횡(縱橫)이요, 톱니바퀴처럼 음양이 함께 존재하는 것을 말하며 1, 2, 3, 4, 5, 6, 7, 8, 9, 10(天, 地, 天, 地, ……)의 수도 錯의 뜻이다. 縱은 上下를 뜻한다. 또 우리 생활에 직접 응용하는 낙서에 상하종횡(上下縱橫)으로 구성되어 있는 형상을 參伍以變이라고 하였다. 즉, 參伍以變은 낙서의 원리를 말하고 錯綜其數는 낙서의 변화를 뜻한다.

● 通其變하야 遂成天地之文하며:①낙서를 錯綜其數(前後左右)로 도전(倒轉)해 보아도 통할 수가 있다는 것이다. 이렇게 하여 천지 우주 대자연의 문채(文彩)를 이룰 수가 있다는 것이다. 춘하추동의 변화, 곧 음양의 착종으로써의 문채를 안다는 것이다. ②이 通其變 속에서 천반수(天盤數), 지반수(地盤數), 인반수(人盤數)의 작용을 다 알아낼 수가 있으며, 천지의 문채가 이루어지는 모든 이치를 알아낸다는 것이다.

● 極其數하야 遂定天下之象하니:①음양의 數理를 궁극하여서 미래를 알아낸다. 이 결과로서 천하의 상을 알아낼 수가 있다는 것이다. 즉, 乾策이 216으로 노양의 상이 결정되고, 坤策은 144로 노음의 상이 결정된다. ②天地否卦를 錯綜하면 地天泰卦가 된다.

```
우주 대자연의 문채를 이루는 것  ⎫
                              ⎬ 參伍以變, 錯綜其數
천 하 의   象 을 이 루 는 것   ⎭
```

---

10) 천반수(天盤數)는 河圖를 이름이고, 지반수(地盤數)는 낙서를 이름인데 제갈양이 팔진도(八陣圖) 등으로 사용하였으며, 인반수(人盤數)는 아직 발견되지 않았다.

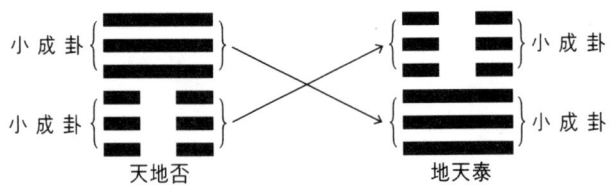

- 非天下之至變이면 其孰能與於此 ㅣ리오 : 천지 음양의 지극한 변화(氣運의 변화)가 아니면 그 누가 참여할 수가 있겠는가? 精(精力) 없이는 변화해 가는 것을 알 수 없으므로 앞 문장에서 精을 먼저 말했다.

參伍以變
錯綜其數 〉→ 通其變
遂成天地之文 〉→ 極其數
遂定天下之象 〉→ 天下之至變

易은 无思也하며 无爲也하야 寂然不動이라가 感而遂通天下之故하나니 非天下之至神이면 其孰能與於此ㅣ리오

역은 생각하는 것도 없으며 하는 것도 없으며, 고요히 움직이지 않다가 느껴서 드디어 천하의 〈모든〉연고를 통달하는 것이니, 천하의 지극한 신비로움이 아니면 그 누가 능히 여기에 참여할 수 있겠는가?

·寂:고요할 적 ·然:그러할 연 ·感:느낄 감 ·故:연고 고 ·至:지극할 지 ·孰:누구 숙

總說

앞의 두 문장이 성인의 道인 辭와 占, 變과 象에 대한 설명이었다면, 이번 문장은 神과 일체(一體)가 되는 것에 대한 설명이다. 즉, 精變하여 神으로 들어가는 것에 대한 구체적인 설명이다.

各說

- 无思也하며 无爲也하야 : 역 속에 우주의 진리가 내포되어 있다고 한다면, 이것을 알아 내려고 하는 근본적인 마음가짐을 말한다. 즉, 마음의 공정성(公正性)을 말하고 虛를 뜻한다. 또 私心이 없이 이루어지는 것을 뜻하고 至善의 원점(赤子心)으로 돌아간다는 것을 뜻한다. 공부하여 발전하게 되어 原始로 돌아간다는 것은 无心으로 돌아간다는 뜻이며, 이 原始로 돌아간 자를 우리는 聖人이라고 한다. 이러

한 상태를 『중용』에서는 "喜怒哀樂之未發을 謂之中이오;〈사람의 마음에 작동이 여기에 있다.〉기쁘고 화내고 슬프고 즐거움이 발동하지 아니 한 것을 中이라 한다"(第1章)라고 하였다. 또 无思无爲의 상태를 끊임없이 지속해 나가는 것을 庸11)이라고 한다. 여기서 '无思'는 형이상학으로, '无爲'는 형이하학으로 나누어 생각할 수 있다. 즉, '나'라는 존재 의식과 나의 조작된 뜻이 있어서는 아니 되고, 다시 말해서 시초를 뺄 때 어떠한 전제(前提)도 있으면 아니 된다는 것이다.

● 寂然不動이라가 : ① 无思无爲와 뜻이 같다. 즉, 지극히 고요해서 마음의 움직임이 없다는 것이다. 寂然不動이 된 상태는 마음의 거울과 같다. 그리고 至善(道心, 公心)에서 아무런 움직임〈의 변화〉없이 천부지성(天賦之性) 그대로 적자심(赤子心)을 가지고 있다는 것이다. 또 觀 공부하는 것도 寂然不動 이것을 얻기 위해서이다. ② 寂然不動은 불교에서 말하는 허무적멸(虛無寂滅)과 같은 뜻이다. 그러나 유교는 人本主義로서 자자손손 계승되어 이치를 궁구하는 사상이므로 滅은 있을 수가 없고 존재(存在)할 뿐이다.

易 → 无思也 → 无爲也 → 虛 → 无我之境 → 寂然不動 → 道通

● 感而遂通天下之故하나니 : 无思无爲也 寂然不動한 마음에서 느끼고 또 거울에 사람을 비추듯이 마음으로 느끼기만 하면, 천하의 모든 변고(變故)나 연고(緣故)는 다 달통할 수가 있다. 곧 느낀다는 것은 자연과 일체(一體)가 된다는 것이므로 알려고 하지 않아도 저절로 알게 된다.

无思无爲 → 寂然不動 → 中 → 道通境地 → 心易

● 非天下之至神이면 其孰能與於此ㅣ리오 : ① 천하의 지극한 神이 아니면 그 누가 함께 능히 알아낼 수 있겠는가? 이러한 신비로움이 역리 속에 들어 있다는 뜻이다. ② 至精, 至變, 至神을 종합하여 설명하면 다음과 같다. 첫째, 至精은 먹고 사는 것, 곧 건강, 정력(精力)을 일컫는다. 精을 파자하면 米+靑이다. 이것은 정력(精力),

---

11) 정이천은 『中庸章句』에서 "中者는 不偏不倚하야 無過不及之名이오 庸은 平常也ㅣ라 : 中이라 함은 편벽되지 아니하고 의지하지도 아니하고 지나치고 不及함이 없는 이름이요, 庸은 항상 변함이 없는 것을 말한다"고 말하였다.

푸른 것, 날 것, 血食君子→生食 등으로 표현 될 수 있다. 그러므로 도학 군자(道學君子)의 제사는 제수(祭需)를 생 것으로 한다. 둘째, 至變(氣)은 中道로서 정력을 지속적으로 이끌어 나가는 것을 말한다. 즉, 變이요 氣運이다. 셋째, 至神은 곧 心神이다. 따라서 정력이 결여된 심신(心身)은 오래 갈 수가 없으니 精이 가장 앞서는 것이다. ③第十章의 '十'은 0으로서 虛라고 할 수 있듯이, 精—變(氣)—神은 형이상학적인 뜻으로 心虛가 된다. 또 无思无爲의 상태가 끊임없이 지속해나가는 것을 庸이라 했다. 즉, 精을 거쳐 變(氣)으로 또 神에까지 가야 하는데, 이것을 心易(神易)이라고 한다. 결론적으로 말해 精—變(氣)—神은 제각각처럼 보이지만 하나로 연결되어 나아가는 것이고, 결국 이것들은 하나이다. 어떤 때는 精이고, 어떤 때에는 變(氣)고, 어떤 때에는 神이라는 것이다.

```
无思无爲  寂然不動  ⎫
感而遂通  天下之故  ⎬ 非天下之至神 → 其孰能與於此
```

夫易은 聖人之所以極深而研幾也 ㅣ 니

대저 역은 성인이 이로써 〈천지 음양의〉 깊은 것을 궁명(窮明)하고 기미(幾微)를 연구하는 것이니,

·硏:연구할 연, 궁구할 연, 갈 연 ·幾:기미 기, 조짐 기

總說

至精과 至變과 至神으로 이루어진 이치의 총화(總和)가 易이다. 곧 易은 이 삼단계를 지극하게 궁구하고 알아내는 것이다.

各說

● 夫易은:앞 문장에서 말한 것과 같이 많은 이치를 내포하고 있는 易은.
● 極深而研幾也 ㅣ 니:지극히 심오한 천지 음양의 이치를 알아내도록 하고 또 그 기틀을 연마하는 것이다. 주자는 「본의」에서 이 구절을 다음과 같이 주석하였다.

 예)硏은 猶審也요 幾는 微也라 所以極深者는 至精也요 所以研幾者는 至變也라
  硏은 살핀다는 것과 같고, 幾는 은미한 것이다. 〈역으로써〉 깊은 이치를 궁명하려는 것은 지극한 精이고, 〈역으로써〉 기미한 것을 연구하려는 것은 지극한 變이다.

唯深也故로 **能通天下之志**하며 **唯幾也故**로 **能成天下之務**하며 **唯神也故**로 **不疾而速**하며 **不行而至**하나니

〈易이란〉 오직 깊은 이치가 내재해 있기 때문에 능히 천하의 뜻을 통하며, 오직 〈모든 사물의〉 기미를 알고 있기 때문에 능히 천하의 일[務]을 이루며, 오직 신령스럽기 때문에 빠르지 아니해도 빨리 하고 가지 아니하여도 가서 이르게 되는 것이니,

・唯:오직 유 ・幾:기미 기, 기틀 기 ・務:일 무 ・疾:빠를 질, 병들 질 ・速:빠를 속 ・至:이를 지

各說

● 不疾而速하며 不行而至하나니:①不疾而速・不行而至는 4차원 이상의 세계를 말하며, 특히 제10장에서 공자가 말한 것은 자신이 이러한 경지에서 생활했다는 뜻이 내포된 것이 아니겠는가? 예를 들면 천년전이나 천년후의 時空을 초월하여 모든 것을 다 예지할 수 있다는 것이며, 소위 철환천하(轍環天下)라고 하는 것도 이와 같은 것이 아니겠는가 한다. ②也山 선생님께서 말씀하시기를 "역리 공부하는 데에는 无思无爲의 정신으로 하고, 또 처음부터 완전히 습득하려고 하지 말고 寂然不動한 마음으로 經을 대략 千讀을 한다면 无思无爲의 현상에서 변하여 그 무엇인가를 우리에게 알려 주는 것이 있을 것이다"[12]고 하셨다. 이러한 독경(讀經)을 하기 위해서는 精力이 왕성해야 하고 또한 氣運(變)이 있어야 한다. 이 精變(氣)가 합쳐져서 神의 경지에 가면 不疾而速하며 不行而至가 된다. ③이것을 다시 精, 變, 神으로 요약 정리하면, **精**은 그 속에 變 곧 氣가 들어 있으며, **變**은 精이 극에 도달하게 되면 변화가 오고 그 속에 氣運이 존재하며, **神**은 不疾而速하며 不行而至하는 조화(造化)가 있는 것이다.

```
不疾而速 — 형이상학 — 마음 — 疾走하지 아니하여도 速하게 간다
不行而至 — 형이하학 — 행동 — 行步하지 아니하여도 도착되어 있다
```

---

12)①『주역』의 원문은 일종의 훌륭한 呪文이다. 특히 『주역』 원문 중에서 "乾은 元코 亨코 利코 貞하니라"(乾卦 卦辭)는 훌륭한 주문이라고 할 수 있다. 이것은 우주 대자연의 이치를 알 수 있는 주문이다. 때문에 주문을 읽고 읽음으로써 정신을 모으게 되고 끝내는 귀가 열리고 눈이 뜨이는 경지에 이르게 된다는 것이다. 『주역』을 千讀하면 그 만큼의 많은 시간이 无思无爲, 寂然不動이 되기에 자연히 感而遂通天下之故가 되지 않을 수 있겠는가? ②呪(說)를 파자하면 口+兄인데, 이것은 입으로 글을 읽어서 두 갈래 마음(정신)을 하나로 모으는 역할을 하는 것이 주문이라는 뜻이다.

주역 속에 존재하는 이치를 삼단계로 설명하면 다음과 같다.
1) 심오(深奧)한 이치 — 能通天下之志 …… 天道 — 心 — 上學
2) 기밀(機密)한 이치 — 能成天下之務 …… 地道 — 事物 — 下學
3) 신비(神秘)한 이치 — 不疾而速, 不行而至 …… 人道

즉, 역리 속에는 모든 것이 다 갖추어져 있다는 뜻이기도 하며 神의 조화로 다 알아낼 수가 있다는 것이다.

道通境地 〈 不疾而速 / 不行而至 〉 无思无爲 / 寂然不動 〉 — 神通 — 心易

子曰 易有聖人之道四焉者ㅣ 此之謂也ㅣ라

공자께서 말씀하시기를 "역〈의 이치 속〉에 성인의 도가 넷이 있다고 한 것은 이것을 이름이다"고 하셨다.

各說

● 此之謂也ㅣ라 : 이것을 이름이라고 하였으니, 이것은 无思无爲, 寂然不動한 정신을 말하고 至神의 경지를 뜻한다. 결국 神 속에는 精變(氣)이 다 들어 있고, 이것을 구체적으로 말해서 "聖人之道四焉者"라고 하였다.

非天下之至精 其孰能與於此
非天下之至變 其孰能與於此 〉 精變神을 뜻한다고 볼 수가 있다
非天下之至神 其孰能與於此

右는 第十章이라 13)

---

13) ①본 장(제10장)은 공자가 너무 과장하여 쓴 문장이 아닌가 싶다. 그러나 본 장에서는 주역에 어떤 이치가 담겨 있는지, 그 공부하는 방법과 마음가짐은 어떻게 해야 하는지에 대해 방향을 잡아 주고 있다. 또한 본 장에는 심령(心靈) 공부에 주력하여 經을 많이 읽어서 마음을 모으도록 하라는 뜻도 담겨 있다. 결국 이 장은 易에 있는 변화의 道 넷을 말하여, 이를 극심(極深)하고 연기(硏幾)함으로써 성인이 될 수 있는 길을 말하였다. ②朱子는 제10장이 다른 장에 있어야 할 것이 잘못 배열된 것이 아닌가 의심하였다.

제11장

본 장은 공자가 앞의 제10장에서 설명한 四焉者 중 尙其占에 대한 구체적 풀이를 통하여 예지(豫知)하는 방법을 말하고 있다.

子曰 夫易은 **何爲者也**오 **夫易**은 **開物成務**하야 **冒天下之道**하나니 **如斯而已者也**ㅣ라 **是故**로 **聖人**이 **以通天下之志**하며 **以定天下之業**하며 **以斷天下之疑**하나니라

　공자께서 말씀하시기를 "대저 역은 무엇을 하는 것인가? 대저 역은 만물을 열고 업무를 〈순조롭게〉 이루어서 천하의 〈모든〉 도를 덮나니 이와 같을 따름이라. 이런 까닭으로 성인이 이로써 천하의 뜻을 통달하며, 천하의 사업을 정하며, 천하의 의심을 판단하는 것이다.

·何:무엇 하, 어찌 하　·開:열 개　·冒:덮을 모, 무릅쓸 모　·斯:이 사　·已:말 이, 이미 이　·業:업 업
·斷:끊을 단　·疑:의심할 의

各說

● **開物成務**하야:无에서 有로, 즉 无極에서 太極으로 또 陰陽으로 생해 나가는 것과 우주의 만물이 시발(始發)되는 것을 開物이라고 한다. 이것은 곧 아버지와 어머니

로 말미암아 아들과 딸을 낳는 것과 물이 있으면 자연히 고기가 살게 되고 미생물이 존재하는 원리와 같다. 하늘과 땅이 열리고 난 뒤에 사람이 생긴 현상을 말한 것이다.

- 冒天下之道하나니 : 천하의 도에 벗어남이 없다. 즉, 천하의 도에 꼭 알맞게 해 놓았다는 것이므로 역리만 알면 모든 이치를 다 알 수 있다는 뜻이다.
- 如斯而已者也ㅣ라 : 이와 같을 뿐이다. 역의 또다른 면에 대한 해설이다. "開物成務, 冒天下之道 ; 만물을 열고 업무[務]를 순조롭게 이루어서 천하의 도에 꼭 알맞게 한 것"라는 것 이외는 아무 것도 없다는 것이다. 하늘과 땅으로 주머니를 만들어 놓았으니 이것뿐이라는 것이다.
- 聖人이 以通天下之志하며 以定天下之業하며 以斷天下之疑하나니라 : 성인은 천하의 모든 뜻을 통하고, 천하의 모든 사업을 정하고, 천하의 모든 의문이 있으면 결단하여 바르게 한다. 이것은 성인이 해나가는 일이다. 이 세 가지가 다 된다고 한다면 모든 것을 통달(도통)하였다고 볼 수 있다. 이것은 易의 위대성을 말한다.

1) 聖人以通天下之志 ─ 通志
2) 聖人以定天下之業 ─ 定業
3) 聖人以斷天下之疑 ─ 斷疑

是故로 蓍之德은 圓而神이오 卦之德은 方以知오 六爻之義는 易以貢이니 聖人이 以此로 洗心하야 退藏於密하며 吉凶에 與民同患하야 神以知來코 知以藏往하나니 其孰能與於此哉리오 古之聰明叡知神武而不殺者夫, 져

이런 까닭으로 시초의 덕은 원만하며 신령스럽고, 괘의 덕은 方으로써 알려 주고, 육효의 의의는 변하고 또 불변하는 데서 예지할 수 있게 하니, 성인이 이로써 마음을 씻어 맑게 하여 물러가 은밀하게 간직해 두며, 좋은 일과 나쁜 일에 백성과 더불어 한가지로 근심하여, 신비한 것으로써 미래를 예지하고 지혜로써 지나간 것을 간직하는 것이니, 그 누가 능히 여기에 참여할 수 있겠는가? 옛날에 총명하고 예지롭고 신비로운 무용(武勇)으로써 사람을 죽이지 아니하는 자인져!

·蓍:시초 시 ·圓:둥글 원 ·貢:바칠 공 ·洗:씻을 세 ·退:물러날 퇴 ·藏:감출 장 ·密:깊숙할 밀
·患:근심 환 ·往:갈 왕 ·哉:어조사 재 ·叡:밝을 예

總說

역 속의 복서(卜筮)에 대한 신비로움과 조화를 말하고 있다. 즉, 어떻게 통하며, 사업은 어떻게 정하며, 의문은 어떻게 결단할 수 있겠는가를 실제로 주역의 64괘 384효에 적응하여 설명한 공자의 문장이다.

各說

- 是故로 : 역의 이치에 대한 것은 역이 지니는 광범위한 것으로 알 수 있다. "이러한 것을 더 구체적으로 알려 주기 위해서는……"라는 뜻이다.

- 蓍之德은 圓而神이오 : 시초가 우리에게 알려 주는 것은 지극히 공변되고 원만하여 私가 없으며 또한 신비롭다. 곧 시초 50策을 사용하여 미래를 예지하는 근본적인 뜻은 바로 河圖와 洛書의 원리를 그 속에 담고 있기 때문이다. 즉, 대자연의 이치로 나오는 것이므로 여기에는 조금도 사사로운 욕심이 있을 수가 없다는 것이고, 또한 있어서도 아니 된다는 뜻이다. 따라서 至公無私하고 신령스러운 마음으로 시초를 뽑아서 사용하여야 한다.

- 卦之德은 方以知오 : 원만하고 신령스러운[圓而神] 정신으로 시초를 뽑았다면, 뽑은 시초는 64괘 속에서 구름처럼 허황되게 떠 있는 것이 아니라 질서 있고 확실하게 어느 한 괘를 지적하여 우리에게 예지시켜 주고 있다. 이것이 方이다. 여기서 '方'은 형이하학으로 우리에게 괘를 가리켜 주며, 또 어떤 괘에서 어떤 괘로 가고 오고 하여 완연(完然)하게 나타나 우리에게 미래를 예지하도록 한다는 것이다. 64괘는 64方으로 吉, 凶, 悔, 吝, 无咎 등으로 말해 주고 있다.

  예)聖人이 設卦하야 觀象繫辭焉하야 而明吉凶하며 (「繫辭傳」上 第2章)
  성인이 괘를 베풀어서, 상을 관찰하고 말을 매어 길흉을 밝힌다.

- 六爻之義는 易以貢이니 : ①卦之德方以知에서 세분하여 육효로써 우리에게 보여주고, 또 효가 변하는 것과 변하지 아니하는 것으로써 더 구체적으로 우리에게 가리켜 주는 것이다. 마치 임금에게 공물을 바치듯 육효로써 우리에게 세밀하게 알려 주는 것을 말한다. 여기서 '貢'은 不變의 뜻이며, '易'은 變을 뜻한다. 즉, 양이 변하여 음이 되고 음이 변하여 양이 되는 것이 易以貢이므로 우리는 이 모든 변화 속에서 이치를 찾아내는 것이다. ②蓍之德圓而神(陽)←開物, 卦之德方以知(陰)←成務, 六爻之義 易以貢(作用)←冒天下之道로 관련지어 볼 수 있다.

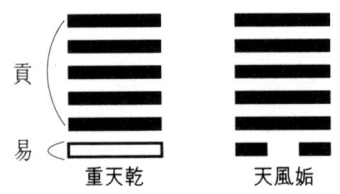

乾之姤: 乾卦에서 姤卦로 변하여 갔다. 또 姤之復: 姤卦가 全變이면 復卦가 된다. 여기서 姤卦는 貢이고, 復卦은 易이다.

- 聖人이 以此로 洗心하야:①성인이 圓而神과 方以知와 易以貢의 정신으로 더럽혀진 마음을 맑게 씻는다는 것이다. 곧 无思无爲, 寂然不動한 마음으로 돌아간다는 것이다. ②천부지성의 至善으로 돌아가기 위하여 洗心하는 것이며, 마음에 잡된 것이 없는 赤子心(天慈心)으로 돌아가는 현상(現像)을 말한다. 이것은 곧 洗心→淸心→지극한 精誠이다.
- 退藏於密하며:알고도 모르는 것처럼 하여야 한다는 것이다. 이것은 성인의 경지가 아니면 불가능하다. 알아내는 공부 3년이면 숨기는 공부는 7년을 해야 한다는 말이 있다. 즉, 도통하였을 때 쉽게 마음을 드러내지 말라는 뜻이다.
- 吉凶에 與民同患하야:좋고 나쁜 것을 온 세상 사람들과 함께 한다. 혹은 길흉에 대하여는 사심없이 대자연과 함께 한다는 뜻이다. 이것은 성인이 아니면 행하기가 어렵다. 유교의 人本主義 사상과 구제창생(救濟蒼生)의 높은 사상이 담겨져 있음을 엿볼 수 있으며 정치학적인 내용으로도 설명할 수 있다.
- 神以知來코 知以藏往하나니:신령스럽게 미래를 알고 또 지혜와 예지로써 과거를 알아서 간직한다는 것이다. 즉, 아는 것을 다 간직하고 말하지 아니한다는 것이다. 마음을 씻어 맑게 하여 물러가 은밀하게 간직해 두어야[洗心, 退藏於密] 이러한 경지에까지 갈 수 있다. 이것은 역의 이치가 그러하다는 것이다. 이렇게 어려운 것을 그 누가 알아서 함께 할 수가 있을까? 그 아무도 불가능하며 문왕과 같은 성인이라야 가능하다는 것이다.
- 古之聰明叡知神武而不殺者夫ㄴ저하니:①옛날에 총명하고 예지로운 문왕(文王)의 신비로운 기운의 움직임과 사람을 죽이지 아니하는 정신을 말하였다. 그때의 시대상으로 보아 문왕은 중원(中原)을 무력으로 충분히 정복할 수 있었지만 살생을 하지 아니하겠다는 마음으로 일관하였다. 곧 성인의 정신이다. 여기서 '神武'는 4차원의 신령스러운 움직임으로, 下學的인 비유로 설명하면 씩씩하여 보무도 당당한 거동을 말한다. 특히 '武'는 군대만을 가리키는 것이 아니라 기운의 움직임을 뜻한다. 일본은 이 정신을 본받는다는 뜻에서 神武天王이라는 이름을 따 가지고 가서 그들

의 시조(始祖)로 삼았다. '不殺'은 사람 뿐만 아니라 다른 생물까지도 죽이지 아니한다는 뜻이다. ②이 구절을 각각의 성인에 비유하자면, 聰明은 복희씨요, 叡知는 문왕이요, 神武而不殺者는 주공에 해당한다고 볼 수 있다.

是以明於天之道而察於民之故하야 是興神物하야 以前民用하니 聖人이 以此齋戒하야 以神明其德夫ᆫ져

이로써 하늘의 도를 밝히고 백성의 연고를 살펴서, 〈대자연은〉 이에 신령스러운 물건을 일으켜서 백성이 사용하기 전에 성인이 이로써 재계(齋戒)하여 그 덕을 신령스럽게 밝힌다.

· 察:살필 찰   · 興:일 흥   · 齋:재계할 재   · 戒:경계할 계

總說
공자 자신의 공부하는 방법론을 말하고 있다.

各說
- 明於天之道而察於民之故하야:하늘의 도를 밝게 하고 백성의 연고(緣故)를 살펴서 미래를 예지한다는 것이다.
- 是興神物하야:대자연이 신령스러운 물건을 보여 주는 징조인데, 우리에게 보여 주기 위하여 일어나는 것을 말한다. 즉, 龍馬와 神龜가 나와서 河圖와 洛書로써 미래를 예지해 주는 현상을 말한다. 神物로는 용(龍), 거북이[龜], 기린(麒麟), 학(鶴), 봉황(鳳凰) 등을 인용(引用)한다.
  - 획린(獲麟):끝마쳤다는 뜻으로 사용하는 말이다. 즉, 어떤 글을 쓰다가 마치는 것을 의미한다. 이것은 공자가 『春秋』를 쓰다가 기린이 나왔다는 소식을 듣고 그 붓을 멈추었던 일화에서 연유한다.
- 齋戒하야:①정성을 드리는 것을 말한다. 제사를 지낼 때 목욕 재계하는 마음은 바로 公心과 至善으로 돌아가는 것을 말한다. ②日乾夕惕과 같은 뜻이다. 마음속으로는 齋를 하고, 밖으로는 경계하고 조심하라[戒]는 것이다.
  예) 九三은 君子ㅣ 終日乾乾하야 夕惕若하면 厲하나 无咎ㅣ리라 (乾卦 九三爻辭)
      九三은 군자가 종일토록(오전 마지막까지) 조심하고 조심하여 저녁때까지 두려워한다면 비록 위태로우나 큰 허물은 없을 것이다.
  · 三日入齋(齊):보통 우리가 큰 일[大事, 大川]을 할 때 齋戒를 한다. 우리는 제사들기

전 3일 동안 정신을 가다듬고, 밖으로는 고기를 먹지 아니하며, 나쁜 말을 하지 않으며, 남의 궂은 일에도 가지 않으며, 불선한 행동을 하지 아니한다. 이는 至誠을 드리는 행위이다.

是故로 **闔戶**를 **謂之坤**이오 **闢戶**를 **謂之乾**이오 **一闔一闢**을 **謂之變**이오 **往來不窮**을 **謂之通**이오 **見(현)**을 **乃謂之象**이오 **形**을 **乃謂之器**오 **制而用之**를 **謂之法**이오 **利用出入**하야 **民咸用之**를 **謂之神**이라

이런 까닭으로 문을 닫는 것을 坤이라 이르고, 문을 여는 것을 乾이라 이르고, 한 번 닫고 한 번 여는 것을 變〈化〉라 이르고, 가고 오는 데 막힘이 없는 것을 通이라 이르고, 나타나는 것을 이에 象이라 이르고, 형체를 이에 器〈物〉이라 이르고, 〈器物을〉 마름질하여 사용하는 것을 法이라 이르고, 나가고 들어가는 것에 이롭게 사용하여 백성이 모두 사용하는 것을 神이라 이른다.

・闔:문 닫을 합 ・戶:지게문 호 ・謂:이를 위 ・闢:문 열 벽 ・窮:막힐 궁, 다할 궁 ・制:마를 제
・法:본받을 법 ・咸:모두 함

總說
공자가 易의 의의(意義)와 대자연의 이치를 알려 주기 위하여 쓴 글이다.

各說
● 闔戶를 謂之坤이오 闢戶를 謂之乾이오:①문을 닫는 것은 坤 곧 陰이다. 우리가 눈으로 볼 수 있는 用으로써 설명한 말이다. 문을 여는 것은 乾 곧 陽이다. 즉, 종자를 심기 위하여 문을 여는 것을 말한다. 문을 닫고 여는 것은 어떤 사물의 중간 과정을 의미한다. 乾은 始, 坤은 終이니 闔闢은 終始를 말하며, 사물이 끝맺음을 하고 새로 시작하는 형상이 바로 開闢이다.

예1) 夫乾은 其靜也ㅣ 專하고 其動也ㅣ 直이라 是以大ㅣ 生焉하며 夫坤은 其靜也ㅣ 翕하고 其動也ㅣ 闢이라 是以廣이 生焉하나니 (「繫辭傳」上 第6章)
대저 乾은 그 고요함에 온전(專一)하고 그 움직임에 곧다. 이로써 큼이 생기며, 대저 坤은 그 고요함에 닫히고(합하고) 그 움직임에 열린다. 이로써 넓음이 생기는 것이다.

예2) 顯諸仁하며 藏諸用하야 鼓萬物而不與聖人同憂하나니 盛德大業이 至矣哉라
(繫辭傳上 「第5章」)

저 仁을 나타내며 저 用을 감춰서, 〈천지는〉 만물을 고동하되 성인과 더불어 한가지로 근심하지 아니하니, 성(盛)한 덕과 큰 업이 지극한 것이다.

[설명] '闔戶謂之坤'은 藏諸用이 되며, '闢戶謂之乾'은 顯諸仁이 된다.

②元亨利貞의 이치가 순환하는 것이 처음에는 元(春)이요, 마지막은 貞(冬)이다. 그 과정을 살펴 보면 처음은 元亨利貞이지만 중간은 貞元亨利→貞元亨利→貞元亨利……로 순환하게 된다. 위의 문장에서 보듯 乾보다 坤을 먼저 언급한 것은 元亨利貞에서 貞 속에 元이 존재하고 있으니 貞 자체가 坤이며, 이 속에서 乾이 나오므로 坤 다음에 乾을 말하였다.

예1) 彖曰 大哉라 乾元이여 萬物이 資始하나니 乃統天이로다 (乾卦「彖辭」)

　　彖에서 말하기를 "크도다. 乾의 元이여! 만가지 물건이 〈이 元에서〉 바탕으로 하여 시작하였으니, 이에 하늘을 모두 통치할 수 있도다"고 하였다.

예2) 乾元者는 始而亨者也ㅣ오 利貞者는 性情也ㅣ라 乾始ㅣ 能以美利로 利天下ㅣ라 不言所利하니 大矣哉ㅣ라 (乾卦「文言傳」)

　　〈만물의 시초가 되는〉 乾元이라는 것은 비롯하여 형통한 것이요, 利貞이라는 것은 性과 情이다. 乾의 비롯함이 능히 아름다운 利로써 천하를 이롭게 하지만 그 이로운 바를 말하지 아니하니 위대하도다.

예3) 彖曰 至哉라 坤元이여 萬物이 資生하나니 乃順承天이니 坤厚載物이 德合无疆하며 含弘光大하야 品物이 咸亨하나니라 (坤卦「彖辭」)

　　彖에서 말하기를 "지극하도다! 坤의 元이여! 만물이 바탕하여 나게 되는 것이니 이에 유순하게 하늘〈의 뜻〉을 이으니, 坤의 두터운 덕으로서 만물을 실음이 덕이 지경이 없는데 합하며, 큰 것을 머금고 빛을 크게 하니 만 가지 물건 모두 형통하다.

예4) 文言曰 坤은 至柔而動也ㅣ 剛하고 至靜而德方하니 後得하야 主而有常하며 含萬物而化ㅣ 光하니 坤道ㅣ 其順乎ㅣ져 承天而時行하나니라 (坤卦「文言傳」)

　　문언에서 말하기를 "坤은 지극히 부드러우면서도 움직임에는 강하고, 지극히 고요하면서도 〈땅의〉 덕은 方正하니, 뒤에 하면(양을 따르면) 얻게 되어 利를 주장하여 〈음의 사명에〉 떳떳함이 있으며, 만물을 머금어 〈坤의〉 빛을 발휘함이니, 坤의 도는 유순한 것인지라, 하늘(乾道)을 이어받아서 때에 알맞게 행하는 것이다.

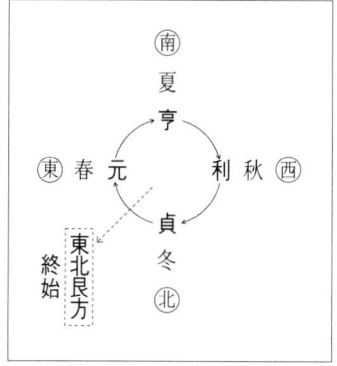

③또 제11장에다 이런 이치를 묻어 놓은 것은 음 11월이 ☷☳地雷復卦에 해당하는 달로서 乾이 시작되는 최초의 시기가 坤卦 음 10

월 괘로부터 그 중간 과정에 一陽이 시생하는 음 11월 復卦부터라고 할 수 있다. 그리고 「설괘전」에서 "艮은 東北之卦也ㅣ니 萬物之所成終而所成始也글새 故로 成言乎艮이라;艮은 동북의 괘이니 만물이 마침을 이루는 바요, 시작함을 이루는 바이니 艮方에서 모든 것을 성취한다고 말한 것이다"(第5章)고 하였으며, 또 "終萬物始萬物者ㅣ 莫盛乎艮하니;만물이 마치고 시작되는 신묘한 조화는 간괘보다 더 성한 것은 없다"(第6章)고 하였으니 위의 坤·乾의 뜻은 그 이면(裏面)에 艮方을 확실히 하고 있다.

- 往來不窮을 謂之通이오:출입이 자유자재로 가능한 것을 말한다. 즉, 易理를 많이 체득하여 천하의 모든 사물을 다 통달할 수 있는 자는 왕래에 막힘이 없다. 이를 通이라고 한다. 왕래는 문을 열고 닫는 행동을 뜻하기에 闔闢을 말하고 乾坤을 뜻한다. 따라서 乾坤의 모든 변화를 다 아는 자는 능히 통한 자라고 할 수 있다.

$$
\begin{array}{l}
往 \;-\; 一闔 \;-\; 坤 \;-\; 出 \\
來 \;-\; 一闢 \;-\; 乾 \;-\; 入
\end{array} \Big\rangle 중간사를 뜻한다
$$

- 見을 乃謂之象이오:心的(精神的)으로 나타나는 것을 象(=見)이라 한다. 여기서 '見'은 現의 의미이고 형이상학적 계시(啓示)를 말한다.
- 形을 乃謂之器오:위의 象이 형체(形體)로 나타난 있는 것을 器라고 한다. 즉, 物的이고 신체적인 것을 뜻한다.

$$
\Big\langle \begin{array}{l}
見 \rightarrow 象 \;-\; 心 \;-\; 精神 \\
形 \rightarrow 器 \;-\; 物 \;-\; 身體
\end{array}
$$

- 制而用之를 謂之法이오:器物을 제도적으로 잘 활용하여 질서에 맞게 하는 것을 法이라고 한다. 즉, 대자연의 법칙을 뜻한다.
- 利用出入하야 民咸用之를 謂之神이라:①가고 오는 데 막힘이 없는 문[往來不窮之門]을 모든 사람이 함께 사용할 수 있듯이, 모든 사람이 다 같이 이용할 수 있는 것을 일러 神이라 한다. ②역의 이치를 우주 대자연 속에서 찾고, 또 우리 인간이 사용하여 예지할 수 있는 시초(蓍草)의 원리에서 우주 대자연의 이치를 알 수 있다. 즉, 시초를 처음 만들 때는 乾이고, 시초 50개를 다듬어 놓은 것이 坤이며, 처

음으로 시초를 뽑기 위하여 개탁(開坼)하는 것은 乾이다. 그리고 이 시초를 太極으로 分而爲二하고, 揲之而四하는 형상을 一闔一闢의 謂之變이라 하며, 十有八變하는 것을 通이라 하고, 한 策을 뽑은 것(陽이나 陰爻)을 謂之象이라고 한다. 이러한 것을 이용하여 아무나 다 사용할 수 있도록 하는 것이 謂之神이다.

是故로 易有太極하니 是生兩儀하고 兩儀ㅣ 生四象하고 四象이 生八卦하니 八卦ㅣ 定吉凶하고 吉凶이 生大業하나니라

이런 까닭으로 역의 이치 속에는 태극이 있으니, 이것이 양의를 낳고, 양의는 사상을 낳고, 사상은 팔괘를 낳으니, 팔괘가 길흉을 정하고, 길흉이 큰 사업을 생한다.
· 儀:거동 의, 모습 의

總說
우주 대자연의 이치를 시초로써 알아낼 수 있겠끔 공자가 주역의 이치를 쉽게 설명한 문장이다.

各說
● 易有太極하니:①역의 이치 속에 태극이 있다는 뜻은, 주역은 태극의 원리를 설명한 것이라는 뜻과도 같다. 이것을 설명하기 위하여 兩儀→四象→八卦→64卦→384卦 등으로 세분하여 놓았을 뿐이다. 그러므로 주역의 이치 속은 광대하여 하늘과 땅 사이의 모든 것을 포괄하고 있다. ②역은 우주 대자연을 뜻하고 이 속에 太極이 존재한다는 것이며,『주역』에서 태극이라는 말을 처음 사용하였다. ③"无極이 太極이라"고 하였으니, 이 태극은 만사 만물의 핵(核)이라고 할 수 있다. 태극과 무극 속에 역이 존재하는 것이 아니라 역 속에 태극과 무극이 존재한다는 뜻이다. 역의 위대성을 말한 것이다.
● 是生兩儀하고:①태극 속에 음이 될지 양이 될지 모르는 두 거동(擧動)이 존재한다. 즉, 수로 보면 0=1, 1생 2법이 있다. 여기서 生이라고 하였으나 存在라는 뜻에 더 가깝다. 즉, 生보다는 成이 더 긴절(緊切)한 뜻이 아닐까 한다. ②태극→양의→사상→팔괘로 되는 원리 속에 二進法의 이치를 엿볼 수 있으며, 또 이것은 나아가 64괘, 384효까지 같은 맥락으로 연결된다. 이는 공자가 우리에게 우주의 이치를 알려 주기 위하여 해설하였다고 생각하면 된다.

- 八卦ㅣ 定吉凶하고:팔괘를 간단하게 말하면, 팔괘 속에는 길과 흉 두 가지밖에 없다고 할 수 있다. 즉, 팔괘 속에 길흉을 정하여 인간과의 관계를 말하여 놓았다는 것이다. 이런 이유로 주역을 吉凶學이라고도 한다. 모든 것의 길흉을 알려고 하면 팔괘를 알면 된다. 즉, 태극→양의→사상→팔괘로, 또 이것은 나아가 64괘, 384효까지 같은 맥락으로 연결된다. 팔괘 속 곧 주역 속에 길흉이 다 들어 있다는 뜻이니, 이것만 연구하여 알면 아니 될 것이 없다.
- 吉凶이 生大業하나니라:팔괘 속에는 길흉이 들어 있고, 이러한 길흉 때문에 大業이 생기게 된다. 變하고 化하여 가는 것이 일[業]이며, 막혔던 것이 통하는 것이 일[業]이며, 하늘과 땅(대자연)이 행하는 바를 그대로 본받아서 사람이 순응해 나가는 것이 일[業]이라고 할 수 있다. 즉, 하늘과 땅의 모든 造化가 大業이다.

是故로 **法象**이 **莫大乎天地**하고 **變通**이 **莫大乎四時**하고 **縣象著明**이 **莫大乎日月**하고 **崇高**ㅣ **莫大乎富貴**하고 **備物**하며 **致用**하며 **立成器**하야 **以爲天下利**ㅣ **莫大乎聖人**하고 **探賾索隱**하며 **鉤深致遠**하야 **以定天下之吉凶**하며 **成天下之亹亹者**ㅣ **莫大乎蓍龜**하나니라

이런 까닭으로 法과 형상이 천지보다 더 큰 것은 없고, 변하고 통함이 사시보다 더 큰 것은 없고, 〈우주 속에〉 象을 매달아 밝음을 드러냄이 日月보다 더 큰 것은 없고, 숭고함이 부귀보다 더 큰 것은 없고, 〈온갖〉 물건을 갖추어 씀을 이루며 〈모든〉 기물(器物)을 세우고 이룸으로써 천하를 이롭게 하는 데는 성인보다 더 할 수 없고, 그윽한 것을 더듬고 숨어 있는 것을 찾으며 깊은 것을 끌어내어 먼 것을 이룸으로써, 천하의 길흉을 결정하며 천하〈만민〉의 부지런하게 힘씀을 이루는 것이 시귀(蓍龜)보다 더 큰 것은 없다.

- 莫:없을 막 · 乎:~보다 호 · 縣:매달 현 · 著:드러날 저 · 備:갖출 비 · 探:더듬을 탐, 찾을 담
- 賾:깊을 색 · 索:찾을 색 · 隱:숨을 은 · 鉤:갈고리 구 · 遠:멀 원 · 亹:부지런할 미, 힘쓸 미
- 蓍:시초 시 · 龜:거북 귀, 거북의 등껍데기 귀, 거북점 귀

各說

- 法象이 莫大乎天地하고:질서가 정연하고 정확하게 우리 인간에게 보여 주는 것은 하늘과 땅 그것보다 더 지대한 것은 없다. 천지의 모든 것이 法象이다.
- 變通이 莫大乎四時하고:음양 변화에 따라 四時의 순환이 계속되는 것보다 더 큰 변

동은 없다는 것이다.
- 縣象著明이 莫大乎日月하고:'縣象'은 日月星辰을 뜻한다.
- 崇高ㅣ 莫大乎富貴하고:숭고하기로는 군주가 부귀의 지위에 있으면서 천하를 다스리는 일보다 더 큰 것이 없다는 것이다.

        法象 － 天地,   變通 － 四時,   著明 － 日月,   崇高 － 富貴

- 備物하며 致用하며 立成器하야 以爲天下利ㅣ 莫大乎聖人하고:삼라만상의 온갖 물건을 갖추어 천하의 사람들이 사용할 수 있도록 베풀어 놓고, 모든 기물과 시설을 건립하고 성취하여 천하를 이롭게 하는 데는 성인보다 더 할 수가 없다는 것이다.
- 探賾索隱하며:그윽하고 깊은 것을 더듬어 찾으며, 숨어 있는 것을 찾아내는 것을 말한다. 즉, 진리를 찾는 행위이다.
- 鉤深致遠하야:깊은 곳에 있는 것을 갈고리로 끌어 내어서 먼 곳에 오게 한다는 것이다. 즉, 이치가 아무리 깊고 먼 곳에 있어도 시초가 다 알아서 우리에게 가르쳐 준다는 뜻이다.
- 成天下之亹亹者ㅣ 莫大乎蓍龜하니라:①천하 만민이 부지런히 힘쓰는 상태를 이루어 놓은 일은 시(蓍)나 귀(龜)의 神妙함보다 더 큰 것은 없다는 것이다. ②探賾索隱, 鉤深致遠, 以定天下之吉凶, 成天下之亹亹者의 이 넷은 蓍龜가 할 수 있는 모든 것을 말한 것이다. 蓍龜는 깊이 있거나 멀리 있거나 은밀하게 숨어 있어도 찾아내어 우리에게 길흉으로 판단하여 알려 주며, 또 노력하고 힘쓰는 자에게는 다 알려 준다는 것이다. 蓍龜의 위력을 말하였다. 여기서 '亹亹'는 열심히 노력하는 모양을 뜻한다.

是故로 **天生神物**이어늘 **聖人**이 **則**(칙)**之**하며 **天地變化**ㅣ어늘 **聖人**이 **效之**하며 **天垂象**하야 **見吉凶**이어늘 **聖人**이 **象之**하며 **河出圖**하며 **洛出書**ㅣ어늘 **聖人**이 **則**(칙)**之**하니

이런 까닭에 하늘이 신비로운 물건을 낳음에 성인이 그것을 法하며, 천지가 變하고 化함에 성인이 그것을 본받으며, 하늘이 형상을 드리워서 길흉을 나타냄에 성인이 그것을 형상하며, 河水에서 그림이 나오고 洛水에서 글이 나옴에 성인이 그것을

法하니,
· 效:본받을 효 · 垂:드리울 수 · 河:강이름 하 · 圖:그림 도 · 洛:강이름 락 · 則:법칙 칙, 본받을 칙

總說
성인이 지은 易의 변화의 道, 즉 占·變·象·辭에 대한 공자의 설명이다.

各說
● 天垂象하야 見吉凶이어늘 聖人이 象之하며:『주역』「대상」과 「소상」의 象曰은 길흉의 형상을 우리에게 보여주는 것이다.
● 河出圖하며 洛出書ㅣ어늘:역의 이치를 묻어 놓았다. 도서(圖書)와 도서관(圖書館)은 河圖와 洛書가 합쳐서 된 말이다. 그림과 글로써 이치를 담아 놓은 것을 冊이라 하고, 이것을 통해 우리는 길을 찾고 있으며, 생활에 없어서는 안 될 물건으로 여기고 있다.

```
天 生 神 物 ── 聖 人 則 之 ┐
天 地 變 化 ── 聖 人 效 之 ├ 見吉凶 → 天垂象 → 河出圖, 洛出書
天垂象見吉凶 ── 聖 人 象 之 ┘
```

```
            天垂象見吉凶
天 生 神 物 ─────────→ 河出圖, 洛出書
```

易有四象은 所以示也ㅣ오 繫辭焉은 所以告也ㅣ오 定之以吉凶은 所以斷也ㅣ라

역에 四象이 있는 것은 보이는 바요, 말을 매어 놓은 것은 〈대자연의 이치를〉알려 주는 바요, 〈이러한 것으로써〉길흉이 결정되어 있는 것은 〈이 속에 길흉이〉판단되어 있기 때문이다"고 하셨다.
· 示:보일 시 · 繫:맬 계 · 辭:말 사 · 告:알릴 고 · 斷:판단할 단, 끊을 단

總說
성인이 천지의 형상과 법칙을 본받아 卦와 辭를 지음으로써 천하의 道를 다 담았다는 복서(卜筮)에 대한 공자의 설명이다.

各說

- 易有四象은 所以示也 ㅣ오 : 역리 속에는 모든 우주 대자연의 이치를 우리에게 상으로 보여주고 있다. 여기서 '四象'은 太陽(老陽), 少陰, 少陽, 太陰(老陰)을 가리킨다.
- 繫辭焉은 所以告也 ㅣ오 : 乾卦 卦辭 "乾은 元코 亨코 利코 貞하니라 ; 乾은 元하고 亨하고 利하고 貞하다"의 문장은 우리에게 대자연의 이치를 알려 준 것이다.
- 定之以吉凶은 所以斷也 ㅣ라 : 의심나는 것을 판단하여 爻辭로써 말하여 놓았다.

易有四象所以示也 —	開物成務
繫辭焉所以告也 —	通天下之志, 定天下之業
定之以吉凶所以斷也 —	以斷天下之疑

※ 第11章에서 章의 차례를 나타내는 11數가 의미하는 뜻은 무엇인가? 河圖數가 10이므로 11은 하도수 10 다음에 다시 1로 시작하니 곧 洛書를 뜻하고 后天을 뜻하기도 한다. 따라서 후천에서는 낙서를 사용하여야 한다는 것을 암시해 주고 있다.

- 土 : 五行 중의 土→ 五中土와 중앙을 뜻하고, 數로는 五十, 其用은 四十有九다. 또 一陽이 시생(始生)하는 음 11월(子月)을 뜻하기도 한다.
- 士 : 선비를 뜻하기도 한다. 天賦之性 곧 至善과 明明德을 위하여 공부하는 자라야 후천의 종자가 될 수 있다는 암시라고 할 수 있다.

右는 第十一章이라

제12장

 앞 제11장에서 모든 것이 역리 속에 내재해 있음을 설명하였으며, 본 장에서는 공자가 우리에게 어떻게 처신하면 좋고 나쁜 것인가를 소상하게 설명하여 교화(敎化)의 뜻을 말해 주고 있다.

易曰 自天祐之라 吉无不利라하니 子曰 祐者는 助也ㅣ니 天之所助者ㅣ 順也ㅣ오 人之所助者ㅣ 信也ㅣ니 履信思乎順하고 又以尙賢也ㅣ라 是以自天祐之吉无不利也ㅣ니라

 역에서 말하기를 "하늘로부터 도우는지라 길하여 이롭지 않음이 없다"고 하였는데, 공자께서 말씀하시기를 "祐라는 것은 돕는다는 것이므로, 하늘의 도우는 바는 順이요, 사람의 도우는 바는 信인 까닭에 信義를 밟고 항상 順天을 마음에 생각하고 또한 〈먼저 가신〉 어진 사람을 숭상하여야 하는 것이다. 이로써 하늘로부터 도우는지라 길하여 이롭지 않음이 없다"고 하셨다.1)

---

 1) 朱子는 제12장의 처음에 나오는 이 원문을 「계사전」상 제8장 말미에 넣어야 한다고 하였다. 그러나 이 원문은 天理에 순응하고 위의(威儀)를 지키며 어진 사람을 숭상하여야 함을 강조한 내용이므로 「계사전」상의 마지막 장인 제12장에 있어야 한다.

・自:~로부터 자 ・祐:도울 우 ・助:도울 조 ・信:믿을 신 ・履:밟을 리 ・尙:숭상할 상 ・賢:어질 현

各說

● 自天祐之라 吉无不利라하니:이 구절은 ䷍火天大有卦 상구효의 내용이다. 좀더 상세한 것은 뒤에 설명하기로 하자.(138쪽에서 다시 거론된다:編輯者註)

　예)上九는 自天祐之라 吉无不利로다 (大有卦 上九爻辭)
　　上九는 하늘로부터 돕는 것이니, 길하여 이롭지 않음이 없다.
　　[설명]상구효는 剛爻로 부정위이면서 上에 있지만, 자신을 억제하여 육오효인 군위에 순종한다. 이것이 군자의 길이며 또한 하늘의 법칙에 맞는 것이기 때문에 하늘의 도움을 받는다는 것이다.『주역』에서 상구효가 吉한 것은 드문데, 이는 成王을 섭정할 당시의 周公에다 비유한 효라 할 수 있다.

● 天之所助者ㅣ 順也ㅣ오:積善之家必有餘慶과도 같다. 대자연에 순응한다는 뜻이며 따라서 順天하는 자만 살 수 있고, 逆天하는 자는 망하여 죽게 된다는 뜻이 들어 있다. 예컨대 봄에 종자를 심어서 가을에 수확하는 것이 順이라 하면, 겨울에 종자를 심어서 봄에 거두겠다는 것은 逆天이라 할 수 있다. 모든 것을 順理로 하려는 자는 절차에 어김없이 순서대로 따라 하고, 또 하늘은 至善의 마음으로 행동하는 자만을 도와 준다. 그 결과로 吉과 利가 온다는 뜻이다.

　예)子曰 順天者는 存하고 逆天者는 亡이니라 (『明心寶鑑』「天命」)
　　공자께서 말씀하시기를 "하늘을 순종하는 자는 살고, 하늘을 거역하는 자는 망한다"고 하셨다.
　　[설명]은나라 주왕(紂王) 같은 사람이 나쁜 짓을 많이 하면서 좋은 일이 올 것을 생각한다면 이것은 逆天이며, 또 天子 자신이 至高한 位에 있으니 아무런 일이 없으리라고 생각하는 것도 順天이 못 된다.

　　　　　祐者 ― 형이상학적인 표현 ― 신과 자연의 도움
　　　　　助也 ― 형이하학적인 표현 ― 사 람 의 도 움

● 人之所助者ㅣ 信也ㅣ니:사람에게는 信義가 있어야 한다는 것이다. 信을 파자하면 人+言이니, 곧 사람이 사람의 말을 믿는 것이므로 誠이요 孚이다. 만약 信이 없는 사회가 되면 이 사회는 큰 혼란에 빠지게 된다. 그래서 오륜(五倫)에서 朋友有信[2]이라 하여 사람이 생활을 하는 데에 信이 없이는 살아갈 수 없음을 강조하였

---

2)벗과 벗, 넓은 의미로 사람과 사람 사이에 지켜야 할 도리가 있어야 한다. 즉, 말이 필요없는 결속

다. 따라서 天理에 순응하며 내 자신이 노력하여 信義를 생명처럼 여기는 자는 하늘이 반드시 도와준다는 것이다. 그 결과로서 吉하고 利하게 되는 것이니, 이른바 항상 노력하고 최선을 다하는 마음가짐을 가지면 기필코 光明이 찾아오게 된다는 것이다.

예) 君子ㅣ 遵道而行하다가 半途而廢하나니 吾弗能已矣ㅣ로다 (『中庸』 第11章)
〈공자께서 말씀하셨다.〉 군자가 中庸之道를 따라서 행하다가 중도에서 그만두는 일이 있는데, 나는 그만두지 않을 것이다.
[설명] 여기서 말하는 君子는 범칭의 군자로 사용한 것이며, 半途는 中途를 말하며, 已는 금지의 뜻이 있다. 즉, 그만둔다는 것이다.

● 履信思乎順하고: 信을 이행하고 항상 順天을 생각하라는 뜻이다.

心的으로→天→하늘에 대하여는 順理
外的으로→人→사람에 대하여는 信義
〉이것 이외에 해야 할 것이 尙賢이다(經典工夫)

● 又以尙賢也ㅣ라: 順天을 하고 信義를 가지는 것 외에도 어진 사람의 말씀이나 글을 숭상하여 그대로 이행하여야 한다는 것이다. 또는 훌륭한 성현의 말씀을 높이 받들고 본받는 정신이 있어야 길하고 이롭다는 것이며, 自天祐之가 된다는 말이다. 요즘 사람들에게는 상현(尙賢)을 하는 정신이 대단히 희박하지만, 뿌리 찾기 운동과 민족 문화 찾기 운동 등에서 이 상현 정신을 엿볼 수 있다. 또 위인 전기를 읽고 그 분들의 정신을 체득하는 마음도 바로 상현 정신이라고 할 수 있다.

※ 위의 문장은 火天大有卦 상구효사를 설명한 것이다. 대유괘는 괘상으로 보아서 해가 中天에 떠 있는 형상이다. 곧 日午中天의 시기가 대유괘다. 괘명에서와 같이 태양이 正午에 오면 大事가 있다. 또한 성인이 출현하게 된다는 뜻도 있다. 大有는 大事, 聖人, 富者, 太陽, 陽이 많다는 등의 개념들이 내포(內包)되어 있다.

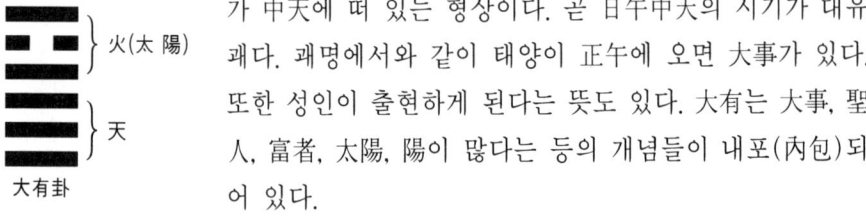

先天, 后天八卦方位圖를 살펴 보면 화천대유괘의 시기는 해가 동쪽에 떠서 日午中天에 와 있는 文王后天八卦의 방위도와 같다. 즉, 태양[離, 火, 日]이 동쪽에 있는 것이 先天八卦方位圖요, 태양이 中天에 떠 있는 것이 后天八卦方位圖이다. 결론적

이행의 표현이라고 할 수 있다.

으로 선천에서 후천으로 건너갈 수 있는 사람은 順天을 하며 信義를 가지고 이것을 근본으로 하여 살아가고, 또 성현의 글(경전)을 연구하여 이를 본받아 至善으로 회복하려는 자에게만 하늘은 도와주고 利涉大川을 가능하게 한다는 뜻이 내포되어 있다. 본 장이 제12장이니 선천(「계사전」상)의 마지막 장이다. 후천의 始로서 중간에 대역사(大役事)가 있다는 뜻이 대유괘다. 이 대역사를 극복하려면 대유괘 「大象」에서 말했듯이 遏惡揚善하며 順天休命을 해야지3) 그렇지 못하면 후천의 종자가 될 수 없다는 뜻도 담겨져 있다.

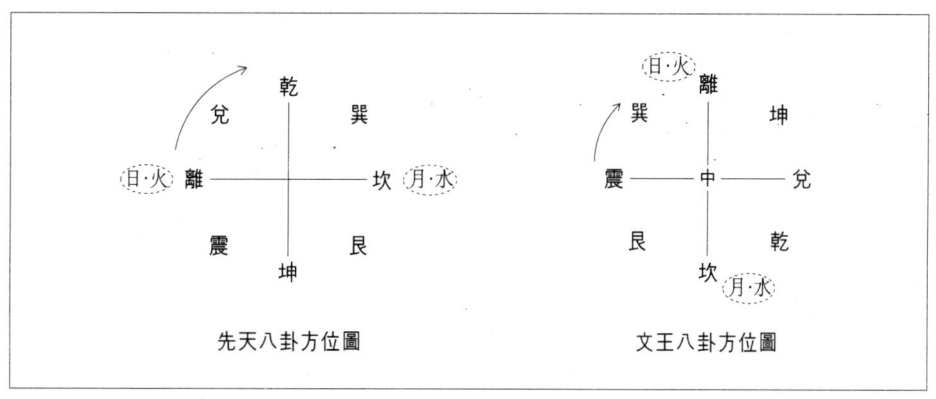

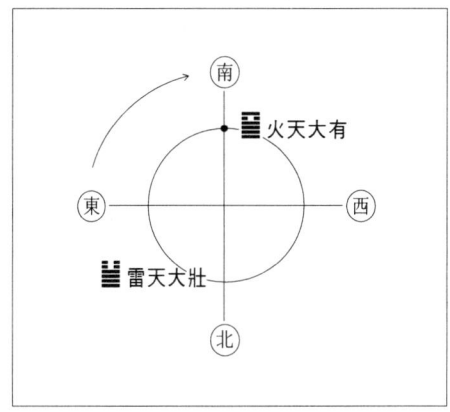

※①공자가 「계사전」상 제12장 첫문장에서 대유괘의 상구효사를 인용한 것은 그 무엇인가를 암시해 주기 때문이다. 즉, 卦名과 같이 大事, 큰 변화가 있다는 것을 암시하여 준 것이라고 보아도 틀림이 없을 것이다. 日午中天 시대는 文明이 최고도로 발전된 때이기도 하다.4) 이때의 임자는 정(定)한 바가 없다. 이런 까닭으로 대유괘의 괘사에서

---

3) 象曰 火在天上이 大有ㅣ니 君子ㅣ 以하야 遏惡揚善하야 順天休命하나니라 (大有卦 「大象」)
象에서 말하기를 "태양이 中天에 높이 올라 있는 것이 大有이니, 군자는 이로써 악을 막고 선을 찬양하여 하늘의 아름다운 명에 따른다"고 하였다.
4) 火天大有卦가 제12장 첫머리에 인용된 것은 지금의 문명이 최고도로 발전된 때이니 그 무엇을 우리에게 직간접으로 알려 주는 것이며 또 이렇게 되는 증거로 이하 문장에서 설명하고 있다.

"大有는 元亨하니라"고 하였다. 그러므로 아무나 노력하면 大有가 될 수 있으며 태양과 같은 존재라고 할 수 있는 富者, 大人, 聖人 등이 될 수 있다는 뜻이다.5) 또한 공자는 至善과 明明德을 하며 順天하는 자가 利涉大川을 할 수 있다는 확신을 주기 위하여 제12장 첫머리에 대유괘 상구효사를 인용하였다. ②大有卦의 상구효가 변하면 大壯卦가 된다. 즉, 대유괘(선천)에서의 해야 할 일과 대장괘(후천)에서 해야 할 일을 밝히고 있으며, 또 大有, 大壯卦의 卦名으로써도 그 상호 관계를 연구해 보아야 한다.

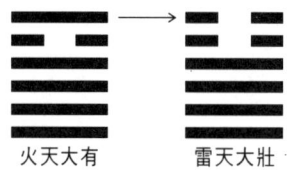

大有卦 → 卦辭에서 元亨 — 先天 — 上經
大壯卦 → 卦辭에서 利貞 — 后天 — 下經

子曰 書不盡言하며 **言不盡意**니 **然則聖人之意**를 **其不可見乎**아 **子曰 聖人**이 **立象**하야 **以盡意**하며 **設卦**하야 **以盡情僞**하며 **繫辭焉**하야 **以盡其言**하며 **變而通之**하야 **以盡利**하며 **鼓之舞之**하야 **以盡神**하니라

공자께서 말씀하시기를 "글로는 말을 다하지 못하며 말로는 뜻을 다하지 못하니, 그러한즉 성인의 뜻을 가히 볼 수 없단 말인가?"고 하셨다. 공자께서 말씀하시기를 "성인이 〈주역 속에〉 상을 세워서 뜻을 다하며 〈64개의〉 괘를 베풀어서 참과 거짓을 다하며, 말을 매어서 그 말을 다하며, 변하고 통하게 하여 〈만민의〉 이로움을 다하며, 〈이렇게 하여 백성의 마음을〉 두드리고 춤추게 하여 신묘함을 다하는 것이다"고 하셨다.

·盡:다될 진 ·意:뜻 의 ·然:그러할 연 ·設:베풀 설 ·僞:거짓 위 ·情:본성 정 ·鼓:두드릴 고

各說

● **書不盡言**하며 **言不盡意**니:①공자의 탄식 소리라 할 수 있다. 세 성인(복희·문왕·주공)의 모든 것을 보고, 자신이 후인(後人)들을 위하여 아무리 세밀히 설명한다고 하여도 성인의 뜻과 우주 대자연의 오묘한 이치를 다 담을 수 있겠는가? 공자 자신이 십익(十翼)을 달아서 주역을 집대성하여 놓았으니 탐구하여 보라는 뜻이 내포되어 있다. 이런한 연유로 위편삼절(韋編三絶)이 될 수밖에 없었을 것이

---

5) 좀더 상세한 것은 『亞山의 周易講義』上 325쪽을 참조하라. (一岡註)

다. ②본 장이 제12장이니 선천의 마지막 장이다. 즉, 日午中天 때다. 이런 식으로 소개벽(小開闢)에 節을 알려줌은 기록에서 易理를 스스로가 공부하여 알아보라는 뜻이고, 또 書不盡言, 言不盡意라고 말했다고 볼 수 있다. 즉, 공자의 십익이 있다 하더라도 자기 스스로 공부하고 연구하지 아니하면 이치를 통할 수 없다.

● 然則聖人之意를 其不可見乎아: 위의 문장이 그러한즉 성인의 뜻을 가히 볼 수가 없단 말인가? 공자는 그렇지 않다고 하였다. 공자는 우리가 성인의 뜻을 볼 수 있다는 뜻으로 다음과 같이 기록하고 있다.

$$\left.\begin{array}{l}1)立\quad象(四象) \longrightarrow 以\ 盡\ 意 \\ 2)設\quad卦(64卦) \longrightarrow 以\ 盡\ 情僞 \\ 3)繫\ 辭\ 焉(『周易』本文) \longrightarrow 以\ 盡\ 其\ 言\end{array}\right\} \begin{array}{l}變而通之 \longrightarrow 以\ 盡\ 利 \\ 鼓之舞之 \longrightarrow 以\ 盡\ 神\end{array}$$

● 設卦하야 以盡情僞하며: 64괘 384효의 음양괘를 베풀어서 眞情과 虛僞 곧 길과 흉을 판단하는 것을 의미한다. 그러므로 효사 속에 주로 吉, 凶, 无咎, 悔, 吝 등으로 결단하여 놓았다.

● 繫辭焉하야 以盡其言하며: 성인이 괘와 효에 설명을 붙여서 하였고, 공자 자신이 말하고 싶은 뜻을 십익 속에다 기록하여 놓았다는 것이다. 그러나 공자 자신이 다 안다고 하여 뜻을 모두 기록할 수 없으니, 공부하는 자가 스스로 탐구하여 알도록 하라는 것이다. 이치는 『주역』속에 다 있으니, 그것에서 알아내야 한다고 강조하고 있다.

● 變而通之하야 以盡利하며: 음양의 변하고 통하는 법칙을 옮겨서 천하 만민의 이로움을 다하여 놓았다는 뜻이다. 여기서 '變而通之'는 괘의 온갖 음양 변동 내용을 뜻한다. 괘의 전변(全變), 도전(倒轉), 배합(配合), 호괘(互卦), 착종(錯綜) 등 변화하여 상호 통하는 뜻이 내포되어 있다.

예1) 變而通之의 예를 소성괘(小成卦)로 보면 다음과 같다. 震卦 속에서 음양 배합이 되면 巽卦가 되고, 도전이면 艮卦가 된다. 결국 震卦 속에는 巽卦와 艮卦가 내포되어 있으며, 震卦가 體라면 巽卦와 艮卦는 用으로 행동할 수 있다.

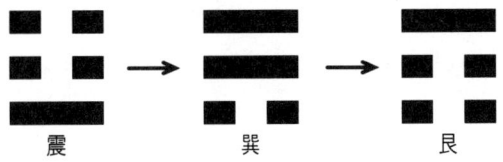

震   巽   艮

예2) 變而通之의 예를 대성괘(大成卦)로 보면 다음과 같다. 風水渙卦의 배합괘는 雷火豊卦이며, 도전괘는 水澤節卦이며, 착종괘는 水風井卦이며, 호괘는 山雷頤卦가 된다. 다시 말하여 風水渙卦 속에는 雷火豊卦, 水澤節卦, 水風井卦, 山雷頤卦 네 가지가 들어 있음을 알 수 있다. 이것을 變而通之라고 할 수 있다.

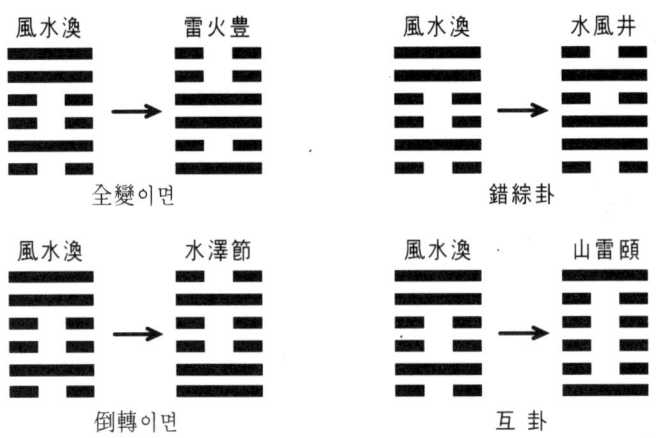

- 鼓之舞之하야 以盡神하나니라 : ①성인의 뜻을 다 알게 되면 鼓之舞之가 되어 心悅을 외부로 나타나게 된다. 또는 영가무도(詠歌舞蹈)6)의 뜻과도 같다. 이렇게 하여 백성의 마음을 고무시켜 신묘함을 다하고 있는 것이다. ②立象+設卦+繫辭=易理라고 볼 수 있다. 따라서 이 주역에 의해서 變而通之하여 모든 조화(造化)를 다 알 수 있으며 鼓之舞之하여 神의 경지도 다 알 수 있다는 것이다. ③결론적으로 위의 문장은 공자의 답답한 심정을 말하였다. 그 답답한 심정을 해결하려면 立象과 設卦와 繫辭를 보고 모든 것을 알아내도록 하라는 뜻이 내포되어 있다. 이렇게만 되면 鼓之舞之手之足之의 희열이 외부로 나타나게 된다.

乾坤은 其易之縕耶ㄴ져 乾坤이 成列而易이 立乎其中矣니 乾坤이 毁則无以見易이오 易을 不可見則乾坤이 或幾乎息矣라

乾과 坤은 易을 쌓아 놓은 것인져! 乾과 坤이 〈분해하여〉 열(列)을 이룸에 易은 그 가운데 존재하는 것이니, 乾坤이 허물어지면 이로써 易을 볼 수 없을 것이요, 易

---

6) 正易에서는 詠歌舞蹈를 한다. 그 뜻이 바로 여기서 출발한 것이 아닌가?

繫辭傳上 제12장 143

을 가히 보지 못하면 乾坤은 거의 종식될 것이다.
·縕:쌓을 온, 얽힐 온, 성할 온, 기운 온 ·耶:어조사 야 ·列:벌릴 열 ·毀:헐 훼 ·幾:거의 기 ·息:쉴 식

總說
공자는 본 문장에서 「계사전」상의 끝 문장에 걸쳐 易의 위대성을 강조하고 있다.

各說
● 乾坤은 其易之縕耶ㄴ져:보통 乾과 坤은 형이상학적인 하늘과 땅을 뜻하지만 여기서는 우주 대자연을 말한다. 우주의 모든 이치를 주역 속에 쌓아 놓았으니, 주역 속에 우주의 모든 이치가 들어 있다는 것이다. 여기서 '縕'은 깊은 진리를 함축시켜 놓았다는 뜻이다.

● 乾坤이 成列而易이 立乎其中矣니:①우주 대자연의 이치가 질서 있게 이루어져 있다면 주역의 이치는 그 중에 존재한다. 즉, 하늘과 땅이 벌여 있으니 주역이 그 가운데 존재한다는 것이다. 바꾸어 말하면 주역의 이치는 하늘과 땅 사이의 모든 것을 내포하고 있다는 것이다. ②乾坤 사이에 64괘가 존재하며, 易理는 乾坤, 즉 天地 사이의 모든 이치를 말한다. 이것을 易이라 한다.

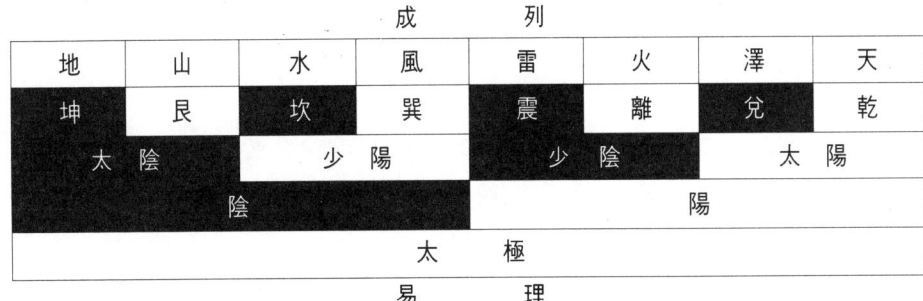

● 乾坤이 毁則无以見易이오:乾坤 곧 천지 우주 대자연이 훼손 붕괴된다면 易道를 찾아 볼 수가 없다. 왜냐하면 易道의 원리는 우주 대자연의 이치와 동등하게 생각하기 때문이다.

乾坤毁則 → 无以見易

● 易을 不可見則乾坤이 或幾乎息矣라:易道를 가히 볼 수 없다면 우주 대자연의 작용이 거의 종식될 것이다. 즉, 易道가 없으면 대자연의 이치가 존재할 수 없다는

뜻이다.

易不可見則乾坤 → 或幾乎息矣

是故로 **形而上者**를 **謂之道**ㅣ오 **形而下者**를 **謂之器**오 **化而裁之**를 **謂之變**이오 **推而行之**를 **謂之通**이오 **擧而措之天下之民**을 **謂之事業**이라

　이런 까닭으로 얼굴(형용)하여 위의 것을 道라 이르고, 그 아래의 것을 器(그릇)라 이르고, 〈음양이 서로의 작용으로써〉 변화하여 제재(制裁)하는 것을 變이라 이르고, 〈이러한 陰變陽化의 법칙을〉 추리하여 진행하는 것을 通이라 이르고, 〈이 이치를〉 들어서 천하의 백성에게 실행하는 것을 事業이라 한다.

·形:모양 형 ·推:밀 추 ·裁:마를 재 ·擧:들 거 ·措:둘 조, 베풀 조

各說

● 形而上者를 謂之道ㅣ오:어떤 사물의 형체가 나타나기 이전의 것을 形而上者라고 하고 이것을 비유하여 道라고 하였다. 그러므로 道는 心과도 같은 것이므로 우리 눈으로 볼 수 없고 보이지도 아니한다. 무형무체(无形无體)의 관념(觀念), 道와 心, 性情 등 우리 일상생활에서 머리로 설계하고 계획하는 것이 形而上者이다. 철학의 한 분야로서 形而上學은 우리 눈에 보이지 아니하는 관념 세계를 연구하는 학문이다.

● 形而下者를 謂之器오:어떤 사물의 형체가 나타났다면 形而下者이다. 표현을 器物이라 하였다. 이것은 어디까지나 形而上者(道)를 바탕으로 하여 이루어진다.

形而上者 ─ 道 ─ 心 ─ 理 ─ 盡性 ─ 觀念 ─ 形而上學 ─ 理學 ─ 東洋
形而下者 ─ 器 ─ 物 ─ 氣 ─ 窮理 ─ 實體 ─ 形而下學 ─ 哲學 ─ 西洋

理學(東洋)―形而上學에서 形而下學으로 연구한다
哲學(西洋)―形而下學에서 形而上學으로 연구한다

● 化而裁之를 謂之變이오:형이상자 道와 형이하자 器의 상호 관계를 마름질하여 결단하는 것이 變이라고 할 수 있다. 예를 들어 ䷺風水渙卦의 배합괘는 ䷶雷火豊卦이며, 도전괘는 ䷻水澤節卦이며, 착종괘는 ䷯水風井卦이며, 호괘는 ䷚山雷頤

卦가 된다. 이처럼 배합괘, 도전괘, 착종괘, 호괘 등의 변화 관계를 알아서 이치를 추구하는 것을 化而裁之라 하고, 이러한 결과가 變이다.
- 推而行之를 謂之通이오:化而裁之로 모든 사물의 이치를 미리 알아서 행동하는 것을 일컬어 通이라고 한다.
- 擧而措之天下之民을 謂之事業이라:化而裁之하고 推而行之로 通하기에 무엇보다도 우리 인간은 대자연 속에서 살아가는 것이 중요하다고 할 수 있다. 그러므로 「계사전」하에서 "天地之大德曰生:하늘과 땅의 큰 덕은 만물을 낳고, 또 낳는 것이다"(第1章)이라고 하였다. 우리는 易理 속에서 生을 찾아야 하고, 또 이것을 찾기 위하여 행하는 모든 것이 事業이다. 그러므로 우리가 알고 있는 이치를 열거하여서(받들어서) 천하의 인민에게 베풀고 실행하도록 하며, 日午中天 시기에 많은 사람들에게 알리고, 그들을 이끌어 가는 것이 事業이다. 이는 형이상학적인 설명이다.

是故로 夫象은 聖人이 有以見天下之賾하야 而擬諸其形容하며 象其物宜ㅣ라 是故謂之象이오 聖人이 有以見天下之動하야 而觀其會通하야 以行其典禮하며 繫辭焉하야 以斷其吉凶이라 是故謂之爻ㅣ니

이런 까닭으로 대저 象은 성인이 천하의 그윽하고 깊이 가리워져 있는 역의 이치를 봄에, 〈그것을〉 어떤 형체에 비기며, 그 물체에 마땅하도록 형상화한다. 이런 까닭에 〈역에서〉 이것을 象이라 이름이요, 성인이 천하의 〈만물이〉 움직여 나아감을 봄에, 그 모이고 통함을 보아서 그 법칙대로 행하며, 말을 매여 그 길흉을 판단함이라. 이런 까닭으로 〈역에서〉 이것을 爻라 이르니,

·賾:깊숙할 색 ·擬:헤아릴 의 ·諸:모든 제 ·容:얼굴 용 ·宜:마땅할 의 ·觀:볼 관 ·典:법 전
·禮:예도 례

總說

위의 문장은 앞 제8장에서 나온 문장이지만 공자가 다음 문장의 存乎卦와 存乎辭를 설명하기 위해 중복하여 쓴 중요한 글이다.

※以斷其吉凶이라 是故謂之爻ㅣ니:이 구절에 대한 구체적인 예를 들어 보면 다음과 같다. ䷍火天大有卦에서 "上九는 自天祐之라 吉无不利로다:上九는 하늘로부터 돕는 것이니, 길하여 이롭지 않음이 없다"고 하였으니, 이는 일오중천 시기에 順

天하면 길하다는 것이다. 그러나 大有卦가 全變이면 ䷆水地比卦가 되며 比卦에서 "上六은 比之无首ㅣ니 凶하니라;上六은 도우려 해도 머리가 없으니 흉할 것이다"고 하였다. 즉, 삼구법(三驅法)에서 말하는, 天命이 다 되어 포위망 안으로 들어 오는 것이다. 위의 두 괘에서와 같이 爻에서 吉과 凶이 결단되어 있다. 또 大有卦의 도전괘가 ䷌天火同人卦이니, 그 뜻을 함께 하는 자에게만 길함이 있다는 것이다.

極天下之賾者는 存乎卦하고 鼓天下之動者는 存乎辭하고

천하의 그윽하고 깊이 가리워져 있는 이치를 궁극(窮極)하는 것은 卦에 있고, 천하의 〈만물이〉 움직여 나아가는 것을 드러내는 것은 辭에 있고,

·鼓:두드릴 고 ·存:있을 존 ·辭:말 사

各說

- 極天下之賾者는 存乎卦하고:천하의 심오한 이치를 궁극하는 것은 괘에 있다는 것이다. '極'은 通也라 하였다. 곧 천하에 숨어 있는 이치를 알아서 통달하려면 괘 속에서 찾아야 한다는 뜻이므로 64괘의 상을 보고 궁구하라는 것이다.
- 鼓天下之動者는 存乎辭하고:①천하가 움직이는 형상을 보고 자기의 능력에 따라 고동시키는 것은 『주역』의 문장(계사) 속에 있다는 것이다. 여기서 '鼓'는 다리를 건널 때 막대기로 두드려 보는 형상을 말한다. 즉, 두드리면서 움직이니 소리가 난다. 그러므로 사람마다 그 능력에 따라서 고동(鼓動)한다고 할 수 있다. ②"極天下之"의 '極'은 궁구한다. 즉, 막힌 것을 연구하여 통하게 한다는 뜻이다. "鼓天下之"는 動하는 것을 보고 자기 능력껏 고동시켜 이치를 알아낸다는 것이다. 그러므로 '極'과 '鼓'는 같은 뜻이라 할 수 있다.

存乎卦 → 卦象 → 八卦 ― 64卦(乾, 坤, 屯, 蒙……)
存乎辭 → 卦辭 → 『周易』原文(卦辭, 爻辭, 繫辭) 〉대자연의 이치가 이 속에 있다

周易의 理致 = 卦象 + 繫辭(文章)

化而裁之는 存乎變하고 推而行之는 存乎通하고 神而明之는 存乎其人하고 默

而成之하며 **不言而信**은 **存乎德行**하니라

〈음양이 서로의 작용으로써〉 변화하여 제재(制裁)하는 것은 變에 있고, 〈이러한 陰變陽化의 법칙을〉 추리하여 진행하는 것은 通에 있고, 〈역학의 이치를〉 신묘하게 밝히는 것은 그 사람에게 있고, 묵묵한 가운데 이루어 말하지 않아도 〈모든 사람이〉 믿는 것은 明德을 행하는 데 있다.

· 裁:마를 재 · 變:변화 변 · 推:옮을 추 · 通:통할 통 · 默:묵묵할 묵

各說

● 化而裁之는 存乎變하고:化는 心이요, 裁는 物이다. 그러므로 心과 物의 조화(造化)는 모두 변하는 데 있으며, 易理의 모든 것이 陰變陽化하는 이치에서 나온다고 할 수 있다. 裁之하는 데는 질서와 법칙을 어기지 아니하면서 행한다.

● 推而行之는 存乎通하고:"推而行之"를 쉽게 비유하면, 1을 알면 2, 3까지도 알아내는 것을 말한다. 그러므로 '推'는 溫故에, '行之'는 知新에 비유할 수 있다. 또 혈구지도(絜矩之道)에서 군자가 가져야 할 혈구(絜矩)가 곧 推라고 할 수 있다. 이러한 결과로 通이 되는 것이 아닐까?[7]

[7) "推而行之"의 좋은 예로 야산 선생님의 일화를 들어 보자. 한국 전쟁 당시의 이야기다. 북한군의 예고 없는 남침으로 국군이 남으로 남으로 급속히 후퇴를 거듭하던 때의 일이다. 미쳐 피난을 가지 못한 주민들이 곳곳에 많이 있었다. 그 중에서도 피난을 가지 못한 경찰 공무원 가족들은 생명이 극히 위험하였다. 야산 선생님은 충남 광천읍(廣川邑)에서 조금 떨어진 오소산(烏蕭山)에 경찰 가족 80여 명을 피난시켜, 제자들과 함께 양식을 공급하여 그들의 생명을 살렸다고 한다. 이런한 일은 한두 명의 사람도 아닌 많은 사람들을 북한군부터 생명을 보호하는 것이므로 자신과 제자들의 생사를 걸어야 했다. 이것은 앞으로의 세태를 깨닫지 못하면 실행하기에 힘든 일이다. 이즈음 아산 선생님께서 야산 선생님을 찾아 갔더니 야산 선생님은 강론 끝에 글 한 수를 적도록 하였다.

    瞻烏爰止屋于誰 까마귀를 보건대 누구의 집에 가서 앉겠는가?
    未決雌雄先讓頭 암수를 구별할 수 없으면서 머리를 먼저 사양한다.
    屈指復來空響絶 공중의 소리가 끊어지는 때가 다시 오리니,
    東西知是割鴻溝 동쪽과 서쪽을 알라. 이에 홍구가 베이었다.

· 未決雌雄:싸움의 결판이 나지 않는다는 뜻이다. · 先讓頭:휴전 협정에 조인한다는 뜻이다. · 復來:七日復來之理. 이 글을 짓고 7일만에 유엔군이 인천 상륙 작전을 감행하였다. · 空響絶:공중에서 나는 비행기의 음향 소리를 말한다. · 鴻溝:한고조와 초항우가 천하를 둘로 나누었을 때 그 경계의 지명(地名)이다.

그 뒤 곧 연합군의 인천 상륙 작전이 성공하여, 국군이 다시 북진을 하게 되어 경찰 가족들은 무사하게 되었다. 피신이 3일만 늦어졌더라도 많은 문제가 발생하였을 것이다. 그 뒤 중공군의 개입으

예1) 溫故而知新:옛 것을 익히고 새 것을 안다. (『中庸』第27章,『論語』「爲政」)
예2) 所謂平天下ㅣ 在治其國者는 上이 老老而民이 興孝하며 上이 長長而民이 興弟하며 上이 恤孤而民이 不倍하나니 是以로 君子는 有絜矩之道也ㅣ니라
所惡於上으로 毋以使下하며 所惡於下로 毋以事上하며 所惡於前으로 毋以先後하며 所惡於後로 毋以從前하며 所惡於右로 毋以交於左하며 所惡於左로 毋以交於右ㅣ 此之謂絜矩之道ㅣ니라 (『大學』傳10章)

이른바 천하를 화평스럽게 함이 그 나라를 다스림에 있다는 것은, 윗사람이 늙은이를 늙은이로 섬기면 백성들이 〈이를 본받아서〉효를 흥기하며, 윗사람이 어른을 어른으로 섬기면 백성들이 〈이를 본받아서〉弟를 흥기하며, 윗자리에 있는 임금들이 외로운 사람들을 애휼하게 한다면 백성들이 〈이를 본받아서〉배반하지 아니할 것이니, 이러므로 군자는 혈구지도(絜矩之道)를 가지는 것이다.

윗사람을 미워하던 바로써 아랫사람을 부리지 말며, 아랫사람에게서 미워하던 바로써 윗사람을 섬기지 말며, 앞사람에게서 싫다고 느꼈던 것으로써 뒷사람을 먼저 하지 말며, 뒷사람에게서 싫다고 느꼈던 것으로써 앞사람을 따르지 말 것이며, 오른쪽 사람에게서 싫다고 느꼈던 것으로써 왼쪽 사람을 사귀지 말 것이며, 왼쪽 사람에게서 싫다고 느꼈던 것으로써 오른쪽 사람을 사귀지 않은 것이니, 이것을 일러 혈구지도(絜矩之道)라고 한다.

[설명] 絜矩는 자와 저울을 뜻하며 絜矩之道는 사람을 생각하고 살피어서 바른 길로 향하게 하는 도덕상의 규칙을 말한다. 惡는 오로 읽으며 미워하다, 싫어하다는 뜻이다.

● 神而明之는 存乎其人하고:①신묘하게 밝게 아는 것을 말한다. 즉, 귀신처럼 명철하게 알아내는 것을 말한다. 그러나 이 일은 정하여진 그 사람[其人]이라야 한다. 공자는 「계사전」하 제8장에서 "苟非其人이면 道不虛行하나니라;진실로 그 사람이 아니면 도는 헛되게 행하지 아니하는 것이다"고 하였다. 즉, 道를 성실하게 행하면 其人이 될 수 있다는 것이다. 또한 化而裁之, 推而行之, 神而明之가 공자의 글이기는 하지만 공자 자신에 대한 일이라고 보아도 틀림이 없으며, 또 한편으로는 아무라도 노력하고 최선을 다하면 其人이 될 수 있다는 뜻이 이 속에 내포되어 있다. ②그러면 其人은 어떻게 하여야 되는 것인가? 「계사전」상 제10장에서 말한 至精, 至變(氣), 至神(天地人)의 힘을 가지고 无思也, 无爲也, 寂然不動, 感而遂通天下之故[8]하는 사람으로 「계사전」상 제11장에서 언급한 것처럼 履信思乎順, 又以

로 전황은 일진 일퇴를 거듭하면서 1953년 승패가 미결인 채로 휴전을 하였다. 야산 선생님은 이 일로 많은 칭송을 들었다. 결론적으로 이 글을 분석해 보면 야산 선생님은 천기(天機)를 알았으며, 이를 직접 시험해 본 분이라고 할 수 있다. (一岡註)

尙賢9)을 할 줄 아는 사람이라면 其人이 될 수 있는 것이 아닐까 한다.
  예)待其人而後에 行이니라 故로 曰 苟不至德이면 至道ㅣ 不凝焉이라 하니라
  (『中庸』第27章)
    그 사람[其人]을 기다린 뒤에야 행해지는 것이다. 그렇기 때문에 '진실로 지극한 德
    이 아니면 지극한 道가 모여서 이룰 수가 없다'고 말한 것이다.
    [설명]凝은 모여서 이룬다는 뜻이다.

● 默而成之하며 不言而信은 存乎德行하니라:①道를 얻을 수 있는 자세는 묵묵한 가운데 이루는 것이며, 말하지 않으면서 확신을 가지는 것은 心德(明明德)을 행하는데 있으므로 외부로 나타나지 않는다. 이런 까닭으로 其人이라야 其人을 알아 볼 수 있다. ②공자가 誠과 信으로 다하면 다 된다는 것을 확언한 곳이 아니겠는가? 여기서 "默而成之"와 "不言而信"은 동일한 뜻이다.
  예)知止而后에 有定이니 定而后에 能靜하며 靜而后에 能安하며 安而后에 能慮하며 慮
    而后에 能得이니라 (『大學』經1章)
    머물 데를 안 뒤에 定함이 있으니, 定한 뒤에야 능히 고요하고, 고요한 뒤에야 능히
    평안하고, 평안함이 있은 뒤에야 생각할 수 있으며, 생각한 뒤에야 얻을 수 있다.
    [설명]위의 문장은 道를 체득(體得), 실현하는 과정을 말하고 있다.
③이 문장은 「계사전」상 제12장의 마지막이며, 선천의 마지막이기도 하다. 선천에서 후천으로 이어지는 다리를 건너갈 수 있는 사람은 默而成之하며 不言而信하는 자라야 한다. 곧 이러한 것이 바탕이 되어 선천에서 덕을 많이 쌓은 사람만 후천을 건너갈 수 있기에 德行으로 끝맺음하였다.

明明德을 행하는 자 → 在止於至善

德 → 明明德 → 心德 → 形而上學
行 →   行   → 動   → 形而下學

※선천의 마지막 장인 제12장에는 공자가 형이상학적인 비사체(秘辭體)를 묻어 놓지 않았을까도 싶다. 그 중 하나로 5謂 6存을 들 수 있다. 또 「계사전」의 각 장마다 각각 고유한 뜻이 있지만 각장들이 서로의 연결로써 그 뜻을 담고 있음을 알아

---

8) 생각하는 것도 없으며, 하는 것도 없으며, 고요히 움직이지 않다가 느껴서 드디어 천하의 〈모든〉 연고를 통달하는 것.
9) 信義를 밟고 항상 順天을 마음에 생각하고, 또한 〈먼저 가신〉 어진 사람을 숭상하여야 하는 것이다.

야 한다.

　　　　　5謂(謂之道……):1)道, 2)器, 3)變, 4)通, 5)事業10)
　　　　　6存(存乎卦……):1)卦, 2)辭, 3)變, 4)通, 5)其人, 6)德行11)

右는 第十二章이라

---

10) 是故로 形而上者를 謂之道 | 오 形而下者를 謂之器오 化而裁之를 謂之變이오 推而行之를 謂之通이오 擧而措之天下之民을 謂之事業이라
11) 極天下之賾者는 存乎卦하고 鼓天下之動者는 存乎辭하고 化而裁之는 存乎變하고 推而行之는 存乎通하고 神而明之는 存乎其人하고 默而成之하며 不言而信은 存乎德行하니라

繫辭傳下

繫辭傳下 大義

1) 「繫辭傳」下는 「繫辭傳」上과 상대적인 관계에 있고, 문장적으로 보면 「계사전」상의 부족하고 미진한 점을 보완하고 있다. 어떤 측면에서는 「계사전」하가 「계사전」상보다 좀더 구체적이고 심오한 이치를 담고 있다고 볼 수 있다.

2) 「계사전」상은 體로서 우주 대자연의 원형적(原形的)인 내용을 담고 있다면, 「계사전」하는 用으로서 인사적(人事的)인, 즉 우리 인간 생활과 직결되는 내용을 담고 있다고 볼 수 있다.

제1장

본 장에서는 卦爻와 吉凶, 造化와 功業에 대하여 말하고 있다.

八卦成列하니 **象在其中矣**오 **因而重之**하니 **爻在其中矣**오 **剛柔ㅣ 相推**하니 **變在其中矣**오 **繫辭焉而命之**하니 **動在其中矣**라
  팔괘가 열(列)을 이루니 象이 그 가운데 있는 것이고, 〈팔괘로〉 인하여 거듭하니 爻가 그 가운데 있는 것이고, 剛과 柔가 서로 추이(推移)하여 가니 변화가 그 가운데 있는 것이고, 말[辭]을 매어서 명령하니 움직임이 그 가운데 있는 것이다.
·成:이룰 성 ·列:벌일 렬 ·在:있을 재 ·因:인할 인 ·爻:효 효 ·剛:굳셀 강 ·柔:부드러울 유 ·推:옮길 추 ·變:변할 변 ·繫:맬 계 ·辭:말 사 ·焉:어찌 언, 이에 언, 이 언, 여기 언

總說
  「계사전」하의 첫문장에서 易理의 중요성을 말하고 있으며, 64괘와 주역과의 관계를 보충적으로 해설하고 있다.

各說
● 八卦成列하니:여덟 종류로 분리하여 놓았다. 즉, 우주 대자연의 법칙에 따라 복희

팔괘차서도와 같이 乾, 兌, 離, 震, 巽, 坎, 艮, 坤으로 팔괘가 일정한 모양으로 질서 있게 생성되는 것을 말한다. 이것을 소성괘(小成卦)의 배열이라고도 한다.
● 象在其中矣오:①팔괘 속에 상이 존재하는 것으로 여덟 가지의 상이 걸려 있는 것을 말한다. 팔괘를 취하여 모든 것을 설명하고 있다. ②「설괘전」 제11장에서 각 괘를 취상하여 말하고 있다. 乾卦는 14종, 坤卦는 12종, 震卦는 16종, 巽卦는 16종, 坎卦는 20종, 離卦는 14종, 艮卦는 11종, 兌卦는 9종으로 총 112종이 취상되어 있다.

예)・乾은 爲天爲圜爲君爲父爲玉爲金爲寒爲冰爲大赤爲良馬爲老馬爲瘠馬爲駁馬爲木果ㅣ라 ・坤은 爲地爲母爲布爲釜爲吝嗇爲均爲子母牛爲大輿爲文爲衆爲柄이오 其於地也에 爲黑이라 ・震은 爲雷爲龍爲玄黃爲專爲大塗爲長子爲決躁爲蒼莨竹爲萑葦오 其於馬也에 爲善鳴爲馵足爲作足爲的顙이오 其於稼也에 爲反生이오 其究ㅣ 爲健이오 爲蕃鮮이라 ・巽은 爲木爲風爲長女爲繩直爲工爲白爲長爲高爲進退爲不果爲臭오 其於人也에 爲寡髮爲廣顙爲多白眼爲近利市三倍오 其究ㅣ 爲躁卦라 ・坎은 爲水爲溝瀆爲隱伏爲矯輮爲弓輪이오 其於人也에 爲加憂爲心病爲耳痛爲血卦爲赤이오 其於馬也에 爲美脊爲亟心爲下首爲薄蹄爲曳오 其於輿也에 爲多眚이오 爲通爲月爲盜ㅣ오 其於木也에 爲堅多心이라 ・離는 爲火爲日爲電爲中女爲甲冑爲戈兵이오 其於人也에 爲大腹이오 爲乾卦爲鱉爲蟹爲蠃爲蚌爲龜오 其於木也에 爲科上槁ㅣ라 ・艮은 爲山爲徑路爲小石爲門闕爲果蓏爲閽寺爲指爲狗爲鼠爲黔喙之屬이오 其於木也에 爲堅多節이라 ・兌는 爲澤爲少女爲巫爲口舌爲毁折爲附決이오 其於地也에 爲剛鹵ㅣ오 爲妾爲羊이라 (「說卦傳」 第11章)

・乾은 하늘이 되고, 둥근 것이 되고, 임금이 되고, 아버지가 되고, 옥이 되고, 금이 되고, 찬 것이 되고, 얼음이 되고, 크게(아주) 붉은 것이 되고, 좋은 말이 되고, 늙은 말이 되고, 야윈 말이 되고, 얼룩 말이 되고, 나무의 과실이 된다. ・坤은 땅이 되고, 어머니가 되고, 포백(布帛)이 되고, 가마솥이 되고, 인색한 것이 되고, 고른 것이 되고, 새끼 딸린 어미 소가 되고, 큰 수레가 되고, 문서(문건)가 되고, 무리가 되고, 자루가 된다. 그 땅에서는 검은 빛이 된다. ・震은 우레가 되고, 용이 되고, 玄黃이 되고, 펴는 것이 되고, 큰 도색(塗色)이 되고, 장남이 되고, 결단하고 조급함이 되고, 푸른 대나무가 되고, 갈대가 되고, 말에서는 잘 우는 것이 되고, 뒷발이 흰 것이 되고, 뒷발질을 잘하는 것이 되고, 이마에 흰 털이 많은 것이 된다. 식물을 심는 데에는 다시 살아나는 것이 된다. 그것을 궁구해 보면 굳센 것이 되고, 번성하고 선명한 것이 된다. ・巽은 나무가 되고, 바람이 되고, 장녀가 되고, 먹줄처럼 곧은 것이 되고, 工業이 되고, 흰 것이 되고, 긴 것이 되고, 높은 것이 되고, 진퇴가 되고, 과단성이 없는 것이 되고, 냄새가 된다. 사람에서는 모발이 적은 것이 되고, 이마가 넓은 것이 되고, 눈에 흰자가 많은 것이 되고, 이익에 가까이 해서 세 배의 이익을 남기는 것이 된다. 그것을 궁구해 보면 조급한 괘가 된다. ・坎은 물이 되고, 도랑이 되

고, 숨어 엎드리는 것이 되고, 가마가 되고, 바퀴처럼 굽은 활이 된다. 그 사람에서는 걱정을 많이 하는 것이 되고, 심장병이 있는 것이 되고, 귀앓이를 하는 것이 되고, 온 몸에 피를 칠하여 있는 것이 된다. 그 말에서는 등뼈가 잘 생긴 것이 되고, 성질이 급한 것이 되고, 머리를 항상 아래로 숙이고 있는 것이 되고, 발굽이 얇은 것이 되고, 〈짐이나 사람을〉끄는 것이 된다. 그 수레에서는 고장이 자주 나는 것이 된다. 〈괘상으로 보아서는〉도통(道通)이 되고, 달이 되고, 도적이 된다. 그 나무에서는 속이 단단하고 심(心)이 많은 것이 된다. · 離는 불이 되고, 태양이 되고, 번개가 되고, 中女가 되고, 갑옷과 투구가 되고, 창과 무기가 된다. 그 사람에서는 배[腹]가 큰 것이 된다. 〈괘상으로 보아서는〉말리기 위하여 걸어 놓은 것이 되고, 자라가 되고, 게가 되고, 소라가 되고, 조개가 되고, 거북이 된다. 그 나무에서는 속이 비고 위[上]가 마른 것이 된다. · 艮은 산이 되고, 지름길이 되고, 작은 돌이 되고, 큰 집의 대문이 되고, 과일과 풀의 열매가 되고, 환관(宦官)이 되고, 손가락이 되고, 개가 되고, 쥐가 되고, 부리가 검은 부류의 짐승들이 된다. 그 나무에서는 단단하고 마디가 많은 것이 된다. · 兌는 못[澤]이 되고, 소녀가 되고, 무당이 되고, 입과 혀가 되고, 상하고 꺾여져 있는 것이 되고, 사물에 부속하여 결정하는 것이 된다. 그 땅에서는 단단하고 짠 것이 되고, 〈그 사람에서는〉첩이 되고, 〈그 가축에서는〉양이 된다.

- 因而重之하니 : 팔괘의 소성괘가 중첩되면 64괘가 된다. 따라서 三極法의 중첩이면 64괘가 되는 것이니, 이 원리에서 六爻가 생긴 이치가 나왔다.
- 剛柔ㅣ相推하니 變在其中矣오 : 剛(陽)과 柔(陰)가 서로 교체하여 변화하는 데에서 64괘가 생기고, 모든 것이 음양 변화 속에서 이루어진다. 그러므로 易은 음양 변화의 조화라고 할 수 있다.[1]
  - 初九는…… : 초구는 老陽이니 變하여 陰이 된다는 뜻이 내포되어 있다.
  - 上六은…… : 상육은 老陰이니 變하여 陽이 된다는 뜻이 내포되어 있다.
- 繫辭焉而命之하니 : 『주역』 전체 원문 속에 알 수 있도록 설명하여 놓았다. 즉, 卦辭, 爻辭, 十翼 속에 알기 쉽게 설명을 붙여서 길흉을 판단하여 명명(命名)하여 놓았다는 것이다.

八卦成列→象 　剛柔相推
因而重之→爻 ⟩→ 陰陽變化 ⟩→ 『주역』 원문 속에 모든 것을 命名하여 놓았다

---

1) 「계사전」을 모르고는 공자를 알 수 없다. 이 「계사전」을 완벽하게 이해하려면 『주역』 상하경 원문을 알아야 한다. 흔히 사람들은 『주역』 공부를 하면서 「계사전」만 중요시 하고 64괘 공부는 불필요하다고 하는데, 이것은 어불성설(語不成說)이다. 주역 원리의 체득은 64괘를 공부하여야만 가능하다.

「계사전」상 제1장과 「계사전」하 제1장에서는 中을 주장하였는데, 두 곳 다 中庸[2] (中正 사상)을 강조하였다. 고금을 막론하고 中을 주장하는 것은 당연하다. 「계사전」 상 제1장에서 1中을, 「계사전」하 제1장에서 4中을 들 수 있다.[3] 후천의 시초, 또는 일오중천 시기의 마음가짐은 五中이라고 할 수 있다.[4]

예)易簡而天下之理ㅣ 得矣니 天下之理ㅣ 得而成位乎其中矣니라 (「繫辭傳」上 第1章)
　　易簡에서 천하의 〈모든〉 이치를 〈궁구하여〉 얻을 것이니, 천하의 이치를 얻음에 〈사람의〉 位가 그 가운데에 이루는 것이다.
　[설명]其中을 알면 천하의 이치를 다 얻을 수가 있다는 것이며, 五中 가운데 이것이 가장 크고 중심되는 中이라 할 수 있다. 이것을 「계사전」하 제1장을 통하여 강조하고 있다.

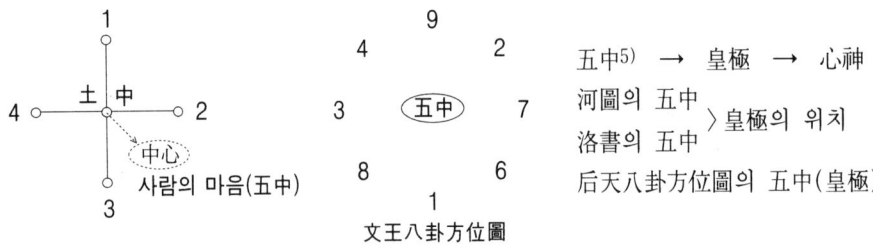

吉凶悔吝者는 生乎動者也ㅣ오
길하고 흉하고 뉘우치고 인색한 것은 움직이는 데서 생하는 것이고,
・悔:뉘우칠 회　・吝:인색할 린

各說

● 吉凶悔吝者는 : '吉'은 모든 사항이 좋은 것이며 원래부터 좋은 것이다. '悔・吝'은

---
2) 『中庸』을 小 『周易』이라 한다. 그러므로 『周易』, 『中庸』과 더불어 『大學』은 근본적인 경전이다.
3) 得而成位乎其中矣 : 其中 → 1中 (「繫辭傳」上 第1章)
　　象在其中矣, 爻在其中矣, 變在其中矣, 動在其中矣 : 其中 → 4中 (「繫辭傳」下 第1章)
4) 「계사전」상 제12장의 부족한 점을 보완하였으니, 일오중천의 시기에 中正之道, 中正之心을 가져야 한다는 뜻을 담아 놓았다. 이것이 곧 在其中이며, 이 사상을 항상 마음속에 새겨서 생활화하도록 하고, 象-變-爻-動 모두 中正의 정신을 가져야 한다.
5) 여기서는 洛書의 五中이므로 用으로써 后天八卦를 말하였으며, 五行의 뜻도 있다.

길과 흉의 중간에서 마음의 작동 여하에 따라서 길할 수도 있고 흉할 수도 있다. 그러므로 이 갈림길에서 방향을 잘 잡아야 한다. '凶'은 길과 반대로 모든 사항이 나쁘고 원래부터 나쁜 것을 말한다.

- 生乎動者也ㅣ오:①吉凶悔吝이라는 것은 사람이 행동하는 데서 발생한다. 그러므로 우리 인간의 모든 길흉화복(吉凶禍福)은 움직임에 따라서 생기는 소산물이다. 이 말은 哲言인 동시에 聖人의 말씀이다. ②앞의 문장 "繫辭焉而命之하니"는 곧 그 글 속에 길흉회린이 기록되어 있으며, 動하는 것이 爻이기에 말을 매어서 명한 것이다. 즉, 이 효가 動하는 여하에 따라서 길흉회린이 생기는 것이라고 하였다. 이것은 곧 마음이 動하는 여하에 따라 吉凶悔吝이 생성됨을 말한다.

陰變陽化 — 動
마음의 변화 — 動
⟩吉凶悔吝이 생성된다

剛柔者는 立本者也ㅣ오 變通者는 趣(추)時者也ㅣ라

剛과 柔는 근본을 세우는 것이요, 變通은 때를 따르는 것이다.

· 通:통할 통 · 趣:따를 추, 나아갈 취 · 時:때 시

各說

- 剛柔者는 立本者也ㅣ오:①質的, 物的인 면으로 본 剛과 柔는 근본을 세워서 행하는 것을 말한다. ②剛과 柔가 되는 것은 근본이 되는 태극에서 연유되어 성립되었기 때문에 둘이 아니고 하나이다. ③근본[體]은 태극이지만 보는 각도에 따라 剛柔, 陰陽, 표리(表裏) 등으로 나누어진다.
- 變通者는 趣時者也ㅣ라:①變은 化而裁之, 通은 推而行之를 말한다. 즉, 변하고 통하는 것을 알아서 때에 따라 알맞게 사용할 줄 알아야 한다는 것이다. 이것이 곧 "周"의 뜻이며 시간의 뜻과도 같다. ②象數理(=變通)의 내용을 알아도 시의(時宜)를 잘 포착하여 적기(適期)에 행동하여야 하는데, 우리가 역리를 공부하여 變而通之할 수 있는 능력이 있더라도 적절한 시기 곧 日午中天의 시기에 사용(행동)해야 한다. 이것이 趣時이다. 즉, 봄에 종자를 뿌리게 되면, 가을에 거두는 행위

라 할 수 있다. 따라서 시대적 변동이 趣時이다.

吉凶者는 貞勝者也ㅣ니
길과 흉은 正히 이기는 것이니,
・貞:곧을 정(＝正, 常) ・勝:이길 승

各說

1) 天下之事는 吉이 아니면 凶이고, 凶이 아니면 吉이라고 할 수 있다. 길흉이 상존하여 있지 않고 서로 이기고 있으니, 이것을 貞勝이라고 한다. 길이 흉보다 크면 길이 貞勝하여 길한 것이요, 길이 흉보다 작으면 흉이 貞勝하여 흉한 것이 된다. 또한 善과 不善을 길과 흉으로 표현할 수도 있다. 선과 불선에서 선이 60%, 불선이 40%이면 길이 勝이 되니 곧 길이다. 반대의 경우가 되면 흉이 勝이 되니 곧 흉이 된다. 또 선과 불선이 각각 50%씩이면 無害無得이 된다. 결국 선과 불선의 비교에서 길흉을 알아내는 것이므로 결국 모든 것의 근본은 善이라고 할 수 있다.

   예) 積善之家는 必有餘慶하고 積不善之家는 必有餘殃하나니 臣弑其君하며 子弑其父ㅣ 非一朝一夕之故ㅣ라 其所由來者ㅣ 漸矣니 由辯之不早辯也ㅣ니 易曰 履霜堅冰至라 하니 蓋言順也ㅣ라 (坤卦 「文言傳」)
   선을 쌓은 집안에는 반드시 〈착한 것을 쌓고〉 남은 경사가 있고, 불선을 쌓은 집안에는 반드시 재앙이 있게 될 것이니, 〈이것을 비유하자면〉 신하가 그 임금을 죽이고 자식이 그 아버지를 죽이는 일은 하루아침 하루저녁에 연유한 것이 아니다. 그렇게 말미암아 온 바가 점차로 생긴 것이니, 분별하여야 할 것을 일찍 분별하지 못하였기 때문이니, 역에서 말하기를 '서리를 밟으면 굳은 얼음이 이른다'고 하였으니, 〈이것은〉 모두 순리를 좇아야 한다는 말이다.

2) 善과 不善의 道學的인 해설:善이라고 하면 대개의 사람들은 길거리에서 굶주린 사람에게 밥을 주거나, 헐벗은 사람에게 옷을 주거나, 궁색한 사람에게 돈을 주는 행위라고 생각하여 왔는데, 이러한 행위는 형이하학적인 善이다. 사람은 天賦之性의 善으로 태어났기에 이 천부지성을 찾아 여기에서 오래 머물 수 있다면, 이것이 善의 貞勝이다. 만약 이 천부지성을 찾지 못하고 不善으로 흘러서 不善이 善보다 오래 머물면 不善이 貞勝이 된다. 그러므로 吉凶은 사람이 善을 간직하느냐 아니면 不善을 간직하느냐의 마음가짐에서 결정된다. 부연하자면 욕심을 부리고 천사만엽(千事萬葉)으로 마음이 갈라져 나쁜 데로 가서 그 곳에 머무는 시간이 많으

냐? 아니면 至善의 유정유일(惟精惟一)한 마음가짐, 곧 무사무위(无思无爲), 적연부동(寂然不動)하여 善의 마음에서 머무는 시간이 많으냐에 따라서 그 길흉이 결정된다고 할 수 있다. 즉, 우리가 공부하고 수도하여 얼마나 在止於至善을 하고 明明德을 하였는가에 따라서 길흉이 결정되는 것이다. 이러한 행위가 형이상학적인 善, 不善이다. 이렇듯 공부하고 수도하는 사람에게는 吉이 스스로 온다. 이것이 곧 貞勝者이다.

예) 一陰一陽之謂ㅣ 道ㅣ니 繼之者ㅣ 善也ㅣ오 成之者ㅣ 性也ㅣ라 (「繫辭傳」上 第1章)
一陰一陽으로 가는 것을 이르되 道라고 하니, 〈一陰一陽을〉 계승하여 나아가는 것은 善이요, 〈이것을〉 이루어 나아가는 것은 성품(性品)이다.

天地之道는 貞觀者也ㅣ오 日月之道는 貞明者也ㅣ오 天下之動은 貞夫一者也ㅣ라

天地의 道는 正히 볼 따름이요, 日月의 道는 正히 밝힐 따름이요, 천하의 움직임은 正히 대저 하나가 있을 따름이다.

· 觀: 볼 관 · 明: 밝을 명, 밝힐 명

總說

대자연의 진리에 대하여 설명하고 있다.

各說

● 天地之道는: 하늘과 땅 사이에 운행해 나가는 대자연의 모든 이치(진리)를 말한다. 예를 들면 지구가 태양을 중심으로 자전하면서 공전하기 때문에 일어나는 춘하추동의 四時와 태양의 변화에서 일어나는 모든 현상을 말한다.

● 貞觀者也ㅣ오: ①貞은 正也, 常也라고 하였으니, 우리는 언제나 천지의 도를 변함없이 볼 따름이다. 곧 우주 대자연은 현상이 변하는 과정과 이치를 주체인 우리 인간에게 바르게 보여 줄 따름이다. 天地之道가 주체가 되는 것이 아니고 그저 있을 따름이라는 것이다. ②貞觀이라는 것은 거울 보는 것과 같다고 할 수 있다. 또 올바른 자세로 눈을 감고 마음으로 보아야 많이 볼 수 있다. 山中에 가서 盡性 공부를 할지라도 도통이 아니 되는 것은 正觀이라 할 수 없다.

● 日月之道는 貞明者也ㅣ오: 해와 달이 운행하는 모든 이치와 관계를 말하고 있다. 그

저 우리에게 밝음을 바르게 보여 줄 따름이라는 것이다. 여기서도 주체는 사람이라는 뜻이 내포되어 있다.

● 天下之動은 貞夫一者也ㅣ라:天地之道와 日月之道는 우주 대자연을 뜻하였으나 이 속에서 살아가는 인간에 대한 것은 天下之動이라고 하였다. 움직이는 내면에는 변화가 있으며, 변화하는 데에 길흉화복이 숨어 있다. 그리고 이러한 모든 것은 정히 대체로 하나이다. 여기서 하나[一]라는 것은 理致, 眞理, 太極을 뜻한다. 즉, 천하의 움직이고 있는 사람의 모든 것과 관계되는 이치는 正히(바르게) 태극 하나가 있을 따름이라는 것이다.6) 그러므로 역학을 공부하는 것은 天地之間의 으뜸되는 진리 탐구의 행위라고 할 수 있다.

태극의 이치 → 주역의 이치 → 공자의 最高 사상

※ 윗 문장의 '貞'字가 사람을 뜻한다면 貞觀者也는 바르게 보는 사람, 貞明者也는 바르고 밝은 사람, 貞夫一者也는 바른 한 사람이 된다. 이처럼 바른 사람이 어디에서 날 것인가? 사람이 나는 것은 貞에서 난다. 貞을 體로서가 아니라 用으로 보면, 때는 입춘 시기이며 장소는 先天의 震方이요, 后天의 艮方이다. 또 「설괘전」에서 "終萬物始萬物者ㅣ 莫盛乎艮하니;만물을 끝맺음하고 만물을 다시 시작하게 하는 것으로는 艮만큼 성(盛)한 것이 없다"(第6章)고 하였다. 이것을 元亨利貞의 순환 과정으로 다시 설명하여 보자. 우주의 개벽시에 원형이정으로 사계절이 생성되어 운행된 것은 최초의 생성 원리로 생각할 수 있다. 그러나 用으로 본 원형이정의 해설은 貞 속에서 元이 나왔다는 것이다. 즉, 體로 본 四德은 元亨利貞이요, 用으로 본 四德은 貞元亨利이다. 또 복희팔괘방위로 본 立春은 震方이요, 문왕팔괘방위로 본 立春은 艮方이다. 그러므로 貞은 곧 震이요 艮이다. 다시 언급하건대 「설괘전」에서 "終萬物始萬物者ㅣ 莫盛乎艮하니;만물을 끝맺음하고 만물을 다시 시작하게 하는 것으로는 艮만큼 성(盛)한 것이 없다"(第6章)고 하였으니 貞觀, 貞明, 貞夫一은 震, 艮의 관계로 그 뜻이 크다.

---

6) 정역학파(正易學派)를 연 金一夫(恒)는 天地之間에 가장 으뜸되는 진리라 할 수 있는 태극의 원리를 말한 「계사전」의 이 문장을 보고 "貞夫一者"를 一夫, 즉 하나의 지아비로 설명하여 이름을 지어서 인간 사회의 一人者로 자칭하였다. 그러나 공자의 本意는 이러한 것이 아님을 깨달아야 한다.

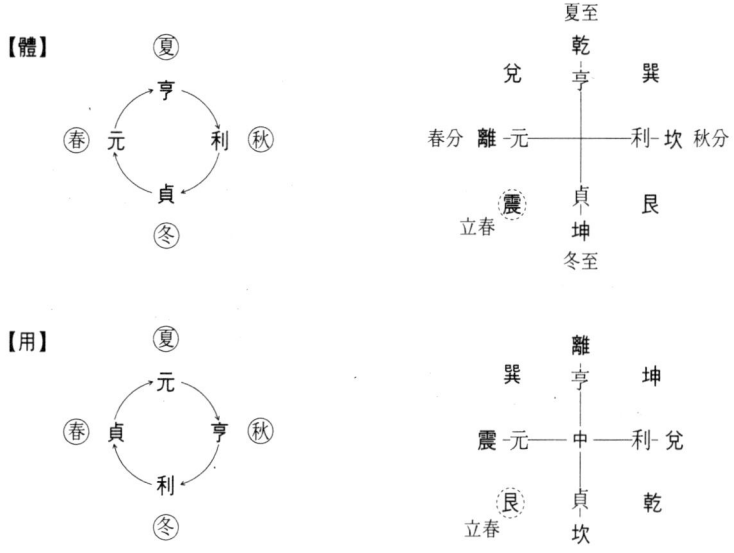

夫乾은 確然하니 示人易矣오 夫坤은 隤然하니 示人簡矣니

대저 乾은 틀림이 없으니 사람에게 쉽게 보여 주고, 대저 坤은 순하니 사람에게 간단하게 보여 주니,

· 確:굳을 확 · 然:그러할 연 · 示:보일 시, 알릴 시 · 隤:순할 퇴, 막힐 퇴, 부드러울 퇴 · 簡:대쪽 간

總說

「계사전」상 제1장에 대한 보충적인 설명이다.

各說

● 夫乾은 確然하니 示人易矣오:乾이라는 것은 건장(健壯)하게 간단(間斷)없이 운행되고 확실하여 일분(一分) 일초(一秒)도 착오없이 틀림없다. 그러므로 우리가 天文을 보기가 용이(容易)하고 확연(確然)한 것이다.

● 夫坤은 隤然하니 示人簡矣니:坤이라는 것은 순한 것이고, 또 막혀 있으니 사람에게 간략하게 간접적(수동적)으로 보여 주고 있다.

※위의 문장은 앞에서 말한 "天地之道는 貞觀者也ㅣ오;天地의 道는 正히 볼 따름이다"대한 설명이 아닌가 한다.

夫乾確然示人易矣 — 天道의 貞觀
夫坤隤然示人簡矣 — 地道의 貞觀
> 易簡으로 우리에게 보여 줄 따름이다

따라서 易는 天文, 簡은 地理라고 할 수 있으니, 天道와 地理를 알기 위해서 致曲点이라고 할 수 있는 易簡을 연구하면 된다.7)

易(쉽   다) — 天文 — 天道
簡(간단하다) — 地理 — 地道
> 致曲点8)이 易簡이다

爻也者는 效此者也ㅣ오 象也者는 像此者也ㅣ라

爻라는 것은 이러한 것을 본받는 것이고, 象이라는 것은 이러한 것을 형상(形象)한 것이다.

·效:본받을 효 ·此:이 차 ·像:형상 상

各說

● 爻也者는 效此者也ㅣ오:乾의 건장함을 본받고, 坤의 유순함을 본받아서 우주 대자연의 이치가 효 속에 묻혀 있음을 말한다. 그러므로 효 속을 잘 음미해 보면 모든 일을 다 알 수 있다는 뜻이다.

● 象也者는 像此者也ㅣ라:64괘 384효의 모든 이치를 우리 인간에게 알려 주기 위하여 육안(肉眼)으로 볼 수 있는 像, 예를 들면 陽의 표시로 '━', 陰의 표시로 '╍'로 사용한 것을 像이라 할 수 있다. 그리고 數는 그 가운데 있는데 陽은 1이고, 陰은 2가 된다. 여기서 '象'은 형이상학이 되고, '像'은 형이하학이 된다.

결론적으로 말해서 天地之道—乾坤—爻象—效像……으로 발전시켜 생각할 수 있으며, 공자가 우리에게 쉽게 알려 주기 위하여 이것을 「계사전」 속에 말하여 놓았다.

---

7) 일본의 역학자 櫻澤은 이 점을 강조하였다.
8) 致曲에 대하여는 『亞山의 周易講義』上 謙卦 初六 「小象」 해설 부문(344쪽)과 『亞山의 中庸講義』 第 23章을 참고하라. (一岡註)

爻象은 **動乎內**하고 **吉凶**은 **見乎外**하고 **功業**은 **見乎變**하고 **聖人之情**은 **見乎辭**하니라

爻와 象은 〈괘〉 안에서 움직이고, 길과 흉은 밖에서 나타난다. 功과 業은 〈괘상과 효상이〉 변하는 데서 나타나고, 성인의 심정은 말[辭]에 나타나 있다.

各說

- 爻象은 動乎內하고 : 양에서 음으로, 음에서 양으로 움직여 나가는 것을 말한다. 이로 인하여 길하고 흉한 것이 밖으로 나타난다.
- 吉凶은 見乎外하고 : 이 괘에서 저 괘로 변동된 괘의 卦辭(말)를 읽어 보면 흉하고 길한 것을 알 수 있다는 것이다.
- 聖人之情은 見乎辭하니라 : 성인의 심정(느낌)은 괘사·효사 속에 나타나 있기에 공자를 포함한 성인들이 대자연의 형상에 대하여 느낀 심정을 알고자 하면 괘사·효사·계사를 보지 않고는 이해할 수 없다. 따라서 『주역』 원문에 이러한 느낌을 모두 표현하여 놓았다는 것이다.

爻象─卦內에 있다(爻象의 動함에 따라서)
吉凶─卦의 외부로 나타나 있다 〉 효상의 변함에 따라서 功과 業이 나타난다

天地之大德曰 **生**이오 **聖人之大寶**曰 **位**니 **何以守位**오 曰 **仁**이오 **何以聚人**코 曰 **財**니 **理財**하며 **正辭**하며 **禁民爲非**ㅣ曰 **義**라

천지의 큰 덕을 말하되 生이오, 성인의 큰 보배를 말하되 位니, 어떻게 位를 지킬 수 있을 것인가? 말하되 仁이요, 어떻게 〈천하의〉 사람들을 모을 것인가? 말하되 재물이니, 재물을 다스리는 데는 말을 바르게 하며, 백성의 그릇됨을 금(禁)하는 것을 말하되 義理라고 한다.

· 寶 : 보배 보 · 何 : 어찌 하 · 守 : 지킬 수 · 聚 : 모일 취 · 財 : 재물 재 · 禁 : 금할 금 · 義 : 옳을 의

總說

仁과 義에 대해서 말하고 있다. 仁을 위해 位와 財가 필요하지만 이것의 부작용을 막기 위하여 義를 강조하였다.

各說

- 天地之大德曰 生이오:①하늘과 땅의 가장 큰 덕은 만물을 낳고 낳는 데 있다. 천지의 형이하학적인 德으로 말하면 그것은 生生之理이다. 生生之理는 천지 간의 대사업이라 할 수 있다. 천지는 아무런 말이 없이 낳고 낳는 작용과 살고 살아가는 것을 第1位로 삼는다. ②生生의 이치를 담아 놓은 것이 易理이며, 주역 속에 이것을 묻어 놓았다고 볼 수 있다. 내가 태어난 이후부터 모든 것이 시작되므로 生生의 뜻은 근본이 된다. 천지 간에 生生之理가 없다면 천지는 無用之物이 되고 만다. 그러므로 大德이 生이라고 하였다. 공자가 아니면 누가 감히 이러한 글을 쓰겠는가!

    예) 生生之謂ㅣ 易이오 (「繫辭傳」上 第5章)
    생하고 생해 가는 것을 이르되 역이오.
    [설명]①그저 생하는 이치만을 말한 것이 아니라 자자손손으로 발전해 나가는 이치가 내포되어 있다. 여기에 태극의 원리·음양의 원리가 내포되어 있으니, 주역의 이론이야말로 그 깊이가 얼마나 되는지 가히 짐작하고도 남음이 있다. ②陰生陽하고 陽生陰하여 그 변화가 무궁한데, 이렇게 변화되는 것을 生生之謂易이라고 할 수 있다. 生生의 이치는 유교의 근본 사상이며 또한 인본주의(人本主義) 사상이라고 할 수 있다. 따라서 간단없이 움직이고 있는 대자연의 섭리를 인간과의 관계에서 기점(起點)을 잡아 모든 이치를 전개하여 놓았으며 자연의 이용도에 따라서 발전 관계를 말하고 있다.

- 聖人之大寶曰 位니 何以守位오 曰 仁이오:성인된 바의 위치를 뜻하며 三極之位 곧 天位, 地位, 人位 중 人位에 나아가는 것이다. 仁으로써 성인의 位를 가질 수 있으므로 이 位를 보존하기 위해서는 반드시 仁이 필요하다. 易理에서는 그 位에 따라서 이치가 다르기 때문에 六位를 정하여 놓는다.

- 何以聚人고 曰 財니:①사람을 모으는 데는 재물이 있어야 한다고 하였으니 아무리 청렴한 선비라고 할지라도 최소한의 재물은 있어야 한다. 재물이 있는 곳에는 사람이 모여들기 마련이다. 때문에 心을 위주로 한 최소한의 物이 있어야 한다. 心·物로 구분하여 설명하면, 사람들이 心으로써 모이면 그 중에는 財가 따라 다니며, 物로써 모이면 의사 충돌이나 사심(私心)이 많다.

- 理財하며 正辭하며:'理財'는 재물을 다스린다는 뜻이다. 사람을 모으기 위해서는 재물을 관리하고 가져야 한다는 것이다. '正辭'는 말을 바르게 하고 거짓이 없어야 한다는 뜻이다.

●禁民爲非 | 曰 義라:義는 宜也라고 하였으나 여기서는 정치적 측면에서 義를 설명하고 있다. 따라서 道와 德으로써 백성을 다스리되, 따르지 않은 자는 형벌로써 그 그릇됨을 막아서 백성으로 하여금 잘못을 못하도록 하는 것이 義理이다. 이 義理의 의미 속에는 죽고 사는 살상(殺傷)의 뜻이 들어 있다. 즉, 正義를 위하여 피를 흘리는 것이다. 四德 가운데 義를 나타내는 것은 利인데, 利는 계절상으로 숙살 기운(肅殺氣運)이 있는 가을이 된다.

$$孔子 \rightarrow 仁 \ (殺傷이\ 없다) - 聖人$$
$$孟子 \rightarrow 仁義(殺傷이\ 있다) - 亞聖$$

右는 第一章이라

제2장

본 장에서는 복희씨가 역의 이치를 발견하여 시획팔괘(始劃八卦)를 한 내용을 설명하고 있다. 여기에 대자연의 이치 뿐만 아니라 기수(機數)도 묻어 놓았다.

古者包犧氏之王天下也에 **仰則觀象於天**하고 **俯則觀法於地**하며 **觀鳥獸之文**과 **與地之宜**하며 **近取諸(저)身**하고 **遠取諸物**하야 **於是**에 **始作八卦**하야 **以通神明之德**하며 **以類萬物之情**하니

옛날에 포희씨가 천하의 왕 노릇을 할 적에 〈위로〉 우러러서는 하늘의 상을 관찰하고, 〈아래로〉 구부려서는 땅의 법칙을 살피며, 새와 짐승의 문채와 땅의 마땅한 바를 살펴서, 가까이는 저 몸에서 취하고 멀리는 저 만물에서 〈상을〉 취하여, 이에 비로소 팔괘를 지음으로써 신명(神明)의 덕에 통달하고 이로써 만물의 정상(情狀)을 유추하니,

· 包:포줏간 포, 쌀 포 · 犧:소 희, 복희 희 · 仰:우러를 앙 · 俯:구부릴 부 · 鳥:새 조 · 獸:짐승 수
· 宜:마땅할 의 · 近:가까울 근 · 取:취할 취 · 諸:어조사 저 · 始:처음 시 · 類:나눌 류, 무리 류

各說

● 仰則觀象於天하고 俯則觀法於地하며 : 성인 복희씨(포희씨)가 위로는 天文을 보고

아래로는 地理를 살펴서 人文과의 관계와 대자연의 이치를 알아내어 기록한 것이 易이라는 것이다.

예)成象之謂ㅣ 乾이오 效法之謂ㅣ 坤이오 (「繫辭傳」上 第5章)
　형상을 이루는 것을 乾이라 이르고, 법을 본받아서 〈이루는 것을〉 坤이라 이른다.
　[설명] 乾 → 成象 → 觀象 → 天
　　　　坤 → 效法 → 觀法 → 地

- 觀鳥獸之文과 與地之宜하며:새와 짐승의 문채(文彩)를 보고 이치를 알아 내는 것은, 예를 들면 여러 동물들이 외적(外敵)으로부터 자기 몸을 지키기 위해 보호색(保護色)을 띠는 것을 보고 자연의 법칙을 알아내는 것을 말한다. 땅의 마땅함을 더불어 한다는 것은, 예를 들면 땅의 토질에 따라서 식물이 잘 자라는지, 못 자라는지 그 적당함을 알아내는 것을 말한다.
- 近取諸身하고 遠取諸物하야 於是에 始作八卦하야:사람의 몸에서 만사 만물에 이르기까지 모든 것에 대하여 취상한 것이다. 다시 말하면 하늘과 땅 사이에 존재하는 만사 만물을 보고 가깝게는 사람의 몸을 보고 취상하고, 멀게는 모든 물건을 보고 취상하여 복희씨가 팔괘를 처음으로 만들었다는 것이다.
- 以通神明之德하며 以類萬物之情하니:팔괘의 내용을 알아서 사용하는 방법을 말한 것이다. 팔괘로써 神明之德을 통달할 수 있으며 萬物之情을 유추하여 알아낼 수 있다. 즉, 역리를 알면 결과적으로 모든 것을 다 알 수 있다는 것이다.

※복희씨가 처음 팔괘를 그을 때 첫째로 하늘을 보고, 둘째로 땅을 보고, 셋째로 하늘과 땅 사이의 만사 만물을 봤다는 것이 본 장에 들어 있다.

　　天:仰 則 觀 象 於 天
　　地:俯 則 觀 法 於 地 ｝近取諸身, 遠取諸物하여 始劃八卦
　　人:觀鳥獸之文與地之宜

八卦는 앞에서 말한 天地人의 이치를 근본으로 하여서 만들어졌으며, 그 원리는 以通神明之德하며 以類萬物之情으로의 신통력이 있음을 말하고 있다. 곧 팔괘의 원리로 만물의 정상(情狀)을 유추하여 다 알아낼 수 있으며, 자와 저울과 같은 역할을 할 수가 있는 것이 팔괘라고 할 수 있다.

八卦 〈 以通神明之德 ─ 形而上學的 ─ 德
　　　 以類萬物之情 ─ 形而下學的 ─ 情 〉 모든 것을 다 알아낼 수 있다

作結繩而爲網罟하야 以佃以漁하니 蓋取諸離하고

노끈을 매어 그물을 만들어서 사냥하고 물고기를 잡으니 대개 저 離卦에서 취하고,

· 結:맺을 결　· 繩:노끈 승, 새끼 승　· 網:그물 망　· 罟:그물 고　· 佃:사냥 전　· 漁:고기 잡을 어
· 蓋:덮을 개　· 離:떼어놓을 리, 괘이름 리

總說

☲離卦로부터 팔괘의 象을 예시하여 설명하고 있다. 팔괘의 상을 우리 인간 생활과의 관계로 직결시키는 말이다. 이것으로 보아 易은 인간 위주의 학문임을 재삼 확인할 수 있다. 복희씨 당시에는 인지(人智)와 양지양능(良知良能)이 발전되지 못하였고 문자가 없었기 때문에 象을 중요하게 여겼다.

各說

● 作結繩:문자가 없었던 上古 시대에는 매듭을 맺는 것을 보고 사람의 지능을 측정하였다. 이것으로써 정치적 수완을 삼았다고 한다.
● 爲網罟하야:결승(結繩)을 한층 더 발전시켜서 그물을 생활의 도구로 만들어 내었다는 말이다.
● 以佃以漁하니:수렵 시대에 육지에서는 그물[網]을 만들어 사냥을 하고, 바다나 강에서는 그물[罟]을 만들어 고기를 잡아 생존을 위한 양식으로 삼았음을 말한다.

結繩 〈 網 ─ 以漁 ─ 물속의 그물
　　　 罟 ─ 以佃 ─ 육지의 그물 〉 離虛中

1) 萬物의 心德을 알아내는 것이 八卦라고 할 수 있다. 팔괘를 알게 되면 神明의 德, 즉 눈에 보이지 아니하는 형이상학을 다 알 수 있는 것은 물론이고, 여러 기류(其類)의 형이하학도 다 알아낼 수가 있다는 것이다.

以通神明之德 ─ 형이상학적인 것
以類萬物之情 ─ 형이하학적인 것 〉 팔괘의 이치

2) ①離虛中의 괘상을 취하여 망고(網罟)를 만들어서 사용하였다. 離는 麗를 뜻한다. 이것은 태양이 우주 공간에 걸려 있는 모습을 형상화하였다. ②重火離卦는 상경의 마지막 괘로서 先天之終이다. 선천 시대에는 이렇게 해 왔다는 뜻이 내포되어 있으며, 또 虛中의 道心을 가져야 된다는 뜻이 담겨져 있다. 따라서 선후천의 변동을 중시(重視)하라는 의미가 들어 있다.

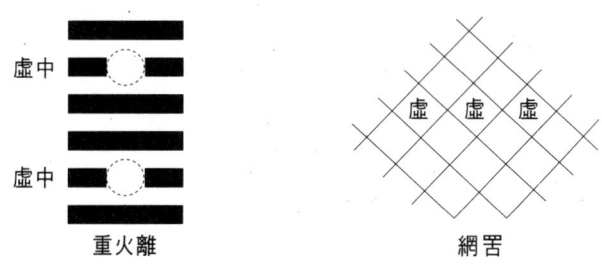

包犧氏沒커늘 **神農氏作**하야 **斲**(촉)**木爲耜**하고 **揉木爲耒**하야 **耒耨之利**로 **以敎天下**하니 **蓋取諸益**하고

포희씨가 죽거늘 〈그 뒤〉 신농씨가 나와서, 나무를 깎고 쪼개어 쟁기날을 만들고, 나무를 휘어 쟁기자루를 만들어서, 밭을 갈고 김을 매는 이로써 천하〈사람들에게〉 가르치니, 대개 저 益卦에서 취하고,

· 沒:죽을 몰 · 農:농사 농 · 斲:깎을 촉(착) · 耜:쟁기날 사, 보습 사 · 揉:굽을 유 · 耒:쟁기자루 뢰
· 耨:김맬 누 · 敎:가르칠 교 · 益:더할 익

各說

● 包犧氏沒커늘 神農氏作하야:복희씨 때의 수렵 시대에서 신농씨 때의 농경 시대가 개막된 것을 말한다.
● 斲木爲耜하고 揉木爲耒하야:신농씨가 나와서 농사짓는 법을 가르쳤으니, 농기구를 만든 경위를 말한 것이다.
● 耒耨之利로 以敎天下하니:농민에게 농사짓는 방법을 일깨워 주어 그들에게 이익을 주는 것이 곧 明政이다.
● 蓋取諸益하고:斲木爲耜는 木으로 만들어서 사용하고 揉木爲耒도 木으로 만들어졌으니, 益卦의 卦體는 上卦와 下卦 모두 木이 된다. 離卦 당시는 수렵 시대였지만,

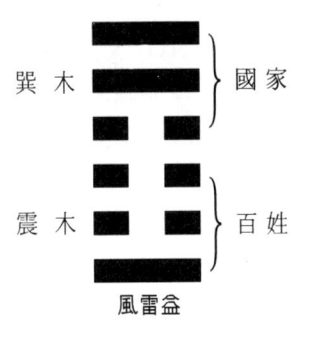

신농씨 때는 농경 시대 곧 后天이기에 하경의 익괘로 취상하였다. 따라서 만백성에게 이익을 주는 농사에서 그 이치를 묻어 놓은 것이다.[1]
예)象曰 益은 損上益下하니 民說无疆이오 自上下下하니 其道ㅣ 大光이라……(益卦「彖辭」)
彖에서 말하기를 "益은 위를 덜어서 아래에 더함이니 백성의 기뻐함이 지경이 없음이요, 위로부터 아래로 내려보내니 그 道는 크게 빛나는지라……"고 하였다.

[설명] 益卦에서 民本主義의 정신을 찾아 볼 수 있다.

수렵 시대 — 以佃以漁 — 선천의 離卦, 선천의 생하는 이치
농경 시대 — 耒耨之利 — 후천의 益卦, 후천적으로 살아간다

日中爲市하야 致天下之民하며 聚天下之貨하야 交易而退하야 各得其所케하니 蓋取諸噬嗑하고

〈또 신농씨는〉 한낮에 저자를 열어서 천하의 백성을 모이게 하며 천하의 재물을 모아서 서로 바꾸어 가게 하여 각각 그 필요한 바를 얻게 하니, 대개 저 噬嗑卦에서 취하고,

· 致:이를 치 · 聚:모일 치 · 貨:재화 재 · 交:주고 받고 할 교, 사귈 교 · 退:물러날 퇴 · 噬:씹을 서
· 嗑:씹을 합

各說

● 日中爲市하야:①한낮의 중간이니 일오중천 시기를 말하였다. 이때는 많은 사람들이 모여서 市를 형성하게 된다. 이것은 곧 인구가 점점 팽창하게 되면 市를 이루게 된다는 것이다. 단군(檀君)도 神市에서 살았다는 것으로 보아 일오중천 시기에

---

[1] 益이 되는 일은 농사 짓는 일이다. 농사의 수확은 아무 거짓이 없는 坤土에서 얻어지는 것이며, 남을 상하지 않고 자기가 노력한 대가만큼 얻는 것이다. 이런 까닭으로 農者는 天下之大本이라 하였고, 선비골 사람 또는 血食君子는 대자연의 益을 農에서 구하여 살아가는 자였다. 따라서 향교나 서원에서 향사를 지낼 때면 生生之理에 따라 生(날) 것으로 제수(祭需)를 장만하여 사용하였다.
· 血食君子:'血食'이란 原始, 原形 그대로 과일과 고기를 날 것으로 먹는 것을 말한다. 그러므로 대자연으로 돌아간다, 원시로 돌아간다, 즉 至善으로 돌아가는 군자라는 뜻이다.

많은 사람이 市를 형성하여 살았다는 것을 기록에서 예측할 수 있다. 지금도 사람이 많이 살고 있는 곳을 市라고 이름 붙여 사용하고 있다. ②日中爲市는 문명이 최고도로 발전된 곳이다. 즉, 팔괘 중 가장 밝은 것이 火雷 또는 雷火이므로 화뢰서합괘는 正午 때가 된다. 또한 생존 경쟁의 치열한 시기를 뜻하고도 있다.

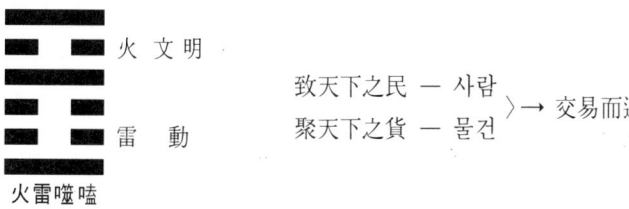

- 交易而退하야: 농경 사회에서는 필요한 물건을 다른 사람과 바꿔서 서로 간에 이익을 보게끔 교역이 이루어졌다. 이것은 곧 세계의 모든 나라가 서로 교역이 이루어져서 日中 시기를 이룬다는 것을 예언한 것이 아니겠는가?
- 噬嗑하고: 서합괘는 씹고 씹히고 물고 뜯고 싸우는 경쟁을 뜻하는 괘로서, 日中爲市의 때가 되면 그 도(度)가 극을 이룬다는 것이다. 이를 바로 잡기 위하여 "利用獄"이라고 하였다.

　예) 噬嗑은 亨하니 利用獄하니라 (噬嗑卦 卦辭)
　　서합은 형통하니 옥을 씀이 이롭다.
　　[설명] 서합괘는 형상이 밝은 것이다. 괘사에서는 옥을 쓰는 것이 이롭다고 하였고, 효사에서는 형벌을 주는 것으로 말하였다. 서합괘처럼 최고(最高)의 인지(人智) 발달과 더불어 문명이 발전하면 당연히 생존경쟁이 극렬화하여 변화가 없고는 아니 된다. 그래서 궁하게 된다는 뜻이 내포되어 있다. 이 시기에는 옥(獄)이 많이 사용된다. 옥(獄)은 下學的인 뜻도 있지만 獄=窮의 뜻도 있다. 따라서 여기에 궁(窮)하게 된다는 뜻이 내포되어 있다. 즉, 궁지(窮地)에 들어가는 것이 옥(獄)이다. 그러나 궁(窮)은 결과적으로 通이다. 옥살이 하는 중에 通한 위인이 많듯, 한국의 위인도 그러하였고 문왕도 그러하였다. 이 설명을 다음의 문장과 관련지어 생각해 보면 크게 시사하는 바가 있을 것이다.

神農氏沒커늘 **黃帝堯舜氏作**하야 **通其變**하야 **使民不倦**하며 **神而化之**하야 **使民宜之**하니 **易**이 **窮則變**하고 **變則通**하고 **通則久**ㅣ라 **是以自天祐之**하야 **吉无不利**니 **黃帝堯舜**이 **垂衣裳而天下治**하니 **蓋取諸乾坤**하고

신농씨가 죽거늘 〈그 뒤〉 황제·요·순씨가 나와서, 〈천지 만물의〉 그 변함에 통달하여 백성으로 하여금 게으르지 않게 하며, 신비(신통)하게 변화시켜 백성으로 하여금 마땅하게 하니, 역은 깊게 궁구하면 변하고 변한즉 통하고 통한즉 오래한다. 이로써 하늘로부터 도와서 길하며 이롭지 않음이 없으니, 황제·요·순이 의상을 드리우고 〈앉아 있어도〉 천하가 잘 다스려졌으니 대개 저 乾坤卦에서 취하고,

・帝:임금 제　・堯:요임금 요　・舜:순임금 순　・使:하여금 사　・倦:게으를 권　・久:오랠 구　・是:옳을 시　・自:스스로 자　・佑:도울 우　・垂:드리울 수　・裳:치마 상

各說

● 神農氏沒커늘 黃帝堯舜氏作하야: ①복희씨 이후로부터 요순씨까지, 곧 三皇五帝까지의 모든 정치적인 것과 생활하는 모습을 담아서 설명하고 있다. ②중국은 황제·요·순 시대부터 문화가 발전되었다. 윗글은 요·순 시대 곧 태평성대의 정치와 이 시대의 사회상을 그려 놓았으며, 이때의 정치 형태는 王道政治[2]였다.

　• 三皇: 복희씨, 신농씨, 황제씨를 말한다. 복희씨는 始劃八卦하야 造書契[3]하여 以代結繩之政하시고……, 신농씨는 作耒耜하며 制醫藥하시고……, 황제씨는 用干戈하며 作舟車하며 造曆算하며 制音律하시니……是爲三皇이라.

　• 五帝: 소호(少昊), 전욱(顓頊), 제곡(帝嚳), 제요(帝堯), 제순(帝舜)을 말한다.

● 通其變하야 ~ 神而化之하야:

　　通 其 變 — 물리적인 변화 형태 — 1生2法 → 陽에서 陰으로 變한다
　　神而化之 — 화학적인 변화 형태 — 2而1法 → 陰에서 陽으로 化한다

　　通 其 變 — 窮理 공부
　　神而化之 — 盡性 공부　〉역학 속에는 두 가지가 다 내포되고 있다

　이 구절을 『대학』에서 말하는 공부 방법과 비교하여 보자.

---

[2] 堯·舜·禹의 三代政治를 말한다. 요임금이 순임금에게 心法으로 왕위를 전했는데, 이 心法이 곧 왕도 정치다. 임금의 권력 이양 형태에는 王道와 覇道가 있는데, 왕도는 以心傳心(天心→天心)으로서 중을 잡은 사람이 중을 잡은 사람에게 왕위를 주는 것을 말한다. 그러나 왕도 정치는 시발(始發)이 윤집궐중(允執厥中)이므로 중을 더욱더 중요하게 여겼지 나라의 소유 문제를 중요하게 여기지 않았다. 이 사상은 유교의 핵심체이기도 하다. 패도는 왕도와 달리 정벌(征伐)이다. 陶山書院에는 이러한 왕도 정치의 仁義中正之道 정신을 연마하고 교육시키는 곳을 두었는데 이곳이 典敎堂이다.
[3] 書契는 太古의 글자이다. 증거로서 사용하는 문서를 말한다.

예)知止而后에 有定이니 定而后에 能靜하며 靜而后에 能安하며 安而后에 能慮하며 慮
而后에 能得이니라 (『大學』 經1章)
　머물 데를 안 뒤에 定함이 있으니, 定한 뒤에야 능히 고요하고, 고요한 뒤에야 능히
평안하고, 평안함이 있은 뒤에야 생각할 수 있으며, 생각한 뒤에야 얻을 수 있다.
　[설명]위의 문장은 至善을 체득, 실현하는 과정을 말하고 있다. 즉, 머물 곳, 止於至
善이 어디에 있는지를 안 뒤에 뜻을 定함이 있으니, 定함이 있은 뒤에 능히 마음이
동요되지 않으며, 마음이 동요되지 않은[靜] 이후에야 평안하며, 평안한 후에야 능
히 생각하고, 생각한 뒤에야 얻을 수가 있는 것이다. 定 → 靜 → 安 → 慮 → 得.

- 使民宜之하니:백성으로 하여금 그 마땅한 바를 얻게 하였다.
- 易이 窮則變하고 變則通하고 通則久ㅣ라:①易을 궁구하게 되면 變-通-久가 될 수 있다는 뜻이다. ②觀 공부를 하는 데에 자신의 노력을 다하여 克己가 된다면 변화가 오고, 이 변화가 있는 뒤에는 觀通이 되고, 관통이 되면 이것이 恒久하게 된다. 그러므로 관통이 되어 언제나 정신을 모으면 환하게 광명이 오게 되는 것이 通則久이다. 만약 우리가 觀 공부를 하여 이런 상황에 이르지 못하면 관통되었다고 말할 수 없다.
- 自天佑之하야 吉无不利니:順天命을 하면 하늘이 도와 준다. 황제, 요, 순이 順命을 하고 대자연에 따라서 정치를 하였으니 自天佑之, 吉无不利다.

```
通其變 ― 使民不倦  ⎫
神而化之 ― 使民宜之  ⎬ 易 → 窮則變 → 變則通 → 通則久
                   ⎭
是以自天佑之, 吉无不利(順 ― 信)
虛로 受人한 것이 恒久한다
```

- 垂衣裳而天下治하니:①自天佑之, 吉无不利가 된 사람, 즉 觀通이 되어 만사의 이치를 다 알고 있는 성군(聖君)이 정치를 하게 되면 백성은 죄를 짓지 못한다는 것이다. ②왕도 정치가 행하여진 요순 시대에는 대자연으로써 백성을 다스렸기에 태평성대(太平聖代)를 이룰 수가 있었다는 것이다.
  - 수공천하(垂拱天下):요순 시대의 태평성대를 묘사한 말이며, 요순의 성군(聖君)된 덕화(德化)가 만백성에게까지 미친다는 뜻이다. 즉, 임금된 자가 옷을 입고 팔짱을 끼고서 그냥 있기만 해도 천하의 정치는 임금의 덕화로써 스스로 이룩될 수가 있다는 뜻이다.
- 垂衣裳:乾坤은 대자연 그대로의 뜻이고, 황제·요·순이 順理에 따라 만백성을

다스렸으니 그 정신을 乾坤卦의 象에서 취해 왔다는 것이다. 즉, 乾坤 속에 이러한 원리를 내포하고 있다는 것이다. 인간이 乾坤의 이치를 알기 위한 방법으로 공자는 "易이 窮則變하고 變則通하고 通則久ㅣ라;역은 깊게 궁구하면 변하고 변한 즉 통하고 통한즉 오래한다"고 말하였으니, 역의 이치야말로 대자연의 모든 것을 내포한다는 뜻이기도 하다.4)

衣(上衣:玄) ━ 乾, 裳(下衣:黃) ⚋ 坤

刳木爲舟하고 剡(섬)木爲楫(즙)하야 舟楫之利로 以濟不通하야 致遠以利天下하니 蓋取諸渙하고

나무 속을 파서 배를 만들고, 나무를 깎아 노를 만들어, 배와 노의 이로움으로써 〈서로〉 통하지 못하는 〈곳을〉 건너서, 먼 곳을 이름으로써 천하를 이롭게 하니, 대개 저 渙卦에서 취하고,

·刳:속 팔 고, 쪼갤 고 ·舟:배 주 ·剡:깎을 섬(염) ·楫:노 즙 ·濟:건널 제 ·渙:괘이름 환

各說

- 刳木爲舟하고:고대에 사용된 배 제작 방법이다. 고대에는 못이나 좋은 기계가 없었기 때문에 큰 통나무 속을 파서 물이 들어오지 않게 하여 단순하게 배를 제작하였다.
- 剡木爲楫하야:나무를 깎고 다듬어서 배 저을 노를 만드는 것.
- 以濟不通하야:사람의 인지가 발달하여 舟楫의 배를 타고 가 보지 못한 곳, 알려지지 아니한 곳을 모두 상통, 상호 연결시켜 준다는 뜻이다. 이 속에는 利涉大川의 뜻이 내포되어 있다.

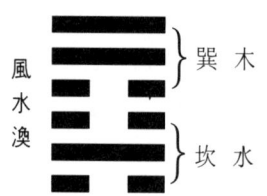

- 蓋取諸渙하고:渙은 물 위에 나무가 있는 것(木在水上)이므로 이런 괘상을 취하여 나무 속을 파서

---

4) 「계사전」이 공자의 글이므로 공자는 포희씨, 신농씨, 황제, 요, 순의 窮·變·通·久의 법칙을 다 알았음과 동시에 通其變, 神而化之를 다 할 수 있었던 사람이라고 볼 수 있다. 여기에 공자의 사상이 가미되어 주역은 더욱 더 빛이 난 것이다. 이것에서 나온 핵심적인 사상인 中正之道를 유교의 근본사상으로 삼았다고 할 수 있다.

배를 만들고, 나무를 깎아 노를 만들어, 배와 노의 이로움으로써 서로 통하지 못하는 곳을 건너서 먼 곳의 것을 가져오게 하여 천하를 이롭게 하는 것이다. 그러므로 渙卦「단사」에서 "……利涉大川은 乘木하야 有功也ㅣ라;……이섭대천은 나무를 타고 공이 있는 것이다"고 하였다.

服牛乘馬하야 引重致遠하야 以利天下하니 蓋取諸隨하고

소를 길들이고 말을 타서 무거운 짐을 이끌고 먼 곳을 이르게 하여, 이로써 천하를 이롭게 하니, 대개 저 隨卦에서 취하고,

·服:길들일 복 ·乘:탈 승 ·隨:따를 수

各說

● 服牛乘馬하야:소를 길들이고 말을 타고 다닌다. 이것은 곧 수렵 시대에서 목축 시대로 발전해 온 것을 뜻한다. 수렵으로 얻은 짐승을 집에서 길러 필요할 때 사용하였다.

● 引重致遠하야:사람들이 생활에서 牛馬를 이용하게 되어 이전 시대보다 발전된 상황을 말한 것이다. 소와 말에다 무거운 짐을 실을 뿐만 아니라 사람도 타고 먼 곳까지 갈 수 있는 이로움을 말하였다.

● 蓋取諸隨하고:①사람에게 필요한 물건은 가져 다녀야 하니, 이것을 隨卦의 象에서 취했다.5) 즉, 소나 말을 길들여서 물건을 지니고 다닐 수 있도록 하였다. ②隨卦의 象은 20대의 젊은 여자로서 이 속에 造化가 들어 있다. 玄玄妙妙의 조화가 들어 있는 이 소녀를 누가 먼저 차지하느냐의 쟁탈전이 오늘날의 생존 경쟁에 비유될 수 있다. 이 조화의 초점을 우리 인간의 아무에게도 향유할 수 있도록 보여준 것이

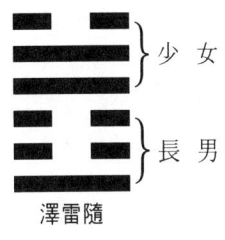
}少女
}長男
澤雷隨

『중용』의 "造端乎夫婦"라고 할 수 있다. 이것은 음양의 화합과 남녀의 결합에서 찾아 볼 수가 있다.

예)君子之道는 造端乎夫婦ㅣ니 及其至也하야난 察乎天地ㅣ니라 (『中庸』第12章)
　　군자의 도는 부부의 관계로부터 발단되는 것이니, 그 지극한 데에 이르러서는 천지에 나타나게 되는 것이다.

---

5) 이런 이치에서 제갈양은 木牛流馬를 만들었다. 木牛流馬는 군량을 운반하는 수레로서, 가축처럼 먹일 필요가 없으며 무생물이므로 무겁다고 하지도 않기에 요긴하게 사용되었다.

重門擊柝하야 **以待暴**(포)**客**하니 **蓋取諸豫**하고

이중문을 만들어 빗장을 질러서 이로써 사나운 손(도적)을 기다리니(막으니), 대개 저 豫卦에서 취하고,

- 擊: 칠 격, 두드릴 격 · 柝: 빗장 탁, 딱딱이 탁, 목탁 탁 · 待: 기다릴 대 · 暴: 사나울 포 · 客: 손 객
- 豫: 괘이름 예, 미리 예

各說

- **重門擊柝**하야: ①도적을 막기 위해서 문을 이중으로 잠그고 또 안에서 빗장을 질러 예방하는 것을 말한다. 야삼경(夜三更) 때 순라군이 딱딱이[6]를 쳐서 도적을 예방하는 것을 말한다. ②道學的으로 해설하면, 闔戶를 謂之坤이라 하였으니 닫혀 있

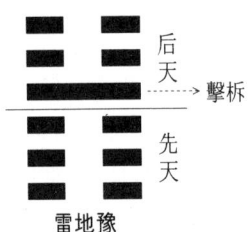

雷地豫

는 형상이다. 거기에 닫혀 있는 문을 이중으로 빗장을 질러 外誘로부터 막아버리는 것이다. 공자는 豫卦에서 重門擊柝의 표현을 「大象」을 통하여 "……殷薦之上帝하야 以配祖考하니라;…… 상제에게 〈정성으로〉 성대히 [殷] 제사를 지내고[薦] 이로써 조상을 제사 지낸다"고 하였다. 이런 마음과 정성이면 무슨 일이든지 예방할

수 있다고 하였다. ③야산 선생님은 「부문」(敷文)에서 "선후천을 통하는 데는 이중으로 문을 잠궜으니 열어보도록 하라"고 하셨다.[7] 이 말은 결과적으로, 心法으로 보아서 邪道의 외유(外誘)가 있더라도 重門擊柝을 한 것처럼 하라는 것이다.
- **以待暴客**하니: 사납고 나쁜 사람이 오도록 하는 것을 말한다. 다시 말하여 重門擊柝의 원인이 포객(暴客)을 부르는 것이 된다는 것이다. 포객을 형이상학적으로 말하면 外誘, 邪道가 된다.

---

6) 지난날, 밤에 도난이나 화재 등을 예방하기 위해 살피며 다닐 때 치던 나무 막대기를 말한다.
7) 선천에서 후천을 건너가는 데는 중문격탁(重門擊柝)의 노력과 능력이 있어야 한다. 그러므로 각자의 노력과 능력으로써 이 문을 열 수 있는 열쇠를 소유하여만 한다. 야산(也山) 선생님은 "以表籙首以鎖之하노니 庶幾乎來畏之鑰錂焉이라; 첫머리에 기록하여 책장(冊檄)에다 잠궈 놓았으니, 희망하노니 나보다 더 아는 사람이 나와서 열쇠로서 이 모든 것을 열어보도록 하라"고 하셨다. 이 글에서 알 수 있듯이 야산 선생님은 자물통을 열 수 있는 당신만의 열쇠를 가지고 있다고 볼 수 있다. 따라서 모든 문의 자물통에는 반드시 그것을 열 수 있는 열쇠가 있기 마련이다. 그러므로 이 열쇠를 가지기 위하여 우리는 노력하고 공부에 더욱 더 매진(邁進)하여야 한다.

斷木爲杵하고 掘地爲臼하야 臼杵之利로 萬民이 以濟하니 蓋取諸小過하고

　나무를 잘라서 공이를 만들고 땅을 파서 절구를 만들어, 절구와 공이의 이로움으로써 만민이 건너니(만민을 구하게 되니), 대개 저 小過卦에서 취하고,

・杵:공이 저　・掘:팔 굴　・臼:절구 구

各說

● 斷木爲杵하고 掘地爲臼하야 臼杵之利로:절구방아를 찧는 형태를 말하였다.8) ①小過의 震卦는 木이니 斷木(斷木爲杵)이라고 하였고, '杵'를 파자하면 木(震)+午이므로 시기는 午時로 볼 수 있다. 이는 곡식을 방아에 넣고 찧어서 껍질을 벗겨 정선(精選)하는 때라 할 수 있다. 즉, 종자될 수 있는 사람만 남도록 하여 만백성을 구제할 수 있는 이치를 소과괘에다 기록하여 놓았다는 것이다. 또한 臼(절구)라는 것은 거구생신(去舊生新)의 뜻도 담겨져 있다. 따라서 절구는 이것 외의는 용도가 없다. ②오전의 끝은 大過卦요, 오후의 끝은 小過卦다. 이 小過의 시기는 飛鳥之象(비행기의 원리)이니 이때를 잘 파악하라는 것이다. 즉, 곡식을 절구에다 넣어 찧는 것처럼 엄하게 선별하여 최후의 종자가 되는 것만을 남겨서 살 수 있도록 生新하는 이치라고 할 수 있다. ③하늘과 땅은 臼杵之利로서 만사 만물의 이치가 다 이 원리 속에서 나오고, 우리는 이 속에서 생활한다고 할 수 있다. ④臼杵의 원리와 피스톤과 같다고 할 수 있다. 이러한 원리로 모든 기관이 움직이며 생산도 가능하기에 "臼杵之利"가 없이는 세상이 이루어 질 수 없다.

　　　　　　　　　　　杵는 움직여서 造化를 이룬다.
　　　　　　　　　　　臼는 정지된 상태에서 造化를 이룬다.

雷山小過

● 蓋取諸小過하고:소과괘의 상에서 臼杵의 상을 擬之하였다. 杵는 陽이고 臼는 陰이

---

8) 이러한 형태를 대자연의 이치에 비유하여 天地의 用으로 말하고 있다. 즉, 臼는 地, 杵는 天, 臼는 艮-止-地, 杵는 震-動을 근거로 혹자는 天動說을 주장하기도 하였다. 천지의 작용은 陰電과 陽電의 氣運이 움직이는 것인데, 이를 단순히 형이하학적으로만 고찰하기 때문이다.

니, 이 음양의 변화 운동에 따라 만사 만물이 생성되는 것이다.9) 따라서 上動下止의 小過卦象의 이치로써 만백성의 생활을 해결하고 구제하게 된다는 것이다. 또 음양의 生生之理가 여기에 내포되어 있다.

弦木爲弧하고 剡木爲矢하야 弧矢之利로 以威天下하니 蓋取諸睽하고

나무를 휘어 활을 만들고 나무를 깎아 화살을 만들어서, 활과 화살의 이로움으로써 천하를 위압하니, 대개 저 睽卦에서 취하고,

· 弦 : 활시위 현, 휠 현　· 弧 : 활 호　· 剡 : 깎을 섬(염)　· 矢 : 화살 시　· 威 : 두려워할 위, 위엄 위
· 睽 : 엿볼 규, 어긋날 규, 괘이름 규

各說

● ~蓋取諸睽하고 : ①睽는 서로 괴리(乖離)되는 것을 말한다. 이렇게 상위(相違)되는 자의 경계나 위의(威儀)를 염려하여 활과 화살의 무기로써 제압하는 것이다. ②睽를 파자하면 目+癸로서 癸는 열번 째(마지막) 天干이며, 수로는 10이다. 그러므로 睽는 十目으로 주시(注視)한다는 의미가 있다. 또 이것은 陰數로서 여자의 성숙을 의미하기도 하여 이를 天癸라고 이른다.

　　예) 曾子ㅣ 曰 十目所視며 十手所指ㅣ니 其嚴乎,ㅣ져 (『大學』傳6章)
　　증자께서 말씀하시기를 "열 눈이 보는 바이며, 열 손가락이 가리키는 바이니, 그 엄하구나!"라고 하셨다.

　　[설명] 윗문장은 至善에 그 誠을 두는 마음가짐으로서, 경계의 글이다. 十目이 보고 있고 十手가 가리키고 있으니 마음을 正心으로 가도록 해야 한다는 것이다. 不正과 不善으로 가지 말고, 또 毋自欺의 양심에 위배되는 일을 하지 말 것이며, 이 세상에는 절대로 비밀이 없으니 마음가짐을 단단하게 하라는 것이다. 즉, 아무리 은밀한 곳에서의 행위라도 衆目에 띄게 마련이고 衆手의 손가락질을 받아 공개적으로 된다는 것이다. 이 말은 곧 不善을 은폐할 수 없다는 것이다.

③火水의 성질은 상위(相違)되면서도 서로 떠나지도 못하고 함께 있어야 한다. 睽卦를 卦體로 보면, 내괘는 兌卦이고, 외괘는 離卦이다. 兌는 止水(물)로서 윤하(潤

---

9) 物有本末, 事有終始라 하였으니 中이 없으면 始와 終이 있을 수 없다. 그러므로 우리는 언제나 中을 기점(起點)으로 해서 모든 사물의 이치를 추구하고 있다. 中은 항상 변화하기 때문에 길이, 양(量) 등의 측면에서 그 中은 항상 일정하지 않다. 그러므로 中道가 변하는 것이 바로 易이 변해 나아가는 것과 같은 이치이다. 그래서 "易은 變易也ㅣ니 隨時變易하야 以從道也ㅣ라 : 역은 변하고 바뀌는 것이니, 때에 따라 변역하여서 도를 좇는다"(『周易傳義大全』「易傳序」)고 하였다.

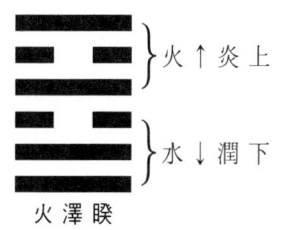

下)의 성질이 있으며, 離는 火로서 염상(炎上)의 성질이 있다. 결국 내외(下・上)가 서로 반대로 나아가려고 하므로 어긋나게 되는 형상이다. 이것이 睽이다. 이것이 바로 同而異(같으면서 다르다)이다. 또 규괘를 괘상으로 보면, 외괘의 離는 中女이고 내괘의 兌는 少女이다. 자매가 한 가정에서 같은 부모 밑에서 교육을 받고 생활도 같이하여 뜻이 같을 수도 있지만, 出家하게 되면 그 뜻이 아주 달라지는 경우가 허다하다. 왜냐하면 서로가 처한 생활이 달라질 뿐만 아니라 각자가 개척해 나가야 할 운명의 길이 다르기 때문이다. 이러한 것이 바로 睽이다. 또한 달라진다는 것은 같음을 전제로 한 것이고, 같음은 다름을 전제한 것이다. 즉, 1이 2되는 법이 同而異이다.

上古앤 穴居而野處ㅣ러니 後世聖人이 易之以宮室하야 上棟下宇하야 以待風雨하니 蓋取諸大壯하고

상고에는 〈사람이〉 동굴에 居하고 들에 處하더니, 후세에 성인이 〈동굴을〉 궁실로써 바꿔서 대들보를 위에 얹고 서까래를 아래에 얹음으로써 바람과 비를 막으니, 대개 저 大壯卦에서 취하고.10)

・穴:동굴 혈, 구멍 혈 ・處:살 처 ・宮:집 궁 ・棟:대들보 동, 용마루 동 ・宇:서까래 우, 집 우, 지붕 우
・壯:씩씩할 장

各說

● 以待風雨하니:바람과 비를 피하는 것을 말한다. 이러한 현상은 上棟下宇 곧 震方에서 風雨를 피할 수 있다는 것이니, 역에 대한 독실한 연구와 역의 무성(茂盛)함과 호시(弧矢)의 상극(相剋) 경쟁에서 가장 안전한 지역이 震方이라는 것이다.

● 蓋取諸大壯하고:①大壯卦는 后天의 시초이다. 후천의 시초에 바람과 비를 피하기 위해서는 上棟下宇가 되어야 하며, 이것은 동쪽의 震方에서 시작된다. 문왕팔괘의 진방은 해뜨는 동쪽이므로 하루의 시작이기도 하다. 따라서 1坎, 2艮, 3震, 4巽……으로 3震의 3數에 많은 이치를 묻어 놓았다. ②대장괘의 괘사는 "大壯은 利

---

10) 이 문장은 궁실(宮室)의 장대함을 연상하게 한다.

貞하니라;大壯은 바르게 함이 이롭다"고 하였다. 즉, 대장괘의 괘사에는 선천의 元亨이라는 말은 없고 후천의 利貞이라고만 말하고 있다. 야산 선생님의 문집 중 震檀九變圖에서 이러한 시절을 잘 표현해 놓았다. 바로 우리 나라를 두고 한 말이라 여겨진다.

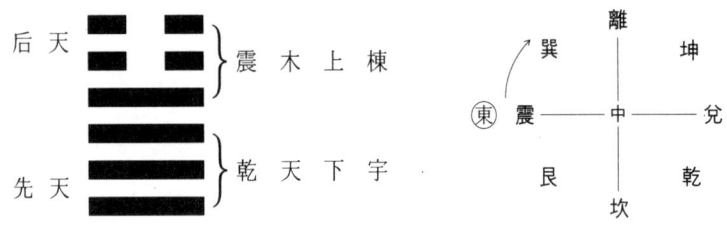

古之葬者는 厚衣之以薪하야 葬之中野하야 不封不樹하며 喪期ㅣ 无數ㅣ러니 後世聖人이 易之以棺槨하니 蓋取諸大過하고

옛날에 장사(葬事)를 지낼 때 〈시신을〉섶으로써 두텁게 싸서 들 가운데에 장사 지내서, 봉분을 만들지도 아니하고 나무를 심지도 아니하였으니 상기(喪期)가 일정한 기한이 없더니, 후세에 성인이 〈섶 대신에〉관곽(棺槨)으로써 바꾸니, 대개 저 大過卦에서 취하고,

· 葬:장사지낼 장 · 厚:두터울 후 · 薪:풀 신, 섶나무 신 · 封:봉할 봉 · 樹:나무 수, 심을 수, 묻을 수
· 喪:죽을 상, 복 상 · 期:기약할 기 · 棺:널 관(內棺) · 槨:널 곽(外棺)

各說

● 葬之中野하야 不封不樹하며:①고대 중국의 장례 풍속을 인용한 것이다. 묘지도 없이 들 가운데 장사를 지내는 것으로, 시신을 묻지도 않은 채 봉분도 아니하고 버리는 방법으로 장사를 지낸다는 것이다. '不封'은 시신 위에 흙을 두툼히 덮지 않는 것, 즉 봉분을 하지 않았음을 말하고, '不樹'는 무덤 주위에 나무를 심지 않아 시신을 감싸서 보호하지 않음을 말한다. ②고대의 송사지례(送死之禮)를 말한 것이지만 ䷛大過卦로 보면 先天의 終이요, 后天의 始가 싹트는 초점이라고 할 수 있다. 이는 이때의 시대상을 조명한 것으로 추리하여 설명할 수 있다. 이때가 되면 원래 많은 사람이 상하게 되고 변동이 많게 되어 '葬之中野, 不封不樹, 喪期无數'의 혼란한 세상이 오게 될 것을 예고하는 것이 아니겠는가?

● 後世聖人이 易之以棺槨하니 蓋取諸大過하고:①生과 死의 문제에서, 그 중 生을 뜻하는 生生之理는 우주 대자연의 원리에서 생기는 것이니, 사람들이 대단히 중요한 사건으로 인식하지 않아 일상생활에서 이에 대한 언급이 많지 않다. 그러나 送死之禮는 많은 禮文과 格式, 節次가 있다. 이것은 사람으로 하여금 자기를 낳아준 부모에 대하여 보복지리(報復之理)로서 중요하게 다루고 있기 때문이다.11) ②여기서 棺은 房의 격이고, 槨은 집의 울, 전체를 뜻한다. 또 시신을 거둬들이는 경로를 살펴 보면 薪(풀, 거적 자리)→갈대발→棺(나무)의 순으로 발전하였다.

上古앤 結繩而治러니 後世聖人이 易之以書契하야 百官이 以治하며 萬民이 以察하니 蓋取諸夬니라

옛날에 노끈을 매서 다스리더니, 후세에 성인이 서계(書契)로써 바꾸어 모든 관원들이 이로써 다스리며 만민이 이로써 살피니, 대개 저 夬卦에서 취하였다.

・結:맺을 결 ・繩:줄 승 ・契:맺을 계 ・官:벼슬 관 ・察:살필 찰 ・夬:괘 이름 쾌

各說

● 上古앤 結繩而治러니:옛날에는 노끈의 매듭으로써 의사 표시를 하여 정사(政事)를 보았다는 것이다.
● 後世聖人이 易之以書契하야:후세에 성인이 나와서 결승(結繩) 대신 글자를 만들었다는 것이다. 여기서 '書契'는 太古의 글자이고, 증거로서 사용하는 문서를 말한다.
● 蓋取諸夬니라:① ䷪澤天夬는 小人의 道는 물러가고 君子의 道는 길어져 나가는 형상이다. 夬는 決也이니, 결단(決斷)의 뜻이 있다. 문서로 결정하는 것을 결재(決裁)라 하고, 임금에게 어떤 결정을 구하는 것을 재가(裁可)라고 한다. 그리고 군자들이 모여서 어떻게 소인을 몰아낼 수가 있겠는가(소인을 군자로 바꿀 수가 있겠는가), 또 善으로써 惡을 몰아낼 수 있겠는가를 결단하는 것이 夬卦라고 할 수

---

11) 喪禮의 服制度에 대한 것을 고찰해 보면 다음과 같다. 복제도의 주된 정신은 보본지의(報本之意)이며, 그 종류는 다섯이다. ①三年喪에는 참최삼년(斬衰三年)과 제최삼년(齊衰三年)이 있다. 이는 상복의 끝마감 부분의 차이를 말한다. ②一年喪은 기년복(朞年服)이라 하고 ③九個月服은 大功이라 하고 ④五個月服은 小功이라 하고 ⑤三個月服은 시마(緦麻)라 한다. 그리고 主婦에 관한 服은 종부복(從夫服)이고, 승중상(承重喪)은 대신하여 입어주는 복을 뜻한다. 즉, 祖父를 두고 父가 先亡하였을 경우 손자가 父 대신 복을 입어 주는 것을 말한다.

있다. ②「계사전」하 제2장의 마지막을 夬卦로 끝맺음한 것은 天道(乾卦)가 다 된 때를 말한 것이다. 하늘과 대자연이 변동되는 날 판단하고 결단을 하였다면, 선천이 끝나고 다음에는 후천이 시작된다는 것을 알아야 한다.

※「繫辭傳」下 第2章을 총정리하면 다음 몇 가지로 생각할 수 있다. 제2장에 들어 있는 괘의 수가 12~13개이다. 이는 1년이 12달이며, 윤달(閏月)이 있을 때는 13달이 됨을 상징한다고 추리할 있다. 즉, 1元度數를 축소한 것이라 볼 수 있다. 팔괘(體)와 오행(用)을 합하여도 13의 수가 되며, 老子의 『道德經』에서도 生之道가 13數이고 死之道도 13數라 하였다. ①13괘 중에서 여러 가지로 취상한 것을 살펴 보고, 또 각 괘의 특성이나 배열 등을 연구하여 보고, ②13괘 중에서 부도전괘가 5개가 있으며, 12달을 상징하는 괘가 4개가 있으며, 13괘 중 택천쾌괘로 끝맺음한 뜻을 알아 본다. ③그 외에 대성괘로 13괘, 소성괘로 26괘가 언급되어 있다. 이것으로 여러 가지를 탐구하여 볼 필요가 있으며, 또한 13괘 속에 들어 있는 數도 연구해 볼 필요가 있다. ④13괘 중에서 괘명이 두 자인 괘가 4개 있다. 이 괘들 역시 연구해 볼 필요가 있다.

1	2	3	4	5	6	7	8	9	10	11	12	13
離	益	噬嗑	乾	坤	渙	隨	豫	小過	睽	大壯	大過	夬
重火離	風雷益	火雷噬嗑	重天乾	重地坤	風水渙	澤雷隨	雷地豫	雷山小過	火澤睽	雷天大壯	澤風大過	澤天夬

右는 第二章이라

제3장

본 장은 간단하면서도 총체적으로 엮어져 있으며, 卦·象·彖·爻의 쓰임을 말하고 있다. 즉, 彖辭와 爻辭를 보면 吉凶悔吝을 알 수 있다는 것을 밝혔다.

是故로 易者는 象也ㅣ니 象也者는 像也ㅣ오
이런 까닭으로 易이란 象이니 象이란 것은 형상이요,
· 易:바꿀 역 · 象:코끼리 상 · 像:우상 상, 모양 상, 같을 상, 닮을 상

各說

- 是故로:'是故'는 총체적으로 문장의 뜻을 이어받을 경우에 쓰인다. 여기서는 "「계사전」하 제1장과 제2장을 총체적으로 묶어서 말하자면"의 뜻이다. '故'는 바로 위의 문장의 뜻을 이어받아서 설명할 경우에 사용하는 것으로 부분적인 뜻이 내포되어 있다.
- 易者는 象也ㅣ니:易의 64괘 속에 천하 만물의 상이 다 갖추어져 있으며, 이는 형이상학적인 象이다. 따라서 주역은 전부가 象이고, 우리 모두의 삶 역시 象 속에서 영위하고 있다. 따라서 주역은 형이상학의 학문이라 할 수 있다.
- 象也者는 像也ㅣ오:8卦—64卦—384爻는 역의 구성 요소로서 천하 만물에서 이끌어

낸 하나의 象이며 이것은 형이상학이다. '像'은 만물을 형용하여 그 形象을 볼 수 있겠끔 나타낸 것으로 형이하학적인 象이다.

$$萬事萬物 \begin{cases} 理 - 象 \\ 氣 - 像 \end{cases}$$

彖者는 材也ㅣ오 爻也者는 效天下之動者也ㅣ니

彖이란 〈그 괘의〉 材木(材德)이요, 爻라는 것은 천하의 〈만물이〉 움직이는 것을 본받은 것이니.

· 材:재목 재 · 爻:효 효 · 效:본받을 효

各說

● 彖者는 材也ㅣ오:①한 괘를 설명함에 그 괘의 구성이 어떤 재목으로 이루어져 있는가를 알도록 해주는 것이 彖이다. 곧 乾卦의 材木으로 나머지 63괘로 변화하여 나아갈 수도 있다. 말하자면 乾卦의 재목을 알면 64괘의 재목을 알아낼 수가 있다는 것이다. 따라서 변화하여 이루어 놓은 64재목의 범례를 들 수 있다. 즉, 64재목을 알면, 64×64=4,096으로 변화된 재목을 알 수 있다. ②彖辭 속에서 말하고 있는 것은 재목을 보는 것과 같다. 기실 彖辭의 한 象만을 보면 대략의 내용을 알 수 있다는 뜻도 된다.

● 爻也者는 效天下之動者也ㅣ니:효의 변동에 대한 말이다. 양이 음이 되고, 음이 양이 되는 것을 뜻한다. 즉, 六의 老陰과 九의 老陽이 변화하여 384효의 변화를 이르는 말이다. 예로 들어 ䷀重天乾卦 最下의 第1位가 변하면 ䷫天風姤卦가 되고, 제2위가 변하면 ䷌天火同人卦가 되고, 제3위가 변하면 ䷉天澤履卦가 되고, 제4위가 변하면 ䷈風天小畜卦가 되고, 제5위가 변하면 ䷍火天大有卦가 되고, 最上의 제6위가 변하면 ䷪澤天夬卦가 된다.

是故로 吉凶이 生而悔吝이 著也ㅣ니라

이런 까닭으로 길흉이 생기고 뉘우치고 인색함(부끄러움)이 나타나는 것이다.

・悔:뉘우칠 회 ・吝:인색할 린 ・著:나타날 저

各說

● 吉凶이 生而悔吝이 著也ㅣ니라: ①마음속의 변동에 따라서 나타나는 것은 吉凶悔吝이며 또 초점이 된다. 또한 마음의 작동은 자기만 인식하는 것이므로 남이 모른다고 해서 뉘우치지 않고 인색한 곳으로 가게 된다면 흉, 즉 不善으로 흘러 갈 수 있다. 결과적으로 법의 제재(制裁)를 받게 된다. ②吉凶悔吝은 사람의 마음이 움직이는 데서 생기는 현상이라 할 수 있다. 사람은 하나의 생명체이므로 그 마음도 靜이 아니라 動이 된다. 動에서 靜으로 돌아가는 것이 无思也, 无爲也, 寂然不動의 상태라고 하였으니, 여기에서 우리는 수양하고 공부함으로써 動靜有常을 얻어야 한다.

易　者――象―――像　⎫　팔괘-64괘-384효의 모든 것을 다 알면 그 결과로서
象―――材　　　　　　⎬　나타나는 것이 吉凶悔吝이다.
爻也者――效天下之動者⎭　따라서 吉凶悔吝은 형이상학적이다.

右는 第三章이라

제4장

본 장은 八卦의 陰・陽을 논함으로써 君子와 小人의 道를 밝혔다.

陽卦는 **多陰**하고 **陰卦**는 **多陽**하니 **其故**는 **何也**ㅣ오 **陽卦**는 **奇**오 **陰卦**는 **耦**ㄹ새라
　양괘는 음이 많고 음괘는 양이 많으니, 그 까닭은 무엇인가? 양괘는 〈수로 보면〉 기수(홀수)이고, 음괘는 우수(짝수)이기 때문이다.
・何:어찌 하　・奇:홀수 기　・耦:짝수 우

總說
卦象 속에 數가 들어 있음을 말하고 있다.

各說
- 其故는 何也ㅣ오:자문자답(自問自答)을 하는 말이다.
- 陽卦는 奇오 陰卦는 耦ㄹ새라:①乾・坤卦의 음양 관계는 너무나 뚜렷하게 나타나 있기 때문에 말하지 아니하였고, 나머지 여섯 괘만을 말하였다. 팔괘 중 乾卦를 天爻로, 坤卦를 地爻로 상응시키면 나머지 여섯 괘는 人爻 곧 中을 뜻하고, 이것들의 변화가 모든 것의 주인공 역할을 한다. 이러한 원문 내용은 또한 中庸之道를

강조한 것이다. ②팔괘의 象 속에 數가 내포되어 있음을 명시해 준다. 그 수는 3, 4, 5, 6이다. 즉, 乾卦는 3, 坤卦는 6, 陽卦는 5, 陰卦는 4이다.

卦順	1	2	3	4	5	6	7	8
卦名	乾	兌	離	震	巽	坎	艮	坤
卦象	☰	☱	☲	☳	☴	☵	☶	☷
·	陽卦	陰卦	陰卦	陽卦	陰卦	陽卦	陽卦	陰卦
爻數	3	4	4	5	4	5	5	6
·	奇	耦	耦	奇	耦	奇	奇	耦
·	純陽	多陽	多陽	多陰	多陽	多陰	多陰	純陰

↓3	乾	☰	陽卦	父	母	陰卦	☷	坤	6↓
5	震	☳	陽卦	長男	長女	陰卦	☴	巽	4
5	坎	☵	陽卦	中男	中女	陰卦	☲	離	4
5	艮	☶	陽卦	少男	少女	陰卦	☱	兌	4

		天	人		地		
1	2	3	4	5	6	7	8

中을 잡고 있다(中庸之道를 강조)

其德行은 何也오 陽은 一君而二民이니 君子之道也I오 陰은 二君而一民이니 小人之道也I라

〈양괘와 음괘의〉그 德行은 어떠한가? 양은 한 군주에 두 백성이니 君子의 道요, 음은 두 군주에 한 백성이니 小人의 道이다.

總說

인간 생활에 비유하여 君子와 小人의 경우를 들어서 설명하고 있다.

各說

- 其德行은 何也오:양괘와 음괘가 그 덕을 행하는 데는 어떠한 것으로 말하였는가?
- 陽은 一君而二民이니 君子之道也ㅣ오:양괘는 군주 한 사람이 많은 백성을 거느리고 있으니 정상적인 군자의 도라고 할 수가 있다.
- 陰은 二君而一民이니 小人之道也ㅣ라:①음괘는 한 무리의 백성에 두 사람의 군주가 군림하는 셈이니, 서로 싸우게 된다. 이것은 비정상적인 사회상을 말한 小人의 道라고 할 수 있다. ②사람의 마음이 유정유일(惟精惟一)하게 한 가지 마음으로 가야지 두 가지의 마음으로 흐르면 통일이 되지 않고 혼란하게 되어 좋지 않다.[1]

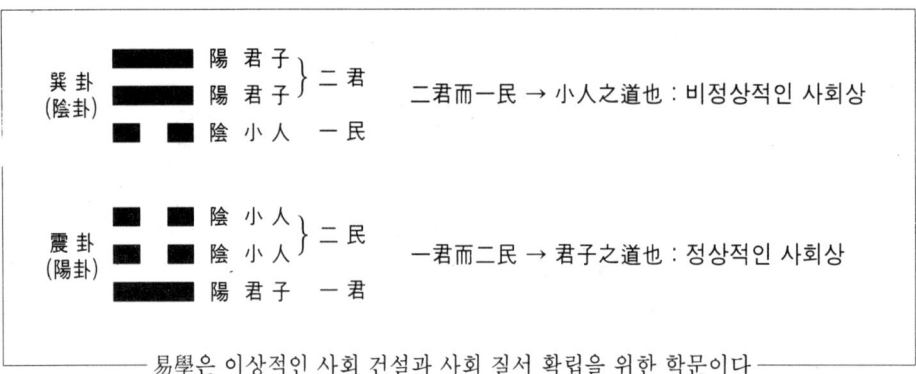

右는 第四章이라

---

[1] ①양과 음의 상대적인 내용을 학문적인 원칙에서 군자와 소인으로 표현하였다. 남자는 양에 속하고 여자는 음에 속한다고 해서 남자는 군자요 여자는 소인이라고 절대적(도식적)으로 설명해서는 곤란하다. 여기서 一君而二民을 君子의 道, 二君而一民을 小人의 道라고 분명히 명시한 점을 주의 깊게 살피기 바란다. ②양의 우월성을 한 측면에서 표현 것이며, 이를 여러 가지로 구분하여 설명할 수 있다. 군자와 소인과의 비교와 설명은 爻辭나 彖辭, 즉 『주역』원문 속에 반드시 명시되어 있다.

$$陽 - 君子 - 吉 - 實 - 盛 - 長$$
$$陰 - 小人 - 凶 - 虛 - 虛 - 消$$

제5장

 본 장은 음양의 실천 力行 관계에서 생기는 조화와 변화를 설명하고 있다. 「계사전」상·하 제5장은 五中으로서 가장 중요한 내용을 담고 있다. 낙서의 1~9 중 5位는 중앙이지만 先后天 終始의 위치로서 본 장 속에 그 妙用의 이치를 말하여 놓았다. 이를 본 장에서 后天에 비유하여 오욕에 젖어 있는 사람이 다시 本性으로 돌아감이 어떤 것인가를 말하고 있다. 「계사전」상 제5장의 마지막에도 "陰陽不測之謂 ㅣ 神이라;음이 될지 양이 될지 예측할 수 없는 것을 神이라 한다"고 하여 이 妙用의 神이야말로 어떤 곳이든 작용하지 아니하는 곳이 없다고 하였다.[1]

易曰 憧憧往來면 **朋從爾思** ㅣ라하니 **子曰 天下** ㅣ **何思何慮** ㅣ리오 **天下** ㅣ **同歸而殊塗**하며 **一致而百慮** ㅣ니 **天下** ㅣ **何思何慮** ㅣ리오

---

1) ① 玄妙하고 微妙한 神의 작용을 우리 인간의 내면 생활과 관련지워서 초점을 보여준 것이 남녀(음양) 상교 관계로서『중용』제12장에서 "君子之道는 造端乎夫婦 ㅣ니 及其至也하야난 察乎天地 ㅣ니라;군자의 도는 부부의 관계로부터 발단되는 것이니, 그 지극한 데에 이르러서는 천지에 나타나게 되는 것이다"하였다. ②「계사전」상 제10장에서 精變(氣)神의 힘으로 모든 사물이 움직여 나가고 있다고 하였으니, 乾卦「문언전」에서 말한 剛健中正純粹의 성질이 내포되어 있는 精이 운영되는 것도 神의 힘이다. 사람에게 精神이라는 말을 쓴다. 이 精과 神이 움직이는 데는 氣가 변화하여 이루어지는 것이니, 精氣神이야말로 밀접한 삼각 관계가 있다.

易에서 말하기를 "〈사람의 마음이〉 이리저리 자주 왕래하면 벗이 네 뜻에 따를 것이다"고 하니, 공자께서 말씀하시기를 "천하에 무엇을 생각하고 무엇을 염려한단 말인가. 천하가 돌아가는 곳은 같으나 그 길이 다르며, 이르는 것은 하나지만 백 가지 생각이니, 천하에 무엇을 생각하고 무엇을 염려할 것인가?

·憧:자주 동 ·往:갈 왕 ·來:올 래 ·朋:벗 붕 ·從:좇을 종 ·爾:너 이 ·思:생각할 사 ·慮:근심할 려
·歸:돌아갈 귀 ·殊:다를 수 ·塗:길 도

總說
周公이 붙힌 咸卦 구사효사를 보고 공자가 말한 내용이다.

各說

1) 음양의 조화와 변화가 있는 초점을 下經의 시초인 澤山咸卦 구사효에다 그 뜻을 묻어 놓았다. 咸卦의 象으로 보면 少男과 少女의 결합이다. 이 결합은 氣化的으로 이미 상교가 된 상태이다. 즉, 泰通이 된 상태이니 陰이 上位에, 陽이 下位에 있는 것이다. 그리고 咸은 "无心而感曰咸"이라고 하였으니 실제로 남녀가 느끼고 행동하는 것이 아니라 마음속(형이상학)으로 느끼고 행동하여 보는 형상이 咸이다. 여기서 '咸'은 직접 느끼는 것이 아니고 公心에서 마음없이 느끼는 것을 말한다.

6 ■ ■ 咸其輔頰舌
5 上 咸 其 脢
4 中心 咸 其 心
3 下 咸 其 股
2 ■ ■ 咸 其 腓
1 ■ ■ 咸 其 拇
   澤山咸

2) 함괘 구사효의 心을 뜻하였으니 憧憧往來, 즉 천사만엽(千思萬葉)으로 갈라져 오고가고 하는 형이상학적 마음의 작용을 말한다. 여기서 '咸其心'은 소녀음양상통(少女陰陽相通)의 뜻이다.

예) 九四는 貞이면 吉하야 悔ㅣ 亡하리니 憧憧往來면 朋從爾思ㅣ리라 (咸卦 九四爻辭)
九四는 바르게 하면 길하여 뉘우침이 없을 것이니, 이리저리 자주 왕래하면 벗이 네 뜻에 따를 것이다.

[설명] ①구사효는 함괘의 主爻이며, 3陽의 중앙에 있어 인체의 심장격이 된다. 여자인 경우에는 생식기에도 비유할 수 있다. 따라서 咸其心이다. 구삼효가 넓적다리 [股]요, 구오효가 등[脢]이므로 구사효는 心之象이 된다. 이 삼효 중에서 구사효가 변하면 火(離)가 되고, 火는 光明이며 道通을 상징한다. ②四爻는 후천의 시초로서 모든 사람의 마음가짐이 貞吉悔亡해야 하고, 특히 공부하는 데 마음가짐이 그러해

야 한다는 것이다. 元亨利貞의 貞에서 吉하야 悔ㅣ 亡한다는 것이니 貞은 正也라 하였고, 貞 속에서 元이 나오는 법이므로 貞은 仁의 모체(母體)가 된다. 즉, 貞은 1년의 총결산이요, 시발점이라 할 수 있다.

- **憧憧往來면**:①사람의 마음에서 일어나는 작용을 표현한 말이다. 자주 왔다갔다 한다는 것은 길과 흉, 善과 不善의 변화 형태를 말한다. ②그 이면에 남녀의 음양 관계로 보면, 神의 작용으로 이루어지는 남녀의 결합을 뜻하기도 하며, 또 굴신왕래(屈伸往來)하는 자연의 섭리(攝理)를 표현한 것이라 할 수도 있다.
- **朋從爾思ㅣ라하니**:①음양 교합(陰陽交合)이면 곧 마음의 일치점을 찾는다는 뜻이다. ②喪朋, 得朋 등에서 상대의 朋이 있어야 하므로 절대(絶對)가 아닌 상대(相對)가 된다. 憧憧往來의 상대는 朋이다.「계사전」하 제2장에서 살펴 보면 弧矢(활과 화살), 臼杵(절구와 공이), 舟楫(배와 노), 耒耨(쟁기날과 쟁기자루)를 들 수 있다. 이밖에 대자연으로는 천지(天地)를 말하고, 인사적으로는 음양(陰陽) 곧 남녀(男女)를 들 수 있다.

　예)西南은 得朋이오 東北은 喪朋이니 安貞하야 吉하니라 (坤卦 卦辭)
　　서남쪽은 벗을 얻고 동북쪽은 벗을 잃게 되니 편안하고 바르게 하면 길하다.

- **天下ㅣ 何思何慮ㅣ리오~天下ㅣ 何思何慮ㅣ리오**:공자가 "天下ㅣ 何思何慮ㅣ리오"를 중복하여 말한 것은 천하에 도통 경지(道通境地)보다 더한 것이 없다는 뜻을 강조한 것이다. 또한 이것은 마음의 움직임을 뜻하며, 생각이 또 생각을 불러오고…… 생각에서 생각으로 이어짐을 강조한 것이다. 즉, 우리가 敬 공부를 할 때 많은 사려(思慮)에 잠기는 것을 말한 것이고, 이 사려가 귀일(歸一)하게 되는 것이 관통(觀通)이다. 이때의 밝기가 태양보다 40억배로 밝으니, 이밖에 무슨 생각을 하겠는가! 그러므로 만승천자(萬乘天子)의 位도 버리고 도통 경지를 위하여 고행하는 천자도 있으니 과연 "天下何思何慮"이다.
- **天下ㅣ 同歸而殊塗하며**:①돌아가는 귀일점은 같지만 각각의 그 길[道]은 다르다는 뜻이다. 즉, 천하의 모든 것이 무아지경(无我之境)으로 돌아간다는 것이다. ②남녀 간의 體는 다르지만 최고의 경지에서 느끼는 형이상학적, 성리적(性理的)인 때는 함께 돌아간다. 이때에는 무슨 사려(思慮)가 달리 또 있겠는가! 백려(百慮)가 하나로 이루어지는 소위 크라이막스 경지(도통 경지)를 말한다. ③도통 경지를 수도국(殊塗國)이라고도 한다. 즉, 사차원의 세계가 수도국이요, 도통 경지라고 할 수 있다.

```
憧憧往來   →   心   →   何思何慮
              ↓
         同歸而殊塗
                    〉天下何思何慮
         一致而百慮
```

日往則月來하고 **月往則日來**하야 **日月**이 **相推而明生焉**하며 **寒往則暑來**하고 **暑往則寒來**하야 **寒暑**ㅣ **相推而歲成焉**하니 **往者**는 **屈也**ㅣ오 **來者**는 **信也**ㅣ니 **屈信**이 **相感而利生焉**하니라

　해가 지면 달이 돋고 달이 지면 해가 뜨며, 해와 달이 서로 교체하여 밝음이 생기며, 추위가 가면 더위가 오고 더위가 가면 추위가 와서, 추위와 더위가 서로 바뀌어 한 해를 이루니, 가는 것은 굽히는 것이요, 오는 것은 펴는 것이니, 굽히고 펴는 것이 서로 느껴서(感動하여) 이 가운데 이로움이 생기는 것이다.

·推:옮길 추, 변천할 추　·寒:찰 한　·暑:더울 서　·歲:해 세　·信:펼 신　·感:느낄 감

總說

　憧憧往來의 한 측면을 대자연에 비유하여 해설하고, 이것을 天地人의 三極之道에 부합시켰다. 往來의 이치는 모든 진리를 깨닫게 하는 지름길이며, 모든 진리는 이 往來〈屈信〉을 거치지 아니하고는 이룰 수가 없으며, 모두 이 속에 존재한다는 것이다.

各說

　　　往 ― 屈 ― 曲(縮):굽혀서 작게 하는 것(縮少) 曲線
　　　來 ― 信 ― 伸(申):펴서 크게 하는 것(擴大) 直線

　대자연의 이치가 그러하듯 형이상하학적 원리는 往來로 이루어져 있다. 즉, ䷊泰卦 괘사에서 "泰는 小ㅣ 往코 大ㅣ 來하니 吉하야 亨하니라;泰는 작은 것은 가고 큰 것은 오니, 길하여 형통하다"고 하였고, ䷋否卦 괘사에서 "否之匪人이니 不利君子貞하니 大往小來니라;否는 사람의 길이 아니다. 군자의 바름이 이롭지 못하니, 큰 것이 가고 작은 것이 온다"고 하였다.[2]

---

2)① 이 세상의 모든 이치는 曲直屈伸 운동이다. 이것을 벗어나는 이치는 없다. 바로 이 운동이 태극 운동이라 할 수 있다. 예를 들면 동력 기관의 피스톤 작용이 굴신 왕래다. 그러므로 동력 기관이 움

- 來者는 信也ㅣ니:여기서 '伸'이 아니고 '信'으로 표현한 것은 誠·孚로써 하면 모든 것이 오게 된다는 뜻이 내포되어 있다.
- 相感而~:咸卦에서 咸은 感也라 하였으니, 형이상학에서 형이하학으로 나아가야 한다는 뜻이다.
- 利生焉하니라:利를 음양 관계로 보면 陰이 이익을 주장한다고 볼 수 있다. 즉, 坤卦 괘사의 "先하면 迷하고 後하면 得하리니 主利하니라:먼저하면 아득하고 뒤에 하면 얻으리니 이로움을 주장한다"에서처럼 우리가 인간이기에 '利'를 주장하고 이것을 위하여 상쟁한다는 뜻이 아니겠는가?

天道 —	日往則月來, 月往則日來 —	明生焉
地道 —	寒往則署來, 署往則寒來 —	歲成焉
人道 —	屈 信 相 感 —	利生焉
	憧憧往來	朋從爾思(結果論)

1) 天道 → 明生焉;日+月=明, 사람에게 밝음을 주어서 사람이 살 수 있겠끔 해주는 것이며, 또한 언제나 말없이 운행되고 있는 것을 말한다.
2) 地道 → 歲成焉;하늘의 밝음을 받음으로써 지구에 四時가 생겨 사람이 살아갈 수 있도록 말없이 운행되고 있는 것을 말한다. 64괘 천원도(天圓圖)로 보면 姤復의 이치로 대자연이 운행해 가는 것을 말한다.
3) 人道 → 利生焉;天道와 地道에 의한 자연 운행 과정을 우리 인간이 어떻게 얼마나 이용하여 이익을 가져올 수가 있을까? 또 음양의 조화 속에서 깊은 이치를 찾아내고 天道와 地道의 원리에서 人道의 우월성을 찾고, 이 우주의 주인이 인간이라는 것을 재발견하는 것이 바로 易理가 아니겠는가? 여기에서 공자가 해설하기를 天道에는 明을, 地道에는 歲를, 人道에는 利를 正字로 하였으니, 우리는 그 이유를 연구할 필요가 있다. 여기의 '利'는 大利를 말한다. 곧 利 속에는 義가 내포되어야 한다는 것이다.
예1)曰 今之成人者는 何必然이리오 見利思義하며 見危授命하며 久要에 不忘平生之言이면 亦可以爲成人矣니이다 (『論語』「憲問」)

직이는 데는 직선 운동에서 곡선 운동으로 또 곡선 운동에서 직선 운동으로 나아간다. ②어릴 때의 여러 가지 행동은 모두 굴신 왕래의 행동이다. 즉, 어린 아이를 어를 때 하는 소리인 도리 도리, 진진, 쪼막 쪼막, 훨훨, …… 등에서 그 예를 찾을 수 있다. 생물의 성장 과정이 그러하고 사람의 출생도 그러하다. 이 모든 것이 당초에는 태극에서 비롯한 것이다.

〈자로(子路)가〉 말하기를 "지금의 成人이란 어찌 반드시 그러해야 합니까? 利를 보면 義를 생각하며, 위태로운 것을 보면 목숨을 바치며, 오랫동안 곤궁해도 평소에 하던 말을 잊어버리지 아니하면 또한 成人이라 할 수 있을 것입니다"고 하였다.
[설명]成人은 致命하여 완성된 자를 말한다.

예2)孟獻子ㅣ 曰 畜馬乘은 不察於鷄豚하고 伐氷之家는 不畜牛羊하고 百乘之家는 不畜聚斂之臣하나니 與其有聚斂之臣으로 寧有盜臣이라하니 此謂國은 不以利爲利오 以義爲利也ㅣ니라 長國家而務財用者는 必自小人矣니 彼爲善之하야 小人之使爲國家ㅣ면 菑害並至라 雖有善者나 亦無如之何矣니 此謂國은 不以利爲利오 以義爲利也ㅣ니라 (『大學』傳10章)

맹헌자가 말하기를 "마승(馬乘)을 기르게 된 자는 닭과 돼지를 살피지 아니하고, 얼음을 사용하는 집안은 소나 양을 기르지 아니하고, 백승(百乘)의 집안은 취렴(聚斂)하는 신하(家臣)를 두어서는 아니 되며, 그 취렴하는 신하를 두는 것보다 차라리 도적질하는 신하를 두라"고 하였으니, 이러한 것을 일러 '나라는 리로써 이로움을 삼지 아니하고 義로써 이로움을 삼는다'고 하는 것이다. 나라의 어른이 되어서 財用을 힘쓰는 사람은 반드시 반드시 소인들 때문이니, 위에 있는 모든 것[彼]을 잘한다고 하여서 소인으로 하여금 나라를 다스리게 하면 재앙과 害가 아울러 이르게 된다. 비록 착한 사람(유능한 사람)이 있더라도 또한 어찌 할 수 없을 것이니, 이를 일러서 '나라는 利를 이익으로 삼지 않고 義를 이로움으로 여긴다'는 것이다.
[설명]윗글에서 畜의 음을 '휵'으로 읽지만, 不畜牛羊의 '畜'은 음을 '축'으로 읽는다. 맹헌자(孟獻子)는 魯나라 사람으로 공자보다 약간 선배되는 사람으로 현대부(賢大夫) 중손멸(仲孫蔑)을 말한다. 50년 동안 국정(國政)을 맡았다.

尺蠖之屈은 以求信也ㅣ오 龍蛇之蟄은 以存身也ㅣ오 精義入神은 以致用也ㅣ오 利用安身은 以崇德也ㅣ니

자로 재어서 나아가는 자벌레가 몸을 움츠리는 것은 펴기 위함이요, 용과 뱀이 움츠리는 것은 자기 몸을 보존하기 위함이요, 〈사람으로 보아 공부하는 데 있어〉精義에 入神(道通)을 하는 것은 사용하는 것을 이루기 위함이요, 〈도통한 자가〉 몸을 편안히 하는 데 이용하는 것은 덕을 높이고자 함이니,

·尺:자 척 ·蠖:자벌레 확 ·求:구할 구 ·龍:용 용 ·蛇:뱀 사 ·蟄:벌레 움츠릴 칩 ·存:있을 존 ·精:정미 정 ·崇:높을 숭, 존중할 숭

總說

三極之道, 특히 人道의 측면에서 사물에 비유하여 설명하고 있다.

各說

屈信往來(憧憧往來)의 이치를 여러 사물에 비유하여 설명하였다.

　　　　尺蠖之屈　→　以求信也,　龍蛇之蟄　→　以存身也
　　　　精義入神　→　以致用也,　利用安身　→　以崇德也

- 龍蛇之蟄은 : 다음 해 봄에 다시 나오기 위하여서 땅 속 등에서 동면(冬眠)하는 것을 말한다.
- 精義入神은 : ①사물의 이치에 있는 정미(精微)한 뜻을 알아서 신묘함으로 나아가는 것을 말한다. 곧 도통 경지로 들어가는 것을 말한다. ②정미한 뜻을 고요한 정신으로 느껴서 깨닫는다면, 움직이지 않고 고요하게 있으면서 모든 작용을 일으킬 수가 있다. 혹은 이러한 경지에 있는 자를 말한다.[3]

　　　　사물에 있는 이치의 精微한 뜻 ─ 精義
　　　　精義를 터득하여 神妙함에 나아간다 ─ 入神 ─ 도통경지

過此以往은 未之或知也ㅣ니 窮神知化ㅣ 德之盛也ㅣ라

여기 지나온 것까지는 혹 이렇게 하면 아니 되겠나 정도로 되어 있지만, 신비로움을 궁구하여 변화를 아는 것은 덕의 성(盛)함이다"고 하셨다.

·此:이 차 ·未:아닐 미 ·或:혹 혹 ·窮:다할 궁 ·盛:담을 성

各說

- 過此以往은 : 앞에서 말한 精義에 入神(道通)을 하는 것은 사용하는 것을 이루기 위함(精義入神, 以致用也)과 〈도통한 자가〉 몸을 편안히 하는 데 이용하는 것은 덕을 높이고자 함(利用安身, 以崇德也)이 되는 것까지를 말한다.
- 未之或知也ㅣ니 : 노력하여 연마하면 혹 알 수가 있지 아니하겠는가? 즉, 앞에서 말한 이것이 자연의 이치라고 단정적으로 말할 수 있지만?
- 窮神知化ㅣ : 신비로운 것을 궁구하여 변화하여 가는 모든 미래를 알아낸다는 뜻이

---

[3] 사람들은 자기의 神으로써 다 될 수가 있는 데도 불구하고 부질없이 딴 神을 부르고 가지려고 한다. 예를 들면 무당을 불러 굿을 하는 행위와 광신적인 종교 행위를 말한다.

다. 즉, 공자와 같은 사람은 天命을 받아서 나온 사람으로 자기 스스로 이러한 경지에 도달하여 德盛의 位에 있는 사람이라 할 수 있다. 窮神知化가 다 되면 곧 德之盛을 한 사람이라고 할 수 있다.

易曰 困于石하며 **據于蒺藜ㅣ라 入于其宮**이라도 **不見其妻ㅣ니 凶**이라하니 **子曰 非所困而困焉**하니 **名必辱**하고 **非所據而據焉**하니 **身必危**하리니 **旣辱且危**하야 **死期將至**어니 **妻其可得見邪**(야)**아**

易에서 말하기를 "돌에 곤(困)하며 가시덤불에 걸려 있음이라. 그 집에 들어가더라도 그 아내를 보지 못하니 흉하다"고 하니 공자께서 말씀하시기를 "곤란할 바가 아닌데 곤란한 것은 명성에 반드시 욕이 되고, 걸릴 데가 아닌데 걸리는 것은 자신의 몸이 반드시 위태로울 것이니, 이미 욕되고 또한 위태로워서 죽을 지경에까지 장차 이르렀으니 집에 들어가서도 아내를 가히 볼 것인가?"고 하셨다.

· 困:괴로울 곤 · 據:걸릴 거, 의거할 거 · 于:어조사 우 · 蒺:가시 질 · 藜:가시 려 · 妻:아내 처
· 必:반드시 필 · 辱:욕되게 할 욕 · 危:위태할 위 · 將:장차 장 · 邪:어조사 야

總說

공자가 澤水困卦 육삼효를 설명한 글이다. 咸卦 다음에 困卦가 온 것은 咸卦의 憧憧往來로 모든 정력이 소모가 되었으며, 또 困은 澤无水라 하였으니 咸卦 다음에 困卦가 왔고, 또한 咸其心으로 憧憧往來를 하여서 무아지경(无我之境)으로 가는 길은 죽음이 이르러 올 정도의 곤경이 없이는 이룰 수가 없다는 뜻에서 困卦가 咸卦 다음에 次序되었다고 볼 수 있다. 그리고 困卦 육삼효를 사람에 비유하면 憧憧往來로써 정력이 많이 소모되어 곤하게 되고, 이런 이유로 곤란에 빠져 이러지도 저러지도 못하는 형태를 표현한 문장이다.

各說

澤水困

●困于石하며:困卦 육삼효는 괘상으로 보아서 두 陽 사이에 빠져 있고, 상육효와도 상비 관계이니 困于石이 된다.

●非所困而困焉하니 / 非所據而據焉하니:곤란을 겪을 때가 아닌데 곤함을 당하는 것이며, 걸릴 바가 아닌데 걸리는 것을 말한다. 이것은 선천의 마지막 가는 육삼효 때이므로 우주 대

자연의 돌연한 변화로 인하여 도저히 생각할 수 없는 뜻밖의 위급한 상황이 일어나서 사람의 마음을 걷잡을 수 없게 하는 것을 뜻한다. 곧 비정상의 혼란한 사회상을 말한 것이다.

　예)象曰 困은 剛揜也ㅣ니 險以說하야 困而不失其所亨하니 其唯君子乎인져……
　　(困卦「象辭」)
　　象에서 말하기를 "困은 剛이 가려짐이니, 험하되 기뻐하여 곤궁하지만 그 형통한 바를 잃지 아니하니, 그 오직 군자라고 할 수 있다! ……"고 하였다.

- 名必辱하고 / 身必危하리니:정상이 아닌 비정상의 사회에서 명성을 높이 가지려고 하면, 자기에게 욕됨이 반드시 오고, 자기의 몸이 위험한 곳에 반드시 빠지게 된다는 것이다.
- 旣辱且危하야:비정상적인 사회에 휩쓸려 자기의 이름이 욕될 뿐 아니라 몸도 위난에 빠지게 되었다는 것이다. 그 결과로 죽음이 장차 다가오게 된다는 것이다.
- 死期將至어니:대자연의 급격한 변화에도 불구하고 이름을 떨치려다 위난(危難)이 와서 욕됨을 당하고 몸도 위태롭게 되니 죽음이 이르러 오게 된다는 것이다. 이때가 困卦 육삼효이니 선천의 마지막이다. 이 시기는 이러한 혼란과 위급함이 온다는 것을 암시해 주는 것이 아닌가 싶다. 이러한 시기에는 자기의 몸도 위태로우니 명성을 높이고자 하지 말고, 잠룡(潛龍, 藏身)할 것을 암시해 주는 것이 아니겠는가?
- 妻其可得見邪아:비정상적인 사회 속에서는 자기 혼자 몸도 스스로 지탱하기 힘들기 때문에 자기의 아내를 돌볼 수가 없다는 것이다. 글로써는 단지 "아내를 볼 수 없다"고 하였지만 부모, 처자, 형제, 자매들을 다 볼 수 없다는 뜻이며, 세상이 급박하게 돌아가는 상황을 표현한 것이라 할 수 있다.[4]

易曰 公用射(석)隼于高墉之上하야 **獲之**니 **无不利**라하니 **子曰隼者는 禽也**ㅣ오 **弓矢者는 器也**ㅣ오 **射(석)之者는 人也**ㅣ니 **君子**ㅣ **藏器於身**하야 **待時而動**이면 **何不利之有**ㅣ리오 **動而不括**이라 **是以出而有獲**하나니 **語成器而動者也**ㅣ라

　易에서 말하기를 "公이 써 높은 담위에 있는 매를 쏘아 잡으니 이롭지 않음이 없

---

[4] 敬觀 공부 하는 데는 "入于其宮, 不見其妻:그 집에 들어가더라도 그 아내를 보지 못한다"가 되어야 한다. 또 死期將至(장차 죽을 때가 닥쳐 오게 된다)는 여자 관계를 멀리 해야 한다는 뜻이며, 困則通이라 하였으니 죽음에 이를 정도의 곤경이 있어야 통할 수가 있다는 것이다. 과연 觀通은 이처럼 어려운 것이 아니겠는가!

다"고 하니, 공자께서 〈풀이해서〉 말씀하시기를 "매라는 것은 새를 말하는 것이요, 활과 화살은 〈매를 잡는〉 그릇이요. 매를 쏘는 것은 사람이니, 군자가 이러한 그릇을 자기 몸에 간직하여 가지고 때에 맞게 움직이면 어찌 이로움이 있지 아니하리요. 움직여서 구속됨이 없음이라. 이로써 나아가서 포획이 있음이니, 말하자면 그릇이 이루어진 뒤에 행동하여야 하는 것이다"고 하셨다.

· 射:쏠 석 · 隼:매 준 · 墉:담 용 · 獲:잡을 획, 얻을 획 · 禽:날짐승 금 · 弓:활 궁 · 矢:화살 시
· 器:그릇 기 · 藏:감출 장 · 括:묶을 괄 · 語:말씀 어

總說

雷水解卦 상육효에 대한 공자의 설명이다.5) 새를 잡는 것 등의 어떤 목적을 달성하려면 弓矢를 잘 보존하여야 하고, 계획 또한 치밀하게 세워야 한다. 이처럼 군자가 어진 道를 지니고 움직여야 할 때를 기다려서 움직이면, 구애됨 없이 도가 행하여진다는 것이다.

各說

● 公用射隼于:①작위(爵位)의 벼슬을 가진 사람이 매를 쏘아서 잡는 것을 말한다. 公은 雷水解卦의 卦體로 보아서 상육효 자신을 의미하는 것으로 보이며, 상육효는 位가 국사, 왕사의 지위이므로 公이라 하였다. 여기서 '隼'은 隹+十의 합성어 (合成語)로 되어 있으므로 십자매, 혹은 허수아비(十) 위에 앉아 있는 새(隹)가

---

5) 澤山咸卦의 구사효에서 憧憧往來로 음양 교합이 되면 咸卦에서 10째 괘인 解卦에서 열 달만에 解産을 한다고 한다. 이것을 괘상으로 풀이하자면, ䷞澤山咸卦(31) 구사효의 憧憧往來에서 ䷧雷水解卦(40)의 甲坼(産氣)을 거쳐 ䷨山澤損卦 육삼효에서 아기를 낳는다. 이때는 여자의 자궁이 벌어져야 하는데, 이것은 개갑탁(皆甲坼)과 같은 이치로 설명될 수 있다.

· 百果草木 皆甲坼:종자가 벌어지고 또 땅이 갈라져야 싹이 지상으로 올라오게 된다. 계룡산 甲寺의 이름은 그 곳에서 씨 甲이 터진다는 의미에서 이름지었다고 한다. 그 절에 甲坼龍角開(甲坼이 되면 용의 뿔이 열린다)라는 글이 있음을 보아도 그 절 이름의 유래를 짐작할 수 있다.

卦名	咸(九四爻)	恒	遯	大壯	晋	明夷	家人	睽	蹇	解	損(六三爻)
	3/6개월	1개월	1개월	1개월	1개월	1개월	1개월	1개월	1개월	1개월	3/6개월

[참고]解卦의 이치에서처럼 解甲坼이 되어 종자의 싹이 지상으로 올라오되, 하나가 올라와야지 두 개가 올라오면 그 중 하나는 죽게 된다. 이처럼 해방이 되어 독립국이 되면 국론이 통일이 되어야 한다. 국론이 통일이 되려면 정신적으로 사상이 통일이 되어야 한다. 현재는 두 개의 사상이 양립되어 있는데 하나는 동방의 敬 사상이요, 하나는 서양의 愛 사상이라고 할 수 있다. 두 사상의 대립 관계를 비사체로 엮어 놓은 것이 解卦의 상육효사라고 할 수 있다. 따라서 앞날을 내다보건대, 思想戰 또는 형이상학적인 전쟁이 예상된다고 볼 수 있다.

된다. ②'隼'은 不善한 자를 뜻한다. 선천의 마지막에서 후천의 종자될 자만을 남겨두고 불선한 자(소인)는 처단되어지는데, 이러한 불선한 자(소인)는 어떤 사람을 일컫는가? 이것은 다음의 문장에서 찾아 볼 수 있다. 즉, "子曰 小人은 不恥不仁하며 不畏不義라~ : 공자께서 말씀하시기를 소인은 어질지 못함을 부끄러워 하지 아니하며~"의 문장이다.

- 高墉之上하야 獲之니 : 卦體로 보면, 높은 담 위라고 하였으니 구사효를 담이라고 할 수 있으며, 매는 육삼효(혹은 내삼효 전체)라고 볼 수 있다. 즉, 사효는 삼효보다 위이니 높은 담[高墉]으로 볼 수 있다.

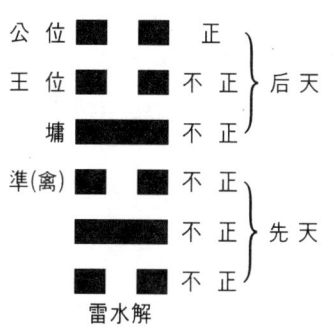

예) 六三은 負且乘이라 致寇至니 貞이라도 吝이리라 · (解卦 六三爻辭)

六三은 지고 또 타는 것이라. 도적이 이르러 올 것을 이루니 바르게 하더라도 인색할 것이다.

[설명] 위 「계사전」의 문장은 해괘의 상에서 보듯이, 후천의 正이 선천의 不正한 三爻를 제압하는 형태를 말하였으며, 또 제압하는 여러 가지 방법과 준비 등에 관하여 말하였다. 즉, 틀림없는 매 사냥이 되어야지 놓쳐서 실패하면 아니 되므로 마음 가짐은 어떠해야 하며, 잡는 방법과 시기는 어떠해야 하는가를 이 문장 속에서 알아내야 한다.

- 弓矢者는 器也ㅣ오 : 道學者가 되기 위한 공부에 비유하면, 자기의 正心修道를 弓矢者라고 할 수 있다. 즉, 올바른 마음으로써 활과 화살[弓矢]을 사용하여야 과녁을 정확하게 맞출 수 있는데, 그렇지 못하면 的中이 되지 아니한다. 따라서 우리가 공부하고 수양을 하는 것은 그릇[器]을 키우고 잘 보존하여 빛내기 위함이라고도 할 수 있다.

- 君子ㅣ藏器於身하야 : 군자는 스스로 자기 몸에 훌륭한 器를 잘 간직하여 모든 일에 임해야 한다는 것이다. 즉, 군자는 틀림이 없도록 실력을 배양하여서 행동해야 한다. 만약 그러하지 못하면 만사가 허사(虛事)가 된다.

- 待時而動이면 : 때를 기다려서 행동한다는 것이다. 곧 옮길 때를 알고 활동하면 틀림이 없다는 것이다. 그러므로 군자는 器와 時를 알아야 할 뿐 아니라 행동에 옮기기 전에 부단의 노력(연마)이 뒤따라야 한다는 것을 잊어서는 안 된다.

- 動而不括이라 : 弓矢를 사용할 때, 활 시위가 얽히면 사용이 불가능하다. 즉, 움직여서 얽히지 아니하고 잘 되어나가는 것을 뜻한다. 이는 군자가 많은 공부를 하여 어떤 시기에 행동으로써 자기 실력을 나타낼 때 자기 생각대로 적중되는 형태를 표현한 말이다.
- 出而有獲하나니 : 나아가서 매를 잡을 수 있을 것이다. 매를 잡는 장소가 어디인지를 비사체로 만들어 놓았다. 즉, '出'字는 山+山→重山艮이니, 아마도 艮方(韓國)에서 이루어지는 것이 아닐까 생각한다.
- 語成器而動者也ㅣ라 : 활을 쏘는 경우 자신이 正心修養이 된 뒤라야 과녁을 正通으로 맞출 수가 있다. 즉, 정곡(正鵠)이 될 수 있다. 그러므로 우리가 현재 공부하는 것은 이러한 그릇을 키우기 위한 일이라고 할 수 있다. 곧 弓矢를 잘 이루었다면 매를 잡는 행동으로 옮겨도 틀림이 없다는 것이니, 道學的으로 말해서 得道가 되면 행동으로 나타난다는 것이다.

弓矢者 — 器 — 周易

예) 子ㅣ 曰 射ㅣ 有似乎君子하니 失諸正鵠이오 反求諸其身이니라 (『中庸』第14章)
공자께서 말씀하시기를 "활을 쏘는 일은 군자의 태도와 비슷한 점이 있으니, 저 정곡을 맞추지 못하면 돌이켜(반대로) 저 그(자기 자신) 몸에서 잘못을 구한다"고 하셨다.
[설명] 군자의 도를 추구하는 바를 활쏘기에 비유하고 있다. 활을 쏠 때는 몸의 자세를 바르게 하고, 정신을 통일시켜야만 화살이 과녁에 적중되는지라. 만약에 화살이 과녁을 맞추지 못하였을 때는 군자는 자기 자신의 활쏘는 태도나 정신에 결함이 있는 것으로 생각하고, 자신의 잘못을 찾아내려고 노력한다. 반대로 小人은 잘못의 원인을 자신에게서 찾으려고 하지 않고 남에게 허물을 돌린다. 이와 같이 君子의 태도는 분수에 벗어나지 않으려는 것이고, 小人의 태도는 분수에서 벗어난 것이다. 즉, 정곡에만 마음을 두지 말고 내 마음을 바르게하여 中을 잡고 활을 쏘면 과녁에 적중이 된다는 것이다. 그러므로 修身(中)이 되면 아니 되는 것이 없다는 것이다.

子曰 小人은 不恥不仁하며 不畏不義라 不見利면 不勸하며 不威면 不懲하나니 小懲而大誡ㅣ 此ㅣ 小人之福也ㅣ라 易曰 屨校하야 滅趾니 无咎ㅣ라하니 此之謂也ㅣ라

공자께서 말씀하시기를 "소인은 어질지 못함을 부끄러워 하지 아니하며, 의롭지 아니함을 두려워하지 않는지라. 이로운 것을 보지 아니하면 권하지 아니하며, 위엄을 보이지 아니하면 징계되지 아니하니, 작은 징계로서 크게 경계하는 것이 이 또한 소인의 복됨이 되는 것이다. 易에서 말하기를 '〈서합괘 초구효에〉 몸을 형틀에 매어두고 그 발꿈치를 베어버리니 허물이 없다'고 하니, 이를 이르는 말이다.

·恥:부끄러할 치 ·畏:두려워할 외 ·勸:권할 권 ·威:위엄 위 ·懲:혼날 징 ·此:이 차 ·屨:맬 구 ·校:형틀 교 ·滅:제거할 멸, 멸망할 멸 ·趾:발꿈치 지

總說
火雷噬嗑卦 초구효에 대한 공자의 설명이다.

各說
● 小人은 不恥不仁하며 不畏不義라:소인은 어진 일을 하지 아니하여도 부끄럽게 여기지 아니하고, 옳은 일을 하지 아니하여도 두려워하지 아니한다는 것이다.
● 小懲而大誡ㅣ:작은 징계(형벌)로써 크게 경계시켜 큰 죄를 짓지 못하게 하는 것을 말한다. 이것은 곧 소인에게는 더 없는 복이라 할 수 있다.
　예)漢昭烈이 將終에 勅後主曰勿以善小而不爲하고 勿以惡小而爲之하라
　　(『明心寶鑑』繼善篇)
　　한나라의 소열 황제가 죽을 때 후주에게 조칙을 내려서 말씀하시기를 "선이 작다고 해서 아니치 말며, 악이 작다고 해서 하지 말라"고 하셨다.
　　[설명]모든 선과 악은 작은 곳에서부터 시작하는 것이니, 계선(繼善)을 하는 데 명심해야 한다고 하였다.
● 此ㅣ 小人之福也ㅣ라:예를 들어 옥(獄)과 형법(刑法)이 있음은, 소인들이 이를 두려워한 나머지 큰 죄를 짓지 않게 하는 방편이 되는 것이니, 소인들에게는 옥과 형법이 도리어 福이 된다는 것이다. 그리고 '福'자를 넣어서 말한 것은 공자와 같은 성인이 아니고 표현하기가 어려운 것이다.
● 屨校하야 滅趾니:①몸을 형틀에 매어두고 그 발꿈치를 베어버리는 것은 소인이 짓는 작은 죄에 대한 형벌로서 큰 죄를 짓지 못하게 하는 방법이다. 만약 이렇게 하여도 효과가 없을 때에는 서합괘 상구효의 형벌까지 간다. ②옛날의 형벌에는 五刑 제도가 있었다. 예를 들면 다음과 같다.
　예1)멸지(滅趾):발꿈치를 베는 것. 걷지 못하도록 하는 것이지만 아주 약한 형벌에 해당한다.

예2) 멸비(滅鼻) : 코를 베는 것. 조금 무거운 형벌로서 몰염치한 행위를 하였을 때 나돌아다니지 못하도록 하였고, 만약 나돌아 다니면 다른 사람들이 알아 볼 수 있었다.
예3) 묵형(墨刑) : 얼굴이나 피부 속에 먹물로 글자나 어떤 모형을 새겨서 지울 수 없도록 하여 죄인 표시를 하는 것을 말한다. 예를 들면 '盜'자를 문신(文身)처럼 얼굴에 새기는 것을 말한다.
예4) 궁형(宮刑) : 남녀를 막론하고 성도덕의 문란 행위로 죄를 범하였을 경우에 남자에게는 거세(去勢)를, 여자에게는 자궁(子宮)을 제거하는 형벌을 말한다.
예5) 효수(梟首) : 머리를 베는 것. 극형(極刑)에 해당하는 형벌이다.

위의 문장은 소인의 심리 상태(用心之道)를 말한 것이다. 이를 표로써 정리하면 다음과 같다.

小人의 用心之道 〈 不恥不仁 ― 不見利不勸
　　　　　　　　不畏不義 ― 不威不懲 〉 君子化하는 데는 小懲而大誡로 한다

善不積이면 **不足以成名**이오 **惡不積**이면 **不足以滅身**이니 **小人**이 **以小善**으로 **爲无益而弗爲也**하며 **以小惡**으로 **爲无傷而弗去也**ㅣ라 **故**로 **惡積而不可掩**이며 **罪大而不可解**니 **易曰 何校**하야 **滅耳**니 **凶**이라하나니라

착한 것을 쌓지 못하면 족히 써 이름을 이루지 못하며, 악한 것을 쌓지 아니하면 족히 써 몸을 멸하지 아니하나니, 소인은 조금 착한 것으로는 이익됨이 없다 하여 하지 아니하며, 조금 악한 것으로도 상(傷)함이 없을 것 같으면 버리지 아니한다. 그러므로 악한 것을 쌓아서 가히 덮을 수가 없으며 죄가 커져서 풀어 줄 수 없으니, 易에서 말하기를 '형틀을 매어서 귀를 다치게 하니 흉하다'"고 하셨다.

· 積 : 쌓을 적　· 滅 : 멸망할 멸　· 益 : 더할 익　· 弗 : 아닐 불　· 傷 : 상처 상　· 去 : 버릴 거, 잃을 거, 갈 거
· 掩 : 가릴 엄　· 罪 : 허물 죄, 죄 죄　· 解 : 풀 해　· 何 : 맬 하　· 校 : 형틀 교

總說

火雷噬嗑卦 상구효에 대한 공자의 설명이다. 소인이 행하는 不善의 정도에 따라 火雷噬嗑卦의 초구효부터 시작하여 상구효까지 간다는 것이다. 공자가 한 괘의 두 효를 「계사전」상·하를 통하여 해설한 것은 서합괘의 초구, 상구효와 解卦의 육삼, 상육효이다.

各說

上九(滅耳)

初九(滅趾)

火雷噬嗑

조그만 善이나 惡은 점점 커지면 極에 달하게 된다. 이를 인체와 육효에 비교하면 귀가 위에 있으니 最上爻에, 발은 맨 아래에 있으니 最下爻에 비교되었다. 이러한 이치를 본받아서 積善하는 경우와, 특히 위의 문장에서는 積不善의 경우 형틀에 매어 귀를 다치게 하는 결과가 나타난다고 하니 아무리 小善과 小惡이라 할지라도 경시해서는 아니 되는 것이다. 그러나 소인은 以小成大의 이치를 망각하고, 小惡을 자행하여 결국 헤어날 수 없는 大罪를 짓게 된다. 그러므로 小惡을 가볍게 여기지 말라고 경계하고 있다.6) 반면에 작은 선한 일이라도 행하면 큰 경사가 온다는 뜻이 내포되어 있다

善不積―不足以成名   以小善―爲无益而弗爲也   惡積而不可掩
                                              →결과로
惡不積―不足以滅身   以小惡―爲无傷而弗去也   罪大而不可解

- 爲无益而弗爲也하며 : 소인은 아무런 이익됨이 없으면 그 일을 행하지 아니한다. 즉, 소인은 小善이 그에게 이익이 없으니 그것을 행동에 옮기지 아니한다는 것이다.
- 爲无傷而弗去也ㅣ라 : 소인은 몸을 상하거나 손해되는 일이 없다고 해서 그것을 버리지 아니하고 행한다. 즉, 小惡이기에 곧바로 손상(損傷)이 나타나지 아니한다고 그만두지 않고 계속적으로 자행(恣行)하는 것을 뜻한다.

  예1) 莫見乎隱이며 莫顯乎微니 故로 君子는 愼其獨也ㅣ니라 (『中庸』 第1章)
  숨어 있는 것보다 더 나타나 보이는 것이 없고 미소(微少)한 것보다 더 나타나는 것이 없으니, 그러므로 군자는 혼자 있을 때를 삼가하고 조심하게 된다.
  [설명] '隱'은 깊숙한 마음속을 가리키며, '微'는 한 오라기 思念의 움직임을 말하며, '顯'은 형이상학으로 없는 가운데 있는 것처럼 생각한다는 뜻이다.

  예2) 君子之中庸也ㅣ는 君子而時中이오 小人之中庸也는 小人而無忌憚也ㅣ니라
  (『中庸』 第2章)
  군자의 중용은 군자로서 때에 따라 중용을 알맞게 행하는 것이고, 소인의 중용은

---

6) 小人의 종자(種子)가 따로 정해져 있는 것이 아니며, 태어날 때부터 小人과 君子로 구분되어 있는 것은 아니다. 오직 用心之道에 따라서 小人과 君子가 판명(判明)되므로 우리는 군자가 되기 위하여 공부하고 수양하며 자기 성장을 위하여 노력하는 것이다. 따라서 이 經典이 나타내는 바는 小人을 君子化하는 학문이라고 할 수 있다.

소인으로서 기탄(忌憚)없이 행하는 것이다.
[설명] '無忌憚'은 염치도 체면도 돌보지 않고 거리낌 없이 행동하는 것을 말한다.
- 惡積而不可掩이며 : 소인의 惡한 행위가 많이 쌓이면, 이 때문에 일어나는 모든 재앙은 가려질 수가 없다는 것이다. 즉, 惡積의 정도가 심하면 구제하기가 어렵다는 것이며, 숨기려고 하여도 밖으로 드러난다는 것이다.
- 罪大而不可解니 : 조금의 不善이라도 자행하여 많이 모이게 되면 나중에 가서는 헤어날 수가 없는 일을 저지르게 된다는 것이다. 즉, 모든 것은 작은 것에서 시작하여 크게 나타나는 것이다.

正이 不正을, 善이 不善을 몰아내는 시기가 어느 때인가? 또 不正과 不善을 몰아내는 자는 어떤 사람일까? 見龍在田(田, 곧 十을 가두는 것)의 龍이 나타나 十을 가두는 것이니 大人(훌륭한 도덕 군자)이 나와야 한다. 이것이 다음에 설명하는 否卦 구오효에서 "大人의 吉"로서 나타나고 있다.

子曰 危者는 安其位者也ㅣ오 亡者는 保其存者也ㅣ오 亂者는 有其治者也ㅣ니 是故로 君子ㅣ 安而不忘危하며 存而不忘亡하며 治而不忘亂이라 是以身安而國家를 可保也ㅣ니 易曰 其亡其亡이라야 繫于苞桑이라하니라

공자께서 말씀하시기를 "危者(모든 것을 두렵고 염려스럽게 생각하는 사람)는 그 位를 편안히 하는 자요, 亡者(자신이 망할 우려가 있다고 걱정을 하는 사람)는 그 存함을 보존하는 자요, 亂者(지금 나라가 어지럽다고 생각하는 사람)는 그 다스림을 두는 자이니, 이런 까닭에 군자가 편안하되 위태함을 잊지 아니하며, 존하되 망함을 잊지 아니하며, 다스리되 어지러워짐을 잊지 않는다. 이로써〈군자는 세 가지 방법으로 생각하기 때문에〉몸이 편안하여 국가를 보존할 수 있으니, 易에서 말하기를 '그 망할 듯 망할 듯한 때라야 뽕나무를〈꼼짝 못하게〉뿌리째 묶어 두는 것이다'"고 하셨다.

· 亡:망할 망 · 保:지킬 보 · 亂:어지러울 란 · 治:다스릴 치 · 忘:잊을 망 · 苞:바가지 포, 더부룩할 포 · 桑:뽕나무 상

總說

天地否卦 구오효에 대한 공자의 설명이다. 선천의 마지막이 되면 가장 비색(否塞)

한 것이 어떤 조짐으로 나타난다. 그러나 대자연의 원리에 따라 최악의 나쁜 상황이 지나가면 좋은 상황이 오게 마련이다. 즉, 安而不忘危＝存而不忘亡＝治而不忘亂으로서 安危와 存亡과 治亂은 언제나 상존(常存)하고 있는 것이다. 이때는 예지(豫知)로써 危보다는 安을, 亡보다는 存을, 亂보다는 治를 더 오래 계속 할 수 있을 것인가를 잊지 않고 극복하여 나아갈 마음의 준비가 되어 있는 자가 君子이고 大人이라 할 수 있다.

各說

- 危者는 安其位者也ㅣ오:危者는 其亡其亡의 뜻이고, 安其位者는 繫于苞桑과 같다. 즉, 비색(否塞)할 때 이것에서 벗어나는 방법을 말한다.
- 是以身安而國家를 可保也ㅣ니:①개개인의 몸이 건강해야 국가를 옳게 보전할 수가 있다는 것이다. ②"危者는 安其位者也ㅣ오"는 자기의 몸을 뜻하는 말이며, "亡者는 保其存者也ㅣ오"는 사물에 비추어서 한 말이고, "亂者는 有其治者也ㅣ니"는 정치적으로 말한 것이다.
- 其亡其亡이라야:어떤 시기를 말해 주는 구절이다. 비색(否塞)한 때가 극에 달했으니, 모든 사람들의 입에서 망할 것이라는 말이 자주 입에 오르내리는 형상을 뜻한다. 이러한 때가 되면 군자가 출현하여 소인들의 무리를 발본색원(拔本塞源)하여 세상을 바로잡게 된다. [별해]군자가 망할 듯 망할 듯 하지만, 종자만은 남아서 후천에 이어져서 소인을 제압한다는 뜻이다. 君子之道가 다 없어질 듯하지만 그렇지 않다. 도는 영원히 없어지지 않는다는 것이다. ②비색(否塞)한 것이 절정에 도달하였을 때는 其亡其亡의 조짐이 온다. 우리는 이것을 극복하기 위해서 항상 예방을 해야 하며 또 이를 헤쳐 나가기 위하여 예지(豫知)를 하고 敬, 觀 공부를 하는 것이다. ③

天地否

其亡其亡의 초점, 즉 危亡亂할 때 또 安存治할 때의 그 초점을 뜻한다. 其亡其亡의 때는 否卦 구오효의 大人이라야 알 수 있다.
예)九五는 休否라 大人의 吉이니 其亡其亡이라야 繫于苞桑이리라 (否卦 九五爻辭)
　　九五는 비색한 것을 쉬게 하는 것이다. 대인의 길함이니 그 망할 듯 망할 듯한 때라야 뽕나무를 〈꼼짝 못하게〉 뿌리째 묶어두는 것이다.
　　[설명]•休否라:비색한 것이 아름답게 되는 것을 말한다. 즉, 亡否之時이다. 이것은 비색한 것이 그치는 것을 뜻한다. 또 소인들이 망하는 징조의 표현이다. 五爻까지

왔으니 소인들의 망함이 거의 다 되어가는 때이다. 이를 休否라고 하였다.
  · 大人의 吉이니 : 소인이 망하게 되면 상대적으로 대인은 길하게 된다. 앞으로 길운이 도래하는 조짐이 있으니 "大人의 吉"이라고 하였다. 왜냐하면 이때는 泰가 태동(胎動)하고 있는 상태요, 대인은 구오효의 中正之道를 겸한 사람이기 때문이다.
● 繫于苞桑이라하니라 : 군자들이 얽혀 있어서 그때가 되면 소인을 꼼짝 못하게 묶어두는 것을 뜻한다. 즉, 夬卦 때를 말한다. 否卦 때라고 할지라도 군자가 은거만으로 세상을 등지는 것이 아니라 때가 오기를 기다리며 공부하고 실력을 쌓아 소인을 몰아낼 수 있도록 연마(硏磨)를 하여야 한다. 여기서 '苞'는 지상에 나타나 얽혀 있는 것으로 형이하학적 뜻을 가지고 있으며, '桑'은 지하에 나타나지 않고 얽혀 있는 것으로 형이상학적 뜻을 가지고 있다.

子曰 德薄而位尊하며 知小而謀大하며 力小而任重하면 鮮不及矣나니 易曰 鼎이 折足하야 覆公餗하니 其形이 渥이라 凶이라하니 言不勝其任也ㅣ라

공자께서 말씀하시기를 "덕은 엷으면서 位는 높으며, 아는 것이 적으면서도 모사(謀事)는 크게 하며, 힘은 작으면서도 소임이 무거우면 당하여 가지 못할 것이니, 易에서 말하기를 '솥이 다리가 부러져서 公의 밥을 엎으니, 그 형상이 악착한지라 흉토다'고 하였으니, 그 소임을 이기지 못하는 것을 말하는 것이다"고 하셨다.
· 薄:엷을 박 · 尊:높을 존 · 謀:꾀할 모 · 任:맡길 임 · 鮮:적을 선, 드물 선, 고울 선 · 及:미칠 급
· 折:꺾을 절 · 覆:뒤집힐 복 · 餗:솥 안에 든 음식물 속 · 渥:악착할 악 · 勝:이길 승

總說

☲ 火風鼎卦 구사효에 대한 공자의 설명이다. ䷋ 否卦 구오효는 其亡其亡의 때이다. 이때는 明明德이 없이는 이를 극복해 나갈 수가 없다. 그러므로 鼎卦는 물건을 革하는 것이고, 革은 利涉大川이니, 이때가 되면 德人이라야 大事를 헤쳐나갈 수가 있다.

各說

● 德薄而位尊하며 : 덕망(德望)이 천박한 데도 불구하고 높은 자리에 있는 사람을 말한다. 이러한 사람이 높은 지위에 앉아 있지만, 그 책무를 감당하기가 힘이 드는 형상을 말하였다. 즉, 그릇이 작은 사람이 큰 감투를 쓰게 되면 앞이 보이지 않아

서 나쁜 일을 저지르게 되는 것이다.

예1) 易에 曰 德微而位尊하고 智小而謀大면 無禍者鮮矣니라.(『明心寶鑑』省心篇)
『주역』에 말하기를 "덕이 적은 데서 지위가 높으며, 지혜가 없으면서 꾀하는 것이 크다면 화가 없는 자가 드물 것이다"고 하였다.

예2) 周易에 曰 善不積이면 不足以成名이요 惡不積이면 不足以滅身이어늘 小人은 以小善으로 爲無益而弗爲也하고 以小惡으로 爲無傷而弗去니라 故로 惡積而不可掩이요 罪大而不可解니라 履霜하면 堅氷至라하니 臣弑其君하며 子弑其父非一旦一夕之事이라 其由來者漸矣니라 (『明心寶鑑』增補篇)
『주역』에 말하기를 "선을 쌓지 않으면 족히 이름을 이룰 수 없을 것이요, 악을 쌓지 않으면 몸을 망치기에 족하거늘 소인은 조그마한 선으로서는 이로움이 없다고 해서 버리지 않는다. 그러므로 악이 쌓이면 가히 없애지 못할 것이요, 죄가 크면 가히 풀지 못한다. 서리를 밟으면 굳은 얼음이 이른다고 하였으니, 신하가 그 임금을 죽이고 자식이 그 아버지를 죽이는 일은 하루아침 하루저녁에 이루어지는 일이 아니라 그 말미암음이 오래다"고 하였다.

● 知小而謀大하며 : 아는 것(경륜)이 작은 사람이 큰 일을 도모(圖謀)하는 형상을 말한 것이다. 결국 일을 이루지 못하고 화(禍)만 당하고 실패하게 될 것이다.

● 力小而任重하면 : 힘(능력)은 작은데 그 맡은 바 임무는 무거운 것을 말한다. 즉, 중임(重任)을 맡았으나 이루지 못하는 형상이다.

● 鮮不及矣나니 : 그 미치지 못하는 것이 자기의 소임을 다하는 바가 드물고 적다. 즉, 이러한 형상에서 지탱해 나가는 자는 드물어서 이루어질 수가 없다는 것이다.

1) 德薄而位尊
2) 知小而謀大 } 鼎折足覆公餗 其形渥凶
3) 力小而任重

鼎卦의 시기에는, 되지도 아니하는 세 가지의 생각과 일을 하려는 자가 있다는 것이다. 첫째가 德薄而位尊이며, 둘째가 知小而謀大이며, 셋째가 力小而任重이다. 그 결과가 鼎折足覆公餗하여 其形渥凶이다. 즉, 솥에 음식물을 너무 많이 넣는 바람에 솥의 다리가 부러졌다는 것이다. 위의 문장은 이러한 형상을 여러 가지로 비겨서 설명하고 있다. 그 가장 큰 뜻은, 鼎卦는 음식물이 솥에 넣어져 변화되는 革의 뜻이 있으니, 이러한 때라면 기형적(畸形的)인 위의 세 가지의 일이 있을 것이다. 이것은 인간의 마음속에서 惡이 고개를 들고 나올 수 있는 사회상(社會相)을 말한 것이 아닐까? 또 한편으로 군자라면 이러한 일에 말려들지 말고 경계하며 슬기롭게 헤쳐나가야 한다고 암시해 주는 글이기도 하다.

子曰 知幾ㅣ 其神乎ㄴ져 君子ㅣ 上交不諂하며 **下交不瀆**하나니 **其知幾乎ㄴ져 幾者**는 **動之微니 吉之先見者也ㅣ니 君子ㅣ 見幾而作**하야 **不俟終日**이니 **易曰 介于石**이라 **不終日**이니 **貞코 吉**타하니 **介如石焉**커니 **寧用終日**이리오 **斷可識矣**로다 **君子ㅣ 知微知彰知柔知剛**하나니 **萬夫之望**이라

　공자께서 말씀하시기를 "기미(幾微)를 안다는 것은 그야말로 신기로운 것인져! 군자가 위로 사귀되 아첨하지 아니하며, 아랫사람과 사귀되 더러운 짓은 아니하나니 그 기미를 아는 것인져! 幾라는 것은 사물의 움직임 또는 마음이 움직여 가는 극히 미세한 징조로서 길〈흉〉의 단서가 먼저 드러나는 것이니, 군자가 그 기미를 보아서 행동하며 하루종일 기다리지 아니함이니, 易에서 말하기를 '〈豫卦 六二에서〉절개(의지)가 돌과 같으니 종일 기다리지 아니하니 마음이 한결같이 바르게 가면 길하리라'고 하니, 〈마음이〉 돌같이 단단하니 어찌 종일을 쓰겠는가? 〈자기가〉 판단하여 가히 알지니라! 군자는 미세한 것도 알고 빛나는 것도 알고 柔한 것도 알고 剛한 것도 알아서 일반 사람이 우러러볼 수 있는 그 사람이라야 한다"고 하셨다.

・幾:기미 기, 기틀 기, 조짐 기　・諂:아첨할 첨　・瀆:더러울 독　・俟:기다릴 사　・介:절개 개, 끼일 개
・寧:편안할 녕, 차라리 녕　・斷:판단할 단, 끊을 단　・識:알 식　・微:작을 미　・彰:빛날 창, 드러날 창
・望:바랄 망

總說

　雷地豫卦 육이효에 대한 공자의 설명이다. 日午中天 시기를 당하여 예지(豫知)를 해야 하는데, 明明德을 하면 알아낼 수 있음을 말하고 있다.[7]

各說

● **知幾ㅣ 其神乎ㄴ져**:①만사 만물의 깊은 이치를 알아내는 초점(기틀, 기미)을 안다는 것은 귀신과 같은 존재이구나! 혹은 그 신기로운 것인져! 우리가 공부하는 것도 이 幾를 알기 위함이며 이것을 목표로 하고 있다. 이 幾는 형이상학적인 개념

---

7) 心易이 된 뒤에 天命을 기다린다는 것으로, 乾卦 구삼효의 "九三은 君子ㅣ 終日乾乾하야 夕惕若하면 厲하나 无咎ㅣ리라:구삼은 군자가 종일토록(오전 마지막까지) 조심하고 조심하여 저녁때까지 두려워한다면 비록 위태로우나 큰 허물은 없을 것이다"와 상통된다.

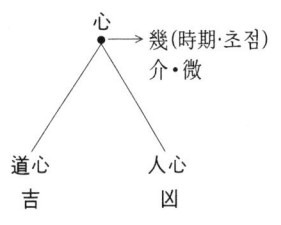

이므로 보이지도 나타나지도 아니한다. 즉, 마음이 움직여 나가는 초점, 혹은 사물이 동작해 가는 시기를 말한다. 이것을 먼저 보는 자가 길을 아는 자이다. 다시 말하여 기회(機會)의 神은 한번 놓치면 다시는 오지 아니한다. 그래서 이 幾를 알아내려고 노력하는 것이 工夫라고 할 수 있다. ②길흉이 나타나기 전에 기미를 먼저 아는 자가 道人이요, 선각자(先覺者)라고 할 수 있다. 즉, 형이하학적으로 길흉이 나타났을 때는 이미 늦다. 먼저 형이상학적인 吉을 가져야 한다.

예) 莫見乎隱이며 莫顯乎微니 故로 君子는 愼其獨也 l 니라 (『中庸』 第1章)
  숨어 있는 것보다 더 나타나 보이는 것이 없고 미소(微少)한 것보다 더 나타나는 것이 없으니, 그러므로 군자는 혼자 있을 때를 삼가하고 조심하게 된다.
  [설명] 微는 아주 적다는 뜻으로 介, 幾와 의미가 상통한다. 石은 无心의 自重之理의 뜻이 있다.

● 君子 l 上交不諂하며 下交不瀆하나니 : ①아무런 말없이 성실하게 한다는 것이다. 즉, 군자는 윗사람을 사귀되 卑而不可踰(내 몸을 낮추되 중용지도를 벗어나지 아니한다)로써 행동하고, 아랫사람과 사귈 때는 더럽고 추잡한 짓은 아니한다는 것이다. 이것은 幾를 알기 때문이며 幾를 모를 시에는 윗사람에게 아첨을 하며, 아랫사람에게 권력의 남용을 자행한다는 것이다. ②上交不諂, 下交不瀆에는 中이 내포되어 있다. 이것을 아는 자가 군자다. 군자는 모름지기 道心으로 윗사람이나 아랫사람에게 대하기 때문에 六極이 침범할 수가 없다.

예) 六極, 一曰 凶短折 二曰 疾 三曰 憂 四曰 貧 五曰 惡 六曰 弱 (「洪範九疇」)
  육극은 첫째가 횡사와 요절이고, 둘째가 질병이며, 셋째가 근심이고, 네째가 빈곤이며, 다섯째가 악함이고, 여섯째가 몸의 허약함이다.
  [설명] 마음가짐이 介于石과 같으면 육극은 침범할 수가 없다.

● 幾者는 動之微니 : 幾라고 하는 것은 움직여 나가는 것 가운데 아주 미세한 것으로, 마음이 움직여 나가는 데 움직이기 전의 초점을 뜻한다. 无我之境의 마음에 잠재해 있는 것을 뜻한다. 즉, 止於至善이 되어 있는 그 자체를 말한다.

예) 其見於經則允執厥中者는 堯之所以授舜也 l 오 人心은 惟危하고 道心은 惟微하니 惟精惟一이라사 允執厥中者는 舜之所以授禹也 l 니 堯之一言이 至矣盡矣어날 而舜이 復益之以三言者는 則所以明夫堯之一言이니 必如是而後에 可庶幾也 l 라 (「中庸章句序」)

그 經書에 나타나 있는 것으로 '진실로 그 中을 잡으라'고 한 것은 요임금이 순임금에게 전수한 心法이요, '사람의 마음은 오직 위태하고 道의 마음은 오직 은미하니, 오직 정밀하고 오직 한결같이 하고서야 진실로 그 中을 잡으리라'고 한 것은 순임금이 우임금에 전수한 심법이니, 요임금의 한마디 말씀(允執厥中)이 지극하고 극진했는데, 순임금이 다시 세 마디 말씀을 더 하신 것은 요임금의 한 마디 말씀을 밝힌 것이니, 반드시 이와 같이하신 뒤에야 거의 가까울 것이다.

[설명] "人心은 惟危하고 道心은 惟微하니"에서 道心으로 가는 그 초점이 幾라고 하였으며, 이것을 『중용』에서 "莫見乎隱이며 莫顯乎微:숨어 있는 것보다 더 나타나 보이는 것이 없고 미소한 것보다 더 나타나는 것이 없다"라고 하였다.

- 吉之先見者也ㅣ니: ①형이상학적인 吉을 먼저 보는 것이다. 지극히 微한 데서 道心을 찾고 幾와 介를 찾는다면, 微는 吉과 凶 중 吉한 것으로 그 원류(源流)가 곧 幾라고 할 수 있다. ②사람 마음의 작동 여하에 따라서 길흉이 판단되는 것이며, 이 길흉은 우리가 말하는 형이하학으로 바로 깨닫게 된다. 이 길흉을 마음속에서 먼저 형이상학적으로 찾을 줄 아는 사람이 道人이요, 군자요, 선각자(先覺者)로서 공부할 줄 아는 사람이다. 우리도 이러한 것을 알아서 흉한 것과 不善한 것을 지양(止揚)하고 吉하고 善한 곳으로 나아가도록 介于石을 해야 하며, 또 幾를 알아서 마음속에 깊이 간직하면 吉한 것을 먼저 보는 사람이라고 할 수 있다.

  예) 此는 釋豫六三爻義라 漢書에 吉之之間에 有凶字라 (『周易傳義大全』「本義」)
  이것은 예괘 육이효의 뜻을 풀이한 것이다. 『한서』(漢書)에 吉자와 之자 사이에 凶자가 있다.

  [설명] "吉之之間에 有凶字라"이라는 말은 吉之先見者也가 吉凶之先見者也로 되어야 한다는 말이다. 그러나 원문을 고칠 필요가 없다.

- 君子ㅣ 見幾而作하야 不俟終日이니: 군자는 언제나 형이상학적인 기틀을 보고 행동에 옮기는 것이니, 그 幾(時)를 안다면 종일을 기다리지 아니하며, 사용하고 행사를 할 때는 해야만 된다는 것이다. 결과적으로 때가 되어서 선각자가 時止則止하고 時行則行한다는 것을 짐작할 수 있다.

- 介如石焉커니 寧用終日이리오 斷可識矣로다: 절개가 돌과 같아서 안다고 할지라도 남에게 알리지 않고 절대로 잠룡(潛龍)한다는 것이다. 그러나 자기만 알고서 어찌 종일을 모르는 척 할 것인가? 그러하지 아니하고 자신이 잘 판단하여 행동에 옮겨 나간다는 것이다.

- 君子ㅣ 知微知彰知柔知剛하나니: 군자는 微한 것도 알아야 하지만, 빛나는 것, 부드

러운 것, 강한 것 등 모든 것도 다 알 수가 있다는 뜻이다. 이것은 군자의 无所不知한 것을 말한다.
- 萬夫之望이라:모든 사람들의 선망하는 바가 되는 것이다. 이러한 萬夫之望이 될 수 있는 사람이 누구겠는가? 공자의 수제자인 안자(顔子)를 두고 말하였다. 다음의 문장은 공자가 안자에 대하여 쓴 글이다.

子曰 顔氏之子ㅣ 其殆庶幾乎ㄴ져 有不善이면 未嘗不知하며 知之ㅣ면 未嘗復行也하나니 易曰 不遠復이라 无祗悔니 元吉이라하니라

공자께서 말씀하시기를 "안씨의 아들(顔淵)은 거의 기미를 아는 바가 되었구나! 不善한 일이 있지만 일찍이 알지 못하는 바가 아니며, 그것이 不善한 일인 줄 알면 두 번 다시 일찍이 행하지 아니하였다. 〈이것을〉 易에서 말하기를 '〈復卦 初九에서〉 멀지 아니하여 〈천부지성에〉 회복하는지라 뉘우칠 정도로까지 이르지 아니하였으니 원래부터 길하다'"고 하셨다.

· 顔:성씨 안, 얼굴 안 · 殆:자못 태, 위태할 태 · 嘗:일찍이 상, 맛볼 상 · 復:돌아올 복 · 祗:이를 지(=至)

總說

地雷復卦 초구효에 대한 공자의 설명이다. 종일을 기다려서 안자(顔子)와 같은 복성공(復聖公)이 출현하여 불원복(不遠復)이 된다는 뜻이기도 하다.

各說

- 其殆庶幾乎ㄴ져:①자못 그럴듯하다. 즉, 萬夫之望에 거의 가까운 사람이라는 뜻이며, 수많은 창생(蒼生)을 구제할 수 있는 유자격자가 된다는 것이다. ②공자의 삼천 제자 가운데 顔氏之子인 안자(顔子)가 介于石한 사람이라는 것이다. 吉之先見者, 즉 안자가 吉을 먼저 보았다는 것이다.
- 有不善이면 未嘗不知하며:이 구절을 직역하면, "착하지 아니한 것이 있다면 일찍이 알지 아니하지 못하다"가 된다. 즉, 부정의 부정이니 긍정이 된다. 곧 不善을 미리 알았다는 것으로 형이상학적인 발단을 미리 알고 介于石하여 不善으로 가지 못하게 막아버린다는 뜻이다.8)

---

8) 은나라 주왕(紂王)이 세상을 혼란하게 망가뜨려 놓았으나 幾(介, 微)를 알고 있는 文王이 德治로써 혼란한 세상을 건졌다. 이와 같이 지구 변동이 있다고 하여도 이것을 능히 아는 자가 한 사람만이라

●知之l면 未嘗復行也하나니:①어찌 하다가 행동하는 가운데에 불선이 있음을 알게
되면 일찍이 다시는 불선한 행동을 하지 아니한다는 것이다. 사람의 마음은 간사
하여 七情에 끌려가기가 쉽다. 그러나 안자(顏子)는 자기가 판단하여 不善이라고
여기면 절대로 다시는 행하지 아니한다는 것이다. 여기
에 안자를 復聖公이라고 하는 이유가 있다고 보겠다. ②
聖人의 출현은 대자연이 復卦(冬至)에서 처음으로 一陽
이 始生하는 현상과 같은 이치이다. 이 一陽을 자기의
首弟子인 안자(顏子)에 비유하여 공자가 말하였다.9)

地雷復

　　　　　有不善未嘗不知 → 형이상학적 행위의 善
　　　　　知之未嘗復行也 → 형이하학적 행위의 善

　　　未達一間 → 升堂未入室 → 顏子 → 克己復禮 → 復聖公

예)顏淵이 問仁한대 子ㅣ曰 克己復禮爲仁이니 一日克己復禮면 天下歸仁焉하나니 爲
　仁由己而由人乎哉아 (『論語』「顏淵」)
　　안연이 仁을 묻자 공자께서 말씀하시기를 "자기를 극복하여 禮로 돌아오는 것이 仁이
　니, 하루만이라도 자기를 극복하여 禮로 돌아오면 천하가 仁으로 돌아올 것이다. 仁을
　하는 것은 자기로 말미암는 것이니, 어찌 남에게서 말미암을 것이냐?"고 하셨다.
　　[설명]克己復禮→仁→種子格이다. 克己復禮는 克己 곧 자신의 노력을 다하여 七情
　(不善)을 막는 것을 말한다. 이리하여 復禮를 한다.

　위의 문장에서 안자(顏子)는 有不善未嘗不知, 知之未嘗復行也한 사람이라는 것이
다. 앞으로 이러한 사람이 나올 수 있는 조짐이 있다는 뜻이 이 문장 속에 들어 있는
것이 아닐까? 처음으로 澤山咸卦 구사효로 憧憧往來하여 천지의 상교로 一陽이 시
생하는 것처럼 復卦에서 천부지성으로 회복한 자가 나타난다는 뜻이고, 다음 문장에
서 말하는 ䷨損卦 육삼효에서 완전히 낳는다고 설명하고 있다.

　　도 있다면 모든 것이 해결될 것이 아니겠는가? 이처럼『주역』은 모두 이러한 비사체(秘辭體)로 되
　　어 있다.
　9)공자는 그의 위대한 학문을 이심전심(以心傳心)으로 안자(顏子)에게 전하였으며, 의발(衣鉢)은 증
　　자(曾子)에게 전하였다고 볼 수 있다. 공자는 언제나 안자에 대하여 칭찬을 아끼지 아니하였다. 이
　　러한 내용은『논어』안연편이나 다른 경전에서 찾아볼 수 있다.

繫辭傳下 제5장 215

天地ㅣ **絪縕**에 **萬物**이 **化醇**하고 **男女**ㅣ **構精**에 **萬物**이 **化生**하나니 **易曰 三人行**앤
則損一人코 **一人行**앤 **則得其友**ㅣ라하니 **言致一也**ㅣ라

　천지 〈음양〉 기운의 화합에 의하여 만물이 生成(化醇)하고 〈이를 본받아서〉 남녀가 精氣를 얽음에 만물이 生成(化生)하나니, 易에서 말하기를 "〈損卦 六三에서〉 세 사람이 가는 데는 곧 한 사람을 덜고, 한 사람이 가는 데는 곧 그 벗(짝)을 얻는다"고 하니 하나를 이루는 것을 말함이다.

・絪:하늘 기운 인(=氤)　・縕:땅 기운 온(=氳)　・醇:순수할 순, 두터울 순, 발효할 순　・構:얽을 구
・精:정밀할 정, 슳은 쌀 정　・損:덜 손

總說

　山澤損卦 육삼효에 대한 공자의 설명이다. 세상 사람 모두 損益 속에서 어떻게 하면 益이 될 것인가를 생각하고, 또 이것을 구하려고 노력하고 있다. 그러나 성인이 구제창생(救濟蒼生)을 하는 이치에서 모든 사람을 교화시켜 나간다. 이것이 損이니, 이것으로써 행사하는 것이 正常이요, 성인이 해야 할 바이며 凡人과 다른 점이라고 할 수 있다. 그러므로 이것은 군자의 형이상학의 損이라고 할 수 있다.

各說

● **天地**ㅣ **絪縕**에 **萬物**이 **化醇**하고:형이상학적이며 氣化的을 말한다. 천지의 상통(相通)은 우리의 눈으로 볼 수도 없고 느낄 수도 없다. 단지 우리는 그 결과로써 나타나는 비 오고 눈 오고 만물이 육성되어 가는 것을 볼 수 있을 뿐이다.

● **男女**ㅣ **構精**에 **萬物**이 **化生**하나니:①형이하학적이며 形化的인 것을 말한다. 앞 구절의 天地를 男女에 비유하여 알기 쉽게 설명한 것이다.[10] 즉, 天地道→人道이다.

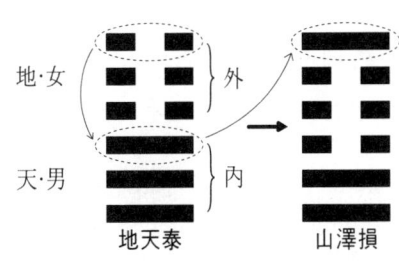

②地天泰卦의 기운으로써 상통된 상태를 의미한다. 천지의 상교가 氣化的으로 이루어진 것이 泰卦이다. 內卦의 구삼효와 外卦의 상육효가 서로 자리를 바꾸면 損卦가 된다. 소성괘 乾卦(內卦, 男子)로 보면 양이 음이 되므로 損이요, 소성괘 坤卦(外卦, 女子)로 보면 음이 양이 되므로 益이다. 咸卦(31)에서 損卦(41)까지는

---
10) 天・地 ― 男・女 ― 夫・婦 ― 陰・陽으로서 상대성의 쌍(雙)의 이치로 되어 있다.

꼭 10괘째이고, 60爻(陽 30爻, 陰 30爻)로 되어 있어 대자연이 빈틈 없는 조화를 이루고 있다.

1	2	3	4	5	6	7	8	9	10	11
咸	恒	遯	大壯	晋	明夷	家人	睽	蹇	解	損
䷞	䷟	䷠	䷡	䷢	䷣	䷤	䷥	䷦	䷧	䷨
3爻	6爻	6爻	6爻	6爻	6爻	6爻	6爻	6爻	6爻	3爻
陽2爻	陽3爻	陽4爻	陽4爻	陽2爻	陽2爻	陽4爻	陽4爻	陽2爻	陽2爻	陽2爻
陰1爻	陰3爻	陰2爻	陰2爻	陰4爻	陰4爻	陰2爻	陰2爻	陰4爻	陰4爻	陰1爻

● 三人行앤 則損一人코:①三人行은 여자가 배 속에 아이를 가진 것을 말한다. 따라서 父, 母, 子가 되어 三人行이 된다. 여자가 해산(解産)을 하는 것이 損이므로 아이를 낳는 것이 則損一人이다. ②三人行則損一人=夫婦二人이다. 상대 이론의 기본 단위의 원리라고 할 수 있는 것이 夫婦之道이다. 그러므로 則損一人이라고 한 것은 아이가 모체(母體)에서 탄생되어 나온 것을 말한다. [참고]山澤損卦에서 해산한다고 하니 그 이유는 무엇인가? 咸卦의 구사효 憧憧往來я 咸其心에서 상교되어 10괘째인 解卦에서 皆甲坼을 하여 제1차적인 虛實의 예비 검사를 거쳐서 정확히 10개월인 山澤損의 육삼효에서 출산하게 되는 것이다. 착종괘로 咸卦 속에 損卦가 존재하고 損卦 속에 咸卦가 존재한다.

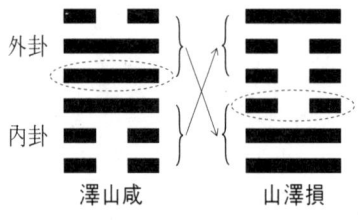
外卦 / 內卦 / 澤山咸 / 山澤損

● 一人行앤 則得其友 l 라하니: 한 사람을 던 사람이 행한즉 벗을 얻어서 곧 二人이 된다는 것이다.11) 男女構精의 원리로 해설하면 양은 음을 얻고, 음은 양을 얻는다는

---

11) ①二人 이상일 때는 親親을 하여야 하는데 親親은 仁이라야 가능하다. 仁을 파자하여 보아도 그 설명이 가능하다. 즉, 仁은 亻+二=2人을 말한다. 仁의 뜻을 좀더 세부적으로 설명하면 다음과 같다. 의학적으로 보면, 사람의 기혈(氣血)이 완전한 것으로 천부지성(天賦之性)을 말하며, 불완전한 건강을 말할 때 手足이 不仁하다고 한다. 정치적으로 보면 仁政을 베푼다는 것이며, 도의적으로 보면 부모에게 효성을 지극하게 하는 것이다. 仁은 二人 이상이 결부되는 것으로 혼자서 나타나지 아니하고, 善이 남에게 베풀어졌을 때가 仁이라 할 수 있다. 즉, 신체의 기혈(氣血)과 같이 二人 이상에게 베푸는 것을 말한다. 맹자는 측은지심(惻隱之心)이 仁之端也라고 했다. 仁者는 人也이므로 親親

뜻이다. 다시 말하여서 두 남녀가 결합하여 아들 낳고 딸 낳고, 또 이 아들과 딸이 각각 혼인하여 부부를 이루어 살아가는 계계승승(繼繼承承), 영원불멸(永遠不滅)의 이치로서 生生之理라고 말할 수 있다.

● 言致一也 l 라:①말하자면 하나를 이루는 것이다. 종결(終結)에는 각각 하나로 돌아간다는 것이다. 부모가 결합하여 아들·딸을 가져서 三人이 되었다가, 이것을 덜어서 分家시켜 내놓으면 다시 하나로 돌아간다는 뜻이다. 또 夫婦一身이라고도 할 수가 있다. 이러한 행위가 반복되는 것이 우리 인생살이가 아닐까? 父·母·子의 三極之道 속에서 서로 왕복하며 관계를 가지고, 天地人의 기운으로 모든 이치가 순환하고 있다고 할 수 있다. ②"三人行則損一人"과 "一人行則得其友"는 陰陽 三極之道로써 자연의 원리가 운행되어 가고 있다는 것이다. 이것은 상대적으로 말하고 있지만, 결국 상대성 그 위에는 태극의 원리가 내재해 있음을 알아야 한다. 즉, 음양이 합치하여 하나로 되는 이치를 말하였다. 결국 2(음·양)는 1에 내포되어 있고, 2는 1에서 시작됨을 말한 것이다. '言致一也'는 태극을 뜻하며 夫婦歸一과 도통 경지를 말한다.

$$\begin{matrix} 1.天(男) \\ 1.地(女) \end{matrix} \} 相交(婚姻) \longrightarrow 萬 物 化 醇 \begin{cases} 男(天) \\ 女(地) \end{cases}$$
$$1.子息化生(人)$$

$$婚姻 \begin{cases} 1.天(男) \\ 1.地(女) \end{cases} \} 相交 \longrightarrow 萬 物 化 醇 \begin{cases} 天(男) \\ 地(女) \end{cases}$$
$$3.子息化生(人)$$

天地人 三才의 상호 작용에 따라 1生2法에서 1生3法 또는 2而1의 歸一法으로 면면히 이어져 내려온 生生之理를 뜻하는 것이다.

$$\begin{matrix} 1生2, 1生3 \longrightarrow 生生之理 \\ 2而1 \longrightarrow 歸 一 法 \end{matrix} \} 모든 이치가 이 속에 있다$$

爲大라고 하였듯이 仁이라야 100% 親할 수 있다. 친구(親舊)를 사귀는 데도 親親이 있어야 하며, 이에는 仁으로써 親親 관계가 유지될 수 있다. ②『周易』은 中正,『書經』은 允執厥中,『詩經』은 思无邪,『大學』은 敬,『中庸』은 誠,『論語』는 仁,『孟子』는 仁義,『春秋』는 義,『禮記』는 天秩(秩序)을 그 경전의 핵심적인 주체로서 주장하고 있다.

子曰君子ㅣ 安其身而後에아 動하며 易其心而後에아 語하며 定其交而後에아 求하나니 君子ㅣ 脩此三者故로 全也하나니 危以動하면 則民不與也코 懼以語하면 則民不應也코 无交而求하면 則民不與也하나니 莫之與하면 則傷之者ㅣ 至矣나니 易曰 莫益之라 或擊之리니 立心勿恒이니 凶이라하니라

　공자께서 말씀하시기를 "군자는 그(자기) 몸을 평안하게 한 뒤에야 움직이며, 그 마음을 쉽게 한 뒤에야 말하며, 그 사귐을 확정한 뒤에야 구하는 것이니 군자는 이 세 가지를 닦는 까닭에 온전한 것이니, 〈신상에〉 위태로움이 있는데 움직이면 곧 백성이 더불어 하지 아니하고, 두려움으로써 말하면 곧 백성이 〈이에〉 호응하지 아니하고, 사귐이 없이 구하면 곧 백성이 참여하지 아니하는 것이니, 함께 하는 이가 없으면 곧 〈나를〉 상하게 하는 자가 이르게 되는 것이니, 易에서 말하기를 '〈益卦 上九에서〉 유익만을 〈구하려〉 하지 말라. 혹 공격을 받을지도 모르니, 마음을 세워 항상 하지 못하니 흉하다'"고 하셨다.

・脩:닦을 수　・懼:두려울 구　・應:응할 응　・莫:없을 막　・傷:상처 상　・擊:부딪칠 격　・勿:말 물
・恒:항상 항

總說

風雷益卦 상구효에 대한 공자의 설명이다. 앞 문장에서 말였는데, 사람은 咸恒으로 혼인을 하지만, 결국 損益의 원리로 산다는 것이다. 따라서 이 損益의 적절한 운용이 인간 생활을 풍요롭게 해 주고 있는 것이다.

各說

● 君子ㅣ 脩此三者故로 全也하나니:

安其身而後─動
易其心而後─語 } 中正之心, 세 가지를 완전히 하는 자가 군자다
定其交而後─求

● 莫之與하면 則傷之者ㅣ 至矣나니:① 三與 곧 危以動, 懼以語, 无交而求의 세 가지를 함께 하지 아니하면 나를 상하게 하는 자(중상 모략하는 자)가 이르러 오게 된다는 것이다. 즉, 動・語・求에서 中正을 잡지 못하면 상함이 오고 立心勿恒이니

흉하게 된다. ②安其身, 易其心, 定其交는 中正을 잡는 것이고, 危以動, 懼以語, 无交而求는 不中正이다. 그러므로 선후천의 中天 시기에는 中正을 잡고 "履信思乎順하고 又以尙賢也ㅣ라:信義를 밟고 항상 順天을 마음에 생각하고 또한 〈가신〉 어진 사람을 숭상하여야 한다"(「繫辭傳」上 第12章)고 하였다.

```
危 以 動 ┐   則民不與也 ┐
懼 以 語 ├→ 則民不應也 ├→ 莫之與 ─→ 則傷之者至矣
无交而求 ┘   則民不與也 ┘
```

● 立心勿恒이니 凶이라:①易其心이 惕이요 恒의 뜻이다. 즉, 대자연으로 하라는 것이다. 또 이것은 中正之心이며, 군자와 소인을 판가름 하는 기준이 된다. 立心勿(不)恒→凶이요, 立心有恒→吉이니 中正之心을 가져야 함을 강조하였다. ②"立心勿恒"의 恒은 괘명이다. 恒卦의 착종괘가 益卦이므로 '恒'자를 사용하였다. ③"易其心而後 一語"는 비사체로 五中 시기에는 마음을 易 속에 두고 말하라는 뜻이 있다. 즉,

```
上) 安 其 身 而 後 ── 動 ┐
中) 易 其 心 而 後 ── 語 ├ 中心(恒心)
下) 定 其 交 而 後 ── 求 ┘
```

● 莫益之라:①자신에게 이익되는 것만을 생각하여 찾지 말라는 것이다. 益卦는 先天의 終이고, 后天의 始이다. 이때가 되어 立心을 잘하여(中正) 난세를 극복해 나가야 한다는 것이 내포되어 있다. 日午中天 시기에는 富益富의 현상이 나타나 자기 욕심만을 차리려는 사람이 많을 것이니, 이러한 세태(世態)를 말한 것이다. ② 세상 사람들은 損·益에서 益만을 주장한다. 그러나 군자는 益만을 주장하지 않고 損을 전제로 한 益을 주장한다. 따라서 「계사전」하 제5장은, 中正(五中)을 가지려는 자는 益만을 주장해서는 아니 된다는 뜻에서 益卦로써 강조되고 끝맺음되었다. ③「계사전」상 제5장은 神으로 끝맺음을 하였고,「계사전」하 제5장은 感應의 이치와 損益 관계를 써 놓았다. 곧 感應의 원리는 神의 작용을 말한다. 后天八卦(文王八卦方位圖)에서 볼 때 五中이니, 제五장에서 中을 부르짖고, 또 모든 효사의 뜻이 中을 설명하였다고 볼 수 있다.

● 或擊之리니:혹 정체를 알 수 없는 타인에 의하여 자기가 테러나 습격을 받는다는

것이다. 즉, 많은 돈을 가지고 있음에도 불구하고 오로지 돈만을 밝힌다면, 그를 증오한 나머지 습격할 사람이 생기게 된다는 것이다. 여기서 "莫益之"는 中을 잡지 못한 상태를 말하며, "或擊之"는 凶의 시발점이 된다.

예)王曰 吾惽하여 不能進於是矣로니 願夫子는 輔吾志하여 明以教我하소서 我雖不敏이나 請嘗試之하리이다 曰 無恒產而有恒心者는 惟士爲能이어니와 若民則無恒產이면 因無恒心이니 苟無恒心이면 放辟邪侈를 無不爲已니 及陷於罪然後에 從而刑之면 是는 罔民也라 焉有仁人在位하여 罔民을 而可爲也리오 (『孟子』「梁惠王」上)

왕이 말하기를 "나는 어리석어서 여기에 나아갈 수 없으니, 원컨대 선생께서는 나의 뜻을 도와서 밝게 가르쳐 주십시오. 내 비록 불민하지만 한번 시험해 보겠습니다"고 하였다. 맹자께서 말씀하시기를 "떳떳한 생업이 없으면서도 恒心을 가지고 있는 자는 오직 선비만 가능한 것이요, 백성으로 말하면 떳떳이 살 수 있는 생업이 없으면 이로 인하여 恒心이 없어지는 것입니다. 만일 항심이 없어진다면 방자와 편벽과 부정과 사치 등 못하는 일이 없게 될 것이니, 그리하여 죄에 빠진 다음에 이들에게 형벌을 내린다면, 이것은 백성을 법의 그물로 옭아들이는 것과 다를 바가 없습니다. 어찌 仁人이 〈임금의〉 지위에 있으면서 백성을 법망에 걸 수 있겠습니까?"고 하셨다.

[설명]평민(백성)은 무항산(無恒產)이면 무항심(無恒心)이지만, 군자나 성인은 무항산이더라도 유항심(有恒心)이라고 하였다.

※損·益卦의 개괄

1)損卦는 괘상으로 보아서 內卦에서 外卦로 덜어주는 것을 말한다. 예를 들어 비유

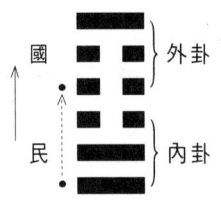

하면, 백성이 윤택한 생활을 하게 되어 적당한 세금이나 기타 방법으로 국가에 협조하는 것을 말한다. 이때 損하는 정신은 봉사하는 마음으로 有孚(精誠)하면 元吉한다. 損卦의 효사로 보아서 초구효가 육사효에게 益하여 주는 것이 된다. 損卦의 효사를 인용하여 보자.

- 初九는 巳事ㅣ어든 遄往이라아 无咎ㅣ리니 酌損之니라;초九는 일이 이미 그렇게 되어 있거든 빨리 가야 허물이 없으니, 참작하여 더는 것이다.
- 九二는 利貞코 征이면 凶하니 弗損이라아 益之리라;九二는 바르게 함이 이롭고 〈함부로〉 나아가면 흉하니, 덜지 말아야 더할 것이다.
- 六三은 三人行엔 則損一人코 一人行엔 則得其友ㅣ로다;六三은 세 사람이 행하는 데엔 곧 한 사람을 덜고, 한 사람이 행하는 데엔 곧 그 벗을 얻게 된다.
- 六四는 損其疾호대 使遄이면 有喜하야 无咎ㅣ리라;六四는 그 병을 덜어 버리되 〈초九로 하여금〉 빠르게 하면 기쁨이 있어서 허물이 없을 것이다.

- 六五는 或益之면 十朋之라 龜도 弗克違하리니 元吉하니라;六五는 혹 이익이 있으면 十朋之와 거북점을 쳐서도 능히 어긋나지 아니하리니 크게 길하다.
- 上九는 弗損코 益之면 无咎코 貞吉하니 利有攸往이니 得臣이 无家ㅣ리라;上九는 덜지 아니하고도 균형이 되면 허물이 없고 바르게 하여 길하니 갈 바가 있어 이로우니, 신하를 얻음이 집이 없을 것이다.

2) 益卦는 괘상으로 보아서 外卦에서 內卦로 덜어주는 것을 말한다. 예를 들어 비유하면 국가가 백성에게 덜어주는 것을 주는 말한다. 益卦의 효사로 보아서 상구효가 육삼효에 덜어주는 것으로 백성편에서 보면 益이 된다. 이렇게 되면, 괘사에서는 "益은 利有攸往하며 利涉大川하니라;益은 갈 바가 있어 이로우며, 큰 내를 건너는 데 이롭다"고 하여 계획했던 일이 뜻대로 잘된다고 하였으며, 「단사」에서는 "益은 損上益下하니 民說无疆이오 自上下下하니 其道ㅣ 大光이라;益은 위를 덜어서 아래에 더함이니 백성의 기뻐함이 지경이 없음이요, 위로부터 아래로 내려보내니 그 道는 크게 빛나는지라"고 하였다. 그리고 益卦의 효사를 인용하여 구체적으로 알아보자.

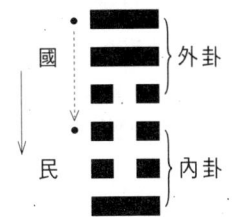

- 初九는 利用爲大作이니 元吉이라아 无咎ㅣ리라;初九는 써 큰 일을 잘하여야 이로우니, 원래부터 길하여야 허물이 없을 것이다.
- 六二는 或益之면 十朋之라 龜도 弗克違나 永貞이면 吉하니 王用享于帝라도 吉하리라;六二는 혹 이익이 있으면 十朋之와 거북점을 쳐서도 능히 어긋나지 아니하나 오래도록 바르게 하면 길하니, 왕이 써 천제께 제사지내더라도 길할 것이다.
- 六三은 益之用凶事앤 无咎ㅣ어니와 有孚中行이라아 告公用圭라라;六三은 〈군왕이〉 더함을 흉사〈시〉에 사용하는 데에는 허물이 없거니와, 신의를 가지고 중용지도를 행하여야 公에 고하되 圭로 할 것이다.
- 六四는 中行이면 告公從하리니 利用爲依며 遷國이니라;六四는 중용지도로 행하면 公에게 일러서 좇게 하리니, 써〈대중의 여론에〉 의지하며 나라를 옮기는 것이 이롭다.
- 九五는 有孚惠心이라 勿問하야도 元吉하니 有孚하야 惠我德하리라;九五는 믿음이 있어 마음으로 〈백성을〉 사랑하는지라. 묻지 않아도 원래부터 길하니, 〈백성이〉 믿음을 가지고서 나의 王德을 감사히 여길 것이다.
- 上九는 莫益之라 或擊之리니 立心勿恒이니 凶하니라;上九는 유익만을 〈구하려〉 하지 말라. 혹 공격을 받을지도 모르니, 마음을 세워 항상하지 못하니 흉하다.

3) 損·益 관계는 여러 가지 이치를 내포하고 있다. 손익 관계를 백성 위주로 설명하고 있으니, 이는 民本思想과 王道政治를 잘 표현해 주고 있다.

損 : 失・衰・消・虛・貧・陰・惡……
益 : 得・盛・長・盈・富・陽・善……

예) 象曰 風雷ㅣ 益이니 君子ㅣ 以하야 見善則遷하고 有過則改하나니라 (益卦「大象」)
象에서 말하기를 "바람과 우레가 益이니, 군자가 이로써 착한 것을 보면 옮기고, 허물이 있으면 고치는 것이다"고 하였다.
[설명]'見善則遷'의 시점은 현재를 나타내고, '有過則改'는 과거를 나타낸다. 물질로부터 벗어난 정신을 고취시키기 위한 것이므로 눈앞에 보이는 금전적 이익은 없다. 그러나 금전적 이익은 생기지 아니하지만 형이상학적인 益이 존재하고 있다. 이것은 한량없는 無價의 보물이므로 益은 행동에 德業을 증익(增益)하는 원칙이라고 할 수 있다. 즉, 나도 모르는 사이에 결과는 유익하게 된다는 것이다.

4) 損은 내가 남에게 덜어주는 행위로 忠臣, 烈士, 義士, 사회사업, 아들 낳고 딸 낳는 것 등을 말하며, 益은 이와는 달리 권력, 치부(致富) 등을 말한다. 이를 공부하는 데에 비유하면, 損은 자기의 학문을 널리 보급하는 것을 말하며, 益은 日日新又日新으로 學以聚之하는 것을 말한다. 따라서 공부하는 데는 損・益이 다 좋다.

損	←	中正	→	益
忠臣・烈士		君子		致富
義士・奉仕		聖人		權力

5) 咸卦는 하경의 1째 괘이고, 恒卦는 하경의 2째 괘이며, 損卦는 하경의 11째 괘가 되고, 益卦는 하경의 12째 괘가 된다. 咸卦의 착종괘가 損卦이며, 恒卦의 착종괘가 益卦이며, 否・泰卦에서 損・益卦가 上下 작용하여 作卦되었다.

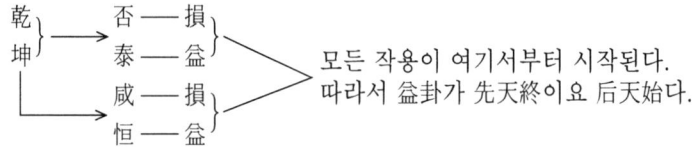

모든 작용이 여기서부터 시작된다.
따라서 益卦가 先天終이요 后天始다.

右는 第五章이라

제6장

 본 장은 『주역』이 乾·坤에서 시작되고, 모든 이치도 乾·坤에서 파생되어 『주역』 속에 은밀하게 정돈되어 다 갖추어져 있음을 말하고 있다. 이러한 이치를 백성에게 알려 주어 그들의 행동이 不善한 곳으로 빠지지 아니하도록 구제하고, 좋은 길로 인도하여야 한다고 말하고 있다.

子曰 乾坤은 其易之門耶ㄴ져 乾은 陽物也ㅣ오 坤은 陰物也ㅣ니 陰陽이 合德하야 而剛柔ㅣ 有體라 以體天地之撰(선)하며 以通神明之德하니

 공자께서 말씀하시기를 "乾坤은 그 易의 문인가? 乾은 양기의 물건이요 坤은 음기의 물건이니, 陰과 陽이 〈형이상학적으로〉 덕을 합하여 〈만물을 낳으니〉 剛과 柔가 형체를 나타낸다. 〈易으로〉써 천지의 법칙을 체득하여 〈만물 생성의〉 神明한 德에 통달하니,

 ·門:문 문 ·耶:어조사 야, 그러한가 야 ·體:신체, 모양 체 ·撰:법 찬(선), 글 지을 찬(선)

總說
 乾坤이 대자연의 진리 속에 존재함을 말하고 있다.

各說

● 乾坤은 其易之門耶닌져:①乾坤은 周易의 문 정도밖에 되지 아니한다는 것이다. 이는 易의 범위가 얼마나 큰 것인가를 단적으로 표현한 말이다. 또 달리 말해서 天地(乾坤)로부터 易이 入門되는 것이라 하니, 易의 이치가 얼마나 큰 것인가를 가히 짐작할 수가 있다. 또 易 속에 乾坤이 존재함이니, 이는 易의 광대실비(廣大悉備)함을 말해 주고 있다. 아래의 예문은 공자가 易에 대한 해설로서 한꺼번에 역의 모든 것을 말할 수가 없기 때문에 한 단편씩 끊어서 한 방향으로 설명하였다.

예1) 易이 與天地準이라 故로 能彌綸天地之道하나니 …… 與天地相似ㅣ라 …… 範圍天地之化而不過하며 (「繫辭傳」上 第4章)

　　易이 천지와 더불어 수평하게 되어 있는지라. 그러므로 능히 천지의 도를 능히 미륜(彌綸)하나니, ……〈역의 이치가〉천지와 더불어 서로 같은지라. …… 천지의 변화를 범위로 하여〈역의 이치가 설명되어 있으나〉조금도 지나치지 않다.

예2) 夫易이 廣矣大矣라 (「繫辭傳」上 第6章)

　　대저 易은 넓고도 크다.

예3) 易이 其至矣乎ㄴ져 (「繫辭傳」上 第7章)

　　易(易의 道)이 그 지극할진져!

예4) 易之爲書也ㅣ 不可遠이오 (「繫辭傳」下 第8章)

　　易의 글됨이 가히 멀지 아니함이요.

예5) 易之爲書也ㅣ 原始要終하야 (「繫辭傳」下 第9章)

　　易의 글됨이 始를 근원으로 하여 終을 요구한다.

예6) 易之爲書也ㅣ 廣大悉備하야 (「繫辭傳」下 第10章)

　　易의 글됨이 넓고 커서〈모든 이치를〉다 구비한다.

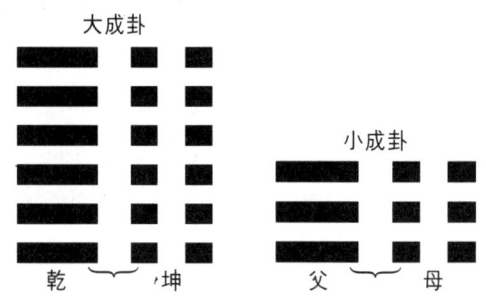

②『주역』은 乾坤卦로부터 편찬 序卦되어 있고, 乾坤卦로부터 입문하여 易의 내용을 다 알아볼 수 있으며, 乾坤卦를 바탕으로 하여 62卦가 생성될 수 있으니, 乾坤은 易의 門이라고 하였다. 文王八卦次序圖의 기본괘는 乾坤卦이다. 이 乾坤卦가 상교하여 팔괘 중 나머지 여섯 괘가 나왔다. 乾坤=天地=陰陽이라면 易의 門은 陰과 陽이다. 다시 말하여 乾坤→八卦→64卦→384爻로 나뉘어도 언제나 乾坤의 큰 주머니 속에 있다는 뜻이다.

- 乾은 陽物也ㅣ오 坤은 陰物也ㅣ니: ①乾이라고 하는 것은 대체로 陽이라 할 수 있으며, 坤이라고 하는 것은 대체로 陰이라고 할 수 있다. 乾坤이 純陽純陰이 아니라 때에 따라서 陽物이 아닐 수도 있으며, 陰物이 아닐 수도 있다는 뜻이 내포되어 있다. ②陽과 陰이라 할 때는 氣化的 혹은 형이상학적으로 설명한 것이다. 대자연은 太極—兩儀—四象—八卦……로 분화(分化) 발전되어 가는데, 여기서 兩儀는 앞에서 설명한 대로 陰陽으로 나타나기 이전의 상태를 말한다. 즉, 절대가 없고 상대적이라는 뜻으로 陽 속에는 陰이, 陰 속에는 陽이 내포되어 있다.

  예1) 上六은 龍戰于野하니 其血이 玄黃이로다 (坤卦 上六爻辭)
  上六은 용이 들에서 싸움을 하니 그 피가 검고 누르도다.
  [설명]坤卦 상육효의 상태는 陰之陽이다.

  예2) 陰疑於陽하면 必戰하나니 爲其嫌於无陽也ㅣ라 故로 稱龍焉하고 猶未離其類也ㅣ라 故로 稱血焉하니 夫玄黃者는 天地之雜也ㅣ니 天玄而地黃하니라 (坤卦「文言傳」)
  陰이 陽을 의심하면 반드시 싸우게 되니 陽이 없음에 혐의를 갖는지라 그 때문에 龍이라 일컫고, 오히려 그 類에서 떠나지 못한지라. 그 때문에 血이라 일컬으니 대저 玄黃이란 천지가 섞여 있는 것이니 하늘은 玄이요 땅은 黃이다.
  [설명]윗글은 坤卦「문언전」의 연속으로 坤卦 상육효에 대한 설명이다.

  예3) 吉凶 관계에서 본다면 완전한 100%의 吉과 凶은 있을 수 없다. 吉凶이 상대적으로 상잡(相雜)하여 있는 것이 대자연의 이치다.

- 陰陽이 合德하야: 음과 양이 기화적 기운으로 형이상학적인 덕에 합한다는 것이다.
- 而剛柔ㅣ有體라: 剛과 柔가 서로 사귀어서 형체(形體)를 나타낸다는 것이다. 즉, 형이상학적으로 합쳐져서 형이하학적으로 나타나는 형상(形象)을 말한다.

```
天道 — 乾坤(陰陽) — 形而上學的 — 氣化的(氣運으로 相交)
地道 — 剛     柔 — 形而下學的 — 形    化    的 — 質的
人道 — 仁     義 — 天道와 地道를 모방하여 합리화시킴
```

- 以體天地之撰하며: 천지의 모든 사물의 법칙을 체득(體得)하면, 곧 주역의 이치를 체득하면 대자연의 모든 이치를 다 알아낼 수 있다는 뜻이다. 곧 천지의 조화를 체험한다는 뜻이다. 여기서 '撰'은 하늘과 땅의 대표적 법칙이나 물건을 말한다. 음은 '선'으로 읽는다.
- 以通神明之德하니: 주역을 많이 공부하면 저 微한 곳에 존재하는 이치는 물론이고, 모든 사물의 이치를 귀신처럼 알 수 있어 밝은 덕에까지도 통달할 수 있는 것이

다. 주역의 이치가 얼마나 포괄적이고 광범위한가를 알려 주는 글이기도 하다.

易之門 〈 乾卦 ― 陽物
　　　　　坤卦 ― 陰物 〉 合德 → 剛柔有體 〈 以體天地之撰(形而下學)
　　　　　　　　　　　　　　　　　　　　　以通神明之德(形而上學)

其稱名也ㅣ 雜而不越하나 於稽其類앤 其衰世之意耶ᆫ져

〈주역의 내용을 살펴 볼 때〉 그 이름을 일컬음이 섞여 있지만 〈그 질서를〉 넘지 아니하나, 그 종류를 상고(詳考)하여 보면 그 쇠퇴한 세상을 뜻한 것이 아니겠는가?
· 稱: 일컬을 칭　· 雜: 섞일 잡　· 越: 넘을 월　· 稽: 상고할 계, 머리 숙일 계　· 其: 그 기

各說

● 其稱名也ㅣ 雜而不越하나: ①주역의 내용을 살펴 볼 때, 陰陽과 剛柔 관계 등으로 표시되어 있는 八卦의 명칭이 복잡하게 서로 섞여 있지만 일정한 법칙과 질서를 벗어나지 않는다는 것이다. 즉, 理致의 밖에서 구하려고 하지 아니하였다는 말이다. ②乾坤, 陰陽, 剛柔, 男女, 先后天 등을 일컬어 "稱名", "其類"라고 한다. 또 팔괘가 서로 상교하여 64괘로 발전해 나가는 것으로, 일정한 질서에 따라 기록되어 있는 것을 "雜而不越"이라 한다. 즉, 음양배합괘(陰陽配合卦), 도전괘(倒轉卦), 착종괘(錯綜卦), 호괘(互卦)로 섞이어 그 질서에서 벗어나지 않는 것을 말한다.

● 於稽其類앤: 『주역』 64괘에 함유된 내용에는 그 이름을 일컬음이 섞여 있지만, 거기에는 일정한 법칙이 있어 그 질서를 넘지 아니한다는 것이다. 그 종류를 상고(詳考)하여 보면 이 속에 이치는 물론이고, 그 세태(世態)가 쇠퇴해 가는 말세(末世)의 뜻을 이 『주역』 속에서 찾아볼 수가 있다는 것이다.

　· 계상재배(稽顙再拜): 머리를 조아려 두 번 절하는 것을 말한다. 상주(喪主)가 글을 쓸 때 첫머리에 사용하는 문구이다.
　· 계수(稽首): 돈수(頓首)보다 더 구부려 절하는 것을 말한다. 돈수(頓首)는 보통으로 하는 절을 말한다.
　· 계고(稽考)는 지나간 일을 상고함이요, 계고(稽古)는 옛 일을 고찰하여 공부하는 것을 말한다.

● 其衰世之意耶ᆫ져: 역사적으로 文王과 주왕(紂王) 당시의 혼란한 시대적 상황을 설명한 것이다. 즉, 不善이 난무(亂舞)하여 백성의 인심이 仁政을 베푸는 문왕에게 쏠리는 혼탁한 그때를 초점으로 하였으니 衰世之意라고 하였다. [참고] 여기서

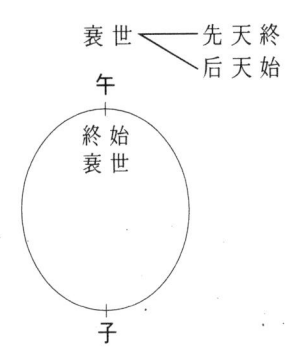

우리는 逆으로 생각해 볼 수 있다.『주역』은 난세(亂世), 곧 쇠세(衰世), 말세(末世)를 당하였을 때, 계고(稽古)하여 난(亂)을 극복하고 헤쳐나가는 길을 찾을 수 있는 학문으로 경세제민(經世濟民)하는 성인의 가르침이라고 할 수 있다. 따라서 이 역리 속에서 앞으로 다가올 미래를 관망해 볼 수 있는 것이 아니겠는가? 또 위 문장의 "其衰世之意耶"는 『주역』의 전문장(全文章)을 통하여 처음으로 표현된 말로서 다른 경전에서는 찾아볼 수 없는 창생(蒼生)을 구제하는 길잡이가 들어 있음을 시사한 내용이 아니겠는가?

夫易은 **彰往而察來**하며 **而微顯闡幽**하며 **開而當名**하며 **辨物**하며 **正言**하며 **斷辭**하니 **則備矣**라

대저 易은 지나간 것을 밝혀서 오는 것을 살피며, 미세한 것을 드러나게 하고 그 윽한 것을 밝히며,〈괘와 효를〉열어서 이름을 마땅히 하며 사물을 분별하며 말(言)을 바로하며 말(辭)을 판단하니, 곧〈위의 여섯 종류를〉갖춘 것이다.

・彰:밝을 창 ・察:살필 찰 ・微:작을 미 ・顯:나타날 현 ・闡:밝힐 천, 열 천 ・幽:그윽할 유 ・開:열 개
・當:마땅할 당 ・名:이름 명 ・辨:분별할 변 ・備:갖출 비

各說

● 彰往而察來하며:『역경』이라고 하는 것은 이미 지나간 과거를 밝게 드러내고 빛나게 하여[彰明] 미래를 예찰(豫察)해 보는 글이라는 것이다. 즉,『역경』은 溫故而知新을 할 수 있는 학문이며, 과거를 계고(稽考)하여 미래를 예측할 수 있는 판단서(判斷書)라고 할 수 있다. 이 문장으로 보아서『역경』은 확실히 수양(修養)의 서(書)일 뿐만 아니라 앞날을 예지(豫知)할 수 있는 글이라고 할 수 있다.

● 而微顯闡幽하며:주역의 이치는 微細, 微少한 것을 명백하게 발현하고, 깊고 그윽하게 숨겨져 있는 것을 천명(闡明)하고 있다는 것이다. 다시 말하여 아무리 微하게 되어 있는 이치라도 易理로 나타나게 할 수가 있고, 또 아무리 보이지 아니하게 깊이 감춰져 있는 것이라도 전부를 드러나게 할 수가 있다는 것이다. 이것은

주역 속에 모든 이치가 내포되어 있다는 뜻이다.
 • 顯考:제사 지낼 때 지방(紙榜)에 쓰이는 말로 제사를 지내는 정성이 지극하면 돌아 가신 분이 나타나 만나 볼 수 있다는 뜻이다.
예1) 人心은 惟危하고 道心은 惟微하니 (『中庸章句集註』「序文」)
사람의 마음은 오직 위태하고 道의 마음은 오직 은미하다.
[설명]道는 형이상학적이므로 표현하기를 微로써 하였으며, 道心에 들어올 때는 微를 타고 들어 온다.
예2) 莫見乎隱이며 莫顯乎微니 故로 君子는 愼其獨也ㅣ니라 (『中庸』第1章)
숨어 있는 것보다 더 나타나 보이는 것이 없고 微少한 것보다 더 나타나는 것이 없으니, 그러므로 군자는 혼자 있을 때를 삼가고 조심하게 된다.
[설명]隱은 깊숙한 마음속을 가리키며, 微는 한 오라기 思念의 움직임을 말하며, 顯은 형이상학적으로 없는 가운데 있는 것처럼 생각하는 것이며, 무아지경에서 나타나 볼 수 있는 것을 말한다.
예3) 是故로 四營而成易하고 十有八變而成卦하니 八卦而小成하야 引而伸之하며 觸類而長之하면 天下之能事ㅣ 畢矣리니 顯道하고 神德行이라 是故로 可與酬酢이며 可與佑神矣니 (「繫辭傳」上 第9章)
이런 까닭에 네 번 경영하여 역을 이루고, 열여덟 번을 하여 한 괘를 이루니, 〈아홉 번을 하여〉 팔괘가 작게 이루어서 〈팔괘를〉 당기고 늘려서 〈64괘로 확대되고〉 같은 類와 〈서로〉 만나 커져가면 〈이것으로〉 천하의 일을 능히 다할 수 있는 것이니, 도를 나타내고 덕행을 신령스럽게 한다. 이런 까닭에 더불어 수작을 할 수 있으며, 더불어 신을 도울 수 있는 것이다.

• 開而當名하며:易의 내용을 개시(開示)하여 卦爻의 명칭, 彖曰, 象曰 등으로 取象하여 설명하고 있다. 예를 들면 乾爲馬, 乾爲父, 乾爲陽, 乾爲天…… 등으로 취상하여 하나하나 세밀하게 설명하여 놓았다.
• 辨物하며:사물을 분별하여 이것을 자연의 이치에 맞도록 팔괘로 大別하여 설명하였다는 것이다. 또 64괘 384효의 인자(因子)로 나누어 설명하였다는 것이다. 즉, 類族으로 辨物한 것이 역의 구성이다.
• 正言하며:주역 속에 담겨 있는 성현의 말씀이 바르게 되어 있다는 것이다. 다시 말하여 주역은 邪道로 흘러 감언이설(甘言利說)로써 사람을 현혹시키는 글로 되어 있는 것이 아니라, 正道에서 진리를 추구하는 말로써 이루어져 있다는 것이다.1)
• 斷辭하니:길흉회린의 판단을 역학 속에 엮어 놓았다는 것이다. 64괘 384효는 물론

---

1) 조선 시대 사간원(司諫院) 正六品의 벼슬 이름으로 正言이 있었다. 正言은 임금에게 이치에 맞는 올바른 말[直言]을 하는 임무를 가지고 있었다.

이고 공자의 「계사전」에서도 모든 것을 판단하여 천명(闡明)해 놓았다는 것이다.
● 則備矣라:①괘사, 단사, 효사, 계사 등으로 빠짐없이 위의 여섯 가지 즉, 彰往而察來, 而微顯闡幽, 開而當名, 辨物, 正言, 斷辭를 갖추어 놓았다는 것이다. ②『주역』 속에서 우리는 무엇을 알 수 있겠는가? 공자가 말한 것이 제6장에서 제6장의 '6'과 같은 수(數)인 6가지로 설명되어 있다. 이러한 내용이 구비되어 있는 것이 주역의 이치이다. 이로써 『주역』은 확실히 팔방미인(八方美人)임을 알 수 있으며, 위의 문장은 공자와 같은 성인이 아니면 쓸 수 없는 글이기도 하다.

其稱名也 ㅣ 小하나 **其取類也** ㅣ 大하며 **其旨** ㅣ 遠하며 **其辭** ㅣ 文하며 **其言**이 曲而中하며 **其事** ㅣ 肆而隱하니 因貳하야 以濟民行하야 以明失得之報 ㅣ 니라

〈역은〉 그 이름을 일컫는 것은 작으나 그 類를 모으는 것은 크며, 그 맛은 심원하며 그 말[辭]은 문채가 있으며, 그 말[言]은 곡진(曲盡)하면서도 〈모든 사물에〉 알맞으며, 〈역이 설명하고 있는〉 그 일은 진열되어 있지만 〈이치는〉 숨겨 놓았으니, 〈이러한〉 의문으로 인하여 이로써 백성의 행함을 〈不善에서〉 구제하여 得失의 응보(應報)를 밝혔다.

·旨:맛 지, 뜻 지, 아름다울 지 ·曲:굽을 곡 ·肆:진열할 사, 가게 사, 방자할 사, 궁구할 사, 베풀 사
·隱:숨길 은 ·因:인할 인 ·貳:의심낼 이, 두 이, 버금 이, 대신 이, 변할 이 ·濟:건질 제, 건널 제
·報:갚을 보, 보고할 보, 알려 줄 보

總說

어떻게 하면 得하고 失하는가 역학을 통하여 보고(報告)되어 있다. 즉, 역학을 통하여 밝게 설명하여 놓았으므로 易理를 연구하면 안 되는 일이 없다는 것이다.

各說

● **其稱名也** ㅣ 小하나 **其取類也** ㅣ 大하며:『주역』은 단순하게 말할 경우 아주 작은 것으로 표현되어 있지만, 그 類를 취하여 말하면 광범위하게 말해 놓았다는 것이다. 예를 들어 『주역』 한 괘의 내용을 살펴 보면, 그 괘가 가지는 바의 작은 사물 부분을 말하는 경우가 있고, 확대하여 같은 類로 부대장(部隊長)격인 팔괘로써 보면, 그 뜻하는 바가 크다는 것이다. 결국 『주역』이 가지는 바의 내용 설명이라 할 수 있다.
● **其旨** ㅣ 遠하며:『주역』의 맛은 함축성이 있어 심원(深遠)한 이치를 내포하고 있다

는 것이다. 곧 공자 말고 다른 사람들이 할 수 없는 깊은 맛이 있다는 것이다. 즉, 『주역』은 사람마다 그 맛을 다르게 느낀다. 열 사람이 읽으면 열 『주역』이 되고, 백 사람이 읽으면 백 『주역』이 되고, 천 사람이 읽으면 천 『주역』이 된다는 말도 있다. 여기서 만약 '旨'를 知로 바꿔 쓰면 이 문장의 간절한 뜻이 전달되지 않는다. 이는 성인으로서의 공자 실력이다.

- 其辭ㅣ 文하며: 『주역』 속에 기록되어 있는 글 모두(괘사, 효사, 단사, 상사, 계사 등)가 문채나고 변화를 내포하고 있다는 것이다.

- 其言이 曲而中하며: 『주역』 속에 설명하고 있는 말은 곡진(曲盡)하면서도 꼭 알맞게 설명되어 있다. 즉, 꼬부라져 있으나 이치에 맞게 되어 있다. 그러므로 『周易』의 원문을 직역(直譯)으로 풀이하면 말이 아니 되는 곳이 거의 대부분이다. 따라서 의역(意譯)을 필요로 하고 형이상학적인 설명이 필요하다. 따라서 주역은 난해한 학문이라고 볼 수 있다. 여기서 "曲而中"은 이치를 알아내는 방법으로서 한 모퉁이로부터 시작해서 그 중심에 이르기까지 파고 들어가 그 심오한 이치를 알아내는 것을 말한다. 이른바 『중용』의 致曲과도 그 뜻이 같다.

  예) 其次는 致曲이니 曲能有誠이니 誠則形하고 形則著하고 著則明하고 明則動하고 動則變하고 變則化ㅣ니 唯天下至誠이아 爲能化ㅣ니라 (『中庸』 第23章)

  그 다음은 간곡(懇曲)한 지경에 이르는 것이니, 懇曲(曲盡)하면 성실한 것이 있는 것이다. 성실하면 나타나고, 나타나면 뚜렷해지고, 뚜렷해지면 밝아지고, 밝아지면 움직이고, 움직이면 변하고, 변하면 化한다. 오직 천하의 지성(至誠)이라야 化하게 할 수 있을 것이다.

- 其事ㅣ 肆而隱하니: 『주역』이 설명하고 있는 모든 사항은 마치 백화점에 많은 물건들이 놓여 있지만 그 진열이 질서 정연한 것처럼, 『주역』의 글이 相雜되어 있는 것 같지만 그 속에 이치가 잘 정돈되고 은밀하게 감춰져 있다는 것이다. 따라서 이러한 주역의 성격을 모르면 역학을 이해하기란 어렵다.

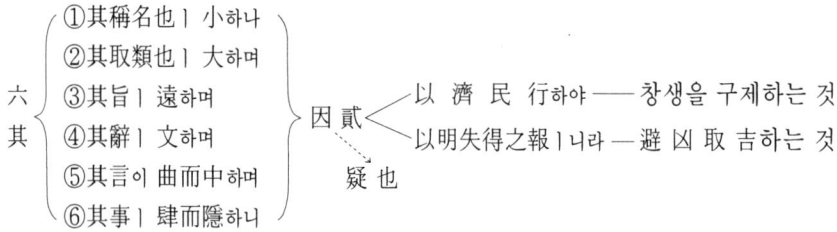

- 因貳하야:①貳는 疑也라. 즉 두 마음이 있으니 의심이 없을 수 없다는 것이다. 易을 正道로 이해하지 않기 때문에 두 마음이 생긴다. 때문에 맞는 것도 팔괘라 하고, 안 맞는 것도 팔괘라는 말이 나온다. ②『주역』속의 심오한 이치로 인하여 길하고 흉한 두 가지를 백성에게 보여주는 것을 말한다.
  예)任賢勿貳(疑)하시며 去邪勿疑하소서 (『書經』「大禹謨」)
  　　어진이를 임명하심에 이간질을 못하게 하시며, 나쁜이를 내치시는 데 주저하지 마소서.
- 以濟民行하야:백성을 불선한 곳으로 가지 않도록 하고, 그들을 좋은 길로 인도·구제하는 것을 말한다.
- 以明失得之報]니라:①이로써 무엇이 좋고 나쁘다는 것을 밝힌다는 것이다. 즉, 不善하면 흉하고 善하면 길하다는 得失의 이치를 아무라도 알 수 있게끔 報告하고, 또 알려 주어 밝게 하는 것이 周易의 이치라는 것이다. 다시 말하면 주역을 공부하지 아니하고서 모든 사물을 이해하는 것은 있을 수가 없다는 말이다. ②주역 속에는 以濟民行하고 以明失得之報할 수 있는 내용이 들어 있다. 그러므로 주역을 많이 연구하면 피흉취길하는 방법도 있다는 이론이 성립되는 것이 아니겠는가?

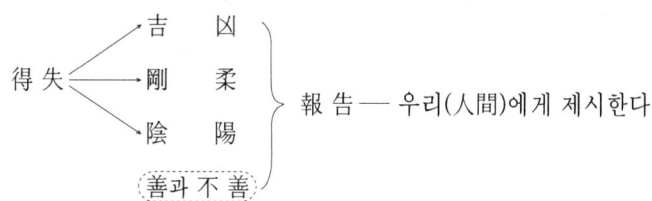

※①末世에는「계사전」하 제6장의 내용을 알아서 행하는 자만 어려운 利涉大川이 가능하다는 것이다. ②六이 體라면 九가 用이 되며 六과 九는 상호 도전 관계에 있다.[2]

右는 第六章이라

---

2)　　　　　　　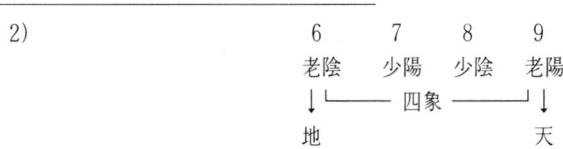

6과 9가 상호 도전 관계로서 體用 관계라면, 위의 四象 도표에서 볼 때 모든 이치는 6~9 사이에 내포되어 있다. 이것을 벗어난다는 것은 있을 수가 없는 것이 아니겠는가?

제7장

앞 장(「계사전」하 제6장)의 내용을 실천 역행(力行)하는 데는 德行이 요구된다. 공자는 본 장에서 이것을 九德卦로 설명하고 있다.

易之興也ㅣ 其於中古乎ㄴ져 作易者ㅣ 其有憂患乎ㄴ져

易의 중흥기는 그 中古 시대가 아니겠는가? 易을 지은 자는 그 어떤 우환(憂患)이 있었을까?

· 興:일어날 흥   · 憂:근심할 우   · 患:근심 환

各說

● 易之興也ㅣ 其於中古乎ㄴ져:①역의 발전 과정을 말한 것이다. 역의 중흥기 곧 유신기(維新期)는 문왕이 은나라 주왕(紂王)에 의해 유리옥(羑里獄)에 갇혀 연역(演易)을 하면서부터이다. 이 때를 비로소 역이 발전된 형태로 나타난 시기로 말한 것이 아닌가?

· 維新:계승(繼承)하여 日新又日新함.

예)故로 君子는 尊德性而道問學이니 致廣大而盡精微하며 極高明而道中庸하며 溫故而知新하며 敦厚以崇禮ㅣ니라 (『中庸』 第27章)

그런 까닭에 군자는 〈지극한 道에 이르는 방법으로〉 덕성(德性)을 높여서 배우고 의문을 가지는 것을 이르는 것이니, 넓고도 큰 것을 이루되 정밀하고 은미한 것을 다하여, 높고 밝은 것을 극진히 하고 中과 庸으로 말미암아 옛 것을 익히고 새 것을 알며, 도탑고 후하게 하여 이로써 예의(禮儀)를 숭상하는 것이다.

[설명] 維新을 하더라도 과거의 바탕을 떠날 수가 없다. 五倫의 정신이 溫故이며, 知新은 시대에 따라 좀더 적절한 것을 개발하고 발전시키는 것을 뜻한다. 즉, 바탕은 같으나 방법이 달라지는 것을 말한다.

②太古는 문자가 없었던 시대에 복희가 괘를 그어서 사물의 형상을 표현한 시대를 말하며, 中古는 문자로써 역학을 처음으로 해설한 시대로 易에 대하여 가장 중요하고 많이 표현한 시발점이 된다.

太古時代 ― 伏羲時代 ― 八卦
中古時代 ― 文王時代 ― 文字化하여 卦辭를 지음

● 作易者ㅣ 其有憂患乎ㄴ져: ①넓은 의미에서 作易子라면 伏犧, 文王, 周公 또 공자 자신도 포함된다고 볼 수 있다. 그러나 여기서의 作易者는 易을 문자로 처음 기록한 바 그 주인공을 말함이니, 中古 시대(문왕 시대)의 문왕을 뜻한 것이 아니겠는가? ②『주역』을 지은 사람의 근본 정신을 살펴 보면, 그분은 後生을 위하여 걱정하고 근심한 나머지 人道的으로 글을 썼다. 그러므로 『주역』은 道學으로써 역경(逆境)을 극복하는 길을 설명하였으니, 주역을 공부하는 이는 언제나 반성하고 계신(戒愼)하며 덕을 닦고 노력하여야 한다.1) 『주역』은 성현의 경전으로서 창생(蒼生)을 구제하는 기본서이다. 경전, 특히 『주역』 속에는 기수(機數)를 묻어 놓고 미래를 예측할 수 있도록 하였다. 『주역』을 통하여 예지(豫知)를 하여도 이를 德으로써 실천하고 力行해야 한다고 본 장은 설명하고 있다. 또 周公의 글로서 周公 자신의 마음 자세를 말한 乾卦 구삼효에서는 "九三은 君子ㅣ 終日乾乾하야 夕惕若하면 厲하나 无咎ㅣ리라; 九三은 군자가 종일토록(오전 마지막까지) 조심하고 조심하여 저녁때까지 두려워한다면 비록 위태로우나 큰 허물은 없을 것이다"고 하였다. 구삼효는 先天의 終이므로 앞 제5~6장에서 많은 주역의 이치를 알고 있

---

1) 성인이 후생을 위하여 걱정한 나머지 『주역』을 지은 것이므로 근심을 없애고자 하면 주역을 공부하면 되지 않겠는가? 과연 주역을 공부하면 근심이 없어짐을 알 수 있다. 즉, 그 내용을 모르는 데도 불구하고 글을 읽으면 어쩐지 어깨가 우쭐해지는데, 이는 易神이 붙어서 그렇다.

다손치더라도 덕으로써 실천궁행(實踐躬行)하여야 한다. 선천이 河圖라면 후천은 洛書로 본 장에서는 九德卦로써 그 속에다 설명하여 놓았다.[2]

道　　→　　德
先天(河圖)　　后天(洛書)

③또 이 글은 공자가 우주 대변동 시기에 우리가 근심을 해결할 수 있는 내용을 역리 속에 내포되어 있다고 정하여 둔 문구가 아니겠는가! 여기에서 우리는 창생을 구제하려는 성인의 넓은 도량을 엿볼 수가 있으니, 과연 공자이기에 이런 글을 쓸 수 있다고 볼 수 있다. 공자의 인본주의(人本主義) 사상을 엿볼 수 있다.

예) 子 | 曰 加我數年하여 五十以學易이면 可以無大過矣 | 리라 (『論語』「述而」)
　　공자께서 말씀하시기를 "내가 나이를 몇 해만 연장해서 마침내 주역을 배운다면 가히 써 큰 허물이 없을 것이다"고 하셨다.
　　[설명] ①五十을 五十才로 보면 글의 내용이 맞지 않다. 그러므로 加→假, 五十→卒(마침내)의 錯簡이라고 여겨진다. 즉, 나에게 수년을 빌리면 나는 易의 문장과 수식을 갖췄을 것이다. ②별해로써 풀이하면 "無大過矣"는 澤風大過卦가 없다는 뜻으로 해석된다. 이 말은 先天의 終, 곧 중간의 변혁을 없앨 수도 있었겠지만 대자연의 중간 변화(日午中天)는 어찌할 수가 없다는 뜻이다. ③『주역』의 위대성을 뜻하고 어려움을 표현하였다. 주역을 많이 연구하라는 뜻이다.

여기서 '作'은 造, 成, 始, 興의 뜻을 가지고 있으며, '述'은 著, 續, 從의 뜻을 가지고 있다. 즉, 作이 述보다 더욱 긴절한 의미를 담고 있다.

예) 子 | 曰 無憂者는 其惟文王乎 | 신져 以王季爲父하시고 以武王爲子하시고 父作之어시날 子 | 述之하시니라 (『中庸』第18章)
　　공자께서 말씀하시기를 "근심이 없는 사람은 그 바로 文王이시다. 왕계(王季)로서 아버지를 삼으시고 武王으로 아들을 삼으시니, 아버지(王季)가 주왕조(周王朝)의 기업(基業)을 일으켰고, 아들 무왕은 그것을 계승 발전시켰다.
　　[설명] 述之는 계술(繼述), 계승 발전의 뜻이다. 곧 先代에 이룩한 것을 계승하여서 더욱더 빛나게 발전시키는 것을 말한다. 作之는 창작(創作), 즉 처음으로 그 기틀을 닦아서 일으킨다는 뜻이다.

---

[2] 제5장과 제6장의 二中 시기가 중요하고 또 幾를 안다고 하여도 德으로써 實踐躬行하는 자에게 福이 온다는 뜻에서 九德卦를 제7장에 나타내 놓았다. 二中 시기는 日乾夕惕으로 지나와야 하며, 이때의 마음가짐은 坤卦 中正의 直內方外로 해야 하며, 이를 실천하기 위해서는 明明德이 되어야 한다. 그러므로 제7장에 德行을 말하여 놓았다.

그리고 '憂'는 心的으로 걱정하는 것으로 형이상학적 뜻을 가지고 있으며, '患'은 外的으로 걱정하는 것으로 형이하학적인 뜻을 가지고 있다. 인간으로서 憂患의 두 글자가 없다면 吉하다.

是故로 履는 德之基也ㅣ오 謙은 德之柄也ㅣ오 復은 德之本也ㅣ오 恒은 德之固也ㅣ오 損은 德之修也ㅣ오 益은 德之裕也ㅣ오 困은 德之辨也ㅣ오 井은 德之地也ㅣ오 巽은 德之制也ㅣ라

이런 까닭으로 履는 덕의 기초요, 謙은 덕의 자루요, 復은 덕의 근본이요, 恒은 덕의 굳음이요, 損은 덕의 닦음이요, 益은 덕의 넉넉함이요, 困은 덕의 분별함이요, 井은 덕의 땅이요, 巽은 덕의 재단(裁斷)이다.

· 履:신 리, 밟을 리 · 基:터 기, 기초 기, 업 기 · 謙:겸손할 겸 · 柄:자루 병 · 復:돌아 올 복
· 本:밑 본, 뿌리 본, 근본 본 · 恒:항상 항 · 固:굳을 고 · 損:덜 손 · 修:닦을 수 · 益:더할 익
· 裕:넉넉할 유 · 困:괴로울 곤 · 辨:분별할 변 · 巽:공손할 손 · 制:마를 제, 지을 제, 법도 제

總說

1) 위의 문장은 공자가 九德三陣卦 중 第1陣을 설명한 글로 문왕이 우환(憂患)이 있어 作易을 하였으나, 그 우환을 해소하는 데는 덕이 있어야 한다는 것이다.
2) 乾卦 구삼효는 先天의 마지막이다. 여기에서 后天으로 가려면 終日乾乾하야 夕惕若해야 한다. 또 공자가「문언전」에서 "君子ㅣ 進德修業하나니 忠信이 所以進德也ㅣ오:군자가 德에 나아가 業을 닦나니 忠信이 이른바 덕에 나아가는 바라고 할 수 있을 것이다"고 구체적으로 말하였듯이 이와 같은 덕이 있는 자라야 후천으로 갈 수 있다.

各說

● 履는 德之基也ㅣ오: ①履卦는 항상 두려워하고 조심하여 반성하고 수양하는 뜻을 가지고 있다. 乾卦 구삼효가 변하면 天澤履卦가 되는데, 이는 그 어떤 기수(機數)를 우리에게 암시해 주는 것이 아니겠는가? ②先后天을 밟아가는 과정은 어떠한가? 日乾夕惕하고 履虎尾

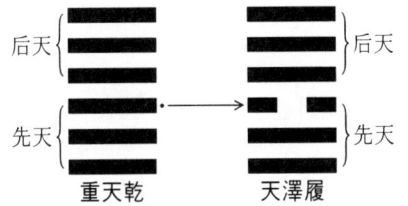

의 상황처럼 조심스러운 마음을 가져야 한다. 지금의 사회는 履卦 육삼효사에서

말하듯이 "六三은 眇能視며 跛能履라……;六三은 당달봉사가 능히 보려 하고 앉은뱅이가 능히 걸으려 하는 것이다……"고 하듯이 기현상이 일어나고 있다. 곧 禮에 어긋나는 자가 많다.

● 謙은 德之柄也ㅣ오:① 謙德을 실행하는 데는 자루와 같이 하라는 것이다. 아무리 많은 예지(豫知)를 한다고 한들 內面으로 겸손하지 아니하면 덕이 빛날 수 없다. 또 謙은 尊而光이니 상대를 높이면 자신이 빛이 나는 법이다.

　예)象曰……謙은 尊而光하고 卑而不可踰ㅣ니 君子之終也ㅣ라 (謙卦「象辭」)
　　象에서 말하기를 "……謙은 〈상대를〉 높임으로써 〈내가〉 빛이 나고, 〈내 몸을〉 낮추되 〈중용지도를〉 넘지 아니하니 〈이것이〉 군자의 마침이다"고 하였다.

② 謙卦의 근본은 항상 마음과 태도를 겸손히 하고 덕행을 실천하라는 데 있다. 德을 실천하는 데에 겸손한 태도를 가지는 것은 도끼와 괭이를 사용할 때 자루를 잡

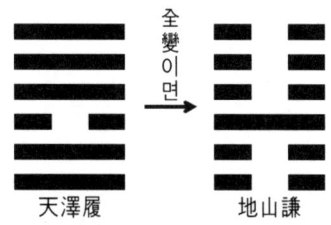

는 것과 같다. 따라서 謙卦를 德의 자루라고 하였다. ③ 履는 질서이며, 天秩이요, 禮다. 이 속에는 謙이 바탕되어야 하니, 履卦가 全變하면 謙卦가 된다. 또 禮 속에도 겸손한 마음이 들어 있다.

한 예로 禮를 파자하여 보면, 콩[豆]이 익으면 고개를 숙여서[曲] 절하는 모양을 보여 주는[示] 것이 된다.

● 復은 德之本也ㅣ오:① ䷗復卦는 德의 근본을 가리키는 괘이다. 이는 克己復禮하는 정신으로 최하위에서 一陽이 시생하여 차차 양기를 회복하여 오는 것처럼, 天賦之性으로 회복하여 止於至善에 머무는 초점(시발점)이 곧 德의 근본이라고 할 수 있다. ② 대자연의 순환하는 이치에 따라 대자연과 인간사는 ䷫姤卦와 復卦로 돌고 있다. 復卦가 德의 근본이 되는 것은, 식물이 아주 쇠퇴하게 되면 다시 그 뿌리에서 새싹이 돋는 것처럼 반드시 德도 다시 소생한다는 것이다. 그러므로 德에는 영원히 없어지지 않은 뿌리가 있으니, 이것을 자연의 원리에 비유하여 復卦에다 德之本이라고 한 것이 아니겠는가?

　예)復은 亨하야 出入예 无疾하야 朋來라아 无咎ㅣ리라 反復其道하야 七日에 來復하니
　　利有攸往이니라 (復卦 卦辭)
　　復은 형통하여, 들어오고 나가는 데 병이 없어서 벗(陽)이 와야 허물이 없을 것이다. 그 道를 반복해서 七日에 와야 회복하니, 갈 바가 있어 이롭다.

- 恒은 德之固也 | 오: ䷟ 恒卦는 德의 굳어져 있음을 뜻한다. 즉, 항상 변하지 않은 덕을 고수할 것을 뜻한 것이다. 恒卦는 先天의 終을 지나 后天의 始가 된다. 그러므로 이러한 시기에는 恒心―正心―中正之心―恒德의 마음을 고수하여야 한다.

  예)象曰 恒은 久也 | 니 …… 恒亨无咎利貞은 久於其道也 | 니 天地之道 | 恒久而不已也 | 니라 利有攸往은 終則有始也 ㄹ새니라 日月이 得天而能久照하며 四時 | 變化而能久成하며 聖人이 久於其道而天下 | 化成하나니 觀其所恒而天地萬物之情을 可見矣리라 (恒卦「彖辭」)

  象에서 말하기를 "恒은 오랜 것이니 …… 恒亨无咎利貞은 그 道에 오래하였기 때문이니, 천지의 〈운행하는〉 도는 항구하여 그만두지 아니한다. 利有攸往은 마침이 있으면 곧 시작이 있다는 것이다. 해와 달이 하늘을 얻어서 능히 오래도록 〈만물을〉 비추며, 四時가 變하고 化하여 능히 오래도록 이루며, 성인이 그 도에 오래하여 천하를 변화시켜 나가는 것이니, 그 〈日月, 四時, 聖人의〉 항구한 바를 보고 천지 만물의 情을 볼 수 있을 것이다"고 하였다.

  [설명] 恒心(恒德)만 가지면 천지 만물의 情을 다 알아낼 수가 있을 것이다. 즉, 恒心―无我之境―道通―无所不知이다.

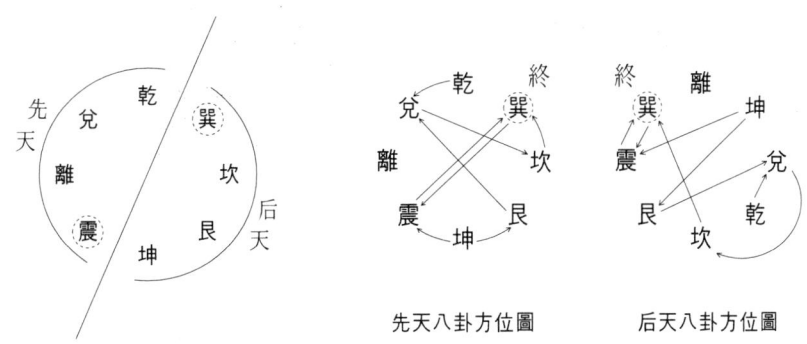

先天八卦方位圖   后天八卦方位圖

- 損은 德之修也 | 오: ䷨ 損卦는 덕의 수양(修養)을 가르키는 괘다. 덕을 생활화하여 항상 자기의 몸을 낮추고 스스로 감손(減損)하는 태도로 하면, 곧 덕을 기르는 일이 된다. 덕을 닦는 방법은 損卦「대상」에서 잘 말하여 주고 있다.

  예)象曰 山下有澤이 損이니 君子 | 以하야 懲忿窒欲하나니라 (損卦「大象」)

  象에서 말하기를 "산 아래 못이 있는 것이 損이니, 군자가 이로써 분노를 억제하며 욕심을 막아 버린다"고 하였다.

- 益은 德之裕也 | 오: ䷩ 益卦는 덕의 여유 있는 상태를 설명한 괘다. 덕을 실천하는 자는 항상 남을 유익하게 하기를 힘쓰고, 남을 유익하게 하는 자의 태도는 관대하

고 여유 있는 마음에서 온다.
예)象曰 風雷ㅣ 益이니 君子ㅣ 以하야 見善則遷하고 有過則改하나니라 (益卦「大象」)
象에서 말하기를 "바람과 우레가 益이니, 군자가 이로써 착한 것을 보면 옮기고, 허물이 있으면 고치는 것이다"고 하였다.
[설명]행동의 德業을 증익(增益)하는 원칙을 말하고 있다.

● 困은 德之辨也ㅣ오:①困卦는 德의 분변(分辨)을 가리키는 괘이다. 困한 때를 당하여 고치지 아니하고 절조(節調)를 지켜서 일관(一貫)하여 나가는 것은 곤궁한 때를 처하지 아니하고는 어느 경지에도 갈 수가 없기 때문이다. 이러한 것은 分辨하는 德의 마음이 없이는 되지 아니한다. ②『周易傳義大全』細註에서 운봉(雲峰) 호씨(胡氏)는 "困以知命而取舍有辨:곤경을 거쳐서 知命을 하게 되는 법이다. 知命이 되었다면 取舍를 마음속으로 分辨할 수가 있다"고 말하였다.

4	9	2
恒(固)	巽(制)	謙(柄)
3	5	7
復(本)	損(修)	困(辨)
8	1	6
井(地)	履(基)	益(裕)

● 井은 德之地也ㅣ오: ䷯井卦는 德의 확고 부동한 상태를 가리키는 괘이다. 无喪无得한 井의 상태와 같이 德도 일정한 위치에서 옮기지 아니하여야 된다는 것이다.
예)井은 改邑호대 不改井이니 无喪无得하며 往來ㅣ 井井하나니 汔至ㅣ 亦未繘井이니 羸其甁이면 凶하니라 (井卦 卦辭)
井은 고을은 고치되 우물은 고치지 못하니, 〈우물은〉 잃는 것도 없고 얻는 것도 없으며, 가고 오는 사람이 井井하니(내 우물로 먹으니), 거의 이름에 또한 우물에 닿지 못함이니, 그 두레박을 깨면 흉하다.

● 巽은 德之制也ㅣ라:巽卦는 申命行事로 호령을 거듭하며 德으로써 모든 일을 마름질하고 재단하여 끝맺음을 한다는 뜻을 가지고 있다. 그러므로 巽卦는 德과 더불어 인간의 규범(規範)이 되는 것을 말하고 법제(法制)를 행하는 괘다.
예)象曰 隨風이 巽이니 君子ㅣ 以하야 申命行事하나니라 (巽卦「大象」)
象에서 말하기를 "바람이 바람을 따르는 것이 巽이니, 군자가 이로써 命(명령)을 신중하게 하여서 일을 행하는 것이다"고 하였다.

履는 和而至하고 謙은 尊而光하고 復은 小而辨於物하고 恒은 雜而不厭하고 損은 先難而後易하고 益은 長裕而不設하고 困은 窮而通하고 井은 居其所而遷하고

巽은 稱而隱하니라

　履는 和하되 지극하고, 謙은 〈상대를〉 높임으로써 〈내가〉 빛이 나고, 復은 작지만 사물〈의 길흉〉을 분별하고, 恒은 〈잡다한 사물과〉 섞이되 싫어하지 아니하고, 損은 먼저는 어렵지만 나중은 쉽고, 益은 길이 너그럽게 하되 베풀지[設] 아니하고, 困은 궁하되 통하고, 井은 그 자리에 살면서 옮기고, 巽은 〈사물의 이름을〉 마땅하게 부르면서 은밀하게 숨긴다.

·和:화할 화, 서로 응할 화　·至:이를 지　·尊:높을 존, 높일 존　·光:빛날 광　·雜:섞일 잡　·厭:싫을 염
·難:어려울 난　·長:길 장　·設:베풀 설　·窮:다할 궁　·通:통할 통　·居:살 거, 있을 거　·遷:옮길 천
·稱:일컬을 칭, 저울 칭　·隱:숨길 은

總說
공자가 九德三陣卦 중 第2陣을 말한 것으로 九德卦의 德을 해설하고 있다.

各說

● 履는 和而至하고: 履卦는 몸가짐을 조심하기 때문에 남과 화합할 수 있으며, 이로써 자기가 지켜야 할 바에 도달할 수가 있다는 것이다. 즉, 履卦는 中節로써 예의 절차에 맞게 하고, 모든 일을 지극한 정성으로 하여 천부지성으로 받아온 善에 이르게 하는 것이다. 이면(裏面)에는 德行이 내포되어 있다. 여기서 '和'는 『중용』의 發而皆中節→和→中에서의 뜻과 같으며, '至'는 『대학』의 在止於至善의 의미이다.

● 謙은 尊而光하고: 謙卦는 자기 자신을 겸손하게 함으로써 그 德은 더욱 높아지고 빛이 나는 것이다. 즉, 謙卦는 상대방을 높여줌으로써 빛은 내가 난다는 것이다. 그러나 卑而不可踰로 中을 잡아서 謙德을 행사해야 한다.

　예) 象曰……謙은 尊而光하고 卑而不可踰ㅣ니 君子之終也ㅣ라 (謙卦「象辭」)
　　象에서 말하기를 "……謙은 〈상대를〉 높임으로써 〈내가〉 빛이 나고, 〈내 몸을〉 낮추되 〈중용지도를〉 넘지 아니하니 〈이것이〉 군자의 마침이다"고 하였다.

● 復은 小而辨於物하고: 復卦는 一陽이 시생하는 미세한 때이므로 이미 사물의 길흉을 분변(分辨)할 수 있다. 따라서 멀지 않아 正道에 회복할 수 있다는 것이다.

● 恒은 雜而不厭하고: 恒卦는 모든 잡다한 사물과 공존하면서 서로 싫어 하지 아니한다는 것이고, 그 속에서 지속하여 正道를 지켜 흔들리지 아니하는 것이 恒이라는 것이다.

● 損은 先難而後易하고: 損卦는 자신을 덜어서 남을 益하게 함으로써 德을 기르는 것

이므로 처음은 곤란하지만 뒤에는 순탄하다는 것이다. 여자의 출산을 두고 말한다면, 초산(初産)은 난산(難産)이지만 다음의 출산부터는 쉽다는 것이다.
● 益은 長裕而不設하고:益卦는 남을 유익하게 하되 구태여 조작(造作)하지 말고 자연스럽게 하라는 것이다.
● 困은 窮而通하고:困卦는 明明德이 되려면 極致(困窮)에 이르렀을 때에 변화가 일어나는 것을 말하고 있다. 이것이 亨通이다. 즉, 精神一到何事不成으로 비유할 수 있다. 또 困字의 형상이 나무가 자라지 못하도록 막아둔 것처럼, 명명덕에 이르는 데는 고통이 뒤따르는 형상을 말한다. 단지 자기만 알고 겪는 困이다.
● 井은 居其所而遷하고:①井은 不改井이므로 우물을 가지고 이사 가는 사람은 없다. 이 말은 德은 옮길 수 없고, 사람은 이사를 갈 수 있다는 것이다. 따라서 이러한 井의 德을 본받아서 확고 부동한 正道로 만인에게 혜택을 주는 德을 세상에 미치게 한다는 것이다. 그 우물 속에 담겨져 있는 물로 千萬 사람이 떠 먹고 오고가고 하듯이 은혜를 베풀어 많은 사람을 먹여 살려도 이 우물의 본성과 같이 변함없이 하라는 뜻이다. 단지 덕을 밝히고 못 밝히는 데에 차이가 있을 뿐이다. ②옆 그림에서 井의 中宮은 부동(不動)이지만, 그 외 8개소에서는 제각기 물을 사용할 뿐만 아니라 움직이고 옮겨 간다.

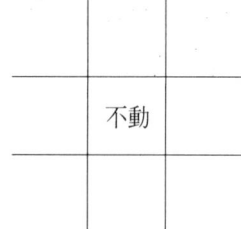

● 巽은 稱而隱하니라:巽卦는 사물의 이름을 마땅하게 부르면서도(예를 들면, 위의 모든 卦德에 대한 것) 은밀하게 감춰 두고 내세우지 아니한 것은 巽卦가 지니고 있다는 것이다. 즉, 巽卦 속에 造化가 들어 있다는 것으로 손순(巽順)하다는 것은 겉으로 보아서 순하게 보이지만 속에 은밀하게 감춰 두고 있는 상태를 뜻한다. 우리는 이 巽 속에 내재해 있는 은밀한 것을 연구하고 공부하여야 할 것이다.
예1)君子之道는 費而隱이니라 (『中庸』 第12章)
　　군자의 도는 비(費)하고 은미(隱微)하니라
　　[설명]윗글은 형이상학(費)과 형이하학(隱)을 동시에 말한 것이다.
예2)九五는 貞이면 吉하야 悔ㅣ 亡하야 无不利ㅣ니 无初有終이라 先庚三日하며 後庚三日이면 吉하리라 (巽卦 九五爻辭)
　　九五는 바르게 하면 길하여 뉘우침이 없어서 이롭지 않음이 없으니, 처음은 없고 마침은 있을 것이다. 庚⟨日⟩에 앞서 삼일하며, 庚⟨日⟩의 뒤에 삼일이면 길할 것이다.
　　[설명]无初有終은 甲子가 庚子된다는 것이고, 先庚, 後庚의 費而隱이 다 들어 있다.

履以和行코 **謙以制禮**코 **復以自知**코 **恒以一德**코 **損以遠害**코 **益以興利**코 **困以寡怨**코 **井以辨義**코 **巽以行權**하나니라

履로써 〈행동을〉和하게 하고, 謙으로써 禮를 제정(制定)하고, 復으로써 스스로 알고, 恒으로써 덕을 한결같게 하고, 損으로 害를 멀리 하고, 益으로써 大利를 일으키고, 困으로써〈남에게〉원망을 적게 하고, 井으로써 義理를 분변(分辨)하고, 巽으로써 권리를 행사하는 것이다.

·禮:예도 례 ·害:손해 해, 해칠 해 ·寡:적을 과 ·怨:원망할 원 ·權:저울 추 권

總說

공자가 九德三陣卦 중 第3陣을 말한 것으로, 중간 과정인〈利涉〉大川을 어떻게 건널 것인가를 엮어 놓았다.

各說

- **履以和行코**:군자가 進德修業하여 中節에 맞게 행동하고 또 질서에 맞게 실천하는 것을 뜻한다. ※履는 德之基也ㅣ오(제1진)→履는 和而至하고(제2진)→履以和行코(제3진)의 세 단계로써 알기 쉽게 풀이하고 있다. 다른 괘들도 위와 같이 관련 지어서 연구해 보아야 한다.
- **謙以制禮코**:謙으로써 禮를 제정하는 근본이 되게 한다는 것이다. 謙은 곧 中正을 뜻하므로 謙으로써 禮를 제정하는 초점을 이룰 수가 있다는 것이다.
- **復以自知코**:德으로써 스스로 알게 되는 것을 말한다. 즉, 천부지성(天賦之性)에 회복하게 되면 아는 것은 자동적으로 오게 된다는 것이다.
- **恒以一德코**:유정유일(惟精惟一)한 마음의 德을 항상 일관되게 가지고 있는 것을 뜻한다. 이러한 내용을『서경』에서 인용하면 다음과 같다.

  예)•伊尹旣復政厥辟하고 將告歸할새 乃陣戒于德하니라 •曰 嗚呼라 天難諶이며 命靡常이니 常厥德이면 保厥位하고 厥德靡常하면 九有以亡하리이다 •夏王弗克庸德하여 慢神虐民하니 皇天弗保하시고 監于萬方하사 啓迪有命하시며 眷求一德하사 俾作神主니이다 惟尹躬曁湯으로 咸有一德하여 克享天心하니 受天明命하여 以有九有之師하고 爰革夏正하니이다 •非天私有商이요 惟天佑于一德이며 非商求于下民이요 惟民歸于一德이니이다 德惟一이면 動罔不吉하고 德二三이면 動罔不凶이니이다 惟吉凶不僭在人이요 惟天降災祥在德이니이다 今嗣王은 新服厥命이니 維新厥德하사 終始惟一이면 時乃日新이리이다 •任官惟賢才하시며 左右惟其人하소서 臣爲上이면 爲

德하시고 爲下면 爲民하소서 其難其愼이니 惟和惟一하소서 •德無常師요 主善爲師
며 善無常主요 協于克一이니이다 俾萬姓咸曰 大哉라 王言이여케 하소서 又曰 一哉라
王心이여케 하소서 克綏先王之祿이시면 永底烝民之生하리이다 •嗚呼라 七歲之廟에
可以觀德이며 萬夫之長에 可以觀政이니이다 后非民이면 罔使요 民非后면 罔事니
無自廣以狹人하소서 匹夫匹婦가 不獲自盡이면 民主罔與成厥功하리이다
(『書經』「商書·咸有一德」)

• 이윤(伊尹)은 그의 임금에게 정사를 되맡긴 뒤, 은퇴하려 하면서 덕으로 훈계하였다. •"오오! 하늘은 믿을 수 없고 명은 일정하지 않으니, 덕에 언제나 힘쓰면 자리를 보전하고, 그 덕에 항상 힘쓰지 못하면 아홉 주(州)도 망할 것입니다. •하(夏)나라 임금은 덕에 항상 힘쓰지 못하고, 神을 업신여기고 백성을 학대하였니, 하늘은 그들을 보호하지 않으시고, 온 세상을 둘러보시어 命이 있는 사람의 길을 열어 주시며, 순일(純一)한 덕을 가진 사람을 구하시어 여러 신들의 우두머리로 삼으셨습니다. 이 윤(尹)은 몸소 탕 임금과 함께 다 같이 순일한 덕을 가지고 하늘의 마음을 잘 받들 수 있었으니, 하늘의 밝을 명을 받았습니다. 그리하여 아홉 주의 백성을 다스리게 되었고, 이에 하나라 달력의 정초를 바꾸기에 이르렀던 것입니다. •하늘이 우리 상(商)나라 임금에게 사사로움이 있었던 것이 아니요, 오직 하늘은 순일한 덕을 도우신 것이며, 상나라가 아래 백성에게 요구한 것이 아니요, 오직 백성은 순일한 덕을 따른 것입니다. 덕이 오직 순일하다면 움직여서 길하지 않음이 없고, 덕이 두세 개로 흔들리면 움직여서 흉하지 않음이 없습니다. 어긋남 없는 길함과 흉함이 사람의 행동에 달려 있고, 덕에 따라 하늘은 재앙과 복을 내리십니다. •지금 임금님께서는 그 명을 새로이 행하시게 되셨습니다. 당신의 덕을 새로이 하시어 처음부터 끝까지 순일하시면 날로 새로와지실 것입니다. •관리를 임용하실 때는 오직 어질고 재능 있는 사람만을 쓰시며, 대신은 적당한 사람만을 쓰십시오. 신하가 윗사람을 위하게 하려면 덕을 닦으셔야 하고, 아래 백성을 위하게 하려면 백성을 아끼셔야 합니다. 그것은 어려워 신중히 하여야만 될 일이니, 덕이 화합하고 순일되도록 하십시오. •덕에는 일정한 스승이 없고 선을 주로함이 스승이며, 선에는 일정한 주인이 없고, 덕이 순일할 수 있는 데로 화합하는 것입니다. 만백성으로 하여금 모두 '크도다, 임금님의 말씀이시여!' 하고 말하도록 하십시오. 또 '순일하도다, 임금님의 마음이여!' 하고 말하도록 하십시오. 그리고 선왕(先王)의 일을 편히 받들 수 있게 되신다면, 영원히 백성의 안락한 삶을 이루어 주시게 되는 겁니다. •오오! 일곱 代의 묘(廟)를 통하여 가히 그 나라의 덕을 볼 수 있으며, 만 사람의 우두머리를 통하여 가히 그 나라의 정치를 볼 수 있는 것입니다. 임금은 백성이 아니면 부릴 것이 없고, 백성은 임금이 아니면 섬길 사람이 없습니다. 자기는 넓히고 남은 좁히지 마십시오. 일반 남녀들이 스스로 다함을 얻지 못한다면, 백성과 임금이 다 같이 그들의 일을 이루지 못하게 될 것입니다."

[설명]'咸有一德'이란 임금과 신하가 다 같이 순일(純一)한 德을 가지고 있다는 뜻이며, 순일한 덕이란 올바른 도리를 깨달아 한 가지 올바름에서 조금도 흔들리지 않은 덕을 말한다.

- 損以遠害코:자기의 이익만을 추구하지 않기 때문에 나에 대한 해독을 멀리 할 수 있다는 것이다.
- 益以興利코:益으로써 大利를 흥(興)하게 하고, 세상의 복리(福利)를 진흥시킨다는 것이다. 이때의 利는 大利와 義로써 하고, 근본 정신은 仁을 바탕으로 해야 한다.

  예1) 見利思義하며 見危授命하며 (『論語』「憲問」)

  利를 보면 義를 생각하며, 위태로운 것을 보면 목숨을 바친다.

  [설명]私利를 보면 公利(義理)를 먼저 생각하고 행동한다. 따라서 위태로운 것을 보면 天命을 받아서 행동한다고 생각해야 한다.

  예2)『大學』은 入德(明明德)으로 들어가서 마지막에는 利로써 마치되 小利로 하지 말고 仁을 바탕으로 한 大利를 말하였다.

  예3) 天地之大德曰 生이오 (「繫辭傳」下 第1章)

  천지의 큰 덕을 말하되 生이다.

  [해설]德과 生은 붙어다닌다. 이것이 바로 仁이다.

- 困以寡怨코:곤궁함으로써 절조(節調)를 지켜 남을 원망하지 아니한다는 것이다. 왜냐하면 困의 배후에는 德이 숨어 있기 때문이다. 따라서 현실에서 청백리(淸白吏)는 남에게서 칭송을 받지만 자기 자신은 무척 困하기 마련이다.
- 井以辨義코:井은 모든 사람에게 사사로움이 없이 폭넓게 혜택을 베풀어 주니, 여기에 숨어 있는 德으로써 義를 밝게 분별할 수가 있다는 것이다. 사람의 본성(本性)이 의리심(義理心)을 버릴 수 없는 것을 마치 우물을 옮겨 갈 수 없는 것에 비유하였다. 사람은 의리심을 옮겨 갈 수가 없기에 만물의 영장(靈長)이라고 한다.
- 巽以行權하나니라:손순(巽順)하면서도 內的으로 행사(行事)하여 모든 것을 행동화(行動化)하는 것을 말한다. 즉, 申命行事하는 것이다. 그러므로 巽이 아니면 行事와 行權이 아니된다. 여기서 '巽'은 바람이니, 바람이 상통되는 곳은 남김없이 다 알아낼 수가 있다는 것이다. '權'은 경중장단(輕重長短)을 잴 수 있는 저울과 같은 것으로 앞과 뒤, 과거와 미래를 다 알 수 있다는 뜻이다.

  • 권형(權衡):물건의 경중(輕重)과 대소(大小)를 헤아리는 도구.
  • 권도(權度):저울과 자.

[참고] 본 장이 第七章이니 七艮山에 비유할 수 있다. 항상 七數는 유의해야 한다.3)
1) 제7장은 三陳九德卦를 설명한 글로서 삼단 논법으로 三極之道로 구성한 글이다.

- 第1陳 : 履는 德之基也ㅣ오……
- 第2陳 : 履는 和而至하고……
- 第3陳 : 履以和行코……

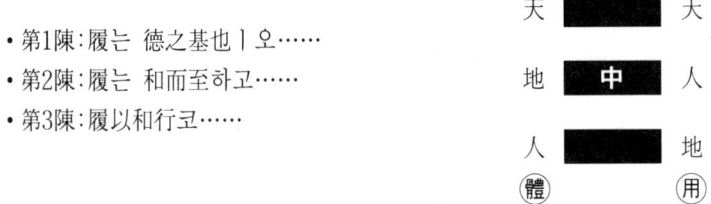

天道에서는 德을 말하였고 體나 用으로 보아서 불변이 되며, 地道와 人道로 보면 德을 감추어 두고 형이하학적으로 설명하였다. 그리고 64卦 중에서 德行을 간추려 모은 것이 九德卦다. 따라서 利涉大川의 건너는 준비로서 九德卦에 그 기수(機數)를 묻어 놓았다.

2) 九德卦 중 履卦가 먼저 온 뜻은 무엇인가? 이것은 어떤 시기를 우리에게 암시하고 행동을 지시해 주기 위한 것이다. 乾卦 구삼효가 변하면 履卦되며, 또 履卦의 全變이 謙卦다. 三爻는 先天의 마지막으로 이때는 진덕수업(進德修業)의 훌륭한 군자라야 后天을 건널 수 있는 자격이 주어진다. 그러므로 이때는 아주 위험하여 조심하여야 할 日午中天 때이니 明明德의 德을 쌓고 至善에 머물러서 겸손한 군자, 곧 中正을 체득한 자라야 利涉大川의 주역(主役)이 될 수 있다는 뜻이 내포된 것이 아니겠는가?

3) 아기 부처가 룸비니 동산에서 탄생하였을 때 그 아기는 일곱 발자국을 걸어가서 "天上天下唯我獨尊"이라고 말하였다고 전해지고 있다. 이 일곱 발자국의 뜻은 탐(貪:탐욕함), 진(瞋:성냄), 치(癡:어리석음), 생로병사(生老病死)로서 중생(衆生)은 三毒으로 말미암아 四苦 속을 헤매면서 끝없는 윤회(輪廻)를 계속하고 있다고 한다. 이러한 이치를 깨달은 天上天下의 유일한 사람이 부처라는 것이다.

3) 『주역』의 상경이 體이고 하경이 用이라면, 「계사전」上이 體요 「계사전」下가 用이 된다. 따라서 先天이 體가 되고 后天이 用이 되니 九德卦는 洛書의 원리(후천 팔괘)로 설명하는 것이 이치에 맞는 것이 아닐까 생각한다. 즉, 九德卦는 洛書의 발전적인 해설이라는 것이다. 따라서 구덕괘의 조화 속에는 아니 되는 것이 없으며, 모든 사물에 비춰 예지(豫知)하는 데 실제로 사용하는 바라고 할 수 있다. 五皇極이 중앙에 있으면 권리를 행사할 수 있다. 옆의 그림은 기본 도표로서 이를 바탕으로 하여 변형(變形) 도표를 그려서 연구해 볼 필요가 있다.

4 恒	9 巽	2 謙
3 復	5 損	7 困
8 井	1 履	6 益

體 : 上經 「繫辭傳」上 河圖 伏犧八卦 『周易』
用 : 下經 「繫辭傳」下 洛書 文王八卦 「洪範」

※ 巽入中宮의 變圖 : 也山 선생님께서 巽入中宮을 말씀하셨다. 나는 이를 지켜 보면서 확신을 얻었다. 여기에 온갖 기수(機數)를 숨겨 놓은 것이 아니겠는가 하고! 五中은 황극수(皇極數)로서 洛書의 文王八卦의 핵심이 되는 것은 五中에 있으며, 五巽이 入宮을 하면 모든 변화가 일어난다. 그러나 巽이 세계의 중심인 中國의 낙양(洛陽)에 들어가면 자동적으로 사면초가(四面楚歌)가 되어 자멸(自滅)하게 된다.

8(4) 井	4(9) 恒	6(2) 益
7(3) 困	9(5) 巽	2(7) 謙
3(8) 復	5(1) 損	1(6) 履

4) "巽은 德之制也 l 라→巽은 稱而隱하니라→巽以行權하나니라"고 하였다. 즉, 巽卦로서 德을 법제(法制)하고, 이 속에 은밀히 감춰져 있으니 행사를 巽이 한다고 하였다. 그 뜻은 무엇인가? 巽이 行權이니 五皇極이라 할 수 있다. 五中이 없이는 八卦가 있을 수 없고 用事도 없다. 五中은 核이다. 无初有終이라고 하였듯이 甲子가 庚子로 된다는 암시라고 할 수 있다. 또 巽卦에서 先庚三日 後庚三日이라고 하였으니, 巽의 뜻은 우리에게 行事하는 초점[幾]을 알려 준다.

예) • 蠱는 元亨하니 利涉大川이니 先甲三日하며 後甲三日이니라 (山風蠱卦 卦辭)
蠱는 크게 형통하니 큰 내를 건너는 데 이로우니, 甲日보다 3일 앞서 하며 甲日보다 3일 뒤에 한다.

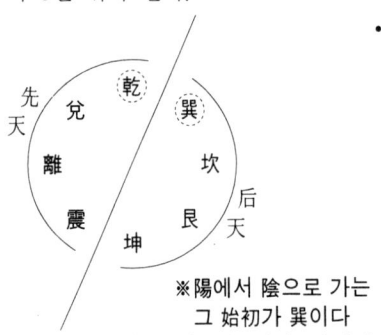

• 九五는 貞이면 吉하야 悔ㅣ 亡하야 无不利ㅣ니 无初有終이라 先庚三日하며 後庚三日이면 吉하리라(重風巽卦 九五爻辭)
九五는 바르게 하면 길하여 뉘우침이 없어서 이롭지 않음이 없으니, 처음은 없고 마침은 있을 것이다. 庚〈日〉에 앞서 3일 하며, 庚〈日〉의 뒤에 3일이면 길할 것이다.

[설명] 아무리 巽이 行權이라 할지라도 先庚後庚이 아니면 用事가 될 수 없다.

5) 第七章에 九德卦를 말한 것은 中天 시기에 艮方에서 九德을 갖춘 성인이 출현하여 우리에게 밝은 미래를 기약할 수가 있게 되리라는 것을 암시한 것이다. 과연 대자연의 이치를 관망(觀望)하게 될 것이다.

6) 九德卦는 어떤 기수(機數)를 알리기 위한 것이고, 9종류이지만 어떻게 보면 한가지라 생각할 수 있다. 즉, 九德이 서로 다른 것 같으면서도 그 기본 정신은 일치한다고 볼 수 있다. 결국 和→中→節→本→基→柄→困→修→辨 등으로 설명할 수 있다.

1(太極) ─ 三極(3陣) ─ 九德 ……

履는 德之基也ㅣ오 ─ 基, 謙은 德之柄也ㅣ오 ─ 柄, 復은 德之本也ㅣ오 ─ 本
恒은 德之固也ㅣ오 ─ 固, 損은 德之修也ㅣ오 ─ 修, 益은 德之裕也ㅣ오 ─ 裕
困은 德之辨也ㅣ오 ─ 辨, 井은 德之地也ㅣ오 ─ 地, 巽은 德之制也ㅣ라 ─ 制

7) 巽卦를 제외한 다른 九德卦의 造化는 상호 변화 관계를 내포하고 있다. 즉, ☲履卦와 ☷謙卦는 배합 관계이며, ☵困卦와 ☴井卦는 도전 관계이며, ☳恒卦와

☳☴益卦는 착종 관계이며, ☷☳復卦와 ☴☴巽卦는 호괘로 관계되어 있다. 그러나 巽卦는 다른 구덕괘와 달리 따로 유리(遊離)되어 있는 괘로서 다른 구덕괘와 관계가 없다. 그러나 巽卦는 五中에 있으므로 다른 괘와 다 관계하고 있으며, 巽卦(五中)를 거치지 아니하고는 행사할 수가 없다는 것이다.

右는 第七章이라

제8장

공자는 본 장을 비롯하여 제9, 10장의 첫머리를 "易之爲書也"로 시작하여1) 『주역』의 내용을 보는 방법을 명확하게 제시하고 있다. 이는 오직 『주역』만 무궁한 이치를 가지고 있음을 우리에게 암시해 주고 있다.

易之爲書也ㅣ **不可遠**이오 **爲道也**ㅣ **屢遷**이라 **變動不居**하야 **周流六虛**하야 **上下**ㅣ **无常**하며 **剛柔**ㅣ **相易**하야 **不可爲典要**ㅣ오 **唯變所適**이니

易의 글됨이 가히 멀지 아니함이오, 〈易의〉 道됨이 여러 번 옮김이라. 변하고 움직여서 居하지 아니하며, 六虛 속에 두루해서 오르고 내림에 항상함이 없으며, 剛과 柔가 서로 바뀌어 전요(典要)를 삼을 수 없음이오, 오직 변해서 가는 바니,

· 屢:여러 루, 거듭 루 · 遷:옮길 천 · 流:흐를 류 · 虛:빌 허 · 典:법 전 · 要:구할 요 · 唯:오직 유
· 適:갈 적, 좇을 적

各說

● **易之爲書也**ㅣ **不可遠**이오:①주역 속의 이치가 우리 자신과는 멀지 아니한 가까운

---

1) 易之爲書也ㅣ 不可遠이오……(「繫辭傳」下 第8章), 易之爲書也ㅣ 原始要終하야……(「繫辭傳」下 第9章), 易之爲書也ㅣ 廣大悉備하야……(「繫辭傳」下 第10章)

곳에 존재한다는 것이다. 대자연의 이치로써 사람과의 관계를 연결해 놓은 것이 易理라는 것이다. 그러므로 文王八卦를 가족 관계로 설명한 것은 바로 이것을 뜻한다. ② 人道는 易理로써 天道와 地道의 이치를 알고 나서 合理的으로 기록해 놓은 것이다. 이에 따라「설괘전」에서 각 괘를 우리 몸에 비교하여 설명하고 있으며,『중용』에서도 도통 경지를 夫婦之情으로써 느낄 수 있다고 설명하고 있다.

예1) 乾爲首ㅣ오 坤爲腹이오 震爲足이오 巽爲股ㅣ오 坎爲耳ㅣ오 離爲目이오 艮爲手ㅣ오 兌爲口ㅣ라 (「說卦傳」第9章)

乾은 머리요, 坤은 배요, 震은 발이요, 巽은 다리요, 坎은 귀요, 離는 눈이요, 艮은 손이요, 兌는 입이라.

[설명] 결국 易의 이치는 天道와 地道의 원리를 人道에 가장 가깝게 설명해 놓았다.

예2) 子ㅣ 曰 道不遠人하니 人之爲道而遠人이면 不可以爲道ㅣ니라 …… 君子之道ㅣ 四에 丘未能一焉이로니 所求乎子로 以事父를 未能也하며 所求乎臣으로 以事君을 未能也ㅣ하여 所求乎弟로 以事兄을 未能也하며 所求乎朋友를 先施之로 未能也ㅣ로니 庸德之行하며 庸言之謹하야 有所不足이어든 不敢不勉하며 有餘어든 不敢盡하야 言顧行하며 行顧言이니 君子ㅣ 胡不慥慥爾ㅣ리오 (『中庸』第13章)

공자께서 말씀하시기를 "道는 사람에게서 멀지 않다. 사람이 道를 행하되 사람에게서 멀리한다면 가히 써 道가 될 수 없다. …… 君子의 道가 네 가지 있는데 나 구(丘, 공자)는 한 가지도 능치 못하니, 자식에게 구하는 바로써 아버지 섬기기를 잘하지 못했고, 신하들에게 바라는 것으로써 임금 섬김을 잘하지 못하며, 아우에게 바라는 것으로써 형 섬김을 잘하지 못하며, 벗들에게 바라는 것으로써 먼저 베풀어 주기를 잘하지 못했다. 庸德 곧 항상 德을 행하며, 庸言을 곧 恒常不斷의 충실한 말을 삼가 조심하며, 〈行에〉 부족한 바가 있으면 감히 힘쓰지 않을 수 없으며, 〈言이〉 남음이 있으면 감히 다하지 못하여, 말은 행동을 돌아보고 행동은 말을 돌아보니, 군자가 어찌 독실하지 아니하겠는가!"고 하셨다.

[설명] 공자는 四未는 不能했으나 夫婦之道는 말이 없는데 이는 능했는 바라 여기며, 또 부부의 말이 전혀 없다. 가장 중요하기 때문에 먼저 인용 설명하였으며, 모든 生生之理가 부부라는 이 속에 담겨 있으며 모든 인생사가 여기에 있으니 그럴 수밖에 없다고 하겠다. 사람이 죽고 사는 것도 궁극적으로 여기에 있는 것이니 중요할 수밖에 없다. 남녀, 즉 부부 관계의 경쟁, 이것보다 더 좋은 도통 경지의 경쟁은 없다. 기실 이것은 중하게 여기면서 이것보다도 50억 배 좋다는 도통 경지는 경쟁을 하지도 가지려고도 생각을 하지 아니한다.2)

- 〈易之〉爲道也ㅣ 屢遷이라:①주역의 法道는 자주 변화하는 것이다. 즉, 老陽, 老陰, 九宮數, 六爻, 64卦 등으로 갈라져 변하는 주역의 변화를 말한 것이다. ②易의 법도는 변하고 움직이기 때문에 한 곳에 머물러 있지 아니하다는 것이다. 즉, 시간은 움직이고 또 지구가 움직여 나가니 不居이다. 따라서 모든 사물은 움직이는 가운데 생존해 간다는 것이다. 우리 몸 속을 드려다 보면 사람 역시 그냥 靜하여 있는 것이 아니라 혈맥이 움직이고 있다. 그러므로 태극의 이치도 운동(음양)의 한 단면(斷面)이라고 할 수 있으며, 이 역시 음양의 운동이라고 할 수가 있다.

  예)易은 變易也ㅣ니 隨時變易하야 以從道也ㅣ라 (「易傳序」)

    역은 변하여 바뀌는 것이니, 때에 따라 변하여 바꿈으로써 도를 따르는 것이다.

- 變動不居하야:①動靜有常을 뜻한다.3) 즉, 모든 사물이 변하고 움직여 나간다는 것이다. 이치도 이와같이 사물에 따라서 방법이 각양각색으로 달라질 것이다. 그러나 그 근본적 핵심은 변함이 없다. 이러한 형태가 周流六虛라고 할 수 있다. ②주역의 도가 六虛(대자연) 속에 두루두루 흐르고 있어 올라가기도 하고 내려가기도 하는 것이 항상함이 없으며, 剛과 柔가 서로 바꾸어지며 어떤 법칙대로 움직여 나가는 것이 아니라 剛과 柔, 陽과 陰이 서로 바뀌어서 고정된 표준을 세울 수가 없다는 뜻이다. 이는 『주역』의 내용이 조화무궁함을 뜻한 것으로, 어떤 틀에 박힌 법칙대로 되지는 아니하고 오직 변하는 바에 따라 유형(流形)하여 갈 따름이라는 것이다.

- 周流六虛하야:대자연의 이치는 東西南北上下(시간과 공간)의 六合(六虛) 속에 빠짐없이 흐르고 있다는 것이다. 또한 모든 대자연의 이치가 주역의 육효 속에 담겨져 있다는 것이다.

- 上下ㅣ 无常하며:주역의 내용을 살펴 보면 氣化的으로 올라가기도 하고 내려오기도 하여 일정하게 한정되어 있지도 아니하며 항상함도 없어 보지만 모든 것이 이치에 맞도록 되어 있다는 것이다. 즉, 대자연의 이치가 六虛에 周流하고 있어도 어떤 한정됨이 없다는 것이니, 이는 『주역』의 범위가 한량 없음과 무궁무진함을 뜻한 것이 아니겠는가?

---

2) 이 인용 예문으로는 부족한 점이 있다. 좀더 자세한 내용은 『亞山의 中庸講義』 제12장과 제13장을 참고하여 주길 바란다. (一岡註)

3) 動靜有常은 자연의 원리로서 구체적으로 세분하여 말하면 動中有動, 動中有靜, 靜中有動, 靜中有靜이 된다. 그리고 動中有靜과 靜中有動을 마음대로 할 수 있는 자는 도통한 자라고 할 수 있다.

- 剛柔ㅣ 相易하야:形化的으로서 剛이 柔가 되고 柔가 剛이 되기도 하여 서로 바뀌어 변하고 있는 것을 말한다. 다시 말하여 老陽과 老陰이 변하고 있으나 어떤 고정된 틀이 있어 그대로 변하여 가는 것이 아니라는 것이다.

$$\begin{array}{ccc} 周 & + & 易 \\ 變動不居 & \rightarrow & 上下无常 \\ 周流六虛 & & 剛柔相易 \end{array}$$

- 不可爲典要ㅣ오:육효상잡(六爻相雜)이 되어 있음을 말하고, 이는 일정한 법칙대로 되는 것이 아니므로 고정된 표준을 세울 수가 없다는 것이다.
  예)易之爲書也ㅣ 原始要終하야 以爲質也코 六爻相雜은 唯其時物也ㅣ라
  (「繫辭傳」下 第9章)
  易의 글됨이 始를 근원으로 하여 終을 요구해서 〈괘의〉 바탕으로 삼고, 육효가 서로 섞이는 것은 오직 그 때의 사물일 뿐이다.
- 唯變所適이니:①오직 변하여 가는 대로 가는 것 뿐이다. 주역의 내용이 인위적으로 만들어진 것이 아니라 대자연의 유형(流形)과 같이 존재할 따름이며, 곧 天理에 부합하도록 되어 있음을 말한 것이다. 그러므로 많은 공부가 필요한 것이다. ②"不可爲典要ㅣ오 唯變所適이니:典要를 삼을 수 없음이요, 오직 변해서 가는 바다"의 내용은 바로 대자연과 같은 의미이다.

$$\begin{array}{c} 易之爲書也 - 不可遠 \\ 易之爲道也 - 屢\ \ 遷 \end{array} \rangle \rightarrow \begin{array}{c} 變動不居 \\ 周流六虛 \end{array} \rangle \begin{array}{c} 上下无常 \\ 剛柔相易 \end{array} \rangle 不可爲典要 \rightarrow 唯變所適$$

其出入以度하야 外內에 使知懼하며

그 나가고 들어가는 데 〈주역의 일정한〉 법도로써 하여 〈사람으로 하여금〉 外內에 두려운 것을 알게 하며.
·度:법도 도 ·使:하여금 사 ·懼:두려할 구

各說
- 其出入以度하야:주역의 내용에 그 이치가 고정되어 있지 아니하고 들어감이 마땅

할 때는 들어가고 나감이 마땅할 때는 나아간다는 것이다.
- 外內에 使知懼하며:주역의 內外卦를 통하여서 어떻게 하면 "君子ㅣ 終日乾乾하야 夕惕若하면 厲하나 无咎ㅣ리라:九三은 군자가 종일토록(오전 마지막까지) 조심하고 조심하여 저녁때까지 두려워한다면 비록 위태로우나 큰 허물은 없을 것이다"(乾卦 九三爻辭)가 될 것인가를 알아서 한다는 것이다. 그러므로 사람으로 하여금 마음속에 두려운 것을 가지게 하여 바깥으로 나타나는 행동을 조심스럽게 만든다는 것이다. 주자는 「本義」에서 위의 문장을 "此句는 未詳하니 疑有脫誤라:이 구절은 잘 알 수 없으니, 빠지고 잘못된 곳이 있지 않은가 한다"고 주석하였다.

  예)道也者는 不可須臾離也ㅣ니 可離면 非道也ㅣ라 是故로 君子는 戒愼乎其所不睹하며 恐懼乎其所不聞이니라 (『中庸』 第1章)
  道라는 것은 가히 잠시도 떠나지 못할 것이니, 떠난다고 하면 道가 아니다. 이런고로 군자는 그 보이지 않은 바에(곳을) 경계하며 삼가 조심하며 자기가 듣지 못하는 바에(곳을) 두려워한다.
  [설명]須臾之頃:잠깐 사이.

$$出入 - 行動 \qquad \begin{cases} 外 - 行動 \\ 內 - 心理 \end{cases}$$

又明於憂患與故ㅣ라 无有師保하나 如臨父母하니

뿐만 아니라 우환과 연고에 밝힌다. 師保가 없으나 부모가 임하는 것과 같으니,4)
· 憂:근심할 우 · 患:근심 환 · 師:스승 사 · 保:지킬 보 · 臨:임할 림

各說

- 又明於憂患與故ㅣ라:그뿐만 아니라 주역은 미래에 근심되는 일과 현재 당하고 있는 환란의 까닭을 자세히 설명해 준다는 것이다.
- 无有師保하나 如臨父母하니:지도해 주고 보좌해 주는 스승이나 후견자가 없지만, 우리에게 주는 느낌이 마치 부모가 와서 보호해 주는 것과 같이5) 주역이 우리에

---

4) 공자가 아니면 이렇듯 간절한 말은 불가능할 것이다.
5) 자오반포(慈烏反哺):3개월 동안 까마귀가 새끼를 먹여 살렸기에 그 새끼가 커서 어미에게 3개월 동안 먹여 주는 것을 뜻한다. 부모는 자식에게 만 가지를 다 해줄 수 있는 天慈心이 있으며, 자식에게는 부모의 은혜를 갚는 孝心이 주어졌다. 이러한 천자심과 효심은 良知良能을 가진 사람에게 있고, 동물 중에서 오직 까마귀에게만 주어졌다고 한다. 이것이 반포지리(反哺之理)이다.

게 알려 준다는 것이다. 여기서 우리는 天賦之性에 회복만 되면 대자연에 임하여6) 모든 것을 다 알아낼 수가 있다는 것이다. 이런 이유로 ䷗復卦 다음에 ䷒臨卦가 次序했다고 할 수 있다.

예)今予小子는 祗勤于德하여 夙夜不逮하며 仰惟前代時若하여 訓迪厥官하노라 入太師 太傅太保하니 玆惟三公이니 論道經邦하며 燮理陰陽하나니 官不必備요 惟其人이라 (『書經』「周書·周官」)

지금 나 작은 사람은 덕을 공경하고 부지런히 하여, 아침 일찍부터 밤에 이르기까지 미치지 못하듯이 하고 있으며, 앞 시대를 우러르고 따르고자 하여, 그대들 관리를 훈도하는 바이다. 태사와 태부와 태보를 세웠으니 이들이 삼공이며, 도를 논하고 나라를 다스리며 음양의 조화를 다스리는 것이니, 관직은 반드시 갖추어지지 않아도 오직 그 사람이 있어야 한다.

[설명] 태사(太師)는 주나라 당시 임금을 가르치는 사람이요, 태보(太傅)는 임금의 일을 돕는 사람이요, 태보(太保)는 임금을 보호하는 사람이다.

初率其辭而揆其方컨댄 旣有典常이어니와 苟非其人이면 道不虛行하나니라

처음에 그 말[辭]을 거느려서 그 방법을 찾아보건대는 이미 일정한 법칙이 있고 항상함이 있거니와, 진실로 그 사람이 아니면 道가 헛되게 행하지 아니하는 것이다.

· 初:처음 초 · 率:거느릴 솔, 좇을 솔 · 揆:찾아볼 규, 헤아릴 규 · 旣:이미 기 · 典:법 전 · 常:항상 상 · 苟:진실로 구

各說

● 初率其辭而揆其方컨댄 : 처음에 『주역』에 있는 모든 글을 읽어서 그 방법, 곧 道를 헤아려 찾아본다는 것이다. 다시 말하면 『주역』속에 있는 모든 글을 읽어서 변역·교역된 이치를 찾아보고 공부한다는 뜻이다. 여기서 '其辭'는 『주역』전체의 글 또는 卦辭, 爻辭, 繫辭……를 말한다. '其方'은 주역을 공부하는 방법, 곧 道를 말한다.

예)孟子ㅣ曰 仁也者는 人也니 合而言之하면 道也ㅣ니라 (『孟子』「盡心」下)

---

6) 대자연에 임하는 것과 부모가 자식에게 대하는 것과 자식이 부모에게 대하는 것이 지극에 이르면, 이것이 도통 경지라고 할 수 있다.

7) [別解] 주역을 공부하는 사람은 처음에는 繫辭(괘사, 효사, 공자 십익)에 좇아서 그 道의 이치를 헤아리는 데 힘쓸 것이다. 그렇게 한 뒤에 무한히 變易하고 交易하는 가운데 不易之理를 알아야 한다. 단지, 주역을 활용하고 활용치 못하는 것은 오직 이것을 쓰는 사람 여하에 달려 있다는 것이다.

맹자께서 말씀하시기를 "仁이라는 것은 사람이니, 이것을 합하여 말하면 道다"고 하셨다.

[설명]仁이란 것은 참다운 사람이 되는 道理다. 그러나 어진 것은 이치요, 사람은 물건이다. 어진 이치로 사람의 몸에 합하여 말하면 소위 道라는 것이다. 즉, 仁+人 =道. 이 道는 사람에게만 존재하고 필요로 한다.

- 旣有典常이어니와:주역은 각 괘효에 따라 변하여 가는 것만 아니라, 그 가운데도 변하지 아니하는 법칙이 있다는 것이다. 動中有靜하고 靜中有動하는 이치에 따라 易理가 존재하고 있음을 말하는 것이다. 여기서 '典常'은 일정한 법칙과 방법이라는 뜻으로, 앞에서 말한 不可爲典要, 唯變所適과 旣有典常과 그 의미가 통한다. 즉, 주역 속에 담겨 있는 이치가 變易, 交易, 不易으로 되어 있는 것을 말한다.
- 苟非其人이면 道不虛行하나니라:앞 문장에서 말한 外內使知懼, 无有師保 如臨父母 할 수 있는, 즉 心易에 도달한 사람이 아니면 도통이 되지 아니한다는 것이다. 기실 여기서 말하는 其人은 어떤 일정한 사람이 아니겠는가 보여진다. 그러나 아무라도 노력하면 其人이 될 수 있지 않을까 생각한다!8)

예)成覸이 謂齊景公曰 彼丈夫也며 吾何畏彼哉ㅣ리오 하며 顔淵이 曰 舜何人也며 予何人也ㅣ리오 有爲者ㅣ 亦若是라하며 (『孟子』「滕文公」上)

성간이 제경공에게 이르기를 "저 성현들도 장부이며 나도 장부이니, 내가 어찌 저 성현을 두려워하겠는가?" 했으며, 안연이 말하기를 "순임금은 어떠한 분이며 나는 어떠한 사람인가? 그와 같은 행동을 하면 나도 그와 같은 사람이 될 수 있다"고 하였다.

[설명]나도 공부하면 성현처럼 될 수가 있다는 것이다. 學而知之, 즉 학문을 함으로써 其人이 될 수 있는 경우이다. 이른바 顔·曾·孟·思와 같은 위인을 들 수 있다.

위의 글을 문장적으로 구분하여 보면 다음과 같다.

```
⎧ 初率其辭而揆其方  －  旣有典常  －  窮理工夫
⎩ 苟非其人道不虛行           －  盡性工夫
```

위의 두 가지 방법을 다 알아서 행하고 노력하는 사람에게 道通이 이루어진다는

---

8) 亞山 선생님이 也山 선생님께 주역을 배울 때 '苟非其人이면 道不虛行하나니라'라는 대목에서 "其人이 어느 특정인이라고 하면 우리 같은 범인은 공부할 필요가 있겠습니까?" 하니, 也山 선생님은 아래 예문의 『맹자』의 글을 인용하여 주었다고 한다. (一岡註)

것이다. 그리고 현인들이 행한 盡性工夫(心性工夫)의 心法을 찾아보면 다음과 같다.
- 曾子:증자가 평생에 걸쳐 좌우명(座右銘)으로 내건 것이 '日三省吾身'[9]이라고 하였다. 하루에 내 자신을 세 가지 측면으로 살펴 본다는 뜻이다. 이 말은 나의 천부지성이 혹시 외유(外誘)를 당하여서 물욕(物欲)에 잠겨 있지나 아니하였는가를 살펴 반성하는 것이다.
- 孟子:操縱(存)事天→心. 마음을 잡아서 항상 조심성 있게 한다. 즉, 대자연 그대로 한다는 것이다.
  예)孔子ㅣ 曰 操則存하고 舍則亡하야 出入無時하야 莫知其鄕은 惟心之謂與ㄴ져 하시니라 (『孟子』「告子」上)
  공자께서 말씀하시기를 "잡으면 보존되고 놓으면 잃어서, 나가고 들어옴이 정한 때가 없으니, 그 방향을 알 수 없는 것은 오직 사람의 마음을 두고 말한 것이다"고 하셨다.
- 程伊川:半日讀書 半日危坐. 하루 반은 독서로써 窮理工夫에 전념하고, 하루 반은 무릎을 꿇고 바르게 앉아 盡性工夫에 전념한다는 것이다

右는 第八章이라

---

9)曾子ㅣ 曰 吾ㅣ 日三省吾身하노이 (『論語』「學而」)

제9장

본 장 역시 공자가 앞 장(「계사전」하 제8장)에서와 같이 역학을 여러 가지 측면으로 살펴 보면서, 『주역』의 내용을 보는 방법을 명확하게 제시하고 있다.

易之爲書也ㅣ 原始要終하야 **以爲質也**코 **六爻相雜**은 **唯其時物也**ㅣ라

易의 글됨이 始를 근원으로 하여 終을 요구해서 〈괘의〉바탕으로 삼고, 육효가 서로 섞이는 것은 오직 그 때의 사물일 뿐이다.

· 原:근원 원 · 始:처음 시 · 要:구할 요 · 終:끝날 종 · 質:바탕 질 · 爻:효 효 · 相:서로 상
· 雜:섞일 잡 · 唯:오직 유 · 時:때 시 · 物:만물 물

總說

『주역』이 종횡의 글로써 모든 이치를 그 속에 내포하고 있음을 말하고 있다.

各說

● **原始要終**하야 **以爲質也**코:시초(始初)를 근본으로 삼아 깊이 궁구하여서 종말에 귀요(歸要)함으로써 본질로 삼는다고 하였으니, 곧 終과 始의 中을 잡아서 이를 본질로 삼는다는 것이다.

예1) 大明終始하면 六位時成하나니 時乘六龍하야 以御天하나니라 (乾卦「彖辭」)
크게 終과 始를 밝혀 보면 여섯 효(爻, 位)가 때에 따라 이루어져서, 때로 六龍을 타고 하늘을 말모는 듯한다.
[설명] '終始'에는 中이 감추어져 있다.

예2) 物有本末하고 事有終始하니 知所先後ㅣ면 則近道矣ㅣ리라 (『大學』經1章)
物에는 근본과 말단이 있고, 事에는 마침과 비롯함이 있으니, 먼저 하고 나중에 할 바를 알면 곧 道에 가까울 것이다.
[설명] '物有本末 事有終始'는 천지 사물의 이치를 말한 것으로, 여기에는 中이 감춰져 있다.

河 圖 數

1 2 3 4 5 6 7 8 9 10
└┘   └┘   └┘
二始   二中   二終

● 六爻相雜은 唯其時物也ㅣ라 : ① 육효가 서로 혼잡하여 있음은 역의 이치를 알아내기 위하여 용이다, 거북이다 하여 오직 그 때의 사물에서 취상(取象)하여 설명했을 따름이라는 것이다. ② 주역의 구성은 无→有→无로 설명되어 있으며, 易은 아무 것도 없는 것에서 취상하여 우리가 中을 잡아 알 수 있도록 하여 놓았다. 『주역』

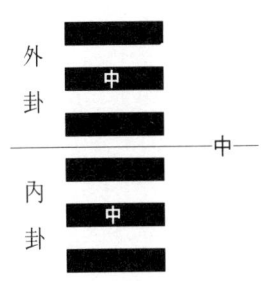

의 모든 것은 취상한 것이며, 이는 中을 잡기 위한 자료이다. 즉, 효사도 无에서 有를 취상한 것이며, 우리가 살아가는 모든 인생사도 취상이라 할 수 있다. ③ 괘상을 보면 괘 속에서 中은 항상 이동하고 있다. 이 말은 사물의 이치가 변동되어 진행한다는 뜻이다. 예를 들면 內卦의 中, 外卦의 中, 六爻의 中 그 외 互卦의 中 등이 있다.

其初는 難知오 其上은 易知니 本末也ㅣ라 初辭擬之하고 卒成之終하나라

그 처음은 〈기미(幾微)를〉 알기 어렵고, 그 上은 알기 쉬우니 〈이것을〉 本末이라고 한다. 처음의 말은 〈어떤 사물에다〉 비추어서 설명하고 〈上은〉 끝끝내 마치는 것을 이루는 것이다.

· 初:처음 초 · 難:어려울 난 · 本:밑 본, 근본 본 · 末:끝 말 · 擬:비길 의 · 卒:마칠 졸

各說

- 其初는 難知오:①처음에는 어떤 사물의 기미를 알 수 없으니 그 근본을 알아내기는 어렵다는 것이다. 즉, 육효로 보면 초효가 가장 어렵다는 것이다. 따라서 그 괘의 처음은 아직 드러나지 않은 때이므로 難知가 된다. ②'始'보다는 '初'가 그 의미의 범위를 넓게 쓴다.

- 其上은 易知니:①육효로 보면 초효가 難知이지만, 이것을 결정하여 알게 되면 마지막의 상효는 알기 쉽다. 왜냐하면 상효는 일의 이루어진 결말로서 드러난 것이므로 알기가 쉽다는 것이다. ②也山 선생님은 이 대목에서 좀더 확대 해설을 하였다. 상경에서 其初는 四正方卦인 乾·坤·坎·離 중에서 乾·坤卦가 되고, 其上은 坎·離卦가 된다고 하였다. 그리고 상경 30卦 중 乾·坤·坎·離卦를 제외한 26卦(屯卦~大過卦)가 다음 문장의 "辨是與非는 則非其中爻ㅣ면 不備하리라;〈천하의 사물을 모아서 길흉을 가려내고〉옳고 그른 것을 분변하는 것은, 즉 중효가 아니면 갖추지 못할 것이다"에 해당한다고 하였다.

其初 — 初爻 — 本 — 難知 — 原始 ⟩爲質 — 相雜
其上 — 上爻 — 末 — 易知 — 要終

- 初辭擬之하고:초효에서 어떤 사물 즉, 예를 들어 용이나 말 등에다 비유하였는데, 이 취상한 사물을 잘 알아낸다면 그 취상의 의미나 앞으로의 발전 방향이 쉽게 풀어진다. 그 예를 실제로 乾卦와 坤卦에서 찾아보자.

예1) 初九는 潛龍이니 勿用이니라 (乾卦 初九爻辭)
초구는 물 속에 잠긴 용이니 쓰지 말아라.
[설명]龍은 형이상학적인 사물로 의지(擬之)되었고, 이 초효의 龍은 聖人, 陽物, 大人, 도통한 君子로서 조화를 가진 사람인데, 때가 적절치 않아 은거하여 있는 형상을 말한 것이다. 이러한 용의 하는 일이 상구효까지 진행된다고 할 수 있다.

예2) 初六은 履霜하면 堅冰이 至하나니라 (坤卦 初六爻辭)
초육은 서리를 밟으면 굳은 얼음이 이르게 된다.
[설명]坤卦의 초효를 서리[霜]과 얼음[氷]에 비유하여 설명하였다. 이는 우리가 살고 있는 지구에서 人爲的으로 볼 수 있는 것을 형이하학적으로 취상하였다.

乾卦 — 初九 — 龍 — 陽 — 形而上學 — 天道
坤卦 — 初六 — 霜氷 — 陰 — 形而下學 — 人道(地道)

●卒成之終하니라:무슨 일이든지 시초를 알기 어렵지, 처음만 알면 나중[終]은 알기가 쉽다. 즉, 原始를 알면 要終은 쉽다.

若夫雜物과 撰(선)德과 辨是與非는 則非其中爻 l 면 不備하리라

〈처음과 마지막이 중요하다고 하나〉만약 대저 사물(중효)을 섞는 것과 〈괘〉덕을 가리는 것과 〈천하의 사물을 모아서 길흉을 가려내고〉옳고 그른 것을 분변하는 것은, 즉 중효가 아니면 갖추지 못할 것이다.

・若:만일 약, 같을 약 ・撰:가릴 선, 글 지을 찬 ・備:갖출 비

總說

六爻를 풀이하는 방법을 말하고 있다.

各說

● 雜物과:육효의 中爻(二爻~五爻)가 서로 섞여 있는 것으로 모든 사물이 섞여 있다는 것이다. 그 속에는 길흉(吉凶), 회린(悔吝), 장단(長短), 소식(消息), 흥망(興亡), 성쇠(盛衰) 등이 섞여 있다. 이러한 대자연의 이치는 사물이 섞이어 혼잡한 가운데 있다는 것이다.

● 撰德과:卦德이 이끌려 나가는 것과 어디로 흘러 가는가를 알고, 또 爻의 象을 알고 길흉을 판단한다는 것이며, 雜物을 잘 알고 則各從其類하여 이치를 알아내는 것을 말한다.

예)九五曰 飛龍在天利見大人은 何謂也오 子 l 曰 同聲相應하며 同氣相求하야 水流濕하며 火就燥하며 雲從龍하며 風從虎 l 라 聖人이 作而萬物이 覩하나니 本乎天者는 親上하고 本乎地者는 親下하나니 則各從其類也 l 니라 (乾卦 「文言傳」)

九五에서 말하기를 "飛龍在天利見大人은 어떠한 것을 이름인가?" 하였다. 공자께서 말씀하시기를 "같은 소리는 서로 응하며, 같은 기운은 서로 구해서, 물은 젖은 데로 흐르며, 불은 마른 곳으로 나아가며, 구름은 용을 따르며 바람은 범을 따른다. 성인이 〈세상에 나셔서〉만물이 보이게 되니 하늘을 근본으로 하는 자는 위로 친하고, 땅을 근본으로 하는 자는 아래로 친하니 곧 각각 그 類를 좇아 따르는 것이다"고 하셨다.

● 則非其中爻 l 면 不備하리라:始終이 중요하다고 하지만 기실은 中間事에서 변화, 행동, 길흉, 시비 등이 일어날 수가 있는 것이니, 중간 효가 매우 중요하다는 것이다.

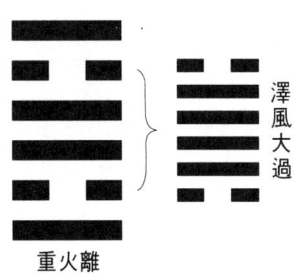

호괘를 만들어 보면 중간사를 알아볼 수 있으며, 또 본괘와 호괘의 관계를 잘 살펴 볼 필요가 있다. 예를 들면 선천의 마지막이 離卦이지만 離卦 속에는 호괘로 大過卦가 들어 있다. 또 상경은 乾·坤·屯 ······ 大過·坎·離卦로 이어지는데 四正方卦인 乾, 坤, 坎, 離卦 사이에는 중간 괘인 屯卦~大過卦를 내포하고 있으며, 여기에 변화와 用事가 들어 있다.

噫라 亦要存亡吉凶인댄 則居可知矣어니와 知者ㅣ 觀其彖辭하면 則思過半矣리라

아하! 또한 〈모든 사물에 대한〉 존망과 길흉을 필요로 할진대 〈괘사와 효사에〉 居해서 알 수 있으며, 지혜로운 자가 그 단사(彖辭)를 보면 곧 생각의 반은 지나갈 것이다.

·噫:탄식할 희 ·亦:또 역 ·居:항상 있을 거 ·過:지날 과 ·半:반 반

各說

● 噫라:한숨을 쉬고 탄식하는 탄사(嘆詞), 즉 앞에서 그렇게 깊게 易理를 말하였는데도 모를 것인가? 하고, 아하! 라는 감탄성(感嘆聲)을 나타내는 것을 말한다. 또는 "총체적으로 말한다면······"의 뜻을 가지고 있다.

● 亦要存亡吉凶인댄 則居可知矣어니와:앞에서 『주역』의 글됨이 어떠하다고 설명하였다. 즉 괘사와 효사로써 초효, 상효, 중효 등으로 나누어서 설명하였다는 것이다. 이 속에는 존망, 길흉, 성쇠, 생사 등 모든 사물에 대한 이치가 내포되어 있으니, 이것을 연구하여 보면 가히 모든 것을 알 수 있다는 것이다. 여기서 '存亡'은 잘되고 못되는 것을 뜻한다.

● 知者ㅣ:지혜로운 자, 대자연의 이치를 알려고 하는 자를 말한다.

● 觀其彖辭하면 則思過半矣리라:공자 십익 중의 하나인 彖辭를 잘 안다면 반 이상의 이해를 가진다는 것이다. 이는 彖辭가 역학에서 얼마나 중요한 부분인가를 말하여 주고 있다.

· 近思錄:朱子가 그의 제자 여조겸(呂祖謙)과 함께 송나라 성리학자들이 사서삼경에 대하여 그들이 공부한 내용과 알고 있는 道學에 대한 강론(講論) 내용을 14類로 분

류하여 초학자들의 입문서로 엮은 책이다. 여기서 '近思'의 사전적(辭典的) 의미는 생각이 거의 가깝다는 뜻이다. 공자의 당초 사상이나 생각에 완전무결하게 일치될 수는 없으나 거의 원래 생각과 가깝다는 뜻으로 近思錄이라고 하였다고 한다. 『근사록』은 정주학설(程朱學說)의 진수(眞髓)요, 근본이 된다고 할 수 있고, 첫머리는 无極而太極論에서 시작하고 있다. 그러나 공자 학설은 아니다.

- 程朱學說: 정이천(程伊川), 정명도(程明道), 주자의 학설을 뜻한다. 특히 정이천의 理氣說을 주자가 계승 발전시켰다. 天을 理라고 규정하고, 理는 인간에게 性이라고 하였다. 그리고 禮의 인륜 도덕(人倫道德)이 천지의 법칙과 도덕적 규범 의식의 일치[天人合一]로써 설명된다. 따라서 정주학설은 義理의 측면을 강조하여 엄숙주의로 기울게 되었다. 조선 시대 이래로 우리의 유교 학설은 이 정주학설(程朱學說)에만 천착하여 더 높은 발전을 하지 못하였고, 한 곳에 치우쳐 사문(斯文)의 병폐가 되었다. 여기서 '斯文'은 공자의 『논어』를 중심으로 한 유교학의 총체적인 테두리를 말하며, '斯文亂賊'은 유교학의 총체적인 난적(亂賊)을 일컫는 말로서 유교학의 독선적인 형태이다. 이 사문난적의 학풍으로 말미암아 우리의 학문은 폐쇄적이 되어 발전이 없었다. 따라서 육상산(陸象山), 왕양명(王陽明)의 陽明學에 대한 연구가 이루어지지 아니하였다. 일본은 양명학을 수용하여 명치유신(明治維新)을 통하여 새로운 문물을 받아들이는 밑거름이 되었다.

- 陸王學說: 중국 명나라 시대의 王陽明이 陸象山의 학설을 계승하여 세운 학문으로 정주학설에 대립하였다. 이 학설은 심즉리(心卽理), 치양지(致良知), 지행합일(知行合一)을 원리로하는 주관적, 실천적 관념을 전개하여 정주학과 쌍벽을 이루었다.

二與四ㅣ 同功而異位하야 其善이 不同하니 二多譽코 四多懼는 近也ㄹ새니 柔之爲道ㅣ 不利遠者컨마는 其要无咎는 其用柔中也ㄹ새라

二爻와 四爻가 功(작용)은 같되 位가 달라서 그 善德이 같지 아니하니, 二爻가 명예가 많고 四爻는 두려움이 많은 것은 〈五爻 君位에〉 가까움 때문이니, 〈二爻〉柔의 道됨이 먼 것이 이롭지 않지만은 그 허물 없음을 필요로 한 것은 그 柔順中正으로 쓰기 때문이다.

· 功: 일 공, 직무 공, 공로 공 · 異: 다를 이 · 譽: 기릴 예 · 懼: 두려워할 구 · 近: 가까울 근

總說

점서적(占筮的)인 측면에서 본 中爻에 대한 설명이다. 그 중에서도 二爻와 四爻에 관한 설명이다.

各說

- 二與四ㅣ 同功而異位하야:二爻와 四爻는 같은 陰位가 되어 그 작용이 같지만, 그 位는 서로 다르다는 것이다. 그리고 正位, 不正位가 될 경우에도 서로 달리한다. 때와 장소에 따라 달라지는 그 변화의 중요성을 말하여 주고 있다.
- 其善이 不同하니:마음의 작동이 다르다는 뜻이다.
- 二多譽코 四多懼는 近也ㄹ새니:二爻에서는 주로 칭찬과 명예가 있는 경우가 많지만, 四爻에서는 주로 조심하고 두려워하는 마음이 많다. 이는 四爻가 五爻(君位, 陽位) 군자의 位에 측근(側近)이기 때문이다. 곧 나쁜 짓을 행하는 소인이 군자 곁에 있음으로 해서 경계하고 조심하는 것에 의지(擬之)하여 설명하고 있다.
  - 聖人之大寶曰 位:성인은 어떤 位에 있지 아니하고는 그 뜻을 펼 수가 없다. 그러므로 位가 중요한 것이다.
  - 心法으로 君子는 陽, 小人은 陰으로 말한다. 즉, 用心之道를 唯精一하게 가지는 것은 군자라고 할 수 있다.
  예)小人이 閒居에 爲不善호대 無所不至하다가 見君子而后에 厭然揜其不善하고 而著其善하나니 人之視己ㅣ 如見其肺肝이니 然則何益矣리오 此謂誠於中이면 形於外ㅣ니 故로 君子는 必愼其獨也ㅣ니라 (『大學』 傳6章)
  小人이 한가하게 있을 때에 不善한 짓을 하되 이르지 못할 곳이 없이 하다가, 군자를 보고 난 뒤에는 시침을 떼고 그 不善을 가리우고 그 착한 것을 나타내려 하지만, 사람(남)들이 나(자기)를 알아 봄이 그 폐와 간을 보듯이 하는데, 그 무슨 소용(이익)이 있겠는가? 이런 것을 일러서, '안(中, 마음)에서 성실하면 밖으로 나타난다'고 하는 것이다. 그러므로 군자는 반드시 그 혼자 있을 때를 삼가고 조심한다.
- 柔之爲道ㅣ 不利遠者컨마는:二爻의 柔로서 道됨이 五爻로부터 멀리 있는 것은 이롭지 못하지만, 그 허물이 없는 것을 필요로 할 때는 유순한 位로써 내괘의 中位에 있어야 함을 말해 주고 있다.
- 其要无咎는 其用柔中也ㄹ새라:无咎한 것을 필요로 할 때는 柔順中正의 位에서 작용하게 되면 대단히 좋다는 것을 말해 주고 있다. 四爻는 君位 밑에 있으니 두려워하며 조심해야 하고, 二爻는 유순중정의 爻로 得中이 얼마나 좋은가를 말해 준다. 그것 뿐만 아니라 음효는 양효 부근에만 있어도 감화(感化)되어 나쁜 짓을 못하게 된다는 것이다. 공자는 二爻와 五爻가 得中이니, 位가 陰에 있어도

无咎이며, 또 구오효 밑의 육사효도 无咎라고 하였다. 이것은 철칙(鐵則)이다.

三與五ㅣ 同功而異位하야 三多凶코 五多功은 貴賤之等也ㄹ새니 其柔는 危코 其剛은 勝耶ㄴ져

三爻와 五爻가 功(작용)은 같되 位가 달라서 三爻는 흉이 많고 五爻는 공이 많은 것은 귀천(貴賤)의 차등이 때문이니,〈三爻와 五爻에〉그 柔가 있으면 위태하고 그 剛이 있으면 과격한 것인져!

·賤:천할 천 ·等:등급 등 ·危:위태할 위 ·耶:어조사 야

總說

본 장의 문장 중에서 "若夫雜物과 撰德과 辨是與非는 則非其中爻ㅣ면 不備하리라:〈처음과 마지막이 중요하다고 하나〉만약 대저 사물(중효)을 섞는 것과 〈괘〉덕을 가리는 것과 〈천하의 사물을 모아서 길흉을 가려내고〉옳고 그른 것을 분변하는 것은, 즉 중효가 아니면 갖추지 못할 것이다"의 내용이 바로 二多譽, 四多懼, 三多凶, 五多功이다.

各說

● 五多功은 貴賤之等也ㄹ새니:五爻는 君位이기 때문에 공적이 많다. 왜냐하면 귀천(貴賤)의 등급이 다르기 때문이다. 즉, 五爻는 君位로서 존귀하고 三爻는 五爻에 비하여 下爻로서 낮으니 천한 것이다.

● 其柔는 危코 其剛은 勝耶ㄴ져:三爻과 五爻에 陰이 있으면 위태하고 陽이 있으면 너무 과격하다. 따라서 항상 中正을 지켜 나아가야 한다는 것이다.

右는 第九章이라

제 10장

본 장 역시 「계사전」하 제8장과 같이 역학이 六爻로 되어 있다는 내용으로써, 공자가 『주역』의 내용을 보는 방법을 명확하게 제시한 문장이다.

易之爲書也ㅣ **廣大悉備**하야 **有天道焉**하며 **有人道焉**하며 **有地道焉**하니 **兼三才而兩之**라 **故**로 **六**이니 **六者**는 **非他也**ㅣ라 **三才之道也**ㅣ니

易의 글됨이 넓고 커서〈모든 이치를〉다 구비하여, 天道가 있으며 人道가 있으며 地道가 있으니, 三才를 겸하여 각각 둘로 한다. 그러므로 六爻가 되니, 六爻라는 것은 다른 것이 아니라〈天地人〉三才의 道니,

· 悉:다 실, 다 알 실 · 兼:겸할 겸 · 才:근본 재, 재주 재

各說

● 易之爲書也ㅣ: 공자가 주역의 해설을 여러 가지 측면으로 말하였는데, 주역의 글됨 중 한 측면을 해설한 것이다. 여기 이 문장은 나로 하여금 독특하게 고안(考案)된 괘 해설도(解說圖)를 처음으로 만들 수 있는 계기를 주었다.

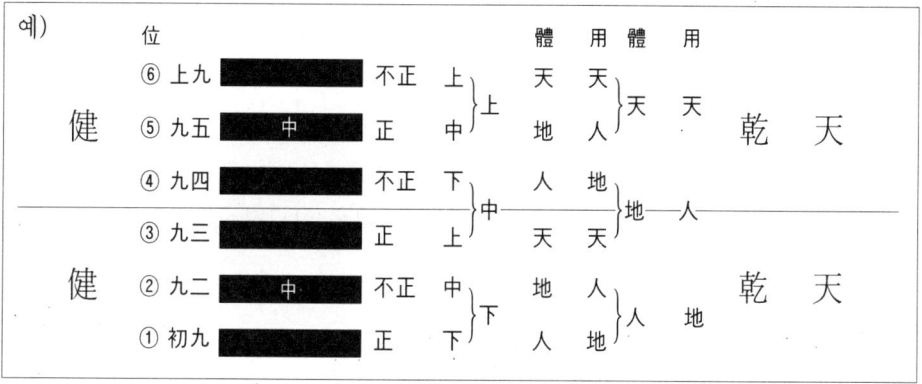

- 廣大悉備하야: 하늘은 大요 땅은 廣이 되니, 주역은 천지의 모든 것을 빠짐없이 구비하고 있다는 것이다. 즉, 그 갖춰진 내용에 天道, 人道, 地道가 다 들어 있다는 것이다.

- 兼三才而兩之라: 원래의 바탕은 三才之道이지만 三才를 겸하여 天道에 陰陽이 있고, 人道에도 陰陽이 있고, 地道에도 陰陽이 있으니, 이것이 모두 합하여 六爻가 생성하게 된 것이다.

- 六이니 六者는 非他也ㅣ라 三才之道也ㅣ니: 六爻라고 하는 것은 다른 의미가 있는 것이 아니라 三才의 道가 바탕이 된 것이다.

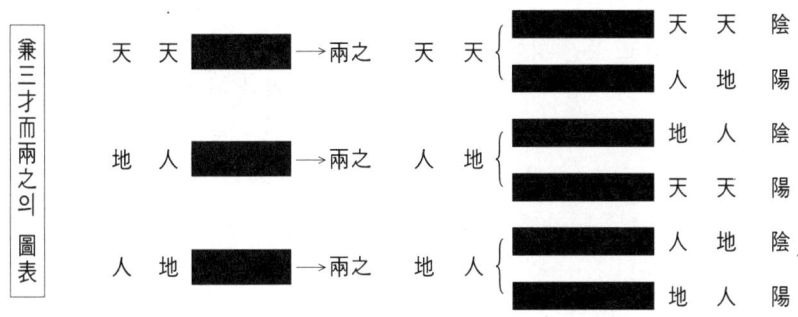

　　天道에 陰陽이 있으며 地道에도 陰陽이 있고 人道에도 陰陽이 있는 것이다. 三極之道로 보아서 天道는 陰陽, 地道는 剛柔, 人道는 仁義로써 모든 사물을 설명하고 있다. 그러므로 三極之道의 모든 것을 설명하려고 하니, 六爻로써 설명하지 아니할 수 없다는 것이다. 결국에 64卦 384爻를 공부하지 아니할 수가 없는 것이다.

道有變動이라 **故曰 爻**ㅣ오 **爻有等**이라 **故曰 物**이오 **物相雜**이라 **故曰 文**이오 **文不當**이라 **故**로 **吉凶**이 **生焉**하니라

道가 변동이 있음이라. 그러므로 가로되 爻요. 爻에는 등급이 있음이라. 그러므로 가로되 陰物과 陽物이요, 이 物(陰陽)은 서로 섞임이라. 그러므로 가로되 문채(文彩)요, 문채가 〈음양교착(陰陽交錯)이 항상〉 마땅하지 아니함이라. 그러므로 길흉이 생기는 것이다.

各說

- 道有變動이라 故曰 爻ㅣ오 : 天道의 변동에서 四時가 나타나고, 風雨가 생겨 나고, 또 지구를 돌려주는 것이다. 地道의 변동에서 지구가 돌고 있는 것이요, 人道의 변동에서 모든 사물이 움직이는 것이다. 그러므로 이 변동을 표시하는 것이 爻이다.
- 爻有等이라 故曰 物이오 : 爻는 6등급으로 되어 있으며, 6등급의 六爻는 陰物과 陽物로 되어 있다. 즉, 乾은 陽物이요, 坤은 陰物이라 하였으니, 爻에는 陰陽과 剛柔와 不正, 正 등과 더불어 우리가 알고 있는 사물에 비유하여 설명하여 놓았다. 이 중에는 龍으로 취상되어 있는 형이상학의 사물도 있다. 이것을 공자가 「설괘전」에서 자세하게 알려 주고 있다. 그 중 일부를 소개하면 다음과 같다.

  예) 乾은 爲天爲圜爲君爲父爲玉爲金爲寒爲冰爲大赤爲良馬爲老馬爲瘠馬爲駁馬爲木果ㅣ라 (「說卦傳」第11章)
  乾은 하늘이 되고, 둥근 것이 되고, 임금이 되고, 아버지가 되고, 옥이 되고, 금이 되고, 찬 것이 되고, 얼음이 되고, 크게(아주) 붉은 것이 되고, 좋은 말이 되고, 늙은 말이 되고, 야윈 말이 되고, 얼룩 말이 되고, 나무의 과실이 된다.

- 物相雜이라 故曰 文이오 : 이 物, 곧 陰陽은 상호 복잡하게 섞여 있다. 그러므로 문채(文彩, 64문채, 384문채)라고 한다. 곧 하늘과 땅, 물과 불이 교착(交錯)하여 있는 것을 문채라고 한다.
- 文不當이라 故로 吉凶이 生焉하니라 : 이 문채는 음양 교착(陰陽交錯)이 항상 일정하지 아니하다는 것이다. 예를 들면 陽位에 陰이 있고, 陰位에 陽이 있는 경우도 있는 것이다. 여기에서 吉하고 凶한 것이 생기는 것이다.

[별해] 주역의 道는 고정 불변한 것이 아니라 항상 변동한다. 이 변동 속의 이치를 爻 속에 내포하고 있다. 효라는 것은 한편으로 天·人·地 三才의 道가 변동함을

본받는다는 뜻도 있다. 효에는 공간적으로 멀고 가까운 것의 차이가 있고, 또 귀하고 천한 등급의 차이가 있으므로, 이것을 본받아서 사물에 비유하여 설명하였다. 예를 들면 乾卦에서 잠룡(潛龍), 현룡(見龍), 비룡(飛龍), 항룡(亢龍)으로 말하고 있는 것과 같다. 이렇게 사물에 비유한 종류는 형형색색(形形色色)으로 잡다하다. 이것을 문채(文彩)라고 하였다. 무늬라고 하는 것은 본래 사물을 수식하는 색채(色彩)를 이르는 말이다. 이 색채 가운데는 성질이 강한 것도 있고 柔한 것도 있다. 또 陽位에 陽, 陰位에 陰으로서 정당하게 있는 것이 있고, 그렇지 못한 것도 있다. 이 모든 결과로부터 吉과 凶이 생기게 되는 것이다.

※六爻에 대한 설명을 도식으로 나타내면 다음과 같다.

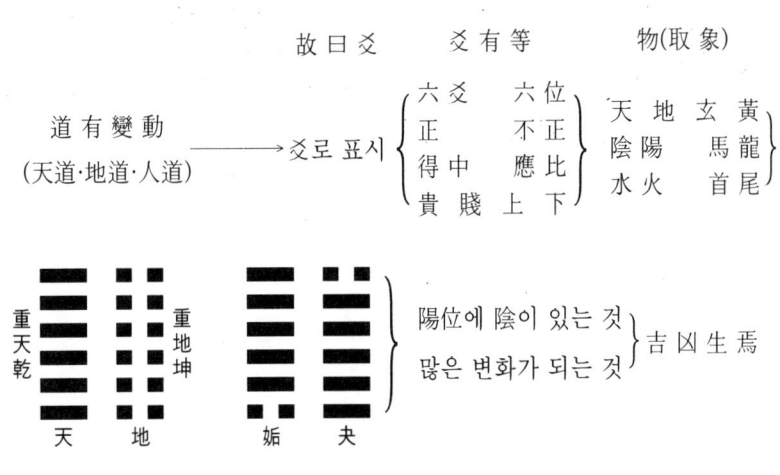

결론적으로 말하면 주역의 육효에 대한 설명이다. 어떻게 하면 역리를 잘 할 수가 있겠는가를 선천의 마지막 수로 상징되는 10, 즉 제10장에다 암시를 해 놓았다. 곧 역의 변동되는 방법을 우리에게 알려 주는 것이다. 그 방법으로 64괘를 잘 알아야 역의 변동을 알 수가 있는 것이 아닐까 생각한다. 따라서 우리는 주역 공부에 더욱더 노력을 기울여야 할 것이다.

右는 第十章이라

제11장

본 장은 문장이 간략하게 서술되어 있어 보통 지나쳐 버리기 쉽지만 중요한 글이다. 河圖의 數가 10이므로 본 장, 즉 제11장의 11은 다시 1로써 처음 시작함을 의미하므로 后天이 시작되는 초점을 암시해 주고 있다. 어떤 기수(機數)를 묻어 놓은 章이라고 할 수 있다.

易之興也ㅣ 其當殷之末世周之盛德耶ㄴ져 當文王與紂之事耶ㄴ져 是故로 其辭ㅣ 危하야 危者를 使平하고 易(이)者를 使傾하니 其道ㅣ 甚大하야 百物을 不廢하나 懼以終始면 其要ㅣ 无咎ㅣ리니 此之謂易之道也ㅣ라

易의 흥함이 그 은나라 말세, 주나라의 성덕(盛德)에 해당되는가 보다. 문왕과 주(紂)의 일에 해당하는 것이 아닐까? 이런 까닭으로 그 말[辭]이 위태하여, 위태한 자를 평안하게 하고 안이(安易)한 자를 기울어지게 하니, 그 道가 심히 커서 온갖 물건을 폐하지 아니하나, 두려워함으로써 마치고 시작하면 그 필요할 때에 허물이 없으리니, 이를 일러 易의 道라고 하는 것이다.

· 當:당할 당 · 殷:성할 은, 나라이름 은 · 盛:담을 성 · 紂:모질 주 · 傾:기울 경 · 甚:심할 심
· 廢:내칠 폐, 폐할 폐 · 懼:두려워할 구

各說

- 其當殷之末世周之盛德耶ᆫ져 當文王與紂之事耶ᆫ져:①인물을 기준으로 삼아 설명하다면, 주나라 문왕과 은나라 주왕(紂王)을 선후천의 분기점으로 한다. 즉, 주역보다 앞선 易인 귀장역(歸藏易)과 연산역(連山易)은 그렇게 발전되지 못하였으며, 문왕이 유리옥(羑里獄)에서 연역(演易)을 하였을 때가 易의 중흥기가 된다. 이때는 천하가 혼란하였던 은나라의 말엽에서 도덕이 왕성하였던 주나라 초엽을 뜻한다. 그 당시의 사회상을 인용하여 다음 구절에 나오는 대자연의 이치에 비유하여 말하였다. ②은나라 말기 주왕(紂王)은 학정(虐政)을 하여 자연의 이치에 역행(逆行)을 하니, 사회가 혼란에 빠지고 백성은 많은 곤욕을 치루고 아우성을 쳤다. 이와 같이 先后天이 변동되는 때에는 이러한 역사성을 지니고 있음을 우리에게 알려 주는 것이다. 이 구절은 선후천의 고정(考定)을 나타낸 글이라 할 수 있다. 주역은 이때를 기점으로 하여 이치를 말하여 놓았다는 것이다. 복희역(伏羲易)은 先天易이고 문왕역(文王易)은 后天易이라 할 수 있다. 일반 대중이 易理에 접하게 된 것은 文王 당시부터이기 때문이다. 『황극경세』(皇極經世)도 이 시기를 초점(기점)으로 하여 이론을 전개하고 있다.

　　殷의 末世(紂王 당시) ─ 先天의 終　＞始와 終을 분명히 함
　　周의 盛德(文王 당시) ─ 后天의 始

- 其辭ㅣ 危하야:『주역』의 원문(卦辭, 爻辭) 속에는 위태롭다는 문구가 많이 들어 있다. 또 內卦(先天)에서 外卦(后天)으로 건너가는 중앙선에서 위태로우니 조심해야 한다고 말하고 있다.
- 危者를 使平하고:어떻게 하면 위태롭고, 이로써 조심하게 되어 허물과 아무런 일이 없도록 하여 길한 곳으로 나아갈 수 있을 것인가를 주역의 이치 속에 나타내 놓았다는 뜻이다. 또 역학 속에는 이런 방법론이 들어 있으니 미리 알고 피해갈 수 있다는 것을 암시하고 있다.
- 易者를 使傾하니:마음속에 자만(自慢)이 차서 일을 소홀하게 처리하는 자로 하여금 모든 일이 되지 아니하게 하니, 멸망에 이른다는 것이다.
　예)故로 天之生物이 必因其材而篤焉하나니 故로 栽者를 培之하고 傾者를 覆之니라
　　(『中庸』 第17章)

그러므로 하늘이 만물을 낳음에 있어 반드시 그 재질(材質)에 따라 돈독(敦篤)하게
해 주나니, 그러므로 뿌리를 벋고 자라는 자는 북돋아 주고, 기울어지는 자는 엎어
버린다.
　　[설명]위의 원문 구절과 예문의 『중용』은 대자연의 이치를 설파한 내용이다.
- 百物을 不廢하나:『주역』의 이치 속에는 온갖 사물의 원리가 구비되어 있으며, 결코 내치거나 폐하는 일이 없다는 것이다. 다시 말하여 주역의 이치가 모든 것을 내포하고 있다는 것이며, 온갖 사물의 이치가 주역의 이치로부터 벗어나지 않고 포함되어 있다는 것이다.
- 懼以終始면:항상 마음속에 두려움과 근심으로써 조심하면서 무슨 일이든지 소홀하게 처리하지 아니하고 마치고 시작한다면, 결코 헛되지 아니하여 利涉大川이 가능하다는 뜻이 아니겠는가!
- 其要ㅣ 无咎ㅣ리니:그 요긴하고 필요로 할 때 허물이 없이 지나간다. 결국 日午中天 때 허물이 없이 진행이 잘 될 수가 있다는 것이다. 그러므로 "懼以終始면 其要ㅣ 无咎ㅣ리니;두려워함으로써 마치고 시작하면 그 필요할 때에 허물이 없다"고 하였다.
　예)九三은 君子ㅣ 終日乾乾하야 夕惕若하면 厲하나 无咎ㅣ리라 (乾卦 九三爻辭)
　　　九三은 군자가 종일토록(오전 마지막까지) 조심하고 조심하여 저녁때까지 두려워 한다면 비록 위태로우나 큰 허물은 없을 것이다.
- 此之謂易之道也ㅣ라:①"懼以終始면 其要ㅣ 无咎ㅣ리니;두려워함으로써 마치고 시작하면 그 필요할 때에 허물이 없다"가 되는 모든 이치와 방법과 내용 등이 『주역』의 道 속에 일러 두었으니 찾아 보고 열심히 연구해 보라는 뜻이다. ②終始하는 때에 마음가짐이 두려워하고 조심성만 있으면 선후천을 건너가는 데 아무런 허물이 없을 것이니, 이것이 주역의 도리라는 것이다.

※ 三要를 찾아보자
1) 噫라 亦要存亡吉凶인댄;아하! 또한 〈모든 사물에 대한〉 존망과 길흉을 필요로 할 진대 (「繫辭傳」下 第9章)
2) 其要无咎는 其用柔中也ㅣ새라;그 허물 없음을 필요로 한 것은 그 柔順中正으로 쓰기 때문이다 (「繫辭傳」下 第9章)
3) 其要ㅣ 无咎ㅣ리니;그 필요할 때에 허물이 없으리니 (「繫辭傳」下 第11章)

　위의 三要는 요긴하고 필요성이 있는 것을 담아 놓은 것이다. 이른바 장여헌(張

旅軒, 1554~1637) 선생[1])의 우주요괄학설(宇宙要括學說)이다. 곧 대자연 속에 담고 있는 중요하고도 요긴한 이치를 담아 놓은 글이라는 뜻이다. 우리는 이러한 것을 공부하여 알아 보도록 하여야 할 것이다.

右는 第十一章이라

---

1) 『亞山의 周易講義』中 352쪽 註 1)을 참고하라. (編輯者註)

제 12장

본 장은 계사(繫辭)의 모든 것을 총괄하여 공자가 다시 설명한 것이라 할 수 있다.[1]

夫乾은 **天下之至健也**ㅣ니 **德行**이 **恒易**(이) **以知險**하고 **夫坤**은 **天下之至順也**ㅣ니 **德行**이 **恒簡以知阻**하나니

　대저 乾은 천하의 지극히 굳건한 것이니 德行이 항상 쉬움으로써 험난한 것을 깨닫고, 대저 坤은 천하의 지극히 유순한 것이니 德行이 항상 간략함으로써 막힌 것을 깨닫게 하니,

·健:굳셀 건, 튼튼할 건　·恒:항상 항　·險:험할 험　·簡:간략할 간, 대쪽 간　·阻:막힐 조, 험할 조

各說

● 夫乾은 天下之至健也ㅣ니 德行이 恒易以知險하고:대체로 乾卦라고 하는 것은 천하의 지극히 건실(健實)하고 건장(健壯)한 것이다. 따라서 그 실제로 작용하는 덕의 행하는 바는 항상 쉬운 것을 미루어서 험난한 것을 깨닫게 한다는 것이다. 즉, 대자연이기 때문에 쉽다는 것이다.

---

[1] 빠진 것이 있다면 어떤 것이며, 乾卦로부터 未濟卦까지를 변역(變易)해 보는 것이다.

- 恒易以知險:乾의 평이한 법칙을 미루어 험한 것을 깨닫게 하는 것. 하늘의 일은 지상을 내려다 보고 하는 것이므로 쉬운 것이다.

  예)象曰 天行이 健하니 君子ㅣ 以하야 自彊不息하나니라 (乾卦「大象」)

  象에서 말하기를 "하늘의 운행이 굳건(건장)하니, 군자가 이로써 스스로 굳세어 쉬지 아니한다"고 하였다.

● 夫坤은 天下之至順也ㅣ니 德行이 恒簡以知阻하나니:대체로 坤卦라고 하는 것은 천하의 지극히 유순한 것이다. 따라서 그 실제로 작용하는 덕의 행하는 바는 항상 간편하고 간략한 것을 미루어서 막혀 있는 것을 깨닫게 한다는 것이다.

- 恒簡以知阻:坤의 항상 간편하고 간략한 법칙을 미루어서 막히는 것을 깨닫게 하는 것.

```
乾 — 天 — 男子 — 易知 — 恒易以知險 ⟩ 天道와 地道에 대한 것
坤 — 地 — 女子 — 簡能 — 恒簡以知阻
```

예)乾以易知오 坤以簡能이니 易則易知오 簡則易從이오 易知則有親이오 易從則有功이오 有親則可久ㅣ오 有功則可大ㅣ오 可久則賢人之德이오 可大則賢人之業이니
(「繫辭傳」上 第1章)

乾은 쉬움으로써 알고, 坤은 간략함으로써 능하니, 쉬운즉 쉽게 알 수 있고 간략한 즉 쉽게 따르며, 알기 쉬운즉 친함이 있고 쉽게 따르면 공이 있으며, 친함이 있으면 오래 갈 수 있으며 공이 있으면 위대할 수 있으며, 오래 할 수 있음은 현인의 德이요 위대할 수 있음은 현인의 業이다.

```
乾以易知 ⟩ 易則易知 ⟩ 有親 — 可久 — 德
坤以簡能   簡則易從   有功 — 可大 — 業
```

能說(열)諸(저)心하며 能研諸候之慮하야 定天下之吉凶하며 成天下之亹亹者ㅣ니

저 마음에 능히 기뻐하며 저 시후(時候)에 대한 생각으로 능히 연마하여서, 천하의 길흉을 결정하며 천하의 노력하고 힘씀을 이루는 것이니,

- 能:능할 능 ・說:기쁠 열, 말씀 설 ・諸:모울 제, 어조사 제(古音은 져) ・心:마음 심 ・研:갈 연
- 候:물을 후, 날씨 후, 징조 후, 생각할 후 ・慮:생각할 려 ・亹:힘쓸 미

各說

● 能研諸候之慮하야:①하늘과 땅이 돌아가는 대자연(시간과 공간)의 모든 이치를

알라는 것이다. 역학은 인간이 시간과 공간을 초월하는 데에까지 연마하여야만 비로소 다루어진다. ②"能說諸心"은 天道를 뜻하며, "能硏諸候之慮"은 地道(人道)를 뜻한다. 이 속에는 천하의 길흉이 내포 결정되어 있으며, 모든 사람은 이것을 얻기 위하여 힘쓰고 노력하는 것이니, 이것이 곧 주역이라는 것이다. ③기존 서적에는 '候'가 '侯(임금 후)'로 기록되어 있다. 주자는 「본의」에서 "侯之二字衍; 侯之 두 자는 연문이다"고 하여 원문에서 빼버렸다. 주자의 생각이 일리가 없는 것은 아니지만 성현(聖賢)의 글을 함부로 고칠 수는 없는 것이 아니겠는가? 나는 '侯'를 候의 오자(誤字)라고 생각하며, '諸候'는 時候로서 시간과 공간에 대한 것을 뜻하며 '諸'의 音은 '저'로 읽는 것이 타당하다고 생각한다.

- 氣體候:氣力과 몸의 모든 일. 여기서 候는 事를 뜻한다.
- 定天下之吉凶하며:이미 우주 대자연의 이치에 따라서 천하의 길하고 흉한 것 모두 시공 속에 판단되어 결정지어 놓았다는 것이다.
- 成天下之亹亹者ㅣ니:천하의 모든 사람으로 하여금 노력하고 힘써서 이루어지게 한다는 것이다.

    能 說 諸 心 — 乾之事也 — 형이상학적인 心
    能硏諸候之慮 — 坤之事也 — 형이하학적인 事

是故로 變化云爲에 吉事ㅣ有祥이라 象事하야 知器하며 占事하야 知來하나니

 이런 까닭으로 변화하고 운위(云爲)함에 길한 일이 상서로움이 있다. 〈어떤〉 일을 형상화하여 그릇을 알며 〈어떤〉 일을 점쳐서 미래를 아나니,
 ·云:이를 운 ·祥:상서로울 상 ·器:그릇 기

各說

- 變化云爲에:'變化'는 대자연의 이치에서 오는 천지 음양의 변화 현상을 말하고, '云爲'는 말하고 행동하는 것을 뜻한다. 그러므로 '變化云爲'는 天地人 三才를 겸하고 있다.

    能 說 諸 心 — 대자연의 변화를 안다 — 變化
    能說諸候之慮 — 말하고 행동하는 것 — 云爲

● 吉事ㅣ 有祥이라:變化云爲―천지 음양의 변화 현상과 인간의 언어 행동에 좋은 일이 생기려면 상서로운 조짐이 나타나고, 나쁜 일이 생기려면 상서롭지 못한 조짐이 나타난다―의 결과로서 인간에게 대자연의 어떤 징조(형상)를 보여 주는 것을 뜻한다.2)

 예1) 是故로 天生神物이어늘 聖人이 則之하며 天地變化ㅣ어늘 聖人이 效之하며 天垂象하야 見吉凶이어늘 聖人이 象之하며 河出圖하며 洛出書ㅣ어늘 聖人이 則之하니 (「繫辭傳」上 第11章)

  이런 까닭에 하늘이 신비로운 물건을 낳음에 성인이 그것을 法하며, 천지가 變하고 化함에 성인이 그것을 본받으며, 하늘이 형상을 드리워서 길흉을 나타냄에 성인이 그것을 형상하며, 河水에서 그림이 나오고 洛水에서 글이 나옴에 성인이 그것을 法한다.

 예2) 至誠之道는 可以前知니 國家將興에 必有禎祥하며 國家將亡에 必有妖孼하야 見乎蓍龜하며 動乎四體라 禍福將至에 善을 必先知之하며 不善을 必先知之니 故로 至誠은 如神이니라 (『中庸』 第24章)

  至誠의 道(天之道)는 앞일을 미리 예지할 수 있으니, 국가가 장차 흥륭하려 함에는 반드시 상서로운 조짐이 있으며, 나라가 장차 쇠망하려 함에는 반드시 흉한 조짐이 있어, 시(蓍)와 귀(龜)에 좋고 나쁜 것이 점서(占筮)에서 나타나며 四體에 움직이기도 한다. 화(禍)와 복(福)이 장차 닥쳐옴에 善은 반드시 먼저 알며, 不善을 반드시 먼저 안다. 그러므로 至誠은 神과 같다.

  [설명]지극히 성실한 道는 미리 알 수가 있으며, 알려 주는 방법이 이러하다는 뜻이다. 誠은 곧 神과 같다. 禎은 상서 정이요, 祥은 吉·福 상이요, 孼은 서자, 요물 얼이다.

● 象事하야 知器하며:어떤 이치를 알기 쉽도록 어떤 사물에 비유하여서 알게 해 준다. 그것이 器(그릇, 물건)이다. 여기서 '象事'는 형이상학을 의미하고, '知器'는 형이하학을 의미한다.

 예) 是故로 形而上者를 謂之道ㅣ오 形而下者를 謂之器오…… (「繫辭傳」上 第12章)

  이런 까닭으로 얼굴(형용)하여 위의 것을 道라 이르고, 그 아래의 것을 器(그릇)라 이르고……

  [설명]형이상학을 알기 위하여 형이하학에 비겨서 설명하고 있으며, 이렇게 하여 대자연의 이치를 알 수 있도록 기록해 놓은 것이 『주역』이다. 여기서 '形而上者謂之道'는 象事를 의미하고 '形而下者謂之器'는 知器를 의미한다.

---

2) 아산학회 회원들이 사리사욕이 없이 천지 대자연에 입각하여 관(觀) 공부를 하는 곳인 귀룡정사(龜龍精舍)에서 거북 바위를 발견한 일화는 吉事有祥의 한 좋은 예라고 할 수 있다. 이 곳은 충남 대둔산에 있으며, 아산 선생님께서 공부하시던 곳이다. (一岡註)

- 占事하야 知來하나니:①위의 象事知器를 알았으면 어떤 사물을 점쳐서 닥쳐올 미래를 알아낸다는 것이다. ②우리가 善, 不善, 복(福), 화(禍)를 예지(豫知)하면 善으로 나아가려고 노력하고 또 이를 회복하기 위한 공부를 끊임없이 해야 한다.

위의 문장을 구성적인 면에서 표로 정리해 보면 다음과 같다.

       變化云爲 ─ 象事知器
                              〉의 결과로 나타난다
       吉事有祥 ─ 占事知來

天地設位에 聖人이 成能하니 人謀鬼謀에 百姓이 與能하나니라

천지의 位가 설정되어 있음에 성인이 능함을 이루니, 사람이 꾀하며 귀신이 꾀함에 백성도 함께 능한 것이다.

·設:베풀 설 ·謀:꾀할 모 ·鬼:귀신 귀

總說

모든 사람이 천지의 법칙을 본받아서 천지와 같은 능력을 성취한다. 그러나 결과적으로는 성인이 천지를 활용하고 사용하는 것이다.

各說

- 天地設位에 聖人이 成能하니:天位와 地位가 상하로 설정되어 있음을 관찰하고, 그 중간에서 천지를 마음대로 이룰 수 있는 것은 성인이라야 가능하다는 것이다. 즉, 성인이 자기의 능력을 다하여 『주역』이라는 책을 만들어 놓았다는 것이다. 天地人의 三極之道를 말한 것이다.

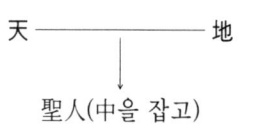

* 中을 잡고 있는 사람이면 누구라도 노력하면 가능하다는 것이다

● 人謀鬼謀에 百姓이 與能하나니라:역학의 이치 혹은 성인이 일을 영위할 때는, 먼저 사람의 지혜를 다하여 꾀하고 귀신과 더불어 꾀하여서 어느 특정인만 아니라 어떤 백성이든지 간에 연구만하면 능히 알 수 있고 참여할 수 있도록 하였다. 그러므로 성인(도통)이 되고 아니 되는 것은 자신의 노력 여하에 달려 있는 것이다.

八卦는 以象告하고 爻彖은 以情言하니 剛柔ㅣ 雜居而吉凶을 可見矣라

八卦는 형상으로써 〈우리에게〉 告하고, 효사(爻辭)와 단사(彖辭)는 情으로써 말하니, 剛爻와 柔爻가 섞이어 있으면서 吉과 凶을 볼 수 있는 것이다.

· 告:알릴 고 · 彖:단사 단 · 情:뜻 정

總說

『주역』에 대한 공자의 총괄적인 해설이다.

各說

● 八卦는 以象告하고 爻彖은 以情言하니:성인이 주역을 팔괘(乾·兌·離·震·巽·坎·艮·坤)로 기록한 것은 어떤 형상을 우리에게 알려 주는 것이며, 爻·彖辭는 우리가 팔괘의 상을 더욱 알기 쉽도록 형이하학적으로 설명하여 놓았다는 것이다.

```
八卦以象告 ─ 象 ─ 形而上學
                                〉剛柔雜居而吉凶可見矣
爻彖以情言 ─ 情 ─ 形而下學
```

● 剛柔ㅣ 雜居而吉凶을 可見矣라:육효에서 剛, 柔爻가 상잡(相雜)하여 있으므로 剛位에 柔가 있으며, 柔位에 剛이 있기도 한다. 또 正, 不正의 상잡에서 길흉을 나타나 볼 수가 있는 것이다. 간단히 말해서 길흉을 알 수 있도록 각 효가 서로 변화하여 서로 섞여 있다는 것이다. 이 모든 근원은 팔괘의 象을 잘 취(取)함과 판단함에 있다. 즉, 주역 속에 이 모든 것이 포함되어 있으니, 이것을 알아서 피흉취길(避凶取吉)을 해야 한다는 것이다.

變動은 以利言하고 吉凶은 以情遷이라 是故로 愛惡(오)ㅣ 相攻而吉凶이 生하며

遠近이 相取而悔吝이 生하며 情僞ㅣ 相感而利害ㅣ 生하나니 凡易之情이 近而不相得하면 則凶或害之하며 悔且吝하나니라

　變動은 利로써 말하고 吉凶은 〈사람의〉 심정(心情)으로써 옮기는 것이다. 이런 까닭으로 사랑하고 미워함은 서로 공격하는 데서 吉과 凶이 생기며, 멀고 가까움은 서로 취함에 뉘우침과 인색함이 생하며, 참과 거짓의 상호 감응(感應)에 이로움과 해로움이 생하니, 무릇 易의 정상(情狀)은 가까운 곳에서 서로 얻지 못하면, 곧 흉하거나 혹 해(害)하며 뉘우치며 또 부끄럽기도 한 것이다.

・遷:옮길 천　・惡:미워할 오　・攻:공격할 공　・取:취할 취　・僞:거짓 위　・且:또 차

各說

● 變動은 以利言하고:변하고 움직이는 것은 利로써 말하여 준다. 즉, 利에는 義 혹은 宜가 함축되어 있으므로 아무런 사심(私心) 없이 알맞고, 정확하고, 공정하게 易理가 말하여 준다는 것이다.

● 吉凶은 以情遷이라:변동되는 데 吉하고 凶하다는 것은 사람의 심정(心情)에 따라 옮겨간다는 것이다. 즉, 심정이 善에 옮기면 吉이요, 不善으로 옮겨가면 凶하게 되는 것이다.

● 愛惡ㅣ 相攻而吉凶이 生하며:사랑하고 미워하는 것은 서로 상관 관계를 맺고 있다. 사랑의 정도가 극(極)에 이르면 미움이 되고, 미움의 정도가 극에 이르면 사랑의 감정으로 바뀌는 법이다. 그러므로 어떤 경우에서는 사랑이 곧 미움이라는 뜻도 된다. 愛惡의 상존 여부(相存如否)와 愛惡가 서로 교차하는 가운데 길과 흉이 생기며, 경우에 따라서 미움이 사랑으로 변하여서 라는 뜻으로 사용하기도 한다. 예를 들면 "그 놈 밉상이다"고 하면 도리어 吉의 뜻이 이 말에 내포되어 있다.

● 遠近이 相取而悔吝이 生하며:마음에서 멀고 가까운 것이 서로 취하여(경합에서) 가까울수록 悔吝이 적어지고, 멀수록 회린이 커지는 것이다. 곧 至善에 회복하는 거리가 멀면 멀수록 회린이 커지는 것을 뜻한다.

● 情僞ㅣ 相感而利害ㅣ 生하나니:사람이 상호 감응(感應)하는 가운데 진정(眞情)과 허위(虛僞)를 잘 느끼고 못느끼는 데 따라 利와 害가 생긴다는 것이다. 여기서 〈眞〉'情'은 거짓이 없는 참된 마음을 말하며, 〈虛〉'僞'는 거짓이 있고 참되지 못한 마음을 말한다.

　예)子曰 聖人이 立象하야 以盡意하며 設卦하야 以盡情僞하며…… (「繫辭傳」上 第12章)

공자께서 말씀하시기를 "성인이 〈주역 속에〉 상을 세워서 뜻을 다하며 〈64개의〉 괘를 베풀어서 참과 거짓을 다하며……"라고 하였다.

$$
\begin{aligned}
&1) 愛惡相攻而吉凶生 \quad - \quad 相攻\\
&2) 遠近相取而悔吝生 \quad - \quad 相取\\
&3) 情僞相感而利害生 \quad - \quad 相感
\end{aligned}
$$

　　삼단논법으로 문장을 구성시켜 놓았으며 크게 보아서 결국 같은 뜻의 표현이다. 三生이 발생하는 것은 모두 마음에서 생기는 것이니, 가장 중요한 것은 자신의 마음가짐이다. 그러므로 사람의 변화 과정을 잘 관찰해 보아야 한다. 또 中을 잡아야 행동할 수 있고, 그 결과를 예측할 수 있다.

● 凡易之情이 近而不相得하면:대개 주역 속에 내포되어 있는 정상(情狀), 곧 형이상학에서 형이하학으로 쉽게 해설한 내용이 내 주변에 이치로서 존재한다는 것이다.3) 그러므로 자기 자신의 마음속이 가장 가깝고 자신이 가장 잘 안다는 것이다. 그래서 천하 만사가 나 자신에서 말미암는다는 것이며, 여기서 우리는 天人合一 사상이나 人乃天 사상을 엿볼 수가 있는 것이다. 이런 이유로 사람을 小宇宙라고 일컫는 것이다. 따라서 천지는 오직 존재할 따름이며 이것에 대한 운용이나 이용은 사람이 하는 것이다. 곧 사람이 주체자(主體者)요, 주동(主動)이 된다. 이제 다시 易으로 천지를 어거(御─)하고 사람에게 맞춰나가도록 할 수 있는 자가 성인이 아니겠는가? 아무튼 이처럼 가까운 곳에서 서로 얻지 못할 것 같으면 아래의 구절에서 말하는 것과 같이 된다.

● 則凶或害之하며 悔且吝하나니라:"凡易之情이 近而不相得하면:무릇 易의 정상(情狀)은 가까운 곳에서 서로 얻지 못하면" 그 결과가 "則凶或害之하며 悔且吝하나니라:곧 흉하거나 혹 해(害)하며 뉘우치며 또 부끄럽기도 한 것이다"가 된다는 뜻이다. 그러므로 書易에서 心易으로 나아가야 한다.4)

$$
凡易之情 \begin{cases} 近 & - \quad 吉과 利 \\ 遠(不相得) & - \quad 凶, 害, 悔吝 \end{cases}
$$

---

3) 유교는 가정(家庭)을 가지고 평범하면서 가까운 곳, 즉 人間事에서 모든 것을 직접 경험하면서 공부하는 데 있다. 그러므로 유교는 이륜(彝倫)과 삼강오륜(三綱五倫)을 떠날 수 없다. 단지 공부할 때 한적한 곳을 찾는 경우는 있다.
4) 「繫辭傳」下 第12章은 사실상 여기에서 끝난 셈이다.

將叛者는 其辭ㅣ 慙하고 中心疑者는 其辭ㅣ 枝하고 吉人之辭는 寡하고 躁人之辭는 多하고 誣善之人은 其辭ㅣ 游하고 失其守者는 其辭ㅣ 屈하니라

　장차 배반할 자는 그 말이 부끄럽고, 마음 가운데 의심이 있는 자는 그 말이 〈여러〉 가지로 하고, 길한 사람의 말은 적고, 조급한 사람의 말은 말이 많고, 선한 사람을 무고(誣告)하는 자는 그 말이 유리(遊離)되고, 지킬 바를 잃어버린 자는 그 말이 비굴하다.

·將:장차 장　·叛:배반할 반　·慙:부끄러울 참　·枝:가지 지　·寡:적을 과　·躁:성급할 조　·誣:무고할 무
·游:노닐 류, 헤엄칠 류　·守:지킬 수　·屈:굽을 굽

總說

　육효를 각 방향에서 음미, 설명하고 있다. 또한 384爻에 대한 설명을 여섯 종류로 나누어 말할 수가 있다.

各說

● 將叛者는 其辭ㅣ 慙하고:육효에서 그 예를 찾으면, 二爻를 제외한 나머지 爻 중에서 五爻 군위를 제거하기 위하여 심하게 아첨하고, 남 보기에도 부끄러울 정도로 살살거리며, 앞뒤가 다른 말을 할 경우에는 장차 나를 배신할 사람이라고 생각하면 틀림이 없다는 것이다.

● 中心疑者는 其辭ㅣ 枝하고:자기는 그렇지 아니한 데도 남에게서 공연하게 의심을 받게 될 경우, 그 누명을 벗기 위하여 애쓰고 구명하기 위한 행동으로 자연히 말을 많이 하게 된다는 것이다. 여기서 '枝'란 일관성(一貫性)이 없음을 말한다.

● 吉人之辭는 寡하고:훌륭하고 좋은 사람으로, 즉 덕이 있는 사람은 말이 적다는 것이다.

● 躁人之辭는 多하고:성급하고 침착하지 못한 사람은 말이 많다는 것이다.

● 誣善之人은 其辭ㅣ 游하고:선하지 아니하면서 선하다고 자처하는 자 또는 선한 자를 무고하는 자는 그 말이 고기가 물에 노는 것처럼 잘한다는 것이다. 결국 이 말 저 말을 하여 가절(假節)하고 허장(虛裝)하는 사람이 무선(誣善)한 사람이라는 것이다. 여기서 '游'는 형이상학적인 뜻을 가지고 있다.

● 失其守者는 其辭ㅣ 屈하니라:사람은 모름지기 자기의 분수와 처해 있는 위치를 알아야 하는데, 이것을 잊어버리고 행동하는 사람은 그 말이 비굴하다는 것이다.

위의 여섯 가지는 비단 易理 해설 뿐만 아니라 사회 생활을 하는 데도 좋은 길잡이로써 사용할 수 있고, 또 이것을 384효에 나누어 각각 적용시켜 설명할 수 있다. 이는 공자가 우리 후생들에게 알려 주기 위해서 위편삼절(韋編三絶)로써 애쓴 결과라고 볼 수 있다.

右는 **第十二章**이라

說卦傳

說卦傳 大義

1) 「설괘전」은 공자 십익 중의 하나로 「계사전」에서 못다한 이치의 설명을 팔괘를 취하여 공자가 후생에게 알려 주는 장이다. 따라서 「설괘전」이라고 하였다. 공자의 위대성은 이미 「계사전」에서도 잘 나타나지만 창생을 구제하기 위한 방법으로 「설괘전」을 보태어 지은 것에서도 알 수 있듯, 공자의 개래학(開來學)하는 흔적을 역력히 엿볼 수 있다. 이러한 점에서 공자를 성인이라고 할 수 있다. 「설괘전」에서는 공자가 비사체(秘辭體)로 말한 곳이 많고, 또 직접적으로 말하여 놓은 곳도 있다. 「설괘전」은 11장으로 구성되어 있는데, 이는 10장에서 선천이 가고 다시 새롭게 11장 곧 1장에서 후천이 시작되는 때에 「설괘전」을 기본서로 삼아야 한다는 암시가 들어 있다.

2) 「설괘전」을 전체적으로 개괄하면 다음과 같다.
   ① 『주역』 상하경 원문은 8괘—64괘—384효로 해설하고 있으나, 「설괘전」에서는 150여 종을 형이하학적으로 취상하여 150가지의 방법으로 광대하게 주역을 설명하고 있다.
   ② 卦德, 곧 형이상학적인 형이하학으로 취상하여 설명하고 있다. 즉, 乾—天, 坤—地, 震—雷, 巽—風, 坎—水, 離—火, 艮—山, 兌—澤이 그러하다.
   ③ 先天八卦를 위주로 하여 취상하고 있다.
   ④ 天人地 三才 중에서 人道, 즉 인사를 위주로 취상하고 있다.
   ⑤ 팔괘의 卦象, 卦德, 卦體 등을 본 바탕으로 하여 더욱더 발전적, 미시적(微視的)으로 취상하였다.

3) 「설괘전」은 여러 가지의 특성이 있다.
   ① 乾卦의 독특한 면을 찾아 볼 수가 있으며, 또 여기서 팔괘 전체의 포괄적인 면을 찾아 볼 수 있다.
   예) 乾卦는 대체적인 포괄로, 坤卦는 其於地也……로, 震卦는 其於馬也……, 其於稼也……로, 巽卦는 其於人也……로, 坎卦는 其於人也……, 其於馬也……, 其於輿也……, 其於木也……로, 離卦는 其於人也……, 其於木也……로, 艮卦는 其於木也……로, 兌卦는 其於地也……로 되어 있다.
   ② 팔괘의 오행론을 엿볼 수 있다.
   예) 乾—金, 坎—水, 坤—地(土), 離—火, 艮—山(土), 巽—木

[설명]震卦와 兌卦는 제외되어 있다. 그러나 문왕팔괘로 취상한 것을 살펴 보면 兌는 西方이며, 계절로는 正秋이다. 이것을 오행으로 보면 金이되므로 兌卦는 金이다. 震은 東方이며, 계절로는 봄[春]이다. 이것을 오행으로 보면 木이 되므로 震卦는 木이다.

4) 「설괘전」은 공자의 취상을 열거한 것이니, 이를 참고하여 공부하면 많은 도움이 될 것이다. 또 원문에 대한 해설로서, 확실한 보충적 역할을 하고 있다. 더욱 발전적으로 더 많은 종류의 취상을 연구하여 볼 수도 있으므로 이것만 절대적인 것은 아니다.

5) 「설괘전」이 11장으로 구성되어 있는 이유를 요약하면 다음과 같다.

八卦三說:팔괘를 세 번에 걸쳐 설명하고 있으므로 8+3=11이라고 할 수 있다.

一說:제1장~제3장까지는 팔괘의 생성 원리를 설명하였다.

二說:제4장~제6장까지는 팔괘의 위치와 응용을 설명하였다.

三설:제7장~제11장까지는 팔괘의 취상을 설명하였다.

제1장

　본 장은 天道, 地道, 人道에 대한 구체적인 설명을 하고 있고, 또 천지 자연의 이치에 대한 해설과 더불어 설시(揲蓍)로써 괘를 구하는 방법과 공부하는 자의 의리(義理)와 천명(天命)에 이름을 설명하고 있다.

昔者聖人之作易也에 **幽贊於神明而生蓍**하고 **參**(삼)**天兩地而倚數**하고 **觀變於陰陽而立卦**하고 **發揮於剛柔而生爻**하니

　옛날에 성인이 易을 지으심에 그윽히 〈천지를 운영하는〉神明을 도와 시초를 내고, 천수(天數)는 삼(參)으로 하고 지수(地數)는 이(貳)로 하여 수를 의지(依支)하고, 음양의 변화를 관찰하여 괘를 세우고, 강유(剛柔)를 발휘해서 효를 생하니,

・昔:옛날 석 ・作:지을 작 ・幽:그윽할 유 ・贊:도울 찬 ・蓍:시초 시 ・參:석 삼 ・兩:두 량
・倚:의지할 의 ・觀:볼 관 ・變:변할 변 ・發:쏠 발, 보낼 발 ・揮:휘두를 휘 ・剛:굳셀 강
・柔:부드러울 유 ・爻:효 효

各說

● **幽贊於神明而生蓍**하고 : 공자로부터 옛날에 복희, 문왕, 주공 같은 훌륭한 성인이 나왔기 때문에 영초(靈草)인 시초(蓍草)가 나와서 이것으로써 모든 것을 알 수 있

도록 하였다. 즉, 성인이 나오니 시초가 나온다는 것이다. 예로 들어 龍馬가 나오면 자연(自然)이 이것을 부릴 만한 장군을 함께 탄생시켜 준다는 것이다. 그러므로 시초가 세상에 우연히 나온 것이 아니라 필연적으로 나온 것이고, 시초로 설시하는 것은 대자연의 神明에게 고하여서 모든 것을 알아내는 것이라고 보아야 한다. 여기서 '幽'는 심오하다는 뜻이 들어 있으며, '生蓍'는 說卦하는 방법을 말한다.

- 參天兩地而倚數하고: 시초로 설시(揲蓍)를 하게 되면 반드시 그 속에 數가 있어야 사용할 수가 있으니, 이로써 參天兩地의 數가 정립되었다고 한다. 여기에서 數의 기원, 오행의 기원, 음양의 기원 등을 찾아볼 수 있으며, 河圖數에서는 先天數라고 할 수 있다.

河					圖		數		
先 天 數(生數, 五行)					后 天 數(成數)				
1	2	3	4	5	6	7	8	9	10
陽	陰	陽	陰	陽	5+1	5+2	5+3	5+4	5+5
天	地	天	地	天					

- 先天數(生數)→參天→三陽 곧 1, 3, 5를 뜻하고, 陽爻를 대표하여 수로는 九를 사용함은 參天의 합이 1+3+5=9이기 때문이다. 또 兩地→二陰 곧 2, 4를 뜻하고, 陰爻를 대표하여 수로 六을 사용함은 兩地의 합 2+4=6이기 때문이다. 따라서 1~5까지는 수의 생수로서 기본이 되는 것이다. 또한 이것이 작용되는 방법은 오행으로 자연이 流形하여 나아가게 되는 것이다. 주역 64괘 384효에서의 六과 九는 參天兩地 곧 대자연의 변화하는 이치를 내포할 뿐만 아니라 이를 포괄적으로 대표하여 담아 놓았다고 볼 수 있다.
- 參天은 圓을 뜻하고, 兩地는 角을 뜻한다. 곧 天圓地方이다. 參天 속에 兩地가 내포되어 있다.

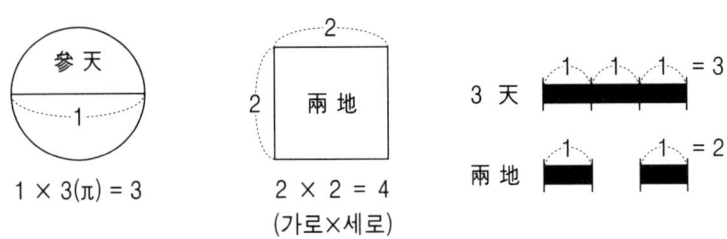

- 觀變於陰陽而立卦하고: 參天兩地의 이치를 미루어서 음과 양이 변화한다. 이것을 관찰하여 괘를 세우는 것이다. 즉, 음과 양이 서로 왔다갔다 변화하여 팔괘, 64괘

등으로 생성하게 되는 것이다.
- 發揮於剛柔而生爻하니:괘가 음양으로써 성립되어 있지만, 사람이 좀더 잘 알 수 있는 형이하학적인 剛柔로써 설명한 것이 각 효라는 것이다.1)

觀變於陰陽而立卦 → 氣化的 → 形而上學 → 卦辭 — 體
發揮於剛柔而生爻 → 質 的 → 形而下學 → 爻辭 — 用

和順於道德而理於義하며 窮理盡性하야 以至於命하니라

道와 德에 화순(和順)하여 의리(義理)에 다스리게 되며, 궁리진성(窮理盡性)함으로써 天命에 이르는 것이다.

· 和:화할 화 · 順:순할 순 · 理:다스릴 리, 이치 리 · 義:옳을 의 · 窮:다할 궁 · 盡:다될 진 · 性:성품 성
· 至:이를 지 · 命:명령 명

各說

- 和順於道德而理於義하며:①앞의 문장에서 설명한 것처럼 성인은 대자연의 이치를 잘 알아서, 사람들로 하여금 道와 德에 협화 순종(協和順從)하게 하여 人倫의 正義를 다스린다는 것이다. 즉, 하늘이 명하여 사람이 마땅히 실천하여 나아가야 할 것을 道라 하고, 이 道를 몸과 마음에 체득(體得)한 것을 德이라고 하듯이 和는 道로써, 順은 德으로써 하라는 것이다. 여기서 '道'는 형이상학(형이상학적 형이상학)이고 '德'은 형이하학(형이상학적 형이하학)이다.

예1) 喜怒哀樂之未發을 謂之中이오 發而皆中節을 謂之和ㅣ니 中也者는 天下之大本也ㅣ오 和也者는 天下之達道也ㅣ니라 (『中庸』 第1章)
〈사람의 마음에 작동이 여기에 있다.〉기쁘고 화내고 슬프고 즐거움이 발동하지 아니 한 것을 中이라 하고,〈喜·怒·哀·樂이〉발동하되 다 절차에 맞게 발(發)하는 것을 和라고 이르나니, 中이라는 것은 천하의 큰 근본이요, 和라고 하는 것은 천하의 통달한 道다.

예2) 克明俊德하사 以親九族하시고 九族旣睦하니 平章百姓하시고 百姓昭明하니 協和萬邦하사 黎民이 於變時雍하니라 (『書經』「虞書·堯典」)
큰 덕을 밝히시어 구족(九族)을 화목하게 하셨고, 구족을 화목하게 하시니 백성이 밝게 다스려졌고, 백성이 밝게 다스려지니 온 세상이 평화롭게 되었다. 백성은 이에

---

1) 앞에서 해설한「繫辭傳」上 제9장을 참조하면 본 문장을 이해하는 데 도움이 될 것이다. (一岡註)

착하여져 화평을 누리게 되었다.
　[설명]대자연의 이치를 잘 아는 성인은 한 사람만 아니라 공동의 많은 사람이 모두 다 和하게 한다. 결국 도덕에 치중하여 本性으로 돌아가는 공부를 하여야 한다는 것이다.
　②參天兩地의 數가 아니면 미래를 예지할 수가 없다. 따라서 소강절(邵康節, 1011~1077)이 상수학(象數學)에 치중한 것은 이것을 보고 한 것이 아니겠는가? 그러나 역학이 參天兩地의 상수학만으로 끝나버리고, 또 그것이 역학의 전부라고 생각하여 邪로 흘러버리지 않을까 두려워하여 공자는 「설괘전」 제1장의 끝 문장으로써 우리에게 일깨워 주고 있다. ③이 구절에 대한 공자와 맹자의 생각을 추론하여 보자. 공자는 仁을 주장하였는데2), 이것은 『논어』에서 그 정신을 찾아볼 수 있으며 우주 대자연의 이치로 본다면 元에 해당한다.3) 공자는 이 元만을 주장하였다. 왜냐하면 자연의 모든 것이 그저 있을 따름이라 하여, 이것의 이행 과정 뿐만 아니라 어떻게 된다는 식의 구구한 설명이 필요하지 않다는 것이다. 때문에 공자는 자기 스스로 지은 저서가 없다. 성인인 그분은 자연 그대로 살아가는 자이

---

2) 仁道는 生을 위주로 한 인간의 행위이므로 인간에 대한 살생(殺生)을 하지 아니하는 것을 원칙한다. 따라서 유교에서 살생을 동반하는 혁명은 싫어한다. 그러나 구체적으로 혁명을 긍정하고 예찬한 것은 탕왕(湯王)과 무왕(武王)이 일으킨 혁명이 두 번 있을 뿐이다. 천명(天命)을 어기고 학정(虐政)으로 백성을 괴롭혀 민심을 잃은 자는 천명을 잃은 자이다. 이때 새로이 천명을 받은 자가 하늘을 대신하여 혁명을 수행할 수 있다는 것이다. 첫째의 예로, 夏나라 최후의 제왕인 걸왕(桀王)이 음란하고 포악무도하여 백성을 몹시 괴롭혔기 때문에 그 당시 제후의 한 사람인 은나라의 탕왕이 걸왕을 쫓아내고 스스로 천자가 된 사건이다. 둘째의 예로, 은나라 최후의 제왕인 주왕(紂王)은 전형적인 폭군으로 백성을 도탄에 빠지게 하고 학정으로 백성을 괴롭혔기에 그 당시 제후의 한 사람인 周나라 무왕이 이를 쳐서 멸망시키고 스스로 천자가 된 사건이다. 결과적으로 걸왕과 주왕은 포악한 군주의 표본적인 존재이며, 탕왕과 무왕은 성군(聖君)의 표본으로 추앙되는 이상적인 제왕이다. 이와 같은 두 차례의 혁명은 하늘의 뜻으로 사람이 단독으로 행한 것이 아니다. 그것은 천명을 받은 탕왕과 무왕이 하늘의 뜻을 구체적으로 수행한 천사(天使)로서 그 임무를 대행한 것이지 하극상(下剋上)이나 이신벌군(以臣伐君)은 아니라는 것이다.

3) 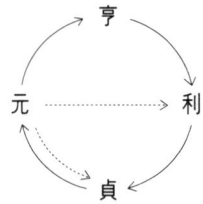 元 속에는 亨·利·貞이 다 들어 있으며, 元에서 각각의 亨·利·貞으로는 갈 수 있으나 亨·利에서 元으로는 올 수 없다. 그리고 元과 貞은 相通된다고 할 수 있다. 따라서 元 속에 貞이 있고 貞 속에 元이 있다.

니, 저서(著書)가 있을 수 없으며 또 무엇을 기록하고 무엇을 말할 것인가?

예)夫大人者는 與天地合其德하며 與日月合其明하며 與四時合其序하며 與鬼神合其吉凶하야 先天而天弗違하며 後天而奉天時하나니 天且弗違온 而況於人乎ㅣ며 況於鬼神乎ㅣ여 (乾卦「文言傳」)

대저 大人은 천지와 더불어 그 덕을 합하며, 日月과 더불어 그 밝음을 합하며, 四時와 더불어 그 차례(질서)를 합하며, 귀신과 더불어 그 길흉을 합하여, 하늘보다 먼저 하여도 하늘에 어긋남이 없고, 하늘 뒤따라 하더라도 하늘이 때를 받들어 가는 것이니, 하늘도 또한 어긋남이 없거늘 하물며 사람에게 있어서며 하물며 귀신에게 있어서랴!

[설명] 윗글은 공자의 위대성을 보여주고 있으며, 乾卦 구오효가 가지고 있는 조화의 힘을 증명하였다.

맹자는 『맹자』 全卷을 통하여 仁義를 주장하였다. 여기서 仁의 뜻은 공자의 주장과 같지만 이것을 이행하지 아니하면 벌이 뒤따르게 되므로 仁을 고수하기 위하여 義가 있어야 한다는 것이다. 그러므로 맹자는 자기 주장을 위하여 말을 많이 사용하였다. 이는 공자보다 한 등급이 낮은 행위이다. 때문에 성인의 지위에는 오르지 못하고 아성(亞聖)이라 칭한다. 仁義는 四德으로 말하면 元과 利를 말하는 것이지만 기실 元 속에 다 내포되어 있다. 아무튼 義는 반드시 벌이 뒤따라야 하고, 이것으로써 자기의 목적을 달성하기 위해서는 힘[力]이 필요하다. 곧 실력을 길러야 하며 또 필요로 하는 것이니, 일컬어서 正義는 힘[力], 大力이라고 하는 바이다. 이 정의의 이면(裏面)에는 숙살(肅殺) 기운이 감추어져 있음을 알아야 한다. 또 의리를 지키기 위하여 힘이 필요로 하고, 이 힘 속에는 智가 있어야 그 발휘에 용이하다.

小利 — 小義 — 자신을 위하는 일하는 것
大利 — 大義 — 사회를 위하여 일하는 것

또 증자는 『대학』에서 말하기를 仁者는 모든 사람이 요구하는 재화를 다른 사람들과 함께 하므로 명예와 중망(衆望)의 대상이 된다고 하였으며, 不仁者는 財利에 눈이 어두워서 자기 몸의 존망조차 돌아보지 않고 재물 모으기에 혈안이 되어 있어 몸을 망친다고 하였다. 그리고 위정자(爲政者)가 治國에는 公利가 아닌 私利로써 이익을 삼아서는 아니된다고 하였다. 즉, 군자는 義에 밝고 소인은 利에 밝다고 하였다.

  예) 仁者는 以財發身하고 不仁者는 以身發財니라 未有上好仁而下不好義者也ㅣ니 未有
  好義오 其事不終者也ㅣ며 未有府庫財ㅣ 非其財者也ㅣ니라 孟獻子ㅣ 曰 畜馬乘은
  不察於鷄豚하고 伐氷之家는 不畜牛羊하고 百乘之家는 不畜聚斂之臣하나니 與其有
  聚斂之臣으로 寧有盜臣이라하니 此謂國은 不以利爲利오 以義爲利也ㅣ니라
  (『大學』 傳10章)
  어진 사람은 재물로써 몸(자신)을 일으키고, 어질지 못한 사람은 〈도리어〉 몸으로 재물을 일으킨다. 윗사람들이 仁을 좋아하는데 아랫사람들이 義를 좋아하지 않을 사람이 있지 않으니, 〈아랫사람들이〉 義를 좋아하고서 윗사람들이 꾀하는 일[其事]이 〈有終之美로〉 끝마쳐지지 아니한 것이 없으며, 창고의 재물이 자기의 재물이 아닌 것이 없다. 맹헌자[4]가 말하기를 "마승(馬乘)을 기르게 된 자는 닭과 돼지를 살피지 아니하고, 얼음을 사용하는 집안은 소나 양을 기르지 아니하고, 백승(百乘)의 집안은 취렴(聚斂)하는 신하(家臣)를 두어서는 아니 되며, 그 취렴하는 신하를 두는 것보다 차라리 도적질하는 신하를 두라" 하였으니, 이러한 것을 일러 '나라는 利로써 이로움을 삼지 아니하고 義로써 이로움을 삼는다'고 하는 것이다.

● 窮理盡性하야 : ①'窮理'는 하나하나 만물의 각각의 오묘한 법칙과 이치를 궁구하여 알아내는 것을 말한다. 현재 우리가 공부하고 있는 경전의 연구가 그러하고, 그 밖의 모든 연구 활동을 총칭하여 窮理라고 할 수 있다. 즉, 天의 이치·地의 이치·人의 이치를 모두 다 알아내기 위하여 연구하는 것을 말한다. '窮'이란 한꺼번에 모든 이치를 터득하려고 하는 것이 아니고 이런 이치와 저런 이치를 하나하나 알아서 종합하여 최후로 태극의 이치까지 다 알아내는 것을 말한다. ②'盡性'은 天性을 극진히 규명하여 사람마다 타고난 천부지성(天賦之性), 곧 天命을 알기에 이른다는 것이다. 즉, 사람은 태어날 때 천부지성 곧 至善의 마음을 가지고 나왔다. 이것이 各正性命의 이치이며, 이렇게 받은 性品이 현실의 오욕(五欲)에 젖어서 어둡게 된 바를 없애고 밝게 하여 태어날 때의 本性에 도달하는 것을 뜻한다.

  예) 乾道ㅣ 變化에 各正性命하나니 保合大和하야 乃利貞하니라 (乾卦「彖辭」)
  하늘의 道가 變하고 化함에 제각기 올바른 천부지성을 받아서 크게 和한 것을 보존하여 합해서 곧 올바르게 함이 이롭다.
  [설명] 各正性命은 각기 천부지성을 받아서 바르게 한다는 것으로 바로 乾元作動이며 品物流形의 결과로 나타나는 것이다.

---

4) 魯나라 사람으로 공자보다 연령적으로 약간 위인 사람인데, 50년 동안 노나라의 국정(國政)을 맡았던 현대부(賢大夫) 중손멸(仲孫蔑)을 말한다.

③우리가 공부하는 방법에는 궁리(窮理)와 진성(盡性)의 두 가지가 있다. 우리가 현실적으로 가장 많이 하고 볼 수 있는 것은 궁리 공부라고 할 수 있으며, 눈을 감고 앉아서 사차원의 세계, 즉 내 영(靈)의 세계에서 미래를 알아내는 것이 진성 공부이다. 이 두 가지를 함께 겸비하는 자만 훌륭한 道學者라고 할 수 있다.

$$
得道 \begin{cases} 窮理: 太極의\ 원리,\ 陰陽의\ 이치\cdots\cdots \\ 盡性: 觀,\quad 禪,\quad 敬\cdots\cdots \end{cases} 道學者
$$

    ↳ 인간은 만물의 靈長 : 만물의 영으로서는 제일 어른이다
        ↳ 누구든지 다 될 수 있다

위의 표에서 보듯이 대자연이 사람에게만 양지양능(良知良能)을 주었으며 인예의지(仁禮義智)의 四德을 가지게 하였고, 이것으로써 인간이 만물의 영장(靈長)이라고 할 수 있다.

● 以至於命하니라 : 궁리진성 공부를 다함으로써 天命에 이르게 됨을 말한다. 이것이 되면 낙천지명(樂天知命)과 도통 경지에 이르게 된다.

$$窮理\ +\ 盡性\ =\ 至命(樂天知命)$$

右는 第一章이라

제2장

　본 장은 『주역』의 괘와 문장이 이루어진 뜻을 말하고 있으며, 성인이 이러한 대자연의 이치[性命之理]를 알아서 행한다는 것을 말하고 있다.

昔者聖人之作易也는 **將以順性命之理**니 **是以立天之道曰 陰與陽**이오 **立地之道曰 柔與剛**이오 **立人之道曰 仁與義**니 **兼三才而兩之**라 **故**로 **易**이 **六劃而成卦**하고 **分陰分陽**하며 **迭用柔剛**이라 **故**로 **易**이 **六位而成章**하니라
　옛날에 성인이 易을 지으심은 장차 性과 命의 이치에 순응하고자 함이니, 이로써 하늘의 도를 세워서〈상징하여〉말하기를 陰과 陽이요, 땅의 도를 세워서〈사용하여〉말하기를 柔와 剛이요, 사람의 도를 세워서〈사용하여〉말하기를 仁과 義니, 三才를 겸하여〈각각〉둘로 한다. 그러므로 易이 여섯 획(劃)이 한 卦를 이루고, 陰을 나누고 陽을 나누며 柔와 剛을 번갈아 쓴다. 그러므로 易이 여섯 位가 되어 문장(文章)을 이루는 것이다.
・將:장차 장　・是:옳을 시　・立:설 립　・劃:그을 획　・分:나눌 분　・迭:갈마들 질　・章:글 장

各說
●將以順性命之理니:①「설괘전」제1장의 "和順於道德而理於義하며 窮理盡性하야 以

至於命하니라;道와 德에 화순(和順)하여 의리(義理)에 다스리게 되며, 궁리진성(窮理盡性)함으로써 天命에 이르는 것이다"의 뜻을 함축시킨 것이다. 즉, 성인이 대자연[天道]의 이치를 알아서 행한다는 것이다. ②소강절은 參天兩地而倚數에 의거하여 상수(象數)로써 천지 자연의 이치를 알아내려고 하였지만, 공자는 順性命之理(和順於道德과 窮理盡性) 속에서 자연의 이치를 알아내려고 하였으니, 공자의 차원이 소강절보다 높다고 할 수 있다.

● 兼三才而兩之라:①하늘의 도를 세워서 상징하여 말하기를 陰과 陽이라고 하였고, 땅의 도를 세워서 사용되는 것은 剛과 柔로서 표현하였고, 사람의 도는 仁과 義로써 표현하였다. 이렇게 天地人 세 가지를 겸하여 표시하였으되 모두 각각 둘씩으로 나타내었다는 것이다. 즉, 三才가 六爻로 발휘(發揮)되는 것을 뜻한다.1)

예)易之爲書也ㅣ 廣大悉備하야 有天道焉하며 有人道焉하며 有地道焉하니 兼三才而兩之라 故로 六이니 六者는 非他也ㅣ라 三才之道也ㅣ니 (「繫辭傳」下 第10章)
易의 글됨이 넓고 커서 〈모든 이치를〉 다 구비하여, 天道가 있으며 人道가 있으며 地道가 있으니, 三才를 겸하여 각각 둘로 한다. 그러므로 六爻가 되니, 六爻라는 것은 다른 것이 아니라 〈天地人〉 三才의 道다.

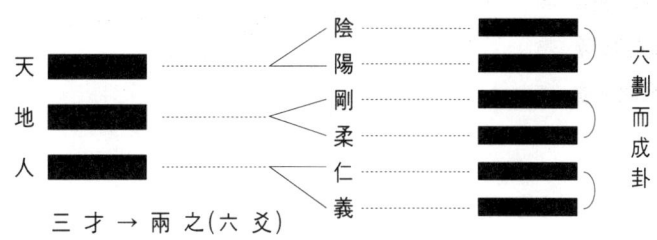

天 道 ― 陰 陽 ― 氣化的 ― 无   形
地 道 ― 剛 柔 ― 形化的 ― 有   形
人 道 ― 仁 義 ― 道德的 ― 有形无形

天 道(上 學) ― 地 道(下 學)
人 道(下 學) ― 地 道(上 學)

---

1) 三極之道 즉, 天道・地道・人道에 대한 뚜렷한 표현을 『주역』 상하경에서는 찾을 수가 없고, 「설괘전」에서는 찾아볼 수 있다. 그러므로 「계사전」 등을 먼저 한 번쯤 탐독해 보고 64괘로 구성된 상하경을 공부하면 역학에 대한 이해가 빠르게 될 것이다. 그러나 상하경 공부가 원칙상 제1차인 공부라는 것은 두말할 필요가 없다.

따라서 人道는 天道와 地道의 모든 내용을 포함하고 있으므로 삼극지도(三極之道) 중 가장 중심이 되어야 하고, 또 모든 것을 주도(主導)해 나간다. 하늘과 땅이 아무리 조화가 있고 위력이 있다고 해도 사람이 없는 하늘과 땅은 아무 소용이 없다. 즉, 인도가 있기에 모든 用事가 있는 것이니, 삼극 중 인도가 가장 으뜸이 되며 삼극의 주체자(主體者)라고 할 수 있다.

②六爻를 삼극지도로 설명을 할 때에 다음과 같이 말할 수 있다. 陰陽이라면 天道로써 해설이 되어 있으며, 剛柔라면 地道로써 해설이 되어 있으며, 仁義라면 人道로써 설명이 되어 있다고 보고 각각 그 초점을 잡으면 된다. 天道의 이치를 地道로 보거나 地道의 원리를 人道로 보아서 설명한다면 되지 아니할 뿐더러 사리(事理)에도 맞지 아니하다. 이렇게 되면 맞는 것도 八卦, 안 맞는 것도 八卦라는 소리가 나오게 되는 것이다.

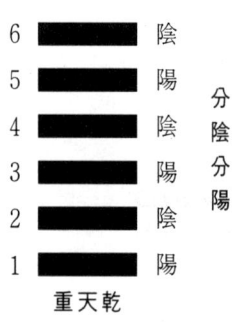

- 分陰分陽하며:한 괘의 여섯 획은 각각 그 위치에 따라서 陽이 있어야 할 위치와 陰이 있어야 할 위치로 나뉘어 있다.
- 迭用柔剛이라:正位란 初爻, 三爻, 五爻가 陽位로서 그 자리에 陽이 있고, 二爻, 四爻, 上爻는 陰位로서 陰이 있는 것을 말한다. 그러나 한 예를 들어, 乾卦의 경우 음이 있어야 할 자리인 二爻, 四爻, 上爻에 陽이 있다. 이것은 음과 양이 서로 바뀌어 있으며 변화되어 있는 현상이다. 즉, 剛 자리에 柔가 오고 柔 자리에 剛이 오기도 하여 서로 위치가 바뀜에 따라 易의 무한한 변화가 나타난다. 이것을 迭用柔剛이라고 할 수 있다.
- 易이 六位而成章하나라:주역은 여섯 자리의 爻의 변화로써 吉凶悔吝을 나타내어 문채를 이루는 것이다.

右는 第二章이라2)

---

2)亞山 선생님이 고안(考案)한 64卦 基本說明圖가 「說卦傳」 제2장에서 나왔다고 볼 수 있으며, 이 「설괘전」이야말로 공자가 역학에 대하여 구체적으로 해설한 글이라 할 수 있다. (一岡註)

제3장

　본 장은 복희팔괘(선천팔괘)의 방위와 배열과 그 의의를 설명하고 있다. 이로써 우주 대자연의 이치에 합리화시켜 놓았고, 그 원리를 발전적으로 해설하고 있다.

天地ㅣ 定位하며 **山澤**이 **通氣**하며 **雷風**이 **相薄**하며 **水火**ㅣ **不相射**(석)하야 **八卦 相錯**하니 **數往者**는 **順**코 **知來者**는 **逆**하니 **是故**로 **易**은 **逆數也**ㅣ라

　하늘과 땅이 위치가 정하여져〈선천팔괘방위도로 살펴 보면〉산과 못이 기운으로써 서로 통하고 있으며, 우레와 바람이 서로 부딪쳐서〈조화를 이루며〉, 물과 불이 서로 쏘지 아니하며,〈이러한 상호 작용과 특성으로〉팔괘가 서로 섞여 있으니,〈선천팔괘의〉지나간 것을 헤아려 보는 자는 순서로써 걸어 온 것을 말하고, 미래를 알려고 하는 자는 順을 거슬러 올라가 보면 알 수 있는 것이니, 이런 까닭으로 逆은 거슬러 셈하는 것이다.

·定:정할 정　·澤:못 택　·通:통할 통　·雷:우레 뢰　·風:바람 풍　·薄:엷을 박　·射:쏠 석
·錯:섞일 착　·往:갈 왕　·逆:거스를 역

各說

● **天地ㅣ 定位**하며 : 선천팔괘방위도에서 ☰乾天은 위에 있고 ☷坤地는 아래에 위치

하고 있다는 것이다. 여기에는 生生之理가 내포되고 있다. 즉, 태초(太初)를 상고하여 보면 三極之道에서 첫째로 하늘[天]이 생기고, 둘째로 땅[地]이 생기고, 세째로 사람과 만물[人]이 천지 사이에 생기게 되었으니, 이러한 대자연 현상을 뜻한 것이 아니겠는가?[1]

예)天尊地卑하니 乾坤이 定矣오 卑高以陳하니 貴賤이 位矣오 動靜有常하니 剛柔ㅣ斷矣오 方以類聚코 物以羣分하니 吉凶이 生矣오 在天成象코 在地成形하니 變化ㅣ見矣라 (「繫辭傳」上 第1章)

하늘은 높고 땅은 낮으니 乾과 坤이 정하고, 낮고 높음으로써 베풀어지니 貴와 賤이 자리하고, 움직임과 고요함이 항상함이 있으니 剛과 柔가 판단되고, 사물의 성질별로 類를 모으고 물건으로써 무리를 나누니 吉과 凶이 생하고, 하늘에서는 象을 이루고 땅에서는 形을 이루니 〈여기에 무궁한〉 變化가 나타나는 것이다.

※ 본 장은 복희팔괘차서(伏羲八卦次序)를 말한 것인데 우주 대자연의 현상을 형화적(形化的)·형이하학적으로 설명한 것이다. 상충(相冲)된 두 괘의 성립 속에는 조화를 가지고 있고, 그 두 괘 속에는 9數가 들어 있고, 이 9수 속에는 6수가 내포되어 있다고 볼 수 있다. 이하 구절에서 자세히 설명하여 보자.

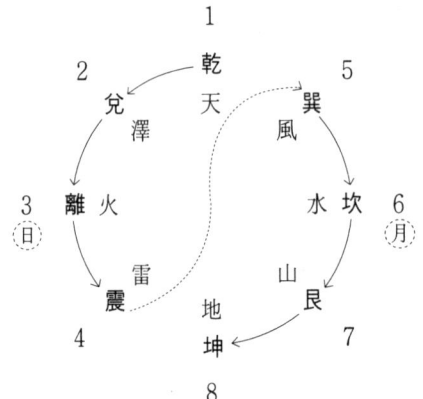

乾坤이 相冲 ― 天地定義 1+8=9
兌艮이 相冲 ― 山澤通氣 2+7=9
震巽이 相冲 ― 雷風相薄 4+5=9
坎離가 相冲 ― 水火不相射 3+6=9

---

[1] 복희팔괘의 순서와 방위 그리고 그 속에 담고 있는 이치를 고찰해 보면, 공자가 「설괘전」 제1장에서 제3장까지 그것을 해설하여 놓았다고 볼 수 있다.

- 山澤이 通氣하며: ☱兌와 ☶艮이 형이상학적인 氣化의 상충으로써 서로 통하게 되어 있다는 것이다. 산은 지구의 돌출 부분이며, 산 속에 물을 담고 있다고 하면 이 물이 못[澤]이 된다. 또 크게 보아서 바다도 지구라는 땅 속에 내포되어 있는 큰 못이라고 할 수 있다. 그러므로 산과 못은 불가분(不可分)으로 가장 밀접한 관계에 있다. 이러한 자연 현상을 인사적으로 비유하면, 방위적으로 艮方은 한국이요 兌方는 미국이 되므로 艮少男인 한국과 兌少女인 미국의 만남에서 후천이 시작된다.
  - ䷞澤山咸: 陽의 정기(精氣)를 받아서 후천의 始를 이루어 변화를 일으키고 끝없이 이어져 나가는 것이 咸이니, 모든 것의 근원을 夫婦의 相交로써 비롯된다고 설명하고 있다.
  - ䷨山澤損: 澤山咸으로써 无思无爲하게 감응(感應)이 되어서 精을 주고 받아서 장지(藏之)하고 있다면 山澤은 이렇게 간직한 것을 분리하고, 또 부족한 것이 있으면 서로 보완하는 형태를 損이라고 할 수 있다.
- 雷風이 相薄하며: 우레와 바람이 부딪쳐서 일어나는 자연 현상을 말한다. 우주의 기류(氣流) 현상으로 일어나는 변화를 나타낸 것이라고 할 수 있다. 이러한 것이 지구에 영향을 주어 만물이 생성되는 것이다.
- 水火ㅣ 不相射하야: 물과 불은 서로 밀접하게 섞여 있지도 못하고[不相雜], 서로 떨어져 있지도 못한다[不相離]. 물이 불보다 많으면 불은 꺼지고 불이 물보다 많으면 불이 일어서 불바다가 될 것이니, 이 水火의 상호 조절은 우리 인류의 큰 과제이다.[2] 사실 이 水火에 도전하여 싸워 온 지난 세월이 인간의 역사라고 할 수 있다.
  예) 水曰 潤下요 火曰炎上이요 (『書經』「周書·洪範」)
    물은 적시고 아래로 내려가는 것이고, 불은 타고 위로 올라가는 것이다.
    [설명] 水火가 서로 내리 오르지만 不相雜, 不相離하는 성질을 가지고 있다.
- 八卦相錯하니: 팔괘가 서로 섞이어 交易, 變易하여 64괘로 발전한다. 그 예를 들어 보면 다음과 같다.

---

2) ① 우리의 생활에 하루도 물과 불이 없으면 곤란을 겪는다. 또 坎·離가 日·月이 되므로 이것 없이 어떻게 사람이 지구상에서 살 수가 있겠는가! ② 우리 인체도 水와 火의 조절 속에서 혈기(血氣)가 돌고 있으며 이 중 어느 하나가 없어서도 아니 되며 또 많아도 아니 된다. 인체 속에서 水火가 알맞게 中을 취하고 있을 때, 사람은 건강을 유지할 수 있다.

예1)交易의 例

한 예로 ☰乾卦의 소성괘로써 팔괘와 交易하게 되면 여덟 개의 대성괘가 나오게 된다. 이와 같은 방법으로 팔괘를 조합하면 64괘가 생성된다.

1	2	3	4	5	6	7	8
☰	☱	☲	☳	☴	☵	☶	☷
乾	兌	離	震	巽	坎	艮	坤
䷀	䷉	䷌	䷘	䷫	䷅	䷠	䷋
乾	履	同人	无妄	姤	訟	遯	否

예2)變易 원리의 例

한 예로서 ☰乾卦를 한 爻씩 변한다고 보고 조사해 보면 아래와 같은 변화가 생긴다. 결국 한 소성괘의 중첩된 팔괘를 중심으로 하여 변화를 시켜 보면 한 괘에서 여덟 괘가 나오고 결과적으로 64괘가 생성되는 것이다.

완전한 本卦로 보면?	→	䷀重天乾卦
初爻가 변하면?	→	䷫天風姤卦
二爻가 변하면?	→	䷌天火同人卦
三爻가 변하면?	→	䷉天澤履卦
四爻가 변하면?	→	䷈風天小畜卦
五爻가 변하면?	→	䷍火天大有卦
上爻가 변하면?	→	䷪澤天夬卦
全變이면?	→	䷁重地坤卦

重天乾

또 다른 측면에서 變易을 살펴 보면 …… 계속하여 변하여 간다. ①원래의 본괘인 ䷀重天乾卦이다. ←上爻로 본다. ②初爻가 변하면 ䷫天風姤卦가 된다. ③二爻까지 변하면 ䷠天山遯卦가 된다. ← ䷫天風姤卦에서 二爻가 변한다고 보아야 한다. ④三爻까지 변하면 ䷋天地否卦가 된다. ⑤四爻까지 변하면 ䷓風地觀卦이다. ⑥五爻까지 변하면 ䷖山地剝卦가 된다. ⑦剝卦에서 다시 순으로 四爻가 변하면 ䷢火地晋卦가 된다. ⑧晋卦에서 內三爻가 변하면 ䷍火天大有卦가 된다. 이로써 본괘 乾卦로부터

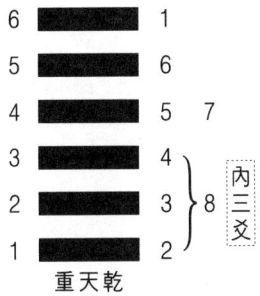

모두 7괘가 나오는 셈이다. 여기서 晉卦와 大有卦는 유혼괘(遊魂卦)라고 한다. 이것을 大成 8괘(乾, 兌, 離, 震, 巽, 坎, 艮, 坤) 즉, 주체(部隊長格)가 되는 괘들이 앞에서 말한 것처럼 변역되는 모습을 정리하여 보면 다음과 같다. 그리고 晉, 大有, 小過, 歸妹, 訟, 同人, 大過, 隨, 頤, 蠱, 明夷, 師, 中孚, 漸, 需, 比卦(도합 16괘)는 유혼괘가 된다.

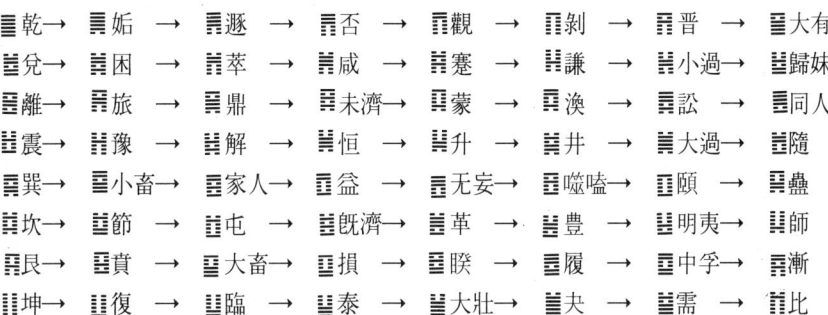

- **數往者는 順코 知來者는 逆하니**:상호 간에 상대적이다. 결국 지나간 과거를 알면 닥쳐올 미래를 알 수 있다는 것이다. 溫故而知新의 이론과도 같으며 往來 법칙과 순역의 원리를 알게 되면 우리는 모든 이치를 알 수 있는 것이 아닐까! 선천팔괘방위도에서도 나타난 것과 같이 乾卦에서 震卦까지는 순차적으로 되어 있으니 數往者는 순으로써 되어 있음을 직시할 수 있다.

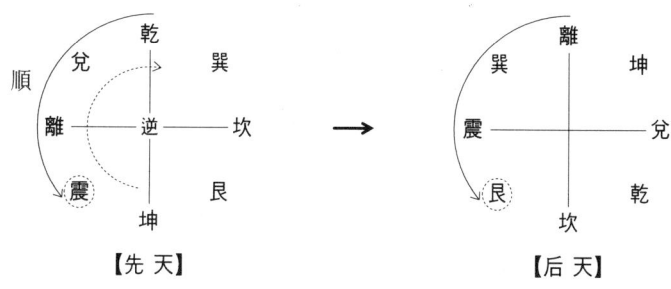

先天의 震方이 后天의 艮方이 된다. 이런 까닭으로 "終萬物始萬物者ㅣ 莫盛乎艮하니;만물을 끝맺음하고 만물을 다시 시작하게 하는 것으로는 艮만큼 성(盛)한 것이

없다"(「說卦傳」第6章)가 되는 것이다.

● 易은 逆數也ㅣ라:溫故而知新과 같다. 正易派에서는 逆數의 '逆'을 '曆'字로 해석하여 주역을 보았기 때문에 공자 본연(本然)의 사상과는 조금 다르다.

右는 第三章이라

제4장

 본 장은 卦象과 卦名으로써 八卦의 德을 설명하고 있다. 즉, 선천팔괘방위도의 乾·坤卦와 그 여섯 자녀 震·巽·坎·離·艮·兌卦가 조화 유행(造化流行)하고, 생장수장(生長收藏)의 功을 설명하고 있다.

雷以動之코 風以散之코 雨以潤之코 日以晅(烜)之코 艮以止之코 兌以說之코 乾以君之코 坤以藏之하나니라

 우레로써 움직이고, 바람으로써 흩어뜨리고, 비로써 적시고, 해로써 말리고, 艮으로써 머물고, 兌로써 기뻐하고, 乾으로써 주장(主張)하고, 坤으로써 갈무리하는 것이다.

·潤:더할 윤, 불릴 윤 ·晅:마를 환(훤) ·烜:빛날 환(훤) ·君:주장할 군

各說

● 雷以動之코 : 震이 우레[雷]가 되며, 이 震의 힘으로 만물을 움직이게 한다. 선천의 마지막[終] 때에는 震이 발동하며 변화를 가져오게 된다는 것이다. 또 震의 우레는 반드시 火를 동반한다. 이것에 대한 예로, 天上의 電이 아니고 무서운 자연 운동으로서 地下에 흐르고 있는 불 곧 地震(地火)을 들 수 있다.

- 風以散之코: 巽이 바람[風]이 되며, 대자연의 기류 현상으로 만물을 분산시키는 작용을 말한다.

※복희팔괘에서 順의 終이 ☳震卦이다. 따라서 逆이 되고자 하면1) 震卦에서 시작해야 하며, 震卦에서 바뀌는 그 다음은 후천의 시초인 ☴巽卦로 간다.2)

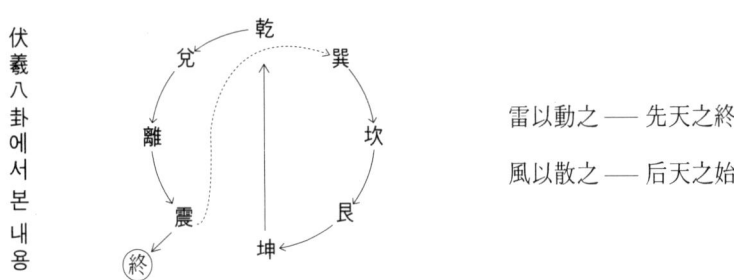

雷以動之 —— 先天之終
風以散之 —— 后天之始

- 雨以潤之코: 坎은 水로서 水의 시초가 구름[雲]이고, 공중의 구름이 물이 되어 내려오는 것이 바로 비[雨]이며, 비는 습한 것이니 만물을 적셔서[潤] 더 나아가는 자연 현상을 말한다.3)
- 日以晅之코: 離는 불[火]로서 태양이 된다. 태양은 모든 만물을 따뜻하게 하며 건조시키는 작용을 한다.
- 艮以止之코: 艮은 山으로서 산이 대지 위에 머물러 있는 것처럼 사람의 마음도 선에 머물러 있는[止於至善] 현상과 같다는 것이다.
- 兌以說之코: 兌는 못이다. 특히 그쳐 있는 물이다[止水]. 止水라면 대개 작은 못을 연상하지만, 바다를 제일 큰 못이라고 할 수 있다. 즉, 잔잔한 호수의 자연을 보고

---

1) 「설괘전」에서 "數往者는 順코 知來者는 逆하니 是故로 易은 逆數也ㅣ라: 수(선천팔괘의 지나간 것)를 헤아려 보려는 것은 순서로 걸어 온 것을 말하고 미래를 알기 위한 것은 순서를 거슬러 올라가면 알 수 있으니, 이런 까닭으로 역은 거슬러 셈한다"(第3章)고 하였다.
2) 「계사전」하에서 "……巽以行權하나니라; ……巽으로써 권리를 행사하는 것이다"(第7章)고 하였듯이 先天은 乾爲主이며, 后天은 巽爲主이다. 그러므로 巽이 되는 시발(始發)은 선천의 終인 震이 된다. 따라서 후천에서는 선천의 震方이 艮方이 된다는 것이다. 그리고 선후천의 변화 관계는 『亞山의 周易講義』上 乾卦에서 설명한 也山 선생님의 乾卦九五變道說을 살펴 보기를 바란다.
3) 坎이 雲→雨→水로서 구름이 비로 변하여 땅에 떨어지면 물이다. 또 땅에 있는 물이 증발하여 구름이 되었다가 비가 되고 물이 된다. 이것이 곧 순환하여 일어나는 자연의 원리이다. 사람에다 비유하면 父母之情으로 아들을 낳고, 아들이 아들을 낳고 또 아들이 아들…… 죽고 살고, 죽고 또 살고……. 즉, 반복된 삶을 살아가는 것이 원형이정의 순환이요, 계절로 보면 춘하추동의 반복과도 같은 것이다.

마음의 즐거움을 자아내는 것이 인간 본연의 천성(天性)이라고 할 수 있다.
- 乾以君之코:乾은 하늘로서 만물을 모두 주재(主宰)·주장(主張)하는 것이고, 국가에 비유하면 군주와 같고, 가족에 비유하면 가장(家長)을 뜻한다. 지도자 혹은 대표로서 대내외적으로 그 집단을 지도해 나가는 것을 乾道라고 한다.
- 坤以藏之하나니라:坤은 땅이다. 땅의 성질은 모든 사물을 갈무리하는 형상으로 되어 있다. 가족 관계에서도 주부(主婦)는 내적인 면에서 가정을 꾸려 나가고 보호해 가는 자이며, 또 陽의 인자(因子)를 장지(藏之)하였다가 육성시켜 주는 일이 坤의 사명이다.

乾以君之—남자—외적인 활동—자주 독립적
坤以藏之—여자—내적인 운용—의존 종속적

예)陰雖有美나 含之하야 以從王事하야 弗敢成也ㅣ니 地道也ㅣ며 妻道也ㅣ며 臣道也ㅣ니 地道는 无成而代有終也ㅣ니라 (坤卦「文言傳」)
　음이 비록 아름다움이 있으나 머금어서[含章可貞] 왕(양)의 일에 순종하여 감히 이루지 못할 것이니, 〈이것은 종속적이며 수동적인〉 땅의 도리이며 처의 도리이며 신하의 도리이니, 땅의 도는 이룸은 없지만 〈건도를 받아〉 대신하여 마침이 있을 것이다.
　[설명]인간 사회의 기본 단위인 가족에 비유하면, 남자는 외적으로 활동하고 가족을 이끄는 책임과 의무가 있으므로 乾以君之라고 하였다. 여자는 남자의 힘에 의존하여 자기의 능력을 발휘하므로 坤以藏之라고 하였다. 그러나 남자의 행동이 아무리 바르더라도 여자가 가족의 장래를 위해 갈무리하고, 가정을 운용하지 않으면 그 가정의 미래는 보장할 수 없다. 대자연의 이치를 보아서 하늘이 우로지택(雨露之澤)을 주어서 모든 만물을 땅으로 하여금 성장하게 하고 또 갈무리하게 하고 있으나, 앞에서 말한 바에 비추어 보면 오히려 땅의 사명이 한층 더 고귀하다고 할 수 있지 아니할까? 그러므로 乾의 역할이 아무리 좋아도 坤의 장래성 있는 역할이 없으면 有終의 美를 거둘 수가 없는 것이다. 즉, 无成而代有終이다.

右는 第四章이라

제5장

본 장은 문왕팔괘방위도의 해설이며1), 乾卦九五變圖說의 확언(確言)이다.2)

帝ㅣ 出乎震하야 **齊乎巽**하고 **相見乎離**하고 **致役乎坤**하고 **說**(열)**言乎兌**하고 **戰乎乾**하고 **勞乎坎**하고 **成言乎艮**하니라

帝가 震에서 나와서, 巽에서 가지런히 하고, 離에서 서로 보고, 坤에서 힘써 일하고, 兌에서 기뻐하고, 乾에서 싸우고, 坎에서 수고하고, 艮에서 이룸을 확인한다.
· 帝:임금 제, 하느님 제　· 齊:가지런히 할 제　· 致:이를 치　· 役:부릴 역　· 戰:두려워할 전, 싸울 전
· 勞:일할 로

---

1) 후천도수(后天度數)가 들어오는 것, 즉 선천이 끝나고 후천이 작동되는 원리가 무엇인가를 알면 우리는 선견지명(先見之明)이 있다고 할 수 있을 것이다. 그러나 "子曰 書不盡言하며 言不盡意니 然則聖人之意를 其不可見乎아:공자께서 말씀하시기를 '글로는 말을 다하지 못하며 말로는 뜻을 다하지 못하니, 그러한즉 성인의 뜻을 가히 볼 수 없단 말인가?'"(「繫辭傳」上 第12章)고 하였다. 그러므로 이는 제4차원 세계, 즉 盡性 공부를 하면 좀더 이해가 쉽다는 말이다.
2) 乾卦九五變圖說은 복희팔괘방위도와 문왕팔괘방위도의 관계를 말한 것이다. 『주역』 원문에서는 직접적으로 찾아볼 수 없었으나, 也山 선생님께서 乾卦 구오효에서 괘의 위치가 변하는 내용을 특유하게 밝힌 학설이다.

總說

　후천팔괘의 순서로 이루어진 것을 ☳震卦에서 기점을 잡아서 설명하고, 우주의 만물과 사람을 이치에 비유하여 설명하고 있다. 즉, 문왕팔괘를 방위별로 이치에 따라 설명한 것이라 할 수 있으며, 선천팔괘와 대조하여 연구해 볼 필요가 있다. 順으로 설명한 것이 본 장(「說卦傳」第5章)이고, 逆으로 설명한 것이 洛書로 배열된 것이다.

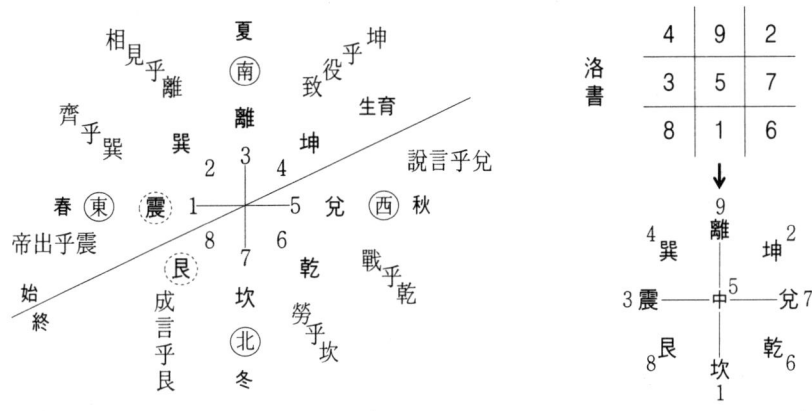

各說

● 帝ㅣ 出乎震하야: ①대자연(태극)의 원리, 造化의 씨, 사계절 중에서 만물을 소생시키는 봄, 사람 중에서는 위의 모든 조화를 이끌어 나갈 주체자인 聖人의 출생이 ☳震方에서 나온다는 것이다. ③본 장은 后天度數가 들어 오는 곳이다. 선천이 끝나고 후천이 작동되는 원리가 설명되어 있다. 즉, ䷞咸卦는 下經(后天)의 첫괘로서 감응의 이치를 나타낸다. 그러므로 男下女라고 했다. 이는 天道와 地道가 있다고 하여도 人道가 모든 것을 지배한다는 것이니, 바로 이것이 황제(皇帝)를 등장시킨 까닭이다.

　　예) 彖曰 咸은 感也ㅣ니 柔上而剛下하야 二氣ㅣ 感應以相與하야 止而說하고 男下女ㅣ라 是以亨利貞取女吉也ㅣ니라 天地ㅣ 感而萬物이 化生하고 聖人이 感人心而天下ㅣ 和平하나니 觀其所感而天地萬物之情을 可見矣리라 (咸卦「彖辭」)

　　彖에서 말하기를 "咸은 느끼는 것이니, 柔는 위에 있고 剛은 아래에 있으니 두 기운이 감응함으로써 서로 더불어, 〈괘덕으로 보아 艮은〉 그쳐 있으며 〈兌는〉 기뻐하고, 남자는 여자에게 내리는 것이다. 그러므로 亨利貞取女吉也이다. 천지가 감응하여 만물을 化生하고, 〈이러한 대자연의 섭리를 본받아서〉 성인이 사람의 마음을 감응시켜 천하를 화평하게 하는 것이니, 그 감응하는 바를 보아 천지 만물의 情을 볼 수 있을 것이다"고 하였다.

- 齊乎巽하고:성인의 출생이 있게 되면, 혹은 식물이 처음으로 싹이 터져 나올 때 그 형태가 깨끗하고 가지런하게 되는 시기가 ☴巽卦 때이다.
- 相見乎離하고:① ☲離卦(離方)는 火이니 밝다. 밝은 곳에서 서로 숨김이 없이 다 볼 수가 있는 것이며, 문명의 극치를 이루는 중천(中天)의 태양이 정오에 오는 시기를 말해 준다. 다음 문장에서 더욱 더 확실히 하기 위한 공자의 평범한 설명이라고 볼 수 있다. ②離卦(離方)는 明也이므로, 인체로 보면 눈[目]이 되니 서로 볼 수가 있다는 뜻이다.
- 致役乎坤하고: ☷坤卦(坤方)에서는 힘써 일하고 힘써 키운다는 것이다.
- 戰乎乾하고: ☰乾卦(乾方)에는 전전긍긍(戰戰兢兢)과 서북방의 숙살(肅殺) 기운이 있으니, 만물의 결실 시기라고 할 수 있다.
- 勞乎坎하고: ☵坎卦(坎方)에는 이 종자를 간직하는 데 수고를 한다는 것이다.
- 成言乎艮하나라:① ☶艮卦(艮方)에서는 明年의 震에서 출발(발아, 성공)할 수 있는 것을 확인한다는 뜻을 가지고 있다. 즉, 마치고(총결산) 시작하는 것이 艮卦라는 것이다.3) ②艮方에서 震의 초점으로 나타난다. 이 구절은 "帝丨出乎震하야"와 함께 고찰하여야 한다. 괘상으로 보면 ☳震卦와 ☶艮卦는 상호 도전 관계이며, 선천 팔괘의 震方이 후천팔괘의 艮方이므로 震과 艮은 같다는 것이다. 또 震은 動, 艮은 止로서 표리(表裏) 관계에 있는 것이다. "帝出乎震"에서 出이 곧 重山艮이라고도 볼 수 있다. 우리 나라는 후천팔괘방위도로 동북 艮方에 위치하며, 고대에 우리 나라를 東震國이라고도 하였으니, 이는 단순히 우연이라고만 할 수 없다. 곧 사람(황제)이 기초를 잡았다는 것이다. ③震卦에서 시작하여 艮卦까지 가봐야만 모든 이루어진다는 뜻으로 '成'字를 넣은 것이 아니겠는가?

萬物이 出乎震하니 震은 東方也ㅣ라 齊乎巽하니 巽은 東南也ㅣ니 齊也者는 言萬物之潔齊也ㅣ라

만물이 震에서 나오니 震은 동방이다. 巽에서 가지런히 하니, 巽은 동남이니, 齊라는 것은 만물이 깨끗하게 가지런히 함을 말한 것이다.

---

3) 山을 아호(雅號)를 사용하는 것은 艮이 山이기 때문이다. 곧 艮方의 기수(機數)를 받아보자는 의미에서 也山, 亞山이라 했다. 그 아랫대에서는 岡으로 했다. (一岡註)

・潔:깨끗할 결　・齊:가지런히 할 제

各說

- 萬物이 出乎震하니 震은 東方也ㅣ라:만물이 震方에 출발(출생)하니 震은 동방을 표시하는 괘라는 것이다. 즉, 帝 곧 사람 뿐만 아니라 모든 만물이 震方 곧 봄의 시기에 나타난다는 것이다. 종자를 파종하여 生生之理가 있는 방위가 震이라는 것이다. ②봄에 종자를 뿌리고 만사 만물의 싹이 出하니(出을 파자하면 山+山이므로 ☶艮, ䷳重山艮에서 나온다)모두 다 평안하다는 것이다.
  예)首出庶物에 萬國이 咸寧하나니라(乾卦「彖辭」)
  　모든 만물이 싹이 트이어 올라오니 일만 나라가 다 편안하다.
- 齊乎巽하니 巽은 東南也ㅣ니:東方(春)에서 처음 생한 만물이 巽方에서 아무런 오염이 되지 않고 깨끗하고 가지런하게[整齊]된 것을 말한다. 이때의 방위는 동남의 間方이다. 즉, 만물이 싹이 터져 올라올 때는 가지런하게 같이 터져 올라온다는 뜻으로, 사람이 이 세상에 나올 때는 공자나 우리 범인들이나 모두 다 같다는 것이다. 대자연이 순환하는 이치 중의 한 節이라고 할 수 있다.
- 齊也者는 言萬物之潔齊也ㅣ라:齊라고 하는 것은 만물이 정결(淨潔)하고 정제(整齊)된 것을 말한다. 만물의 영장인 사람에 비유하면, 사람이 모체(母體)에서 태어날 때는 七情에 때묻지 아니한 至善의 天性을 가지고 태어났다. 이러한 성품을 표현하여 潔齊라고 한다.

離也者는 明也ㅣ니 萬物이 皆相見할새니 南方之卦也ㅣ니 聖人이 南面而聽天下하야 嚮明而治하니 蓋取此也ㅣ라

離라는 것은 밝음이니, 만물이 다 서로 봄이니, 남방의 괘니, 성인이 남쪽을 향해 천하〈의 소리〉를 들어서 밝을 것을 향하여 다스리니, 대개 이것에서 취한 것이다.

・面:앞 면, 낯 면　・聽:들을 청　・嚮:향할 향　・蓋:대개 개, 덮을 개　・取:취할 취　・此:이 차

各說

- 離也者는 明也ㅣ니 萬物이 皆相見할새니 南方之卦也ㅣ니:① ☲離卦는 불과 태양을 상징하였으니 밝은 것이다. 이 밝음으로써 만물을 서로 다 함께 볼 수가 있는 것이니, 離卦는 남방의 방위를 표현한 괘다. ②복희팔괘와 비교하여 문왕팔괘는 남

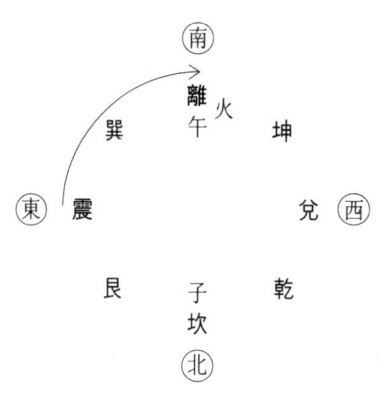

쪽이 離卦로서 태양이 정남방에 오게 되면 그림자가 없이 극치를 이루는 것이다. 이 시대가 되면 태양의 밝음과 같이 만사 만물이 극도로 발전이 되고, 모든 이치를 다 알아낼 수가 있다는 뜻이다. 따라서 지금이 日午中天 시대라고 한다면 온갖 과학 물질이 최대로 쏟아져 나오게 된다는 것을 가히 짐작할 수가 있다.

● 聖人이 南面而聽天下하야 嚮明而治하니 蓋取此也ㅣ라:북쪽 높은 곳에 앉아서 낮은 남쪽을 향하여 내려다보고 천하를 다스리는 것을 뜻한다. 즉, 남쪽은 밝은 곳이므로 이러한 대자연의 법칙을 본받아서 정치를 하니 이것은 대개 離卦에서 취했다는 것이다. 이러한 정신으로 정치를 하는 것을 명정(明政)이라고 한다. 그리고 공직(公職)의 長이 앉는 좌석을 자좌오향(子坐午向)으로 하는 이유가 바로 여기에 있다. 山書에서도 죽은 사람의 묘를 잡거나 집을 짓는 데도 자좌오향으로 세우는 것은 밝은 곳을 향한다는 뜻이다.

坤也者는 地也ㅣ니 萬物이 皆致養焉할새 故로 曰 致役乎坤이라

坤이라는 것은 땅이니, 만물이 모두 기름을 이루는 바이니, 致役乎坤이라 하였다.

· 養:기를 양 · 役:부릴 역

各說

하늘이 주면 땅은 받아서 양육시켜 주는 역할을 한다는 뜻으로 말한 것이다. 여기서 ☷坤은 형이상학의 의미를 가지고 있으며, 地는 형이하학의 의미를 가지고 있다.

 예)彖曰 至哉라 坤元이여 萬物이 資生하나니 乃順承天이니 坤厚載物이 德合无疆하며
  含弘光大하야 品物이 咸亨하나니라 (坤卦 「彖辭」)
 彖에서 말하기를 "지극하도다! 坤의 元이여! 만물이 바탕하여 나게 되는 것이니 이에 유순하게 하늘〈의 뜻〉을 이으니, 坤의 두터운 덕으로서 만물을 실음이 덕이 지경이 없는데 합하며, 큰 것을 머금고 빛을 크게 하니 만 가지 물건 모두 형통하다.

兌는 正秋也ㅣ니 萬物之所說也ㄹ새 故로 曰 說言乎兌라

兌는 바로[正] 가을이니, 만물의 기뻐하는 바이니, 說言乎兌이라 하였다.

各說

- 兌는 正秋也ㅣ니:후천팔괘의 방위를 ☳震卦로부터 차례차례 설명하고 있으므로 ☱兌卦는 正西方을 뜻하며 절후로 보아서 가을이 된다. 그러므로 正秋라고 하였다.
- 萬物之所說也ㄹ새:가을은 만물이 결실되고 수확하는 기쁨으로 가득 차 있다. 심어서 수확하는 기쁨과 아들 딸을 낳는 기쁨은 같다고 할 수 있다. 즉, 가을에는 모든 곡식의 열매를 수확하는 계절이라 기쁨이 있는 것이며, 사람에 비유하면 자자손손 계승하여 면면히 나아가는 기쁨을 뜻한다.
- 說言乎兌라:가을은 만물이 결실되고 수확하는 기쁨으로 가득 차 있으므로 兌卦를 희열로 표현하였다. 그러나 嗟言乎兌(兌에서 탄식함)가 되지 아니하도록 해야 한다. 가을에 종자를 받고 난 뒤에는 그 나머지는 죽는다. 이러한 변화기에는 종자만을 남기게 된다. 우리는 이러한 대자연의 이치를 人道의 교훈으로 삼아서 종자 역할이 되도록 노력해야 할 것이다.

戰乎乾은 乾은 西北之卦也ㅣ니 言陰陽相薄也ㅣ라

戰乎乾은, 乾은 서북 괘니, 음방(陰方)과 양방(陽方)이 서로 부딪침을 말하는 것이다.

·戰:싸울 전 ·薄:부딪칠 박

各說

- 戰乎乾은: ☰乾卦의 시기는 형이상학적으로 종자를 보존하는 때이며, 헛것이 아니고 實이 되기 위하여 싸우는 시기이다. 즉, 正秋에 결실이 된 다음 明年의 종자로 발육하기 위하여 조심[惕]하고 전전긍긍(戰戰兢兢)한다는 것이다. 또한 '戰'이란 가을의 숙살기운을 뜻하기도 한다.
- 乾은 西北之卦也ㅣ니 言陰陽相薄也ㅣ라:乾卦는 문왕팔괘로 보아서 위치가 서북방에 있다. 이 시기는 兌卦 正秋의 모든 것이 마치고 음양의 기운이 교착(交錯)되는 때이다. 이를 陰陽相薄이라고 하였다. 즉, 양기 속에 음기가 있고, 음기 속에 양

기가 들어 있다.

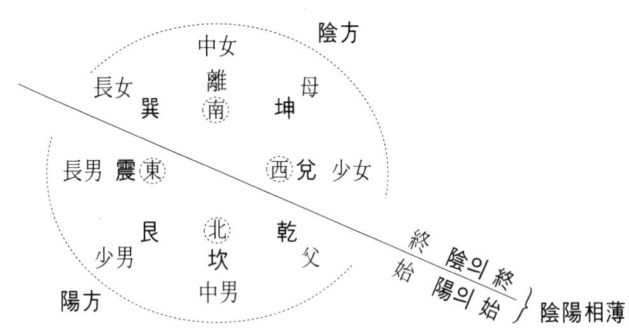

坎者는 **水也**ㅣ니 **正北方之卦也**ㅣ니 **勞卦也**ㅣ니 **萬物之所歸也**일새 **故**로 **曰 勞乎坎**이라

　　坎이라는 것은 물이니, 정북방의 괘니, 수고로운 괘니, 만물이 돌아가는 바이니, 勞乎坎이라 하였다.

各說

　　☵坎卦는 물을 상징하고 방위로는 정북방의 괘다. 또 坎卦는 겨울을 뜻하고, 이 때가 되면 만사 만물을 간직한다[歸藏]. 가을에 결실된 종자를 이듬해 봄에 허실(虛實)이 없이 다시 올라오도록 하기 위하여 추운 동절에 씨눈이 상하지 않도록 장지(藏之)하는 일을 坎이라고 하니, 坎卦를 수고로운 괘라고 하였다.

艮은 **東北之卦也**ㅣ니 **萬物之所成終而所成始也**일새 **故**로 **曰 成言乎艮**이라

　　艮은 동북의 괘니, 만물이 마침을 이루는 바요, 시작함을 이루는 바이니, 成言乎艮이라 하였다.

各說

● **萬物之所成終而所成始也**일새 : 艮卦는 寅月이며 음력 正月에 해당되는 괘이다. 24절후로 보면 立春의 시기이다. 이 시기는 1년을 결산하고 새해를 설계하는 때이므로 成終而成始하는 기점이라고 할 수 있는 괘이다. 天地人 三極의 生生之理로 보면 乾卦로부터 시작이 되지만 變易과 交易의 원리로 인해 인류가 복잡 다난한 생활

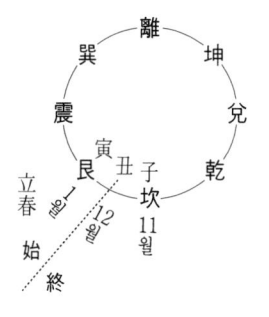

을 하면서 1년의 결산이 艮卦의 입춘에서 마치고 시작된다. 그러므로 艮卦의 중요성은 재삼 언급이 필요 없다.

- 成言乎艮이라 : ①이 말은 ☶艮卦에서 종자로 이루어지는 것과 앞으로 생할 수 있는 것이 모두 포함되어 있다. 즉, '成言乎艮'은 이 두 가지 역할을 다 하는 것을 말한다. ②艮卦에서 성취된다는 말이다. 종자를 심되 허실한 것이 아니라 정확하고 튼튼한 것이어야 생육할 수 있다. 즉, 艮卦에서 성공한 것을 보고서야 만물이 마침을 이루고 시작함을 이루는 바[成終而所成始]가 되는 것이니, 이른바 틀림이 없는 艮이 되어야 한다는 것이다.

右는 第五章이라

제6장

 본 장은 앞의 제1~5장에 대한 종합적인 설명으로 복희팔괘·문왕팔괘의 원리를 설명한 문장이다. 또 乾·坤卦를 제외한 여섯 괘로써 자연의 이치를 人道와 결부시켜 설명하고 있다.

神也者는 **妙萬物而爲言者也**ㅣ니 **動萬物者**ㅣ **莫疾乎雷**하고 **撓萬物者**ㅣ **莫疾乎風**하고 **燥萬物者**ㅣ **莫熯乎火**하고 **說**(열)**萬物者**ㅣ **莫說**(열)**乎澤**하고 **潤萬物者**ㅣ **莫潤乎水**하고 **終萬物始萬物者**ㅣ **莫盛乎艮**하니 **故**로 **水火**ㅣ **相逮**하며 **雷風**이 **不相悖**하며 **山澤**이 **通氣然後**에아 **能變化**하야 **旣成萬物也**하나라

 神이라는 것은 만물을 묘하게 함을 말하는 것이니, 만물을 움직이는 것이 우레만큼 빠른 것이 없고, 만물을 흔드는 것이 바람만큼 빠른 것이 없고, 만물을 말리는 것이 불만큼 말리는 것이 없고, 만물을 기쁘게 하는 것이 못만큼 기쁘게 하는 것이 없고, 만물을 적시는 것이 물만큼 적시는 것이 없고, 만물을 끝맺음하고 만물을 시작하는 것이 艮만큼 성(盛)한 것이 없으니, 그러므로 물과 불이 서로 미치며[逮] 우레와 바람이 서로 거스르지 아니하며, 산과 못이 기운을 통한 뒤에야, 능히 변화하여 만물을 다 이루는 것이다.

・妙:묘할 묘 ・莫:없을 막 ・疾:빠를 질 ・撓:흔들 요 ・燥:마를 조 ・熯:말릴 한, 태울 한 ・說:기쁠 열
・潤:젖을 윤 ・終:끝날 종 ・始:처음 시 ・盛:담을 성 ・逮:미칠 체, 따를 체 ・悖:어그러질 패
・旣:이미 기

各說

● 神也者는 妙萬物而爲言者也ㅣ니 : ①神은 妙다. 음양의 교합(交合)으로 양이 나올 때는 양을 닮고 음이 나올 때는 음을 닮게 되는 것이다. 이러한 이치가 곧 神이요 妙다. ②神의 조화(造化)를 알면 좋다. 즉, 少女(少+女=妙)를 알면 좋은 것과 같이 만물을 묘용(妙用)하는 것이 神이라고 하였다. 神은 현현묘묘(玄玄妙妙)한 대자연의 작용이며, 妙는 少女의 정신과 같다고 할 수 있다. 따라서 만물의 묘용(妙用)으로써 神과 같은 조화를 가지게 하는 것이 여섯 가지가 있다. 이 여섯 가지가 곧 본 장에서 열거된 乾坤卦를 제외한 나머지 六卦의 작용이라고 할 수 있다. 六卦 속에 神의 묘용이 다 들어 있어서 제각기 특성을 가지고 있는 것이다. 물론 六卦 속에는 乾・坤의 神이 들어 있다. 즉, 乾坤(陰陽)이 초월되어 그 속에 포함이 되어 있는 것이다. 이 말은 乾・坤卦를 제외한 나머지 六卦, 즉 三男, 三女가 父母(乾坤)를 닮은 꼴이니 그것이 바로 神의 묘용(妙用)이다. 한 단계 높여서 말하자면 태극의 작용이 팔괘 속에 존재하기 때문에 곧 神의 작용이 이루어지는 것이다. 이와 같은 내용의 해설이 본 장의 내용이라 할 수 있다.

예1) 陰陽不測之謂ㅣ 神이라 (「繫辭傳」上 第5章)
　　음이 될지 양이 될지 예측할 수 없는 것을 神이라 한다.
　　[설명] 이기설(理氣說)로 보면 음양 기운(氣運)의 모체(母體)가 이치(理致)라고 할 수가 있다.

$$\left.\begin{matrix}氣-1\\理-0\end{matrix}\right\} \rightarrow \left.\begin{matrix}氣-2\\理-1\end{matrix}\right\} \rightarrow \left.\begin{matrix}所以然 \rightarrow 妙用\\理氣의\ 관계가\ 되는\ 무엇을\ 뜻하며,\\눈에\ 보이지\ 아니하는\ 기묘한\ 작용\end{matrix}\right\} 神이다$$

예2) 子曰 書不盡言하며 言不盡意니……(「繫辭傳」上 第12章)
　　공자께서 말씀하시기를 "글로는 말을 다하지 못하며 말로는 뜻을 다하지 못하니……"라고 하셨다.

예3) 視之而弗見하며 聽之而弗聞이로대 體物而不可遺ㅣ니라 (『中庸』 第16章)
　　〈神을〉 보려고 해도 보이지 않고 이를 들으려 해도 들리지 않으나,〈神이라는 것은〉

만물의 주체(본체)가 되어 있어 버릴 수 없다.
[설명]『중용』제16장은 귀신장(鬼神章)이라 불리는 곳이다. 모든 만물 속에 神이 다 들어 있다는 뜻이며, 만물의 생멸, 소장, 변화의 음양 합산(合散)에 신의 작용이 아닌 것이 없다. 형이상학의 문장으로서 태극의 원리를 말했다.

예4) 程子는 말하기를 "귀신(鬼神)이라는 것은 천지의 공용(公用)이면서 조화(造化)의 형적(形迹)이다"고 하였다.

예5) 朱子는 말하기를 "귀신(鬼神)에서 귀(鬼)는 음(陰)의 영(靈)이요, 신(神)은 양(陽)의 영(靈)이다"고 하였다.

예6) 張子는 말하기를 "귀신(鬼神)은 음양이기(陰陽二氣)의 양능(良能)이다"고 하였다.
[설명] 귀(鬼)는 공용(功用)이라 할 수 있으며, 신(神)은 묘용(妙用)이라 할 수 있다. 그리고 마음의 주인(主人)은 신(神)이다. 심신(心神)이 편치 못하다고 하는 말은 바로 이런 이유에서이다. 심(心)은 형이상(形而上)이며, 신(神)은 형이하(形而下)이다.

예7) 張子(張橫渠, 字는 子厚, 1020~1077)는 자기의 저작인 『정몽』(正蒙)에서 神에 대한 自注를 달면서 "兩在故不測"이라고 하였다. 주자가 「본의」에서 註를 달면서 張子의 말을 인용하였다.

● 動萬物者ㅣ 莫疾乎雷하고 撓萬物者ㅣ 莫疾乎風하고:움직이게 하는 것과 흔들리게 하는 것은 같은 뜻이지만 ☳震卦의 動은 陽의 움직임으로 만물을 고동(鼓動)시켜 싹이 터져서 올라오게 하는 운동을 뜻하며, ☴巽卦의 흔들림은 기류(氣流)의 움직임으로 바람이 불고 움직임이 있는 자연 현상을 뜻한다. 이러한 현상이 바로 묘용(妙用)이요 神의 조화(造化)다.

● 燥萬物者ㅣ 莫熯乎火하고:만물을 마르게 하는 묘용(妙用)으로 불보다 더 뜨겁게 하는 것이 없다는 것이다. 다시 말하여 불이 가장 건조하게 하고 뜨겁게 하는 성질을 가지고 있으며, 이것이 곧 묘용(妙用)의 조화를 말하는 것이다.

● 說萬物者ㅣ 莫說乎澤하고:만물을 즐겁게 하는 묘용(妙用)으로 못으로써 澤及萬民의 기쁨을 주는 것과 같은 것은 없다는 것이다. 즉, 못은 만물을 즐겁게 하는 묘용(妙用)의 神의 조화를 가지고 있다는 것이다. 또한 兌卦는 가을이다. 가을은 결실이 되어 추수하는 때이므로 모두 즐거워하는 신묘(神妙)한 조화를 가지고 있는 뜻을 말한 것이다.

● 潤萬物者ㅣ 莫潤乎水하고:만물을 윤택하게 하고 불게 해 주는 묘용(妙用)으로 물[水]이 해주는 神의 조화(造化)보다 더 나은 것은 없다는 것이다.

● 終萬物始萬物者ㅣ 莫盛乎艮하니:만물이 마치고 시작되는 신묘한 조화는 東北間方

인 艮卦보다 더 풍성(무성)하게 하는 것은 없다는 것이다.

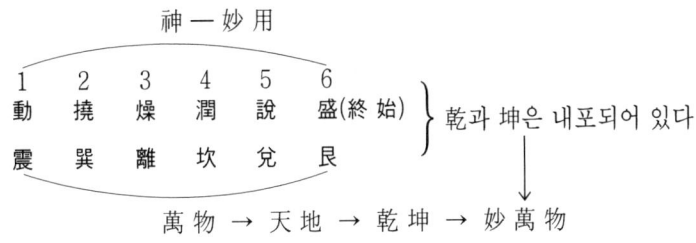

이상과 같은 후천팔괘의 모든 이치는 반드시 선천팔괘의 이치를 모체(母體)로 하여 이루어졌다는 것이다. 이 이치를 글로써 표현한 것이 아래의 본 장의 마지막 문장이라고 볼 수 있다.

先天八卦方位圖

- 水火ㅣ相逮하며:水火는 不相離와 不相雜의 성질을 가지고 있는 것을 뜻한다.
- 雷風이 不相悖하며:우레와 바람은 서로 기운으로 통하여 떨어지지 아니하고 상호 보완 작용을 하는 것을 뜻한다.
- 山澤이 通氣然後에아:산과 못[澤]이 형상은 다르나 형이상학적 기운으로 상통하여서 움직이고 있다는 것이다.

예)天地ㅣ定位하며 山澤이 通氣하며 雷風이 相薄하며 水火ㅣ不相射하야 八卦相錯하니…… (「說卦傳」第3章)
하늘과 땅이 위치가 정하여져 〈선천팔괘방위도로 살펴 보면〉 산과 못이 기운으로써 서로 통하고 있으며, 우레와 바람이 서로 부딪쳐서 〈조화를 이루며〉, 물과 불이 서로 쏘지 아니하며, 〈이러한 상호 작용과 특성으로〉 팔괘가 서로 섞여 있으니……

- 能變化하야 旣成萬物也하니라:선천팔괘의 변화로서 乾卦 九五의 飛龍在天의 조화로써 골고루 만물을 성취시킬 수 있으며, 선천의 이러한 기운에 조화와 신묘한 힘으로 후천팔괘가 이룩된다는 것을 알 수 있다. 즉, 六者의 妙用이 되었을 때 후천이 돌아오게 된다. 사람에 비유하면 아들 낳고 딸 낳고 한다는 것이다. 그러므로 대자연으로 후천이 돌아온다는 것이다.
- 山澤이 通氣然後에아 能變化하야 旣成萬物也하니라:山澤의 기운(氣運)이 서로 통하

게 되면, 이로 인하여 모든 변화와 조화가 일어나고 후천의 만물이 크게 이룩될 수가 있다는 것이다. 다시 말하여 山澤의 통기(通氣) 없이는 만물이 크게 이룩될 수가 없으니, 山澤→澤山의 힘은 크다고 할 수가 있을 것이다. 여기에서 '山'은 七艮山이며 후천으로는 八艮이고, '澤'은 二兌澤이며 후천으로는 七兌·西方·正秋의 때다. 그러므로 山澤은 東西를 뜻하고, 지금의 세상을 의미하는 것이라고도 할 수 있다.

右는 第六章이라[1]

---

[1] 「설괘전」 제6장은 우주 대자연이 돌아가는 이치를 담고 있을 뿐만 아니라, 이 이치는 우리가 무슨 일을 하는 데도 항상 요구되는 것이다. 그러므로 乾卦 구오효 「문언전」 마지막 구절과 함께 매일 한 번씩 암송하여 독경(讀經)하는 것은 필연지사(必然之事)로 하고 있으니, 본 장은 아주 중요한 장이라고 할 수 있다.

제7장

　본 장인 제7장부터 제11장까지는 八卦를 취하여 설명하고 있다. 특히 본 장은 팔괘의 德을 취하여 설명한 장이니 팔괘의 性情的인 설명이다.

乾은 **健也**ㅣ오 **坤**은 **順也**ㅣ오 **震**은 **動也**ㅣ오 **巽**은 **入也**ㅣ오 **坎**은 **陷也**ㅣ오 **離**는 **麗**(이)**也**ㅣ오 **艮**은 **止也**ㅣ오 **兌**는 **說**(열)**也**ㅣ라
　乾은 굳센 것이요, 坤은 순한 것이요, 震은 움직이는 것이요, 巽은 들어 가는 것이요, 坎은 빠지는 것이요, 離는 걸리는 것이요, 艮은 그치는 것이요, 兌는 기뻐하는 것이다.
·健:굳셀 건, 튼튼할 건 ·順:순할 순 ·動:움직일 동 ·入:들 입 ·陷:빠질 함 ·麗:걸릴 리
·止:그칠 지, 머무를 지 ·說:기쁠 열

總說
　문왕팔괘차서도(文王八卦次序圖)의 순서로 설명되어 있다.

各說
●乾은 健也ㅣ오: ☰乾卦는 自彊不息, 以健爲德으로 표현된다. 사람으로 비유하면 乾

卦는 남자로 상징된다. 남자는 기본적으로 모든 것을 주장(主張)하기 때문에 건장(健壯)해야 하고 적극적이며 활동적이며 건실(健實)하다. 이는 乾卦의 象이 모두 양효이기 때문이다.

- 坤은 順也ㅣ오: ☷坤卦는 厚德載物, 以順爲德, 柔順爲主로 표현된다. 사람으로 비유하면 坤卦는 여자로 상징된다. 여자는 기본적으로 소극적이며 수동적이다. 이는 坤卦의 象이 모두 음효이기 때문이다.
- 震은 動也ㅣ오: 보통 사람이 알고 있기로 ☳震卦를 번개의 생성처럼 天上에서 음양의 전기가 서로 마주치는 형상이라고 한다. 그러나 震의 卦象으로 보아서 지하의 음효가 양효로 변동되는 것이니, 이 陽이 움직여서 올라가는 데에서 動해야 한다.

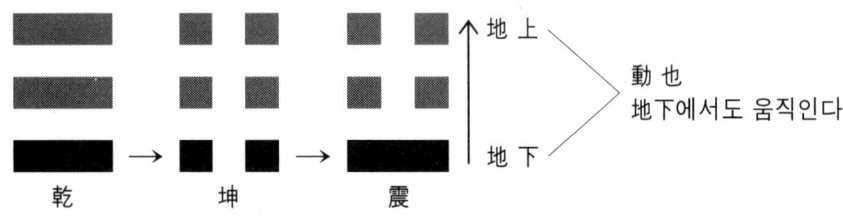

- 巽은 入也ㅣ오: ☴巽卦의 象으로 보면 두 양효 밑에 한 음효가 들어간다고 하여 巽은 入也라고 하였다. 따라서 巽卦의 體는 入也이며, 用은 巽順으로 말할 수 있다.1)
- 坎은 陷也ㅣ오: ☵坎卦의 象으로 보면 두 음효 사이에 한 개의 양효가 빠져 있으니, 坎은 陷也라 하였다. 따라서 坎卦의 體는 陷也이며, 用은 險也로 말할 수 있다.
- 離는 麗也ㅣ오: ☲離卦를 괘상으로 보면 아래 위에 양효 사이에 음효가 걸려 있는 형상이라 하여 離는 麗也라 하였다. 또 태양은 離卦로 상징되는데 우주 공간에 태양이 걸려서 붙어 있는 형상과 같으므로 離라고 한다. 오행으로 보면 離는 火인데 火의 성질은 반드시 어떤 물체에 붙어야만 연소하게 된다. 따라서 離卦의 體는 麗也이며, 用은 文明으로 말할 수 있다.
- 艮은 止也ㅣ오: ☶艮卦를 괘상으로 보면 상효가 양효이고 그 아래 두 효가 음효이다. 즉, 양효가 더 이상 올라가지 못하고 上位에 머물러 있게 되는 상이다. 또 山을 艮卦로 취상한 까닭은 산은 움직이지 아니하고 머물러 있기 때문이다. 따라서

---

1) 八卦의 德은 體로서 형이상학적이며, 八卦의 用은 卦의 형이하학적인 설명이다.

艮卦의 體는 止也이며, 用은 山으로 말할 수 있다.
- 兌는 說也ㅣ라: ☱兌卦를 괘상으로 보면 두 개의 양효 위에 한 개의 음효가 있으니, 이것은 못의 형상처럼 지상에 물이 흘러가지 못하도록 물을 가둬 둔 것과 같다. 그러므로 兌는 澤이라고 하였고, 澤은 만민을 살릴 수 있는 혜택을 주는 것[澤及萬民]이니 기쁘다는 것이다. 그래서 兌는 說也라고 하였다. 따라서 兌卦의 體는 說也이며, 用은 澤으로 말할 수 있다.
  - 澤及萬民: 이 속에 기쁨[說]이 들어 있으며, 兌卦의 卦德을 뜻한다.

右는 **第七章**이라

제8장

앞의 제7장은 팔괘를 형이상학의 덕으로써 설명한 반면에, 본 장은 팔괘를 형이하학의 동물로써 설명하고 있다.

乾爲馬ㅣ오 **坤爲牛**ㅣ오 **震爲龍**이오 **巽爲鷄**오 **坎爲豕**ㅣ오 **離爲雉**오 **艮爲狗**ㅣ오 **兌爲羊**이라

 乾은 말이 되고, 坤은 소가 되고, 震은 용이 되고, 巽은 닭이 되고, 坎은 돼지가 되고, 離는 꿩이 되고, 艮은 개가 되고, 兌는 양이 된다.
 ・馬:말 마 ・牛:소 우 ・龍:용 용 ・鷄:닭 계 ・豕:돼지 시 ・雉:꿩 치 ・狗:개 구 ・羊:양 양

總說

 사람이 살아가는 데에 상호 관련이 있는 동물, 특히 六畜(牛・馬・羊・豕・鷄・犬)을 중심으로 설명하였다. 이 가축들은 자기의 소임을 다하여 인간을 도와줌으로써 인간과 관계를 맺고 있다.

各說

 ●**乾爲馬**ㅣ오:말의 성질은 健壯(健剛)하며, 乾卦의 말을 龍馬라고 비유하였으니 陽

物이 된다. 또 말의 발굽이 통굽으로 되어 있으니 ━(陽)와 표시와 같다. 그러므로 ☰乾卦를 말[馬]로 취상한 것이다. 여기서 '爲'는 된다의 의미이므로 取象했다는 뜻이다. 「설괘전」 제11장에서 취상한 종류가 112개로서 '爲'字를 사용했다. 『주역』에서 爲, 成, 生은 같은 의미로 사용되기도 한다.

   예) 乾은 爲天爲圜爲君爲父爲玉爲金爲寒爲冰爲大赤爲良馬爲老馬爲瘠馬爲駁馬爲木果 ㅣ라 (「說卦傳」第11章)

- 坤爲牛 ㅣ 오:소의 성질은 유순하고 발굽이 두 개로 나뉘어 있으니 ╍(陰) 표시와 같다. 그러므로 ☷坤卦를 소[牛]로 취상한 것이다. 乾坤을 牛馬에 취상한 것은 소와 말이 과거 농경 시대에 논밭의 경작과 교통 수단 그리고 우상(偶像)으로 이용되었으며, 재산 축적의 대상이 되기도 하였기 때문이다. 다시 말하여 우리 인간 생활에 가장 중요하였기 때문이다.
- 震爲龍이오:震卦의 象은 ☳이니 한 양효가 두 음효 아래서 위로 올라 가려고 하는 모습이다. 이는 마치 물 밑에 잠겨 있는 용이 등천(登天)하려는 상과 같다.
- 巽爲鷄오:巽卦의 象은 ☴이니 한 개의 음효가 두 개의 양효 밑에 들어 있다. 이는 날개는 있지만 높이 날아 올라 갈 수 없는 닭과 상이 같다는 것이다.
- 坎爲豕 ㅣ 오:坎卦의 象은 ☵이니 두 개의 음효 사이에 한 양효가 있다. 이는 마치 돼지가 우리에 갇혀 있는 상과 같다는 것이다.
- 離爲雉오:離卦는 日, 곧 태양으로 비유되고, 이는 밝고 문명한 기상을 뜻한다. 따라서 꿩은 가축 가운데 문채나고 영롱하며 아름답기 때문에 이것을 취상하여 ☲離卦로 삼았다.
- 艮爲狗 ㅣ 오:艮卦의 象은 ☶이니 밖은 양효가 있고 안은 음효가 있다. 이는 외강내유(外剛內柔)의 상이니, 개의 성질이 밖으로 도둑을 지킬 때는 剛하고 안으로는 주인에게 순종하는 것과 같다는 것이다.
- 兌爲羊이라:兌卦의 象은 ☱이니 上位에 음효가 있다. 이것을 羊의 두 뿔과 같다고 하여 이를 취상한 것이 아닌가 한다? 또 羊은 성질이 순하고 사람에게 유익하여 기쁨을 주는 것이다. 따라서 兌는 說也라고 하였다.

右는 第八章이라

제9장

본 장은 팔괘를 형이하학의 인체로써 설명하고 있다.[1]

乾爲首ㅣ오 **坤爲腹**이오 **震爲足**이오 **巽爲股**ㅣ오 **坎爲耳**이오 **離爲目**이오 **艮爲手**ㅣ오 **兌爲口**ㅣ라

乾은 머리가 되고, 坤은 배가 되고, 震은 발이 되고, 巽은 다리가 되고, 坎은 귀가 되고, 離는 눈이 되고, 艮은 손이 되고, 兌는 입이 된다.

· 首:머리 수　· 腹:배 복　· 足:발 족　· 股:다리 고　· 耳:귀 이　· 目:눈 목　· 手:손 수　· 口:입 구

各說

● 乾爲首ㅣ오: ①인간의 모든 사고 능력이 머리에 들어 있으니, ☰乾卦가 머리[首]가 된다. ②乾卦는 天의 卦德으로 취상하였으니 인체에 비유하여서 몸의 가장 윗부분에 있는 머리에 취상하였다. 三極之道로 보아서도 우리는 하늘의 섭리 곧 天道의 원리가 미치는 속에서 살고 있다. 이러한 점으로 보아서 두뇌 속에는 무궁한

---

[1] 팔괘를 인체에다 배속하여 설명한 것은 사람이 소우주라는 人乃天 사상에 부합되는 것이라 볼 수 있지 않을까?

지혜와 사고(思考)가 있기 때문에 天道의 원리와 같은 것이다.
- 坤爲腹이오: ☷坤卦는 땅으로 상징된다. 땅이 장지(藏之)하는 것처럼 사람의 배는 오장육부(五臟六腑)의 중요한 기관들을 장지하고 있다. 따라서 坤卦를 배[腹]로 취상한 것이다.
- 震爲足이오: ☳震은 動也라고 하였으니, 사람이 움직이려면 발로써 움직여야 하니 震卦를 발[足]로 취상한 것이다.
- 巽爲股ㅣ오: ☴巽卦의 象이 마치 사람의 두 다리가 갈라져 있는 형상과 같다고 하여 취상되었다.
- 坎爲耳ㅣ오: ☵坎卦의 象이 두 음효 속에 한 양효가 빠져 있으니, 사람의 귀[耳]가 마치 텅빈 귓구멍에 빠져 있는 모습과 같다는 데에서 취상되었다. 또 귀는 두 개이니, 坎卦의 양편 음이 빠져 있는 상과 같은 뜻이다.
- 離爲目이오: ☲離卦의 象은 두 양효 사이에 한 음효가 있다. 이를 인체로 비유하여 아래 위의 눈꺼풀 사이에 검은 눈동자가 있는 것이 눈[目]이니 離卦로 취상한 것이다. 卦德으로 보아서 離卦는 문명이요, 또 태양에 상징되니, 사람의 눈은 이 대자연 가운데 모든 것을 밝혀주는 태양의 역할을 한다고 볼 수 있다.
- 艮爲手ㅣ오: 사람의 손[手]이라는 것은 행동의 표현이며, 이루어지는 모든 것은 손이 아니고는 될 수가 없다. 그래서 "終萬物始萬物者ㅣ 莫盛乎艮하니:만물을 끝맺음하고 만물을 시작하는 것이 艮만큼 성(盛)한 것이 없다"(「說卦傳」 第6章)고 하였다. ☶艮卦가 가지고 있는 이치는 팔괘를 통하여서 가장 중요하다고 볼 수 있고, 따라서 사람에게도 손이 가장 중요하기에 취상한 것이다.
- 兌爲口ㅣ라: ☱兌卦는 卦德으로 보아서 悅이라고 하였는데, 우리의 인체는 기쁘면 입[口]에서 시작하여 웃고 노래하며 자기의 감정을 나타내기 때문이다.

※팔괘의 상호 관계에 대한 보충 설명
○雷風相薄: ☳震卦는 발이 되고, ☴巽卦는 다리가 된다. 발이 움직이면 다리는 따라서 움직인다. 그러므로 震卦와 巽卦는 공통점이 많다는 것이다. 즉, 震卦와 巽卦는 음양 배합 관계, 終始 관계, 장남과 장녀 관계가 된다.
○山澤通氣: ☶艮卦는 손이 되고, ☱兌卦는 입이 된다. 손과 입의 관계이다. 아무리 입이 먹고 싶어도 손이 가져다 주지 아니하면 먹을 수가 없으며, 少男과 少女로 이루어지는 감응의 주체자도 艮卦의 少男이라고 할 수 있다. 손으로 입에서 나오

先天八卦方位圖

는 말을 들을 수도 있고 아니 들을 수도 있기 때문이다.
○水火不相射: ☵坎卦와 ☲離卦는 귀[耳]와 눈[目]이 된다. 우리는 일상 생활에서 눈으로 보고 귀로 들어서 모든 일을 행한다. 즉, 水·火가 없이는 될 수가 없는 것과 같다. 선천팔괘에서 水火는 상극 관계에 있으므로 水火가 많이 있어도 아니 되고, 적게 있어도 아니 되며, 적당하게 있어야 不相離, 不相雜이라고 할 수 있다.

○ 팔괘를 인체에 부합시켜 시행한 作卦의 예를 들어 보자. 어떤 사람이 어떤 상황을 설명할 때 손으로 머리에 얹었을 경우 이를 작괘에 응용하면, 손은 艮爲手이므로 ☶艮卦가 되고, 머리는 乾爲首이므로 ☰乾卦가 된다. 艮卦는 上卦가 되고 乾卦는 下卦가 된다. 즉, 처음 취상한 괘를 上卦로, 다음 취상한 괘를 下卦로, 마지막에 취상한 괘는 變爻로 정한다. 주로 변효는 上下卦의 數를 합한 것에 6으로 나눈 나머지 수를 변효로 한다. 따라서 本卦는 ䷙山天大畜卦가 된다. 그리고 之卦를 뽑는 방법은, 艮7과 乾1을 더하면 8이 되고 이를 六爻의 6를 나누면 2라는 나머지가 생긴다. 따라서 2효가 變爻가 되어 ䷙山天大畜卦의 之卦는 ䷕山火賁卦가 되는 것이다.

乾	健也	馬	首	父
坤	順也	牛	腹, 頰	母
震	動也	龍	足, 頤	長男
巽	入也	鷄	股, 頄	長女
坎	陷也	豕	耳	中男
離	麗也	雉	目	中女
艮	止也	狗	手, 鼻	少男
兌	說也	羊	口	少女

○ 본 장의 내용은 신체를 팔괘에다 취상하였으나 더욱더 미시적으로 분절(分節)하여 사람의 얼굴에다 국한하여 취상해 보면 다음과 같다고 할 수 있다. 즉, 乾爲首(머리), 坤爲頰(볼), 震爲頤(턱), 巽爲頄(광대뼈), 坎爲耳(귀), 離爲目(눈), 艮爲鼻(코), 兌爲口(입)가 된다. 위의 표에서 보듯이 體로써 볼 수 있는 象은 기본적인

것이라고 생각하면 된다. 취상한 것이 德의 上學에서 차차로 생활 주변과 가족 관계의 下學으로 확대하고 있다. 이것만으로도 많은 효과를 낼 수 있다.

右는 第九章이라

제 10장

　본 장은 공자가 文王八卦를 인정한 글이고, 또 문왕팔괘의 차서도(次序圖)를 설명하여 고증(考證)이 될 수 있도록 명백하게 설명하고 있다. 본 장은 자연의 모든 이치의 출발을 한 가족 단위 또는 부부 관계에 그 기점(起點)을 두었으니, 공자 학설의 빛남이 바로 여기에 있다.

乾은 天也ㅣ라 故로 稱乎父ㅣ오 坤은 地也ㅣ라 故로 稱乎母ㅣ오 震은 一索而得男이라 故로 謂之長男이오 巽은 一索而得女ㅣ라 故로 謂之長女ㅣ오 坎은 再索而得男이라 故로 謂之中男이오 離는 再索而得女ㅣ라 故로 謂之中女ㅣ오 艮은 三索而得男이라 故로 謂之少男이오 兌는 三索而得女ㅣ라 故로 謂之少女ㅣ라

　乾은 하늘이라 아버지라 일컫고, 坤은 땅이라 어머니라 일컫고, 震은 〈乾·坤이〉 한 번 구하여 아들을 얻은지라 장남이라 이르고, 巽은 〈乾·坤이〉 한 번 구하여 딸을 얻은지라 장녀라 이르고, 坎은 〈乾·坤이〉 두 번 구하여 아들을 얻은지라 중남이라 이르고, 離는 〈乾·坤이〉 두 번 구하여 딸을 얻은지라 중녀라 이르고, 艮은 〈乾·

坤이〉 세 번 구하여 아들을 얻은지라 소남이라 이르고, 兌는 〈乾·坤이〉 세 번 구하여 딸을 얻은지라 소녀라 이른다.

·稱:일컬을 칭   ·父:아버지 부   ·母:어머니 모   ·索:구할 색, 찾을 색

各說

　팔괘 중에서 ☰乾卦은 天으로서 하늘같이 높으므로 한 가정에서 아버지[父]와 같으며, ☷坤卦는 地로서 만물을 육성함이 한 가정에서 자녀를 양육하는 역할을 하는 어머니[母]와 같으며, ☳震卦는 乾坤卦(夫婦, 天地)가 처음으로 상교(相交)하여 아들을 낳으니 장남(長男)이며, ☴巽卦은 乾坤卦(夫婦, 天地)가 처음으로 상교하여 딸을 낳으니 장녀(長女)가 된다. 나머지 다른 괘들도 같은 원리에서 생성되어 여덟 식구가 한 가정[八口之家]을 이루게 되는 것이다.

〈 乾·坤 ― 父·母　　　坎·離 ― 中男·中女
　震·巽 ― 長男·長女　　艮·兌 ― 少男·少女 〉八口之家

1) 文王八卦次序圖에서 팔괘의 생성을 고찰하면 다음과 같다.

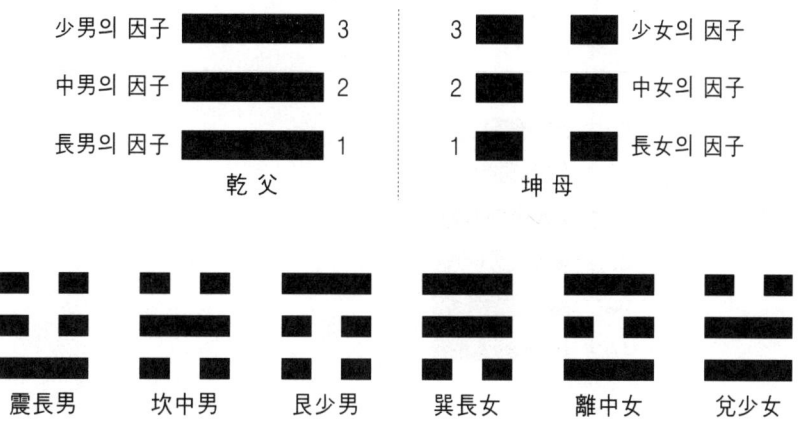

○乾坤卦(父母)가 상교(相交)의 처음에 乾卦(父)의 첫효 陽이 坤卦(母)의 첫효에 종자를 심어 주게 되어 震卦가 생성된다. 또 父(乾卦)의 인자(因子)를 닮아 장남(長男)이 되는 것이다. 그리고 이 陽爻가 震卦의 主爻가 된다.

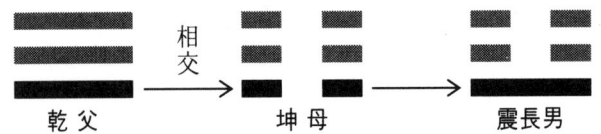

○乾坤卦(父母)가 상교의 처음에 坤卦(母)의 첫효 陰이 乾卦(父)의 첫효에 갔으니 巽卦가 되고 坤卦(母)를 닮아 장녀(長女)가 되는 것이다. 그러므로 巽卦는 陰의 인자(因子)인 陰爻가 主爻라고 볼 수 있다. 그러나 상교의 주도적 역할은 乾卦가 한다. 그리고 나머지 네 괘 坎·離·艮·兌卦의 생성 원리도 이와 같다.[1]

2) 六爻에 의한 팔괘의 관계를 살펴 보면 다음과 같다. 艮·兌卦의 소남·소녀는 연령적으로 10~20세, 坎·離卦의 중남·중녀는 30~40세, 震·巽卦의 장남·장녀는 50~60세로 보고, 60세 이상 70~80세를 부모로 보면 된다. 그러나 30세의 아들이 60세의 아버지를 취상할 때 震卦(長男)로 해서는 아니 된다. 왜냐하면 30세의 아들이 60세의 아버지를 모시므로 수시변역(隨時變易)으로써 그 경우에는 60세의 아버지를 乾卦로 보아야 한다.

右는 **第十章**이라

---

1) 作卦時에 先天八卦의 次序로써 하는 것이 바른 방법이 된다. 즉, 1은 乾卦, 2는 兌卦, 3은 離卦, 4는 震卦, 5는 巽卦, 6은 坎卦, 7은 艮卦, 8은 坤卦이다. 이것은 也山 선생님의 주장이기도 하다.

제11장

　본 장은 「설괘전」의 마지막 장으로 팔괘의 상(象)을 특성에 따라 광범위하게 각 사물에다 취상(取象)을 하고 있다. 즉, 112종의 취상을 열거하고 있다.1) 「계사전」과 「설괘전」에서 취상된 물건의 수는 144종이다. 이는 坤策數로서 坤地에서 만물이 생하는 실체(實體)를 의미한다.2)

乾은 **爲天爲圜爲君爲父爲玉爲金爲寒爲冰爲大赤爲良馬爲老馬爲瘠馬爲駁馬爲木果**1 라

　乾은 하늘이 되고, 둥근 것이 되고, 임금이 되고, 아버지가 되고, 옥이 되고, 금이 되고, 찬 것이 되고, 얼음이 되고, 크게(아주) 붉은 것이 되고, 좋은 말이 되고, 늙은 말이 되고, 야윈 말이 되고, 얼룩 말이 되고, 나무의 과실이 된다.

・圜:둥글 환 ・玉:옥 옥 ・寒:찰 한 ・冰:얼음 빙 ・赤:붉을 적 ・良:좋을 량 ・瘠:야윌 척
・駁:얼룩말 박 ・木:모과 모, 나무 목 ・果:실과 과

---

1) 乾卦가 14종, 坤卦가 12종, 震卦가 16종, 巽卦가 16종, 坎卦가 20종, 離卦가 14종, 艮卦가 11종, 兌卦가 9종으로서 도합 112종이 된다. 이 112종은 우리가 作卦하는 데 필요하므로 암기하는 것이 좋다.
2) 『亞山의 周易講義』下, 「繫辭傳」上 第9章을 참고하기 바란다. (一岡註)

總說

☰ 乾卦의 취상을 14종으로 하고 있다.

各說

- 乾은 爲天:三極之道로 볼 때 乾卦는 天(하늘)에 해당한다. 天은 팔괘의 형이하학적인 취상이다.
    예)乾은 天也ㅣ라 (「說卦傳」第10章)
    乾은 하늘이다.

- 〈乾은〉 爲圜:乾卦를 물체의 모양으로 본다면 둥글다고 할 수 있다. 天圓地方에서 '圓'은 圜과 그 의미가 같다. 또 사람의 성격으로 본다면, 乾(=陽)은 원만한 성격의 소유자라 할 수 있다.

- 〈乾은〉 爲君:국가의 통치 관계, 즉 정치적으로 본다면 군주에 해당한다.

- 〈乾은〉 爲父:가족 관계로 보면 가장(家長)인 아버지에 해당한다.
    예)乾은 天也ㅣ라 故로 稱乎父ㅣ오 (「說卦傳」第10章)
    乾은 하늘이라 아버지라 일컫는다.

- 〈乾은〉 爲玉:과거「설괘전」이 편집될 당시 보석류 중에서는 옥이 가장 단단하고 강한 것으로 乾卦에 취상하였다.

- 〈乾은〉 爲金:金을 금속 성질의 대표적으로 보아 乾卦로 취상했다.

- 〈乾은〉 爲寒爲冰:기후로 보면 한기(寒氣)를 상징하므로 겨울을 뜻하고, 무엇이든지 냉기(冷氣)를 주는 것과 차가운 고정체(固定體)인 얼음을 뜻한다.

- 〈乾은〉 大赤:색채로 보아 크게(아주) 붉은 것을 乾卦로 취상하였다.

- 〈乾은〉 爲良馬爲老馬爲瘠馬爲駁馬:동물에 비유하여 건장한 말을 乾卦라고 할 수 있지만, 그 중에서도 더 세분하여 씩씩하고 기운이 좋은 말, 나이가 많아 늙은 말, 야위어 수척한 말, 몸이 얼룩얼룩한 말을 乾卦로 취상하였다.
    예)乾爲馬ㅣ오 坤爲牛ㅣ오 震爲龍이오 巽爲鷄오 坎爲豕ㅣ오 離爲雉오 艮爲狗ㅣ오 兌爲羊이라 (「說卦傳」第8章)
    乾은 말이 되고, 坤은 소가 되고, 震은 용이 되고, 巽은 닭이 되고, 坎은 돼지가 되고, 離는 꿩이 되고, 艮은 개가 되고, 兌는 양이 된다.

- 〈乾은〉 木果ㅣ라:과실류 중에서 아직 나무에 달려 있는 모든 과실은 乾卦로 취상하였다. 여기서 '木'은 모나 목으로 읽어도 무방하다.
    예)荀九家는 此下에 有爲龍爲直爲衣爲言이라 (『周易傳義大全』「本義」)

순상(荀爽, 128~190)의 『九家易』에는 〈乾이〉 아래에, 용이 되고, 곧은 것이 되고, 옷이 되고, 말이 된다는 것이 더 있다.

坤은 爲地爲母爲布爲釜爲吝嗇爲均爲子母牛爲大輿爲文爲衆爲柄이오 其於地也에 爲黑이라

坤은 땅이 되고, 어머니가 되고, 포백(布帛)이 되고, 가마솥이 되고, 인색한 것이 되고, 고른 것이 되고, 새끼 딸린 어미 소가 되고, 큰 수레가 되고, 문서(문건)가 되고, 무리가 되고, 자루가 된다. 그 땅에서는 검은 빛이 된다.

·布:베 포 ·釜:가마 부 ·吝:인색할 린 ·嗇:아낄 색 ·均:고를 균 ·牛:소 우 ·輿:수레 여
·衆:무리 중 ·柄:자루 병 ·黑:검을 흑

總說

☷ 坤卦의 취상을 12종으로 하고 있다. 坤卦의 취상은 陰의 원리와 地道의 원리와 여자의 성질로써 以順爲德의 이치로 하였다.

各說

- 坤은 爲地:三極之道로 볼 때 坤卦는 地(땅)에 해당한다. 地는 坤卦의 형이하학적인 취상이다.
  예)坤은 地也ㅣ라 (「說卦傳」 第10章)
  　　坤은 땅이다.
- 〈坤은〉 爲母:坤卦를 가족 관계로 보면 주부(主婦)인 어머니에 해당한다. 즉, 소극적이며 수동적이고 남편(乾卦)의 뜻을 받아서 자녀를 양육하는 어머니격이다.
  예)坤은 地也ㅣ라 故로 稱乎母ㅣ오 (「說卦傳」 第10章)
  　　坤은 땅이라 어머니라 일컫는다.
- 〈坤은〉 爲布:의복의 감으로 포백(布帛)을 말한다. 이것은 여자와 관계가 있다.
- 〈坤은〉 爲釜:여자가 일하는 주방의 취사 도구로써 가마솥으로 취상하였다.
- 〈坤은〉 爲吝嗇:사람의 성격으로 보아서 인색한 것이 된다.
- 〈坤은〉 爲子母牛:앞에서 예시하였듯이 乾卦는 건장한 덕을 위주로 하므로 가축 중에서 말[馬]을 취상한 반면에, 坤卦는 순후(順厚)한 덕을 위주로 하므로 소[牛]를 취상하였다.

예) 乾爲馬ㅣ오 坤爲牛ㅣ오 震爲龍이오 巽爲鷄오 坎爲豕ㅣ오 離爲雉오 艮爲狗ㅣ오 兌爲羊이라 (「說卦傳」第8章)

乾은 말이 되고, 坤은 소가 되고, 震은 용이 되고, 巽은 닭이 되고, 坎은 돼지가 되고, 離는 꿩이 되고, 艮은 개가 되고, 兌는 양이 된다.

●〈坤은〉爲衆 : 坤卦는 괘상 자체가 12획이 된다. 즉, 坤卦는 팔괘→64괘 중에서 획수가 가장 많은 것으로 衆의 뜻을 가지고 있다.

●〈坤은 爲地〉……其於地也에 爲黑이라 : 坤卦를 地라고 하였다. 즉, 땅은 土로서 황색으로 통칭되고 있으나 흑색으로 되어 있는 땅도 坤卦로서 취상하라는 것이다.

예) 荀九家는 有爲牝 爲迷爲方爲囊爲裳爲黃爲帛爲漿이라 (『周易傳義大全』「本義」)

순상(荀爽)의 『九家易』에는 〈坤이〉 암컷이 되고, 희미한 것이 되고, 모난 것이 되고, 주머니가 되고, 치마가 되고, 누런 것이 되고, 비단이 되고, 마실 것이 된다는 것이 있다.

震은 **爲雷爲龍爲玄黃爲尃爲大塗爲長子爲決躁爲蒼筤竹爲萑葦**오 **其於馬也**에 **爲善鳴爲馵足爲作足爲的顙**이오 **其於稼也**에 **爲反生**이오 **其究ㅣ爲健**이오 **爲蕃鮮**이라

震은 우레가 되고, 용이 되고, 玄黃이 되고, 펴는 것이 되고, 큰 도색(塗色)이 되고, 장남이 되고, 결단하고 조급함이 되고, 푸른 대나무가 되고, 갈대가 된다. 그 말에서는 잘 우는 것이 되고, 뒷발이 흰 것이 되고, 뒷발질을 잘하는 것이 되고, 이마에 흰 털이 많은 것이 된다. 그 식물을 심는 데에는 다시 살아나는 것이 된다. 그것을 궁구해 보면 굳센 것이 되고, 번성하고 선명한 것이 된다.

· 玄:가물 현 · 黃:누를 황 · 尃:敷의 古字, 베풀 부, 펼 부(＝布也), 흩을 부 · 塗:진흙 도, 길 도, 바를 도
· 決:터질 결 · 躁:뛸 조, 빠를 조, 움직일 조 · 蒼:푸를 창 · 筤:어린 대 창 · 竹:대 죽 · 萑:풀 많을 추
· 葦:갈대 위 · 鳴:울 명 · 馵:왼쪽 뒷발이 흰 말 주 · 足:발 족 · 的:과녁 적, 표준 적 · 顙:이마 상
· 稼:심을 가 · 蕃:불을 번, 많을 번, 번성할 번

總說

☳ 震卦의 취상을 16종의 만사 만물로 하고 있다.

各說

- 震은 爲雷:震卦는 진동(振動)의 의미로서 대자연에 비유하면 우레가 된다.
- 〈震은〉 爲龍:형이상학의(눈으로 볼 수 없는) 용이 된다는 것이다.

    예)乾爲馬ㅣ오 坤爲牛ㅣ오 震爲龍이오 巽爲鷄오 坎爲豕ㅣ오 離爲雉오 艮爲狗ㅣ오 兌爲羊이라 (「說卦傳」 第8章)
    乾은 말이 되고, 坤은 소가 되고, 震은 용이 되고, 巽은 닭이 되고, 坎은 돼지가 되고, 離는 꿩이 되고, 艮은 개가 되고, 兌는 양이 된다.

- 〈震은〉 爲玄黃:음인지 양인지 알 수 없게 교잡(交雜)되어 있을 경우를 玄黃이라 한다. 즉, 하늘 기운과 땅 기운이 섞여 있는 것을 뜻한다.

    예)……夫玄黃者는 天地之雜也ㅣ니 天玄而地黃하니라 (坤卦「文言傳」)
    ……대저 玄黃이란 천지가 섞여 있는 것이니 하늘은 玄이요 땅은 黃이다.

- 〈震은〉 爲旉:많은 사람에게 전달되는 포고문이 된다.
- 〈震은〉 爲長子:震卦를 가족 관계로 보면 代를 잇는 장남에 해당한다.

    예)震은 一索而得男이라 故로 謂之長男이오 (「說卦傳」第10章)
    震은 〈乾·坤이〉 한 번 구하여 아들을 얻은지라 장남이라 이른다.

- 〈震은〉 爲大塗:①많이 도색하는 것으로서 집 전체를 도벽하는 것을 말한다. ②大道, 大路로도 볼 수 있다. 震은 動이고 車도 動이므로 차량(車輛)이 大道를 이용하여 움직인다는 것이다.
- 〈震은〉 爲決躁: ☳震卦는 主爻 陽이 陽位에 있다. 이런 경우는 조동하고 빨리 움직이려고 한다. 그러므로 결단하여 결정짓는 것이다. 즉, 돌진하는 형태를 뜻한다.
- 〈震은〉 其於稼也에 爲反生이오:식물이 다시 살아 나오는 형태를 취상한 것이다. 선천팔괘나 후천팔괘로 보아 震卦는 立春 또는 봄이다. 이때가 되면 反生을 한다. 다시 말하여 震方에서 反生(처음이 아닌 中間之事)이다. 여기서 '反生'은 되살아나는 것을 뜻한다.

    • 가색(稼穡):봄에 씨를 뿌리고 가을에 거둬들이는 것을 말한다.

    예)五行은 一曰 水요 二曰 火요 三曰 木이요 四曰 金이요 五曰 土ㅣ니 水曰 潤下요 火曰 炎上이요 木曰 曲直이요 金曰 從革이요 土爰稼穡이니이다 (『書經』「洪範九疇」)
    오행은 첫째는 물이고, 둘째는 불이고, 셋째는 나무고, 네째는 쇠고, 다섯째는 흙이니, 물은 적시고 내려가는 것이고, 불은 타고 올라가는 것이고, 나무는 굽고 곧은 것이고, 쇠는 따르고 바뀌는 것이고, 흙은 심고 거두는 것이다.

- 〈震은〉 其究ㅣ 爲健이오:震卦의 시발점부터 연구해 보았을 때 震卦는 건장한 乾卦

에서 나왔으니 건장하고 씩씩한 것이 된다는 것이다. ☳震卦, ☵坎卦, ☶艮卦는 ☰乾卦의 계열이다.
- 〈震은〉 爲蕃鮮이라:①震卦는 성질이 건실하고 선명하게 번성하는 상이다. ②선천팔괘의 震方이 후천팔괘의 艮方의 위치와 같다. 옛부터 우리 나라를 東震國이라 하였고 그 뒤에 朝鮮이라 하였으니, 震方이 곧 우리 나라라는 단서가 되지 아니할까?

  예)荀九家有는 爲玉爲鵠爲鼓라 (『周易傳義大全』「本義」)
  순상(荀爽)의 『九家易』에는 〈震이〉 옥이 되고, 고니[鵠]가 되고, 북[鼓]이 된다는 것이 있다.

巽은 爲木爲風爲長女爲繩直爲工爲白爲長爲高爲進退爲不果爲臭오 其於人也에 爲寡髮爲廣顙爲多白眼爲近利市三倍오 其究ㅣ 爲躁卦라

巽은 나무가 되고, 바람이 되고, 장녀가 되고, 먹줄처럼 곧은 것이 되고, 공업이 되고, 흰 것이 되고, 긴 것이 되고, 높은 것이 되고, 진퇴가 되고, 과단성이 없는 것이 되고, 냄새가 된다. 그 사람에서는 모발이 적은 것이 되고, 이마가 넓은 것이 되고, 눈에 흰자가 많은 것이 되고, 이익에 가까이 해서 세 배의 이익을 남기는 것이 된다. 그것을 궁구해 보면 조급한 괘가 된다.

- 繩:새끼 승, 노끈 승, 줄 승 · 進:나아갈 진 · 退:물러날 퇴 · 果:해낼 과, 용감할 과, 실과 과
- 臭:냄새 취 · 寡:적을 과 · 髮:머리털 발, 터럭 발 · 廣:넓을 광 · 眼:눈 안 · 倍:곱 배
- 究:궁구할 구 · 躁:성급할 조

總說

☴巽卦의 취상을 16종으로 하고 있다.

各說

- 〈巽은〉 爲長女:巽卦를 가족 관계로 보면 장녀에 해당한다.
  예)巽은 一索而得女ㅣ라 故로 謂之長女ㅣ오 (「說卦傳」 第10章)
  巽은 〈乾·坤이〉 한 번 구하여 딸을 얻은지라 장녀라 이른다.
- 〈巽은……其於人也에〉 爲近利市三倍오:①이익을 가까이 해서 시장에서 3배 이상의 폭리를 취하는 것이 巽卦라 한다. 즉, 재물을 얻을 수 있는 괘다. ②巽卦의 德은 入也라 하였으니, 바람이 아니 들어가는 곳 없이 空間을 통하는 성질을 취상하였다.

또 나무[巽]는 땅 속으로 뿌리가 잘 파고 들어가는 속성이 있다. 따라서 巽入中宮의 기본 위치를 잘 응용하여 사용하면 3배 이상의 재물을 얻을 수가 있다는 것이다.3)

● 〈巽은 〉其究ㅣ 爲躁卦라:巽卦를 궁구하여 볼 때 조급하게 뛰는 것은 곧 ☰乾卦의 초효가 변하여 ☴巽卦가 되었기 때문이다.

　예)荀九家有는 爲楊爲鸛이라 (『周易傳義大全』「本義」)
　　순상(荀爽)의 『九家易』에는 〈巽이〉 버들이 되고, 황새가 된다는 것이 있다.

坎은 爲水爲溝瀆爲隱伏爲矯輮爲弓輪이오 其於人也에 爲加憂爲心病爲耳痛爲血卦爲赤이오 其於馬也에 爲美脊爲亟心爲下首爲薄蹄爲曳오 其於輿也에 爲多眚이오 爲通爲月爲盜ㅣ오 其於木也에 爲堅多心이라

　坎은 물이 되고, 도랑이 되고, 숨어 엎드리는 것이 되고, 가마가 되고, 바퀴처럼 굽은 활이 된다. 그 사람에서는 걱정을 많이 하는 것이 되고, 심장병이 있는 것이 되고, 귀앓이를 하는 것이 되고, 온 몸에 피를 칠하여 있는 것이 되고, 붉은 색이 된다. 그 말에 있어서는 등뼈가 잘 생긴 것이 되고, 성질이 급한 것이 되고, 머리를 항상 아래로 숙이고 있는 것이 되고, 발굽이 얇은 것이 되고, 〈짐이나 사람을〉 끄는 것이 된다. 그 수레에서는 고장이 자주 나는 것이 된다. 〈그 괘상으로 보아서는〉 도통(道通)이 되고, 달이 되고, 도적이 된다. 그 나무에서는 속이 단단하고 심(心)이 많은 것이 된다.

・溝:개천 구　・瀆:도랑 독, 더럽힐 독, 거만할 독　・矯:바로잡을 교　・輮:바퀴 유, 밟을 유
・輪:바퀴 륜, 수레 륜　・憂:근심할 우　・痛:아플 통　・赤:붉을 적　・脊:등뼈 척　・亟:빠를 극, 급할 극
・薄:엷을 박　・曳:끌 예　・輿:수레 여　・眚:재앙 생, 허물 생　・盜:훔칠 도　・堅:굳을 견

總說
☵坎卦의 취상을 20종으로 하고 있다. 팔괘 중 제일 많은 것으로 되어 있다.

各說
● 坎은 爲水:①坎卦는 卦德으로 보아 水이고, 문왕팔괘방위도에서 북방의 괘이며, 계절로는 겨울이 된다. 그러므로 추운 곳이 되니 지도상에서 시베리아, 즉 러시아

---

3)也山 선생님은 近利市三倍를 몰라도 된다고 하시면서 말씀하시지 아니하였다. 그 이유는 공부하는 자는 돈과 거리가 멀어야 함을 일깨우기 위해서이다.

라고 할 수 있다. ②坎의 괘상이 中連이므로 외부의 두 음효가 중앙의 한 양효를 싸고 있으니 內卦와 外卦가 다르다. 따라서 사람이 활동하는 데에 비밀스럽고 드러나지 않은 것을 뜻한다. 또 坎卦의 음적인 속성이 마치 물의 성질과 같아 아래로 스며들어서 행사하는 것과 같음을 뜻한다.

- 〈坎은〉爲溝瀆:물은 흘러가는 물질이므로 도랑이 생기기 마련이며[水流而不盈 故爲溝瀆所以行水], 괘상으로 보아서 가운데 양효가 양쪽 음효에 가려서 빠져 있다[陽匿陰中爲柔所掩].
- 〈坎은〉爲隱伏:은복(隱伏)은 숨어 있거나 잠복해 있는 것을 말한다. 즉, 坎의 괘상이 가운데 양효가 양쪽 음효에게 가려져 있는 형상이다.
- 〈坎은……其於人也에〉爲加憂爲心病:마음의 심려가 깊으면 심병(心病)이 생긴다. 그러므로 憂와 心病은 서로 통한다.
- 〈坎은……其於人也에〉爲赤이오:색채로는 적색(적색 분자)도 된다.4) 침투하는 방법은 마른 논에 물이 젖어 들어 오듯이 점진적으로 침투한다.
- 〈坎은〉爲通:坎中連으로서 陽中이므로 通이라고 했다. 中通을 뜻한다. 水流而不滯故通.
- 〈坎은〉爲月:坎은 괘상이 內明外陷(暗)이므로 물[水]의 성질이며, 달도 역시 마찬가지이다.
- 〈坎은〉爲盜:앞에서 말했듯이 坎의 괘상이 中連이므로 외부의 두 음효가 중앙의 한 양효를 싸고 있으니 內卦와 外卦가 다르다. 따라서 사람이 활동하는 데에 비밀스럽고 드러나지 않는다. 그러므로 도적으로 비유할 수 있다.
- 〈坎은〉其於木也에 爲堅多心이라:坎卦의 象을 보면 양단(兩端)의 음이 中爻인 양을 싸고 있으니, 이를 나무에 비유하면 속에 단단하고 강한 心이 있는 것을 뜻한다.

  예)荀九家有는 爲宮爲律爲可爲棟爲叢棘爲狐爲蒺藜爲桎梏이라 (『周易傳義大全』「本義」)
  순상(荀爽)의 『九家易』에는 〈坎이〉궁궐이 되고, 법률이 되고, 옳은 것이 되고, 기둥이 되고, 떨기로 난 가지 나무가 되고, 여우가 되고, 가시나무가 되고, 형틀이 된다는 것이 있다.

---

4) 또 坎이 水이고 赤이라는 점에서 북방의 러시아가 한때 공산주의 종주국이 되었다는 사실은 우연이 아니다. (一岡註)

離는 爲火爲日爲電爲中女爲甲冑爲戈兵이오 其於人也에 爲大腹이오 爲乾
卦爲鼈爲蟹爲蠃爲蚌爲龜오. 其於木也에 爲科上槁ㅣ라

離는 불이 되고, 태양이 되고, 번개가 되고, 中女가 되고, 갑옷과 투구가 되고, 창과 무기가 된다. 그 사람에서는 배[腹]가 큰 것이 된다. 〈괘상으로 보아서는〉 말리기 위하여 걸어 놓은 것이 되고, 자라가 되고, 게가 되고, 소라가 되고, 조개가 되고, 거북이 된다. 그 나무에서는 속이 비고 위[上]가 마른 것이 된다.

· 電:번개 전 · 冑:투구 주 · 戈:창 과 · 兵:칼날 병, 장정 병 · 腹:배 복 · 鼈:자라 별 · 蟹:게 해
· 蠃:소라 라 · 蚌:민물 조개 방 · 龜:거북 구 · 槁:마른 나무 고(＝槀)

總說

☲離卦의 취상을 14종으로 하고 있다.

各說

※ 위의 문장에 열거한 사물들은 ☲離卦의 象을 보고 취한 것이다. 양효 두 개가 내부의 음효 하나를 싸고 있으니 虛中이다.

陽	剛·男·明·上·大·君子·實·乾·太陽·君·溫·父·外·彊·伸·往
陰	柔·女·暗·下·小·小人·虛·坤·地球·臣·寒·母·內·弱·屈·來

● 離는 爲火爲日爲電:離卦는 卦德이 형이하학적으로 火가 되고, 태양과 번개는 모두 火(불)라 할 수 있다. 離卦는 中虛의 괘이며, 火의 속성은 離卦와 같이 겉은 밝고 속은 어둡다[外明而內暗].

● 〈離는〉 爲中女:離卦를 가족 관계로 보면 중녀(中女)에 해당한다.

　예)離는 再索而得女ㅣ라 故로 謂之中女ㅣ오. (「說卦傳」第10章)
　　離는 〈乾·坤이〉 두 번 구하여 딸을 얻은지라 중녀라 이른다.

● 〈離는〉 爲甲冑爲戈兵이오:갑옷·투구와 창·무기는 외적(外的)으로 剛이되고, 내적(內的)으로 柔가 되므로 離卦의 象과 부합된다. 즉, 外剛內柔의 象이다.

● 〈離는〉 其於人也에 爲大腹이오:보통 사람보다도 밥을 많이 먹고 배[腹]가 큰 것을 大腹이라 한다. 「설괘전」 제9장에서 "坤爲腹이오"라고 하였다. 이는 坤卦가 땅이 장지(藏之)듯이 사람의 배가 오장육부(五臟六腑)의 중요한 기관들을 장지하고 있

다는 의미에서 취상한 것이다. 여기에서 사람으로 보면 뱃[腹]속의 모양새는 中虛가 된다는 것이다. 따라서 離卦에 취상된 것이다.
- 〈離는〉 爲乾卦:해변가에 고기를 말리기 위하여 어물(魚物)을 나란히 걸어 놓은 형태를 말한다. 즉, 離卦의 화·한·조(火煆燥)의 성질을 취상하였다.
- 〈離는〉 爲鱉爲蟹爲蠃爲蚌爲龜오:자라, 게, 소라, 조개, 거북이는 대개 겉은 단단하고 속은 빈 생물이니 離의 괘상을 취한 것이다.
- 其於木也에 爲科上槁ㅣ라:나무로 취상하여 본다면 말라 죽어서 그 속이 비어 있는 것을 말하며, 그 속이 비어 있으니 中虛가 된다. 따라서 離卦에 취상된 것이다.

　예) 荀九家有는 爲牝牛라 (『周易傳義大全』「本義」)
　　　순상(荀爽)의 『九家易』에는 〈離가〉 암소가 된다는 것이 있다.

艮은 爲山爲徑路爲小石爲門闕爲果蓏爲閽寺(시)爲指爲狗爲鼠爲黔喙之屬이오 其於木也에 爲堅多節이라

艮은 산이 되고, 지름길이 되고, 작은 돌이 되고, 큰 집의 대문이 되고, 과일과 풀의 열매가 되고, 환관이 되고, 손가락이 되고, 개가 되고, 쥐가 되고, 부리가 검은 부류의 짐승들이 된다. 그 나무에서는 단단하고 마디가 많은 것이 된다.

·徑:지름길 경　·闕:집 궐　·蓏:오이 라, 풋열매 라　·閽:문지기 혼　·寺:맡을 시, 내관 시　·指:손가락 지
·狗:개 구　·鼠:쥐 서　·黔:검을 검　·喙:부리 훼, 주둥이 훼　·屬:엮을 속, 무리 속

總說
☶艮卦의 취상을 11종으로 하고 있다.

各說
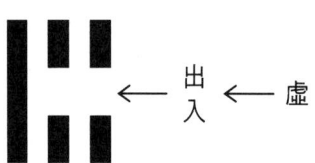

- 艮은 爲山爲徑路:艮卦의 象이 ☶이므로 산의 형상이고, 산 위의 길은 지름길이 된다.
- 〈艮은〉 爲小石:산의 높은 곳이나 정상(頂上)에는 작은 돌이 많이 분포한다.
- 〈艮은〉 爲門闕:門之出入處가 闕也인데, 이를 그림으로 설명하면 옆의 형상과 같다.

● 〈艮은〉 爲果蓏: "震은…… 其究ㅣ 爲健이오 爲蕃鮮이라;震은…… 그것을 궁구해 보면 굳센 것이 되고, 번성하고 선명한 것이 된다"고 하였다. ☳震卦는 초목이 번선(蕃鮮)하는 시발점이며, 艮卦는 과라(果蓏)와 초목의 종착 지점이다.
● 〈艮은〉 爲指: 艮爲手인데, 손의 用으로서 손가락이니 艮爲指라 하였다.
　예)乾爲首ㅣ오 坤爲腹이오 震爲足이오 巽爲股ㅣ오 坎爲耳ㅣ오 離爲目이오 艮爲手ㅣ오 兌爲口ㅣ라 (「說卦傳」第9章)
　　乾은 머리가 되고, 坤은 배가 되고, 震은 발이 되고, 巽은 다리가 되고, 坎은 귀가 되고, 離는 눈이 되고, 艮은 손이 되고, 兌는 입이 된다.
● 其於木也에 爲堅多節이라: 艮卦에서 在外한 剛爻의 象을 보고 취한 것이다. 즉, 坎卦는 그 중심이 단단한 나무이고, 艮卦는 위가 단단하니 나무의 마디를 뜻한다.
　예)荀九家有는 爲鼻爲虎爲狐라 (『周易傳義大全』「本義」)
　　순상(荀爽)의 『九家易』에는 〈艮이〉 코가 되고, 호랑이가 되고, 여우가 된다는 것이 있다.

兌는 爲澤爲少女爲巫爲口舌爲毁折爲附決이오 其於地也에 爲剛鹵ㅣ오 爲妾爲羊이라

　兌는 못이 되고, 소녀가 되고, 무당이 되고, 입과 혀가 되고, 상하고 꺾여져 있는 것이 되고, 사물에 부속하여 결정하는 것이 된다. 그 땅에서는 단단하고 짠 것이 되고, 〈그 사람에서는〉 첩이 되고, 〈그 가축에서는〉 양이 된다.
　·巫:무당 무　·毁:헐 훼　·折:꺾을 절　·附:붙을 부, 기댈 부　·決:터질 결　·鹵:소금밭 로, 거칠 로
　·妾:첩 첩

總說
☱兌卦의 취상을 9종으로 하고 있다.

各說
※ ☱兌卦의 象은 한 개의 음효가 위에 있고 두 개의 양효가 아래에 있다. 이것을 보고 여러 가지 사물로 취상하였다.
　1)사람을 위주로 취상한 것:소녀, 무당, 口舌, 첩 등.
　2)자연의 사물에 취상한 것:못, 훼절(毁折), 부결(附決), 강로(剛鹵), 羊 등.

- 兌는 爲澤:兌卦는 卦德이 형이하학적으로 못이 된다.
- 〈兌는〉爲少女:兌卦를 가족 관계로 보면 소녀에 해당한다.

    예)兌는 三索而得女ㅣ라 故로 謂之少女ㅣ라 (「說卦傳」第10章)

    兌는 〈乾·坤이〉 세 번 구하여 딸을 얻은지라 소녀라 이른다.

- 〈兌는〉口舌이오:兌爲口라 하였다. 혀는 입 속에 있으니 兌卦의 범주에 들어간다. 또 구설수(口舌數)로도 말할 수 있다.

    예)乾爲首ㅣ오 坤爲腹이오 震爲足이오 巽爲股ㅣ오 坎爲耳ㅣ오 離爲目이오 艮爲手ㅣ오 兌爲口ㅣ라 (「說卦傳」第9章)

    乾은 머리가 되고, 坤은 배가 되고, 震은 발이 되고, 巽은 다리가 되고, 坎은 귀가 되고, 離는 눈이 되고, 艮은 손이 되고, 兌는 입이 된다.

- 〈兌는〉爲毁折:兌卦는 바로 가을을 가리키니, 이때가 되면 만물이 시들어 나뭇잎이 떨어진다. '훼절'(毁折)은 바로 이러한 시기의 형상을 표현한 말이다.
- 〈兌는〉爲附決이오:兌卦는 坤卦 계열의 음괘로서 柔의 성질을 가지고 있다. 그러므로 스스로 결정하지 못하고 사물에 부속하여 결정하는 것이다.
- 〈兌는〉其於地也에 爲剛鹵ㅣ오:그 땅에 비유한다면 지질(地質)이 단단하고 염분이 많아 곡식을 심을 수 없는 불모(不毛)의 땅이라는 것이다.
- 〈兌는〉爲羊이라:① ☱ 兌卦의 象에서 보듯이 양(羊)은 그 성질이 외유내강(外柔內剛)하므로 兌卦에 귀속시켰다. 또 내랑외열(內狼外說)로도 표현한다. 즉, 안으로는 이리와 같이 사납고 밖으로는 기뻐하는 것을 말한다.

    예)乾爲馬ㅣ오 坤爲牛ㅣ오 震爲龍이오 巽爲鷄오 坎爲豕ㅣ오 離爲雉오 艮爲狗ㅣ오 兌爲羊이라 (「說卦傳」第8章)

    乾은 말이 되고, 坤은 소가 되고, 震은 용이 되고, 巽은 닭이 되고, 坎은 돼지가 되고, 離는 꿩이 되고, 艮은 개가 되고, 兌는 양이 된다.

    ②문왕팔괘방위도로 보면 兌卦는 西方이 된다. 이러한 설정은 서양 사람의 특성을 고려하여 취상한 것이 아니겠는가! 즉, 서양의 성화(聖畵)에는 예수가 양떼와 함께 있는 모습이 보이고, 서양이 주로 믿고 있는 기독교에서 성직자를 양 치는 목자(牧者)로 표현하는 등 서양인과 양은 그 관계가 매우 밀접하다. 현대에 들어와서도 염소가 항상 입을 쉬지 아니하고 놀리는 형상이 마치 서양 사람들이 껌 씹는 모습에 비유될 수 있다.

    예)荀九家는 有爲常爲輔頰이라

순상(荀爽)의 『九家易』에는 〈兌가〉 볼떼기와 뺨이 된다는 것이 있다.

右는 **第十一章**이라

序卦傳

序卦傳 大義

1) 현존하는「주역」의「서괘전」은 공자 십익(十翼) 중의 한 편(篇)이다. 周나라의 文王이 序卦하고 거기에다 卦辭를 붙여 놓은 것에 공자가 다시 序卦의 이치를 대자연의 진리와 三才의 원리에 부합시켜서 해설하여 입증시켜 놓은 글이「서괘전」이다. 易의 발전사(發展史)를 정이천이「傳」에서 밝힌 바에 따르면 다음과 같다.

        연산역(連山易) — 神農氏時代 — 夏代에 사용 — 艮卦로 시작
        귀장역(歸藏易) — 黃帝　時代 — 殷代에 사용 — 坤卦로 시작
        주　역(周　易) — 周文王時代 — 周代, 現 存 — 乾卦로 시작

    현재 우리는『주역』을 제외한 다른 두 가지 역이 다만 무슨 괘로 시작하였다는 것만을 알고 있을 뿐이다. 위의 표와 같이 서괘를 서로 비교한다면 상·하경의 배열이 다를 것이고, 괘의 순서도 다를 것이다. 오직『주역』의 서괘만 고래로 전하니 공자가 여기에다 자연의 이치를 담아서 더욱 더 발전적이요, 구체적으로 역의 상·하경 구성이 그러하지 않으면 안 되었던 바를 해설한 것이「서괘전」이라 할 수 있다. 也山 선생님의 말씀을 빌리면 공자가 卦辭도 고쳐야 한다고 붓을 들었으나 乾卦 卦辭의 "元亨利貞"을 보고 감복하여 문왕과 주공의 글을 그대로 두고 자신의 十翼만을 붙여서 설명하였다고 한다.

2) 복희팔괘에 의한 64괘 次序圖는 대자연의 생성 원리로서 體가 되고, 그 구성은 1생2법, 2생4법 등으로 되어 있다. 이에 반해「서괘전」은 복희팔괘에 의한 64괘 차서도의 用으로서, 대자연의 원리에 따라 순환하는 이치 또는 유행되는 이치를 담은 것이라 할 수 있고, 공자의 우주관을 엿볼 수가 있다.1)「서괘전」을 상·하편으로 나누어 고찰하면, 상편은 대자연의 생성 원리(天地之道)를 설명하였고, 하편은 인사적인 원리, 咸恒卦의 夫婦之道를 위주로 하여 天地之道가 인사적으로 순환의

---

1)①「서괘전」은 공자 십익의 하나로 문왕이 배열한 64괘의 次序를 공자가 대자연의 이치에 맞추어서 입증한 것이다. 또「서괘전」은 공자가 재미있는 문장으로 엮어 놓았으니, 만물의 순리대로 서괘가 되었다고 볼 수 있다. 그러므로 읽어서 암송하기가 매우 쉽다. 읽으면 그저 술술 내려 가게 된다. ② 정이천이 괘를 풀이할 때 으레히 공자의「서괘전」을 인용하여 해설하였으니, 정이천은 공자를 알아보고 이해한 사람이라 할 수 있지만, 朱子는 주역을 주로 道學보다는 점서적(占筮的) 측면에서 언급을 많이 하였으니, 주자의 주역에 대한 이해 정도를 가늠할 수 있다.

원리에 의해서 움직이고 있다는 것을 알려 주고 있다. 결론적으로「서괘전」은 공자가 64괘의 복희차서도를 보고 인사적인 측면을 고려하여 대자연의 이치에 맞추어 설명한 것으로 깊은 진리가 이 속에 감추어져 있다고 보아야 할 것이다.

복희팔괘 차서도 — 64괘 — 生成原理(1生 2法)　　　　　　　— 體
「서괘전」의 원리 — 64괘 — 순환의 원리, 流行되는 이치, 인사적 원리 — 用

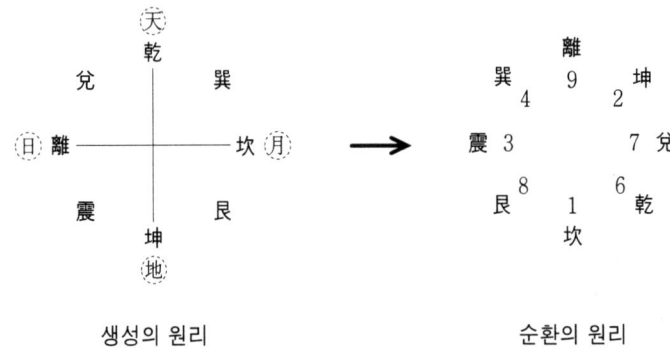

　　　　생성의 원리　　　　　　　　　　　순환의 원리

3)「서괘전」과「잡괘전」을 비교하면「서괘전」이 天地之道로써 엮어져 있다면,「잡괘전」은 순환의 이치로써 인사적으로 엮어져 있다는 것을 알 수 있다. 이러한 사실은 복희팔괘와 문왕팔괘2)의 비교에서 그 이유를 알 수 있다.

4)「서괘전」상편 30괘는 자연의 이치로써 次序를 하였으며, 또한 문왕의 위대성을 재확인시켜 놓았다. 문왕이 유리옥 중에서 演易하고, 그 위에 공자가 十翼의 주석을 달아 알기 쉽도록 하였으니,「서괘전」의 의의(意義)는 더욱 더 크게 되었다고 할 수 있다.「서괘전」상편 30괘는 대자연의 천지 운행 현상을 하나하나 예를 들어서 설명하였으며, 생성의 원리, 성장(成長)과 소장(消長)의 원리, 즉 성쇠(盛衰)의 원리를 알기 쉽게 해 놓았다. 상편이 이러하다면 하편은 무엇이 어떤 식으로 설명되어 있을 것인가를 가늠할 수 있다. 즉,「서괘전」하편 34괘는 우리가 살아가는 데에 일어나는 모든 현상을 인사적인 측면에 결부하여 풀이하고 변증법적(辨證法的)으로 해석하여 놓았다.

5)「서괘전」을 또 한 측면으로 다음과 같이 분석하여 볼 수 있다. ①우주 대자연의

---

2) 문왕의 후천팔괘는 괘의 차례가 무질서하게 섞여 있다. 그러므로 순환의 원리라고 할 수 있다. 이것을 이용한 한 예로 제갈양의 팔진도(八陣圖)가 있다.

이치를 알아내는 논법인 象·數·理·時의 관계에서 공자가 우리에게 십익의 해설로써 여러 가지 방법을 알려 주었다. 「說卦傳」에서 역학의 각 괘에 대한 상을 말하여 주었듯이 「서괘전」 역시 64괘에 대한 보충 설명이라고 할 수 있다. 물론 그 중에는 數·理·時가 없는 것은 아니지만, 중요한 것은 고유의 卦象을 그려 놓은 것이 아니겠는가 한다. ②그 序卦가 未濟卦로 64괘를 끝맺음하였으니, 이것은 우리에게 노력이 필요하고 또 공부의 중요함을 알려 주는 것이다. 또 未濟에서 旣濟가 되도록 힘써야 하고 어떻게 하면 旣濟가 오래오래 유지되는 방법을 찾고 힘쓰는 것이 우리 역학도의 남는 과제요, 소망이다. 따라서 정이천의 「傳」註에서 「서괘전」의 인용은 공자의 정신을 계승하였다고 볼 수 있다. ③「서괘전」에서는 거의 전부가 上下, 소장(消長), 영허(盈虛), 선악 등 상대적으로 해설하고 있고, 또 序卦 또한 그렇게 구성되어 있다. 대자연의 이치가 꼭 한결같이 같을 수는 없는 법이다. 이러한 현상이 태극의 원리요, 상대성의 음양의 원리라고 할 수 있을 것이다. ⑤「서괘전」은 受之以……로 문장이 연결되어 있다. 이것을 보면, '之以' 곧 之, 以는 없어서는 아니 될 핵심이라고 할 수 있다.

先　　天	后　　天
上·消·陰·盈·善·始	下·長·陽·虛·惡·終
之以	
中	

상편

有天地然後에 **萬物**이 **生焉**하니 **盈天地之間者**ㅣ **唯萬物**이라 **故**로 **受之以屯**하니
　하늘과 땅이 있은 뒤에 만물이 나게 되니 하늘과 땅 사이에 가득 찬 것이 오직 〈만사〉 만물이다. 그러므로 〈☰乾·☷坤卦 다음에〉☳屯卦로써 이어받으니,

·然:그러할 연　·後:뒤 후　·焉:어조사 언　·盈:찰 영　·間:사이 간　·者:것 자, 놈 자　·唯:오직 유
·受:받을 수　·以:써 이　·屯:어려울 둔, 진칠 둔

總說
乾(1)·坤卦(2)로부터 屯卦(3)로 次序됨에 대한 공자의 설명이다.

各說
● **有天地然後**에:우주의 본체인 태극의 운행으로 天地 곧 乾·坤이 생기고 天地가 있은 뒤에 만물이 생긴다. 또 序卦로 보면 乾·坤卦가 나머지 모든 쾌의 母體이기 때문에 天地로 표현하였으며, 이 乾·坤이 있은 다음에 만물이 생성하게 된다. 여기서 三才之道를 더듬어 볼 수 있다. 즉, 天道는 하늘을, 地道는 땅을, 人道는 그 가운데 모든 만물을 주관하고 있으며, 생하는 순서도 처음은 하늘, 둘째는 땅, 셋째로 그 천지의 기운을 받아서 만물이 생성하게 되는 것이다.
　예)致中和ㅣ면 天地ㅣ 位焉하며 萬物이 育焉이니라 (『中庸』 第1章)

序卦傳 상편 351

中·和의 德을 극진히 하면 천지가 각각 위치하며, 이로써 만물이 육성되는 것이다.
[설명] 中과 和의 두 가지를 이룰 수 있는 사람이라면 天地의 位와 같이 人位에 참여할 수 있다. 따라서 이러한 사람 곧 聖人이다.

● 萬物이 生焉하니 : 여기서 '生'은 ䷂屯卦라고 볼 수 있다.
  예) 彖曰 屯은 剛柔ㅣ 始交而難生하며 動乎險中하니 大亨貞은 雷雨之動이 滿盈일새라 天造草昧에는 宜建侯ㅣ오 而不寧이니라 (屯卦「彖辭」)
  彖에서 말하기를 "屯은 剛과 柔가 처음으로 교접하여 낳는 데는 어려움이 있으며, 험한 가운데 움직이는 것이니, 크게 형통하고 正固함은 우레와 비의 움직임이 가득하기 때문이다. 하늘이 초매(初昧)를 짓는 데는 마땅히 제후를 세워야 하고, 그렇지 아니하면 편하지 않을 것이다"고 하였다.
  [설명] 天地(剛柔)가 처음으로 상교하여 만물을 어렵게 생성시킨다는 것이다. 이 모든 기운의 원천은 乾坤의 이치에서 나온다.

● 盈天地之間者ㅣ 唯萬物이라 …… : 屯卦「彖辭」에서 "雷雨之動이 滿盈일새라"라고 했다. 즉, 雨順風調와 陰暢陽和로서 우레와 비가 천지에 가득 차서 초목이 나고 자란다는 뜻으로 大亨貞, 곧 元亨利貞의 기운이 그러하다는 것이며, 이것은 곧 元亨利貞의 윤회를 의미한다.

雷雨之動滿盈 — 元亨利貞의 循環 — 春夏秋冬의 反復

● 故로 受之以屯하니 : 그러므로 〈乾·坤卦 다음에〉 둔괘로써 받으니 곧 64괘의 차례를 만들었다는 것이다. 여기서 '之以' 두 글자는 64괘의 차례를 만드는 연결 글자이다.

屯者는 盈也ㅣ니 屯者는 物之始生也ㅣ라 物生必蒙이라 故로 受之以蒙하니

屯이라는 것은 가득 찬다는 것이니 屯은 〈일만〉 물건이 처음으로 나는 것이다. 〈만사〉 만물이 〈처음으로〉 나면 반드시 어리고 몽매하다. 그러므로 〈䷂屯卦 다음에〉 ䷃蒙卦로 이어받으니,

· 必: 반드시 필 · 蒙: 어두울 몽, 어릴 몽

總說

屯卦(3)로부터 蒙卦(4)로 次序됨에 대한 공자의 설명이다.

各說

● 物生必蒙이라 : 屯卦 「彖辭」에서 "天造草昧에는 宜建侯ㅣ오 而不寧이니라 ; 하늘이 초매(初昧)를 짓는 데는 마땅히 제후를 세워야 하고, 그렇지 아니하면 편하지 않을 것이다"고 하였다.
　· 草昧 : 천지가 처음으로 비롯하던 어두운 세상, 즉 거칠고 어두워서 사물이 정돈되지 못한 상태를 말한다. 太初 때를 말한다.

蒙者는 蒙也ㅣ니 物之穉也ㅣ라 物穉不可不養也ㅣ라 故로 受之以需하니

蒙이라는 것은 어린 것이니, 만물의 〈처음에는〉 어린 것이다. 만물이 어리므로 가히 기르지 아니하면 아니 되는 것이다. 그러므로 〈☳☶蒙卦 다음에〉 ☵☰需卦로써 이어받으니,
· 穉 : 어릴 치　· 可 : 가히 가　· 養 : 기를 양

總說

蒙卦(4)로부터 需卦(5)로 次序됨에 대한 공자의 설명이다.

各說

● 物穉不可不養也ㅣ라 : 만물의 시초인 어린 것은 기르고 키워나가야 한다. 생물로 말하면 비배(肥培) 관리를 뜻하며, 만물의 영장인 사람으로 말하면 양육(養育) 뿐만 아니라 교육(敎育)도 포함되어야 한다. 여기서 '穉'는 稚와 동일한 뜻이다.

　　　· 蒙 ─ 형이상학　　　· 穉 ─ 형이하학

需者는 飮食之道也ㅣ라 飮食必有訟이라 故로 受之以訟하고

需라는 것은 〈먹고 마시는〉 음식의 道이다. 음식에는 반드시 송사(訟事)가 있다. 그러므로 〈☵☰需卦 다음에〉 ☰☵訟卦로써 이어받고,
· 需 : 음식 수, 기다릴 수, 머뭇거릴 수　· 飮 : 마실 음　· 食 : 먹을 식, 밥 식　· 必 : 반드시 필　· 訟 : 송사할 송

總說

需卦(5)로부터 訟卦(6)로 次序됨에 대한 공자의 설명이다.

各說

● 飮食必有訟이라:음식은 재화(財貨)라 할 수 있다. 사람이 많아짐에 따라 먹고 사는 데 상호 경쟁이 있기 마련이다. 그러므로 송사로 결정하게 된 것이다.

[종합 해설:乾卦 ~ 需卦]

　우주의 본체인 태극의 운행으로 天地(乾坤)가 생기고, 천지가 있은 뒤에 이것을 바탕으로 하여 만물을 부호화(符號化)한 64괘가 성립한다. 그런데 이 천지 우주 간에 가득 차 있는 것은 만물뿐이다. 차 있다는 의미에서 바로 乾·坤 두 괘 다음에 屯卦로써 차례를 정하였고, 또 屯이라는 것은 차 있다는 뜻 뿐만 아니라 물건이 처음으로 生한다는 뜻이 있다. 그러므로 물건이 처음 생하면 반드시 어리므로 蒙卦로써 다음의 차례를 정하였다. 모든 물건은 반드시 먹을 것을 주어서 키우고 길러나가야 하며, 기르고 키우는 데는 음식물이 필요하다. 그러므로 蒙卦 다음에 需卦로써 차례를 정하였다. 여기서 몸을 키워주기를 요구하는 것은 바로 음식의 도이다.

訟必有衆起라 故로 受之以師하고 師者는 衆也ㅣ니 衆必有所比라 故로 受之以比하고

　송사(訟事)는 반드시 무리[衆]로 일어난다. 그러므로 〈䷅訟卦 다음에〉 ䷆師卦로써 이어받고, 師라는 것은 무리이니 무리는 반드시 서로 돕는 바가 있다. 그러므로 〈師卦 다음에〉 ䷇比卦로써 이어받고,

·衆:무리 중 ·起:일어날 기 ·師:군사 사, 스승 사 ·所:바 소 ·比:도울 비, 클 비, 견줄 비

總說

訟卦(6)로부터 師卦(7)로 次序됨과 師卦로부터 比卦(8)로 次序됨에 대한 공자의 설명이다.

各說

● 訟必有衆起라:송사에는 반드시 여러 사람이 관여하게 되고, 여러 가지 복잡한 일

이 일어나기 마련이다.
- 師者는 衆也ㅣ니:師卦라는 것은 군대와 같이 많은 무리를 말한다.
  예)彖曰 師는 衆也ㅣ오……(師卦「彖辭」)
  彖에서 말하기를 "師는 무리요……"라고 하였다.

比者는 比也ㅣ니 比必有所畜이라 故로 受之以小畜하고 物畜然後에 有禮라 故로 受之以履하고

비라는 것은 서로 돕는 것이니 도우면 반드시 〈조금씩〉 축척하는 바가 있다. 그러므로 〈☷比卦 다음에〉 ☴小畜卦로써 이어받고, 물건을 〈조금씩〉 축척한 연후에 예절이 있다. 그러므로 〈小畜卦 다음에〉 ☱履卦로써 이어받고,
· 畜:쌓을 축 · 禮:예절 례 · 履:밟을 리, 신 리

總說

比卦(8)로부터 小畜卦(9)로 次序됨과 小畜卦로부터 履卦(10)로 次序됨에 대한 공자의 설명이다.

各說

- 比者는 比也ㅣ니:比라는 것은 친하고 상호 협력하는 것을 말한다.
  예)彖曰 比는 吉也ㅣ며 比는 輔也ㅣ니……(比卦「彖辭」)
  彖에서 말하기를 "比는 길한 것이며, 比는 돕는 것이니……"라고 하였다.
- 物畜然後에 有禮라 故로 受之以履하고:물건을 조금씩 축척한 연후에, 즉 배가 부르면 그 다음에는 예절을 요한다. 그러므로 小畜卦 다음에 履卦로써 이어받는다는 것이다.
  예)是故로 履는 德之基也ㅣ오……履는 和而至하고……履以和行코……(「繫辭傳」下 第7章)
  이런 까닭으로 履는 덕의 기초요……履는 和하되 지극하고……履로써 〈행동을〉 和하게 하고……
  [설명]履卦는 九德卦 중의 하나이며, 道學을 의미한다. 또한 履는 次序, 곧 질서이며 踐이다. 이러한 것을 거시적으로 볼 때, 근본이 되는 것이 禮라고 할 수 있다. 禮는 德之基라고 하였으나 德之基는 곧 道이다. 즉, 道←天序←禮←秩序←次序←順序……라 할 수 있다. 인간은 행동함에 예의(禮儀)라는 것을 가장 귀중하게 여기는데, 履卦에는 예의라는 의미가 있다. 인간은 아무나 예의로만 행동하면 모두 서로

화합해서 한가족처럼 될 것이다. 즉, 履卦의 호괘에는 風火家人卦가 들어 있다.

履而泰然後에 安이라 故로 受之以泰하고

이행(履行)하여 태평한 다음에 〈마음이〉 평안하다. 그러므로 〈☱履卦 다음에〉 ☷泰卦로써 이어받고,

· 泰:넉넉할 태, 편안할 태, 클 태 · 安:평안할 안

總說

履卦(10)로부터 泰卦(11)로 次序됨에 대한 공자의 설명이다.

各說

● 履而泰然後에 安이라:履卦는 두려워하는 마음으로 스스로 경계하여 예절을 지키는 괘이다. 그러므로 모든 일을 예에 맞게 이행하여 완전히 실천하면 태연하게 되어 마음이 평안하게 된다. 즉, 大通한 연후에 평안할 수가 있는 것이다.[3]

---

[3] 이 구절을 공부함에 있어 也山 선생님의 一說을 소개하고자 한다. 上經의 次序는 乾(1)·坤(2)→泰(11)·否(12)→噬嗑(21)·賁(22)→坎(29)·離(30)로 이어지는데 泰卦는 11째 괘로서 상경의 節이 된다. 11에는 十, 土, 五行의 土의 뜻이 들어 있다. 또 土는 흙으로서 거짓이 없다는 뜻이 들어 있다. 즉, "至靜而德方;지극히 고요하면서도 〈땅의〉 덕은 방정하다"이라고 하였다. 아무튼 也山 선생님께서 「설괘전」의 "泰然後에 安이라 故로 受之以泰하고"에서 어떤 교시(敎示)를 받으셨는지는 몰라도 "나는 주역대로 살아가는 사람이다"고 말씀하시면서 安土, 즉 공부하는 장소를 안면도(安眠島)로 옮기시게 되었다. 다시 말하여서 대둔산(大屯山)에서 개태사(開泰寺)로 또 안면도로 옮겼으니 '泰然後에 安이라'는 것이다. 또한 안면도(安眠島)의 '眠'字에서 눈 '目'字를 떼어 버리고 안민도(安民島)으로 개칭(改稱)하였으니, 이는 세상 사람들이 잘 모르게 하고 또 볼 수 없게 하자는 의도였다. 또 6·25동란 때에 인민군(人民軍)의 눈을 떼어 버리는 것으로 생각하여도 좋다. 그 혼란중에서도 안민도는 문자 그대로 평안한 곳이었다고 한다. 우리는 이러한 一說이 있었다는 것만 참고로 할 것이지, 우리가 이를 지금 인용하여 사용하려고 함에는 가능할 수 없다. 왜냐하면 也山 선생님은 그때의 時中을 잘 포착하였으며 여건이 잘 맞았기에 때문이다.

예) 文言曰 坤은 至柔而動也ㅣ 剛하고 至靜而德方하니 後得하야 主而有常하며 含萬物而化ㅣ 光하니 坤道ㅣ 其順乎ㄴ져 承天而時行하나니라 (坤卦「文言傳」)

문언에서 말하기를 "坤은 지극히 부드러우면서도 움직임에는 강하고, 지극히 고요하면서도 〈땅의〉 덕은 방정하니, 뒤에 하면(양을 따르면) 얻게 되어 利를 주장하여 〈음의 사명에〉 떳떳함이 있으며, 만물을 머금어 〈坤의〉 빛을 발휘함이니, 坤의 도는 유순한 것인지라, 하늘(乾道)을 이어받아서 때에 알맞게 행하는 것이다.

[종합 해설;訟卦 ~ 履卦]

　음식은 본래 살기 위하여 먹는 것이지만, 이것이 전도(顚倒)되어 먹기 위하여 산다면 약육강식의 생존경쟁이 있기 마련이다. 이런 뜻에서 需卦 다음에 訟卦로써 차례를 정하였다. 송사에는 많은 사람이 관련되며 송사에서 작은 것[小]은 개인과 개인의 다툼으로 끝이 나지만 송사의 큰 것[大]은 전쟁으로 발발한다. 전쟁에는 집단이 움직인다. 그러므로 訟卦 다음에 師卦로써 결정하였고, 무리가 많으면 서로 비교하게 될 뿐 아니라 서로 도와서 친근하게 된다. 그러므로 師卦 다음에 比卦로써 정하였으며 서로 협력하는 데는 반드시 조금씩 축척하여야 하니 比卦 다음에 小畜卦로써 정하였고, 물건과 힘이 조금 축적하게 되면 사람들이 서로 사양하고 예의(禮儀)를 찾게 된다. 그러므로 다음을 예의의 뜻이 있는 履卦로써 정하고, 사람이 예와 질서를 확립한 연후에는 평안하게 살게 되고, 평안히 살게 되면 마음이 서로 통한다는 뜻에서 履卦 다음에 泰卦로써 정하여 받았다.

泰者는 通也ㅣ니 物不可以終通이라 故로 受之以否(비)하고

　泰라는 것은 통하는 것이니 〈모든〉 사물이 끝끝내 통할 수만은 없다. 그러므로 〈䷊泰卦 다음에〉 ䷋否卦로 이어받고,

· 通:통할 통　· 終:끝날 종　· 否:아닐 비(부)

總說

　泰卦(11)로부터 否卦(12)로 次序됨에 대한 공자의 설명이다.

各說

● 泰者는 通也ㅣ니:泰卦「彖辭」에서 "……則是天地ㅣ 交而萬物이 通也ㅣ며 上下ㅣ 交而其志ㅣ 同也ㅣ라;……곧 천지가 사귀어 만물이 형통해진다는 것이며, 위와 아래의 사귐으로 그 뜻이 서로 같은 것이다"고 하였다.
● 物不可以終通이라:모든 사물은 언제나 형통하기만 할 수는 없다.

※否·泰의 원리로 천지가 상교하여 대자연의 조화를 이룬다. 泰卦는 음 正月卦가 되고 절후(節侯)로는 立春이다. 否卦는 음 7月卦가 되고 절후로는 立秋이다. 따라서 否·泰의 상호 작용에 따라서 1년 동안 노력한 대가가 결정된다. 즉, 입춘 때

종자를 심어서 입추 때 그 결실을 거두게 된다. 양이 성(盛)한 시기에서 음이 성한 시기로 변경되는 節이 곧 否·泰다. 1년의 절후가 이러한 되풀이로써 연속하고 있는 것처럼 우리의 역사도 이와 같다. 즉, 治·亂의 되풀이로써 역사는 생성 발전하고 있다. 인사적인 이치로 보아도 태평한 세월이 계속되다가 비색(否塞)한 시대가 오고 또 다시 태평한 시대가 오듯 역사는 상호 돌고 돈다. 이렇게 볼 때 否泰가 윤회하는 틈바구니에서 우리는 살고 있다. 즉, 天地의 一元度數가 돌아가는 것을 否泰로써 풀이하고 있다.

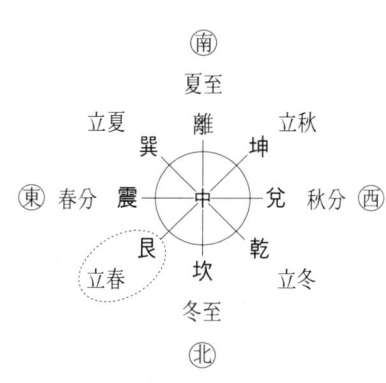

[참고]복희팔괘에서는 震方이 입춘 시점이 되고, 문왕팔괘에서는 艮方이 입춘 시점이 된다. 여기서 震卦과 艮卦는 도전 관계이므로 같은 뜻으로 받아들여진다. 모든 것이 泰卦로부터 마치고 시작하는지라 泰卦의 내용이 크다고 할 수 있으며, 앞으로 모든 것을 좌우할 수 있지 아니할까 생각한다. 따라서 태괘는 주목할 만한 괘가 된다.

예)終萬物始萬物者ㅣ 莫盛乎艮하니 (「說卦傳」第6章)
만물을 끝맺음하고 만물을 다시 시작하게 하는 것으로는 艮만큼 성(盛)한 것이 없다.
[설명]문왕팔괘로 보면 泰卦의 방위는 艮方이다. 우리는 이를 연구해 볼 필요가 있으며, 지켜보아야 하겠다. 泰卦→立春→艮卦→韓國.

物不可以終否라 故로 受之以同人하고

〈모든〉사물은 끝까지 비색하기만 할 수 없다. 그러므로〈☷否卦 다음에〉☰同人卦로써 이어받고,
·同:한가지 동

總說
否卦(12)로부터 同人卦(13)로 次序됨에 대한 공자의 설명이다.

各說
●物不可以終否라:마치 사계절이 윤회하듯이 세상의 모든 사물은 泰通→否塞→泰通

→否塞……로써 윤회하고 있다. 모든 이치가 다 그러하다. 그러므로 모든 사물은 끝까지 막히는 것은 아니다.

- 故로 受之以同人하고:모든 사물은 끝까지 비색으로만 지속되는 것이 아니므로 여러 사람이 모여서 否·泰의 순환 속에서 否塞을 막고 泰通을 갖도록 노력해야 한다. 그러므로 비괘 다음에 동인괘로 차례를 정하였다. 여기에서 비색보다는 태통을 더 오래 갖도록 노력하여야 하는 것이 우리의 과제다. 태통의 장구함을 일컬어 문명 시대, 찬란한 황금 시대 또는 평화 시대라고 한다. 주역은 군자의 道學이므로 어떻게 하면 태평한 시대를 오래 지속할 것인가를 교시(敎示)하여 주는 학문이다. 인사적인 관점에서 보아, 비색한 난세(亂世)가 5년을 계속하였다면 태평한 성세(盛世)는 15년~20년으로 더 오래 오래 지속할 수 있도록 유도하고 유지하는 것이 易學의 근본 사상이며, 우리가 역학을 하는 이유가 된다. 우리 인류 역사의 흐름은 곧 否·泰의 원리라 할 수 있다.

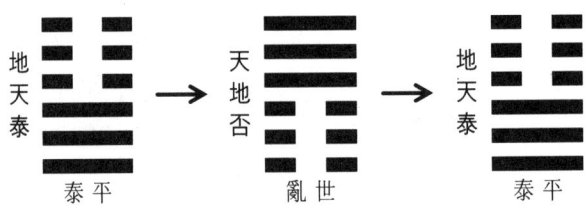

與人同者는 物必歸焉이라 故로 受之以大有하고

　사람과 더불어 함께 하는 자는 〈모든〉 사물이 반드시 〈吉로〉 돌아간다. 그러므로 〈☰同人卦 다음에〉 ☲大有卦로써 이어받고,

· 與:함께 여　· 歸:돌아갈 귀

總說

同人卦(13)로부터 大有卦(14)로 次序됨에 대한 공자의 설명이다.

各說

1) 사람과 더불어 함께 하는 자에게는 모든 사물이 반드시 비색이 태평으로 돌아오며, 흉한 것이 길한 것으로 돌아가므로 동인괘 다음에 대유괘로써 차례를 정하였다.

有大者는 不可以盈이라 故로 受之以謙하고

큰 것을 가지고 있는 자는 가히 차지 못한다. 그러므로 〈☰大有卦 다음에〉☷謙卦로써 이어받고,
· 謙:겸손할 겸

總說

大有卦(14)로부터 謙卦(15)로 次序됨에 대한 공자의 설명이다.

各說

1) 大有라는 것은 크게(많이) 가지고 있는 것을 뜻한다. 또 大有卦는 모든 효가 다 좋고 나쁜 것이 없다. 그러나 모든 이치는 길흉화복이 혼재된 가운데 운행하고 있는지라 크게(많이) 가진 자나 많이 아는 자는 가득한 마음으로써 교만하여서는 아니 된다. 즉, 富者나 知者가 너무 차게 되면 교만으로 흐르기 쉽다. 이에 대한 경계사로 대유괘 다음에 겸괘로써 차례를 정하였다.
　예)象曰……謙은 尊而光하고 卑而不可踰ㅣ니 君子之終也ㅣ라 (謙卦「象辭」)
　　　象에서 말하기를 "……謙은 〈상대를〉 높임으로써 〈내가〉 빛이 나고, 〈내 몸을〉 낮추되 〈중용지도를〉 넘지 아니하니 〈이것이〉 군자의 마침이다"고 하였다.

有大而能謙이 必豫라 故로 受之以豫하고

큰 것을 두고 능히 겸손함이 반드시 즐겁다. 그러므로 〈☷謙卦 다음에〉☷豫卦로써 이어받고,
· 能:능할 능　· 豫:미리 예

總說

謙卦(15)로부터 豫卦(16)로 次序됨에 대한 공자의 설명이다.

各說

● 有大而能謙이 必豫라: 크고 많은 앎을 가지고서도 능히 겸손할 줄 알면 반드시 즐거움이 있으며, 모든 일을 미리 알면 즐거움이 있는 것이다(豫는 樂也ㅣ라). 이렇듯 미리 마음가짐이 있게 되므로 겸괘 다음에 예괘로써 차례를 정한 것이다. 그러나 미리 알면 게을러지기 마련이므로 「잡괘전」에서 "豫는 怠也ㅣ라;豫는 게으른

것이다"고 하였다.

豫必有隨ㅣ라 故로 受之以隨하고 以喜隨人者ㅣ必有事ㅣ라 故로 受之以蠱하고

豫는 〈예지함으로써 즐거워하는 것이니〉 반드시 누구를 따라 좇음이 있다. 그러므로 〈☷☳豫卦 다음에〉 ☱☳隨卦로써 이어받고, 기쁨으로써 남을 좇는 자는 반드시 일이 있다. 그러므로 〈隨卦 다음에〉 ☶☴蠱卦로써 이어받고,

· 隨:따를 수 · 喜:기쁠 희 · 蠱:좀 고, 일 고

總說

豫卦(16)로부터 隨卦(17)로 次序됨과 隨卦로부터 蠱卦(18)로 次序됨에 대한 공자의 설명이다.

各說

● 豫必有隨ㅣ라 : 臣之隨君, 弟子之隨師라는 말에서 보듯이 사람은 아는 사람을 좇아가려는 성품이 있다. 그러므로 예괘 다음에 수괘로써 차례를 정한 것이다. 예괘와 수괘의 「大象」으로써 두 괘를 비교하여 보자.

예1) 象曰 雷出地奮이 豫니 先王이 以하야 作樂崇德하야 殷薦之上帝하야 以配祖考하나니라 (豫卦「大象」)

象에서 말하기를 "우레가 땅 위로 분출해 나오는 것이 豫니, 선왕은 이로써 예악을 만들어 덕을 숭상하여, 상제에게 〈정성으로〉 성대히[殷] 제사를 지내고[薦] 이로써 조상을 제사 지낸다"고 하였다.

[설명]①우레는 음양의 두 기운이 지하에 압박되었다가 지상으로 폭발하여 나타나는 현상이다. 음양 二氣는 합치면 和樂한다. 즉, 조화되고 즐거워한다고 하여 豫라는 것이다. 雷出地奮의 象은 구사효의 양이 지상에 올라오면서 소리를 내는 것이다. 즉, 復卦의 一陽이 始生하여 예괘에서 처음으로 지상에 나타나는 형상이다. ②作樂崇德은 음탕한 데로 흐르지 말아야[和而不流]하며 『시경』의 정신과 같아야 한다는 뜻이다. 그리고 고대의 군왕은 예악을 지어 풍류를 띄우고 덕을 숭상하는 것으로 정치의 근본 정신으로 삼았다. 옛 성인은 우레 소리를 본떠서 음악을 창작했다고 한다.

예2) 象曰 澤中有雷ㅣ 隨ㅣ니 君子ㅣ 以하야 嚮晦入宴息하나니라 (隨卦「大象」)

象에서 말하기를 "못 속에 우레가 있는 것이 隨니, 군자가 이로써 날이 저물면 들어앉아 먹고 마시며 〈때를 기다리며〉 즐겁게 쉰다"고 하였다.

[설명]우레가 못 속에 잠재하는 것이다. 여름에는 양기가 노출이 되고 가을에는 잠재한다. 왕성한 양기 쇠할 때 있을 때 사람은 남을 따르는 법이다. 그러나 옳은 사람을 따라가야 한다. 즉, 舍己從人하여 내가 공부해서 알아야만 따라갈 수가 있는 것이다.

- 以喜隨人者ㅣ必有事ㅣ라:기쁨으로써 남을 좇는 자가 되려면 반신반의(半信半疑)가 되어서는 아니 되므로 正道로써 궁리 공부를 충실히 하여 알고 따라가야 한다. 이 때는 舍己從人이 되어야 한다. 또 이렇게 될 때는 반드시 어떤 사항, 사건이 일어나기 마련이다. 이러한 일이 있는 것을 蠱卦에다 기록하여 놓았다는 것이다.

蠱者는 事也ㅣ니 有事而後에 可大ㅣ라 故로 受之以臨하고

蠱라는 것은 일이니 일이 있는 다음에 가히 크다. 그러므로 〈☶蠱卦 다음에〉☷ 臨卦로써 이어받고,

·事:일 사 ·臨:임할 림

總說

蠱卦(18)로부터 臨卦(19)로 次序됨에 대한 공자의 설명이다.

各說

- 蠱者는 事也ㅣ니:①하늘을 좀먹고, 땅을 좀먹고, 사람을 좀먹는 일이니 이 일보다 더 큰 일은 없다. 대자연을 좀먹는 일을 大事라고 한다. ②蠱卦는 이 세상이 좀먹어 질서가 무너지고 부패와 혼란이 안으로 스며드는 것으로, 좀벌레 세 마리가 파먹는 형상이다. 蠱의 글자를 보면 쟁반[皿] 위에 벌레 세 마리가 있는 형상인데, 하늘을 좀먹는 벌레, 땅을 좀먹는 벌레, 사람을 좀먹는 벌레를 뜻한다. 즉, 天地人의 三才之道를 좀먹는 형상이다. 따라서 이런 상황을 타개하는 일보다 더 큰 일은 없을 것이다. ③크게 보아서 인간도 하나의 좀벌레라고 할 수 있다. 인간이 우주 대자연으로 와서 만사가 와해되고 좀먹는 것을 의미한다. 따라서 내가 내 자신인 우주 대자연을 좀먹는 것이라고 할 수 있다. 이러한 거대한 역사(役事)에 임하여 어떤 방법이 있어야 하고 또 어떤 중요한 내용을 담아서 우리에게 알려 주어야 할 것이다. 그러므로 重風巽卦의 先庚三日後庚三日과 함께 蠱卦에다 先甲三日後甲三日의 天干數로써 중요한 기수(幾數)를 물어 놓은 것이 아니겠는가?

예1) 彖曰 蠱는 剛上而柔下하고 巽而止ㅣ 蠱ㅣ라 蠱ㅣ 元亨하야 而天下ㅣ 治也ㅣ오 利涉大川은 往有事也ㅣ오 先甲三日後甲三日은 終則有始ㅣ 天行也ㅣ라 (蠱卦「彖辭」)
彖에서 말하기를 "蠱는 剛이 위에 있고 柔가 아래로 향하고, 겸손해서 그침이 蠱이다. 蠱가 크게 형통해서 천하가 다스려지는 것이요, 利涉大川은 앞으로 가는데 일이 있음이요, 先甲三日後甲三日은 마치면 곧 시작이 있음이 하늘의 행함이다"고 하였다.
[설명] "利涉大川은 往有事也ㅣ오"는 대자연의 순환하는 법칙을 알아서 시의(時宜)에 맞게 그 일을 잘해내는 것을 뜻한다.

예2) 夫孝者는 善繼人之志하며 善述人之事者也ㅣ니라 (『中庸』 第19章)
대저 효라는 것은 선대의 뜻을 잘 계승 발전시키고, 선대의 사업을 잘 발전시키는 것이다.
[설명] 武王은 太王·王季·文王의 기업(基業)을 이어받았으며, 천명(天命)을 받아 천하를 차지 했다. 이것은 선대의 뜻을 잘 계승한 것이다. 周公은 문왕과 무왕의 공업(功業)을 도와 이루어서, 그 선조를 추존하기까지 했다. 또한 이것도 선대의 사업을 발전시킨 것이다. 곧 德을 성(盛)하게 하는 것이 사업(事業)이다. 아버지의 남기신 뜻을 이어서 잘 계승 발전시켜나아가는 것이 사업이고 이것이 孝다. 孝란 부조(父祖)의 생시(生時)에 그 심신(心身)을 위무해 주고 봉양해 주는 것만으로 끝나는 것이 아니라 한층 높은 단계의 孝는 '善繼人之志'와 '善述人之事'를 말한다. 여기서 '人'은 父子有親으로 가장 가까운 사이를 말하고, '善'은 잘 한다는 뜻이다.

● 有事而後에 可大ㅣ라 : 일이 없이는 인재가 나지 아니한다. 즉, 모든 것은 필요에 따라서 나타나게 되듯이 전쟁 없이는 영웅이 나지 아니하는 이치와 같다.

臨者는 大也ㅣ니 物大然後에 可觀이라 故로 受之以觀하고

臨이라는 것은 큰 것이니 사물이 큰 연후에 가히 볼 수 있다. 그러므로 〈☷☱臨卦 다음에〉☴☷觀卦로써 이어받고,

· 觀 : 볼 관

總說

臨卦(19)로부터 觀卦(20)로 次序됨에 대한 공자의 설명이다.

各說

1) 臨民, 臨人, 臨事에 신중을 기해야 한다. 臨卦는 어떤 때가 임박한지를 말하여 주고 있다. 곧 임박한 시기인 日午中天의 때를 슬기롭게 지나가기 위해서는 깊은 예

지(豫知), 기다리는 인내와 함께 틀림이 없는 이치를 터득하여야 한다. 이런 이유로 臨卦를 待也라고 하였으며, 大事가 임박했다는 것을 우리에게 보여주고 있다. 그러나 임괘 다음에 관괘로써 차례를 정한 것은 무엇 때문일까? 이 임, 관괘의 관계를 잘 연구해 볼 필요가 있다.

可觀而後에 有所合이라 故로 受之以噬嗑하고

가히 볼 수 있는 뒤에 합당한 바가 있다. 그러므로 〈☷☷觀卦 다음에〉 ☲☳噬嗑卦로써 이어받고,

· 合:합할 합, 맞을 합 · 噬:씹을 서 · 嗑:씹을 합

總說

觀卦(20)로부터 噬嗑卦(21)로 次序됨에 대한 공자의 설명이다.

各說

● 可觀而後에 有所合이라:①가히 볼 수 있는 뒤에야 그 물건의 쓰임을 생각하며 이용할 수 있도록 하여 이것을 합당하게 하는 것이다. ②觀은 우리가 보는 것과 보이는 것으로 생각해 볼 수 있다. 우주 대자연은 변화하고 있고, 우리에게 이 현상을 그대로 보여주고 있다. 우리는 이것을 보아야 한다. 또한 눈을 감고 보는 방법과 눈을 뜨고 보는 방법이 있다. 이것은 觀工夫(盡性工夫, 精神工夫)를 할 때 臨事를 보기 위함이다.

嗑者는 合也ㅣ니 物不可以苟合而已라 故로 受之以賁하고

嗑이라는 것은 〈씹어서〉 합하는 것이니 사물은 진실로 합하여 〈오래 갈 수 없을〉 따름이다. 그러므로 〈☲☳噬嗑卦 다음에〉 ☶☲賁卦로써 이어받고,

· 苟:진실로 구, 구태여 구 · 已:이미 이 · 賁:꾸밀 비, 빛날 비

總說

噬嗑卦(21)로부터 賁卦(22)로 次序됨에 대한 공자의 설명이다.

各說

● 嗑者는 合也ㅣ니 物不可以苟合而已라 : 사물은 자연으로 합해져야 하는데, 그렇지 않으면 진실로 합하고 싶어도 합해질 수가 없다. 그러므로 대자연으로 늘어 놓은 것과 같이 꾸며져 있는 비괘로써 그 다음을 정하였다. '而已'은 문장적 고정사(固定辭)로서 '따름이요'로 해석한다.

賁者는 飾也ㅣ니 致飾然後에 亨則盡矣라 故로 受之以剝하고

賁이라는 것은 꾸미는 것이니, 〈대자연처럼〉꾸밈을 이룬 연후에 형통하면〈이미〉다한 것이다. 그러므로〈☲☶賁卦 다음에〉☶☷剝卦로써 이어받고,

· 飾:꾸밀 식 · 致:보낼 치 · 亨:형통할 형 · 則:곧 즉 · 盡:다될 진 · 剝:깎을 박

總說

賁卦(22)로부터 剝卦(23)로 次序됨에 대한 공자의 설명이다.

各說

● 亨則盡矣라 : ①亨은 四德 중의 하나이며, 계절로는 하절(夏節)이 된다. 대자연이 봄에서 여름까지 온갖 것을 생육(生育)하여 무성하게 꾸며주고, 가을은 숙살 기운(肅殺氣運)으로써 결실을 맺고 다음의 생육을 염려해야 하고 다시 원점으로 돌아가는 첫단계라고 할 수 있다. 그러므로 비괘는 여름으로써 대자연의 형통함을 다한 것이 되고, 다음에 조락(凋落)하고 깎아내는 시기인 九月 박괘로써 차례를 정한 것이다. ②비괘 속에는 天文과 人文이 함께 들어 있다. 인간이 우주 대자연의 문채(文彩)를 보고, 이것을 인문적으로 응용하여 행동하는 것이다.

剝者는 剝也ㅣ니 物不可以終盡이니 剝이 窮上反下ㅣ라 故로 受之以復하고

剝이라는 것은 깎는 것이니, 사물이 가히 끝까지 다할 수가 없으니, 剝이 극에 이르면 위에서 아래로 되돌아온다. 그러므로〈☶☷剝卦 다음에〉☷☳復卦로 이어받고,

· 窮:다할 궁 · 反:되돌릴 반 · 復:돌아올 복

總說

剝卦(23)로부터 復卦(24)로 次序됨에 대한 공자의 설명이다.

各說

- 剝者는 剝也ㅣ니 : ①剝이라는 것은 깎고 떨어지는 것이니, 剝卦의 시기는 四德으로 보면 利이며, 계절로는 가을이 된다. 가을에 숙살 기운에 의해 사물이 떨어지는 형상이다. ②소인(陰, 柔)이 군자(陽, 剛)를 깎아 먹어 들어가는 것을 말한다.

  예)彖曰 剝은 剝也ㅣ니 柔ㅣ 變剛也ㅣ니 不利有攸往은 小人이 長也ㄹ새라 順而止之는 觀象也ㅣ니 君子ㅣ 尙消息盈虛ㅣ 天行也ㅣ라 (剝卦「彖辭」)
  彖에서 말하기를 "剝은 깎는 것이니, 柔가 剛을 변하게 하는 것이니, 갈 바가 있으나 이롭지 않음은 소인〈의 도〉가 길어나는 것이다. 順하고 그침은 象을 보는 것이니, 군자가 사라지고[消], 불어나고[息], 차고[盈], 비는[虛] 하늘의 운행을 숭상하는 것이다"고 하였다.

- 剝이 窮上反下ㅣ라 : 박괘의 陽이 위에서 다하면 아래로 떨어져 복괘가 된다. 그 뒤

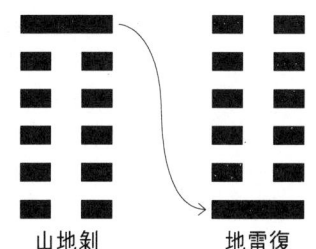
山地剝   地雷復

다시 아래에서 살아 올라오는 것이다. 즉, 박괘의 최종(最終)의 종자가 땅에 떨어져 다시 소생하여 생장하고 다시 박괘 상구효의 최종이 되는 순환의 법칙을 뜻한다. 이런 상호 관계를 '窮上反下'라고 한다. 여기서 '窮上'은 박괘 상구효를 말하며, '反下'는 복괘의 초구효를 뜻한다. 위의 문장을 보건대 진실로 공자같은 성인이 아니고서는 이렇듯 뜻 깊게 쓸 수가 없을 것이다.

[종합 해설 ; 泰卦 ~ 剝卦]

「서괘전」은 상대적인 현상을 도전괘로써 次序하여 괘를 설명하고 있다. 이것은 만고불변의 순환(循環)의 이치를 내포하고 있다.

泰라는 것은 通한다는 뜻이다. 그러나 사물(事物)은 언제나 通할 수만은 없는 존재로서 通이 극(極)에 이르면 비색(否塞)하게 된다. 또 비색한 것이 극에 도달하게 되면 사람들은 힘을 합하여 난국(難局)을 헤쳐나가려고 한다. 이것이 同人이다. 따라서 사람들이 의견을 서로 합하게 되면 반드시 모든 사물을 많이 소유하게 된다. 이것이 大有이다. 그러나 일단 많이 소유하거나 많이 알게 되면 오래가지 못하고 잃

기가 쉬우며 교만하기 쉽다. 그러므로 겸양(謙讓)의 마음으로써 大有를 유지, 발전시켜 나가야 한다. 겸양하는 마음이 있다면 사람들이 자기를 따르고 기뻐한다. 또 사람들이 나를 기뻐하면서 따르면 그들과 마음이 맞아 함께 일을 할 수가 있는 것이다. 또 함께 일을 할 수 있으면 인물됨이 커질 수 있고, 커지면 훌륭한 인물이 될 수가 있다. 훌륭하다는 것은 사물을 사용, 이용하는 것을 말한다. 이것은 꾸미고, 빛나다는 뜻이다. 그러나 오랫동안 이용(사용)할 수 없으니 사물은 흩어지게 마련이다. 즉, 화려한 것이 극에 도달하면 반드시 쇠진(衰盡)하여 박탈(剝奪)을 당하는 법이다. 그러나 마냥 박탈되어 없어질 수는 없다. 양기(陽氣)는 최고 상위에까지 도달하여 쇠진하면 반드시 아래로 되돌아오게 되는 법이다. 이것이 바로 음양 순환(陰陽循環)의 원리라고 볼 수 있다.

復則不妄矣라 故로 受之以无妄하고

〈天賦之性을〉 회복하면 망녕되지 아니한 것이다. 그러므로 〈☷復卦 다음에〉 ☳ 无妄卦로써 이어받고,

· 妄:망령될 망, 허망할 망 · 无:없을 무

總說

復卦(24)로부터 无妄卦(25)로 次序됨에 대한 공자의 설명이다.

各說

1) 復은 되돌아온다는 뜻이다. 즉, 天賦之性, 止於至善으로 돌아간다는 것이다. 성인은 无復이므로 허망하거나 망녕되지 아니한 것이다. 그러므로 복괘 다음에 무망괘로써 차례를 정하였다.

克己復禮 ─ 復則无妄 ─ 復則不妄 ─ 无思无爲 ─ 道通境地

有无妄然後에 可畜이라 故로 受之以大畜하고

无妄이 된 연후라야 축적할 수 있다. 그러므로 〈☳无妄卦 다음에〉 ☶大畜卦로써 이어받고,

· 畜:쌓을 축

總說
无妄卦(25)로부터 大畜卦(26)로 次序됨에 대한 공자의 설명이다.

各說
1) 无妄은 망령되거나 허망하지 아니하고 성심 성의로써 마음을 간직하는 것을 의미한다. 즉, 无妄이 된 연후라야 남을 기르고 가르칠 수가 있으며, 물화(物貨)나 지식을 축척할 수가 있는 것이다. 그러므로 무망괘 다음에 대축괘로써 차례를 정하였다.

예)致中和ㅣ면 天地ㅣ 位焉하며 萬物이 育焉이니라 (『中庸』第1章)
中和의 德을 극진하게 하면 천지가 각각 위치하며, 이로써 만물이 육성되는 것이다.
[설명]中和를 극진히 하면 하늘과 땅이 제자리에 안정되며 또한 만물이 길러진다. 天地位焉이란 中和의 德을 극진하게 하면 우주 대자연계의 질서가 바로 잡히는 것을 뜻한다. 이러한 것에 힘입어서 자연의 운행이 순조로워져 만물이 제대로 生成化育을 이룰 수가 있다는 것이다.

　　　　　　· 致中和=有无妄然後　　　　· 天地位焉 萬物育焉=可畜

物畜然後에 可養이라 故로 受之以頤하고

사물을 〈크게〉 축적한 연후에 〈자기 자신을〉 기를 수 있다. 그러므로 〈☶大畜卦 다음에〉 ☰頤卦로써 이어받고,
· 養:기를 양　· 頤:턱 이, 기를 이

總說
大畜卦(26)로부터 頤卦(27)로 次序됨에 대한 공자의 설명이다.

各說
1) 大畜卦 「彖辭」에서 "彖曰 大畜은……不家食吉은 養賢也ㅣ오……;彖에서 말하기를 大畜은……집에서 먹지 아니하면 길하다 함은 어진이를 기르는 것이요……"라고 했다. 대축괘는 양현(養賢)을 하는 것이다. 그러므로 불가식(不家食)이다. 이러한 불가식자(不家食者)는 공자와 같은 존재를 두고 하는 말이 아니겠는가? 그림에

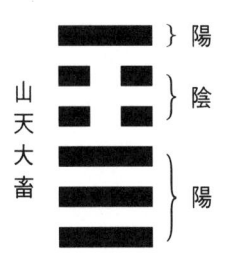

서 보듯이 대축괘는 4陽이 2陰을 기르는 형태이다. 즉, 陽이 陰을 기르는 것이니 大畜이라고 하였다.4) 특히 外卦인 艮卦에서 上爻(陽爻)가 나머지 陰 두 爻를 기르는 것이다. 따라서 山天大畜이라고 하였으며 主爻는 상구효가 된다. 여기서 "艮은 止也ㅣ니;艮은 그치는 것이니"(艮卦「彖辭」)라고 하였으며, "終萬物始萬物者ㅣ 莫盛乎艮하니;만물을 끝맺음하고 만물을 시작하는 것이 艮만큼 성(盛)한 것이 없으니"(「說卦傳」第6章)라고 하였다. 곧 선천의 마지막을 뜻한다. 공부하여 도통한 자(大畜卦 上九)가 간괘에서 머물러야 한다는 것이다. 그리고 頤卦는 大畜卦의 內卦 乾이 坤과 처음으로 상교하여 震으로 바뀌는 것으로 아버지가 장남에게 모든 것을 물려주는 형상이다.

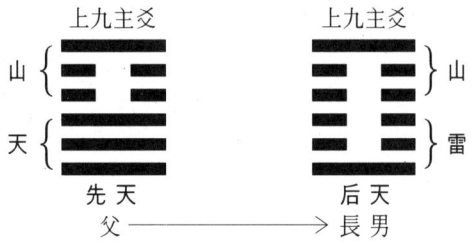

頤者는 養也ㅣ니 不養則不可動이라 故로 受之以大過하고

頤라는 것은 기르는 것이니, 기르지 아니하면 가히 움직일 수가 없다. 그러므로 〈▤頤卦 다음에〉 ䷛大過卦로써 이어받고,

---

4) 小畜卦의 괘상을 보면 음효가 하나이고, 양효가 다섯이다. 유일한 음효인 육사효가 다섯 陽을 대적하여 이들을 머물게 하려 하기 때문에 육사효 음은 조금밖에 길러질 수밖에 없다. 그래서 小畜이라 하였다. 主爻는 육사효라고 할 수 있다.

・動:움직일 동 ・過:지날 과

總說

頤卦(27)로부터 大過卦(28)로 次序됨에 대한 공자의 설명이다.

各說

1) 頤卦는 養己, 養人, 養於人의 뜻이 있다. 즉, 자기 스스로를 정신적, 물질적으로 기르거나 혹은 남을 기르는 것을 말한다. 반대로 남에 의해 내가 길러지는 경우를 말하고 있다. 이와 같이 사람은 물질적으로나 정신적으로 길러지지 않으면 가히 활동할 수 없다는 것이다. 어진이를 기르는 데 지나칠 정도로 후(厚)하게 하니 이 괘 다음을 대과괘로써 차례를 정하였다. 여기서 養己를 표로써 설명하여 보자.

養己 〈 養志・養德 — 形而上學的인 養;수양하여 나를 기른다.
　　　 養 口 體 — 形而下學的인 養;입으로 몸을 기른다.

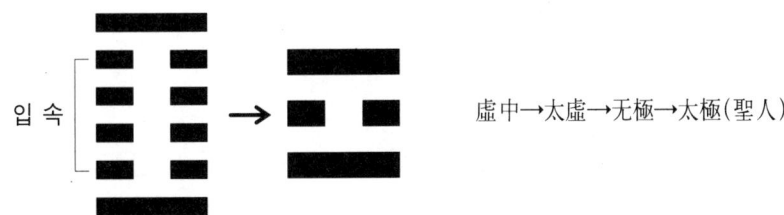

예) 象曰……天地ㅣ 養萬物하며 聖人이 養賢하야 以及萬民하나니 頤之時ㅣ 大矣哉라
(頤卦「象辭」)
象에서 말하기를 "……천지가 만물을 기르며 성인이 어진이를 길러서〈그 덕행이〉만민에게 미치니 기르는 때가 가장 크도다"고 하였다.

物不可以終過라 故로 受之以坎하고

사물은 끝끝내 지나칠 수가 없다. 그러므로〈☱大過卦 다음에〉☵坎卦로써 이어받고,

・坎:구덩이 감

總說

大過卦(28)로부터 坎卦(29)로 次序됨에 대한 공자의 설명이다.

各說

1) 사물을 지나치게 후하게 기르면 갈 수 없고, 제반사(諸般事)가 잘되는 수도 있고 못되는 수도 있지만 결국 빠지게 된다. 그러므로 대과괘 다음에 감괘로써 차례를 정하였다.

坎者는 陷也ㅣ니 陷必有所麗ㅣ라 故로 受之以離하니 離者는 麗也ㅣ라

坎이라는 것은 빠져 있는 것이니 빠지면 반드시 걸리는 바가 있다. 그러므로 〈☵坎卦 다음에〉 ☲離卦로써 이어받으니, 離라는 것은 걸리는 것이다.

· 陷:빠질 함 · 麗:고울 려 · 離:걸리 리(려)

總說

坎卦(29)로부터 離卦(30)로 次序됨에 대한 공자의 설명이다.

[종합 해설;復卦 ~ 離卦]

사물이란 극도로 발전되면 다시 근본으로 되돌아간다. 그것은 진실되어 망령됨이 없으며, 망령된 마음이 없으면 물건을 쌓아 올릴 수가 있다. 물건을 쌓아 놓을 수 있으면 그것들을 키울 수가 있다. 만약 키울 수가 없으면 움직일 수가 없고 움직일 수가 없으면 너무 지나치게 된다. 그러나 물건은 나중까지 너무 지나칠 수 없고 마침내 빠지게 된다. 빠지는 모든 물건은 반드시 걸리는 데가 있다. 그러므로 離卦를 걸리는 것이라고 풀이하고 있다.

右는 上篇이라

하편

有天地然後에 **有萬物**하고 **有萬物然後**에 **有男女**하고 **有男女然後**에 **有夫婦**하고 **有夫婦然後**에 **有父子**하고 **有父子然後**에 **有君臣**하고 **有君臣然後**에 **有上下**하고 **有上下然後**에 **禮義有所錯**(조)ㅣ니라

  天地가 있은 다음에 萬物이 있고, 만물이 있는 다음에 男女가 있고, 남녀가 있는 다음에 夫婦가 있고, 부부가 있는 다음에 父子가 있고, 부자가 있는 다음에 君臣이 있고, 군신이 있는 다음에 上下가 있고, 상하가 있는 다음에 禮義가 행하여지는 바가 있다.

· 男:사내 남 · 女:계집 녀 · 夫:지아비 부 · 婦:지어미 부 · 父:아비 부 · 子:아들 자 · 君:임금 군
· 臣:신하 신 · 義:옳을 의 · 錯:행할 조, 둘 조, 섞일 착

總說

「서괘전」 상하편의 첫머리를 비교한다면 다음과 같다.

    「서괘전」 상편 — 有天地然後에 萬物이 生焉하니 — 天地乾坤의 생성 원리를 설명
    「서괘전」 하편 — 有天地然後에 有萬物하고 — 人事的인 것, 순환의 원리를 설명

  하편의 첫구절은 상편을 총체적으로 엮어서 하편과의 관련성을 말한 것으로 상편

에서는 '生'으로써, 하편에서는 '有'로써 말하였다. 그리고 天地→萬物→男女→夫婦→父子→君臣→上下로써 상대적으로 엮어 놓았다. 이것은 대자연의 이치→개인 윤리→가정 윤리→사회 윤리(상하 관계) 등으로 주로 인사적인 면으로 풀이되어 있다. 결국 상하의 질서가 바로잡히고 난 뒤에 모든 禮와 義를 행할 수 있다는 것이다.1)

各說

※위의 문장 내용을 五倫2)의 이치로써 비교한다면 다음과 같으며, 아래 표의 글은 오륜의 행동 강령으로 볼 수 있다(『童蒙必習』).

① 父子有親 ─ 親 ─ 父慈子孝(德行):上下 관계
② 君臣有義 ─ 義 ─ 君義臣忠(德行):上下 관계
③ 夫婦有別 ─ 別 ─ 夫和婦順(德行):上下・左右 관계
④ 長幼有序 ─ 序 ─ 兄友弟恭(德行):上下 관계
⑤ 朋友有信 ─ 信 ─ 朋友輔仁(德行):左右 관계

※또 위의 문장에서 나오는 순서대로 그 내용을 오륜과 비교하면 다음과 같다.3)

① 萬物 → 男女　　:　　父子有親
② 有　夫　婦　　　:　　君臣有義
③ 有　父　子　　　:　　夫婦有別
④ 有　君　臣　　　:　　長幼有序
⑤ 有上下(長幼)　　:　　朋友有信

---

1) 曰 今之成人者는 何必然이리오 見利思義하며 見危授命하며 久要에 不忘平生之言이면 亦可以爲成人矣니이다:〈子路가〉 말하기를 "지금의 成人이란 어찌 반드시 그러해야 합니까? 利를 보면 義를 생각하며, 위태로운 것을 보면 목숨을 바치며, 오랫동안 곤궁해도 평소에 하던 말을 잊어버리지 아니하면 또한 成人이라 할 수 있을 것입니다"고 하였다.(『論語』「憲問」) 여기서 '成人'은 致命하여 완성된 자를 말한다.
2) 금수(禽獸)의 무리는 五倫을 떠날 수 있지만 우주 대자연의 이치를 품수(稟受)한 사람은 이를 떠날 수가 없다. 그러므로 남녀는 물론이고 동서고금(東西古今)을 두고 오륜의 뜻을 알아야 하고 또 아무도 여기에서 벗어날 수가 없다. 그래서 五倫이라고 하였다. 이것을 잘 융화시키는 사람이 군자이며, 역사적으로는 맹자가 가장 많이 부르짖었다.

　　　　　　　五倫 ─ 五常 ─ 五典 ─ 五法 ─ 五敎

3) 이 순서는 오륜의 순서와는 다르다. 왜냐하면 관점에 따라서 차례의 정함이 다를 수도 있기 때문이다.

1) 오륜은 상하좌우 관계의 행동 강령을 정하여 놓은 것이고, 오륜 속에 天倫의 氣運이 다 들어 있다고 할 수 있다. 그러나 유독 부부 관계는 특별한 관계가 있다고 하여 '別'字가 들어가 있지만 이도 역시 천륜 관계가 있음은 틀림이 없다.

2) 오륜 중에는 夫婦有別은 세번 째로서 中의 자리에 있다. 부부 관계는 生生의 근원이 되며 萬事의 시초가 된다. 그러므로 부부는 세상에서 가장 중요한 관계이고 특별한 관계이다. 이 관계는 가장 중대한 일이 된다. 따라서 오륜 중에서 중앙에 위치하고 나머지 네 가지의 근원이 되는 것이다.4)

3) 『중용』 제12장에서 "君子之道는 造端乎夫婦ㅣ니 及其至也하야난 察乎天地ㅣ니라 : 군자의 도는 부부의 관계로부터 발단되는 것이니, 그 지극한 데에 이르러서는 천지에 나타나게 되는 것이다"고 했다. 즉, 군자의 도는 부부의 화락(和樂)에서 비롯한다는 뜻이다. 곧 도통의 경지는 부부간의 한 실마리의 끝에서 시작되며 二人의 同心이라 二而一되는 歸一法이다.5)

二而一은 歸一法이다 → 부부간의 和樂 → 도통 경지의 시초

4) 오륜의 행동 강령으로 보면 붕우보인(朋友輔仁)을 제외하고는 모두 상하 관계로 되어 있다. 붕우(朋友)는 서로 대등한 관계이므로 좌우 관계이며 輔仁이라고 말하였다.

5) 도통 경지를 말한 것으로 보통 부부간에는 마음의 느낌, 곧 感이 있어야 한다. 그러나 『주역』에서는 咸이다. 즉, 咸이란 無心히 마음으로 느끼고 형이상학적 희열(喜悅)을 느끼는 것으로 마음속이 환한 것을 말한다. 하경의 첫괘는 ䷞澤山咸卦로 시작된다.

  예1) 咸은 亨하니 利貞하니 取女ㅣ면 吉하리라 (咸卦 卦辭)
     咸은 형통하니 〈正道로〉 바르게 함이 이로우니 여자를 취하면 길할 것이다.
    [설명] 여자(소녀)를 취하면 길하다는 것은 부부지도에서 길함을 얻는다는 것이다.
  예2) 山澤이 通氣然後에아 能變化하야 旣成萬物也하니라 (「說卦傳」 第6章)

---

4) 五倫 가운데 부부 관계를 體라 하면, 그 외의 네 가지 관계는 用이다. 부부 사이가 다른 네 가지와 다른 것은 父子 → 2, 長幼 → 2, 君臣 → 2, 朋友 → 2이지만 夫婦 → 1이다. 즉, 부부는 二而一되는 歸一法이요, 나머지 넷은 一生二法이 된다.

5) 성직자(聖職者) 곧 참선(參禪)하는 승려, 신부(神父), 수녀(修女)가 평생토록 그 성직을 버리지 못함은 바로 도통 경지에서 그 맛을 보았기 때문이다. 그들은 사람과 더불어 도통 경지에 이르는 것이 아니라 자기 자신의 정신 통일로써 이것을 이루려고 하는 것이다.

산과 못이 기운을 통한 뒤에야, 능히 변화하여 만물을 다 이루는 것이다.

예3) 九四는 貞이면 吉하야 悔ㅣ 亡하리니 憧憧往來면 朋從爾思ㅣ리라 (咸卦 九四爻辭)
九四는 바르게 하면 길하여 뉘우침이 없을 것이니, 이리저리 자주 왕래하면 벗이 네 뜻에 따를 것이다.

[설명] 咸其心으로 憧憧往來, 朋從爾思를 하는 것이 陰陽交合(夫婦之合)이르는 방법론이다.

예4) 易曰 憧憧往來면 朋從爾思ㅣ라하니 子曰 天下ㅣ 何思何慮ㅣ리오 天下ㅣ 同歸而殊塗하며 一致而百慮ㅣ니 天下ㅣ 何思何慮ㅣ리오 (「繫辭傳」下 第5章)
易에서 말하기를 "〈사람의 마음이〉이리저리 자주 왕래하면 벗이 네 뜻에 따를 것이다"고 하니, 공자께서 말씀하시기를 "천하에 무엇을 생각하고 무엇을 염려한단 말인가. 천하가 돌아가는 곳은 같으나 그 길이 다르며, 이르는 것은 하나지만 백 가지 생각이니, 천하에 무엇을 생각하고 무엇을 염려할 것인가?

[설명] 위의 예문대로 성사가 되면 殊塗(无我之境)의 상태로 돌아간다는 것이다.

夫婦之道ㅣ 不可以不久也ㅣ라 故로 受之以恒하고

부부의 도가 가히 써 오래하지 않으면 안 된다. 그러므로 〈䷞咸卦 다음에〉䷟恒卦로써 이어받고,

· 久:오랠 구 · 恒:항상 항

總說

咸卦(31)로부터 恒卦(32)로 次序됨에 대한 공자의 설명이다.

各說

1) 「서괘전」상편의 첫머리는 乾·坤卦를 언급하지 않고 이를 天地로 표현하면서 그 뒤를 屯卦로 이어받아 정하였으며, 하편에서는 咸卦를 언급하지 않고 이를 男女 夫婦之義로써 표현하면서 그 뒤에 恒卦로써 차례를 정하였다. 그리고 咸卦의 少男·少女의 결합을 상편의 天地, 乾·坤卦와 같은 맥락의 의미로 추론할 수 있다.

上篇 ― 乾·坤卦 ― 天地 ― 自　然 ― 大成卦 ― 巨視的 ― 大自然
下篇 ― 咸　卦 ― 夫婦 ― 少男·少女 ― 小成卦 ― 微視的 ― 人事的

恒者는 久也ㅣ니 物不可以久居其所ㅣ라 故로 受之以遯하고

恒이라는 것은 오래하는 것이니 사물은 가히 그 곳에 오래 거(居)하지 못한다. 그러므로 〈☷恒卦 다음에〉 ☶遯卦로써 이어받고,

·居:있을 거 ·其:그 기 ·遯:달아날 돈

總說

恒卦(32)로부터 遯卦(33)로 次序됨에 대한 공자의 설명이다.

各說

● 恒者는 久也ㅣ니:항괘는 오래도록 한결같다는 뜻이다.

　예)象曰 恒은 久也ㅣ니……天地之道ㅣ 恒久而不已也ㅣ니라……(恒卦「象辭」)
　　象에서 말하기를 "恒은 오랜 것이니……천지의 〈운행하는〉 도는 항구하여 그만두지 아니한다……"고 하였다.
　　[설명]四時의 운행이나 밤낮의 원리가 恒久而不已也다. 따라서 부부간이 되었다면 영원토록 생사고락을 같이하여야 한다는 것이다.

● 物不可以久居其所ㅣ라 故로 受之以遯하고:夫婦라고 하지 않고 物이라고 한 것은, 만약 부부라고 하면 부부가 이별해야 한다는 의미가 되기 때문이다. 사물이란 나아가고 물러가는 성질이 있으므로 한 곳에 가만히 있질 못한다. 이런 이유로 항괘 다음에 돈괘로써 차례를 정하였다는 것이다.

遯者는 退也ㅣ니 物不可以終遯이라 故로 受之以大壯하고

遯이라는 것은 물러가는 것이니 사물은 끝까지 물러나 숨어 있을 수는 없다. 그러므로 〈☶遯卦 다음에〉 ☳大壯卦로써 이어받고,

·退:물러날 퇴 ·壯:씩씩할 장

總說

遯卦(33)로부터 大壯卦(34)로 次序됨에 대한 공자의 설명이다.

各說

● 遯者는 退也ㅣ니:'退'라는 것은 大壯之進의 시초가 된다.

　예1)初九曰 潛龍勿用은 何謂也ㅣ오 子ㅣ曰 龍德而隱者也ㅣ니 不易乎世하며 不成乎名

하야 遯世无悶하며 不見是而无悶하야 樂則行之하고 憂則違之하야 確乎其不可拔이 潛龍也ㅣ라 (乾卦「文言傳」)

初九에서 말하기를 "潛龍勿用은 어떠한 것을 이름인가?" 하였다. 공자께서 말씀하시기를 "용의 덕이 숨은 자이니 세상을 바꾸지 아니하며 이름을 이루려고 하지 아니하여서, 세상과 동떨어져 있어도 민망하지 아니하며 옳은 것을 보지 못해도 민망하지 아니하여, 마음이 즐거우면 행하고 근심스러우면 하지 아니한다. 확고하여〈이러한 마음을 아무도〉가히 빼앗아 갈 수 없는 것이 잠룡이라"고 하셨다.

[설명]乾卦 초구효에 잠룡(潛龍)을 하는 것은 구오효의 飛龍在天時에 사용하기 위한 준비 단계이다. 일시 후퇴, 즉 遯을 하는 것이다. 그래서 군자는 세상과 동떨어져 있어도 민망하거나 걱정하지 아니하는 것이다[遯世无悶].

예2) 天地變化하면 草木이 蕃하고 天地閉하면 賢人이 隱하나니 易曰 括囊无咎无譽ㅣ라 하니 蓋言謹也ㅣ라 (坤卦「文言傳」)

천지가 변화하면 초목이 무성하고 천지가 닫히면 어진 사람이 숨는 것이니, 역에서 말하기를 '括囊无咎无譽'라고 하였으니 〈이것은〉대체로 조심하고 삼가는 것을 말함이다.

[설명]坤卦 육사효에 대한 설명이다.

物不可以終壯이라 故로 受之以晋하고

사물은 끝까지〈陽氣가〉왕성할 수는 없다. 그러므로〈☰ 大壯卦 다음에〉☲ 晋卦로써 이어받고,

・晋:나아갈 진

總說

大壯卦(34)로부터 晋卦(35)로 次序됨에 대한 공자의 설명이다.

各說

1) 사물은 언제나 씩씩하게 나아갈 수가 없다. 대장괘는 음 2월 괘로서 신춘(新春) 때이니 陽이 왕성하게 나아가는 괘다. 이 왕성한 양의 기운이 극에 이르면 또 물러가야 한다. 이때 음의 기운은 서서히 양을 대신하여 자라나기 시작한다.

晋者는 進也ㅣ니 進必有所傷이라 故로 受之以明夷하고

序卦傳 하편 377

　　晉이라는 것은 나아가는 것이니 나아가면 반드시 상하는 바가 있다. 그러므로 〈 ䷢
晉卦 다음에〉 ䷣ 明夷卦로써 이어받고,
　·進:나아갈 진　·夷:상할 이

總說

晉卦(35)로부터 明夷卦(35)로 次序됨에 대한 공자의 설명이다.

各說

1) 괘상으로 보아서 明出地上이 晉이니, 태양이 지상에 떠서 나아가는 것―곧 자연의 운행―으로서 문명의 밝은 형상을 말한다. 모든 사물은 성쇠(盛衰), 영허(盈虛), 장소(長消)의 이치에 따라 극도에 달하면 그 양상이 반대로 된다. 따라서 밝음은 언제나 지속될 수가 없다. 밝은 것이 상하게 된다는 것은 밤이 되는 것을 말한다. 그러므로 명이괘로써 다음을 이어받아서 차례를 정하였다.

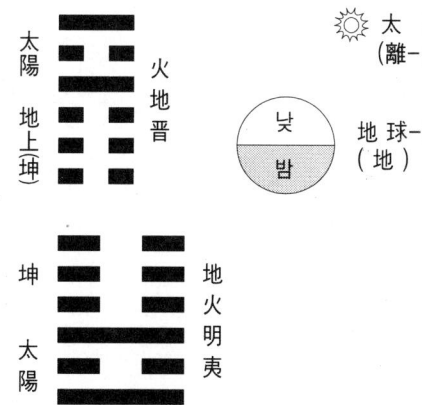

지구상에 밝은 태양이 떠 있는 형상이다. 이것이 火地晉卦이다.

태양이 반대 방향에 있으므로 빛을 볼 수 없는 밤을 뜻한다. 이것이 地火明夷괘다.

예1) 象曰 明入地中이 明夷니…… (明夷卦「象辭」)
　　象에서 말하기를 "밝은 것이 땅 속으로 들어감이 明夷니……"라고 하였다.
예2) 象曰 明入地中이 明夷니 君子ㅣ 以하야 莅衆에 用晦而明하나니라 (明夷卦「大象」)
　　象에서 말하기를 "밝은 것이 땅 속에 들어감이 明夷니, 군자가 이로써 모든 사람에게 임하여는 어두운 것을 써서 〈상대를〉 밝게 하는 것이다"고 하였다.
　　[설명] 세상의 모든 이치를 알면서도 세상에 나타나지 아니하고 자기만 아는 행동을 하는 성인 군자로 비유하여 표현하기도 한다.

夷者는 傷也ㅣ니 傷於外者ㅣ 必反其家ㅣ라 故로 受之以家人하고

〈明〉夷라는 것은 〈밝음이〉 상하는 것이니 밖에서 상한 자는 반드시 집으로 돌아온다. 그러므로 〈☷☲明夷卦 다음에〉 ☴☲家人卦로써 이어받고,

・於:에 어 ・外:밖 외 ・家:집 가

總說

明夷卦(36)로부터 家人卦(37)로 次序됨에 대한 공자의 설명이다.

各說

1) 사람은 밖에서 상함이 있으면 반드시 가정으로 돌아와서 안식을 찾기 마련이고,[6] 우리의 일생은 집에서 태어나고, 또 집으로 돌아간다고 하였다. 그러므로 명이괘 다음에 가인괘로써 차례를 정하였다.

家道ㅣ 窮必乖라 故로 受之以睽하고

家道가 〈어느 한 쪽에〉 극단으로 치우치면 반드시 어그러진다. 그러므로 〈☴☲家人卦 다음에〉 ☲☱睽卦로써 이어받고,

・窮:다할 궁 ・乖:어그러질 괴 ・睽:어긋날 규, 엿볼 규

總說

家人卦(37)로부터 睽卦(38)로 次序됨에 대한 공자의 설명이다.

各說

1) 집안을 다스리는 법도(法度)가 중용(=원만)의 상도(常道)를 떠나 어느 한 쪽에 극단으로 치우치면 반드시 그 집안은 괴리(乖離)하게 된다. 그러므로 가인괘 다음에 규괘로써 차례를 정하였다.
2) 한 가정에서 부자간(父子間)에는 父慈子孝로써, 부부간에는 夫和婦順의 사랑으로써, 형제간에는 兄友弟恭의 우애로써 治家가 된다면, 그 가정은 행복한 보금자리

---

[6] 가정의 화락(和樂)은 우리가 살아가는 데에서 가장 중요하며, 또 우리는 이것을 이룩하고져 한다. 그러나 소홀함이 많은 것이 가정이므로 "家和萬事成"이라는 글귀가 많은 곳에 붙혀 있는 것은 이것을 경계함에 있다고 할 수 있다.

의 역할을 다하는 것이다. 그러나 위와 같이 실천되지 아니하면 가족 관계에는 괴리(乖離) 상태로서 일상(日常)의 모든 일이 되지 아니한다. 즉, 家和萬事成이 될 수가 없다. 그러므로 가정에서는 和로써 治家의 근본으로 삼는다. 그 예로 家人卦의「彖辭」를 살펴 보자.

예)彖曰 家人은……父父子子兄兄弟弟夫夫婦婦而家道ㅣ 正하리니 正家而天下ㅣ 定矣리라 (家人卦「彖辭」)

彖에서 말하기를 "家人은……아버지는 아버지 노릇을, 아들은 아들 노릇을, 형은 형 노릇을, 아우는 아우 노릇을, 남편은 남편 노릇을, 주부는 주부 노릇을 다하여 家道가 바르게 되리니, 집안을 바르게 하여야 천하가 안정될 것이다"고 하였다.

[설명]가정은 한 국가의 소단위이므로 한 가정의 화락(和樂)이 더 나아가서 천하가 안정되는 근본이 된다는 것이다. 가장 중요한 것은 가정의 괴리는 부부간의 和로써 막아야 한다는 것이다.

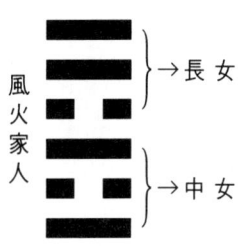

3)가정(家人卦)에는 여자가 주요한 위치에 있으니 風火가 家人이다. 그것도 中道를 가진 사람이어야 하며, 正義를 위주로 하는 사람이라야 한다. 그러므로 家人卦 괘사에서 "家人은 利女貞하니라;家人은 여자가 바르게 함이 이롭다"고 하였듯이 四德 중에서 '貞'만을 내놓았다.

예)彖曰 家人은……家人이 有嚴君焉하니 父母之謂也ㅣ라…… (家人卦「彖辭」)

彖에서 말하기를 "家人은……家人에 嚴君(嚴親)이 있으니 부모를 이름이다……"고 하였다.

[설명]父母 → 夫婦 → 和

睽者는 乖也ㅣ니 乖必有難이라 故로 受之以蹇하고

睽라는 것은 〈서로〉 어긋나는 것이니 어긋나면 반드시 어려움이 있다. 그러므로 〈☲睽卦 다음에〉 ☵蹇卦로써 이어받고,

· 難:어려울 난 · 蹇:절 건

總說

睽卦(38)로부터 蹇卦(39)로 次序됨에 대한 공자의 설명이다.

各說

● 乖必有難이라:서로 不合不知하면 반드시 어려운 일이 많다는 것이다.

睽의 괘상에서 보듯이 내외괘 모두 여자를 상징하고 있으며, 여자들은 장래에 서로 다른 가정을 꾸리게 되어 있을 뿐만 아니라 그 기운이 상하로 서로 어긋나고 있다.

예1) 象曰 睽는 火動而上하고 澤動而下하며 二女ㅣ 同居하나 其志ㅣ 不同行하니라……
(睽卦「彖辭」)

象에서 말하기를 "睽는 불이 움직여서 위로 오르고, 못이 움직여서 아래로 내려가며, 두 여자가 한 곳에 거처하나 그 뜻이 함께 행할 수가 없다……"고 하였다.

예2) 象曰 上火下澤이 睽ㅣ니 君子ㅣ 以하야 同而異하나니라 (睽卦「大象」)

象에서 말하기를 "위에는 불이요 아래는 못이 있는 것이 睽니, 군자가 이로써 같이 하면서도 다르게 한다"고 하였다.

[설명] 우리의 인간 생활이나 만물의 사물관이 모두 同而異이다. 따라서 형이하학적인 睽이지만 형이상학적으로는 화합 일치(和合一致)가 되는 것이니 睽의 근본 원리는 공존(共存)이라고 할 수 있다.

同	→	異	→	同	→	異	→	同	→	異	…… 순환의 이치
太極	→	陰陽	→	太極	→	陰陽	→	太極	→	陰陽	……
1生2法	→	1生2法	→	1生2法	→	1生2法	→	1生2法	……………
兩儀	→	四象	→	八卦	→	16卦	→	32卦	→	64卦 ……

蹇者는 難也ㅣ니 物不可以終難이라 故로 受之以解하고

蹇이라는 것은 어려운 것이니 사물은 끝까지 어려움이 계속될 수가 없다. 그러므로〈☵☶蹇卦 다음에〉☳☵解卦로써 이어받고,

· 解:풀 해

總說

蹇卦(39)로부터 解卦(40)로 次序됨에 대한 공자의 설명이다.

各說

● 蹇者는 難也ㅣ니:蹇이라는 것은 어려운 것이다. 이 말은 蹇卦「단사」에서 이미 밝

했다. 그리고 ䷦蹇卦는 ䷂屯, ䷜坎, ䷮困卦와 더불어 4難卦에 속한다. 그러나 우리는 難卦 속에서 진리를 찾을 수가 있다. 즉 蹇卦「단사」에서 "蹇之時用이 大矣哉라:蹇의 때와 〈그때를 당하여〉 사용함이 크도다"고 하였으며, 坎卦「단사」에서도 "險之時用이 大矣哉라:험한 것의 時用이 크도다"고 하였다. 이들 4難卦 속에는 공통적으로 坎卦가 들어 있다. 坎에는 險과 難의 의미가 있다.

  예)象曰 山上有水ㅣ 蹇이니 君子ㅣ 以하야 反身脩德하나니라 (蹇卦「大象」)
    象에서 말하기를 "산 위에 물이 있는 것이 蹇이니, 군자가 이로써 자신을 돌이켜보고 덕을 닦는 것이다"고 하였다.
  [설명]反身脩德 → 明明德 → 天賦之性으로 돌아간다.

● 物不可以終難이라 故로 受之以解하고:사물은 끝까지 험난한 것이 계속 될 수가 없다. 험난이 마치면 극에 도달하여 해결이 되는지라 蹇卦 다음에 解卦로써 차례를 정하였다.

解者는 緩也ㅣ니 緩必有所失이라 故로 受之以損하고

解라는 것은 누그러지는 것이니 누그러지면 반드시 잃는 바가 있다. 그러므로 〈䷧解卦 다음에〉 ䷨損卦로써 이어받고,
·緩:느슨할 완, 느릴 완, 늦출 완 ·失:잃을 실 ·損:덜 손

總說
解卦(40)로부터 損卦(41)로 次序됨에 대한 공자의 설명이다.

各說
1)사람의 마음이나 사업 등 제반사는 해이(解弛)해지면 반드시 잃는 것이 있기 마련이다. 그러므로 해괘 다음에 손괘로써 차례를 정하였다.
  예) 人心之變, 有餘則驕, 驕則緩怠 (『管子』)
    〈관자가 말하기를〉 "사람 마음의 변화는, 여유가 있은즉 사람이 교만하기 쉬우며 사람이 교만한즉 곧 느리고 태만하기가 쉽다"〈고 하였다.〉

損而不已면 必益이라 故로 受之以益하고

덜어서 그만두지 아니하면 반드시 더함이 있다. 그러므로 〈䷨損卦 다음에〉 ䷩益

卦로써 이어받고,
· 損:덜 손 · 益:더할 익

總說
損卦(41)로부터 益卦(42)로 次序됨에 대한 공자의 설명이다.

各說
1) 손실이 그치지 아니하고 계속하면, 곧 극에 달하면 반드시 이익됨이 있다는 것이다. 즉, 損而窮則必益이라 할 수 있다. 그러므로 다음에 익괘로써 차례를 정하였다.
2) 세상의 이치는 양면성(兩面性)을 가지고 있다. 즉, 사업에 종사하여 손해를 보았을 경우 당장은 금전의 손실은 있으나 한편으로는 사업에 대한 경험과 인생살이에 대한 체험은 얻었으니, 이것은 손실이 아니고 이익이라고 할 수 있다. 따라서 손익(損益)이란 상대적이며 표리(表裏) 관계로서 불가분의 관계이니, 우리가 겪는 인생살이의 성패(成敗)는 손익의 조화에서 찾아야 할 것이다. 이러한 손익에 대하여 조절을 잘하는 자가 선각자요 군자요 성인이라 할 수 있다. 세상의 사물이나 이치는 손익의 윤회 속에 내재해 있다고 보아도 과언(過言)이 아니다.
 · 已:그치다(止也), 뿐이다·따름이다(啻也), 아니하다(卒事之辭), 이미 이(過事語辭) 등의 뜻으로 쓰인다.

⟨ 上經 — 乾坤 — 否泰 — 天地의 相交 — 天道의 損益
  下經 — 咸恒 — 損益 — 山澤의 相變, 人事的인 損益 ⟩ 相對的이다

예1) 彖曰 損은 損下益上하야 其道ㅣ 上行이니 損而有孚ㅣ면 元吉无咎可貞利有攸往이니 曷之用二簋可用享은 二簋ㅣ 應有時며 損剛益柔ㅣ 有時ㅣ니 損益盈虛를 與時偕行이니라 (損卦「彖辭」)
　彖에서 말하기를 "損은 아래를 덜어 위를 더하여 그 도가 위로 행함이니, 더는 데 성실함이 있으면 元吉无咎可貞利有攸往이니, 曷之用二簋可用享은 두 개의 대밥그릇(祭器)으로 〈제사지내야 하는〉 시의(時宜)에 적응함이 있기 때문이며, 剛(初九)을 덜어 柔(六五)에 더하게 하는 것도 시의가 있으니, 덜고 더하고 차고 비는 것을 때와 더불어 함께 행함이다"고 하였다.
　[설명]『주역』의 단사에 '時'자가 세 번씩 들어 있는 것은 損卦밖에 없다. 이는 시의(時宜)의 중요성을 강조한 것이다. 곧 損할 때 損하고, 益할 때 益하는 시의가 중요

하다는 것이다.
예2) 觀天地於否泰之交而推姤復之理하고 察人事於咸恒之合이 定損益之用이라
(『也山文集』)
[설명] 자연과 인사적인 것을 망라하여 모든 이치를 한 데 뭉쳐서 쓴 글이다.

※유교 사상의 정치적 측면에서 손익 관계를 살펴 보면 다음과 같다.

$$\left.\begin{array}{l}君王 - 以民爲天\\百姓 - 以食爲天\end{array}\right\rangle 民本主義思想 \rightarrow 民主主義思想$$

따라서 백성이 이익을 보면 임금도 이익을 보게 되는 것이요, 백성이 손실을 보면 임금도 손실을 보는 것이다. 그러므로 국가가 정책을 세우는 것은 손익의 균형적인 발전을 도모하기 위해서이며, 또 이것을 잘 해나가는 것을 明政이라 할 수 있다. 나아가 국제적인 상호 관계에서 수립되는 국제 경제 정책도 이러한 손익의 균형을 맞추기 위한 수단이요 방법이다.

益而不已면 必決이라 故로 受之以夬하고

더하여 그만두지 아니하면 반드시 결단(決斷)한다. 그러므로 〈☲益卦 다음에〉 ☱夬卦로써 이어받고,
· 決 : 터질 결 · 夬 : 결단할 쾌

總說

益卦(42)로부터 夬卦(43)로 次序됨에 대한 공자의 설명이다.

各說

1) 益하기만 하고 그치지 아니하면 자꾸자꾸 차기만 한다[盈]. 이렇게 일방적으로 차질 수만은 없다. 결국은 처결(=中止)을 받게 된다. 그러므로 익괘 다음에 쾌괘로써 차례를 정하였다. 여기서 '不已'는 그치지 아니한다[久也]는 뜻이다.
   예) 益久則盈, 盈則必決隄防, 故次夬 (『周易傳義大全』漢上朱氏 細註)
   益이 오래간즉 차고 차면 반드시 제방이 터진다. 그러므로 익괘 다음을 쾌괘로써 차례를 정하였다.

夬者는 決也ㅣ니 決必有所遇ㅣ라 故로 受之以姤하고

夬라는 것은 결단하는 것이니 결단함에 반드시 만나는 바가 있다. 그러므로〈☰☰夬卦 다음에〉☰☴姤卦로써 이어받고,

· 遇:만날 우 · 姤:만날 구

總說

夬卦(43)로부터 姤卦(44)로 次序됨에 대한 공자의 설명이다.

各說

1) 夬는 결단한다는 것이다. 곧 바른 것으로 사악한 것을 결단하는 것이므로 내가 하겠다고 결심을 하여 추진해 나아가면 반드시 뜻을 같이하는 자가 있을 것이다. 그러므로 쾌괘 다음에 구괘로써 차례를 정하였다. 쾌괘는 음 3월 괘이다. 3월에 파종하여 가을에 수확하는 것을 결산(決算)이라 한다. 이것이 夬卦라 할 수 있다.

예)上決一陰, 下復一陽, 猶可也 (『周易傳義大全』雙湖胡氏 細註)
　　夬卦의 상육효(一陰)를 결단하는 것이나, 復卦의 초구효(一陽)를 회복하는 것이나 〈결심하여 뜻을 같이하는 자가 있으므로〉일이 이루어지는 현황은 같다.

姤者는 遇也ㅣ니 物相遇而後에 聚ㅣ라 故로 受之以萃하고

姤라는 것은 만나는 것이니 사물이 서로 만난 뒤에 모인다. 그러므로〈☰☴姤卦 다음에〉☷☱萃卦로써 이어받고,

· 聚:모일 취 · 萃:모일 췌(괘명일 경우는 취로 읽음)

總說

姤卦(44)로부터 萃卦(45)로 次序됨에 대한 공자의 설명이다.

各說

1) 姤卦「단사」에서 "姤는 遇也ㅣ니……"라고 했듯이 姤라는 것은 기약 없이 만난다는 것이다[不期而遇]. 만물은 만남이 있어야 모이는 법이다. 곧 형이상학적으로 마음과 마음이 서로 만나는 것으로는 공자와 주공(周公)의 만남이 좋은 예가 된다. 도통하는 방법도 기약하여 두고 통하는 것이 아니다. 아무 곳, 아무 때를 막론하고 자기도 모르는 사이에 통하게 되는 법이다. 이것이 遇다. 이렇듯 姤復의 이

치는 대자연으로 오는 것이다. 朱子의 偶得頓悟法이 바로 이러한 不期而遇라고 할 수 있다.

• 우득돈오(偶得頓悟) : 뜻밖에 문득 깨닫는 것을 말한다.

天地(男女)	→ 不相遇則 萬物(子孫)이 不生	姤의 이치가 지대(至大)하다. 그러므로 姤之時義ㅣ 大矣哉라고 하였다.
君臣	→ 不相遇則 政治가 不興	
聖賢	→ 不相遇則 道德이 不亨通	
事物	→ 不相遇則 功用이 不成	

※ 姤復之理라는 것은?

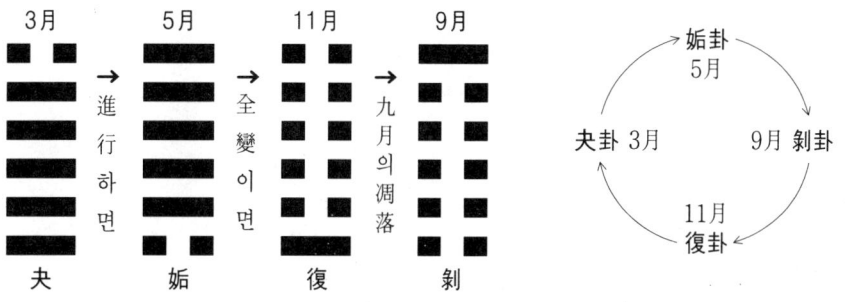

1) 결론적으로 復卦→夬卦→姤卦→剝卦→復卦로 순환하고 있는 것이다. 그러므로 夬卦에서 결단을 잘함으로써 ☰乾卦에서 ☴姤卦로 나아가는 것이다. 그리고 剝卦에서의 碩果不食이 곧 復卦의 一陽始生의 원동력이 되는 것이다. 따라서 剝卦와 夬卦의 시기는 대단히 중요하다.

2) 姤卦는 음 5월 괘이며 復卦는 음 11월 괘이다. 그림에서 보듯이 상충 관계로 오동지라 하여 11월에 눈이 많이 오면 5월에 비가 많이 와서 풍년이 든다고 한다. 또 復卦는 一陽이 시생(始生)하고 姤卦는 一陰이 시생하는 것이니, 이 지구상의 인간사는 언제나

상대적인7) 것으로 순환(循環)의 원리와 치란(治亂)의 원리 속에서 살고 있다. 주역의 사상은 이러한 상대적인 원리의 역사 속에서 小人을 경계하고 그들을 잘 교화(敎化)하여 군자로 만들어서 풍요롭고 평화로운 지구촌을 건설하자는 데에 목적이 있다고 보아도 틀림이 없을 것이다.

萃者는 聚也ㅣ니 聚而上者를 謂之升이라 故로 受之以升하고

萃라는 것은 모이는(모으는) 것이니 모여서 오르는 것을 升이라 이른다. 그러므로 〈☷萃卦 다음에〉 ☷升卦로써 이어받고,

・謂:이를 위 ・升:오를 승

總說

萃卦(45)로부터 升卦(46)로 次序됨에 대한 공자의 설명이다.

各說

1) 萃라는 것은 모으는 것이니 여러 사람이 모이게 되면 의견이 높아간다. 그러므로 취괘 다음에 승괘로써 이어받아 차례를 정하였다.
   예1) 象曰 地中生木이 升이니 君子ㅣ 以하야 順德하야 積小以高大하나니라 (升卦「大象」)
       象에서 말하기를 "땅 속에서 나무가 살아 나오는 것이 升이니, 군자가 이로써 덕에 순종해서 작은 것을 쌓아 큰 것으로 높인다"고 하였다.
   예2) 天下之物散之則小合而聚之則積小以成其高大故聚而上者爲升也
       (『周易傳義大全』南軒張氏 細註)
       천하의 사물은 흩어진즉 작아져 합하여 그것이 모여진즉 작은 것을 쌓음으로써 큰 것으로 높힌다. 그러므로 위로 올라가는 것을 升이라 하는 것이다.

升而不已면 必困이라 故로 受之以困하고

올라가서 그만두지 아니하면 반드시 곤(困)하다. 그러므로 〈☷升卦 다음에〉 ☱

---

7) 이 세상의 모든 것에 절대(絶對)란 있을 수가 없다. 곧 태양을 중심으로 지구가 공전하면서 자전한다. 또 지구를 중심으로 달이 돌고 있다. 지구나 달이 한 바퀴 회전하여 다시 꼭 그 자리에 돌아온다고 볼 수 없듯이 절대란 있을 수 없다. 『서경』의 朞三百이 이 상대적인 상황을 보완하고 설명해 주고 있다.

困卦로써 이어받고,
· 困:괴로울 곤

總說
升卦(46)로부터 困卦(47)로 次序됨에 대한 공자의 설명이다.

各說
1) 升卦는 상승하는 괘로서 자꾸자꾸 오르기만 하면 반드시 곤경에 처하게 된다. 그러므로 승괘 다음에 곤괘로써 이어받아 차례를 정하였다. 곧 상하기복(上下起復)이 있어야 한다.

困乎上者ㅣ 必反下ㅣ라 故로 受之以井하고

위에서 곤한 자는 반드시 아래로 돌아온다. 그러므로 〈☵困卦 다음에〉 ☵井卦로써 이어받고,
· 井:우물 정

總說
困卦(47)로부터 井卦(48)로 次序됨에 대한 공자의 설명이다.

各說
1) 올라감에 따라 곤란이 극에 달하면 반드시 아래의 원점으로 되돌아온다. 그러므로 困卦 다음에 井卦로써 이어받아 차례를 정하였다. 井은 아래의 것을 위로 퍼 올려야만 물을 먹을 수 있기 때문이다. 또 地下水는 가장 아래에 있으니 困의 上이 떨어지면 地下의 井으로 定하여 받았다. 最下에 처해 있을 때는 언제나 順天하여 극복해 나가는 지혜가 매우 필요하다. 그러므로 困卦는 4難卦 중 하나가 된다.
　예)困은 亨코 貞하니 大人이라 吉코 无咎하니 有言이면 不信하리라 (困卦 卦辭)
　　　困은 〈장래에는〉 형통하고 바르니 대인이어야 길하고 허물이 없으니, 〈실천이 없고〉 말만 있으면 믿지 않을 것이다.
　　[설명]大人이라야 困卦 때의 어려움을 극복해 나갈 수 있다는 것이다.

井道ㅣ 不可不革이라 故로 受之以革하고

우물의 도는 가히 고치지 아니하면 아니 된다. 그러므로〈☴☵井卦 다음에〉☱☲革卦로써 이어받고,

· 革:고칠 혁, 가죽 혁

總說

井卦(48)로부터 革卦(49)로 次序됨에 대한 공자의 설명이다.

各說

1) 우물의 생명은 많은 사람에게 새롭고 좋은 물을 공급하여 그 물을 이용하겠끔 하는 데 있다. 그러므로 井卦 괘사에서 "往來ㅣ 井井하나니:가고 오는 사람이 井井하니(내 우물로 먹으니)"라고 하였다. 그러나 우물이 오래되어 더러워지면 이따금 우물을 준설(浚渫)하여 오래된 것을 새것으로 바꿔 놓아야 한다. 그러므로 정괘 다음에 혁괘로써 이어받아 차례를 정하였다.

예1) 六四는 井甃ㅣ면 无咎ㅣ리라 (井卦 六四爻辭)

六四는 우물을 치면 허물이 없을 것이다.

象日 井甃无咎는 修井也ㄹ새라 (井卦 六四「小象」)

象에서 말하기를 "井甃无咎는 우물을 수리하였기 때문이다"고 하였다.

예2) 九五는 井洌寒泉食이로다 (井卦 九五爻辭)

九五는 우물이〈맑고〉차서 찬 샘물을 먹는다.

[설명] 정괘 구오효는 君位로서 正位이며 得中이고 主爻이다. 따라서 우물 중에서 가장 좋은 샘물을 가지고 있으므로 만인에게 혜택을 베풀 수 있는 형상이다.

象日 寒泉之食은 中正也ㄹ새라 (井卦 九五「小象」)

象에서 말하기를 "寒泉之食은 득중과 득정이 되었기 때문이다"고 하였다.

2) 井卦를 공부하는 측면으로 비유해 보면, 우물을 파서 그 물을 먹는다는 것은 재야(在野)의 인재를 발굴하여 등용하는 형상이다. 우물물은 퍼내고 먹을수록 더 좋은 물이 나는 것처럼 통치자가 새로운 인재를 많이 배출하여 인류에 기여하면 그 빛이 더욱 더 나는 법이다.

革物者ㅣ 莫若鼎이라 故로 受之以鼎하고

물건을 고치는 데는 솥만한 것이 없다. 그러므로 〈☱革卦 다음에〉 ☲鼎卦로써 이어받고,
· 莫:없을 막 · 若:같을 약 · 鼎:솥 정

總說

革卦(49)로부터 鼎卦(50)로 次序됨에 대한 공자의 설명이다.

各說

1) 革은 革新의 뜻이다. 물건을 삶아서 그 성질을 革新시키는 데는 솥만한 것이 없다. 그러므로 혁괘의 다음을 鼎卦로써 이어받아 차례를 정하였다. 이것을 공부하는 데 비유한다면, 자기 품성(品性)과 능력을 열심히 도야하여 대성인과 대학자가 되는 것을 말한다. 그러므로 공부하는 도장(道場)이 솥과 같은 역할을 한다. 과거 중국의 朱子가 세운 창주정사(滄洲精舍)가 바로 이와 같은 곳이다. 이를 본받아서 퇴계가 세운 도장인 농운정사(隴雲精舍)가 이와 같다고 할 수 있다.

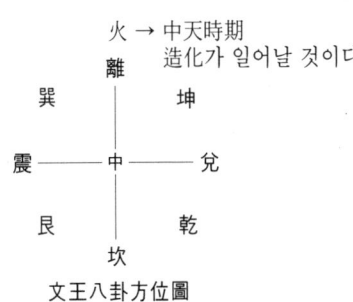

文王八卦方位圖

2) 革卦와 鼎卦는 서로 도전괘가 된다. 인간성을 개조하여 새로운 인간으로 창출해 내는 것이 革이다. 마치 뜨거운 용광로에 쇳물이 녹아서 새로운 물건으로 바뀌어 나오는 것처럼 물건을 鼎 속에 넣어서 삶아내는 데에는 꼭 火의 기운이 필요하다. 또 가죽[革]도 불에만 가면 변하고 鼎도 불로써 조화가 일어난다.

· 小人革面:소인의 생각은 내면과 외면이 다르다. 요즈음 사람의 마음이 변화해 가는 시대상을 말한 것이 아니겠는가. 여기에 至善의 마음이 필요하다.

主器者ㅣ 莫若長子ㅣ라 故로 受之以震하고

그릇을 주장하는 자는 장남만 같은 이가 없다. 그러므로 〈☲鼎卦 다음에〉 ☳震卦로써 이어받고,
· 器:그릇 기 · 長:길 장 · 震:벼락 진

總說

鼎卦(50)로부터 震卦(51)로 次序됨에 대한 공자의 설명이다.

各說

1) 한 집안의 주된 기명(器皿)은 조왕 곧 鼎이다. 이 鼎이 곧 한 집안을 상징한다. 기존의 아버지 세대에서 다음 세대로 집안의 관리권이 넘어가는 경우 반드시 그 집안의 長子로 이어지는데 이때의 물건이 鼎(솥)이다. 자고이래(自古以來)로 솥은 장자만 가질 수 있는 특권이요, 유일무이(唯一無二)한 전통이다. 그 집의 호주(戶主)가 바뀌면 문패를 바꿔 다는 것처럼 主器로는 솥(조왕)을 물려준다. 이러한 상황은 변화가 왔다는 것이다. 곧 先天의 父母(乾·坤)가 后天의 震·長男에게 솥을 물려준다는 것이다. 震卦를 연구하면 많은 것을 알 수 있다.

예) 震은 亨하니 震來에 虩虩이면 笑言이 啞啞이니 震驚百里에 不喪匕鬯하나니라 (震卦 卦辭)

震은 형통하니, 우레가 올 때 놀라고 놀라면 〈우레가 그친 다음〉 웃는 소리가 깔깔 거리니, 우레가 백리에까지 놀라게 함에 시창(匕鬯)을 잃지 아니하는 것이다.

[설명] 후천에는 震으로써 변동이 온다는 것이다. '혁혁액액'(虩虩啞啞)은 震이 왔을 때의 동작과 형태를 말한 것이다. 끝나면 서로 쳐다보고 웃는다.

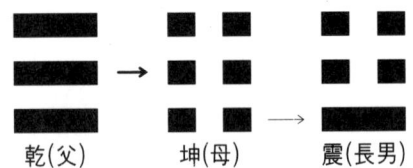

乾父·坤母가 처음으로 상교하여 얻은 것이 震·長男이다.

乾(父)   坤(母)   震(長男)

震者는 動也ㅣ니 物不可以終動하야 止之라 故로 受之以艮하고

震이라는 것은 움직이는 것이니 사물은 가히 끝끝내 움직일 수만은 없어 마침내 그친다. 그러므로 〈☳震卦 다음에〉 ☶艮卦로써 이어받고,

· 止:멈출 지, 머물 지   · 艮:그칠 간

總說

震卦(51)로부터 艮卦(52)로 次序됨에 대한 공자의 설명이다.

各說

1) 괘상으로 보면 震卦는 一陽이 下에서 시동(始動)하는 것이니 움직임이 점차로 진행하여 一陽이 止於上의 極에 이르러 움직임이 그치게 되는 것이다. 이러한 형상을 震艮動止로써 서로 序卦하고 상대성으로 맞춰 놓았다. 그리고 乾卦와 坤卦, 坎卦와 離卦는 正方卦로서 上經에 들어 있는 반면에 震卦와 艮卦는 間方卦로서 兌卦, 巽卦와 함께 하경에 들어 있다.

〈 上經 － 대자연의 운행되는 법칙과 이치를 설명하고 있다.
  下經 － 인사적인 이치, 변화와 조화가 숨어 있으며 복잡하다.

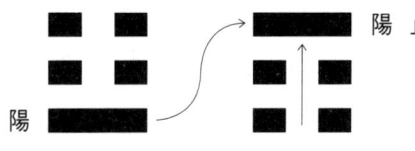

震卦 下位의 陽이 움직여서 艮卦의 上位에서 그쳤다. 下位의 처음에서 움직여 極인 上爻에서 그쳤으니 止이다.

艮者는 止也ㅣ니 物不可以終止라 故로 受之以漸하고

艮이라는 것은 그치는 것이니 사물은 가히 끝까지 그치고 있을 수 없다. 그러므로 〈☶艮卦 다음에〉☴漸卦로써 이어받고,

· 漸:점점 점

總說

艮卦(52)로부터 漸卦(53)로 次序됨에 대한 공자의 설명이다.

各說

1) 艮卦는 정지해 있는 것을 상징한다. 사물은 끝까지 정지해 있을 수만은 없으므로 점점 움직여 나가는 것이다. 이런 까닭으로 간괘 다음에 점괘로써 이어받아 차례를 정하였다.

  예1) 象曰 艮은 止也ㅣ니 時止則止하고 時行則行하야…… (艮卦「象辭」)
  象에서 말하기를 "艮은 그치는 것이니, 그칠 때가 되어 그치고 행할 때가 되어서 행하여……"라고 하였다.
  [설명]결국 정지해 있는 것도 곧 動靜有常이다. 時行과 時止 모두 다 그쳐 있는 것

이라고 할 수 있으나 행하는 것이라고도 할 수 있다.

예2) ······終萬物始萬物者ㅣ 莫盛乎艮하니······ (「說卦傳」第6章)
 ······만물을 끝맺음하고 만물을 시작하는 것이 艮만큼 성(盛)한 것이 없으니······

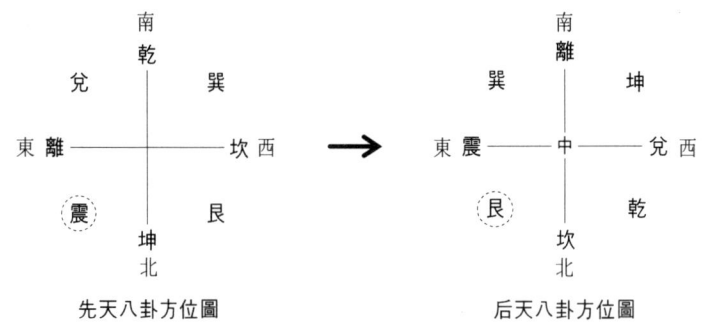

先天八卦方位圖　　　　后天八卦方位圖

震은 動이니 時行이 되고, 艮은 止이니 時止가 된다. 그런데 先天의 震方이 后天의 艮方이 되므로 動과 止가 합치는 곳이 東北 艮方이라고 할 수 있다.

※艮卦에 대한 보충 설명

1) 艮은 止也라고 하였다. 止하되 一에서 그쳐야 한다(正→止+一). 즉, 惟精惟一한 마음에서 그쳐야 하고 〈止於〉至善한 곳에서 머물러 있어야 한다. 『대학』에서도 知止而后에 有定이라고 하였다. 이 말은 〈止於〉至善에서 그칠 줄 안 연후에 정착하여야 한다는 뜻이다. 또한 艮卦는 소성괘로 보아 상효에 머물러 있으므로 止也라 하였고, 또 艮卦는 一陽二陰으로서 一君而二民이니 君子之道이다. 여기서 상효가 양효로서 주도권을 가지고 있다. 따라서 艮卦가 들어 있는 괘들의 상구효가 主爻가 되어 있으면 吉로서 좋다.[8] 艮卦가 좋다는 말은 東北方이 좋다는 뜻이며 우리가 살고 있는 한국이 좋다는 뜻도 된다. 艮卦가 들어 있는 괘들을 살펴 보면 光明이라는 글로 표현되어 있다.

예1) 彖曰 謙亨은 天道ㅣ 下濟而光明하고······ (地山謙卦「彖辭」)
 彖에서 말하기를 "謙亨은 하늘의 도가 아래로 내려와 광명하고······"라고 하였다.

예2) 彖曰 大畜은 剛健코 篤實코 輝光하야 日新其德이니······ (山天大畜卦「彖辭」)
 彖에서 말하기를 "大畜은 강건하고 돈독하고 빛나서 나날이 그 덕을 새롭게 하는 것이니······"라고 하였다.

예3) 彖曰 艮은 止也ㅣ니 時止則止하고 時行則行하야 動靜不失其時ㅣ 其道ㅣ 光明이

---

[8] 艮이 吉이면 마음의 점을 찍으면 良이 된다.

니……(重山艮卦「彖辭」)
象에서 말하기를 "艮은 그치는 것이니, 그칠 때가 되어 그치고 행할 때가 되어서 행하여, 움직이며 고요하는 데에 그 때를 잃지 아니함이 그 도가 밝게 빛나니……"
라고 하였다.

2) 우리 사회의 윤리 강령(倫理綱領)으로 보면, 국가 윤리관의 확립으로서 君止於厚德과 臣止於忠誠이 있으며, 가정과 개인 윤리관의 확립으로서 父止於慈愛와 子止於孝心이 있다. 또 重山艮卦는 四德이 들어 있지 아니한 괘 중의 하나이다.9) 이 말은 지구상의 光風明月이 주인이 없듯이 艮卦의 止於至善도 주인이 없다는 것을 암시해 준다. 즉, 노력 여하에 따라서 止於至善의 주인이 될 수 있다는 뜻이기도 하다.

예) 詩云 穆穆文王이여 於緝熙敬止라하니 爲人君앤 止於仁하시고 爲人臣앤 止於敬하시고 爲人子앤 止於孝하시고 爲人父앤 止於慈하시고 與國人交앤 止於信이러시다 (『大學』傳3章)

『시경』〈大雅 文王篇〉에 이르기를 "거룩하고 거룩한 문왕이여! 아! 끊임없이 계속하여 빛내시어 공경하여 그치셨다"고 하였으니, 남의 임금[人君]이 되어서는 어진 데 머무셨고, 남의 신하[人臣]가 되어서는 공경하는 데 머무셨고, 남의 아들[人子]이 되어서는 효도하는 데 머무셨고, 남의 아버지[人父]가 되어서는 자식들을 이뻐하고 사랑하는 데 머무셨고, 다른 나라 사람들[國人]과 함께 사귀는 데는 신의에 머무셨다.

漸者는 進也ㅣ니 進必有所歸라 故로 受之以歸妹하고

漸이라는 것은 나아가는 것이니 나아가면 반드시 돌아오는 바가 있다. 그러므로 〈☴漸卦 다음에〉☳歸妹卦로써 이어받고,

· 歸:돌아갈 귀 · 妹:누이 매

總說

漸卦(53)로부터 歸妹卦(54)로 次序됨에 대한 공자의 설명이다.

各說

1) 漸卦는 점점 나아가는 것[漸進]을 뜻한다. 점진(漸進)하는 데는 반드시 귀일(歸

---

9) 상경의 觀卦와 하경의 晉·睽·姤·井·艮卦(總 6卦)에는 四德이 없다.

一)하는 데가 있는 것이다. 그러므로 점괘 다음에 귀매괘로써 이어받아 차례를 정하였다. '歸'는 만물이 한 곳으로 돌아간다는 뜻으로 종점이라 말할 수 있다. 사람에 비유하면 여자가 시집을 가는 형상이며, 또 도통 경지라고도 말할 수 있다. 新行, 즉 시집오는 것을 于歸10)라고 하였으니 歸는 女之終也이다. 漸卦「彖辭」에서 "漸之進也ㅣ 女歸의 吉也ㅣ라;점점 나아가는 것이 여자가 시집가는 데 길할 것이다"고 하였으니 주로 인사적인 가족 관계로부터 시작되어 있다.

2) 漸을 형이상학적으로 비유하면, 善惡의 유무소장(有無消長)이 모두 점진해서 오는 것이지 한꺼번에 모두 비약적으로 들이닥치는 것이 아니라는 것이다. 곧 "其所由來者ㅣ 漸矣다;그렇게 말미암아 온 바가 점차로 생긴 것이다."(坤卦「文言傳」) 따라서 공부하는 사람의 자세는 漸卦와 같이 時習하는 태도로 나아가면 된다.

예)積善之家는 必有餘慶하고 積不善之家는 必有餘殃하나니 臣弑其君하며 子弑其父ㅣ 非一朝一夕之故ㅣ라 其所由來者ㅣ 漸矣니 由辯之不早辯也ㅣ니 易日 履霜堅冰至라 하니 蓋言順也ㅣ라 (坤卦「文言傳」)

선을 쌓은 집안에는 반드시 〈착한 것을 쌓고〉 남은 경사가 있고, 불선을 쌓은 집안에는 반드시 재앙이 있게 될 것이니,〈이것을 비유하자면〉 신하가 그 임금을 죽이고 자식이 그 아버지를 죽이는 일은 하루아침 하루저녁에 연유한 것이 아니다. 그렇게 말미암아 온 바가 점차로 생긴 것이니, 분별하여야 할 것을 일찍 분별하지 못하였기 때문이니, 역에서 말하기를 '서리를 밟으면 굳은 얼음이 이른다'고 하였으니,〈이것은〉 모두 순리를 좇아야 한다는 말이다.

得其所歸者ㅣ 必大ㅣ라 故로 受之以豊하고

그 돌아갈 바를 얻은 자는 반드시 커진다. 그러므로 〈☳歸妹卦 다음에〉 ☲豊卦로써 이어받고,

· 豊:풍성할 풍

總說

歸妹卦(54)로부터 豊卦(55)로 次序됨에 대한 공자의 설명이다.

---

10) 于歸는 六禮의 한 과정이다. 즉, ①납채(納采)—허혼(許婚) ②문명(問名)—사성(四星) ③납길(納吉)—연길(涓吉) ④납징(納徵)—납폐(納幣) ⑤청기(請期)—혼례 또는 초례(婚禮, 醮禮) ⑥친영(親迎)—우귀(于歸). (一岡註)

各說

1) 귀매괘를 여자에 비유하면, 여자가 일생중에서 시집가는 것이 가장 큰 일이므로 必大라 하였으며, 또 우리가 많은 공부를 하여 도통 경지에로 귀일(歸一)하는 것도 가장 큰 일이므로 必大라고 하였다.

豊者는 大也ㅣ니 窮大者ㅣ 必失其居ㅣ라 故로 受之以旅하고

풍이라는 것은 큰 것이니 큰 것이 궁극에 이르면 반드시 그 거처를 잃는다. 그러므로 〈䷶豊卦 다음에〉 ䷷旅卦로써 이어받고,

· 旅:나그네 려

總說

豊卦(55)로부터 旅卦(56)로 次序됨에 대한 공자의 설명이다.

各說

1) 이 세상에서 많이 알고 있는 도통 군자라면 거처할 곳이 없는 나그네가 아닐까 생각한다. 왜냐하면 도통 군자에게는 이 지구의 어느 곳도 자기의 집이요, 자기가 있을 수 있는 곳이니 말이다. 이런 의미에서 張旅軒 선생의 호는 우리가 이 지구의 나그네로 와서 살면서 逆旅人生같이 살고 있는 도학 군자라는 뜻에서라 하겠다. 즉, 내 집이 따로이 있는 것이 아니라 내 몸이 내 집이라고 할 수 있다.

　예)彖曰 豊은 大也ㅣ니 明以動이라 故로 豊이니 王假之는 尙大也ㅣ오 勿憂宜日中은 宜照天下也ㅣ라 日中則昃하며 月盈則食하나니 天地盈虛도 與時消息이온 而況於人乎ㅣ며 況於鬼神乎여 (豊卦「彖辭」)

　彖에서 말하기를 "豊은 큰 것이니, 밝음으로써 움직이는 것이다. 그러므로 豊이니, 王假之(왕이어야 이른다는 것)는 큰 것을 숭상함이요, 勿憂宜日中(근심하지 않으면 마땅히 해가 한가운데 한다는 것)은 마땅히 천하를 〈고루고루 다〉 비추는 것이다. 해가 한가운데에 들어오면 기울어지며, 달이 차면 먹혀 들어가니, 하늘과 땅이 차고 빔도 때와 더불어 사라지고 살아나는데, 하물며 사람에 있어서랴! 하물며 귀신에 있어서랴!"라고 하였다.

旅而无所容이라 故로 受之以巽하고

〈나그네가〉 여행해서 몸 둘 곳이 없다. 그러므로〈☶旅卦 다음에〉 ☴巽卦로써 이어받고,
 ・容:용납할 용, 받아들일 용 ・巽:겸손할 손

總說
旅卦(56)로부터 巽卦(57)로 次序됨에 대한 공자의 설명이다.

各說
1) 旅는 나그네를 말한 것으로 나그네는 몸 둘 곳이 없다는 것이다. 집을 짓고 살아도 그 곳은 내 집이 아니며, 내 마음의 주인인 정신과 육체가 내 집이라는 것이다. 또 이러하면서 이는 서로 싸우고 질시하는 생존 경쟁이라 할 수 있으니, 이런 이유로 旅卦 다음에 巽卦로써 이어받아 차례를 정하였다.

巽者는 入也ㅣ니 入而後에 說(열)之라 故로 受之以兌하고
巽이라는 것은 들어가는 것이니 들어간 뒤에 기뻐한다. 그러므로〈☴巽卦 다음에〉☱兌卦로써 이어받고,
 ・說:기꺼울 열

總說
巽卦(57)로부터 兌卦(58)로 次序됨에 대한 공자의 설명이다.

各說
1) 巽이라는 것은 들어가는 것이니 나그네로 있다가 집에 들어간다는 것이다. 그 뒤에 즐길 수가 있는 것이다. 그러므로 손괘 다음에 태괘로써 이어받아 차례를 이어받았다.

兌者는 說(열)也ㅣ니 說(열)而後에 散之라 故로 受之以渙하고
兌라는 것은 기뻐하는 것이니 기뻐한 뒤에 흩어진다. 그러므로〈☱兌卦 다음에〉☴渙卦로써 이어받고,
 ・散:흩어질 산, 흩을 산 ・渙:흩어질 환

總說

兌卦(58)로부터 渙卦(59)로 次序됨에 대한 공자의 설명이다.

各說

1) 즐거움이 항상 그대로 있지 아니하고 합하였다가 떨어지고 모였다가 흩어지는 것이다. 그러므로 兌卦 다음에 渙卦로써 이어받아 차례를 정하였다.

 예) 彖曰 兌는 說也ㅣ니 剛中而柔外하야 說以利貞이라 是以順乎天而應乎人하야 說以先民하면 民忘其勞하고 說以犯難하면 民忘其死하나니 說之大ㅣ 民勸矣哉라 (兌卦「彖辭」)
 彖에서 말하기를 "兌는 기뻐하는 것이니, 剛이 득중을 하고 柔가 바깥에 하여 기뻐함으로써 바르게 함이 이롭다. 이렇게 함으로써 하늘에 순종하고 사람에게 순응하여, 기뻐함으로써 백성보다 먼저 하면 백성이 그 수고로움을 잊고, 기뻐함으로써 어려움을 범하면 백성이 그 죽음도 잊을 것이니, 기뻐함의 큰 것을 백성에게 권장할 것인져!"라고 하였다.

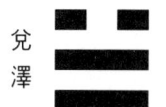

2) 땅 위에 물이 고여 있는 형상이 兌卦다. 澤水는 止水로서 관수(灌水)나 자연의 풍치(風致)로써 간접적으로 우리에게 기쁨[悅]을 준다. 그러므로 澤은 혜택을 주며, 받기도 하는 것을 뜻하기도 한다. 이러한 자연의 이치를 본받아서 古來로 道學과 文章이 뛰어나고 德化가 많은 사람이 대중들에게 희열(喜悅)의 혜택을 주는 것을 澤及萬民이라 한다. 임금이 이러한 사람에게 주는 칭호로써 先正[11]이라 한다. 정치적으로 보면 훌륭한 지도자가 있어서 그를 따르는 부하들이 수고로움을 잊고 즐겁게 일에 종사하는 것을 말한다. 즉, 上位者가 솔선수범하면 그 밑에 있는 사람은 감복되어 즐거이 따라온다. 이러한 것을 兌卦의 悅이라고 한다. 또 태괘의 괘상으로 보면 외부로 陰이니 희열이라는 내면적인 것이 밖으로 나타나는 형상이다. 이러한 心悅을 근학(勤學)에서 찾았고 교

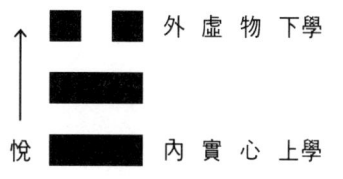

육과 공부를 통하여 맛보게 하였다. 여기에서 교육의 위대성이 입증되는 것이다.

渙者는 離也ㅣ니 物不可以終離라 故로 受之以節하고

---

11) 先正: 先代의 賢人을 뜻한다.

渙이라는 것은 떠나는 것이니 사물은 가히 끝까지 떠날 수 없다. 그러므로〈☴☵渙卦 다음에〉☵☱節卦로써 이어받고,

· 節:마디 절, 절도 절

總說

渙卦(59)로부터 節卦(60)로 次序됨에 대한 공자의 설명이다.

各說

1) 渙은 離散(떨어져 흩어진다)한다는 뜻이다. 사물은 끝까지 이산하기만 할 수 없다. 사람은 죽고 살고, 살고 죽고, 떠나고 만나면서 이산의 이치 속에서 살아간다. 그러므로 환괘 다음에 절괘로써 이어받아 차례를 정하였다. 즉, 아니 떨 경우에는 아니 떠나며, 떠나야 경우에는 떠나는 것이 中節이다. 곧 절차(節次)에 맞게 하는 것을 節이니 이로써 환괘 다음에 절괘로써 이어받았다. 한 남녀가 만나서 부부가 되어 평생을 살면서 천지가 무궁토록 아니 떠날 것 같지만 이들도 죽으면 서로 떠난다.

五倫　┌ 1.父子有親 － 父慈子孝(德行):上下 관계
五常　│ 2.君臣有義 － 君義臣忠(德行):上下 관계
五法　┤ 3.夫婦有別 － 夫和婦順(德行):上下·左右 관계
五敎　│ 4.長幼有序 － 兄友弟恭(德行):上下 관계
五品　└ 5.朋友有信 － 朋友輔仁(德行):左右 관계

※ 위의 오륜(五倫)에서처럼 次位에 알맞게 하는 것이 中節이다. 이 中節이 있어야 질서가 확립된다.

節而信之라 故로 受之以中孚하고

절도가 있으면 믿는다. 그러므로〈☵☱節卦 다음에〉☴☱中孚卦로써 이어받고,

· 信:믿을 신　· 孚:믿을 부

總說

節卦(60)로부터 中孚卦(61)로 次序됨에 대한 공자의 설명이다.

各說

1) 節은 中節이라는 뜻이다. 곧 아버지와 아들 사이에, 남편과 아내 사이에 자기가 해야 할 바를 스스로 다하는 사람이면 신의(信義)를 가질 수가 있다는 것이다. 그러므로 節卦 다음에 中孚卦로써 이어받아 차례를 정하였다. 우리는 모두 節 속에서 살고 있다. 대자연의 節은 사계절, 즉 춘하추동, 24절후, 동지, 하지, 춘분, 추분 등 우리 인간 생활에서 대자연의 節과 같이 절도 있는 생활, 苦節과 甘節의 造化된 상태에서 살고 있는 것이 우리의 인생이다. 또 사람은 예순살이 되면 환갑(還甲)이라 하여 生을 한번 회고한다. 이것도 節이다. 그러므로 우리 자신은 물론이고 우리를 둘러싼 모든 것이 節 아닌 것이 없다.

예)節은 亨하니 苦節은 不可貞이니라 (節卦 卦辭)
   節은 형통하니, 쓴 節은 가히 바르지 못하다.
   [설명]節이 지나쳐 아주 극도에 달하였을 때 節을 지키기 위하여 수고롭고 아주 쓴 시기가 苦節이다. 이러한 것은 가히 오래가지 아니하며, 이 苦節이 바르게 나아가는 것은 옳지 아니하다. 그러나 각고(刻苦)의 노력으로 苦節을 한다면 자체의 苦節은 그대로 가지 않고 甘節로 바뀌어진다는 것이 不可貞이다. 이것은 천지의 이치이며 천지 순환의 원리이다.

有其信者는 必行之라 故로 受之以小過하고

그 믿음이 있는 자는 반드시 행한다. 그러므로 〈☱中孚卦 다음에〉☳小過卦로써 이어받고,

· 過:지날 과

總說

中孚卦(61)로부터 小過卦(62)로 次序됨에 대한 공자의 설명이다.

各說

1) 中孚는 마음속에 정성이 있는 것을 의미한다. 성실하여 믿음성이 있는 자는 반드시 실행하는 것이다. 이런 까닭으로 中孚卦 다음에 小過卦로써 이어받아 차례를 정하였다.

有過物者는 必濟라 故로 受之以旣濟하고

　사물을 지나침이 있는 자는 반드시 건넌다. 그러므로〈☷☶小過卦 다음에〉☵☲旣濟卦로써 이어받고,

　·濟:건널 제　·旣:이미 기

總說

　小過卦(62)로부터 旣濟卦(63)로 次序됨에 대한 공자의 설명이다.

各說

1) 행동이 공손에 지나치며 禮가 검소(儉素)에 지나칠 만큼 근신하는 자는 반드시 성취할 수가 있다. 이런 이유로 소과괘 다음에 기제괘로써 이어받아 차례를 정하였다.

　예)象曰 山上有雷ㅣ 小過ㅣ니 君子ㅣ 以하야 行過乎恭하며 喪過乎哀하며 用過乎儉하나니라 (小過卦「大象」)

　象에서 말하기를 "산 위에 우레가 있는 것이 小過니, 군자가 이로써 행동은 공손한데 조금 지나치며,〈부모의〉상(喪)은 애통하는 데 조금 지나치며, 일용행사(日用行事)는 검소하는 데 조금 지나치는 것이다"고 하였다.

　[설명]'山上有雷'는 飛鳥遺之音으로 빠르다는 뜻이다. 또 '行過乎恭'은 행동에서 小過를 말하고, '喪過乎哀'는 상(喪)을 당하였을 때 그 애통함에 조금 지나치게 한다는 말이며, '用過乎儉'은 물건과 재화를 사용(이용)하는 때 조금 검소하게 한다는 말이다. 이렇게 하면 小過之中이라고 할 수 있다.

物不可窮也ㅣ라 故로 受之以未濟하야 終焉하니라

　사물이 가히 궁하지 못하는 것이다. 그러므로〈☵☲旣濟卦 다음에〉☲☵未濟卦로써 이어받아 마치는 것이다.

　·未:아닐 미

總說

　旣濟卦(63)로부터 未濟卦(64)로 次序됨에 대한 공자의 설명이다.

各說

1) 旣濟는 모든 것을 이미 다 성취한 것을 뜻한다. 그러나 사물은 끝까지 완전무결할 수만은 없는 것이다. 곧 절대(絶對)가 있을 수가 없는 법이다. 그러므로 기제괘 다음에 미제괘로 이어받아서 「서괘전」의 글을 맺은 것이다.

$$\left.\begin{array}{l}旣濟 - 完\ 全 - 旣濟\ 속에\ 未濟가\ 존재 \\ 未濟 - 不完全 - 未濟\ 속에\ 旣濟가\ 존재\end{array}\right\} 互卦로\ 보면\ 그러하다$$

이것을 五行으로 보면 水火가 서로 윤회(輪回)하고 있다. 이것이 곧 水火의 원리, 太極의 원리라고 할 수 있다.

2) 인간 만사가 未濟다. 성인도 미제요 대자연도 미제라고 할 수 있다. 이 세상에서 완전한 것은 있을 수 없다. 그러므로 우주 대자연의 진리가 미제라고 한다면 易學의 이론도 미제로 끝맺음하는 것은 어느 측면으로 보아서 타당하다고 볼 수 있다.

3) 水火旣濟卦와 火水未濟卦는 水火의 순환 과정에 이치를 묻어 놓고 이것을 파헤쳐서 진리를 풀이하였다. 또한 旣濟가 吉이고 未濟가 凶이라고 한다면, 吉이 極則凶하고 凶이 極則吉하는 상호 작용 속에서 우리 인류는 살고 있으며 또 이치를 궁구하고 있는 것이다. 미완성 속에서 또 일반의 것들에서 진리를 찾고 있으니 공자가 말하기를 "나의 스승은 우주 대자연이며, 또 일반 서민이다"고 하였다. 대자연의 운행 과정이나 서민의 일상의 행동을 보고 공자는 깨닫고 問以辨之를 하였다고 한다.

右는 下篇이라

雜卦傳

雜卦傳 大義

1) 「서괘전」은 64괘를 순서적으로 배열한 이유가 어디에 있는지를 해설하였고, 반면에 「잡괘전」은 64괘의 순서를 무시하고 섞어 놓았다. 필경 이 속에는 공자의 사상과 그 이치를 숨겨 놓았을 것이고 아울러 비사체로써 그 어떤 기수를 감추어 놓았을 것이다. 정이천은 여기에 「傳」註를 달지 않았고, 주자는 「本義」를 통해 설명을 하였지만 '未詳'이라고 한 곳이 많다.1) 그러나 장여헌 선생이 『易學圖說』에서 풀이한 내용을 보면 선생의 학설이 높은 경지에 가 있음을 알 수 있다.

2) 『주역』의 上經은 복희팔괘의 순차(順次)와 같이 天地定位로 엮어져 있을 뿐만 아니라 대자연의 순리(順理)를 담고 있고, 下經은 문왕팔괘의 순서와 같이 삼각(三角) 관계로 섞여 있으며 내용 또한 인사적으로 설명되어 있다. 이처럼 『주역』의 상하경이 다르듯이 「서괘전」과 「잡괘전」 또한 다르다. 즉, 「서괘전」이 순차적(順次的)이라면, 「잡괘전」은 인사적(人事的)으로 해설이 섞이어 있다.

```
伏犧八卦 → 上經(天地日月, 乾坤坎離) → 序卦傳 → 天地之道
文王八卦 → 下經(咸 恒 旣濟 未濟) → 雜卦傳 → 人 事 的
```

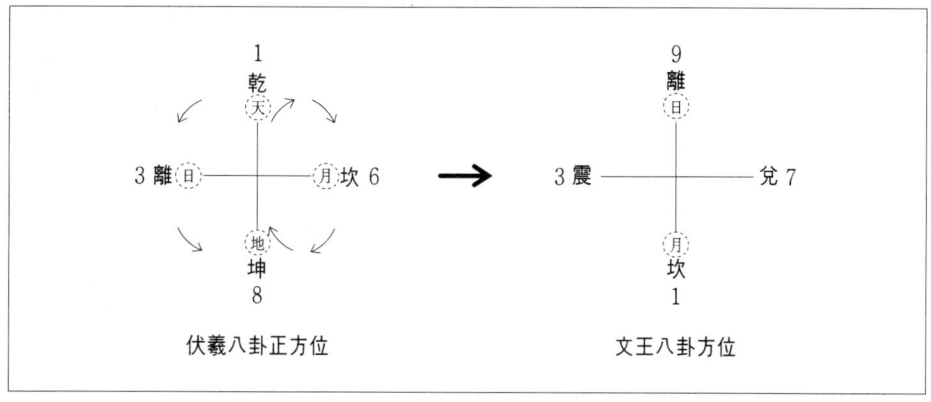

---

1) ①本義:주자의 『주역』에 대한 해설이다. 그것 뿐만 아니라 細註에서도 朱子曰……로 설명한 곳도 많이 있다. 그러나 「잡괘전」에는 주자의 해설이 빠진 곳이 많이 있음을 알 수 있다. ②傳:정이천의 『주역』에 대한 해설이다. 보통 程傳이라고도 한다. 그러나 「잡괘전」 속에는 한 마디도 정자의 설명이 없다. ③備旨:鄭備旨라는 사람의 경전 해설이다. 『備旨周易』도 있는데 「잡괘전」 속 한 곳에서만 설명을 하고 있다.

3) 공자 십익(十翼) 가운데 「계사전」의 내용도 중요하지만 「잡괘전」의 문장은 간결하면서도 함축성 있게 일목요연하게 설명되어 있다. 특히 『주역』 전체의 해설로 보면 「程傳」, 「本義」가 대종(大宗)을 이루지만 그 밖의 雲峰胡氏와 雙湖胡氏의 해설(=細註)이 正說로 되어 있으니, 이 두 사람의 학설을 모아 공부하는 것도 바람직한 방법이라 여긴다.2)

4) 『주역』의 상하경이 다르고 「서괘전」과 「잡괘전」 또한 다르다. 우주 대자연의 운행하는 과정은 변함이 없지만 천지 간에 존재하는 인간이 이것에 대한 이용 여하에 따라서 변화가 일어나고 달라진다. 「잡괘전」은 상잡(相雜)이 되어 있으나 자세히 보면 질서 있게 섞여 있으며, 그 속에는 많은 이치가 내포되어 있다. 아마도 공자가 「잡괘전」을 쓰면서 또 한번 힘을 불끈 주어서 우매한 인간에게 심오한 진리를 암시해 준 것이 아닐까 한다.

5) 「잡괘전」에 대한 論者는 많이 있어 왔다. 이 論 중에서 특히 소강절의 『황극경세론』에 의해 一元度數인 129,600년이라는 말이 처음으로 나온다. 또 「잡괘전」은 점서적인 측면에서 볼 때 가장 함축성 있게 설명되어 있으니, 이 「잡괘전」만으로 모든 사물을 결정 짓는 사람도 있다.

---

2) 『周易傳義大全』의 「잡괘전」에 수록된 細註를 살펴 보면 臨川吳氏의 해설이 15회가 있고, 節齋蔡氏가 10회로 그 다음이 된다. 雙湖胡氏는 3회이고, 雲峰胡氏는 1회이지만 가장 깊고 무게 있게 해설한 사람은 雲峰胡氏로 「잡괘전」의 전체적인 설명을 하였으니 참고할만 하다.

乾剛坤柔 l 오

乾은 剛하고, 坤은 柔하고,

· 剛:굳셀 강   · 柔:부드러울 유

各說

1) 乾卦는 강건(剛健)함을 상징하고, 坤卦는 유순(柔順)함을 상징한다. 乾·坤을 剛·柔로 말한 것은 質(바탕)的으로 표현한 것이다. 이것은 형이하학적인 풀이이며, 우주 대자연의 시초가 乾·坤으로써 定位됨을 뜻한다.

2) ☰乾卦가 全變이면 ☷坤卦가 된다.

예1) 大哉라 乾乎여 剛健中正純粹 l 精也 l 오…… (乾卦「文言傳」)
 〈종자를 심어줄 수 있는 힘을 가진 것이〉크도다 乾이여! 剛하고 健하고 中하고 正하고 純하고 粹한 것,〈이 여섯 가지를 다 갖춘 것〉이 精이오……

 文言曰 坤은 至柔而動也 l 剛하고 至靜而德方하니…… (坤卦「文言傳」)
 문언에서 말하기를 "坤은 지극히 부드러우면서도 움직임에는 강하고, 지극히 고요하면서도〈땅의〉덕은 방정하니……

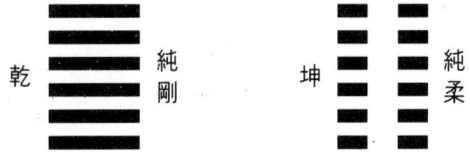

예2) 天尊地卑하니 乾坤이 定矣오…… (「繫辭傳」上 第1章)
 하늘은 높고 땅은 낮으니 乾과 坤이 정하고……

예3) 子曰 乾坤은 其易之門耶 l 져…… (「繫辭傳」下 第6章)
 공자께서 말씀하시기를 "乾坤은 그 易의 문인가?……
 [설명] 대자연의 생성 원리를 말한 것이다.

예4) 有天地然後에 萬物이 生焉하니…… (「序卦傳」上篇)
 하늘과 땅이 있은 뒤에 만물이 나게 되니……

 有天地然後에 有萬物하고…… (「序卦傳」下篇)
 천지가 있은 다음에 만물이 있고……

 乾剛坤柔 l 오…… (「雜卦傳」)
 乾은 剛하고 坤은 柔하고
 [설명] 乾剛坤柔로부터 시작이니 體는 天地다. 그러므로「서괘전」상하편,「잡괘전」모두 天地乾坤이다.

예5) 昔者聖人之作易也는 將以順性命之理니 是以立天之道曰 陰與陽이오 立地之道曰 柔與剛이오 立人之道曰 仁與義니 兼三才而兩之라 故로 易이 六劃而成卦하고 分陰分陽하며 迭用柔剛이라 故로 易이 六位而成章하니라 (說卦傳 第2章)

옛날에 ·성인이 易을 지으심은 장차 性과 命의 이치에 순응하고자 함이니, 이로써 하늘의 도를 세워서〈상징하여〉말하기를 陰과 陽이오, 땅의 도를 세워서〈사용하여〉말하기를 柔와 剛이오, 사람의 도를 세워서〈사용하여〉말하기를 仁과 義니, 三才를 겸하여〈각각〉둘로 한다.3) 그러므로 易이 여섯 劃이 한 卦를 이루고, 陰을 나누고 陽을 나누며 柔와 剛을 번갈아 쓴다. 그러므로 易이 여섯 位가 되어 문장(文章)을 이루는 것이다.

[설명]　　立天之道曰 陰與陽 － 天道는 陰陽
　　　　　立地之道曰 柔與剛 － 地道는 剛柔　｝三才之道
　　　　　立人之道曰 仁與義 － 人道는 仁義

道·地道·人道를 망라하여 빠진 것 없이 두루두루 모든 이치를 담고 있다는 뜻이기도 하다. 그러므로『주역』은 대자연과 인간 만사 전체를 포괄하고 있다.

比樂師憂 l 라

比는 즐겁고, 師는 근심이 있다.

·樂:즐길 락　·憂:근심할 우

各說

1)比卦의 象으로 보면 구오효가 君位, 得中, 得正으로 만민을 도와 왕도 정치를 하는 형태이다. 居上得中正의 君位이니 현비(顯比)이고 결과적으로 길하고 즐겁다. 따라서 五陰의 백성이 一陽의 임금에게 순종하므로 親이요, 有親的 樂이라고 할 수 있다.

---

3) 九四는 重剛而不中하야 上不在天하며 下不在田하며 中不在人이라 故로 或之하니 或之者는 疑之也 l 니 故로 无咎 l 라 (乾卦「文言傳」)
　九四는 重剛이나 득중은 아니어서 위로는 하늘에 있지 아니하며 아래로는 밭(땅)에도 있지 아니하며 가운데로는 사람에 있지 아니한지라. 그러므로 或之하니 或之라는 것은 의심하여 행하는 것이니 허물이 없을 것이다.
　[설명]한 예로서 乾卦 구사효에 대한「문언」을 게재하였다. 즉, 위의 문장을 제대로 해석하려면 三才之道로써 풀이하여야 한다.『亞山의 周易講義』上 122쪽을 참고하라.

예)彖曰 比는 吉也ㅣ며 比는 輔也ㅣ니……(比卦「彖辭」)
　　彖에서 말하기를 "比는 길한 것이며, 比는 돕는 것이니

2) 師卦의 象으로 보면 구이효가 주효로서 10의 무리(陰)를 거느리고 있다. 즉, "九二는 在師하야 中할새 吉코 无咎하니;九二는 군사에 있어서 中을 함에 길하고 허물이 없으니"라고 하였다. 그러나 육오효의 왕명(王命)을 거역할 때는 흉이 뒤따른다. 動衆則憂이며 師行險故憂다. 즉, 사괘「단사」에서 "師는 衆也ㅣ오……;師는 무리요……"라고 했다. 군중, 곧 군대를 움직여 나가는 데는 成敗 문제를 생각하여야 하며, 또한 군율(軍律)을 세워 질서를 바로잡아야 한다. 결론적으로 대중을 이끌어 나아가는 데는 근심이 뒤따르는 법이니 師는 보이지 아니하는 憂가 있는 것이다.4) 師卦의 도전(倒轉)이 比卦이고 比卦의 도전이 師卦이다. 또 樂과 憂가 공존(共存)하고 있으니 이는 잘하고 못하는 데서 나타난다는 것이다.

예) 師는 貞이니 丈人이라아 吉코 无咎하리라 (師卦 卦辭)
　　師는 바르게 해야 하니, 丈人이라야 길하고 허물이 없을 것이다.
　　[설명]丈人은 百戰老將의 대장부 구이효 대장을 하며, 결과적으로 无咎가 된다는 것은 잘못하면 憂로 돌아간다는 뜻이 아니겠는가? 즉, 잘하면 樂이요 잘못하면 憂가 되어, 이는 언제나 상대적인 경우를 말함이다.

臨觀之義는 或與或求ㅣ라

臨과 觀의 뜻은 혹 더불어 하고 혹 구하기도 한다.
・義:옳을 의, 뜻 의　・或:혹 혹　・與:동아리가 될 여, 무리 여, 줄 여　・求:구할 구

各說

1) 임괘는 어떤 사물에 임하였을 때 함께 하는 것을 말하며, 관괘는 정신을 일도(一到)하여 무엇을 보려고 하는 것이니, 보려고 하면 구하여지므로 보려고 하는 것이

---

4) '憂'는 六極 중의 하나로서 형이상학적이고, '患'은 형이하학적이다.
　예)六極은 一日凶短折과 二日疾과 三日憂와 四日貧과 五日惡과 六日弱이니이다 (「洪範九疇」)
　　육극은 첫째가 횡사와 요절이고, 둘째가 질병이며, 셋째가 근심이고, 넷째가 빈곤이며, 다섯째가 악함이고, 여섯째가 몸의 허약함이다.

구하는 것과 같다. 임괘는 음 12월 괘로서 다음에 오는 괘가 正月 泰卦다. 즉, 泰通이 바로 앞에 직면하였으니 臨이요, 정성이 지극하면 볼 수가 있으니 觀卦의 或求라 한 것이 아니겠는가?

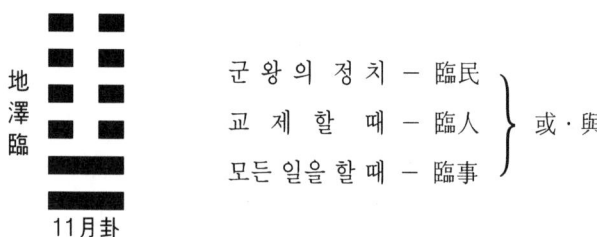

2) 관괘는 四德이 없는 괘다. 따라서 아무라도 노력 정성만 들이면 觀化가 가능하다는 뜻이기도 하다. 그러므로 관괘 괘사에서 "觀은……有孚하야 顒若하리라;觀은……믿음이 있어서 우러러 만나 보는 것과 같을 것이다"하였다. 또 ䷒臨卦를 도전하면 ䷓觀卦가 된다.

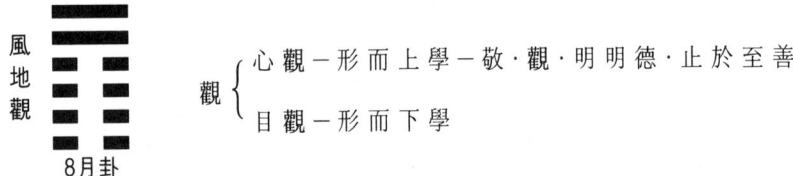

屯은 見(현)而不失其居ㅣ오 蒙은 雜而著ㅣ라

屯은 나타나되 제자리를 잃지 아니하고, 蒙은 〈이리 저리〉 섞이되 현저하게 나타난다.

· 見:나타날 현(=現) · 失:잃을 실 · 雜:섞일 잡 · 著:분명할 저

各說

1) 둔괘는 초창기(草創期)의 혼돈하고 어려운 시기를 상징하는 괘다. 둔괘 「단사」에서 "屯은 剛柔ㅣ 始交而難生하며……;屯은 剛과 柔가 처음으로 교접하여 낳는 데는 어려움이 있으며……"라고 했으며, 「서괘전」에서 "屯者는 物之始生也ㅣ라;屯은 〈일만〉 물건이 처음으로 나는 것이다"고 하였다. 이러한 어려운 상태를 경륜(經綸)하는 데에 군자는 뛰어난 지도자로서 그 자질이 드러나고 바른 도리를 지

킴으로써 그 지위를 잃지 아니하고 어려운 시기를 극복해 나아갈 수가 있다.
　예)屯은 元亨코 利貞하니 勿用有攸往이오 利建侯하니라 (屯卦 卦辭)
　　屯은 크게 형통하고 正固함이 이로우니, 갈 곳이 있으나 쓰지를 말 것이요, 제후를 세우는 것이 이롭다.
　　[설명]둔괘 괘사에서 초창기에 제후를 세우는 것이 不失其居라고 할 수 있다.
2)蒙者는 草昧, 蒙昧也라고 하였다. 따라서 몽괘는 아직도 판단하고 결정할 능력이 없는 상태를 상징하는 괘다. 그러므로 격몽(擊蒙)이나 어구(御寇)를 하면서 마침내 목표에 도달하게 되는 것이다. 즉, 몽괘는 坎卦(險)의 유매(幽昧) 속에 있으면서 艮卦의 광명을 내포하고 있으니 雜而著라고 할 수 있다. 우리가 觀, 敬 공부를 할 때 눈을 감고 광명을 보기 위하여 정신을 유정유일(惟精惟一)으로 집중시키려고 한다. 하지만 정신이 산만하여 이것 저것이 섞이어 나타나는데 이를 雜而著 현상이라 볼 수 있다. ䷂屯卦를 도전하면 ䷃蒙卦가 된다.

　　・雜 → 坎幽昧　　　　・著 → 艮光明也

震은 起也ㅣ오 艮은 止也ㅣ라
　震은 일어나는 것이요, 艮은 그치는 것이다.
・起:일어날 기　・止:그칠 지, 머무를 지

各說

1)震卦는 動이니 起라고 하였고 艮卦는 그치는 것이다. 震은 地雷(地震), 雨雷, 天雷가 합하여 動하는 기점(起點)이 된다.
2)艮卦에서는 地雷와 天雷가 時止則止하고 時行則行하는 것으로 생각할 수 있다. 그리고 '起'는 震의 형이하학적인 표현이지만 분명히 움직임[動]의 시작이라는 뜻이다. ䷲震卦를 도전하면 ䷳艮卦가 된다.
　예)……終萬物始萬物者ㅣ 莫盛乎艮하니…… (「說卦傳」 第6章)
　　……만물을 끝맺음하고 만물을 시작하는 것이 艮만큼 성(盛)한 것이 없으니……
　　[설명]先天의 震方에서 起하여 后天의 艮方에서 止한다는 것이다.

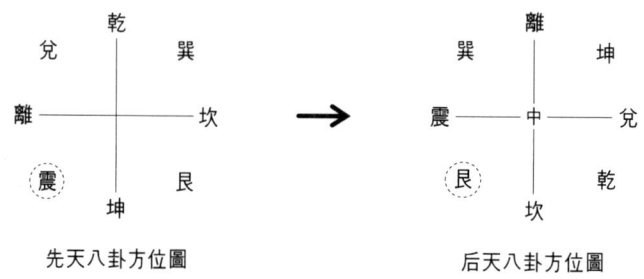

先天八卦方位圖　　　后天八卦方位圖

損益은 盛衰之始也 ㅣ라

損과 益은 성(盛)하고 쇠함의 시작이다.
· 盛:번성할 성, 담을 성　· 衰:쇠할 쇠　· 始:처음 시

各說

1) 손괘와 익괘는 성장하는 것과 쇠퇴하는 것의 시초가 된다. 損이 궁극에 이르면 益이 되고 益이 궁극에 이르면 損하게 되는 것이다. 그러므로 損益은 상호 표리적(表裏的)이고 순환의 이치를 내포하고 있다. 이 원리는 太極→生兩儀(陰陽)와 같다. 즉, 陰이 極에 이르면 陽이 되고, 陽이 極에 이르면 陰이 되는 이치와 같은 것이다. 또 ䷨損卦를 도전하면 ䷩益卦가 된다.

예)無極而太極. 太極動而生陽. 動極而靜. 靜而生陰. 靜極復動. 一動一靜. 互爲其根. 分陰分陽, 兩儀立焉……(「太極圖說」)

무극이면서 태극이다. 태극이 동(動)하여 양을 생성하고 동(動)이 지극하여 정(靜)하게 되며, 정(靜)하여서 음을 생성한다. 정(靜)은 또 지극하여 다시 동(動)하게 되는데 이같이 한번 동(動)하고 한번 정(靜)하는 것이 서로 근본이 되어 음과 양으로 분리되며 여기서 비로소 양의(兩儀)가 성립된다……

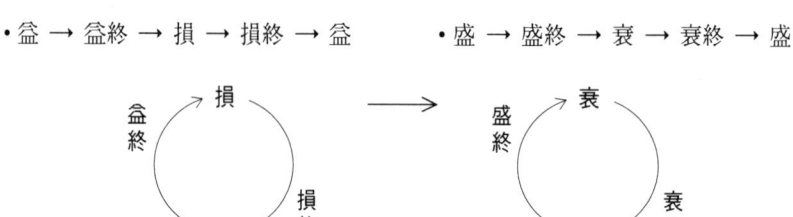

· 益 → 益終 → 損 → 損終 → 益　　· 盛 → 盛終 → 衰 → 衰終 → 盛

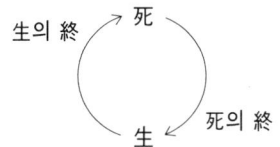

生은 死의 근원(根源)이 되고, 死는 生의 근원이 된다.

大畜은 時也ㅣ오 无妄은 災也ㅣ라
　大畜은 때요, 无妄은 재앙이다.
・時:때 시　・災:재앙 재

各說

1) 크게 기르는 것[大畜]은 어떤 때를 생각하여 기르는 것이다. 그러므로 大畜은 때의 적응에서 이루어지는 것이다. 大事를 도모하고 군대를 양성하는 것은 어떤 때를 예측하고 그 시기의 어려움을 극복하기 위함이다. 이런 까닭으로 大畜은 時也라고 하였다. 대축괘를 살펴 보면 道學的으로 묘사하고 있다. 즉, 크게 기르기 위하여 곧 양현(養賢)을 위하여서 不家食하는 것이다. 또 정치적으로는 군왕이 신하와 백성을 기르는 것이다. 이것은 모두 때[時]를 생각하여 기르는 것이다.
　예)大畜은 利貞하니 不家食하면 吉하니 利涉大川하니라 (大畜卦 卦辭)
　　大畜은 바르게 함이 이로우니, 집에서 먹지 아니하면 길하니 大川을 건너는 것이 이롭다.
　　[설명]利涉大川을 위하여 大畜, 곧 不家食하고 양현(養賢)을 해야 한다. 그러므로 시의(時宜)에 맞게 공부하고 행동하여야 한다. 養賢의 時宜 ― 利涉大川

2) 无妄은 천재지변(天災地變)의 화(禍)를 말한다. 无妄은 성심(誠心)과 성의(誠意)로써 하고 作爲(不正)함과 허망(虛妄)함이 없는 것을 뜻한다. 이러한 무망의 세상에서 작위와 허망한 마음을 가지면 天災가 오는 것이니 스스로 경계하는 것이다. 즉, 不中正하고 망상(妄想)과 오욕(五慾)에서 헤매는 자에게 无妄之災가 밖에서 온다는[自外來] 것이다. 또 ☰대축괘와 ☰무망괘는 서로 도전괘가 된다. 그러므로 크게 기르고, 대성현을 만들고, 이섭대천을 하려면 无妄됨이 없어야 한다. 즉, 中正之心으로 세상을 살아가야 하고 德을 길러야 하는 것이다.
　예1)无妄은 元亨하고 利貞하니 其匪正이면 有眚하릴새 不利有攸往하니라 (无妄卦 卦辭)
　　无妄은 크게 형통하고 곧음이 이로우니, 그것이 바른 것이 아니면 재앙이 있으니 갈 바가 있으나 이롭지 아니하다.

[설명]无妄은 天雷이니 하늘에서 우레를 맞는 것이고, 不正하고 不中하면 생(眚)이 있다는 것이다.

예2) 詩云 永言配命이 自求多福이라하며 太甲曰 天作孼은 猶可違어니와 自作孼은 不可活이라하니 此之謂也니라 (『孟子』「公孫丑」上)

『시경』에 이르기를 "길이 말하여 명(命)의 짝이 스스로 많은 복을 구하는 것이다"고 하였으며, 「태갑」에 이르기를 "하늘이 지은 재앙은 오히려 피할 수 있으나, 스스로 지은 재앙은 살지 못한다"고 하였으니, 이것을 말한 것이다.

- 天作之孼 猶以違也 — 災也
- 自作之孼 不可活也 — 眚也

萃는 聚而升은 不來也ㅣ라

萃는 모으는 것이고, 升은 오지 아니하는 것이다.

· 聚:모일 취, 모을 취 · 來:올 래

各說

1) 萃卦는 「단사」에서 "萃는 聚也니……;萃는 모으는 것이니……"라고 했다. 괘상으로 보아서 ☱☷ 澤地萃이니 지상의 못에 물이 모이는 것과 같다[澤聚而下水]. 또 백성을 취합하는 데는 어느 정도의 물화(物貨)가 있어야 한다는 뜻이다.

2) 升卦는 「대상」에서 "地中生木이 升이니……;땅 속에서 나무가 살아 나오는 것이 升이니……"라고 하였다. 즉, 상승 전진하여 되돌아오지 아니하는 것이다. 地風升卦는 괘상에서 볼 때 선천에서 후천으로 건너가서 돌아오지 아니하는 것을 말하며, 건너가는 데는 반드시 日午中天 곧 離를 거쳐서 가야 한다. 즉, 크기 위해서 일조(日照), 곧 태양 離를 거쳐서 가야만 한다. 또한 ☱☷ 萃卦를 도전하면 ☷☴ 升卦가 된다.

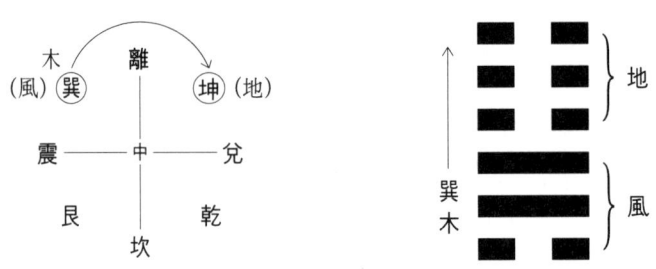

謙은 輕而豫는 怠也ㅣ라

謙은 가볍고, 豫는 게으른 것이다.

· 輕:가벼울 경 · 怠:게으를 태

各說

1) 겸괘는 스스로를 무겁고 큰 것으로 자처(自處)하지 아니하고 가볍다고 생각하는 마음이다.

2) 예괘는 미리 안다는 것으로 이는 모든 일에 자신감이 있어 자연 게으름을 피우게 된다는 것이요, 또 즐거움이 있다는 것이다. 이런 까닭으로 예괘「大象」에서 "作樂崇德하야······;예악을 만들어 덕을 숭상하여······"라고 하였다. ䷎겸괘와 ䷏예괘는 상호 도전괘이다. 즉, 예지(豫知)하면 겸손하게 되고 겸손으로써 예지하게 된다는 것이다.

예1) 謙者는 視已若甚輕하고 豫則有滿盈之志而怠矣라 (『周易傳義大全』紫氏中行)

謙이라는 것은 경솔하게 보일 따름이고, 豫는 가득 차 있는 마음이므로 게으른 것이다.

예2) 象曰 謙謙君子는 卑以自牧也ㅣ라 (謙卦 初六「小象」)

象에서 말하기를 "謙謙君子는 〈내 몸을〉 낮추어 스스로 기르는 것이다"고 하였다.

噬嗑은 食也ㅣ오 賁는 无色也ㅣ라

噬嗑은 먹는 것이요, 賁은 색이 없는 것이다.

· 食:밥 식 · 无:없을 무 · 色:빛 색

各說

1) 서합괘는 괘상으로 보아 頤中有物이므로 씹어서 합하는 것이니 먹는 것이라고 하였다.

2) 비괘는 장식하는 것이니 대자연을 꾸미는 일은 일정한 색이 있을 수가 없다. 그러므로 원색(原色)인 白色을 无色이라고 할 수 있다. 无色은 우주 대자연을 뜻한다. 왜냐하면 대자연을 꾸미는 데 있어 원래의 天賦之性이 无色(白色)이라고 할 수 있기 때문이다. 이것으로 보아 공자의 우주관의 도량이 얼마나 넓은 것인가를 알 수 있다. ䷔噬嗑卦를 도전하면 ䷕賁卦가 된다.

无色 → 本色 → 白色 → 天賦之性(止於至善)

兌는 見(현)而巽은 伏也ㅣ라

兌는 나타나는 것이고, 巽은 〈들어가서〉 엎드리는 것이다.
· 伏:엎드릴 복

各說

1) 兌卦는 「단사」에서 "兌는 說也ㅣ니……;兌는 기뻐하는 것이니……"라고 하였다. 기뻐하는 감정은 밖으로 나타나는 것이므로 見(=現)이라고 하였다. 태괘를 괘상으로 보면 上位의 陰이 二陽을 누르며 위에 있고, 또 內外로 보면 밖에 나타나 있으니 見이라고 한 것이다.

2) 반대로 巽卦는 陰이 最下位에 있으니 入이라고 하였고, 이를 陰이 內에 伏한 것으로 취상한 것이다. ☱兌卦를 도전하면 ☴巽卦가 된다.

　예) 兌는 陰外見하고 巽은 陰內伏이라 (『周易傳義大全』「本義」)
　　 兌卦는 陰이 밖으로 나타나고 巽卦는 陰이 안에 엎드린 것이다.

〈 兌 → 悅 → 外 → 見　　陰外見
　 巽 → 入 → 內 → 伏　　陰內伏

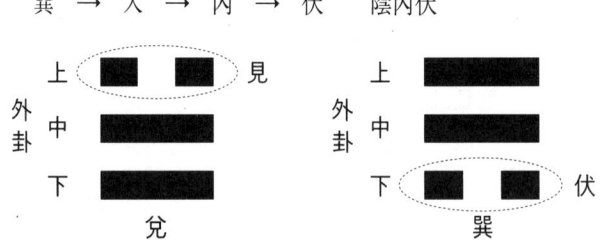

隨는 无故也ㅣ오 蠱則飭也ㅣ라

隨는 연고가 없는 것이요, 蠱는 닦는 것이다.
· 无:없을 무　· 故:연고 고　· 飭:닦을 칙, 신칙할 칙, 부지런할 칙

各說

1) 남을 따라서 하는 것은 아무런 연고(緣故)가 없다. 곧 무조건 따라간다는 것이다. 隨卦는 시의(時宜)에 따라서 가는 것이다. 그러므로 이미 이루어진 상황에 순종함

이니 별다른 사고가 있을 수 없는 것이다. 그러나 남을 따르는 데는 많은 수양이 필요하다. 특히 舍己從人이 隨니 옳은 사람을 따르는 것은 쉬운 일이 아니다. 시의(時宜) 또한 잡기가 어렵다. 그러므로 隨卦「彖辭」에서 "……隨時之義ㅣ 大矣哉라;때를 따르는 뜻이 참으로 크도다"고 하였다.

2) 고괘는 일이 있음을 상징한다. 일하여 세상 일을 바로잡아 다스려야 한다. 수칙(修飭)하고 정비(整備), 치견(致堅)하여 나아가는 것을 말한다. 곧 파괴는 건설의 근본이 된다는 뜻과도 같다. 「서괘전」에서 "蠱者는 事也ㅣ라;고라는 것은 일이다"고 하였으니, 삼라만상의 모든 일이 허물어지고 망가졌다면 새 것으로 발전한다는 것이다. 즉, 세상이 좀(마음의 좀)이 먹어 버린다면 좋은 것으로 대체되어 발전한다는 뜻이다. ䷐隨卦를 도전하면 ䷑蠱卦가 된다.

剝은 爛也ㅣ오 復은 反也ㅣ라

剝은 익어서 떨어지는 것이요, 復은 되돌아오는 것이다.

· 爛:익을 란, 썩을 란, 밝을 란 · 反:되돌릴 반

各說

1) 剝은 사물이 벗겨져 떨어진다는 뜻이다. 따라서 사물이 궁극에 도달하면 떨어져서 다시 처음으로 되돌아오는 것이니 復은 反也다. ䷖剝卦를 도전하면 ䷗復卦가 된다.

· 爛熟:①과실이 잘 익음. ②사태가 성숙하여 이미 쇠미해지기 시작함. ③사물을 잘 체득하여 충분히 이해함.

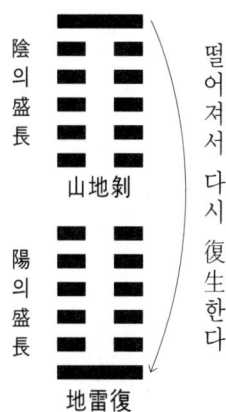

剝卦는 象으로 보아 陰이 陽을 먹어 들어가는 형상이니 爛이라고 할 수 있다. 즉, 剝卦는 음 9월로서 조락(凋落)의 때이므로 떨어지고 깎여가는 것이다.

復卦는 음 11월 괘로 陽이 시생(始生)하여 박괘 때를 지나 삼라만상이 소생하는 형상이다. 그러므로 剝에서 復으로 돌아오는 것이 反生이다.

晋은 晝也ㅣ오 明夷는 誅也ㅣ라

晉은 낮이요 明夷는 베어서 상하는 것이다.
· 晝:낮 주 · 誅:벨 주

各說

1) 晉卦의 象은 태양이 지상에 솟아오르는 상이니 낮[晝]을 상징한다.
2) 반대로 明夷卦의 象은 태양이 지하에 있다. 즉, 밝음의 덕이 발휘되지 아니하고 손상되는 象이니 誅라고 하였다.5)

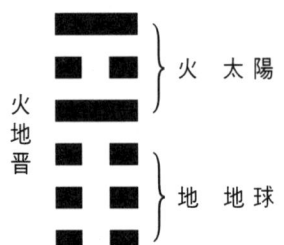

晉卦는 태양이 지상에 떠 있는 밝은 낮을 뜻한다. 사람으로 치면 성인 군자의 位다. 사회적인 측면으로 말하면 태평성세(太平盛世)를 의미한다.

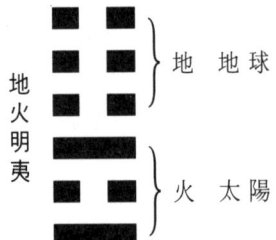

明夷卦는 晉卦의 도전(倒轉)이다. 해가 지고 밤이 된 형상이다. 성인 군자라면 내부(마음속)로는 훤히 알고 있으나 외부로는 암흑의 형태로 보이는 것을 뜻한다.

井은 通而困은 相遇也ㅣ라

井은 통하고 困은 서로 만나는 것이다.
· 通:통할 통 · 相:서로 상 · 遇:만날 우

---

5) 「잡괘전」은 공자가 易의 한 단편(斷片)을 함축성 있게 조명(照明)한 것이다. 그러므로 이 단편들을 역의 전부로 생각해서는 아니 된다.

各說

1) 井卦는 상호 통하는 것이다. 땅 속의 지하수가 상하로 상통되는 이치다. 또 샘과 샘은 서로 통하여 있는 것이며, 우물이라는 것은 아무나 고래(古來)로부터 상용(常用)하는 것으로 사람들의 마음에 믿어져 왔다. 즉, 물은 아무리 인심이 박하여도 이웃간에 나눠 먹는 것으로, 우물은 아무에게나 적용되며 개방되어 상통되는 것이다. 이러한 우물의 성질을 종합하여 井은 通이라고 한 것이다.

2) 困卦는 難하고 凶卦의 하나로서 길이 막히고 곤궁(困窮)한 상태를 의미한다. 자기 자신이 困하니까 아는 사람이나 혹은 어딘가를 붙잡거나 물어 보고 싶다.6) 그러므로 困하게 되면 반드시 만나서 붙잡으려고 한다. 무엇을 붙잡고 만나게 되면 마음을 고요히 하지 못하고 그 지조(志操)를 지키지 못한다. ䷯井卦를 도전하면 ䷮困卦가 된다.

• 君子의 困: 군자는 順天을 하여 수양을 쌓아서 困을 꿋꿋하게 극복하여 나아갈 수 있는 지혜와 슬기가 있어야 한다.

  예) 困은 亨코 貞하니 大人이라 吉코 无咎하니 有言이면 不信하리라 (困卦 卦辭)
  困은 〈장래에는〉 형통하고 바르니 대인이어야 길하고 허물이 없으니, 〈실천이 없고〉 말만 있으면 믿지 않을 것이다.
  [설명] 困은 현재는 좋지 아니하지만 장래는 형통하다. 또 올바르게 행동해야 한다는 경계사(警戒辭)로 볼 수 있다.

• 小人의 困: 소인은 눈앞에 보이는 困한 현재의 현실만을 바라보기 때문에 좌절하여 세상을 개탄하는 일이 많아 困에서 헤어나지 못하는 수가 많다. 이것이 군자의 困과 다른 점이다.

※「잡괘전」의 순서로 보면 井卦는 29째 괘가 되고, 困卦는 30째 괘가 된다. 즉, 困卦는 선천의 마지막 괘로서 難하고 凶한 괘이니, 中天 시기가 되어서 발생하는 시대상과 사회상을 말한 것이 아니겠는가?「잡괘전」에서 후천의 시초는 咸·恒卦가 된다.

咸은 速也 l 오 恒은 久也 l 라

咸은 빠른 것이요, 恒은 오랜 것이다.

---

6) 소위 점집인 철학관(哲學館)을 드나드는 사람들은 困하기 때문이라고 볼 수 있다.

・速:빠를 속 ・久:오랠 구

各說

1) 咸卦의 象으로 보아 少男과 少女가 相交하는 것이다. 따라서 咸은 남녀가 서로 느끼는 형이상학적인 심리 작용을 표현한 말이다. 또 사물이 서로 호응함에 감응(感應)보다 더 빠른 것은 없다. 그러므로 빠름이 항상한다면 한결같이 오래오래 간다는 것이다. 이것이 恒이다.

예1) 感爲天下至速之道 所謂不疾而速者也 (『周易傳義大全』白雲郭氏註)

感은 천하의 지극히 빠른 道가 된다. 소위 빠르지 아니해도 빨리 하는 것이다.

예2) 有感則應 故速常故能久 (『周易傳義大全』節齋蔡氏註)

感이 있은즉 應이 있다. 그러므로 빠름이 항상하는 까닭에 능히 오래 한다.

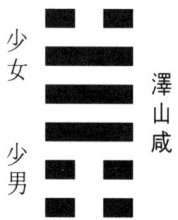

咸卦는 下經의 시초이다. 정력이 왕성한 소남과 소녀에게 집을 맡기고 感應이 빠른 젊은이에게 장래를 약속해 보는 형태이다. 남녀 교감(交感)의 이치가 이 속에 있으니 인륜(人倫)의 시초요 만복(萬福)의 근원이 되는 것이다.7)

天地의 氣運이 交感 → 男女의 感應 → 大自然의 섭리(攝理) → 速也

恒卦는 咸卦의 도전괘(倒轉卦)다. 夫婦之道로 설명 비교하고 있으니 이 세상이 영원토록 이어나가자면 부부는 항상하고 영구히 어져 나가야 한다. 그러므로 "恒은 久也"라고 하였다.

---

7) 泰卦는 형이상학적으로 음양이 교감된 상태이다. 이와 같이 咸卦도 泰卦의 원리와 같다. 즉, 兌와 艮은 근원적으로 기운이 상통되므로 서로 궁합이 맞고, 또 같이 오래 오래 살아야 한다. 그러나 돌아가야 할 때는 있지 아니하겠는가?

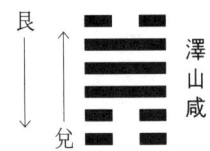

渙은 離也ㅣ오 節은 止也ㅣ라

渙은 떠나는 것이요, 節은 그치는 것이다.

・離:떼놓을 리 ・止:그칠 지, 머무를 지

各說

1) 「서괘전」에서 "兌者는 說也ㅣ니 說而後에 散之라 故로 受之以渙하고 渙者는 離也ㅣ니 : 兌는 기뻐하는 것이니 기뻐한 뒤에 흩어지는 것이다. 그러므로〈兌卦 다음에〉渙卦로 이어받고, 渙은 떠나는 것이니"라고 하였고, 渙은 離散의 뜻을 내포하고 있다. 여기서 離는 心이 떠나는 것이요, 散은 事가 흩어지는 것이다. 그러므로 渙은 마음이 풀어져 흩어지는 상태를 뜻한다.

2) 節은 생활에서 절도와 절제를 하여 알맞게 멈추라는 뜻이다. 우리는 苦節과 甘節을 조절하는 조화(造化)와 남자는 元, 여자는 貞을 주장하나 元貞에 의한 조화로써 中節이 되어야 한다.

예1) 節은 亨하니 苦節은 不可貞이니라 (節卦 卦辭)

節은 형통하니, 쓴 節은 가히 바르지 못하다.

[설명] 節이 지나쳐 아주 극도에 달하였을 때 節을 지키기 위하여 수고롭고 아주 쓴 시기가 苦節이다. 이러한 것은 가히 오래가지 아니하며, 각고의 힘으로 苦節을 한다면 자체의 苦節은 그대로 가지 않고 甘節로 바뀌어진다는 것이 不可貞이다. 이것은 천지의 이치며 천지 순환의 원리이다.

예2) 九五는 甘節이라 吉하니 往하면 有尙하리라 (節卦 九五爻辭)

九五는 절도에 알맞게 하는지라. 길하니,〈그대로〉나아가면 가상(嘉尙)함이 있을 것이다.

象曰 甘節之吉은 居位中也ㄹ새라 (節卦 九五 「小象」)

象에서 말하기를 "甘節之吉은〈九五의〉位가 中正에 있기 때문이다"고 하였다.

[설명] '甘節'은 군위에 있으면서 모든 절차에 알맞게 하기 때문에 모든 일이 내 뜻과 마찬가지로 알맞게 되는 형상을 말한다. 구오효가 中正之道에 있기 때문에 甘節은 곧 中節이라 할 수 있다.

節은 우리에게 지구의 변화를 알려 주는 것이다. 즉, 1節은 15日 간에 해당하고, 24節→72候→4季節→1年이다. 모든 節은 時다. 우리에게 직접, 간접으로 암시하여 주고 있다. 『주역』 전체로 보아 60괘째가 節이 된다. 이 지구의 나그네로 왔다가 잠시 머물러 가는 우리 인생에게 한번 돌이켜 볼 수 있는 시기가 곧 節(=止也)이 아닌가 한다. 또 ䷺渙卦를 도전하면 ䷻節卦가 된다.

渙卦 → 風散水 → 離散
節卦 → 澤放水 → 止水

解는 緩也ㅣ오 蹇은 難也ㅣ라

解는 늦추는 것이요, 蹇은 어려운 것이다.
· 緩:늦을 완 · 難:어려울 난

各說

1) 解卦는 더디고 늦게 한다는 것이며, 어떤 속박에서 해방이 되어 서서히 해결해 나가는 상태를 뜻한다.
2) 蹇卦는 다리를 저니 어렵다는 것이다. 蹇卦는 四難괘 중의 하나이다. 難卦에는 반드시 ☵坎卦가 들어 있으니 難하고 險하다는 말이 사용되고 있음을 알 수 있다.8) ䷧解卦를 도전하면 ䷦蹇卦가 된다.

   예)彖曰 蹇은 難也ㅣ니 險在前也ㅣ니 見險而能止하니 知矣哉라……(蹇卦「彖辭」)
   彖에서 말하기를 "蹇은 어려운 것이니 험한 것이 앞에 있으니, 험한 것을 보고 능히 그칠 줄 아니 지혜로운 것이다……"고 하였다.
   [설명]坎이 凶하고 難하기 때문에 취길(取吉)하는 방법론으로 말한 것이다.「大象」에서 "……君子ㅣ 以하야 反身脩德하나니라……군자가 이로써 자신을 돌이켜보고 덕을 닦는 것이다"고 하여 이것만 이행되면 吉로 갈 수 있는 방법을 제시해 놓았다.

睽는 外也ㅣ오 家人은 內也ㅣ라

睽는 밖이요, 家人은 안이다.
· 外:밖 외 · 內:안 내

各說

1) 睽卦는 엿보는 것이다. 엿보는 것은 외면적 행동으로써 밖으로 나타난다. 그러므로 睽는 外也라고 하였다. 또 규괘는 남과 반목질시(反目嫉視)하여 서로 소외(疎外)하는 것을 상징하는 괘다.

---

8)『주역』64괘 중에서 四難卦가 있는데 ䷦水山蹇卦를 비롯하여 ䷂水雷屯卦, ䷜重水坎卦, ䷮澤水困卦가 그것이다.

2) 家人卦는 최소 단위의 집합체 곧 가정을 다스리는 도리를 설명한 것이다. 이것은 마음속으로 생각하며 최소의 집안 일에 국한한 것이니 家人은 內也라고 하였다. 睽卦를 도전하면 ☰☲ 家人卦가 된다.

예1) 睽者는 疏而外也ㅣ오 家人者는 皆親而內也ㅣ라 (『周易傳義大全』 進齋徐氏)
규라는 것은 소외되고 밖이요, 가인이라는 것은 대개 가까워지고 안이다.

예2) 睽卦는 六五在外爲主ㅣ오 家人卦는 六二在內爲主ㅣ라 (『周易傳義大全』 臨川吳氏)
규괘는 육오효가 外卦에 있으면서 主爻가 되고, 가인괘는 육이효가 內卦에 있으면서 主爻가 된다.

否泰는 反其類也ㅣ라

否와 泰는 그 類를 되돌리는 것이다.

·反:되돌릴 반 ·其:그 기 ·類:무리 류, 동류 류

各說

1) 否卦와 泰卦는 서로 정반대의 상황을 표현하고 있으며, 또한 같은 類에 돌아가게 되는 것이다. 泰卦의 상황이 궁극에 이르면 否卦가 되고 否卦의 상태가 궁극에 도달하면 泰卦의 상태로 돌아가는 것이다. 이것은 순환의 원칙을 말한 것이다.

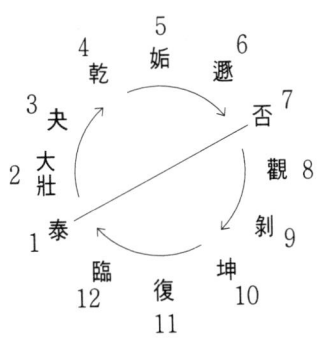

否卦를 도전하면 泰卦가 된다. 否卦와 泰卦는 서로 陰陽配合卦9)이므로 反其類가 된다.

---

9) 陰陽配合卦(全變卦): 陰(--)이 陽(—)이 되고, 陽(—)이 陰(--)이 되는 괘 곧 全爻가 변한 괘를 말한다. 예를 들면 重天乾卦의 배합괘는 重地坤卦이다. 64괘의 배합괘는 32괘이다. 易理는 상대성 원리를 만사 만물에서 구하여 연구하는 것이므로 64괘도 음양 배합의 괘를 알아서 그 상대성을 연구하면 좋은 자료가 될 것이다. 간략하게 덧붙인다면, 대자연으로 보면 天(乾)과 地(坤)로 구분되며, 인사적으로 보면 男(陽)과 女(陰)로 구분되며, 만사 만물로 보면 형이상학과 형이하학으로 구분된다. 또한 복희팔괘와 문왕팔괘, 선천과 후천, 오전과 오후로 구분이 된다.

否는 大往小來 ― 小人道長
泰는 小往大來 ― 君子道長 〉反其類也10)

大壯則止오 遯則退也|라

大壯은 그침이요, 遯은 물러가는 것이다.
· 止:그칠 지, 머무를 지, 발 지 · 退:물러날 퇴

各說

1) 大壯卦는 크게 씩씩한 괘이므로 경계(警戒)하는 뜻에서 그치는(머무는) 것이라고 했다. 그 괘상을 보면 陽이 크게 성장하여 陰이 물러가고 있다. 그러므로 군자의 씩씩함이 크게 지나치면 좋지 않을까봐 경계의 뜻으로써 조심성을 가지고 陰을 결단하라는 것이다.11) 「本義」에서도 "止는 謂不進이라;止는 나아가지 못함을 말한다"고 하였다.

2) 遯卦는 은퇴하는 것이다. 그 괘상을 보면 陰이 극성(極盛)하고 陽이 사라져 가고 있다. 이것을 나라의 조정(朝廷)에 비유하여 말하면 군자의 도는 쇠미해져 현신(賢臣)은 초야(草野)에 묻혀 은둔 생활을 하고, 소인의 도는 극성하여 소인배들이 조정을 어지럽히는 형상이다. 이렇듯 모든 사물은 성장이 다하면 그치는 데 이르고, 소인의 세력이

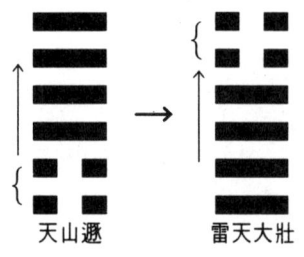

극성하여 권력을 휘두를 때에는 현실을 직시(直視)하는 태도, 즉 順天하는 태도로서 군자는 물러설 줄 아는 용단(勇斷)과 지혜가 필요하다. ☷大壯卦를 도전하면 ☶遯卦가 된다.

---

10) 生은 死의 근원(根源)이 되고, 死는 生의 근원된다. 그러므로 生死는 상호 윤회, 반복되는 것이다.
11) 주역은 어디까지나 君子나 陽 위주(爲主)의 학문이다.

大有는 衆也ㅣ오 同人은 親也ㅣ라

大有는 무리요, 同人은 친한 것이다.
· 衆:무리 중 · 親:친할 친

各說

1) 大有卦는 火天大有이니 陽이 많이 있다는 뜻이지만 괘상으로 보면 유약한 尊位(육오효)가 5陽의 무리를 얻었으니 衆也라고 하였다.
2) 同人卦는 여러 사람이 마음을 함께 하는 것이니 마음이 서로 같으면 以心傳心으로 親하여 진다. 그러므로 親이 동인괘의 본 뜻 속에 자동적으로 내포되어 있다. 大有卦를 도전하면 同人卦가 된다.

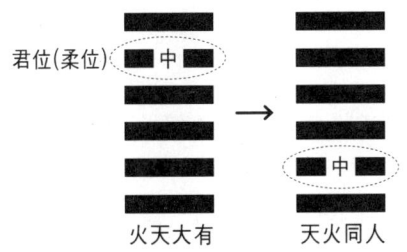

大有卦는 육오효의 尊位에 5양이 호응하여 크게 가지는 괘상이다. 同人卦는 육이효가 유일한 음효이며, 重臣으로서 구오효 王位와 상응하여 여러 사람과 친화(親和)하고 협력하는 상태를 나타낸다.

革은 去故也ㅣ오 鼎은 取新也ㅣ라

革은 낡은 것을 버리는 것이요, 鼎은 새로운 것을 취하는 것이다.
· 去:떠날 거, 갈 거 · 取:취할 취 · 新:새 신, 새로운 신

各說

1) 개혁을 위하여 과거의 잘못과 병폐(病弊)를 제거하는 것이 革이다.
2) 鼎은 솥이다. 솥은 음식물을 넣어서 익혀내는 主器로서 무슨 물건이던지 솥에 들어가 어떤 과정을 거쳐나오면 새로운 것으로 바뀌어 버린다. 그러므로 "鼎은 取新"이라고 하였다.

革卦: 形而下學的 변화 ― 근본적인 변경이 없는 방법론의 변화이다 ― 物理的 변화
鼎卦: 形而上學的 변화 ― 물건을 익혀서 딴 것으로 만들어 내는 것 ― 化學的 변화

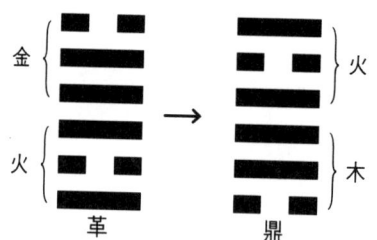

나무로 불을 때는 형상이니 鼎이다.

小過는 過也ㅣ오 中孚는 信也ㅣ라

小過는 지나친 것이요, 中孚는 믿음이다.
· 過:지날 과 · 信:믿을 신

各說

1) 小過卦를 괘상으로 보면 4陰 2陽卦다. 즉, 陰이 조금 많으니 지나친 것이요, 中不及의 상태를 뜻하기도 한다.

2) 中孚卦는 믿음, 정성을 뜻한다. 즉, 信及豚魚에 이르기까지 다하라는 것이다.
   예)中孚는 豚魚ㅣ면 吉하니 利涉大川하고 利貞하니라 (中孚卦 卦辭)
      中孚는 〈보잘 것 없는〉 돼지와 물고기에 통하면 길하니, 큰 내를 건넘이 이롭고 바르게 함이 이롭다.

소과괘와 중부괘는 부도전괘(不倒轉卦)이므로 음양 배합괘로 되어 있다.

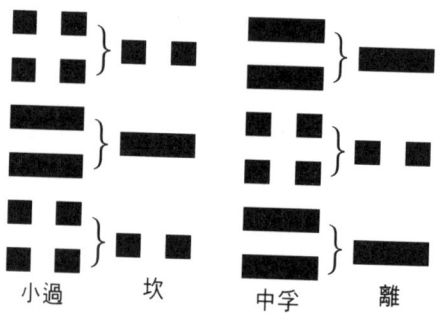

中孚 → 中虛 → 道通
離虛中이 곧 中虛의 상태요 內的으로는 태양처럼 밝고 만사를 다 알 수 있는 능력을 가지고 있다.

豊은 多故ㅣ오 親寡는 旅也ㅣ라

豊은 연고가 많음이요 친한 것이 적음은 旅이다.

· 多:많을 다 · 親:친할 친 · 寡:적을 과

各說

1) 豊卦는 大也라고 하였다. 大事나 豊年이 들면 연고(緣故)가 많다. 여기에는 수많은 희로애락(喜怒哀樂)이 있으니 多故라고 하였다.
2) 친근한 사람이 적은 것이 旅卦다. 즉, 나그네로 다니는 사람이 친근자가 많을 수가 없다.

豊卦는 宜日中이라고 하였다.[12] 正午, 즉 문명 시대를 살아가는 데는 좋은 일, 나쁜 일 등의 변고(變故)가 많을 것이다. 따라서 우리는 이 변화의 과정을 알고 대처해 나가는 방법을 연구해야 한다.

旅卦는 豊卦의 도전괘이다. 일반적으로 방랑하는 나그네가 旅이지만, 여기에서는 우주와 지구상의 대자연과 벗한 우리 인간을 나그네라고 한다면, 두 번 살 수 없는 우리 인생에게 주어진 것이 무엇인가를 깊이 생각해 볼 필요가 있다. 우주가 내 집이고 나의 사랑방이라면 내가 해야 할 일이 어떤 것인가를 생각해 보아야 한다. 여기에 친근자(親近者)가 많이 있을 수 없다.[13]

---

12) 豊은 亨하니 王이아 假之하나니 勿憂홀젼 宜日中이니라:豊은 형통하니, 왕이어야 이르나니 근심하지 않으면 마땅히 해가 한가운데 한다. (豊卦 卦辭)
13) 우리 인생이 지구의 나그네라고 여기고 학문에 정진하고 우주를 한번 파헤쳐보자는 큰 포부로써 일생을 보낸 사람이 곧 張旅軒 선생(1554~1637)이다. 우리 나라에서 旅(나그네)를 가장 많이 느낀 분이며, 나그네로 와서 立地를 세워서 많은 것을 남기고 간 분 중의 한 분이다. 여기서 나그네라는 말은 욕심과 사심이 없이 인생을 살아간다는 뜻이다. 선생은 많은 학설을 남겼는데, 그 중에서 "宇宙要括"이라는 학설과 문집 중의 「易學圖說」은 유명하다. 진실로 나그네처럼 아무런 욕심과 사심이 없이 살다 가셨기에 후인에게 영향을 끼친 바 크다. 지금도 여헌 선생의 정신은 우리의 혈맥에 흐르고 있다. 현재 경북 구미시 인동(仁同)에 있는 동락서원(東洛書院)은 장여헌(張旅軒) 현광(顯光) 선생을 모셨으며, 그 당호(堂號)가 중정당(中正堂)이다. 동락서원은 성리학의 정통파인 염락관민학(濂洛關閩學)의 이름에서 '洛'자를 따오고, 우리 나라를 중국에서 東夷 또는 東震國이라 하였으므로 여기서 '東'자를 따서 서원 이름을 東洛이라 하였다. 이는 우리 나라에서 程朱學의 정수(精髓)를 연구하고 六賢의 德行을 추모한다는 뜻이라고 볼 수 있다. 곧 道學 연구의 총본산이라는 뜻이다.

離는 上而坎은 下也ㅣ라

離는 오르고, 坎은 내리는 것이다.

各說

1) 『서경』「홍범구주」에서 "五行은……水曰 潤下요 火曰 炎上이요; 오행은……물은 적시고 내려가는 것이고, 불은 타고 올라가는 것이다"고 하였다. 즉, 離卦는 火이니 위로 상승하고, 坎卦는 水이니 아래로 내리는 것이다. 형상으로 보아도 불은 타서 위로 올라가고 물은 아래로 흘러서 내려가 大海에까지 나아가게 되는 것이다.

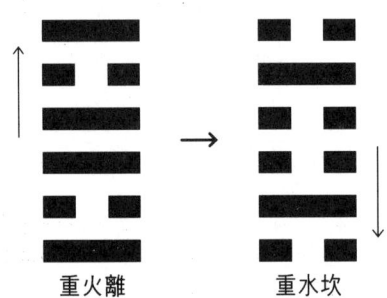

64卦 중 離卦와 坎卦는 부도전괘(不倒轉卦)로 음양 배합괘이다. 坎離는 水火이니 이 水火는 不相雜이요, 不相離이다. 또 우주 삼라만상의 원동력은 이 水火에서 비롯하였다고 한다. 따라서 水火의 발달과 治水의 발전상으로 문화의 척도를 짐작할 수가 있다.

「서괘전」으로 보면 乾坤, 곧 천지가 개벽된 이후 人生於寅, 곧 지구상의 생물은 水로써 이루어졌다고 볼 수 있다. 이것을 살펴 보면 다음과 같다.

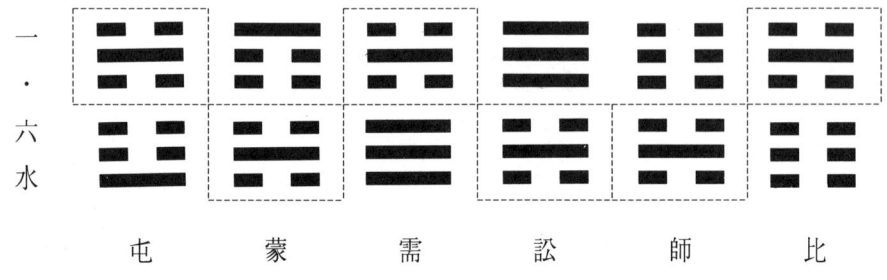

※ 坎爲水이니 6괘에 한 개씩의 水(坎)가 있어 六水로 이루어졌다. 또 무엇보다도 中正이 중요하다는 것을 암시한 것이다.

小畜은 寡也ㅣ오 履는 不處也ㅣ라

小畜은 적은 것이요, 履는 〈한 곳에〉 處하지 아니하는 것이다.

· 寡:적을 과 · 處:살 처

各說

1) 小畜은 적게 기른다. 즉, 小畜은 적은 것이니 무슨 일이든지 잘 되지 아니한다. 소축괘는 5陽 1陰의 괘로서 1陰이 5陽을 기르는 형상이니 크게 구속력이 미치지 아니하는 상태이다. 이것은 마치 文王이 유리옥(羑里獄)에 갇혀 있기 때문에 아무런 힘을 펼 수 없고 실력을 나타낼 수 없는 형상을 뜻한다.

예1) 小畜은 亨하니 密雲不雨는 自我西郊 ㅣ새니라 (小畜卦 卦辭)

小畜은 형통하니, 구름이 빽빽하나 비가 오지 않은 것은 우리 서쪽 교외로부터 일 것이다.

[설명] 소축괘에서 음이 하나뿐이므로 그 힘이 미약하여 陰陽二氣가 충분히 조화되지 못하기 때문에 그 象이 密雲不雨이다. 즉, 密雲不雨는 文王의 뜻이 주왕(紂王)의 방해로 만민에게 혜택을 주지 못하고 있음을 뜻한다. 즉, 미치는 바의 힘이 적으니 때가 올 때까지 기다려야 한다는 것이다.

예2) 六四는 有孚ㅣ면 血去코 惕出하야 无咎ㅣ리라 (小畜卦 六四爻辭)

六四는 믿음이 있으면, 피 흘리는 참사를 피할 수 있고 두려운 데에서 벗어나 허물이 없을 것이다.

[설명] 육사효는 소축괘의 主爻로 문왕의 처지를 대변해 주고 있다.

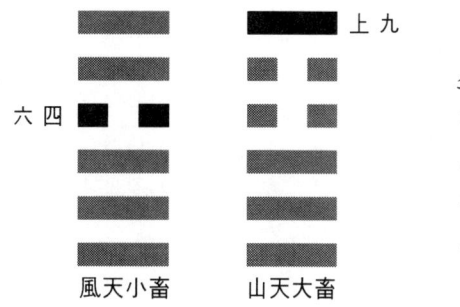

소축은 육사효 陰이 5陽을 길러 주는 것이며, 대축은 상구효 陽이 2陰을 기르는 것이다. 즉, 소축은 陰이 陽을 기르는 것이고, 대축은 陽이 陰을 기르는 것이다.

2) 履卦는 한 곳에 처해 있지 아니한다. 자꾸 이동한다는 뜻이다. 사람의 이력서라고 하면 한 곳에 있는 것이 아니라 이리저리 옮겨간 것을 기록한 것이라고 할 수 있다. 處에는 止, 定, 居의 뜻이 있다. 예를 들어 '處女'는 정지하여 있는 여자라는 뜻

이다. ☴小畜卦를 도전하면 ☱履卦가 된다.

需는 不進也ㅣ오 訟은 不親也ㅣ라

需는 나아가지 않은 것이요, 訟은 친하지 아니한 것이다.
· 進:나아갈 진 · 親:친할 친

各說

1) 需는 須也이다. 곧 기다린다는 뜻이다. 기다리면 나아감이 없어야 한다. 需卦의 象으로 보아서 坎則險이 在前이니 자중(自重)하여 어떤 시기가 올 때까지 남모르게 기다리는 것을 뜻한다. 그러므로 "需는 不進也ㅣ라"고 하였다.

2) 訟卦는 친함이 없기 때문에 송사(訟事)가 있다는 것이다. 인류 사회가 점점 복잡하게 발전함에 따라 개인과 집단 간에 이해 관계가 생기게 마련이다. 서로의 이해가 상반되는 것이라면 친함이 없는 것은 당연하다. 그러므로 "訟은 不親也ㅣ라"고 하였다. 또한 전쟁은 訟의 확대라고 볼 수 있는데, 그 본질에서는 먹고 살기 위한 경제 전쟁이라고 할 수 있다. 그러므로 「서괘전」에 需卦 다음에 訟卦가 있는 것이 아닐까?

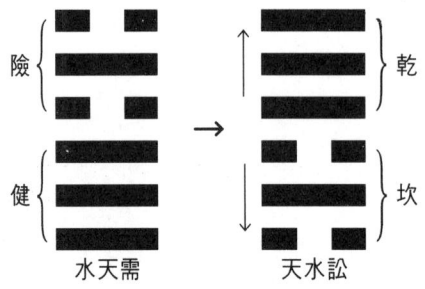

需卦를 도전하면 訟卦가 된다. 需卦는 險(坎水)이 가로놓여 있으니 전진이 곤란하다는 것이고, 訟卦는 天과 水가 상위(相違)하다. 즉, 天의 기운은 위로 올라가고 水의 기운은 아래로 내려가니 不親이라고 한 것이다.

大過는 顚也ㅣ라

大過는 넘어지는 것이다.
· 顚:넘어질 전

各說

1) 大過卦의 象으로 보면 가운데 네 陽은 강하나 本末(始終)인 아래 위 두 음이 약하니 뒤집어진다고 하였다.

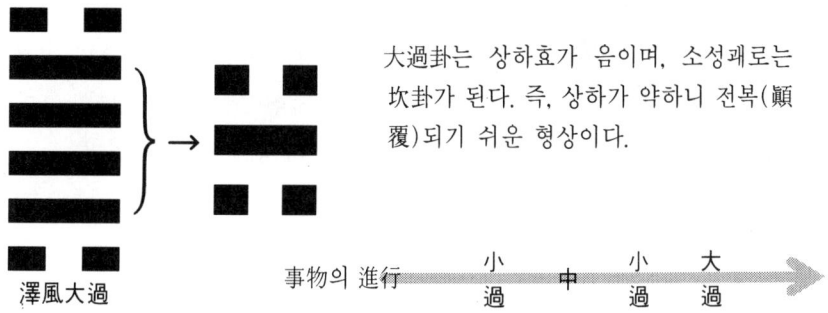

大過卦는 상하효가 음이며, 소성괘로는 坎卦가 된다. 즉, 상하가 약하니 전복(顚覆)되기 쉬운 형상이다.

姤는 遇也ㅣ니 柔遇剛也ㅣ오

姤는 만나는 것이니 柔가 剛을 만나는 것이다.
· 遇 : 만날 우

各說

1) 姤卦의 象은 1陰이 5陽을 만나는(대적하는) 형상이다. 한 여자가 뭇 남자 속에서 군림하는 형태다. 그러므로 이러한 여자는 좋지 아니하다. 姤卦 괘사에서 "姤는 女壯이니 勿用取女ㅣ니라;姤는 여자가 씩씩한 것이니 〈이런〉 여자는 취하지 말라"고 하였다. 즉, 女中男子와 같은 사람이다.

漸은 女歸니 待男行也ㅣ라

漸은 여자가 시집을 가는 것이니 남자의 행함을 기다리는 것이다.
· 歸 : 시집갈 귀, 돌아갈 귀 · 待 : 기대릴 대 · 行 : 행할 행, 갈 행

各說

1) ䷴漸卦를 도전하면 ䷵歸妹卦가 된다. 여자가 시집을 가는 데 친가(親家)가 점점

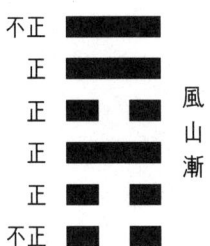

멀어지는 상태다. 그러나 여자의 마음속에는 〈漸卦의 사육효가 正位이므로〉 항상 正心을 가지고 있어야 한다. 또 정신적으로는 止於至善에 머물러 있어야 한다. 또 점괘의 象을 보면 艮卦의 정지(靜止) 현상과 巽卦의 順從이 상하로 구성되어 있으니 함부로 폭주하지 않고 고요히 멈춰 있는 상태이다. 그러므로 여자가 남자를 기다려 시집가서 순종하는 내용이 괘상에 나타나 있다.

頤는 養正也ㅣ오

頤는 바른 것을 기르는 것이요.
· 養:기를 양

各說

1) 頤卦는 올바른 것을 기르는 것이요, 바르게 길러야 吉하다. 인간이 자기 자신을 기르며, 군주가 백성을 기르며, 땅은 만물을 길러내며, 성인이 어진이를 길러 만백성에게 미치게 한다.14)

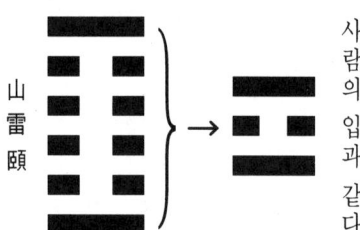

頤卦의 象은 사람의 입과 같다. 입 속에 음식물을 넣어서 먹음으로써 생활이 가능하기에 기르는 것을 뜻한다.

旣濟는 定也ㅣ라

旣濟는 定해진 것이다.
· 定:정할 정, 정해질 정

---

14) 頤卦 범주 속의 의미로 해석되는 養己, 養人, 養志, 養德, 養於人 등은 곧 正道로 해야 한다.

各說

1) 旣濟卦는 이미 다 완성되어 건너갔다는 것이다. 그러므로 이미 모든 것이 결정되어 결과적으로 완벽하게 끝이 났다는 것을 뜻한다. 기제는 時中으로써 이미 끝이 났으므로 定이라고 하였다. 그러나 인간 만사는 吉運이 왕성할 때 언제나 凶한 일이 뒤따름을 생각하여야 하며, 인간은 기제와 미제의 상호 순환의 이치 속에서 살아가고 있음을 염두에 두어야 한다. 그래서 기제괘의 「대상」에서 공자는 旣濟時代의 경계사(警戒辭)로 "思患而豫防之"라고 하였다.

```
6 ▬▬ ▬▬    正
5 ▬▬ 中▬▬  正
4 ▬▬ ▬▬    正
3 ▬▬▬▬▬    正
2 ▬▬ 中▬▬  正
1 ▬▬▬▬▬    正
```

64괘 중 여섯 효 모두 正位를 가지고 있는 괘는 旣濟卦 하나밖에 없다. 모두 제자리를 찾아서 정좌(定座)한 괘다. 그러므로 "旣濟는 定也ㅣ라"고 한 것이 아니겠는가?

歸妹는 女之終也ㅣ오

歸妹는 여자(처녀)의 마지막이다.

· 終:끝날 종

各說

1) 歸妹卦는 여자가 시집가는 것을 표현한 괘다. 여자가 시집을 가는 것으로 제1의 생명이 끝난 것이라 볼 수 있다. 즉, 제1의 인생은 부모님의 슬하에서 생활하는 것이고, 시집을 가면 제2의 인생을 사는 것이라고 생각하기 때문에 "女之終也"라고 하였다.

  예)彖曰 歸妹는 天地之大義也ㅣ니 天地不交而萬物이 不興하나니 歸妹는 人之終始也ㅣ라……(歸妹卦「彖辭」)

  彖에서 말하기를 "귀매는 천지의 큰 의리이니, 천지가 교합하지 아니하면 만물이 흥할 수 없으니, 귀매는 사람의 마침과 시작이다……"고 하였다.

  [설명]人之終始也:여자가 시집을 가는 것은 곧 처녀로서는 마지막이 되고, 부인으로서는 시초라는 뜻이다.

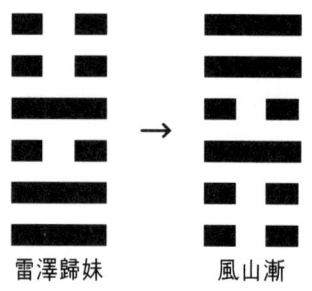

점괘와 귀매괘는 상호 도전(倒轉)이면서도 全變卦가 된다. 여자가 시집을 가는 형태가 친정에서 점점 멀어져 가게 되므로 귀매괘는 점괘와 도전 관계가 된다. 즉, '倒轉'은 시집에서 친정으로 돌아오게 되면 옛것으로 되돌아간다는 것이고, '全變'은 친정에서 시집이라는 완전히 딴 가정으로 변화하고 새로운 환경에 접하여 사는 것을 말한다.

未濟는 男之窮也 l 라

未濟는 남자의 궁함이다.

各說

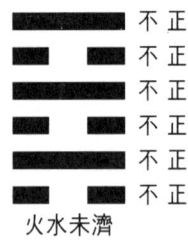

1) 미제괘는 이 우주를 두고 모든 사물에 대한 것을 다 알 수가 있을까 하는 것이다. 64괘 중에서 全爻가 모두 不正인 괘는 미제괘뿐이다. 그러므로 만물을 성취하지 못한다. 즉, 곤궁한 지경에 놓여 있음을 말한다.

예)未濟는 事未成之時也니 水火ㅣ 不交하야 不相爲用하고 卦之六爻ㅣ 皆失其位라 故로 爲未濟라 (『周易傳義大全』 未濟卦「本義」)

미제는 일이 이루어지지 않은 때니, 물과 불이 사귀지 않아서 서로 쓰임이 되지 못하고, 괘의 여섯 효가 다 그 자리를 잃었기 때문에 미제가 되었다.

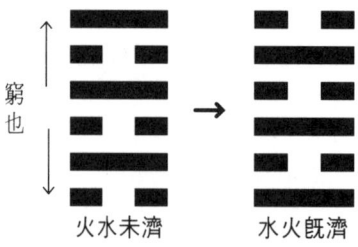

주역 64괘 중 기제괘와 기제괘만 ①全變配合 관계 ②倒轉 관계 ③상호 互卦 관계 ④錯綜 관계의 네 가지 조건을 모두 만족시키고 있다.

미제괘 속에 기제괘가 들어 있고 기제괘 속에 미제괘가 들어 있다. 결국 水火의 상호 작용 없이는 만사(萬事)가 이룩될 수 없다는 뜻이기도 하다. 또 주역이 미제괘로써 끝을 맺은 것은 우주 삼라만상의 이치가 완전할 수 없음을 알려준 것이라 생각한다. 어떻게 하면 미제에서 기제로 나아갈 수 있는 방법론을 연구하고 실천하는 것이 역학을 배우는 주된 목적이 아니겠는가 한다.

夬는 決也ㅣ라 剛決柔也ㅣ니 君子道長이오 小人道憂也ㅣ라

夬는 결단(決斷)하는 것이다. 剛이 柔를 결단하는 것이니, 군자의 도는 길어나고 소인의 도는 근심스러운 것이다.
· 決:터질 결 · 長:길 장 · 憂:근심할 우

各說

1) 夬卦의 象으로 보아서 剛(陽)이 柔(陰)를 결단(決斷)하는 것이니 剛(陽)이 군자이고 柔(陰)이 소인이라면 군자가 소인을 처단하여 결단해내는 형상을 말하였다. 그 이유는 억음부양(抑陰扶陽), 알악양선(遏惡揚善)하는 원리를 夬卦의 정신으로 삼고 있기 때문이다. 그리하여 군자의 도는 성장하여 나가고 소인의 도는 사라지는 것이다.

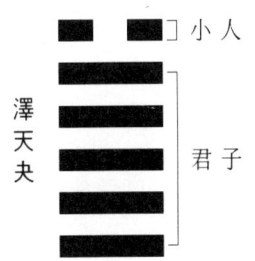

쾌괘는 5陽이 1陰을 결단하는 형상이다. 결단은 형이상학적인 立志가 서 있어야 한다. 그러나 어느 면으로 보면 약간의 미달된 상태, 곧 夬卦 때가 좋고 이것을 오래 간직하려고 노력해야 한다. 즉, 쾌괘 다음에 乾→姤卦로 이어지면 반대로 양의 군자가 물러가고 음의 소인이 득세하는 괘상이 된다. 그러므로 우리는 쾌괘의 君子道長의 상태를 오래도록 간직하는 방법을 강구해야 하는 것이다.

◇澤天夬卦를 「잡괘전」의 끝으로 한 이유를 살펴 보자

1) 공자의 사상, 즉 경전의 사상은—주역은 군자를 위주를 하는 학문이므로—어떻게 하면 군자의 도는 길어져 가고 소인의 도는 사라지게 할 것인가! 라는 목표를 두고 있기 때문이다.

2) 당시의 중원 천지는 주왕실(周王室)의 권위가 무너지고 각국의 제후들이 중원의 패권을 두고 다투던 춘추전국시대였으므로 小人의 道가 판을 치는 시대였다. 이러한 시대적 요구로 어떻게 하면 소인을 군자로 만들 수 있을까 하는 생각에서 夬卦를 끝에 넣어 두었다고 볼 수 있다. 결국 그 시대의 상을 그려 놓은 것이다.
3) 夬卦는 음 3월 괘로서 종자를 파종(播種)하는 시기이다. 결과적으로 파종이 잘 되어야 수확이 잘되는 것이다. 음 9월의 剝卦 때가 결실의 수확기이지만 夬卦 때는 형이상학적인 결산을 예측할 수 있는 때라고 생각한다.

- 夬卦 — 형이상학적인 결산기   • 剝卦 — 형이하학적인 결산기

夬卦의 배합괘가 剝卦이다. 夬—剝—復의 이치를 음양 소장(陰陽消長)의 이치, 태극 속에서 살펴보면 은현기몰(隱顯起沒)의 법칙에 따라 상호 윤회하고 있음을 알 수 있다.

- 순환의 원리 : 夬卦→剝卦→復卦→夬卦→剝卦→復卦→夬卦……; 夬卦→乾卦→姤卦→剝卦→坤卦→復卦→夬卦→乾卦→姤卦→剝卦→坤卦……

4) 夬卦는 결단하는 괘다. 中天의 시기에 와서 결단을 하여 단연코 明德, 止於至善에 노력한 자는 그 무엇인가 光明을 받게 될 것이라는 예고(豫告)의 소리가 아니겠는가?
5) 끝으로 朱子의 견해를 들어 보자.
　예) 自大過以下로 卦不反對하니 或疑其錯簡이나 今以韻恊之면 又似非誤하니 未詳何義라 (『周易傳義大全』「本義」)
　　大過卦 아래로부터는 괘가 반대되지 않으니, 혹 책장이 뒤섞인 것이 아닌가 의심스러우나, 이제 운자(韻字)로 맞추어 보면 또한 잘못되지 않은 것 같으니, 왜 그런지 잘 모르겠다.

※「잡괘전」에 대한 전체적인 고찰

공자가 「서괘전」을 지었음에도 불구하고 왜 「잡괘전」을 끝에다 또 다시 지었겠는가를 고찰할 필요가 있다. 공자가 이 글 속에 비사체와 심오한 이치를 넣어 둔 것이 아닐까 생각한다.

1) 「잡괘전」에는 괘가 「서괘전」과 달리 무질서하게 섞여 있지만 내용을 파악해 보면 상경과 하경의 구분이 엄연히 되어 있고, 「서괘전」과 비교해 볼 때 공통점과 變易, 交易 관계에 있음을 알 수 있다.

가)「잡괘전」 상경에 있는 30괘의 구성을 살펴 보면 다음과 같다.
- 不倒轉卦:乾, 坤 → 2괘.
- 倒 轉 卦:比・師, 臨・觀, 屯・蒙, 震・艮, 損・益, 大畜・无妄, 萃・升, 謙・豫, 噬嗑・賁, 兌・巽, 隨・蠱, 剝・復, 晋・明夷, 井・困 → 28괘(28괘÷2=14괘).

따라서 도전과 부도전을 상호한 괘로 보면 「잡괘전」 상경은 16괘(2괘+14괘=16괘)로 구성되어 있는 셈이다.

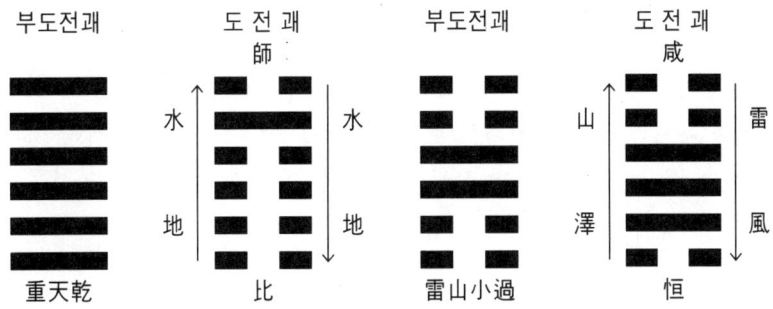

나)「잡괘전」 34괘로 구성된 하경이 咸・恒괘로부터 시작되는 것은 「서괘전」의 차서와 같고, 「잡괘전」 하경의 구성을 살펴 보면 다음과 같다.
- 不倒轉卦:小過・中孚, 離・坎, 大過・頤 → 6괘.
- 倒 轉 卦:咸・恒, 渙・節, 解・蹇, 睽・家人, 否・泰, 大壯・遯, 大有・同人, 革・鼎, 豊・旅, 小畜・履, 需・訟, 姤, 漸, 旣濟, 歸妹, 未濟, 夬 → 28괘(28괘÷2=14괘)

따라서 도전과 부도전을 상호한 괘로 보면 「잡괘전」 하경은 20괘(6괘+14괘)

로 구성되어 있다. 결과적으로「잡괘전」상경 16괘와 하경 20괘가 되어 총 36괘이다. 易의 모든 이치가 36數 속에 들어 있다. 예를 들면 36宮, 36虛數 등이다. 또「잡괘전」하경이 상경보다 4괘가 더 많은데, 이것은「서괘전」의 상하경의 卦數의 차이와 같다.

다)「서괘전」64괘를 표로써 살펴 보면 다음과 같다.

$$上經\ 30卦 \begin{cases} 不倒轉卦:乾,\ 坤,\ 頤,\ 大過,\ 坎,\ 離(6괘) \\ 倒\ 轉\ 卦:나머지(24괘 \to 12괘) \end{cases} 18卦$$

$$下經\ 34卦 \begin{cases} 不\ 倒\ 轉\ 卦:中孚,\ 小過(2괘) \\ 倒\ 轉\ 卦:나머지(32괘 \to 16괘) \end{cases} 18卦$$

따라서 도전과 부도전을 상호한 괘로 보면 결과적으로「서괘전」상경 18괘와 하경 18괘가 되어「잡괘전」과 같이 총 36괘로 구성되어 있다.

라)「잡괘전」상경 30괘는 180효로 되어 있는데, 그 중 음효가 108개이고 양효가 72효로 되어 있어 음효가 36개가 많다. 하경 34괘는 총 204효로서 그 중 음효가 84효이고 양효가 120효로 되어 있어 양효가 36개[15]가 많다.「잡괘전」상하경의 총 효수는 384개이다.

마) 앞에서 설명한 내용을 바탕으로「잡괘전」과「서괘전」의 공통점 찾아보자. ① 도전과 부도전을 상호한 괘로 보면 결과적으로 합이 36괘가 되는 것이 서로 같다(體와 用). ②「잡괘전」의 부도전괘와「서괘전」의 부도전괘는 서로 交易 관계이다. ③「잡괘전」의 도전괘는 상하경이 같으나 부도전괘로써「서괘전」과 조절하여 놓았다. 그러므로 도전괘는 부도전괘의 雜卦(用事)라고 할 수가 있다. ④「서괘전」과「잡괘전」모두 상경은 乾·坤卦로 시작하고, 하경은 咸·恒卦로 시작하는 것이 공통이다.

2)「서괘전」의 64괘와「잡괘전」의 64괘를 살펴 보면,「서괘전」상경 12괘가「잡괘전」하경으로 가고, 그 대신「서괘전」하경에서「잡괘전」상경으로 12괘가 왔다.

•「서괘전」상경괘가「잡괘전」하경으로 간 괘:否, 泰, 大有, 同人, 離, 坎, 小畜, 履, 需, 訟, 大過, 頤의 12괘이다.

---

15) 팔괘의 숫자 합이 36이고, 팔괘의 음·양효수의 합이 36이다.

• 「서괘전」 하경괘가 「잡괘전」 상경에 온 괘:震, 艮, 損, 益, 萃, 升, 兌, 巽, 晋, 明夷, 井, 困의 12괘이다.16)

　12괘의 상호 왕복됨은 아마도 열두 달의 1년을 뜻하고, 전체적으로는 24절후의 상징이라고 생각해 볼 수 있다.

3) 『주역』에는 12시의 종류가 세 가지로 나와 있다. 예를 들면 다음과 같다. "時義大矣哉"는 豫卦, 隨卦, 遯卦, 姤卦, 旅卦(5괘)에 있으며, "時用大矣哉"는 坎卦, 睽卦, 蹇卦(3괘)에 있으며, "時大矣哉"는 頤卦, 大過卦, 解卦, 革卦(4괘)에 있다. 따라서 도합 12時가 된다. 이 12시를 「서괘전」과 「잡괘전」 상하경으로 구분하여 살펴 볼 필요가 있다.

• 「서괘전」 〈 상경 5괘 — 5時 / 하경 7괘 — 7時 〉 배열　• 「잡괘전」 〈 상경 2괘(豫, 數) — 2時 / 하경 10괘 — 10時 〉 12時

　「잡괘전」 하경에 時를 더 많이 넣어 두었다. 인사적인 사항이기 때문이다.

4) 자연의 운행 과정의 기록인 12월 괘명으로써 「서괘전」과 「잡괘전」을 상호 비교하면 공통점을 발견할 수 있다. 12월 괘를 「서괘전」으로 보면, 상경에는 乾, 坤, 否, 泰, 觀, 臨, 剝, 復卦로서 8괘가 있고, 하경에는 遯, 大壯, 夬, 姤卦로서 4괘가 있다. 乾·坤卦의 定位를 제외하고(합해도 상관은 없다) 각 상하경의 양·음효를 셈하면 상경의 양효는 12개가 되고 음효는 24개가 된다. 또 하경의 양효는 18개가 되고, 음효는 6개가 된다. 여기서 상하경에서 양·음효의 갯수의 차이가 12개임을 알 수 있다. 잡괘전에서도 상하경으로 구분하여 12월 괘의 양·음효를 대비하면 「서괘전」처럼 같은 수인 12개의 차이가 나는 것을 알 수 있다. 즉, 「잡괘전」으로 보면, 상경에는 乾, 坤, 臨, 觀, 剝, 復卦로서 6괘가 있고, 하경에는 否, 泰, 遯, 大壯, 夬, 姤卦로서 6괘가 있다. 이것을 乾·坤卦를 제외하고 각 상하경의 양·음효를 셈하면 상경의 양효는 6개가 되고 음효는 18개가 되고, 또 하경의 양효는 24개 되고 음효는 12개가 된다. 결과적으로 「서괘전」 상경의 否卦와 泰卦가 「잡괘전」 하경으로 갔기 때문에 「서괘전」과 「잡괘전」의 陰陽爻 數次에 관계없이 모두 상대를

---

16) 「서괘전」 상경의 乾·坤·坎·離 四正方卦 중 坎·離가 「잡괘전」 하경으로 가고, 「서괘전」 하경의 震·艮·巽·兌 四間方卦가 모두 「잡괘전」 상경에 올라와 있다.

이루고 있다. 이것은 天地交易之義로 이루어진 것이라 할 수 있고, 否・泰卦 자신이 天地交感으로 작괘(作卦)되었기 때문이다.

5) 「서괘전」을 선천에 비유한다면 「잡괘전」은 후천에 비유될 수 있고, 「서괘전」은 복희팔괘로 「잡괘전」은 문왕팔괘로써 비유하고, 「서괘전」이 형이상학적이라 한다면 「잡괘전」은 형이하학적으로 인사적인 면을 그 속에 이치를 묻어 놓았다고 보아도 될 것이다. 또한 「잡괘전」의 해설 자체가 형이하학적으로 설명되어 있다.

6) 「잡괘전」의 서술 형태를 살펴 보면, 大過卦부터 도전이나 부도전으로 두 괘가 상호 짝지어 있지 아니하여 일정한 질서를 가지고 있지 않다.

> 예) 自大過以下로 卦不反對하니 或疑其錯簡이나 今以韻恊之면 又似非誤하니 未詳何義라 (『周易傳義大全』「本義」)
> 大過卦 아래로부터는 괘가 반대되지 않으니, 혹 책장이 뒤섞인 것이 아닌가 의심스러우나, 이제 운자(韻字)로 맞추어 보면 또한 잘못되지 않은 것 같으니, 왜 그런지 잘 모르겠다.

그러나 이 문제를 황극경세설(皇極經世說)로 그 이유를 찾아 볼 수가 있다. 大過卦는 上經의 경륜(經綸)한 종점이고, 夬卦는 巳時(巳會)의 마지막 괘다. 즉, 巳會[17]의 마지막 괘가 夬卦이니, 여기에서 결단하여야 하고 午時의 초점(조짐)을 우리에게 보여주고 있다. 좀더 설명을 더하면, 夬卦에서 姤卦로 가는 데에는 변화가 있을 수 있고, 또 子會 시초가 復卦이고 午會의 시초가 姤卦이다. 復卦→姤卦는 始終 관계이다. 그러므로 夬卦에서 先天의 모든 사항을 관망해보건대라는 뜻도 있다.[18]

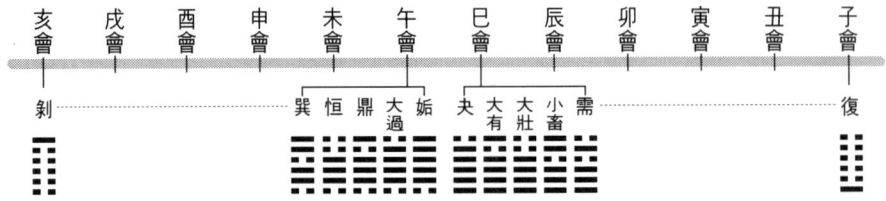

또 문장적으로 보아도 좋다. "大過는 顚也 ㅣ라;大過는 넘어지는 것이다"에서 大過卦는 先天之終이니, 이 때가 되면 本末이 약해지고 棟이 橈니 변화가 오게 될 것이라는 예고라고 보아도 좋다. 그리고 姤卦→漸卦→頤卦→旣濟卦→歸妹卦→未

---

17) ・1元=12會, 1會=30運, 1運=12世　・1元=129,600年, 1會=10,800年, 1運=360年, 1世=30年
18) 아래의 간단한 도표를 좀더 자세히 보고자 한다면 『亞山의 周易講義』上의 부록편을 참조하기 바란다. (一岡註)

濟卦는 중간 과정을 설명한 것이 아닐까고 생각이 되고, 夬卦로 「잡괘전」을 끝맺은 것은 결과적으로 어떻게 하면 군자의 도는 길어져 가고 소인의 도는 사라지게 할 것인가! 라는 목표 의식 때문일 것이다.

7) 「잡괘전」은 문장학적인 원칙에서 볼 때 부분적이지만 韻字를 맞추어서 지었다고 볼 수 있다.

$$\left\langle \begin{array}{l} 震은\ 起也 \\ 艮은\ 止也 \end{array} \right. \quad \left\langle \begin{array}{l} 噬嗑은\ 食也 \\ 賁은\ 色也 \end{array} \right. \quad \left\langle \begin{array}{l} 剝은\ 爛也 \\ 復은\ 反也 \end{array} \right. \quad \left\langle \begin{array}{l} 晋은\ 晝也 \\ 明夷는\ 誅也 \end{array} \right.$$

$$\left\langle \begin{array}{l} 解는\ 緩也 \\ 蹇은\ 難也 \end{array} \right. \quad \left\langle \begin{array}{l} 需는\ 不進也 \\ 訟은\ 不親也 \end{array} \right. \quad \left\langle \begin{array}{l} 頤는\ 養正也 \\ 旣濟는\ 定也 \end{array} \right. \quad \left\langle \begin{array}{l} 歸妹는\ 女之終也 \\ 未濟는\ 男之窮也 \end{array} \right.$$

8) 「잡괘전」의 次序는 「서괘전」의 次序와는 순서가 좀 상이한 것이 있다. 화법(話法)을 고르고, 韻을 맞추기 위한 것이라고 하지만 좀더 발전적으로 연구해 볼 필요가 있다. 열거해 보면 다음과 같다.

- 「서괘전」에서는 泰否인데 「잡괘전」에서는 否泰로
- 「서괘전」에서는 遯大壯인데 「잡괘전」에서는 大壯遯으로
- 「서괘전」에서는 同人大有인데 「잡괘전」에서는 大有同人으로
- 「서괘전」에서는 師比인데 「잡괘전」에서는 比師로
- 「서괘전」에서는 无妄大畜인데 「잡괘전」에서는 大畜无妄으로
- 「서괘전」에서는 巽兌인데 「잡괘전」에서는 兌巽으로
- 「서괘전」에서는 困井인데 「잡괘전」에서는 井困으로
- 「서괘전」에서는 蹇解인데 「잡괘전」에서는 解蹇으로
- 「서괘전」에서는 家人睽인데 「잡괘전」에서는 睽家人으로
- 「서괘전」에서는 中孚小過인데 「잡괘전」에서는 小過中孚로
- 「서괘전」에서는 坎離인데 「잡괘전」에서는 離坎으로

결론적으로 역학의 원리를 담은 『주역』은 틀림없이 움직이는 우주 대자연의 운행 과정을 보고 그때 그때마다 생성 변화하는 바를 우리에게 알려 주는 성인의 글이다. 또 『주역』은 공자의 우주관이 담겨져 있는 학설로서 억음부양(抑陰扶陽)하여 不善을 막고 善을 지양(持揚)하고, 소인을 덕화(德化)로써 군자화(君子化)하여 풍요로

운 사회 건설을 하자는 데 목적이 있다. 그래서 '周經'이라고 한 것이 아닐까? 아무쪼록 주역의 참된 정신을 널리 보급하고 우리 모두 함께 연구하고 그 바닥까지 드러나도록 공부해야 한다.

大尾

附錄

易傳序

　「역전서」는 程伊川(頤, 程子)이 『주역』의 내용을 설명하고, 또 이 책의 전하게 된 바의 뜻을 담은 글이라 할 수 있다. 문장 가운데 「계사전」에서 이미 공자가 말한 바를 인용한 대문이 많다.

易은 變易也ㅣ니 隨時變易하야 以從道也ㅣ라
　易은 변하고 바뀌는 것이니 때에 따라 변역하여서 道를 좇는다.
・變:변할 변　・隨:따를 수　・時:때 시　・以:써 이　・從:좇을 종

總說
　易의 원리에는 불역지리(不易之理)도 있지만 易의 변역(變易)과 교역(交易)의 가변성(可變性)을 이야기한 것이다. 우주 만물이 변한다고 하더라도 때에 따라서 변하고, 또 변하더라도 그 어떤 상법(常法)이나 일정한 한도를 넘지 않은 기준이 있다는 뜻이다.

各說
1)이 문장 속에서 정자(程子, 정이천)의 위대성을 엿볼 수가 있다. 따라서 흔히 성인

도 종시속(從時俗)한다는 말과 같이 易의 현실성(現實性)을 이야기하였으며, 현실 속의 정자의 현인다운 면모를 찾아 볼 수 있다.
2) 이정(二程)으로 함께 불려지는 정호(程顥, 字는 伯淳, 號는 明道, 1032~1085), 정이(程頤, 字는 正叔, 號는 伊川, 1033~1107) 형제는 소년 시절에 주돈이(周敦頤)의 가르침을 받고 학문에 뜻을 두게 되었고, 특히 정이천은 주역에 주석을 달아서 우리에게 알려 주고 있다. 이 주석을 '傳'이라 하여 '本義'로 설명한 朱子와 함께 쌍벽을 이룬다. 또「서괘전」을 이용하여 각 괘의 첫머리마다 설명을 하고 있으니 공자의 사상을 대변해 주는 느낌이다. 아무튼 정이천의 서문으로 말미암아 우리 역학도로서는 그를 높이 평가할 수가 있다. 많은 시대를 겪어 오면서 주역에 서문을 붙이지 않았다가 정자 때에 와서 서문을 붙였다고 하는 것은 이 때에 가장 많은 공부의 열이 고조되었음을 짐작할 수 있고, 그로 인하여 정주학(程朱學) 성립의 발판이 구축되었다고 할 수 있다.

其爲書也에 **廣大悉備**하야 **將以順性命之理**하고 **通幽明之故**하야 **盡事物之情**하니 **而示開物成務之道也**ㅣ라

그 책 됨이 넓고 커서〈모든 이치를〉다 구비하여, 장차 性과 命의 이치에 순응하고자 유계(幽界)와 명계(明界)의 연고(緣故)를 다 통달하고, 사물의 情(七情, 下學)을 다 알 수 있으니 사물을 열어서 힘써 이루어 주는 道를 보여 주는 것이다.

· 爲:할 위 · 書:책 서 · 廣:넓을 광 · 悉:다 실, 다 알 실 · 備:갖출 비 · 將:장차 장 · 通:통할 통 · 幽:그윽할 유 · 故:연고 고 · 盡:다할 진 · 示:보일 시 · 開:열 개 · 務:힘쓸 무

總說
정자가『주역』의 문장을 인용하여 자기의 생각을 말하고 있다.

各說
● **其爲書也**에 **廣大悉備**하야 : 주역의 책(글)되어 있음이 易之爲書也와 같다는 것이다.
　예) **易之爲書也**ㅣ **廣大悉備**하야 有天道焉하며 有人道焉하며 有地道焉하니 兼三才而兩之라 故로 六이니 六者는 非他也ㅣ라 三才之道也ㅣ니 (「繫辭傳」下 第10章)
　易의 글됨이 넓고 커서〈모든 이치를〉다 구비하여, 天道가 있으며 人道가 있으며 地道가 있으니, 三才를 겸하여 각각 둘로 한다. 그러므로 六爻가 되니, 六爻라는 것은 다른 것이 아니라〈天地人〉三才의 道이다.

[설명] '廣'은 地道를 뜻하고 '大'는 天道를 뜻한다.

- 將以順性命之理하고:「설괘전」제1장의 "和順於道德而理於義하며 窮理盡性하야 以至於命하니라:道와 德에 화순(和順)하여 의리(義理)에 다스리게 되며, 궁리진성(窮理盡性)함으로써 天命에 이르는 것이다"의 뜻을 함축시킨 것이다. 즉, 대자연[天道]의 이치를 알아서 행한다는 것이다.

  예)昔者聖人之作易也는 將以順性命之理니 是以立天之道曰 陰與陽이오 立地之道曰 柔與剛이오 立人之道曰 仁與義니 兼三才而兩之라 故로 易이 六劃而成卦하고 分陰分陽하며 迭用柔剛이라 故로 易이 六位而成章하니라 (「說卦傳」제2章)
  옛날에 성인이 易을 지으심은 장차 性과 命의 이치에 순응하고자 함이니, 이로써 하늘의 도를 세워서〈상징하여〉말하기를 陰과 陽이요, 땅의 도를 세워서〈사용하여〉말하기를 柔와 剛이요, 사람의 도를 세워서〈사용하여〉말하기를 仁과 義니, 三才를 겸하여〈각각〉둘로 한다. 그러므로 易이 여섯 획(劃)이 한 卦를 이루고, 陰을 나누고 陽을 나누며 柔와 剛을 번갈아 쓴다. 그러므로 易이 여섯 位가 되어 문장(文章)을 이루는 것이다.

- 通幽明之故하야:어두운 곳(숨겨져 있는 곳)과 밝게 드러나 있는 곳의 연고(이치)를 알아낸다는 뜻이다. 또 사람이 죽고 사는 이치를 알아내는 것(知死生之說)이 易理 속에 있다는 뜻이다. 여기서 '幽'는 눈에 보이지 아니하는 곳, 형이상학을 말하며, '明'은 눈에 보이는 곳, 형이하학을 말한다. 한마디로 말해서 모든 것을 알아낸다는 뜻이다.

  幽 ― 暗 ― 밤 ― 정신적 ― 死 ― 隱 …… 地, 陰
  明 ― 明 ― 낮 ― 실질적 ― 生 ― 現 …… 天, 陽

  예)仰以觀於天文하고 俯以察於地理라 是故로 知幽明之故하며 原始反終이라 故로 知死生之說하며 精氣爲物이오 游魂爲變이라 是故로 知鬼神之情狀하나니라 (「繫辭傳」上 第4章)
  우러러서는 천문을 보고 구부려서는 지리를 살피는지라. 이런 까닭에 유계(幽界)와 명계(明界)의〈모든〉연고(진리)를 알며, 始를 근원으로 하고 終을 돌이킨다. 그러므로 死生의 설도 알며, 精과 氣가〈모아져서〉物이 되고 魂이 유리(遊離)하여 변하게 되는지라. 이런 까닭에 귀신의 정상(情狀)까지도 알 수 있는 것이다.

- 而示開物成務之道也ㅣ라:无에서 有로, 즉 무극(无極)에서 태극(太極)으로 또 음양(陰陽)으로 생해 나가는 것과 우주의 만물이 시발(始發)되는 것을 開物이라고 한다. 이것은 곧 아버지와 어머니로 말미암아 아들과 딸을 낳는 것과 물이 있으면

자연히 고기가 살게 되고 미생물이 존재하는 원리와 같다. 즉, 하늘과 땅이 열리고 난 뒤에 사람이 생긴 현상의 道를 보여 준다는 것이다.

예) 子曰 夫易은 何爲者也오 夫易은 **開物成務**하야 冒天下之道하나니 如斯而已者也ㅣ라 是故로 聖人이 以通天下之志하며 以定天下之業하며 以斷天下之疑하나니라
(「繫辭傳」上 第11章)

공자께서 말씀하시기를 "대저 역은 무엇을 하는 것인가? 대저 역은 만물을 열고 업무를 〈순조롭게〉 이루어서 천하의 〈모든〉 도를 덮나니 이와 같을 따름이라. 이런 까닭으로 성인이 이로써 천하의 뜻을 통달하며, 천하의 사업을 정하며, 천하의 의심을 판단하는 것이다.

周易 — 廣大悉備 — 順性命之理, 通幽明之故, 盡事物之情 — 示開物成務之道也

聖人之憂患後世ㅣ **可謂至矣**로다 **去古雖遠**이나 **遺經**이 **尙存**하니 **然而前儒**는 **失意以傳言**하고 **後學**은 **誦言而忘味**하야 **自秦而下**로 **蓋无傳矣**ㅣ라

후세에 대한 성인의 염려하고 걱정함이 가히 지극하도다. 옛날의 것이 가고 비록 멀다고 하나 〈성인은 갔지만〉 성현의 말씀이 담긴 경전이 남아 있으니, 먼저 가신 선비는 본 뜻은 잃어도 말로 전하고 우리 뒤에 사람은 배우는 말로는 암송하나, 〈그 말의 참된〉 맛을 잊어버려서 진(秦)나라 이후에는 다 전하지 못하는 바가 되었도다.

・憂:근심할 우 ・患:근심 환 ・至:이를 지 ・去:갈 거 ・雖:비록 수 ・遠:멀 원 ・遺:끼칠 유
・然:그러할 연 ・儒:선비 유 ・誦:욀 송 ・忘:잊을 망 ・味:맛 미 ・自:~로부터 자 ・蓋:다 개

總說

진나라 시황제(始皇帝)에 의하여 발생된 분서갱유(焚書坑儒) 사건을 상고하고 있다.

予生千載之後하야 **悼斯文之湮晦**하야 **將俾後人**으로 **沿流而求源**일새 **此傳**ㅣ **所以作也**ㅣ라

내가 천년 뒤에 태어나서 유교(유학)의 도가 막히고 어두워지는 것을 한탄하여 장차 후인으로 하여금 도학의 흐름을 좇아 근원을 구하고자 이와 같은 「傳」을 지은 것이다.

・予:나 여 ・載:해 재, 실을 재 ・悼:슬플 도, 한탄할 도 ・斯:이 사 ・湮:막힐 인 ・晦:어두울 회, 그믐 회
・俾:시킬 비, 좇을 비, 더할 비 ・沿:따를 연, 좇을 연 ・源:근원 원

總說
「傳」을 짓게 된 정자(程子) 자신의 생각을 나타낸 것이다.

各說
・斯文:유교의 도, 또는 그 문화와 유학자를 높여서 이르는 말이다.

易有聖人之道ㅣ 四焉하니 以言者는 尙其辭하고 以動者는 尙其變하고 以制器者는 尙其象하고 以卜筮者는 尙其占하나니 吉凶消長之理와 進退存亡之道ㅣ 備於辭하니 推辭考卦에 可以知變이오 象與占은 在其中矣니라

　역에는 성인의 도가 네 가지 있으니, 역으로써 말을 잘 하려고 하는 자는 〈기록된〉그 말을 숭상하고, 역으로써 행동을 하려는 자는 그 변화를 숭상하고, 역으로써 그릇을 만들려고 하는 자는 그 형상을 숭상하고, 역으로써 복서(卜筮)를 하는 자는 그 점을 숭상하니, 길하고 흉하고 사라지고 길어져 가는 이치와 나아가고 물러가고 생존하고 사망하는 도리가 辭(十翼)〈또는 역경 속〉에 다 구비하고 있으니, 이와 같은 辭를 추리하고 卦(64괘)를 상고함에 가히 써 변화를 알게 될 것이요, 象과 더불어 점을 하는 것은 그 가운데 있는 것이다.

・尙:숭상할 상 ・辭:말 사, 논술 사 ・變:변할 변 ・制:만들 제, 마를 제 ・器:그릇 기 ・卜:점 복
・筮:점칠 서 ・占:점 점 ・消:사라질 소 ・長:길 장 ・進:나아갈 진 ・退:물러날 퇴 ・存:있을 존
・亡:망할 망 ・備:갖출 비 ・推:미루어 헤아릴 추, 옮길 추 ・考:상고할 고

總說
　「계사전」상 제10장의 첫문장을 인용하고 있다. 결국 주역 속에 모든 것이 다 내포되어 있다는 뜻이다.

各說
● 易有聖人之道ㅣ 四焉하니 以言者는 尙其辭하고 以動者는 尙其變하고 以制器者는 尙其象하고 以卜筮者는 尙其占하나니:「계사전」상 제10장에 있는 문장이다.[1]

---

1) 자세한 풀이는 「계사전」상 제10장을 참고하기를 바란다. (一岡註)

君子ㅣ 居則觀其象而玩其辭하고 **動則觀其變而玩其占**하나니 **得於辭**하야 **不達其意
者ㅣ 有矣**러니와 **未有不得於辭而能通其意者也**ㅣ라

　군자가 〈집에〉 거처할 때는 〈대자연의〉 형상을 관찰하며 계사(繫辭)를 깊이 탐구하고, 〈군자가〉 행동할 때는 〈대자연의〉 변화를 관찰하여 점을 탐구하는 것이니, 辭(十翼)에서 〈모든 것을〉 얻어서 그 뜻을 통달하지 못하는 자가 있으려니와, 결코 그 辭 속에서 그 뜻을 능히 통달하여 얻지 못하는 자가 있지 아니할 것이다.
　·觀:볼 관　·玩:익힐 완, 완색할 완, 구경 완　·達:통달할 달　·意:뜻 의　·通:통할 통

總說

　「계사전」상 제2장 중에서 인용하고 있다. 결과적으로 『주역』의 계사 속에서 모든 것을 다 알아내고 뜻을 통달할 수가 있다는 뜻이다.

各說

● **君子ㅣ 居則觀其象而玩其辭**하고 **動則觀其變而玩其占**하나니 : 「계사전」상 제2장 중의 문장이다.[2]

至微者는 **理也**ㅣ오 **至著者**는 **象也**ㅣ니 **體用**이 **一源**이오 **顯微无間**이라 **觀會通**하야 **以行
其典禮則辭无所不備**ㅣ리라

　지극히 미세한 것은 이치요 지극히 나타나는 것은 형상이니, 體와 用은 그 근원이 하나요 나타난 것과 미세한 것은 사이가 없다. 〈體用과 顯微의〉 모이고 통하는 것을 관찰하여 이것으로써 그 질서를 어기지 아니하고 법칙대로 움직이는즉 이는 辭 속에 구비되지 아니한 바가 없는 것이다.
　·至:지극할 지, 이를 지　·微:작을 미, 숨을 미　·理:다스릴 리　·著:드러날 저, 분명할 저
　·體:형상 체, 몸 체　·用:쓸 용　·源:근원 원　·顯:나타날 현　·无:없을 무　·間:사이 간
　·會:모일 회　·典:법 전　·禮:예도 례　·備:갖출 비

總說

　「계사전」상 제8장 중에서 인용하고 있다. 『주역』의 계사 속에서 모든 것이 갖추어 있다는 것이다.

---

2)자세한 풀이는 「계사전」상 제2장을 참고하기를 바란다. (一岡註)

各說

- 體用이 一源이오 顯微无間이라 : 无極而太極이고, 태극 속에 음양이 내포되어 있다는 것이다.
- 觀會通하야 以行其典禮則辭无所不備ㅣ라 :「계사전」상 제8장 중에서 인용된 문장이다.

  예) 聖人이 有以見天下之動하야 **而觀其會通**하야 **以行其典禮**며 **繫辭焉**하야 以斷其吉凶이라 是故謂之爻ㅣ니 (「繫辭傳」上 第8章)
  성인이 천하의 〈만물이〉 움직여 나아감을 봄에, 그 모이고 통함을 보아서 그 법칙대로 행하며, 말을 매어서 그 길흉을 판단함이라. 이런 까닭으로 〈역에서〉 이것을 爻라 이른다.

故로 善學者ㅣ求言에 必自近이오 易(이)於近者는 非知言者也ㅣ라 予所傳者ㅣ辭也ㅣ니 由辭以得其意則在乎人焉이라

그러므로 잘 배우려고 힘쓰는 자는 말을 구함에 반드시 가까울 것이요, 가까이에서 쉽다고 하는 자는 말을 알지 못하는 자이다. 내가 전하는 바는 〈말이 아니고〉 기록하여 놓은 글이니, 이 辭로 말미암아 그 뜻을 얻는다는 것은 곧 그 사람에게 달려 있는 것이다.

· 善 : 잘할 선, 착할 선 · 學 : 배울 학 · 求 : 구할 구 · 言 : 말씀 언 · 必 : 반드시 필 · 自 : ~로부터 자
· 近 : 가까울 근 · 易 : 쉬울 이

各說

- 則在乎人焉이라 : 곧 사람마다 노력하는 여하에 따라 알고 모르는 것이 결정된다. 결과적으로 이 모든 것이 공자의 「계사전」속에 있으니 열심히 연구하여 보라는 뜻이다.

有宋元符二年己卯正月庚申에 河南 程頤正叔은 序하노라

송나라 원부 2년(元符二年) 기묘년(己卯年) 정월(正月) 경신일(庚申日)에 하남(河南)에 사는 정이(程頤, 伊川) 정숙(正淑, 字)이 서문을 쓴다.

易序

『주역』의 서문은 일반적인 다른 책의 서문과 같은 성격을 가지고 있다. 그러므로 주역이 가지고 있는 전반적인 내용을 담고 있다. 이 서문 역시 程子(伊川)가 지은 것으로 이천의 주역관을 더듬어 볼 수 있다.

易之爲書 卦爻彖象之義備而天地萬物之情이 見(현)하나니 **聖人之憂天下來世ㅣ 其至矣**로다 **先天下而開其物**하고 **後天下而成其務**하니 **是故**로 **極其數**하야 **以定天下之象**하고 **著其象**하야 **以定天下之吉凶**하니 **六十四卦三百八十四爻ㅣ 皆所以順性命之理**하고 **盡變化之道也ㅣ**라

　역(易)의 글(책)되어 있음이 괘사(卦辭)·효사(爻辭)·단사(彖辭)·상사(象辭)에서 뜻이 구비되어 있고, 천지 만물의 정(情)이 나타나 있으니 성인의 근심이 천하 내세(來世)에 그 지극함이로다. 선천하(先天下)에 그 사물을 열어 놓고 후천하(後天下)에 그 힘써 이루나니, 이런 까닭으로 그 수(數)를 다하여 써 천하의 상(象)을 정(定)하고, 그 상을 나타내어 써 천하의 길흉을 결정하니, 64괘 384효는 모두 성명(性命)의 이치에 순응하고 변화의 도를 다한 것이다.

·爲:만들 위, 될 위, 할 위　·義:뜻 의, 옳을 의　·見:나타날 현　·憂:근심할 우　·來:올 래

・世:대 세, 때 세, 세상 세 ・至:지극할 지 ・開:열 개 ・務:힘 쓸 무, 일 무 ・是:이 시, 옳을 시
・極:다할 극 ・定:정할 정 ・著:드러낼 저 ・皆:다 개 ・性:성품 성 ・命:명령 명, 목숨 명
・盡:다할 진, 다될 진 ・變:변할 변 ・化:될 화

總說
「易傳書」의 머리 문장과 비슷한 것이 많다.

各說

易 → 〈 卦爻彖象 ― 義 備 ― 形而上學
天地萬物 ― 情 ― 形而下學 〉 두 가지가 다 갖춰져 있다는 뜻이다

散之在理則有萬殊하고 **統之在道則无二致**1라 **所以易有太極**하야 **是生兩儀**하니 **太極者**는 **道也**1라 **兩儀者**는 **陰陽也**1라 **陰陽**은 **一道也**1오 **太極**은 **无極也**1니 **萬物之生**이 **負陰而抱陽**하야 **莫不有太極**하고 **莫不有兩儀**하야 **絪縕交感**에 **變化不窮**이라 **形一受其生**하고 **神一發其知**하야 **情僞出焉**하고 **萬緖起焉**이라

흩어서 이치[理]를 두게 하면 곧 만 가지 다름이 있고, 합쳐서 도를 두게 되면 곧 두 개로 이루지 못한다. 이른바 역(易)에 태극(太極)이 있어서 이로부터 〈음양〉 양의(兩儀)가 생겼으니 태극이라는 것은 도(道)이다. 양의라는 것은 음과 양이고 〈또〉 음양은 하나의 도이고 태극이 무극(无極)이니, 만물의 생하는 것이 음을 의지하여 양을 품고 있어 태극의 기운이 들어 있지 아니함이 없고 양의가 들어 있지 않음이 없어서 하늘의 기운과 땅의 기운이 서로 교감(交感)하여 변(變)하고 화(化)하는 것이 다함이 없다. 형상[形]을 하나로 그 생함을 받고 신(神)을 하나로 그 지혜를 발휘하여 진정[情]과 허위[僞]가 나오고 만 가지 단서가 여기서 기인되는 것이다.

・散:흩어질 산, 흩을 산 ・殊:다를 수 ・統:거느릴 통, 합칠 통, 근본 통, 이을 통 ・致:이룰 치, 이를 치, 드릴 치
・負:질 부, 안을 부, 의지할 부, 짐질 부 ・抱:품을 포, 가질 포, 잡을 포, 생각할 포 ・莫:없을 막
・絪:하늘 기운 인 ・縕:땅 기운 온 ・窮:다할 궁 ・受:받을 수 ・發:필 발, 일어날 발, 드러낼 발
・情:본성 정 ・僞:거짓 위 ・緖:실마리 서 ・起:일어날 기

各說
● 散之在理則有萬殊하고:만물의 이치가 1生2法, 2而4法……으로 나아가는 것으로서 태극의 기운이 모든 것에 다 들어 있다는 것이다.

● 統之在道則无二致ㅣ라:만물의 이치가 4而2法, 2而1法……으로 귀일(歸一)하는 것으로서 모든 것이 귀일하게 되면 하나이지 둘이 아니라는 것이다.

易所以定吉凶而生大業이라 **故**로 **易者**는 **陰陽之道也**ㅣ오 **卦者**는 **陰陽之物也**ㅣ오 **爻者**는 **陰陽之動也**ㅣ니 **卦雖不同**이나 **所同者**ㅣ **奇偶**ㅣ오 **爻雖不同**이나 **所同者**ㅣ **九六**이니 **是以**로 **六十四卦爲其體**하고 **三百八十四爻互爲其用**하야 **遠在六合之外**하고 **近在一身之中**하야 **暫**(잠)**於瞬息**하고 **微於動靜**이라 **莫不有卦之象焉**하고 **莫不有爻之義焉**하니 **至哉**라 **易乎**ㅣ여 **其道**ㅣ **至大而无不包**하고 **其用**이 **至神而无不存時**하야 **固未始有一而卦未始有定象**이오 **事固未始有窮而爻亦未始有定位**나 **以一時而索卦則拘於无變**이니 **非易也**ㅣ오

역(易)은 길하고 흉함을 결정하고 대업(大業)을 생성하는 것이다. 그러므로 역이라는 것은 음이 되고 양이 되는 도(道)이다. 괘(卦)라는 것은 음양의 물(物)이요, 효(爻)라는 것은 음양의 움직이는 것이니 괘가 비록 같지 아니하나 같은 것은 기수(奇數)와 우수(偶數)요, 효가 비록 같지 아니하나 같은 바는 구(九)와 육(六)이니 이렇기 때문에 64괘는 그 체(體)가 되고, 384효는 서로 그 용(用)이 되어 멀리는 육합(六合, 東西南北上下)의 밖에 있고, 가깝게는 내 한 몸 가운데 있어 순식간에 마치고 움직이고 고요함에 미세한지라. 괘의 상(象) 속에 있지 아니함이 없고, 효의 뜻 속에 있지 아니함이 없으니 지극하도다 역(易)이여! 그 도(道)가 지극히 커서 그 속에 싸고 있지 않은 것이 없고, 그 용(用)이 지극히 신기하여 존재하지 않은 곳이 없어 진실로 처음부터 하나로 비롯되지 아니하고 괘도 진실로 처음부터 상(象)을 정(定)하여 비롯되지 아니하고 사물[事]이란 다함이 있어 진실로 처음부터 비롯됨이 없고 효 또한 위(位)가 결정되어 있으나 처음부터 비롯됨이 없으니, 이로써 한때 괘를 구한즉 변하지 아니하는 데 매어 있으면 역(易)이 아니다.

・業:업 업, 일 업 ・雖:비록 수 ・奇:홀수 기 ・偶:짝수 우 ・互:서로 호 ・遠:멀 원 ・近:가까울 근
・身:몸 신 ・暫:잠시 잠, 마침 참 ・瞬:눈 깜작일 순 ・息:숨쉴 식 ・哉:어조사 재 ・包:쌀 포
・固:오로지 고, 굳을 고 ・未:아닐 미 ・始:처음 시, 비롯 시 ・索:찾을 색, 구할 색, 법도 색
・拘:잡을 구, 거리낄 구

各說

- 以一時而索卦則拘於无變이니 非易也ㅣ오:易은 변역(變易)한다는 것이다.
  - 瞬息:매우 짧은 시간.
  - 莫不有:그 속에 있지 아니함이 없다. 결국 그 속에 모든 것을 포함하고 있다는 뜻이다.

以一事而明爻則窒而不通이니 非易也ㅣ라 知所謂卦爻彖象之義而不知有卦爻彖象之用이면 亦非易也ㅣ라 故로 得之於精神之運心術之動하야 與天地合其德하며 與日月合其明하며 與四時合其序하며 與鬼神合其吉凶然後에 可以謂之知易也ㅣ라 雖然이나 易之有卦는 易之已形者也ㅣ오 卦之有爻는 卦之已見(현)者也ㅣ라 已形已見(현)者는 可以言知어니와 未形未見(현)者는 不可以名求則所謂易者는 果何如哉오 此學者所當知也ㅣ라

河南程頤著하노라

이로써 한 가지 일로 효를 밝힌즉 막혀서 통하지 아니하면 역(易)이 아니다. 괘(卦)·효(爻)·단(彖)·상(象)의 이치에서 아는 바로써 괘·효·단·상의 활용에서 알지 못하면 역시 역이 아니다. 그러므로 정신의 운용에서 얻어 심술(心術)을 움직여서 천지와 함께 그 덕(德)을 합하며, 일월(日月)과 더불어 그 밝기에 합하고, 사시(四時)와 더불어 그 차례에 합하며, 귀신과 더불어 길흉에 합한 연후에 가히 써 역을 안다고 할 것이다. 비록 그러하나 역에 괘가 있음은 역에서 이미 나타난 것을 말함이요, 괘에 효가 있음은 괘에서 이미 나타난 것을 말함이다. 이미 얼굴[形]하고 이미 나타났음[見]은 가히 써 알 수 있다는 말이어니와 얼굴하지 않고 나타나지도 않은 것은 가히 써 이름을 구할 수도 없은즉 이른바 역은 가히 어떻게 할 것인가? 이에 배우는 사람은 마땅히 알아야 할 것이다.

하남(河南)의 정이(程頤)가 지었노라.

- 窒:막힐 질 · 用:쓸 용 · 亦:또 역 · 術:꾀 술, 규칙 술, 법칙 술, 방법 술 · 與:더불어 여, 함께 할 여
- 序:차례 서 · 鬼:귀신 귀 · 雖:비록 수 · 然:그러할 연 · 已:이미 이 · 見:나타날 현
- 果:결단할 과, 과연 과, 감히 할 과, 다할 과 · 何:어찌 하 · 如:같을 여 · 哉:어조사 재
- 此:이 차 · 當:마땅할 당 · 河:강 하, 강 이름 하 · 著:나타날 저

各說

- ~非易也ㅣ오:정이천의 「역서」(易序)에서 역이 아닌 경우를 찾아보면 다음과 같다.

①以一時而索卦則拘於无變이니 非易也ㅣ오:이로써 한때 괘를 구한즉 변하지 아니하는 데 매어 있으면 역(易)이 아니다. ②以一事而明爻則窒而不通이니 非易也ㅣ라;이로써 한 가지 일로 효를 밝힌즉 막혀서 통하지 아니하면 역(易)이 아니다. ③知所謂卦爻彖象之義而不知有卦爻彖象之用이면 亦非易也ㅣ라;괘(卦)·효(爻)·단(彖)·상(象)의 이치에서 아는 바로써 괘·효·단·상의 활용에서 알지 못하면 역시 역이 아니다.

● 已形已見者는 可以言知어니와 未形未見者는 不可以名求:이 구절을 표로써 설명하면 다음과 같다.

    已形已見者 可以言知 ─ 卦象과 爻象 ─ 下學
    未形未見者 不可以名求 ─ 太極과 无極 ─ 上學

● 果何如哉오:감히 어떻게 결단할 것인가?
 • 何如:어떻게, 어찌, 如何와 같다.

敷文

　　부문(敷文)3)은 李達 也山 선생님의 소작(所作)으로『也山文集』乾卷 중「雜著」속에 있는 글이다. 선생님은 뜻하시는 바 있어 수많은 제자와 함께『易經』을 講하시고, 또 洪易大學을 건립(建立)하여 역 공부의 진흥과 후진 양성에 기여하고자 한 선생님의 뜻을 만천하에 공포하는 글이 바로 이 부문(敷文)이라고 볼 수 있다. 이 속에는 많은 易理가 내포되어 있고, 또한 名文이라고 世人들은 말하고 있다.

　　그 뒤 많은 제자들이 선생님의 뜻을 성취하기 위하여 진력하였으나 시의(時宜)가 맞지 아니하였다. 易學大學은 종합대학교에 한 단과 대학의 한 학과로 설치하는 것은 가능할지 모르지만 단독의 대학으로는 불가능하다는 것이다. 이는 앞으로 역학도(易學徒)가 해야 할 과제로 남아 있다. 앞으로 우리가 홍역대학의 신설(新設)은 차치(且置)하더라도 洪易學科가 아니면 經典學科라도 두어서 경전에 많은 연구와 탁마(琢磨)와 육성에 많은 관심을 가져야 할 것이다.

---

　3)흔히 文集 속에는 이러한 부문(敷文)이 있다. 야산 선생님의 본 부문(敷文)은 大田에다 홍역대학을 세우기 위한 포고문(布告文) 혹은 취지문(趣旨文)이라고 할 수 있다. 따라서 현재 대구에 있는 한의과대학의 설치가 야산 선생의 부문에 담긴 정신을 이어받는다는 것으로 아산(亞山) 선생님의 고안(考案)이라고도 한다. 참고로 아산 선생님은 대구에 있는 한의과대학에 간호대학을 양립하여 세워야 한다고 주장하였다. 한의학과와 간호학과는 음양의 상대가 되어 서로 발전할 수가 있다고 아산 선생님이 역설한 바가 있었음을 첨언(添言)한다. (一岡註)

本乎天地者는 **親上親下**하고 **濟乎水火者**는 **就燥就濕**이라 **中於先後**하야 **正其終始**하니 **時之用時之義惟時爲大**라

하늘과 땅을 근본으로 삼는 자는 위로는 하늘을 친해야 하며 아래로는 땅을 친하여야 하고, 물과 불을 건너고자 하는 자는 불의 속성은 마른 곳으로 나아가고, 물의 속성은 젖은 곳으로 나아가는 것이다. 그러면서도 한 중간에서 앞과 뒤를 살펴 볼 때 그 마치고 시작하는 때를 바르게 하니, 그 時의 사용하는 바와 그 時의 의의(意義) 가운데 오직 時가 가장 크다는 것이다.

· 本:근본 본 · 親:친할 친 · 濟:건널 제 · 就:좇을 취 · 燥:마를 조 · 濕:축축할 습 · 終:끝날 종
· 始:처음 시 · 用:쓸 용 · 義:옳을 의 · 惟:생각할 유

해설

장문(長文)을 짓는 방법으로 처음에 그 뜻을 밝히는 것이 '起'다. 위의 문장은 洪易大學을 세우기 위한 취지문의 起라고 할 수 있다.

● **本乎天地者는 親上親下**하고: 하늘과 땅의 이치에 순응해야 한다는 것으로, 공자의 乾卦 구오효에 대한 해설 중에서 인용한 말이다.

예) 九五曰 飛龍在天利見大人은 何謂也오 子ㅣ曰 同聲相應하며 同氣相求하야 水流濕하며 火就燥하며 雲從龍하며 風從虎ㅣ라 聖人이 作而萬物이 覩하나니 本乎天者는 親上하고 本乎地者는 親下하나니 則各從其類也ㅣ니라 (乾卦「文言傳」)

九五에서 말하기를 "飛龍在天利見大人은 어떠한 것을 이름인가?" 하였다. 공자께서 말씀하시기를 "같은 소리는 서로 응하며, 같은 기운은 서로 구해서, 물은 젖은 데로 흐르며, 불은 마른 곳으로 나아가며, 구름은 용을 따르며 바람은 범을 따른다. 성인이 〈세상에 나셔서〉 만물이 보이게 되니 하늘을 근본으로 하는 자는 위로 친하고, 땅을 근본으로 하는 자는 아래로 친하니 곧 각각 그 類를 좇아 따르는 것이다"고 하셨다.

● **濟乎水火者는 就燥就濕이라**: 이 글 역시 공자의 乾卦 구오효에 대한 해설에서 인용하였다. 이는 우주 대자연의 이치라고 할 수 있다. 여기서 "濟乎水火者"를 다른 말로 해설하면 "水火의 원리를 알고자 하는 자"가 된다.

● **中於先後**하야 **正其終始**하니 **時之用時之義惟時爲大라**: ①여기서 '中'은 五中의 뜻이다. ②야산의 선생님의 乾卦九五變圖說에서 볼 때, 先后天이 바뀌는 天地日月(水火)의 내용만을 말하였으니 곧 日午中天 때를 말한다. 이러한 시점에서는 先後를 살펴 보고 先天終과 后天始를 바르게 하자면, 12時를 잊지 말아야 하며 12時의 운

용을 잘하여야 한다. 이렇듯 時의 작용과 그 의미가 크므로 易學 속에 우주 대자연의 원리를 간명하게 담았다. 언제나 역학은 象·數·理로써 그 이치를 알아내지만 항상 時에 적응한 것이라야 한다. 그러므로 12時의 운용이 큰 것이므로 알고자 노력하고 時를 잘 포착하라는 뜻도 내포되어 있다. 『주역』에는 12時의 종류가 세 가지로 나와 있다. 예를 들면 다음과 같다. "時義大矣哉"는[4] 豫卦, 隨卦, 遯卦, 姤卦, 旅卦(5괘)에 있으며, "時用大矣哉"는[5] 坎卦, 睽卦, 蹇卦(3괘)에 있으며, "時大矣哉"는[6] 頤卦, 大過卦, 解卦, 革卦(4괘)에 있다. 따라서 도합 12時가 된다.

위의 문장 즉, '起'에 내포되어 있는 이치야말로 대자연의 모든 운행하는 과정을 담고 있다. 그것 뿐만 아니라 설명도 잘 해 주고 있다. 또 『주역』 속에 담겨져 있는 이치를 모두 부각시켜서 문장으로 구성하여 놓았다.

東西混會하고 **南北**이 **相分**이라 **觀天地於否泰之交而推姤復之理**하고 **察人事於咸恒之合而定損益之用**이라

　　동양과 서양이 혼합하여 모여 있고, 〈우리 나라는〉 남쪽과 북쪽이 서로 나뉘어 있다. 하늘과 땅의 이치는 否卦와 泰卦의 사귀는 바로 나타나서 姤卦와 復卦의 순환을 추리하고, 인사적으로 관찰하여 본다면 咸卦와 恒卦가 서로 결합되어, 이것의 작용이라고 할 수 있는 損卦와 益卦로 결정지어 놓았다.

·混 섞을 혼 ·會:모일 회 ·分:나눌 분 ·觀:볼 관 ·交:사귈 교 ·推:옮을 추 ·察:살필 찰

해설

● **東西混會**하고 **南北**이 **相分**이라:동양과 서양이 서로 섞이어 잡탕이 되어 있고, 우리 나라의 형편으로 보면 남쪽과 북쪽이 서로 나뉘어 있다는 것이다. 즉, 전세계의 사정과 이러한 세계 속에 있는 우리 한국의 사정을 말한 것으로 현실을 관망한 내용이다.

● **觀天地於否泰之交而推姤復之理**하고:역학의 원리 곧 자연의 이치로 보면 하늘과 땅의 이치는 否卦와 泰卦의 사귀는 바로 나타난다. 이는 천지의 조화가 否·泰로

---

4) '時義'는 때의 중요성을 강조하였다.
5) '時用'은 때가 되면 써야 할 일에 있는 경우를 뜻한다.
6) '時'는 終始와 변화 등 구체적인 때의 바꿈과 운행을 강조하였다.

써 우리 인간에게 표현된다는 것이다. 泰卦 시절은 태평성세이니 모든 질서가 바로 잡혀 있고, 否卦 시절에는 현인이 숨고 소인들이 판을 치는 시대라고 할 수 있다. 이러한 否泰의 원리는 乾坤, 즉 하늘과 땅의 상호 순환하는 원리인 姤卦와 復卦의 순환을 추리할 수 있다.

● 察人事於咸恒之合而定損益之用이라 : 이러한 자연의 이치를 보고 인사적으로 관찰하여 본다면, 소남 소녀의 결합체인 咸卦와 또 장구(長久)하게 살아야 한다는 夫婦之理인 恒卦로서 서로 결합되어 있다. 그리고 이것의 작용이라고 할 수 있는 損卦와 益卦로 결정지어 놓았다. 즉, 사람이 살아가는 데는 모든 것이 손익의 원리이다. 또 부부가 서로 살아가는 데에 아들 낳고 딸 낳는 섭리가 곧 손익의 원리다. 이것은 시기로 보아도 또 다른 이치로 비교하여 보아도 벗어남이 없다.

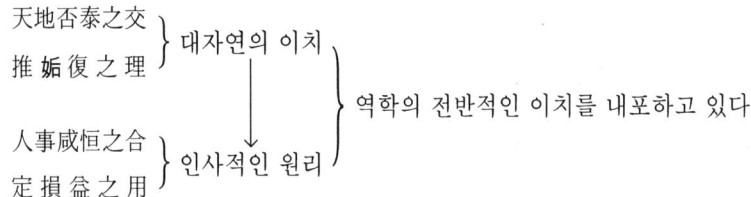

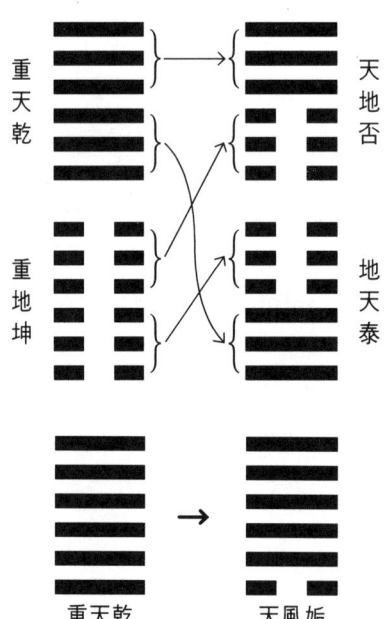

- 하늘과 땅(대자연)이 서로 상교하여 비색(否塞)할 때와 태통(泰通)할 때의 이치는 건곤에의 순환의 조화 속에서 이뤄진 것이다.

- 乾卦의 초효가 변하면 姤卦다.

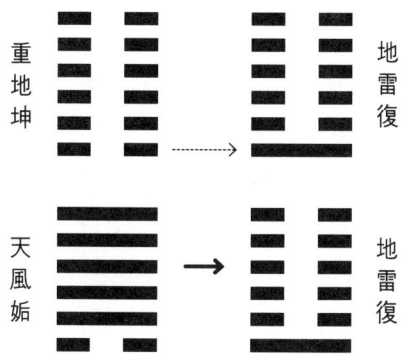

• 坤卦의 초효가 변하면 地雷復卦가 되며, 姤卦에서 復卦까지는 완전히 한 바퀴 순환하게 되는 것이다. 즉, 乾→姤→遯→否→觀→剝→坤→復→臨→泰→大壯→夬→乾→姤 ……

여기까지가 문장 구성상 '承'이 된다. 우리는 이 문장 속에서 야산 선생님이 역학의 이치, 곧 자연과 인사적인 모든 사항을 다 알고 있다는 점을 엿볼 수 있다. 주역의 이치에 의하지 않고는 달리 어떻게 표현할 수 있는 방법이 있을까! 과연 선생님이야말로 현자(賢者)임에는 의심할 바가 없으리라.

嗚呼ㅣ라 **易道幾乎息矣**이오 **洪疇盖无傳矣**라 **然**이나 **羲文周公孔之星極**이 **陳拱**에 **程朱之傳義在目**하고 **夏后殷子之彝倫**이 **敷叙**에 **康節之經世指掌**이라

슬프고 슬프다. 역학의 도가 거의 사라져 버렸음이요. 〈그것 뿐만 아니라 『서경』의〉 「홍범구주」도 전함이 없게 되었는지라. 그러나 복희, 문왕, 주공, 공자의 모든 것이 창창한 별과 같이 지극하여 베풀어져 있음에, 정자(程子)의 「傳」과 주자의 「本義」가 조목조목 기록되어 있고, 하나라의 임금 곧 우왕과 은나라의 기자(箕子)가 「홍범구주」(洪範九疇)에 떳떳하게 지켜야 할 사람의 도리를 편 바가 되어, 소강절 선생의 『황극경세』의 내용이 손바닥 속에 모두 들어 있음이라.

·幾:거의 기 ·息:쉴 식, 사라질 식 ·疇:밭이랑 주 ·陣:줄 진, 진영 진 ·拱:팔짱낄 공 ·彝:떳떳할 이
·敷:펼 부 ·叙:베풀 서 ·掌:손바닥 장

해설

앞 '起'와 '承'에서 우주 대자연에 입각한 현상을 말하여 놓았다. 이번의 '轉' 대문[7]

[7) 부문(敷文)에서 '轉'에 해당하는 문장은 뒤에 나오는 "建其行紀德福之極則陰陽五行之幾於斯에 畢矣리라"에서 끝이 난다.]

은 자기의 사상과 포부를 나타내는 구절이라고 할 수 있다.

- 嗚呼ㅣ라 易道幾乎息矣이오:현 시점을 살펴 보건대 세상은 비색하여 남북의 사상이 양분하여 잘못되어 있고, 역리나 좋은 도덕, 훌륭한 경전이 전파되지 못하였으니 슬프고 슬프다는 것이다. 그리고 중간에 와서 주역을 공부하는 자가 거의 끊어지게 되었을 뿐 아니라『서경』의「홍범구주」도 전함이 없게 되었다는 것이다.
- 然이나 羲文周公孔之星極이 陣拱에 程朱之傳義在目하고 夏后殷子之彛倫이 敷叙에 康節之經世指掌이라:그러나 복희, 문왕, 주공, 공자의 4大 성인의 모든 것이 별과 같이 창창한 지극한 것이 사라지지 아니하고 베풀어져 있음에, 정자의「傳」과 주자의「本義」가 조목조목 이 책 속에 기록되어 있고, 하나라의 임금 곧 우왕과 은나라의 기자의「홍범구주」에 떳떳하게 지켜야 할 사람의 도리를 편 바가 되어(지금도 글이 그대로 남아 있다), 소강절 선생의『皇極經世』의 내용이 손바닥 속에 모두 들어 있다는 것이다. 여기서 '夏后'는 하나라의 임금님, 곧 우왕을 뜻하며, '殷子'는 은나라의 기자(箕子)를 뜻한다. 그리고 '經世'는 소강절이 지은『皇極經世』로서 세상의 돌아가는 모든 사항을 엮은 책이다.

윗글은 道學의 흐름이 어떻게 하여 내려왔으며, 특히 洪範의 전수 과정과 우리가 어떻게 공부하여야 될지를 암시해 주는 대문이라고 할 수 있다. 물론 다른 경전에서도 이치가 없는 것은 아니나『주역』과『홍범구주』를 들어서 강조하였고, 세상을 한번 경륜해보려면 소강절 선생의 皇極經世說을 공부하면 된다는 것이다. 이것의 모든 것은 멀리 있는 것이 아니라 각자의 손바닥 속에 존재한다는 것이다. 야산 선생님께서 자신이 공부하신 바를 다 표현한 것이다.

學者ㅣ 當因其範圍하야 擧以措之則ㅣ 何難乎反正存本乎아

배우는 자는 마땅히 그 범위 내에 인하여서 모든 이치를 들어서 둘 것 같으면, 어찌 바른 데 돌아가고 근본을 두는 데 어려울 것이 있겠는가.
·擧:들 거, 받들 거 ·措:둘 조, 들 조

해설
- 學者ㅣ 當因其範圍하야:배우는 자나 학문을 연구하는 자는 세상의 모든 이치가 주

역의 범위를 벗어나지 아니하니, 이 속에서 공부하고 범위를 정하여서 매진하라는 뜻이다. 즉, 다른 것에서 찾지 말고 주역을 공부하라는 뜻이다.
- 擧以措之則ㅣ:주역의 이론을 들어서 내 마음속에 간직하여 둘 것 같으면, 즉 열심히 공부하여 둔다면의 뜻이다.
- 何難乎反正存本乎아:바른 데로 돌리고 근본을 세워서 둔다는 말이다. 우리가 공부하는 것은 '反正存本'을 찾기 위함이고, 이것만 된다면 곧 도통하는 것이다. 바르지 못한 데로 가다가 다시 돌아서 바른 곳으로 돌아오고 마음의 근본을 세우지 못하였다가 올바른 근본을 세워서 두고 나아간다면 무엇이 어려우며 어떠한 일이라도 아니 되는 것 없이 다 된다는 것이다. 또 이 '反正存本乎'가 되는 것은 마땅히 주역의 범위를 벗어나지 아니할 뿐 아니라 주역을 연구 공부한 결과로서 된다는 뜻이기도 하다.

즉, 이 세상에 태어나서 웅지(雄志)를 품고 도통 군자가 되어 천하에 자기의 뜻을 한번 펴고자 하는 자[學者]는 마땅히 주역의 범위를 벗어나는 일이 없으니, 공자의 우주관이 내포되어 있는 주역을 많이 연구하라는 뜻이다.

今也에 **使海內之士**로 **會合於進德之中**하고 **使天下之人**으로 **同歸於居業之極則**ㅣ **幾息之易**이 **復息**하고 **无傳之範**이 **有傳**하니 **先聖憂後之心**이 **庶幾有伸於今日也**ㅣ라
　지금에 바다 안에 있는 선비들로 하여금 덕에 나아가 알맞은 데 합하여 모으고, 천하의 사람들로 하여금 함께 업(業)에 거하는 데 지극한 것에 돌아갈 것 같으면 거의 숨을 쉬지 못하던 역(易)이 다시 살아나고, 전함이 없는 홍범구주(洪範九疇)가 우리에게 전하여지니 먼저 간 성인이 뒤를 걱정하는 마음에서 거의 오늘에 와서야 펴지게 될 것이다.

· 今:이제 금 · 使:하여금 사 · 海:바다 해 · 同:한가지 동 · 歸:돌아갈 귀 · 居:있을 거 · 業:업 업, 일 업
· 極:다할 극 · 幾:거의 기, 기미 기 · 息:쉴 식, 살 식, 숨쉴 식 · 復:돌아올 복 · 傳:전할 전 · 範:법 범
· 憂:근심할 우 · 庶:거의 서, 여러 서 · 伸:펼 신

해설
- 使海內之士로:모든 선비들로 하여금.
- 會合於進德之中하고〈使天下之人으로〉同歸於居業之極則ㅣ:공자가「문언전」에서 乾

卦 구삼효를 설명한 말을 인용한 것이다.

예)九三曰 君子 終日乾乾 夕惕若厲无咎는 何謂也오 子ㅣ曰 **君子ㅣ 進德修業**하나니 忠信이 所以進德也ㅣ오 **修辭立其誠**이 **所以居業也**ㅣ라 知至至之라 可與幾ㅣ며 知終終之라 可與存義也ㅣ니 是故로 居上位而不驕하며 在下位而不憂하나니 故로 乾乾하야 因其時而惕하면 雖危나 无咎矣리라 (乾卦「文言傳」)

九三에서 말하기를 "君子 終日乾乾 夕惕若厲无咎는 어떠한 것을 이름인가?" 하였다. 공자께서 말씀하시기를 "군자가 德에 나아가 業을 닦나니 忠信이 이른바 덕에 나아가는 바라고 할 수 있을 것이요, 말을 닦고 그 정성을 세워 나아가는 것이 이른바 業에 居한다는 것이다. 〈그렇게 된다고 하면〉 이르러 올 때 이를 것을 알고 있는지라 가히 〈그 일의〉 기틀과 함께 하며 마칠 때 마칠 것을 아는지라 가히 마땅한 것을 둘 것이니, 이런 까닭에 높은 지위에 있어도 교만하지 아니하고 낮은 지위에 있어도 걱정하지 아니하나니, 그러므로 〈평상시에〉 조심하고 조심하여 그 때에 인하여 두려워하면 비록 위태로움이 있으나 허물이 없으리라"고 하셨다.

- 幾息之易이:여기서의 '息'은 쉴 식으로 해석한다.
- 復息하고:여기서의 '息'은 살 식으로 다시 살아난다, 부흥한다는 뜻으로 해석한다.
- 先聖憂後之心이:이 구절은 「계사전」하 제7장에서 인용하여 부문(敷文)의 한 구절로 엮은 것이 아닌가 생각한다.

  예)易之興也ㅣ 其於中古乎ㄴ져 作易者ㅣ 其有憂患乎ㄴ져 (「繫辭傳」下 第7章)

  易의 중흥기는 그 中古 시대가 아니겠는가? 易을 지은 자는 그 어떤 우환이 있었을까?

- 庶幾有伸於今日也ㅣ라:거의 오늘에 와서야 공자의 걱정이 펴지게 되지게 되었다는 것이다. 즉, 많은 선비들이 주역을 공부하고 연구하여 많은 발전과 중흥을 가지게 되었다는 것이다. 이것은 야산 선생님과 그 제자들이 공자의 걱정을 덜어 주고 올바른 역리를 펴내게 되었다는 뜻이 아닐까?

此洪易學創立期成之要義而諸君子所以亹亹者也ㅣ니 若有一二之人이 草創乎艱屯之際하야 使研幾之士로 濟濟有趨嚮之所則必見羽鳳之至와 毛麟之出矣리니 然後에야 會其水火山澤之中하고 建其行紀德福之極則陰陽五行之幾於斯에 畢矣라

이에 홍역대학(洪易大學)을 세우는 창립기성(創立期成)의 요긴한 뜻을 모든 사람들이 힘쓰고 힘쓸 것이니, 만약에 한두 사람이 있어서도 처음에는 난둔한 어려움에 즈음하여서 천하에 있는 선비들로 하여금 연구하고 미세한 곳까지 탐구하도록 하는 것으로 많은 선비들 모여서 질서정연하게 공부하도록 추창함이 있은즉 우봉(羽鳳)

의 이르럼과 모린(毛麟)의 출현을 반드시 볼 것이니, 이렇게 된 뒤에야 그 水火와 山澤의 가운데에 모여 그 〈「홍범구주」속에 있는〉 一. 五行, 四. 五紀, 六. 三德, 九. 五福에 극(極)을 세운 다음에 음양 오행의 기틀이 이에서 다 될 것이다.

·洪:클 홍, 넓을 홍 ·創:비로소 창 ·期:기약할 기 ·要:요구할 요, 구할 요 ·諸:모든 제 ·亹:힘쓸 미
·若:만일 약 ·草:시작할 초, 풀 초 ·艱:어려울 간 ·際:사이 제 ·研:갈 연, 궁구할 연 ·濟:건널 제
·趣:달릴 추 ·嚮:향할 향, 권할 향 ·羽:깃 우 ·鳳:봉황새 봉 ·毛:털 모 ·麟:기린 린 ·會:모일 회
·紀:벼리 기 ·畢:마칠 필

해설

야산 선생님의 현실적인 포부를 담은 문장으로 역학을 발전시켜 나가는 뜻과 홍역대학을 세우는 취지를 함축성 있게 서술하고 있다. 문장도 명작(名作)이지만 주역의 광대실비(廣大悉備)한 이치를 넣어서 지은 것이라 볼 수 있다.

- 諸君子所以亹亹者也ㅣ니:군자가 되고자 공부하는 여러 사람들, 즉 홍역학을 공부하고 여기에 뜻이 일치되는 모든 사람들을 말한다.
- 草創乎艱屯之際하야:상경(上經)의 건곤괘(乾坤卦) 다음에 수뢰둔괘(水雷屯卦)가 온다. 즉, 천지가 상교(相交)하여 처음으로 진장남(震長男)이 난생(難生)하는 것이 屯이니, 이 홍역대학을 창립하는 데 처음의 어려움이 있다는 것을 易理에다 비유한 대문이다.
- 使研幾之士로:「계사전」상 제10장 "夫易은 聖人之所以極深而研幾也ㅣ니;대저 역은 성인이 이로써 〈천지 음양의〉 깊은 것을 궁명(窮明)하고 기미(幾微)를 연구하는 것이니"에서 인용한 것으로 미세한 기틀을 연구하고 오묘한 이치를 파헤쳐서 알아낸다는 뜻이다. 이러한 것은 모두 역리 속에 존재한다는 것이다. 천하의 뜻 있는 선비들로 하여금 역리를 연마시켜서 나아간다면 홍역대학을 창립한 뜻이 빛나게 된다는 것이다.
- 濟濟有趣嚮之所則:뜻이 있는 많은 사람들이 공부하는 모습과 거동을 표현한 것이다. 즉, 홍역대학이 세워지게 되어 그 속에서 홍역을 연구하는 사람들이 많고, 또 그들이 엄숙하게 공부하는 모습을 말한다. 이렇게 추창하여 나아가게 되면 앞으로의 결과는 역학이 많이 부흥될 것이다.
- 必見羽鳳之至와 毛麟之出矣리니:힘쓰고 힘쓴 결과로 봉황이 날아들고 기린과 용마가 좋은 징조를 가지고 나타나는 것을 필연코 볼 것이다. 『서경』의 요전(堯典)과

순전(舜典)에서 음률(音律)이 화(和)하면 봉황이 춤춘다는 말과 같이 서광(瑞光)이 이르게 됨을 뜻하는 것이고, 홍역을 많이 연마하면 이러한 좋은 경사가 오게 된다는 것이다.

- 會其水火山澤之中하고 : 이 구절은 「설괘전」 제2장의 글을 인용한 것으로 주역을 말하였다. 여기서 水火旣濟, 火水未濟, 山澤之中은 后天을 뜻한다.
- 建其行紀德福之極則 : 『서경』을 말하였다. 『서경』의 조목을 다 말할 수가 없기 때문에 네 가지를 예로 들어 설명하였다. 즉, 一. 五行에서 行을 인용하였고, 四. 五紀에서 紀를 인용하였고, 六. 三德에서 德을 인용하였고, 九. 五福에서 福을 인용하였다. 다시 말하여 홍범구주(洪範九疇)를 총망라하였다고 할 수가 있다.
- 陰陽五行之幾於斯에 畢矣리라 : 『서경』과 주역의 이치가 전부 우리에게 알려지게 되면 음양과 오행의 기틀을 이에 다 마칠 수가 있다는 것이다. 즉, 모든 우주 삼라만상의 원리를 알 수 있다는 것이다.

達也(某也)雖萬夫中之一愚나 豈无千慮中之一得乎아 夫文煩則厭見하고 言多則厭聽이니 敢記萬一之幾文幾言하야 以表籙首以鎖之하노니 庶幾乎來畏之鑰鍉焉이라

비록 내가 일만 지아비 가운데 한낱 어리석은 사람이지만 천 번을 생각하는 가운데 한 가지를 얻는 것이 없겠는가. 대체로 글이 번잡하면 보기가 싫고 말이 많으면 듣기가 싫은 것이니, 감히 만분지일의 조그만 글과 조그만 말로써 첫머리에 기록하여 책장에다 잠그어 놓았으니, 〈내 뒤에 나보다〉 더 훌륭한 사람이 나와서 책장을 열쇠로 이 모든 것을 열기 바란다.

- 某 : 아무 모 · 愚 : 어리석을 우 · 豈 : 어찌 기 · 慮 : 생각할 려 · 煩 : 번거로울 번 · 厭 : 싫을 염, 미워할 염
- 聽 : 들을 청 · 敢 : 감히 감 · 表 : 겉 표 · 籙 : 책장 록, 호적 록 · 首 : 머리 수 · 鎖 : 가둘 쇄, 자물쇠 쇄, 항쇄 쇄
- 庶 : 바랄 서, 여러 서 · 來 : 올 래 · 畏 : 두려울 외(위) · 鑰 : 열쇠 약 · 鍉 : 열쇠 시

해설

윗글은 문장 구성의 단계상 마지막인 '結' 부분에 해당한다. 洪易 속에는 만고불변의 진리가 내포되어 있으니, 다른 곳에 눈을 돌리지 말고 이것을 연구하기에 전력을 다해 보라고 하였다.

- 某也 : 야산 선생님의 휘자(諱字)가 '達'이다. 그러므로 某也라고 하였다.

- 雖萬夫中之一愚나:모든 보통 사람 중의 한 어리석은 사람에 불과하다는 말로서 자기를 낮추는 겸손한 말이다.
- 豈无千慮中之一得乎아:감히 보통 사람이라도 천 번을 생각하는 가운데 어찌 한 번 정도는 옳은 것을 생각하여 얻을 수가 있다는 말이지만, 여기 부문(敷文)에서 역리(易理)를 두루두루 기록한 것과 여기의 내용은 천 번 만 번 생각한 가운데 유일하게 틀림이 없는 것을 기록한 것임을 여러 사람들에게 확신시키는 말이다.
- 夫文煩則厭見하고 言多則厭聽이니:글이 번잡하면 보기가 싫고, 말을 많이 하게 되면 듣기가 싫어진다. 그러므로 나는 글과 말을 많이 아니한다. 다만 간단 명료하게 요점만 기록하였으니 연구하도록 하라는 것이다.
- 以表錄首以鎖之하노니:첫머리에 기록하여 책장에 잠구어 둔다는 것이다. 즉, 모든 이치를 이 부문(敷文) 속에 담아 두었다는 것이다.
- 庶幾乎~:~이 되기를 희망한다. 여기서는 연구하여 모든 것을 다 알기를 희망한다는 뜻이다.
- 來畏之鑰鋥焉이라:공자가 "後生이 可畏라"고 하였다. 즉, 내 뒤에 나보다 더 훌륭한 사람이 나와서 어떤 말을 할는지 두렵다고 하였으니, 야산 선생님보다 더 많은 것을 아는 자가 나타나서 잠구어 둔 책장을 열쇠로 열어서 보도록 하라는 뜻이다.8)

---

8) 본 부문(敷文)은 야산(也山) 선생님께서 홍역학(洪易學)을 연구 발전시키기 위하여 자신의 포부와 주역관과 우주 대자연의 이치를 역리(易理)로 엮어서 표현한 글이다. 이 부문에서와 같이 우리는 함께 탁마(琢磨)하고 연기(硏幾)하여 야산 선생님의 마음속에 잠구어 둔 보고(寶庫)를 열쇠로 열어서 그 속에 있는 진주와 보물 같은 뜻을 남김없이 알도록 힘써야 할 것이다. 그리고 본 부문에 담겨져 있는 진의(眞意)야말로 역경을 연구하지 아니하는 사람이 알아 볼 수가 없을 것이다. 또한 아산(亞山) 선생이 아니고서는 야산 선생님의 뜻을 하나에서 열까지 열거하지 못할 것을 확신한다. (一岡註)

아산학회 발간도서 소개

○ 亞山의 周易講義㊤(上經)
   B5/양장판 563쪽/김병호 강의·김진규 구성/값38,000원

○ 亞山의 周易講義㊥(下經)
   B5/양장판 496쪽/김병호 강의·김진규 구성/값28,000원

○ 亞山의 周易講義㊦(繫辭傳 등)
   B5/양장판 469쪽/김병호 강의·김진규 구성/값28,000원

○ 易經
   포켓용/295쪽/아산학회편/값7,000원

○ 周易
   포켓용/315쪽/아산학회편/값10,000원

○ 亞山의 中庸講義
   B5/382쪽/김병호 강의·김진규 구성/값15,000원

○ 亞山의 大學講義
   B5/231쪽/김병호 강의·김진규 구성/값9,000원

○ 亞山의 詩經講義㊤
   B5/양장판 567쪽/김병호 강의·김진규 구성/값35,000원

○ 亞山의 詩經講義㊦
   B5/양장판 763쪽/김병호 강의·김진규 구성/값38,000원

金炳浩 (1918~1984)

雅號는 亞山, 字는 善養, 貫鄕은 一善이다. 아산은 1918년 경북 고령에서 출생하고 일제시대 학제로 보통학교를 졸업했으며, 서당에서 한학(漢學)을 수학하고 20세 미만에 詩를 지었다. 그 뒤 더욱 정진하여 華岡 張相學의 문하에서 학문을 닦았으며, 말년에 이르러 경전 속에 영원한 진리가 있음을 깨닫고 뜻한 바 있어 也山 李達을 만나 그의 문하에서 평생동안 周易을 연구하였다. 서울, 부산, 대구, 울산 등지에서 후학 지도에 심혈을 쏟아 많은 제자들을 양성하다가 67세를 일기로 유명을 달리했다. 그리고 「太極說」, 「易中短語解說」과 다수의 遺墨이 전한다.

金珍圭 (1934~)

雅號는 一岡, 字는 天哉, 貫鄕은 一善이다. 일강은 1934년 경북 고령에서 아산의 아들로 출생했고, 대학을 졸업한 뒤 한학자인 아버지의 학풍을 사사받았으며, 충남 안면도에서 3년 간 역학 공부에 정진했다. 34년 간 공무원으로 봉직했으며 경북도립안동도서관장과 경북학생회관장을 역임했으며 1995년에 정년 퇴임했다. 그 뒤 안동정보대학 교수로 재직하다가 정년 퇴임하였다. 아버지 아산의 강의와 사숙을 받아 1982년과 1987년 사이에 『周易講義 上·中·下』의 자료를 발간하고, 1995년에는 아산학술총서 제1집 『亞山의 中庸講義』, 제2집 『亞山의 大學講義』와 『古典을 通한 敎養의 샘』을 출간하였다. 아산의 타계 후 뒤를 이어 계속해서 부산, 대구, 울산, 안동, 단양, 경산, 구미, 제천, 상주에서 현재까지 경전을 강의중이며, 亞山學會易經院長으로 활동하고 있다.

亞山의 周易講義 ⑦

강의/김병호
구성/김진규
발행인/김병성
발행처/도서출판 小康
발행일/초판 1쇄 2002. 2. 20
　　　　2쇄 2013. 10. 10
등록번호/카2-47
등록일/1995. 2. 9
주소/부산광역시 서구 동대신동 2가 289-6번지
전화/051)247-9106　팩스/051)248-2176

값28,000원(亞山의 周易講義 ⑦)
ISBN 89-86733-13-7　04140 (전3권)
※잘못된 책은 바꿔드립니다.